JUDEN IN DEUTSCHLAND NACH 1945

Habsburgerallee 72, D-60385 Frankfurt
Tel.: ++49 – (0)69–94 33 00 0
Fax: ++49 – (0)69–94 33 00 23
E-Mail: Tribuene_Verlag@t-online.de

Herausgeber: Otto R. Romberg, Susanne Urban-Fahr
Redaktion: Otto R. Romberg, Heiner Lichtenstein, Susanne Urban-Fahr
Titelbild: Foto der brennenden Synagoge am Börneplatz in Frankfurt am Main
vom 9. und 10. 11. 1938:
Jüdisches Museum Frankfurt am Main
Foto des Centrum Judaicum, Berlin: Stiftung Neue Synagoge Berlin – Centrum Judaicum
Druck und Bindung: Wetzlar-Druck, Wetzlar
Printed in Germany

ISBN 3-00-005169-4

Herausgeber und Redaktion bedanken sich bei dem Verein »Wider das Vergessen« für die großzügige Mitwirkung bei der Herstellung dieses Sammelbandes.

Otto R. Romberg / Susanne Urban-Fahr (Hrsg.)

JUDEN IN DEUTSCHLAND NACH 1945

Bürger oder »Mit«-Bürger?

Edition TRIBÜNE

Inhalt

9 **Vorwort**

11 **Editorial**

I Neuanfang nach der Schoah

14 *Ignatz Bubis* **Erschütterungen sind zu überstehen**
25 *Hanno Loewy* **Jüdische Existenz in Deutschland**
35 *Michael Brenner* **Epilog oder Neuanfang**
45 *Robert Guttmann* **Ohne Anfang und ohne Ende**

II Vergangenheit und Gegenwart

54 *Wolfgang Benz* **Reaktionen auf den Holocaust**
64 *Kirsten Serup-Bilfeldt* **Warum der kleine Ochs sterben musste**
69 *Heiner Lichtenstein* **NS-Prozesse**
77 *Ulrich Renz* **Das Recht auf den Pass**
81 *Rainer Erb* **Klischees über »gute« und »böse« Juden**
86 *Henryk M. Broder* **Der Vordenker als Wegdenker**
90 *Alphons Silbermann* **Was bedeutet »Ausschwitz« heute?**

III Ost und West

98 *Andreas Nachama* **Ost und West**
108 *Hanna Struck* **Juden in Mecklenburg-Vorpommern**
118 *Lothar Mertens* **Optimistische Erwartungen**
124 *Ursula Homann* **Juden in Hessen**
134 *Roberto Fabian* **Ein Erbe als Herausforderung**
146 *Ludger Heid* **Jüdische Gemeinden im Ruhrgebiet**
154 *Herzs Krymalowski* **Perspektiven entwickeln**
162 *Christophe Baginski* **Ignoranz oder Wohlwollen?**

IV Religion und Soziales

166 *Moritz Neumann* **Gemeinschaft oder Gemeinde?**
176 *Benjamin Bloch* **Zedaka – die Gerechtigkeit**
186 *Dalia Moneta* **Displaced People**
199 *Rachel Heuberger* **Jüdische Jugend in Deutschland**
209 *Willi Jasper/Bernhard Vogt* **Integration und Selbstbehauptung**
221 *Elena Solomonski* **Akzeptanz oder Emanzipation?**

V Kultur

234 *Leibl Rosenberg* **Jüdische Kultur in Deutschland heute**
244 *Cilly Kugelmann* **Jüdische Museen in Deutschland**
251 *Susanne Urban-Fahr* **Jüdische Presse – Juden in der Presse**
263 *Joseph Deih* **Jüdische Studien in Deutschland**
279 *Anneliese Rabun* **Gestaltung und Ausdruck**

Vorwort

Hoyerswerda, Rostock, Mölln, Solingen – um nur diese wenigen Orte zu nennen – reichten 1993 nach rechtsradikalen und ausländerfeindlichen Ausschreitungen, um in den Medien Schlagzeilen zu machen. Andernorts waren antisemitische Schmierereien und Friedhofsschändungen zu verzeichnen. Diese schockierende Entwicklung alarmierte viele Staaten, aber in erster Linie die deutsche Öffentlichkeit. Solche und ähnliche Straftaten waren seit Gründung der Bundesrepublik bereits des öfteren auf der Tagesordnung gewesen. Doch der Hass und die brutale Gewalt waren bis dahin weder in dieser Dimension sichtbar noch in einem solch erschreckenden Ausmaß wahrgenommen worden. Dieser Hass konnte aber zugleich Solidarität mit den bedrängten, ausgegrenzten und angegriffenen Minderheiten wecken.

Diese düstere Bilanz war 1994 Anlass für Wissenschaftler, Publizisten und Journalisten, den Verein »Wider das Vergessen« zu gründen. Nach vielen Gesprächen und Beratungen mit Experten hatte die Satzung schon bald Gestalt angenommen und »Wider das Vergessen« wurde ins Vereinsregister eingetragen. Das wichtigste Ziel des Vereins ist, Ausländerhass und Antisemitismus durch die Vermittlung eines den Tatsachen entsprechenden Geschichtsbildes zu bekämpfen. An die Stelle von Vorurteilen gegen Minderheiten und die Verdrängung oder gar Leugnung der Schoah sollen differenzierte Menschenbilder treten. Die Öffentlichkeit soll sich der deutschen Geschichte in all ihren Facetten bewusst werden und sich ihr stellen. Dabei dürfen die Jüngeren nicht mit Schuld oder Scham belastet werden. Über die angemessene Auseinandersetzung mit den Verbrechen des NS-Staates und die vielfältigen »Verstrickungen« von Behörden, Unternehmen und des so genannten »ganz normalen« Deutschen könnten gerade Jugendliche sensibilisiert und letztlich motiviert werden, Verantwortung für die Geschichte zu übernehmen – und damit Zivilcourage und Toleranz festigen und schärfen.

Eine im Auftrag von »Wider das Vergessen« und »TRIBÜNE« erstellte Studie des Kölner Instituts für Massenkommunikation unter der Leitung von Prof. Alphons Silbermann, deren Ergebnisse im November 1998 der Öffentlichkeit präsentiert wurden, hat gezeigt, dass eine breite Bildungs- und Aufklärungsoffensive dringend notwendig ist, um gerade Jugendlichen die Bedeutung von Auschwitz für die Gegenwart verständlich zu machen.

Auschwitz ist zum Symbol für den millionenfachen Mord an den europäischen Juden geworden. Doch auch Polen, Sinti und Roma, Widerstandskämpfer aus ganz Europa und sowjetische Kriegsgefangene wurden dort gequält und umgebracht. Aufgabe des Vereins »Wider das Vergessen« ist es daher auch, sich dafür zu verwenden, dass notwendige konservatorische Arbeiten am ehemaligen Konzentrations- und Vernichtungslager Auschwitz erfolgen können – damit niemals vergessen wird, wohin Ausgrenzung und Hass führen können, wenn jegliche demokratischen und humanistischen Prinzipien außer Kraft gesetzt sind.

Der im August 1999 verstorbene Präsident des Zentralrates der Juden in Deutschland, Ignatz Bubis, hatte sich trotz seines stets prall gefüllten Terminkalenders sofort bereit erklärt, auf der Gründungsfeier des Vereins im September 1994 in Düsseldorf eine Ansprache zu halten, um dem Verein dadurch seine Unterstützung zu beweisen. Auch der damalige Ministerpräsident des Landes Nordrhein-Westfalen, der heutige Bundespräsident Johannes Rau, hat in seinen Ausführungen die uneingeschränkte Bereitschaft geäußert, der Arbeit von »Wider das Vergessen« in Zukunft mit Rat und Tat zur Seite zu stehen – ebenso Dr. Dieter Vogel, seinerzeit Vorstandsvorsitzender der Thyssen AG, die gemeinsam mit der Westdeutschen Landesbank die Patenschaft für »Wider das Vergessen« übernommen hat.

Das Echo auf die Gründung von« Wider das Vergessen« war auch im Ausland so groß, dass der amerikanische Regisseur Steven Spielberg »Wider das Vergessen« bat, in Frankfurt am Main die Deutschland-Premiere seines Filmes »Schindlers Liste« zu organisieren. Die Einnahmen aus dieser Benefiz-Veranstaltung und einem zusätzlichen Galadiner bei dem damaligen Oberbürgermeister der Stadt Frankfurt am Main, Andreas von Schoeler, das zu Ehren Spielbergs gegeben wurde, beliefen sich schließlich auf eine sechsstellige Summe, die der Gedenkstätte Auschwitz-Birkenau für dringende Restaurierungs- und Koservierungsarbeiten überwiesen werden konnten.

Auch mit zahlreichen anderen Veranstaltungen, Ausstellungen, Vorträgen und Lesungen hat der Verein seitdem versucht, dem bedauerlicherweise wachsenden Rechtsradikalismus, der Ausländerfeindlichkeit und nicht zuletzt dem Antisemitismus entgegenzuwirken. Es sollen aber auch jene Intellektuellen, die seit Jahren lautstark für einen »Schlussstrich« unter die Beschäftigung mit der NS-Zeit und gegen die unerlässliche Gedenkarbeit plädieren, mit ihrer eigenen »Waffe« – dem Wort – geschlagen werden.

Wir widmen diesen Sammelband mit den Beiträgen aus »TRIBÜNE – Zeitschrift zum Verständnis des Judentums« Ignatz Bubis, der dieses Buch selber hatte vorstellen wollen. Er hat das Projekt von Anfang an mit Wohlwollen begleitet.

»Wider das Vergessen« ist entschlossen, auch in Zukunft im Geiste von Ignatz Bubis gegen Vorurteile, Diskriminierung und Gewalt – für Toleranz – einzutreten.

(Otto R. Romberg)

Editorial

Die hier veröffentlichten Beiträge erschienen zuerst 1998 und 1999 in »TRIBÜNE – Zeitschrift zum Verständnis des Judentums« anlässlich des 60. Jahrestages der Reichspogromnacht vom 9. November 1938. Zu Beginn des NS-Terrors hatten mehr als eine halbe Million Juden in Deutschland gelebt. Nach der Befreiung im Mai 1945 waren es noch etwa 12 000. Die Zahl der in der Bundesrepublik lebenden Juden wurde in Umfragen stets viel zu hoch geschätzt. Statt der konstanten Zahl von 30 000 lagen die Angaben zumeist zwischen Hunderttausenden und Millionen. Auch die deutsche Einheit änderte nichts an der Zahl der Juden in Deutschland, denn in den wenigen jüdischen Gemeinden in der DDR hatte es nur knapp 350 Mitglieder gegeben. Erst die 1990 einsetzende Zuwanderung von Juden aus den Nachfolgestaaten der ehemaligen Sowjetunion belebte und veränderte die überalterte jüdische Gemeinschaft in Deutschland. Heute leben hier etwa 75 000 Juden.

Lange Zeit bezeichneten sich Juden, die in Deutschland lebten, nicht als »deutsche Juden«, sondern beharrten darauf, unverändert auf den berühmten »gepackten Koffern« zu sitzen. Das gewachsene Vertrauen in die deutsche Demokratie, ihre Verbundenheit mit den Städten, in denen sie leben sowie das beispielhafte Bekenntnis von Ignatz Bubis, er sei »deutscher Staatsbürger jüdischen Glaubens«, machten Deutschland für viele zu einer neuen Heimat. Nicht selten wird aber leider dieses neu gewachsene Gefühl durch antisemitische Hetze und die unüberlegte, grundsätzlich ausgrenzende Bezeichnung von Juden als »jüdischen Mitbürgern« ins Wanken gebracht. Deshalb reagierte Bubis in einem seiner letzten Gespräche mit TRIBÜNE auf den Zustand zwischen Akzeptanz und Diskriminierung mit den Worten »Erschütterungen sind zu überstehen«.

Jüdisches Leben in Deutschland wird hierzulande und im Ausland, besser gesagt: Weltweit vor allem zu Gedenktagen, nach rechtsradikalen Ausschreitungen oder antisemitischen Vorfällen registriert. Obwohl es vielfältige Bemühungen gibt, sich in Politik und Gesellschaft mit der NS-Vergangenheit auseinanderzusetzen, blieben und bleiben die jüdische Geschichte, die Entwicklung der Gemeinden sowie die facettenreiche kulturelle und vielschichtige soziale Entwicklung der Nachkriegsjahre, aber auch der Gegenwart ein Buch mit sieben Siegeln. Die Situation der Juden im einstigen »Land der Täter« ist jedoch auch ein Stück Geschichte der vor 50 Jahren gegründeten Bundesrepublik.

Mit kompetenten Beiträgen namhafter Autorinnen und Autoren versuchen wir in diesem Sammelband, das jüdische Leben nach dem Holocaust aufzufächern, das mittlerweile Bestandteil der demokratischen Gesellschaft geworden ist. Es geht um jüdische Überlebende und ihre Wunden, um Identitätsprobleme und Antisemitismus, aber auch um die jüdische Jugend, um Religion und jüdisches soziales Engagement, um osteuropäische Einwanderer – und schließlich werden einige exemplarische Gemeinden in Ost- und Westdeutschland porträtiert.

Wir möchten Nichtjuden in Deutschland wie auch in anderen Ländern helfen, einen Blick auf jüdische Befindlichkeiten und die Hoffnungen der Juden in Deutschland 55 Jahre nach Ende des Holocaust an der Schwelle zum 21. Jahrhundert zu werfen.

(Otto R. Romberg) (Susanne Urban-Fahr)

I Neuanfang nach der Schoah

Erschütterungen sind zu überstehen

TRIBÜNE-Gespräch mit Ignatz Bubis, bis zu seinem Tod im August 1999 Präsident des Zentralrates der Juden in Deutschland. Das Interview wurde im Dezember 1998 geführt.

TRIBÜNE: Heute, im 60. Jahr nach der Reichspogromnacht vom November 1938, müssen wir uns noch immer mit Antisemitismus, Ausländerfeindlichkeit und Rechtsradikalismus auseinandersetzen. Im Vergleich mit den siebziger und achtziger Jahren hat sich dieses Phänomen nicht nur zunehmend brutalisiert, sondern sehr oft auch einen intellektuellen Hintergrund erhalten und ist aus den Schatten der Anonymität herausgetreten.

BUBIS: Es ist schade, dass dies keine Frage, sondern eine Feststellung ist, und sie ist leider auch noch richtig. Was dem Zentralrat der Juden in Deutschland aber besondere Sorge bereitet, ist, dass in den vergangenen Jahren dieses Phänomen verstärkt bei Jugendlichen auftritt. In den siebziger und achtziger Jahren war es noch so, dass Rechtsextremismus und Fremdenfeindlichkeit bei jungen Menschen kaum auf fruchtbaren Boden fiel. Besonders erschreckend war hier z. B. das Wahlergebnis in Sachsen-Anhalt im Sommer 1998. Dort haben 12,9 Prozent der Gesamtwählerschaft für die rechtsextreme »Deutsche Volksunion« (DVU) gestimmt. Unter den männlichen 18-25-jährigen lag der Anteil der DVU-Wähler bei 32 Prozent. Diese Gruppe der Jungwähler hat die DVU erst zu einer starken Partei gemacht. Bei der Bundestagswahl im September 1998 war in Sachsen ein ähnliches Phänomen zu beobachten. Die rechtsextremen Parteien haben zwar alle zusammen nicht mehr als 3 Prozent der Stimmen erhalten, doch unter den jungen Wählern stimmten insgesamt 7 Prozent für diese Parteien. Von den männlichen Wählern waren es hierbei wiederum zehn Prozent. Das ist etwas völlig Neues, und das ist das, was uns größte Sorgen bereitet.

TRIBÜNE: Der erste Generalsekretär des Zentralrates der Juden in Deutschland, Henrik van Dam, prägte den Begriff vom »Antisemitismus ohne Juden«. Sie betonten einmal, der Antisemitismus brauche keine Juden. Ist da eine Differenz der Aussagen vorhanden?

BUBIS: Nein, da gibt es keinen Unterschied, denn der Antisemitismus existiert auch ohne Juden, weil er eben keine braucht, sondern ein irrationales Feindbild, Stereotype ausreichen.

TRIBÜNE: Robert Weltsch sagte 1946: »Wir können nicht annehmen, daß es Juden gibt, die sich nach Deutschland hingezogen fühlen. Hier riecht es nach Leichen, nach Gaskammern und nach Folterzellen. ... Deutschland ist kein Boden für Juden.« Dies war die verständliche Haltung vieler Juden nach 1945 – die Überlebenden der Schoah wollten nur eines: Auswandern.

BUBIS: Dies traf auf die ersten Jahre nach 1945 sicherlich so zu. Nach der Befreiung lebten etwas mehr als 250 000 Juden in Deutschland, die meisten von ihnen übrigens Ostjuden. Darunter befanden sich nur wenige deutsche Juden, die hier im Lande überlebt hatten, als Ehepartner von Nichtjuden oder im Untergrund. Von den fast 600 000 deutschen Juden erlebten lediglich 12 000 Juden die Befreiung im Lande selbst. Von diesen sind nach 1945 einige tausend ausgewandert. Knapp 400 000 hatten Deutschland während der NS-Zeit rechtzeitig verlassen, etwa 168 000 sind jedoch ermordet worden. Demgegenüber ist aber nur ein kleiner Teil der Emigranten zurückgekehrt. Nach der Schoah gab es also kaum noch deutsche Juden, dafür lebten aber eine Viertelmillion osteuropäischer Juden im befreiten Deutschland. Sie waren aus den hiesigen KZs oder als Zwangsarbeiter befreit worden – oder aber sie kamen aus Osteuropa in die westlichen Besatzungszonen, vor allem in die amerikanische Zone, um hier in einem DP-Lager auf die Auswanderung zu warten (DP: Abk. für Displaced Person: Verschleppte, Deportierte, Entwurzelte, d. Red.). Sie kamen aus Polen, aus Ungarn, aus Rumänien. Sie kamen deshalb, weil sie nicht mehr in ihren Heimatländern bleiben bzw. in diese zurückkehren wollten. Zum einen war der Antisemitismus der Nachkriegszeit in Polen und anderen Staaten unerträglich, zum anderen gab dort gar keine Möglichkeit, aus diesen Ländern auszuwandern. So kamen sie hierher, lebten in diesen Lagern für jüdische DP's. Von diesen 250 000 Juden sind mehr als 230 000 emigriert. Für die unmittelbare Nachkriegszeit galt also die Aussage von Weltsch sehr wohl. Die Zahl der in Deutschland lebenden Juden hat sich schließlich bis 1980 konstant gehalten und niemals die 30 000 überschritten, obwohl es immer wieder eine Zuwanderung gegeben hat. Zugleich hat es aber auch immer eine Abwanderung gegeben. Unter diesen knapp 30 000 befanden sich bis Anfang 1990 auch zwei Generationen bereits hier Geborene. Eine größere Einwanderung gab es demnach in den ersten vierzig Jahren nach der Schoah nicht. Die Zahl der Juden in Deutschland blieb zwischen 1950 und 1990 stets zwischen 25 000 und etwa 30 000. In irgendeiner Form war Deutschland also doch kein anziehendes Land für jüdische Einwanderer. Im gleichen Zeitraum sind nämlich viele hunderttausend Juden aus allen Ecken der Welt in die USA und vor allem nach Israel gegangen – aber nicht nach Deutschland. Das hat sich erst 1990 geändert. In diesem Jahr begann eine Zuwanderung von Juden aus den Nachfolgestaaten der UdSSR. Bis Ende 1998 immigrierten etwa 45 000 Juden nach Deutschland, und mit ihnen kamen nochmals etwa 40 000 nichtjüdische Familienangehörige aus interkonfessionellen Ehen. Dies ist vielleicht einer der Gründe, warum sie nicht nach Israel gegangen sind. Im gleichen Zeitraum, in diesen acht Jahren, machten jedoch 800 000 Juden Aliyah (hebr.: Einwanderung nach Israel, »Aufstieg«, d. Red.) nach Israel, 400 000 Juden aus der GUS gingen in die USA und weitere Zehntausende in andere Länder. Diese Aversion gegenüber Deutschland hat sich gelockert, ist aber noch immer nicht völlig aufgelöst.

TRIBÜNE: Einige tausend jüdische Displaced Persons blieben, wie Sie bemerkten, also in Deutschland. War es Pragmatismus oder Überzeugung. Wir denken, dass viele derer, die hierblieben, die Gründe oftmals selber nicht verstanden.

BUBIS: Jeder Jude, jede Jüdin hatte ganz individuelle Gründe, in Deutschland zu bleiben. Es ist schwierig zu sagen, wann und warum dieser Entschluß gefasst wurde. Viele waren krank, andere wieder hatten gerade eine Familie gegründet. Doch offiziell gestand man sich keinen Grund ein und diejenigen, die geblieben waren, sprachen noch sehr lange Zeit davon, dass sie auf gepackten Koffern sitzen würden. Selbst als dies nicht mehr zutraf, zitierte man immer wieder die gepackten Koffer herbei. Daraus wird ersichtlich, dass sie eigentlich Hemmungen hatten, in Deutschland zu bleiben.

TRIBÜNE: Wie erklären Sie es sich, dass trotz dieser reell geringen Zahl von in Deutschland lebenden Juden in der Bevölkerung bis heute die Vorstellung existiert, es würden Hunderttausende, vielleicht sogar mehr als eine Million Juden hier leben?

BUBIS: Ich denke, man muss an dieses Phänomen folgendermaßen herangehen: »Judentum« war immer ein Thema in Deutschland. Man sprach über Juden, man interessierte sich dafür, was die Juden in Deutschland überhaupt machen, wie sie sich äußern. Schließlich entstand in der Öffentlichkeit der Eindruck, als ob es eben doch sehr viele Juden sind, die hier leben. Der Durchschnittsbürger, der weder etwas über das Judentum weiß, noch einen Juden persönlich kennt, kann dennoch täglich etwas über Juden und das Judentum in der Zeitung lesen, negative wie positive Meldungen, Antisemitisches und Philosemitisches. Aber es war und ist immer im Gespräch in Deutschland. Insbesondere gemessen an ihrer realen Bedeutung war und ist die Medienpräsenz relativ hoch. So wurde der Eindruck vermittelt, als ob hier Hunderttausende Juden leben.

TRIBÜNE: Die ersten jüdischen Gemeinden auf deutschem Boden waren Neugründungen und dienten auch dazu, den Überlebenden und diejenigen, die auf die Auswanderung warteten, ein gewisses Maß jüdischer Identität zu vermitteln und zu erhalten. Während diese Gemeinden also zunächst nur als Provisorien gedacht waren, wurden daraus doch nach und nach Institutionen auf Dauer. Die jüdischen Organisationen im Ausland, aber auch die Einrichtungen, die sich mit der Entschädigung und »Wiedergutmachung« befassten, bezeichneten die deutschen jüdischen Gemeinden als »Liquidationsgemeinden«.

BUBIS: Es ist ganz richtig, dass die ersten jüdischen Gemeinden nach der Schoah in Deutschland Liquidationsgemeinden waren – doch, und hier muss ich ergänzen, sie sahen sich auch selber so. Sie waren vor allem Stellen, die Juden soziale Hilfe leisteten und ihnen zudem ein religiöses Zentrum boten. Die ersten jüdischen Institutionen, die nach dem Krieg gebaut wurden, waren soziale Einrichtungen und eben nicht neue Synagogen und Gemeindezentren, sondern Altersheime, Küchen zur Versorgung der bedürftigen Juden, Krankenstationen und Pflegeheime. Die jüdischen Nachkriegsgemeinden haben sich als Provisorien, als Gemeinden auf Zeit, gesehen, die bis zu ihrer Auflösung karitativ tätig sein wollten und Möglichkeiten zur Religionsausübung anboten. Diese Haltung hat auch dazu geführt, dass sich die Nachkriegsgemeinden nicht als Erben der früheren, während der Jahre 1933 bis 1941 zerschlagenen deutsch-jüdischen Gemeinden verstanden haben. Dies im übrigen zu Recht nicht, denn die Mitglieder der früheren Gemeinden waren entweder ausgewandert oder ermordet worden. Nehmen Sie Frankfurt am Main: Dort lebten nach der Befreiung von den mehr als 30 000 Juden nur noch etwa 140 Menschen. Deshalb war es nur natürlich, dass die »Jewish Restitution Successor Organization« (IRSO) die noch verbliebenen sowie die zurückerstatteten Vermögenswerte verwaltete. Mit diesen aus der Rückerstattung stammenden Geldern konnte sie den Überlebenden – deutschen, aber auch anderen europäischen Juden –, die im Ausland lebten, helfen. Das war ihre primäre Aufgabe. Daraus entstand schließlich die »Jewish Claims Conference«, die noch heute diese Aufgabe wahrnimmt und seit der deutschen Einheit sogar noch Aufgaben hinzubekam. Sehen Sie, die jüdischen Gemeinden in Berlin, im Ruhrgebiet, in München – das waren neue Gemeinden. Die heutige Jüdische Gemeinde in Frankfurt z. B. ist die vierte in der Geschichte der Stadt, alle drei vorigen sind zerstört worden. Diese Gemeinde steht zwar von der Tradition her in einer gewissen Kontinuität zu der vorigen, doch wurde sie von ganz anderen Leuten gegründet und baute auf einer ganz anderen Geschichte auf.

TRIBÜNE: Doch das Selbstverständnis dieser Gemeinden änderte sich im Laufe der Zeit: Wann wurde in den USA, in Israel akzeptiert, dass Juden – aus welchen Gründen auch immer – auch wieder in Deutschland leben wollten? Dass ihre Gemeinden keine Liquidationsgemeinden mehr sind?

BUBIS: Es hat lange gedauert, bis die Gemeinden sich als neue und auf Dauer angelegte jüdische Gemeinden gesehen haben. Das begann zwar schon in den sechziger Jahren, aber die jüdischen Institutionen und Gemeinschaften im Ausland teilten diese Haltung überhaupt nicht – weder in Israel, noch in den USA oder anderswo. Sie wollten mit den Gemeinden in Deutschland nichts zu tun haben. Wenn z. B. amerikanische Juden in die Bundesrepublik kamen und Kontakt zur Regierung suchten oder aufrechterhalten wollten, so stellten sie diesen nicht über den Zentralrat her, sondern verhandelten direkt. Sie betonten immer wieder, sie seien die Vertreter des Judentums, und nicht die hier lebenden Juden. Diese wurden eigentlich als Juden zweiter oder dritter Klasse angesehen, man verstand nicht, dass sie in Deutschland leben wollen und hat sie als einen existenten Teil der jüdischen Diaspora negiert. Diese Situation hat sehr lange gedauert, und es gab nur einmal eine kurzzeitige kleine Wende, das war 1967 während des Sechs-Tage-Krieges. Die damalige Solidarität Deutschlands mit Israel, die proisraelische Haltung der Bevölkerung der Bundesrepublik, färbte ab auf die jüdische Gemeinschaft in Deutschland. Danach verblasste zwar die Sympathie wieder, doch in den vergangenen zehn, fünfzehn Jahren sind die Akzeptanz und die Anerkennung der hiesigen jüdischen Gemeinschaft voll erreicht worden – weltweit.

TRIBÜNE: Der bereits Ende der vierziger Jahre gegründete Zentralrat der Juden in Deutschland repräsentiert als Organisation die jüdischen Gemeinden und damit auch die jüdische Gemeinschaft der in Deutschland lebenden Juden.

BUBIS: Der Zentralrat wurde bereits 1949 gegründet, und seine Anerkennung als Körperschaft des öffentlichen Rechts wurde 1952 ausgesprochen. 1949 haben wir sogar noch Sitze gehalten für die Juden der DDR – die diese nie in Anspruch nehmen konnten. Der Zentralrat hat sich seit seiner Gründung nie in das Eigenleben der einzelnen jüdischen Gemeinden eingemischt. In den Anfangsjahren kümmerte sich der Zentralrat in erster Linie um die »Wiedergutmachung« und hat die hier lebenden Juden in diesen Fragen beraten. Es gab dafür eine eigene Abteilung. Darüber hinaus haben wir versucht, über das Zusammenleben in Deutschland abzustimmen oder Empfehlungen auszusprechen, z. B. in Fragen der Einheitsgemeinden. Das hat dazu geführt, dass der Zentralrat sich bis heute jedoch nicht in die inneren Angelegenheiten der Gemeinden einmischt. Der Zentralrat ist ausschließlich die politische Vertretung der jüdischen Gemeinschaft in der Bundesrepublik.

TRIBÜNE: Die individuelle Spannung zwischen Gehen oder Bleiben, zwischen den bereits erwähnten sprichwörtlich gewordenen gepackten Koffern und dem langsam gewachsenen Vertrauen zu Deutschland kann sicher auch der Zentralrat nicht aufheben. Wurde über Empfehlungen, Informationen usw. versucht, Einfluss zu nehmen auf die zukünftige Entwicklung – sowohl in den Gemeinden als auch in der deutschen Politik?

BUBIS: Natürlich haben wir das versucht, aber in stets angemessener Weise. Im Hinblick auf die jüdische Gemeinschaft haben wir unsere Aussagen aber nie als alleinige Richtlinien verstanden, sondern, dies ist nochmals zu betonen, nur als Empfehlungen. Wir hatten übrigens in den achtziger Jahren die »Allgemeine Jüdische Wochenzeitung« übernommen, die heute wieder unabhängig ist. Der Zentralrat hat auch versucht, wo es uns als Juden betraf, der deutschen Politik Ideen und beratende Hilfe zu geben. In Fragen der Entschädigung hat der Zentralrat z. B. als beratende Organisation mitgewirkt. Doch in das öffentliche Leben der Bundesrepublik haben wir uns kaum eingemischt. Das heißt nicht, dass uns die gesellschaftliche Entwicklung in der Bundesrepublik gleichgültig ist.

TRIBÜNE: Sie sagten anläßlich der Eröffnung des neuen Gemeindezentrums in Frankfurt am Main 1986: »Wer ein Haus baut, will bleiben.« Aber jedes Haus braucht ein Fundament. Ist das Vertrauen der hier lebenden Juden zu Deutschland so stabil, daß das Haus, um bei diesem Bild zu bleiben, auch kleinere Erschütterungen überstehen kann?

BUBIS: Kleinere Erschütterungen wird die jüdische Gemeinschaft immer überstehen. Wir haben solche Erschütterungen schon gehabt: Denken Sie nur an Erfolge rechtsextremer Parteien, antisemitische oder fremdenfeindliche Ausschreitungen. Das veranlasste die Menschen schon, nachzudenken, ob es richtig war, in Deutschland zu bleiben. Plötzlich fragt man sich, warum man überhaupt hier geblieben ist – die Frage, die man sich zum Zeitpunkt, als man sich hier einrichtete, ganz gewiß nicht stellen wollte. Aber solche Erschütterungen wurden in der Regel gut überstanden, ohne dass die Existenz der Juden in Deutschland generell in Frage zu stellen war.

TRIBÜNE: Sie sind aber nicht nur Repräsentant der Juden in Deutschland, sondern auch der Privatmann Bubis. Was waren Ihre im wahrsten Sinne des Wortes »erschütterndsten« Erfahrungen?

BUBIS: Ich persönlich hatte bislang nur ein einziges Mal den Gedanken, ob ich nicht doch weggehen sollte. Das war 1985 während der Fassbinder-Kontroverse wegen der geplanten Aufführung von diesem antisemitischen Theaterstück »Die Stadt, der Müll und der Tod«. In intellektuellen Kreisen gab es ja die Meinung, dass dieses Stück aufgeführt werden müsse, weil es sonst Zensur wäre. Das hat mich sehr nachdenklich gestimmt. Diese Zweifel bestanden aber nur eine kurze Zeit, doch seitdem beschäftigt mich manchmal die Frage, wie ich es 1945 fertiggebracht habe, nach Deutschland zu kommen. Wie habe ich es in den fünfziger Jahren geschafft, diese Entscheidung als endgültig anzusehen? Es geht nicht um nachträgliche Zweifel an dem Entschluß, sondern um das Wie – und ich weiß es nicht. Ich bedauere es nicht, doch ich kann es nicht mehr erklären.

TRIBÜNE: Gemeinsam mit anderen Juden und Nichtjuden haben Sie damals im Frankfurter Schauspielhaus die Bühne besetzt, um die Premiere des Fassbinder-Stückes zu verhindern. Interessanterweise haben ja viele der Befürworter der Aufführung gedacht, dass Sie, Herr Bubis, dies unter anderem tun, weil Sie auch mit der Figur des »reichen Juden« gemeint seien. Doch Sie haben dies getan, weil Sie meinten, dass, wer sich nun als Jude nicht wehre, nicht aus der Geschichte gelernt habe und hier nicht leben könne.

BUBIS: Sicher, es gab viele Leute, die meinten, dass ich mit dieser Person gemeint gewesen sei. Doch jeder, der dies behauptete, musste bislang einen gerichtlich verordneten Widerruf akzeptieren, der »Stern« hat damals in den Achtzigern sogar freiwillig eine Geldbuße bezahlt – die der jüdischen Schule in Frankfurt zugute kam.

TRIBÜNE: Schon bei der ersten Fassbinder-Kontroverse 1985 konnte man in der Argumentation der Befürworter des Stückes »Der Müll, die Stadt und der Tod« einen linken Faschismus konstatieren. Heute, nach fast 15 Jahren, war das Stück kurzzeitig wieder im Spielplan des Berliner Gorki-Theaters zu finden. Der bis dato nur Insidern bekannte Intendant Bernd Wilms beherrschte plötzlich die deutsche Theater-Szene. Mit fehlender Sensibilität gegenüber Juden wird man anscheinend wieder berühmt.

BUBIS: In einem Gespräch mit dem Intendanten Wilms meinte er, dass dieses Stück schon alleine deswegen aufgeführt werden müsse, um Antisemitismus zu verhindern, der bei einer Entscheidung gegen die Aufführung zu befürchten sei. Als ich noch mal nachfragte, ob er tatsächlich glaube, dass man mit der Inszenierung antisemitischer Stücke Antisemitismus verhindern könne, blieb er bei seiner Aussage. Als ob antisemitische Stücke diesen verhinderten und nicht fördern würden!

TRIBÜNE: Trotz des in unserer Gesellschaft existenten Antisemitismus weiß kaum ein Mensch in Deutschland, der selber kein Jude ist, was jüdisches Leben heute in Deutschland bedeutet. Daher wird oft auch in der Vergangenheit geschwelgt. Die Begeisterung für die Zeit vor 1933 ist phänomenal, Namen wie Kurt Tucholsky oder Heinrich Heine sind heute Vorbilder. Zugleich feiern heute jiddische Kultur und Klezmer-Musik Hochkonjunktur – ohne dass z. B. die Zuhörer wissen, wie arm und wie bedroht das Leben in den heute so idyllisierten Schtetln war.

BUBIS: Nur eine kleine Minderheit in Deutschland weiß überhaupt, was das Judentum ist. Es gibt unterschiedliche Blickwinkel, aus denen heute die jüdische Gemeinschaft, das Judentum gesehen wird. Der schlimmste dieser Blickwinkel ist jener, der noch von den Kategorien des Nationalsozialismus bestimmt wird. Diese Menschen verwechseln das Judentum mit einer Rasse. Dies brachten erst die Nazis fertig – das Judentum per Nürnberger Gesetze vom Herbst 1935 offiziell als Rasse zu definieren. In Dresden habe ich ein Schriftstück aus den ersten Jahren der NS-Herrschaft gesehen, das befahl, Juden aus allen möglichen beruflichen Positionen zu entfernen, »gleich, welcher Religion sie sind«. Getaufte Juden waren also »Rassejuden«. Doch eine solche Haltung gibt es heute nur noch bei ganz wenigen Menschen. Dann gibt es Menschen, die Juden als Israelis definieren. Die verwechseln »israelitisch« mit »israelisch«. Die Mehrheit – etwas mehr als zwei Drittel der Juden in aller Welt – leben aber noch nicht einmal in Israel. 25 Prozent der Israelis sind wiederum keine Juden, sondern arabische Moslems, Christen, Drusen usw. Schließlich gibt es die große Mehrheit, die gar nicht weiß, was Judentum bedeutet. Das sind die Unwissenden, die weder das Judentum noch einen Juden kennen. In dieser Gruppe gibt es diejenigen, die Juden aus Unwissen hassen – und es gibt auch solche, die Juden um deren Jüdischsein willen lieben. Man hasst oder liebt »den« Juden, ohne ihn zu kennen. Ich persönlich weiß, daß es in Deutschland viele Menschen gibt, die mich hassen, und viele, die mich lieben – und beide Extreme beruhen auf meinem Judentum. Ich möchte den Tag erleben, an dem ich nicht mehr ausschließlich wegen meines Judeseins geliebt oder gehasst werde, sondern als Mensch. Dass Juden um ihres Charakters und ihres Menschseins willen geliebt oder gehasst wurden, gab es in Deutschland lediglich zwischen dem Ende des 19. Jahrhunderts bis in das zweite Jahrzehnt des 20. Jahrhunderts. Ansonsten bestimmte das Judesein stets das Ansehen, das Fremdbild der Juden in Deutschland. Doch die Zuhörer der Klezmer-Musik oder die Leser von Heine und Tucholsky wissen dies vielleicht gar nicht.

TRIBÜNE: Nicht nur im Kulturleben, sondern auch in alltäglicher Politik ist die jüdische Gemeinschaft in Deutschland, insbesondere während des Wahlkampfes zum Bundestag im September 1998 von Repräsentanten durchweg demokratischer Parteien mit unmißverständlichem Populismus konfrontiert. Treibt diese verdeckte – latente – Xenophobie nicht erst recht das Wasser auf die Mühlen der Radikalen?

BUBIS: Natürlich haben auch demokratische Parteien im Bundestagswahlkampf 1998 – vor allem die zwei großen Volksparteien – Populismus betrieben, in dem sie Verständnis gezeigt haben für die Menschen, die xenophob sind. Man hat zwar nicht gesagt, dass man die vermeintlich »Fremden« nicht hier haben wolle, aber dass die Ausländer an vielen Zuständen schuld seien. Erst durch solche Zugeständnisse werden die rechten Parteien salonfähig gemacht. Wenn die demokratischen Parteien glauben, dass sie mit solchen Parolen den Rechtsextremen die Wählerschaft wegnehmen, irren sie sich gewaltig. Auf lange Sicht werden sie diesen Parteien Wähler zuführen und diese nicht an sich binden können.

TRIBÜNE: Die anfängliche Weigerung der Schweizer Banken, die Existenz so genannter »namenloser Konten« von Opfern der Schoah und der Handel mit Raubgut einzugestehen, sowie die damit verbundenen Nachforschungen haben erst eine ganze Reihe von Forderungen gegenüber Banken, Versicherungen und Industrieunternehmen in Deutschland ausgelöst. Sogar in England und den USA fand man durch die erzwungene Öffnung der Archive Guthaben jener Juden, die schließlich noch dem Massenmord der Nazis zum Opfer gefallen sind. Die Diskussion um die berechtigten Ansprüche der Erben ruft heute noch, mehr als 50 Jahre nach Kriegsende, eine Lawine von Protesten gegen diese Forderungen – und unverkennbaren Antisemitismus – hervor.

BUBIS: Viele Menschen meinen, dass man sich heute, mehr als 50 Jahre nach Ende der NS-Herrschaft und der Schoah, eigentlich nicht mehr mit diesen Fällen beschäftigen sollte. Ich verstehe diese Menschen nicht, die die Meinung vertreten, dass man heute nicht mehr darüber sprechen darf, dass man ein halbes Jahrhundert zuvor einem Menschen sein Hab und Gut, sein ganzes Vermögen geraubt hat – und ihm oder seinen Nachkommen dieses 50 Jahre lang vorenthielt. Es mag sein, dass es im bürgerlichen Recht oder im Zivilrecht hierfür einen Tatbestand der Verjährung gibt, doch ich denke, dass es nach einem Massenmord keine Verjährung geben darf, denn dadurch würde der Mörder zum rechtmäßigen Erbe des Opfers werden. Das darf es nicht geben, dass die Nachkommen der Täter oder ihrer Helfer die Opfer beerben. Der Schweiz und teilweise auch Deutschland, aber auch anderen Ländern, ist es jedoch gelungen, mehr als 50 Jahre davon abzulenken. In der Bundesrepublik hat es zwar immer wieder Regierungen gegeben, die versuchten, im Rahmen der Entschädigungsgesetzgebung Abhilfe zu schaffen, doch eine umfassende Rückgabe hat es auch hier nicht gegeben. Zudem haben eine ganze Reihe von Opfern – z. B. Osteuropäer – jahrzehntelang keine Zahlungen erhalten. Juristisch mag zutreffen, dass keines der heutigen Unternehmen – Banken, Versicherungen usw. – oder seine Vorstände für das verantwortlich sind, was während der Jahre 1933 bis 1945 geschehen ist. Aber ich bin der Überzeugung, dass die Schoah nicht verjährt, dass es eine moralische Verantwortung gibt. Moral kann nicht der Verjährung unterliegen. Hier sehe ich einen ganz gravierenden Unterschied. Die Schweizer hatten sich an die Werte, die ihnen eigentlich nicht gehörten, dermaßen gewöhnt, dass viele von ihnen zu Antisemiten geworden sind, als man – Juden – ihnen diese Vermögenswerte wieder wegnehmen wollte. Es ist widersinnig, aber es ist eine Tatsache.

TRIBÜNE: Wie war das mit den englischen und amerikanischen Banken, die vor der Emigration ins Ausland transferiertes Vermögen ebenfalls für sich vereinnahmten? Wir meinen, dass auch diese Frage nicht nur einen materiellen Hintergrund hat, sondern auch eine moralische Komponente beinhaltet.

BUBIS: Im Hinblick auf die Konten in England und den USA besteht eine ähnliche Situation wie in der Schweiz. Auch in diesen Ländern gab es namenlose Konten, und diese Vermögen wurden durch den englischen Staat kassiert. Auch darüber wird man sich unterhalten müssen, die Gespräche haben bereits begonnen. Es werden übrigens unterschiedslos die gleichen Maßstäbe bei der Rückgabe und Entschädigung angelegt wie bei den schweizerischen oder deutschen Banken.

TRIBÜNE: Bei den Banken, den Versicherungen und der Industrie hat die Beschäftigung mit der eigenen Vergangenheit in der NS-Zeit erst in den vergangenen paar Jahren begonnen. War das eine Art »Schonzeit« für die agierenden Vorstände und Manager?

BUBIS: Durch die Öffnung der Archive sind viele der Verstrickungen von Banken, Versicherungen und der Industrie in die Machenschaften der NS-Zeit erst herausgekommen. In den ersten Jahrzehnten nach dem Krieg haben sich diese Unternehmen nicht mit diesem Teil ihrer Vergangenheit auseinandergesetzt – und wenn doch, wurden die Ergebnisse ebenfalls in Tresore und Archive gelegt. Bekannt für ihre Verstrickungen waren lediglich solche Unternehmen wie I.G.-Farben oder Krupp. Die anderen Firmen haben erst in den vergangenen fünf bis zehn Jahren damit begonnen, in ihre Firmengeschichte auch die historischen Erkenntnisse über die Jahre nach 1933 einzufügen und zu publizieren. Es ist alles in Bewegung geraten – wenngleich keinerlei Rechtsansprüche anerkannt werden und ausschließlich eine moralische Anerkennung zugestanden wird. Die heutigen Vorstände sind eine andere Generation.

TRIBÜNE: Die Verbundenheit von Juden mit dem Staat Israel, egal in welchen Ländern sie leben und in welcher Kultur sie aufgewachsen sind, ist kein Geheimnis. Oft erreichen uns aber alarmierende Nachrichten, nicht nur über den dortigen Terror und dessen Opfer, sondern auch über die zunehmende Verkrustung der Gesellschaft sowie die durch die ständige Bedrohung immer mehr zurückgehende Toleranz. Aus der Angst heraus gewachsene Aggressionen verlangsamen bedauerlicherweise auch den Friedensprozeß. Welchen Einfluss hat dies auf die Haltung der jüdischen Gemeinschaft in Deutschland?

BUBIS: Es ist normal, dass das Judentum in Israel zwei Elemente sieht. Israel ist der nach 2000 Jahren wiederentstandene Staat, dessen Wurzeln zugleich auch jene des Judentums sind. Über ihr eigenes Judentum haben Juden daher bereits eine ganz besondere Beziehung zum heutigen Staat Israel. Es ist der Staat ihrer Urväter. Außerdem leben wir alle, nicht nur die Überlebenden, sondern auch die heutige zweite oder dritte Generation, noch immer in der Erinnerung an die Schoah. Jedem ist es klar, dass Israel ein stets offener Zufluchtsort ist. Dies beruhigt.

Die aufsehenerregenden Evakuierungen der Juden aus dem Irak, Syrien, Albanien, Äthiopien oder auch dem ehemaligen Jugoslawien zeigten, wie sehr Israel Verantwortung für verfolgte und bedrohte Juden übernimmt. Israel besetzte sogar den Flughafen von Addis Abeba, um die äthiopischen Juden – 15 000 Menschen – binnen 24 Stunden nach Israel zu fliegen. Wenig bekannt sind hingegen die Bemühungen, Juden aus der damaligen UdSSR herauszuholen, was am Ende sehr erfolgreich war. Seit dem Zusammenbruch des Ostblocks sind, auch auf dieser Erfahrung der Verantwortung beruhend, weitere 800 000 Juden aus der GUS nach Israel immigriert. Heute stammt ein knappes Drittel der jüdischen Israelis aus der ehemaligen Sowjetunion. Es kursiert bereits ein Witz darüber. Man werde in absehbarer Zeit eine Zweitsprache als Regelsprache in Israel einführen, nämlich Hebräisch – nach Russisch.

Noch mal zurück zu dem Gedanken, dass Israel für die Diasporajuden wichtig ist: Jedem ist es klar, dass, hätte Israel in dieser Form bereits 1933 existiert, die Welt heute anders aussähe. Die Engländer hatten die jüdische Einwanderung qua Weißbuch im Jahre 1939 stark beschränkt. Ganz anders reagiert der Staat Israel heute, weil er Juden »heimholt« und dessen Tore jedem Juden offenstehen. Natürlich werden die politischen und gesellschaftlichen Entwicklungen in Israel auch von den Juden in Deutschland aufmerksam verfolgt. Der Kulturkampf zwischen orthodoxen, liberalen und säkularen Juden in Israel ist erst am Anfang, und ein Ende ist nicht abzusehen. Dabei ist der Terror von arabischen Terroristen eine noch immer nicht zu unterschätzende Größe. Es gibt also im hiesigen Judentum auch Sorge um Israel.

TRIBÜNE: Die wegen der Pogromstimmung aus den Nachfolgestaaten der Sowjetunion unter anderem auch nach Deutschland geflohenen Juden haben die allerorten hoffnungslos überalterten jüdischen Gemeinden neu belebt. Die meisten Emigranten haben einen Hochschulabschluss, sie sind Ärzte, Musiker oder Ingenieure. Durch sie könnten die deutsche Wirtschaft und Kultur enorm bereichert werden. Trotzdem sind aber viele arbeitslos, leben von Sozialhilfe. Für die jüdische Gemeinschaft in der BRD ist diese Starthilfe für eine neue Existenz der Einwanderer eine nur schwer zu bewältigende Herausforderung. Dass Deutschland in den vergangenen zehn Jahren etwa 45 000 Juden sowie 4000 Familienangehöriger als sicheres Asylland erschien und immer noch Juden nach Deutschland kommen, ist doch ein großartiger Vertrauensbeweis.

BUBIS: Die jüdischen Einwanderer aus Osteuropa haben die jüdische Gemeinschaft in Deutschland auf jeden Fall positiv belebt. Doch ich möchte betonen: Wir bemühen uns nicht explizit darum, dass diese Menschen hierher kommen, wir werben nicht um sie. Aber wir sehen es als unsere Pflicht an, ihnen zu helfen, wenn sie hier leben möchten. Interessanterweise ist es in der Öffentlichkeit, die nur den gegenwärtigen »Zustrom« konstatiert, kaum bekannt, daß es seit 1945 immer wieder Wellen von jüdischen Zuwanderern aus Osteuropa gab. Zwischen 1945 und 1948 und nochmals nach 1968 kamen Juden aus Polen, ebenfalls 1968 aus der damaligen Tschechoslowakei, 1956 aus Ungarn – es gab immer eine Zuwanderung. Aber eben auch, wie bereits eingangs betont, eine Auswanderung, weshalb die Zahl der Juden in Deutschland bis 1990 konstant blieb. Die in den vergangenen neun Jahren eingewanderten Juden kamen in einer Zeit, in der die allgemeine Arbeitslosigkeit bereits sehr hoch war, so dass es für diese Menschen – ganz abgesehen von Sprachbarrieren usw. – noch schwieriger war, Arbeit zu finden. Solange noch ein deutscher Arzt ohne Arbeit ist oder noch nicht seine Niederlassung hat, so lange darf man keinen ausländischen Arzt beschäftigen. Wir haben Schwierigkeiten bei der Einbürgerung, welche aber oftmals Voraussetzung dafür ist, dass diese Menschen eine Arbeit, eine ordentliche Wohnung und Anerkennung erhalten. Bleiben wir bei dem Beispiel des Arztes: Wenn dieser russische Jude nicht eingebürgert ist, darf er nicht praktizieren, wenn er nicht praktizieren darf, ist er auf Sozialhilfe und die Unterstützung der Gemeinde angewiesen. Solange er Sozialhilfe erhält, wird er nicht eingebürgert. Der Kreis schließt sich, die Hoffnung dieses Arztes auf eine Normalisierung des Lebens wird immer geringer.

Der Zentralrat und die Zentralwohlfahrtsstelle der Juden in Deutschland (ZWST) versuchen, Abhilfe zu schaffen, zu helfen, wo es geht. Die Menschen sind aber trotz dieser Schwierigkeiten eine Bereicherung – nicht nur, was ihre Ausbildung anbelangt. Die Bildung und Ausbildung ist ja auch bei den bisherigen Mitgliedern der jüdischen Gemeinschaft sehr gut. Doch die Immigranten haben die Gemeinden deutlich verjüngt, es gibt wieder mehr Kinder und Jugendliche. Aber nicht nur die jüdischen Gemeinden, auch Deutschland hat Vorteile von diesen Einwanderern. Dies war in der Geschichte immer so: Denken Sie nur an die Hugenotten im 17. und 18. Jahrhundert, an die Polen während der Jahrhundertwende, an die ausländischen Arbeiter in den fünfziger und sechziger Jahren.

Zudem haben Sie völlig recht, die Einwanderung von Juden ist darüber hinaus auch ein Vertrauensbeweis für das »neue« Deutschland, für das demokratische Deutschland der Gegenwart.

TRIBÜNE: Auf der einen Seite also bei allen Schwierigkeiten die Freude über den Zuwachs für die Gemeinden – bedeutet dies auf der anderen Seite womöglich auch wiederum Zuwachs für den Antisemitismus?

BUBIS: Dass sich Antisemiten gegen die jüdischen Zuwanderer wehren und diese teils auch zur Zielscheibe antisemitischer Propaganda werden, ist klar – aber wenn es diese Menschen nicht gäbe, würde der Antisemit eben andere Gründe finden, um antisemitisch zu agieren. Antisemitismus braucht keinen konkreten Anlaß und noch nicht einmal Juden dazu.

TRIBÜNE: Herr Bubis, Sie haben noch vor wenigen Jahren mit Ihrem definitorischen Rückgriff in die Weimarer Republik heftige Diskussionen ausgelöst. Sie bezeichneten sich selber als »deutscher Staatsbürger jüdischen Glaubens«. Doch dies ist das Eigenbild. Ob Sie und andere Juden im Gegenzug auch als solche Staatsbürger akzeptiert werden, ist eine andere Frage. Sie betonten in einigen Interviews aus den vergangenen Wochen, dass Sie die Zukunft des deutschen Judentums – der Juden in Deutschland – eher pessimistisch einschätzen. Sie sprachen sogar davon, diese schwarz zu sehen. Was veranlaßt Sie zu dieser Einschätzung?

BUBIS: Ich betone heute kaum noch in der früheren Intensität meine Identität als deutscher Staatsbürger jüdischen Glaubens. Die Mehrheit der Gesellschaft sieht Juden nicht als solche und will sie auch so nicht sehen. Wir werden, wie bereits ausgeführt, als Fremde, als Israelis, als Ausländer, als Rasse, als alles Mögliche betrachtet, aber nur selten als deutsche Staatsbürger. Nur eine Minderheit der nichtjüdischen Bevölkerung sieht in einem in Deutschland lebenden Juden nichts anderes als etwa einen katholischen oder evangelischen Deutschen. Da werden von der Mehrheit schlicht und einfach Unterschiede gemacht. Man sieht zuerst den Juden, selten den Menschen, aber noch seltener den Deutschen. Es ist richtig, meinen Optimismus habe ich etwas verloren. Ich bin mir nicht sicher, ob es in absehbarer Zeit überhaupt zu solchen Zuständen kommen kann wie in den Jahrzehnten um 1900. Damals war es, trotz des virulenten Antisemitismus, selbstverständlich, dass ein jüdischer Deutscher genauso ein Deutscher war wie ein Katholik oder ein Protestant. Das ist heute nicht der Fall, und wie sich diese Situation weiterentwickeln wird, ist nicht einzuschätzen. Es liegt aber nicht an den Juden, sondern an den Nichtjuden, welche Richtung sich am Ende durchsetzen wird.

TRIBÜNE: Also hat eine umfassende Emanzipation der Juden im wörtlichen Sinne – der Befreiung von Bevormundung – trotz der jahrzehntelangen Akkulturation und dem langsam und vorsichtig aufgebauten Gefühl der Verbundenheit mit Deutschland nach 1945 nicht stattgefunden?

BUBIS: Eine Emanzipation hat stattgefunden – aber nicht unter Gleichberechtigten. Die absolute Mehrheit der Juden in Deutschland hat sich integriert, wenngleich die frühere Vorstellung der Assimilation zu Recht aufgegeben wurde. Doch ihre eigene Identität wird so von der Umwelt nicht unbedingt akzeptiert. Assimilation darf und muss im übrigen nicht sein, jeder sollte die Chance haben, seine Art des Lebens fortzusetzen – religiös, kulturell. Deutschland ist ein multikulturelles Land, auch ohne die Ausländer. Schauen Sie sich nur Bayern und das Rheinland an oder früher Schlesier und Friesen – was für Unterschiede!

Das Verhältnis zu den Juden ist aber ein anderes als das der deutschen Kulturen untereinander. Juden sind eine »fremde« Kultur. Wenn die Überlebenden der Schoah verstorben sind, dauert es vielleicht noch ein oder zwei Generationen danach, bis sich auch das Verhältnis zu den Juden und die Sicht auf sie verändert. Die Situation ist natürlich auch durch die Schoah belastet.

TRIBÜNE: Ihr persönlicher Optimismus, als deutscher Staatsbürger jüdischen Glaubens akzeptiert zu werden, ist etwas gedämpft. Hat sich dadurch auch etwas an dieser Empfindung geändert?

BUBIS: Nein, meine individuelle Identität bleibt bestehen, und ich möchte sie auch gar nicht verändern. Aber es gibt eben einen gravierenden Unterschied zu anderen Staatsbürgern, den ich auch durch meine Überzeugung nicht ausgleichen kann. Nehmen Sie die Partei, der ich angehöre, die FDP: Deren Vorsitzender, Wolfgang Gerhardt, weiß, dass ich Jude bin. Aber ich weiß bis heute nicht, welcher Religion er angehört. Man wird auch von außen immer wieder auf den Unterschied zwischen Juden und Nichtjuden gestoßen. Ich habe eine

Identität als Staatsbürger Deutschlands, und ich habe eine religiöse Identität. Doch das Staatsbürgertum hat nichts mit meiner Religion zu tun. Wenn ich mein Judentum betone, ist es in den Augen der Umwelt jedoch immer etwas anderes, als wenn z. B. der Vorsitzende der Evangelischen Kirche Deutschlands seine Religion betont. Ihm wird bestimmt nicht von Katholiken vorgehalten, er sei Fremder oder Ausländer und gleiches gilt auch im Verhältnis von Protestanten zu Katholiken.

TRIBÜNE: Würden Sie sagen, dass trotz dieser pessimistischen Betrachtung in der deutschen Regierung und Bevölkerung im Vergleich mit anderen Staaten viel zur Aufarbeitung der NS-Vergangenheit bzw. der Verstrickung in diese getan wird?

BUBIS: In der Bundesrepublik hat man sich zumindest seit den siebziger Jahren viel intensiver mit der NS-Vergangenheit beschäftigt als in vielen anderen Ländern – zu Recht. Aber das ist auch verständlich, denn letztendlich ist der Nationalsozialismus ja auch von Deutschland ausgegangen.

TRIBÜNE: Sie reagierten daher auch prompt auf die Dankesrede von Martin Walser anlässlich der Verleihung des Friedenspreises des deutschen Buchhandels. Dieser bezeichnete die Auseinandersetzung mit der Schoah als »Instrumentalisierung von Auschwitz« – als »Moralkeule« sowie das Holocaust-Mahnmal in Berlin als »Monumentalisierung der Schande«.

BUBIS: Martin Walser gehört zur geistigen Elite der Republik. Seine Äußerungen werden anders gewertet als irgendein »Stammtisch«-Geschwätz. Um so unverständlicher sind mir seine Äußerungen und die mit Vehemenz vorgetragenen Ausführungen. Allerdings ist in den letzten Jahren eine starke Tendenz von den »Intellektuellen« erkennbar, die diese selbst als eine »Rückkehr zur Normalität« bezeichnen.

Nach dem »Historikerstreit« und der Auseinandersetzung im Mai 1995, als ein Teil der Gesellschaft eine »Schlussstrichmentalität« an den Tag legte, ist dieses jetzt der dritte Versuch.

TRIBÜNE: Herr Bubis, wir danken Ihnen für das Gespräch.

Das Gespräch führten Otto R. Romberg
und Susanne Urban-Fahr

»Unsere neueste Statistik über die Entwicklung aller jüdischen Gemeinden weltweit zeigt, dass die jüdischen Gemeinden in Deutschland den größten und schnellsten Zuwachs an Mitgliedern aufweisen – allen voran Berlin . . . Ich traue meinen Augen nicht: Ich sehe wiedereröffnete Synagogen, wiederaufgebaute Gotteshäuser; ich sehe neue jüdische Schulen, Kindergärten und Gemeindezentren. Für mich ist das alles eine fortwährende Überraschung.«

Israel Singer, Generalsekretär des jüdischen Weltkongresses.

*

»Juden in Deutschland fühlen sich, als würden sie auf einem zugefrorenen See laufen. An einigen Stellen ist das Eis dick, an anderen dünn. Wer schnell läuft, kann auch einbrechen.«

Andreas Nachama, Vorsitzender der jüdischen Gemeinde Berlin, in »Newsweek«.

*Hanno Loewy**

Jüdische Existenz in Deutschland

Zur Gegenwart vieler offener Fragen

Im Januar 1996 hielt der israelische Staatspräsident im Deutschen Bundestag eine vielbeachtete Rede. Vorgetragen im Ton eines persönlichen Bekenntnisses, entstammte diese Rede gleichwohl der Feder des bekannten israelischen Schriftstellers Meir Shalev. Doch das »Ich«, in dessen Namen Weizman zu den Deutschen und zu den in Deutschland lebenden Juden sprach, erweist sich als »Wir«. Als israelischer Präsident sprach er im Namen der Juden der Welt. »Ich bin nicht mehr der in allen Wegen der Welt wandernde, vom einen Exil ins andere vertriebene Jude. Aber jedem Juden in jeder Generation ist es auferlegt, sich so zu sehen, als sei er dort gewesen.«

Die Thora schreibt allerdings vor, sich im Exil daran zu erinnern, dass »wir« schon einmal befreit worden sind, dass es folglich Hoffnung für die Juden gibt. In wessen Namen also sprach der Präsident, wessen Präsident sprach hier? Bei einem Treffen mit deutschen nicht-jüdischen wie jüdischen Studenten anlässlich seines Besuches in Deutschland drückte Weizmann sich deutlicher aus: Er könne »sich über im Ausland lebende Juden nicht freuen«, und er stellte fest, dass »das einzige Land, in dem ein Jude als Jude leben kann, das Land Israel [sei]. Die Errungenschaft des jüdischen Volkes liegt nicht in der Rückkehr von Juden nach Deutschland. Für mich repräsentieren die Juden in Deutschland nicht das jüdische Volk, sondern lediglich die in Deutschland lebenden Juden.«

Der israelischen Tageszeitung »Ha'aretz« blieb es vorbehalten, darauf hinzuweisen, dass »der Präsident [sich] keine Gedanken darüber gemacht [habe], daß auch er mit seinen Worten bestenfalls die jüdischen Bürger des Staates Israel repräsentiere, daß er darüber hinaus als Präsident des Staates Israel nicht unbedingt zum Präsidenten aller Juden der Welt werde.«[1]) Die Frage, ob es seine Pflicht als israelischer Staatspräsident sei, auch für die arabischen Bürger Israels zu sprechen, soll uns noch beschäftigen. Wer spricht hier also für wen, mit welchem Recht?

Für viele Juden in Deutschland, ob sie sich nun selbst lapidar als in Deutschland lebende Juden, als deutsche Staatsbürger jüdischen Glaubens oder als deutsche Juden bezeichnen, für sie war Weizmanns Rede eine Provokation. Und das nicht, weil in ihr etwas völlig Neues zum Ausdruck gekommen wäre, sondern weil Anlass und Zeitpunkt dieser Rede eine hohe symbolische Wirkung besaßen. Es war der erste Staatsbesuch eines israelischen Präsidenten in Deutschland, eine Rede vor dem Bundestag die Ansprache vor dem Souverän. Und es war eine Rede zu einem Zeitpunkt, als Bewegung in die Juden Deutschlands gekommen war, weil die jüdische Gemeinschaft in Deutschland sichtbar zu wachsen und in sich zu differenzieren begonnen hatte.

Die Repräsentanten der jüdischen Gemeinschaft, allen voran Ignatz Bubis, versuchten, den Affront zu mildern und sparten zugleich nicht mit klaren Worten – die Zeit für Belehrungen dieser Art sei vorbei.

---

* Direktor des Fritz-Bauer-Institutes

[1]) Roy Grünwald, »Die Robe des Präsidenten«, in: Ha'aretz, 22. 1. 1996.

STANDORTE

Wie viel Irritation von Weizmans Rede und der Haltung, die sie zum Ausdruck brachte, ausgegangen war, dies lässt sich gerade von ihrer Wirkung auf junge Juden in Deutschland ablesen, die über unterschiedliche Identitäten und Stellungnahmen zu Deutschland und Israel nachdenken, über ihren jeweils eigenen Weg.

Vielleicht nicht immer »repräsentative«, aber in ihrer Bandbreite höchst aussagekräftige Momentaufnahmen aus ihrer Sicht hat Micha Brumlik in dem Sammelband »Zuhause, keine Heimat?«[2]) zusammengetragen. Viele dieser Beiträge, ja der Sammelband insgesamt, sind durch Weizmans Rede entstanden.

Das Bild einer sich in kaum aufgelösten Widersprüchen bewegenden Selbstfindung, das aus diesen Versuchen hervorgeht, hinterläßt offene Fragen und wenig beruhigende Antworten. Den eigenen Standort, oder besser, die augenblickliche Position »unterwegs« zu bestimmen, dazu werden immer wieder die selben Koordinaten bemüht und dennoch höchst unterschiedlich gedeutet. Wie soll dies auch anders sein in einer jüdischen Wirklichkeit, in der so gänzlich verschiedene Erfahrungen miteinander in Widerstreit liegen: Familien, die im Holocaust nahezu total ausgelöscht und nach 1945 mühsam und fragmentarisch neu geschaffen wurden, Emigranten vor allem aus der ehemaligen Sowjetunion, deren reale Erfahrungen mit dem Kommunismus zumeist prägender waren als die mit »den Deutschen«, Kinder schließlich von Emigranten aus aller Welt, zum Teil aus Familien mit deutsch-jüdischer Herkunft.

Für die meisten von ihnen besitzt der deutsche Antisemitismus eine besonders beunruhigende Qualität. Für sie ist der Holocaust keineswegs eine längst vergangene Katastrophe, auch dann nicht, wenn er für viele nur noch eine Erzählung, eine Erinnerung anderer darstellt.

Für sie ist Israel selbstverständlich ein Land, zu dem eine besondere Verbundenheit besteht, eine Verbundenheit mit Menschen und Orten, die durch regelmäßige Besuche, durch familiäre Bande und emotional unvergängliche Erfahrungen gegenwärtig bleibt, eine Verbundenheit mit einer politischen Vision, die zugleich immer geringere Bedeutung für den eigenen Lebensentwurf besitzt. Die Rede vom »sicheren Hafen« wird fast gebetsmühlenartig wiederholt. Doch einstweilen fühlt man sich in Europa oder in den USA real sicherer als im Nahen Osten. Weizmans Rede hat vor diesem Hintergrund schmerzhafte Ambivalenzen im jeweils eigenen Bewußtsein wachgerufen. Kaum einer, der sie gerade deshalb nicht beinahe wütend abgelehnt hat, und zugleich seiner Loyalität zu Israel nicht dennoch demonstrativ Tribut zollte.

Fragil und tabubeladen ist erst recht das Verhältnis zu dem Land, in dem wir leben. Doch es sind gerade die Details, in denen immer wieder deutlich wird, wie sehr sich junge Juden in Deutschland als Teil dieser Gesellschaft verstehen, selbstbewußt und mit dem Anspruch, dieses »deutsche« Gemeinwesen als Bürger mitzugestalten, nicht nur als »Mitbürger«.

Von »jüdischen Deutschen« zu sprechen, fällt vorerst noch schwerer, als von »nicht-jüdischen Deutschen«, doch es meint dasselbe: eine Nation, in der verschiedene »Identitäten«, verschiedene ethnische oder religiöse Gruppe durch einen gemeinsamen Bezug auf Verfassung und politisches System, durch das Zusammenleben auf einem bestimmten Territorium, durch gemeinsame Teilhabe an der Gesellschaft zu einem Ganzen verbunden sind. Der Prozess der Verständigung dieser Gesellschaft darüber, er hat gerade erst begonnen. Er ist noch

---

[2]) Micha Brumlik (Hg.), Zuhause, keine Heimat? Junge Juden und ihre Zukunft in Deutschland. Gerlingen 1998.

lange nicht entschieden. Es gehört zu den Widersprüchen jüdischer Existenz in Deutschland, dass ebenjene Kette politischer Ereignisse 1989 und 1990, die zugleich eine reale Chance auf eine Wiederbelebung jüdischen Lebens in Deutschland eröffnete – aus Gründen, die unideologischer, unerwarteter und pragmatischer nicht hätten sein können.

BEWEGUNG

Bis 1990 blieb die Zahl der in Deutschland lebenden Juden mehr als drei Jahrzehnte lang fast konstant bei rund 30 000 Menschen.

Dies änderte sich erst, als 1990, nach dem Fall des eisernen Vorhangs und mit der einsetzenden Auswanderung der Juden aus der ehemaligen Sowjetunion Deutschland zu einem Einwanderungsland für Juden wurde. Juden in Deutschland sind nun, seitdem eine relevante Zahl von Menschen ihre Koffer packt, um nach Deutschland auszuwandern, vollends zu einem Symbol für die Fortexistenz der Diaspora geworden. Sind für Weizman und mit ihm für viele jüdische Israelis Juden »im Ausland« ohnehin nur Juden zweiter Wahl, oder besser: Juden, die eben »noch nicht« nach Israel gegangen sind, so waren schon jene, die nach der Schoah in Deutschland blieben, unter fortwährenden, oft aggressiven Rechtfertigungszwang gestellt. Dass dies für die Überlebenden der Vernichtung so war, ist verständlich. Dass ein Staat, der Deutschland offiziell gerne zu seinen »besten Freunden« zählt, frelich so agiert, verwunderte auch Roy Grünwald, der in seinem schon zitierten Kommentar in »Ha'aretz« schrieb: »Das ›andere Deutschland‹ gibt es nur für Israelis, nicht für Juden, die in diesem Deutschland leben wollen.«

Anders als die jüdischen Gemeinden in den USA, mit deren Existenz man sich in Israel offenbar abgefunden hat, ist die Existenz jüdischer Gemeinden in Deutschland, erst recht die bewußte Entscheidung für Deutschland, offenbar per se ein Skandalon für jeden, der die Diaspora mit der Gründung des Staates Israel als ein historisch überwundenes Kapitel der jüdischen Geschichte betrachtet, an das die Juden sich nun »erinnern« sollen.

Die »russische Einwanderung« kam zugleich zu einem Zeitpunkt, als die meisten Juden in Deutschland die vielbeschworenen »Koffer« selbst ausgepackt hatten. Politisches Engagement wie angesichts der Ehrung der SS-Gräber von Bitburg durch Helmut Kohl und Ronald Reagan, das selbstbewußte Auftreten gegen die Premiere von Fassbinders »Der Müll, die Stadt und der Tod« und die Besetzung der letzten Überreste des jüdischen Ghettos in Frankfurt am Main, die einem Neubau der Stadtwerke weichen sollten, symbolisierten einen neu gewachsenen Willen, sich einzumischen, nicht nur eigene Rechte zu verteidigen, sondern diese Gesellschaft mitzugestalten.

Mittlerweile sind Juden in Deutschland zwar politisch selbstverständlich aktiv, doch nach wie vor mit der Bürde belastet, als lebende Mahntafeln zu gelten. Ignatz Bubis hat in der »Süddeutschen Zeitung« und dem »Stern« einige Zeit vor seinem Tod eher resignierend seine fortwährende Ausgrenzung als »Israeli« kommentiert und dies auch im Gespräch mit TRIBÜNE nochmals betont. Wie er sich gesehen fühlt? »Israeli, Fremder, Ausländer, Gast.« Eine Zukunft für Juden in Deutschland? »Vielleicht in zwei Generationen. Wenn Opfer und Täter und die erste Nachkriegsgeneration nicht mehr leben.« Keine neue Blütezeit für ein deutsches Judentum? »Ich sehe schwarz. Die Mehrheit will es nicht akzeptieren. Im Moment jedenfalls nicht. Jüdische Nostalgie ist in. Man hört gerne Klezmer-Musik, weil es sie nicht mehr gibt.«[3])

---

[3]) Süddeutsche Zeitung, 21. 9. 1998

Der Spagat zwischen dem tiefempfundenen Bedürfnis, sich selbst die Existenz in diesem Land durch Mahnung und Einforderung von Erinnerung und Gedenken zu legitimieren, und dem Wunsch, als Staatsbürger in diesem Gemeinwesen auch als Individuum, nicht länger nur als Exempel, als Vertreter des Kollektivs und der Geschichte oder, wo Antisemitismus sich offen artikuliert, als Exemplar der »jüdischen Art« wahrgenommen zu werden, dieser Spagat wird mit der Zeit größer und nicht kleiner. Deshalb ist an »Normalität«, sosehr und je mehr sie subjektiv auch von Juden gewünscht werden mag, kaum zu denken.

Und doch: In den wenigen Jahren seit 1990 hat sich die jüdische Gemeinschaft in Deutschland mehr als verdoppelt. 40 000 Juden aus der ehemaligen Sowjetunion sind gekommen, wenig zwar im Vergleich zu der Immigration nach Israel und in die USA und doch genug, um die Zahl der Juden in Deutschland enorm ansteigen zu lassen. Schließlich ist es angesichts von 130 000 Ausreisewilligen in den GUS-Staaten, die bei den deutschen Konsulaten gemeldet sind, nur eine Frage der Zeit, bis die jüdische Gemeinschaft in Deutschland mehr als 100 000 Menschen betragen wird, um dann, nach Frankreich und England, wieder die drittgrößte in West- und Mitteleuropa zu sein.

Zugleich wird diese jüdische Gemeinschaft in Deutschland im Vergleich zu anderen Minoritäten von Arbeitsimmigranten, die ihren Weg in die deutsche Gesellschaft zu finden versuchen und finden müssen, auch in Zukunft nur eine kleine Gruppe sein. All das, was die jüdische Gemeinschaft mit und zum Teil wegen der Hypothek der Geschichte in Deutschland nach 1945 erreicht hat, wird dann auch für diese Minoritäten ein Maßstab sein, ob wir dies wollen oder nicht.

PLURALISIERUNG

Die demografische Veränderung der jüdischen Gemeinden in Deutschland im vergangenen Jahrzehnt hätte radikaler nicht sein können. Die Zahl der Gemeindemitglieder hat sich nicht nur mehr als verdoppelt, gut die Hälfte stammt nun aus der ehemaligen Sowjetunion und besitzt einen völlig anderen Erfahrungshintergrund als die meisten bisherigen Mitglieder. Ihr Bildungsniveau ist ausgeprochen hoch, viele von ihnen haben in der ehemaligen Sowjetunion akademische und technische Berufe ausgeübt. »Die wenigsten Einwanderer, die vor Verelendung und Pogromstimmung fliehen«, so schreibt Daniel Krochmalnik, »verbinden ihre Einreise mit dem Wunsch, das Judentum in Deutschland kennenzulernen. Für sie war das Judesein oft nur ein nationaler Makel, dem sie entfliehen wollten, aber keine geistige Herausforderung. Größtenteils sind die russischsprechenden jüdischen Einwanderer gebildet, belesen und kultiviert. Sie legen viel Wert auf Kultur, haben aber gar kein Verständnis für den Kultus.«[4]) Dies gilt sicherlich nicht für alle Neuankömmlinge, doch es trifft das Gesamtbild. Für viele sind die jüdischen Gemeinden zunächst einmal soziale Organisationen, von denen sie Hilfe erwarten. Oft bilden sie zugleich längst die Mehrheit, viele neue Gemeinden sind ja durch ihre Einwanderung erst entstanden. Zugleich hat in den jüdischen Gemeinden in den neunziger Jahren ein Pluralisierungsprozess begonnen. In verschiedenen Städten entstehen Gemeinschaften, die in unterschiedlicher Form liberales oder konservatives Judentum, liturgische Praxis und Ritual neu entwickeln wollen, ohne dabei allzu eng an die Traditionen des deutschen Judentums anzuknüpfen, dessen furchtbares Ende wie ein

---

[4]) Daniel Krochmalnik, »Der beschwerliche Weg zum Judentum. Zu der religiösen Umkehr russischer Juden, ihren Anpassungsproblemen und unserer Unfähigkeit, ihnen dabei zu helfen«, in: Frankfurter Jüdische Nachrichten, Nr. 97, September 1998.

Menetekel erscheint. Dabei spielt natürlich auch der selbstverständliche Anspruch der Frauen eine Rolle, am rituellen Leben der Gemeinschaft gleichberechtigt teilzuhaben. Eine konservative Rabbinerin in Oldenburg ist das sichtbarste Zeichen dieser unumkehrbaren Entwicklung. Die Suche nach zeitgemäßeren Formen des Gottesdienstes orientiert sich vor allem an Vorbildern in den USA. So sind auch viele Mitglieder der neuen reformorientierten Vereinigungen Juden aus den USA, die in Deutschland leben. Erst recht sehen viele, die in sogenannten »Mischehen« leben, in den neuen liberalen Gemeinschaften einen Weg, ihre persönlichen Lebensentwürfe mit dem Wunsch nach einer stärkeren Verbindung zum Judentum in Einklang zu bringen.

Für die Mehrheit der Juden in Deutschland ist bislang gleichwohl die Angehörigkeit zur Einheitsgemeinde und auch die Verbindung von strengem Ritus in der Synagoge und liberaler Alltagspraxis die attraktivere Form. Dies mag oft Bequemlichkeit und Gewohnheit sein, vielleicht aber auch Ehrfurcht vor dem Numinosen, das dem orthodoxen Kultus anhaftet und das, wenn schon die Religionsausübung sich vor allem auf die Feiertage konzentriert, für viele die Zugehörigkeit zur Gemeinschaft sinnfälliger zu symbolisieren vermag.

Der Prozess der Differenzierung wird dennoch weitergehen. »Diese Pluralisierung trägt«, wie Micha Brumlik schreibt, »geographische, generationelle und ethnische Züge, die sich mit Entwicklungen im Bereich der Religion und politischen Institutionen überschneiden und überlappen.«[5]) In Hannover und München beispielsweise hat dies zur Spaltung geführt. In München gibt es jetzt auch eine große liberale Gemeinde mit mehr als vierhundert Mitgliedern. In anderen Städten wie z. B. in Frankfurt scheint eine Pluralisierung jüdischer Religiösität auch innerhalb der Gemeinden möglich zu sein, die auf eine Trennung von Verband, also politischer und sozialer Organisation, und Kultus hinauslaufen würde. Konfliktfrei wird dieser Prozess sicherlich nicht verlaufen. Doch er trüge der Realität Rechnung, daß nur noch für einen kleineren Teil des Judentums der Kern des jeweiligen Selbstverständnisses durch aktive Religionsausübung bestimmt wird.

IDENTITÄT?

Über jüdische Identität zu schreiben, bedeutet gerade in Deutschland ein doppelbödiges Unterfangen. »Jüdisches« dingfest zu machen, jüdische Existenz positiv und eindeutig zu bestimmen, entspricht nicht nur dem Bedürfnis nach einem »sicheren Ort«. Es steht zugleich im Schatten des Versuchs, »das Jüdische« von außen zu definieren, um es ein für allemal vernichten zu können. Oft genug ist hervorgehoben worden, dass das Judentum sich sowohl als Volk als auch als Religion bestimmt. Das eine bedingt das andere. Doch was dies nun heißt, ist weniger selbstverständlich denn je. Dass ein Volk, also eine »Herkunftsgemeinschaft«, sich als gemeinsamer Glaube konstituiert und umgekehrt, im jüdischen Verständnis also einen Bund bedeutet, der sich über das Bekenntnis zum einen Gott und zur Annahme seiner Gesetze stiftet, setzt Menschen zueinander in Beziehung, deren »Identität« höchst »unidentisch« sein kann. Nur die Geschichte, mit der sie ringen, haben sie gemeinsam. Dieses Ringen ist der Kern dessen, was wir so oft emphatisch »jüdische Erinnerungskultur« nennen. Bei Lichte besehen, bildet sie allerdings das gemeinsame Problem, nicht dessen Lösung. Auch für agnostische Juden, erst recht für die große Zahl jener, in deren Leben praktizierte Religiösität nur eine marginale Rolle spielt, ist die gemeinsame Geschichte konsti-

---

[5]) Micha Brumlik, »Momentaufnahmen und Selbstbildnisse«, in: ders., Zuhause, keine Heimat? (Anm. 2), S. 9

tutiv für das eigene Verhältnis zur Welt: Eine gemeinsame Geschichte, in deren Mittelpunkt das Ringen mit Gott und seinen Gesetzen steht, aus der Verfolgung auf der einen und Erhaltung des Bundes auf der anderen Seite nicht wegzudenken ist. Seit der Schoah haftet dem Gedanken an eine »Flucht aus dem Judentum« (wiewohl von vielen versucht) immer etwas Frivoles an.

Es gehört zu den bitteren Absurditäten der Geschichte, zu welcher Koinzidenz es in diesem Jahrhundert, ja innerhalb eines Jahrzehntes gekommen ist: Der Versuch, alles Jüdische restlos auszulöschen, fiel zusammen mit der Gründung eines »normalen« jüdischen Staatsvolkes. Doch ist daraus tatsächlich eine »Normalität« erwachsen?

Der Zionismus trat ein ins politische Leben Europas als Versuch der »Lösung der jüdischen Frage«. Der Zionismus hatte, so schien es, die Energie des europäischen Antisemitismus am ehesten verstanden. Die Vernichtung der europäischen Juden gilt bis heute als undiskutierbare Legitimation eines »jüdischen Staates« im Nahen Osten, Israels ist legitimer Erbe einer unwiderruflich überwundenen bzw. zerstörten Diaspora.

Bis heute bildet das »Recht auf Rückkehr«, also das Angebot einer automatischen »Einbürgerung« aller Juden, die »heim«-kehren wollen, den Kern der staatlichen Verfaßtheit Israels. Bis heute definiert jenes Gesetz jeden Juden, ob er dies will oder nicht, als »Exil-Israeli«, als »Noch-nicht-Israeli«. Doch das Ergebnis solcher »Staatlichkeit« ist nicht die »Normalität« geworden, von der Herzl träumte. Im Gegenteil: Die damit vollzogene Staatlichkeit auf ethnisch-religiöser Grundlage hat sich als permanenter Ausnahmezustand erwiesen.

Die Verbindung von »israelischer Identität«, Schoah (als Symbol für die Zerstörung der Diaspora) und Aliyah wird in den politischen und semi-sakralen Ritualen Israels immer wieder kollektiv beschworen. So entzünden jedes Jahr am Jom Hashoah sechs Neueinwanderer in der israelischen Gedenkstätte Yad Vashem die Flammen zur Erinnerung an die sechs Millionen Toten. Sie besiegeln damit zugleich symbolisch ihre Verwandlung in Bürger des souveränen Staates Israel.

Jene »Lösung der jüdischen Frage« durch die jüdische Staatsgründung hat, so zeigt sich seit vielen Jahren, gerade für Deutschland, für die nicht-jüdischen Deutschen, eine auffallende Attraktivität. Die israelische Definition der Juden als »Exil-Israelis« macht es leichter, mit den eigenen, wie auch immer realen oder irrealen Schuldphantasien zu leben – als ließe sich der »Katastrophe« noch im nachhinein just jener Sinn unterschieben, den sie doch für die Nazis von Beginn an gehabt hatte: Ein »Endkampf«, der die jüdische Existenz als solche beendet. Die Verwandlung von Juden in Israelis, vom »auserwählten Volk« zum Staat kommt den verschiedensten Entlastungsversuchen entgegen. Zu nennen sind die Entlastung von der Bürde der Verantwortung, die Entlastung von der Gegenwart der überlebenden Opfer und ihrer Nachkommen, die Entlastung von der Notwendigkeit, endlich selbst von der Idee eines ethnisch exklusiven Staates auf deutschem Boden Abschied zu nehmen.

Doch die Definition eines »jüdischen Staates« ist eine Chimäre, so schmerzhaft es ist, dies auszusprechen, so bitter es einer allzu verständlichen Hoffnung auf Neuanfang in Sicherheit und gefestigter Identität widerspricht.

Der Zionismus hat keines der Probleme gelöst, um derentwillen er angetreten ist. Er hat die Rettung der europäischen Juden nicht befördert. So hellsichtig viele Zionisten gegenüber der drohenden Gefahr des Antisemitismus waren, sowenig haben sie erkannt, daß die Gefahr der Vernichtung aus Deutschland drohte, wo der Gedanke einer ethnischen Nation die fatalste Wirksamkeit entfaltete, als Traum nämlich von der Weltherrschaft. Die nationalen Ambitionen, die sich auf die Einwanderung nach Palästina konzentrierten, haben nicht dazu beigetragen, möglichst viele Juden an einen sicheren Ort zu bringen, egal wohin – in einer nicht-jüdischen Welt, die jeder jüdischen Einwanderung ohnehin Steine in den Weg legte. Und über den Umgang der zionistischen Organisationen mit den Überlebenden nach 1945 ist, gerade in Israel, in den letzten Jahren genug Kritisches gesagt und publiziert worden. Vor allem aber hat die jüdische Staatsgründung mit ihrem hypothetischen Ziel der »Heimführung« aller Juden die Bipolarität von »Volk« und »Religion« nicht aufgelöst, sondern nur einen dritten Pol, nämlich den der Staatsnation, hinzugefügt.

Da die Staatsgründung das Judentum nicht abgeschafft hat, steht die Definition des »jüdischen Staates« quer zur erhofften »Normalisierung« eines modernen israelischen Staatsvolkes, das über eine gemeinsame Religion nicht gebildet werden kann. Israelische Politik wird so zur Geisel der jeweils radikalsten religiösen »Autorität« oder dessen, was sich dafür ausgibt. Sie wird von diesem inneren Widerspruch zwischen der formal rechtsstaatlich-säkularen Verfaßtheit und der ethnisch-theologischen Gründung des Staates bestimmt. Ein Widerspruch, der nicht aufzulösen ist. So nimmt es nicht wunder, dass vor diesem Hintergrund, aus dieser »Verfaßtheit« bis heute keine schriftlich kodifizierte Verfassung geworden ist. Die freiwillige Preisgabe der Souveränität durch einen säkularen Staat an religiöse Autoritäten – wir kennen sie aus den islamischen »Gottesstaaten«, aber nicht aus zivilen Gesellschaften. Die Definition der Staatsbürgerschaft – also die Frage »wer ist Jude?« – wäre wohl kaum in die Buchstaben einer modernen Verfassung zu pressen. Die Aufnahme in diese Staatsbürgerschaft bleibt daher den Rabbinern überlassen, und zwar weltweit (nicht nur denen in Israel). Dies wird so bleiben, solange Israel ein »jüdischer Staat« sein soll und umgekehrt. Wir leben in einem Schwebezustand, dessen Wirkungen in jedem Augenblick auch die jüdische Gemeinschaft in Deutschland erfassen. Und so gibt es einen modernen demokratischen Staat im Nahen Osten, gebildet nicht nur von »orthodoxen« wie säkularen Juden, sondern auch von nicht-jüdischen Israelis, ob muslimisch oder christlich, agnostisch oder der Bahai-Religion zugewandt. Andererseits gibt es den Ausnahmestaat fundamentalistischer Sektierer, die niemand stoppen kann, weil ihre Existenz, ja ihre Autorität in den inneren Widersprüchen Israels zementiert ist. Mit ihrer Utopie eines Gottesstaates können sie die Mehrheit der Israelis, auch der jüdischen Israelis nahezu ungestört terrorisieren.

Es ist dies eine Utopie, die mit jüdischer Orthodoxie im Grund nichts zu tun hat – statt demütigen Wartens auf den Messias eine höchst weltliche Selbstüberhebung. Israel als politisches System wird zwischen diesen Polen unaufhörlich zerrieben. Neben der Perspektive des Fundamentalismus, der die Nation als rechtsstaatliches Gebilde parasitär aushöhlt und zersetzt, steht real schon längst nicht mehr die Perspektive der Gründungsväter, die einen ethnisch verfaßten Sozialismus, das »Jüdische« als soziale Gemeinschaft erträumt hatten, sondern eine andere.

Es sind die liberalen Kräfte der israelischen Gesellschaft, die für einen wirklich säkularen Staat mit einer modernen Verfassung kämpfen, die das »Recht auf Rückkehr« durch ein ziviles Staatsbürgerschaftsrecht ersetzen wollen, die sich von der kommenden Zweistaatlichkeit Israels und Palästinas auch einen Weg zur Zivilisierung der jeweils eigenen Gesellschaft erhoffen, so mühevoll der Weg dahin auch zu sein scheint. Sie haben längst akzeptiert, dass jüdische Existenz auch in Israel selbst sich wieder mit der Diaspora verbinden wird, selbst dann, wenn eine große Mehrheit der Bürger Israels selbstverständlich jüdische Wurzeln besitzen wird, und dass zugleich der Staat Israel als politisches Gebilde seinen Platz in der Region, im Nahen Osten finden muß.

Eine Annahme, die sich tatsächlich mit den Grundannahmen der jüdischen Orthodoxie deckt: dass nämlich das gesamte jüdische Volk sich vor der Ankunft des Messias in der Diaspora befinde, ob in New York oder Teheran, Berlin oder Granada, oder eben auch, horribile dictu, in Tel Aviv und Jerusalem.

IN DEUTSCHLAND . . .

Es bleibt nicht aus, dass sich zwischen den Koordinaten Volk, Religion und Nation auch das Selbstverständnis von Juden in Deutschland wieder auf eine selbständige Interessendefinition besinnt, dass der zionistische Lippendienst, dem wir überall und jeden Tag begegnen, die eigenen Widersprüche und die eigene Verunsicherung darüber, im »Lande der Täter« nicht nur zu leben, sondern dadurch auch dazu beizutragen, dass es sich zu etwas anderem verändert, dass all diese Ungleichzeitigkeiten nicht länger geleugnet, besänftigt und überspielt werden. Erwartungen an eine posttraumatische Integration in eine neu zu definierende Gesellschaft melden sich seit Jahren mit wachsender Eloquenz zu Wort. Dass die deutsche Gesellschaft seit der Vereinigung sich selbst wieder auf der Suche nach der »eigenen Mitte« befindet, ist dabei ein verstörender Kontext.

Nun war mit dem Regierungswechsel im Deutschen Bundestag im September 1998 der Weg frei zu einer Neudefinition des Staatsbürgerschaftsrechtes. Eine Änderung, die dazu ausreichen würde, auch in der Verfassung den entsprechenden Paragraphen 106 dem Vorbild moderner westlicher Gesellschaften entsprechend (d. h. im Sinne eines jus solis und nicht eines jus sanguinis) umzugestalten, ist dagegen noch nicht in Sicht. Es wird sich zeigen, ob diese Gesellschaft bereit ist, die Gesetzesinitiative der neuen Regierung zu tragen und in gelebte Wirklichkeit zu verwandeln. Schon werden Stimmen laut, die den Untergang des christlichen Abendlandes oder der deutschen »Kulturnation« prophezeien. Sie wollen nicht wahrhaben, dass es nicht »Barbarei« war, die den Weg zum Holocaust geebnet hat, sondern eben jene Hybris einer »Kulturnation«, die sich aufmachte, die Welt »an ihrem Wesen genesen« zu lassen. Die Staatsbürgerschaft aus dem Joch ihrer bis heute nicht überwundenen völkischen Definition zu befreien, die in der Zweistaatlichkeit gewachsene Realität einer Einwanderungsgesellschaft nachzuvollziehen und politisch zu gestalten, dies ist kein bloßer Gesetzesakt, sondern eine Revolution der nationalen Identität. Sie holt nach, was selbst die gescheiterten »Revolutionäre« von 1848 kaum versucht haben, nämlich die deutsche Nation auf die Grundlage eines Gesellschaftsvertrages und nicht auf Blutsbande zu stellen. Damit wird freilich auch das Verhältnis dieser Gesellschaft zu ihrer Geschichte noch einmal gründlich in Frage gestellt werden.

»Entweder wir müssen Barbaren sein, und die Juden bis auf den letzten Mann austreiben, oder wir müssen sie uns einverleiben.«[6]) So schrieb Heinrich Laube, einer der Vorkämpfer von 1848, dieser »Revolution« ein Jahr zuvor ins Stammbuch. Die Idee der »deutsch-jüdischen Symbiose« hatte von Beginn an zwei Seiten. Sie meinte die Hoffnung darauf, daß Deutsche und Juden, deutsche und jüdische Kultur zu etwas »höherem« verschmelzen könnten, und sie meinte zugleich, jedenfalls unterschwellig, eine Aggression, eine Drohung. Es war ausgerechnet Richard Wagner, aus dessen Feder (1850 in seiner Schrift »Das Judentum in der Musik«) die Worte stammen, es gebe nur zwei Auswege aus dem »Verfall unserer Cultur«, der durch den Einfluß der Juden hervorgerufen sei: »die gewaltsame Auswerfung des zersetzenden fremden Elements« oder »daß dieses Element uns in der Weise assimiliert

---

[6]) Heinrich Laube, Vorrede zu seinem Drama »Struensee«, in: ders., Gesammelte Werke, Bd. 24, Leipzig 1909, S. 130.

[werde], daß es mit uns gemeinschaftlich der höheren Ausbildung unserer edleren menschlichen Anlagen zureife.«[7])

Die deutsch-jüdische Symbiose, es ist dies oft genug betont worden, war vor allem eine jüdische Hoffnung, eine weitgehend unerwiderte Liebe. Doch auch aus deutscher Perspektive, so scheint es, spielte auf dem Weg zur Bildung der deutschen Nation die Phantasie einer gewissen »Verwandtschaft« zu den Juden eine irritierende Rolle – weniger freilich zu den wirklichen Juden als zu dem Bild, das man sich von den Juden machte. Eine Projektionsfläche für eigene Größenphantasien.

In Hermann Rauschnings Buch »Gespräche mit Hitler«, das 1939 erschien und dessen Authentizität zu Recht in Zweifel gezogen wurde, heißt es an einer Stelle (– und es ist gar nicht so entscheidend, ob diese Worte nun tatsächlich genau so von Hitler gesagt oder von seinem Gefolgsmann Rauschning zu diesem Wortlaut paraphrasiert worden sind): »Der Jude sitzt immer in uns. Aber es ist leichter, ihn in leiblicher Gestalt zu bekämpfen, als den unsichtbaren Dämon. ... Ist ihnen nicht aufgefallen, wie der Jude in allem und jedem das genaue Gegenspiel des Deutschen ist und ihm doch wieder so verwandt ist, wie es nur zwei Brüder sein können. ... Es kann nicht zwei auserwählte Völker geben. Wir sind das Volk Gottes.«[8])

Der Massenmord, der Vernichtungsfeldzug gegen die »Gegen-Rasse«, der die Deutschen als solche erst vollends zusammenschmieden, ihre Einheit neu und ein für allemal erschaffen sollte, der Weltkrieg war gerade drei Monate beendet, als Robert Ley, der Führer der »Deutschen Arbeitsfront« in alliierter Gefangenschaft sein politisches Testament »An mein Deutsches Volk« niederlegte und zum Frieden mit »dem Juden« aufrief: »Wir müssen das Mißtrauen beseitigen, indem wir mit offenem Herzen und auf klarer Basis dem Juden begegnen. Wir müssen unser gegenseitiges Verhältnis bereinigen. Ohne Vorbehalte und ohne innere Hemmungen müssen der Deutsche und der Jude wieder zueinanderfinden, sich gegenseitig aussöhnen ... im Interesse des Weltfriedens und des Weltwohlstandes. ... Der Jude sollte sich Deutschland und Deutschland sich den Juden zum Freund machen. Dann wird davon ein Segen für die übrige Welt ausgehen. ... Deutsches Volk ! ... Versöhne dich mit dem Juden und lade ihn ein, bei dir seine Heimat zu finden. ... Wird der Jude sich dieser Einsicht verschließen, so nimmt die Weltkatastrophe ... ihren unerbittlichen Lauf. Würde aber Deutschland diese Frage lösen und daran gesunden, gesundet die ganze Welt . ... Eine Heimat müssen die Juden bekommen, Deutschland ist reif dazu, in sich und bei sich diese Heimat zu geben.«[9])

Ein groteskes Dokument, doch es lässt tiefe Einblicke zu in das, was Saul Friedländer erst jüngst als »Erlösungsantisemitismus« bezeichnet hat. Nichts, und dies war den Nationalsozialisten durchaus bewußt, vermochte so sehr Gemeinschaft herzustellen wie ein gemeinsames Tabu, wie die gemeinsame unaussprechliche, oder mit den Worten Himmlers »niemals zu schreibende«, Geschichte, die gemeinsame Teilhabe an einem Verbrechen.

Jeder Versuch, heute symbolisch im Namen der deutschen Nation an den Holocaust zu erinnern, bewegt sich in einem unauflösbaren, in einem wahrhaft furchtbaren Widerspruch: Zwischen der Notwendigkeit, an das »Unaussprechliche« zu erinnern, es auszusprechen und der Unmöglichkeit, nationale Identität auf dieses Geschehen zu gründen, ohne das Projekt einer ethnischen Nation fortzusetzen und zu zementieren. Auch das Denkmal in Berlin

---

[7]) Richard Wagner, Das Judentum in der Musik. Leipzig 1869, S. 57 (Das Zitat stammt aus dem Nachwort zu dem schon 1850 erschienenen Pamphlet).

[8]) Hermann Rauschning, Gespräche mit Hitler. Zürich/New York 1940, S. 223f.

[9]) Dan Bar-On, Die Last des Schweigens. Gespräche mit Kindern von Nazi-Tätern. Frankfurt/New York 1993, S. 123f.

könnte Ausdruck einer neuen »deutsch-jüdischen Symbiose« nur sein um einen hohen, einen zu hohen Preis: Ein solches Denkmal stellte Deutschland tatsächlich in die Nachfolge des »auserwählten Volkes«, eines doch noch mit Sinn unterlegten Geschehens der Schoah. Es wird für diesen Konflikt keine Lösung geben, aber vielleicht doch wenigstens ein Eingeständnis, ein beschämendes Zurücktreten von den großen symbolischen Lösungen, vor allem von der eitlen Hoffnung, es könnte ein »gemeinsames Symbol« geben. An diesem Ort selbst wäre das ehrlichste, das eindrucksvollste Denkmal tatsächlich das offene Eingeständnis der Leere, der Verzicht und seine Kenntlichmachung, verbunden mit einer eindeutigen politischen Entscheidung, die vorhandenen Gedenkstätten auf Dauer zu sichern. Den Mut zu solch einem Denkmal, dessen Radikalität allen Identifikationsbedürfnissen, allen Bedürfnissen nationaler Repräsentativität zuwiderlaufen würde, ihn wird leider, so ist anzunehmen, keiner der Verantwortlichen zeigen.

Nun statt dessen das Gelände einer jüdischen Einrichtung zu übergeben, die weltweit die Stimmen der Überlebenden hörbar macht, was sie über ihr Überleben, über die Toten und über die Täter zu sagen haben, ist vielleicht der letzte mögliche Kompromiss, ob es ein guter ist, sei dahingestellt. Ein solche Einrichtung, für die sich freilich passendere Orte in Berlin finden ließen als ausgerechnet das Wettbewerbsgelände, könnte immerhin eine Brücke bilden: zwischen dem, was geschehen ist, und denen, die heute leben, »nicht-jüdischen Deutschen«, aus der Türkei stammenden Deutschen, »in Deutschland lebenden Juden«, ausländischen Besuchern. Dies zu tun und auf die großartige symbolische Inszenierung bewußt und demonstrativ zu verzichten, wird schwerfallen. Aber warum sollte hier auch irgend etwas leicht sein.

AUSBLICK

Innerhalb von wenigen Tagen sind in Wye-Plantation im November 1998 Weichenstellungen gelungen, die es nahelegen, ein wenig Optimismus aufkommen zu lassen. In den Verhandlungen über eine Friedenslösung im Nahen Osten ist kein Friede beschlossen, aber ein neuer Schritt getan worden, von dem alle wissen, dass am Ende nur zwei zivile und säkulare, nicht ethnisch-religiös definierte Staaten stehen können (oder, wenn man diesen Weg am Ende doch nicht gehen will: ein Krieg, gegen den alle bisherigen im Nahen Osten dann nur ein Vorspiel gewesen sein würden). Dies gilt auch für einen palästinensischen Staat, in dem Moslems, Christen und Juden zusammenleben werden. Es wären dies Staaten, deren Präsidenten nicht länger stellvertretend, und ohne Legitimation für die Diaspora sprechen würden, sondern für die Bürgerinnen und Bürger ihrer Staaten. Eine neue Mehrheit in Deutschland hat die Tür aufgestoßen für ein neues Staatsbürgerschaftsrecht, das vielen Millionen Menschen die Chance eröffnen wird, an dieser Gesellschaft mit gleichen Rechten und Pflichten zu partizipieren, und die diese Gesellschaft verändern werden. Juden in Deutschland können dann, aber auch erst dann, wenn diese Entwicklung unumkehrbar ist, wirklich »jüdische Deutsche« werden, so, wie es »nicht-jüdische« Deutsche schon gibt. Erst dann hätte Ignatz Bubis, oder wer immer auch in dieser näheren oder ferneren Zukunft die Jüdische Gemeinschaft in Deutschland repräsentieren wird, vielleicht nicht mehr deutschen Politikern entgegentreten müssen, die ihm – die uns – Frieden in »unserem Land« wünschten, obwohl Deutschland doch gar nicht im Kriegszustand ist.

*Michael Brenner**

Epilog oder Neuanfang?

Fünf Jahrzehnte jüdischen Lebens im Nachkriegsdeutschland: Eine Zwischenbilanz

»Post Mortem« heißt der Titel eines 1968 veröffentlichten amerikanischen Buches, das die Situation der Juden im Nachkriegsdeutschland beschreibt. Unter dem Titel »Postscript« erschien ein Jahr später ein ähnlicher Bericht in London. Und die vierbändige »Deutsch-jüdische Geschichte in der Neuzeit«, vom Leo-Baeck-Institut ein halbes Jahrhundert nach Kriegsende herausgegeben, behandelt die Nachkriegsgeschichte unter der Überschrift »Epilog«, wovon zwei Seiten für jüdisches Leben im Nachkriegsdeutschland reserviert sind.[1])

Handelt es sich bei der jüdischen Nachkriegsgeschichte tatsächlich um einen Epilog und damit um ein Postskript zu einer eigentlich abgeschlossenen Geschichte oder eher um den Neuanfang jüdischen Lebens, dessen Ende wir heute nicht absehen können? Für die meisten Juden in und außerhalb Deutschlands war nach der beispiellosen Katastrophe dieses Jahrhunderts zunächst klar: Auf dem Friedhof Deutschland könne, ja dürfe es kein neues jüdisches Leben mehr geben. Beispielhaft für die zahlreichen diesbezüglichen Aussagen sei nur die Resolution des Jüdischen Weltkongresses auf seiner ersten Nachkriegstagung 1948 in Montreux genannt, in der dieser die Juden in der ganzen Welt ermahnte, sich »nie wieder auf dem blutgetränkten deutschen Boden anzusiedeln«.[2]) Für manche Überlebende war nicht nur die jüdische Geschichte in Deutschland selbst, sondern in ganz Europa mit der Schoah an ihr Ende gelangt. Einer programmatischen Rede über die Zukunft der befreiten Juden gab der Präsident des Rates der befreiten Juden in der amerikanischen Zone Deutschlands und ehemalige Richter in Memel, Samuel Gringauz, den eindeutigen Titel: »Adieu, Europa«.[3])

Die Realitäten freilich waren zunächst ganz andere und können hier nur in groben Zügen und ausgewählten Aspekten umrissen werden.[4]) In den ersten Nachkriegsjahren wanderten die wenigen in Deutschland befreiten oder aus den Verstecken hervorkommenden Juden nicht aus, im Gegenteil: Überlebende Juden flohen vor neuen Pogromen aus Osteuropa nach Deutschland, vor allem in die amerikanische Besatzungszone. Als Displaced Persons fanden sie dort eine vorübergehende Unterkunft. Sie waren, wie viele Überlebende es ausdrückten, »befreit, aber nicht frei«, oftmals wieder in Lagern, hinter Stacheldraht und mit uniformier-

---

* Professor am Lehrstuhl für jüdische Geschichte und Kultur (Universität München)

[1]) Leo Katcher, Post-Mortem. The Jews in Germany Today. New York 1968; Karen Gershon, Postcript. A Collective Account of the Lives of Jews in West Germany Since the Second World War. London 1969; Steven M. Lowenstein, Epilog: Die deutsch-jüdische Diaspora, in: Michael A. Meyer unter Mitwirkung von Michael Brenner (Hrsg.), Deutsch-jüdische Geschichte in der Neuzeit, München 1997, Bd. 4, S. 373-374. Siehe hierzu meine Bemerkungen, Deutsch-jüdische Geschichte nach 1945 – nur ein Epilog? in: LBI Information, Sonderheft, Frankfurt am Main 1998. S. 17–23.

[2]) Resolutions Adopted by the Second Plenary Assembly of the World Jewish Congress, Montreux June 27th–July 6th, 1948. London 1948, S. 7.

[3]) Samuel Gringauz, Jewish Destiny as the DPs See it, Commentary, Dezember 1947, S. 505.

[4]) In den letzten Jahren erschienen eine Reihe systematischer Überblicke zur Geschichte der Juden im Nachkriegsdeutschland. Siehe etwa: Michael Brenner, Nach dem Holocaust: Juden in Deutschland 1945–1950. München 1996; Juliane Wetzel and Angelika Königseder, Lebensmut im Wartesaal: Die jüdischen DPs (Displaced Persons) im Nachkriegsdeutschland. Frankfurt am Main 1994; Erica Burgauer, Zwischen Erinnerung und Verdrängung – Juden in Deutschland nach 1945. Reinbek 1993.

ter Bewachung. Mit dem Zustand vor ihrer Befreiung war dies gewiß nicht gleichzusetzen, aber ebenso weit entfernt war es von den einstmaligen Träumen der Freiheit. Die Tore des noch immer von Großbritannien verwalteten Mandatsgebiets Palästina blieben ihnen ebenso verschlossen wie die der USA, die sich in jenen Jahren durch eine restriktive Immigrationspolitik auszeichnete. Die jüdischen Displaced Persons – 1947 eine Bevölkerungsgruppe von mehr als 200 000 Menschen mit Schwerpunkt im süddeutschen Raum – schufen ein reiches Netzwerk von kulturellen, sozialen und politischen Organisationen und Einrichtungen und betrachteten ihren Aufenthalt in Deutschland als Zwischenstation auf dem Weg nach Palästina oder Amerika.

Mit Gründung des Staates Israel begann die Auflösungsphase der DP-Lager in Deutschland. In den Jahren 1948 und 1949 zogen sich zahlreiche jüdische Institutionen aus dem nun wieder von Deutschen regierten Deutschland zurück, jüdische Zeitungen stellten ihren Betrieb ein, die DP-Lager leerten sich. Im April 1948 lebten in Deutschland noch etwa 165 000 jüdische DPs; fünf Monate später hatte sich ihre Zahl bereits auf 30 000 verringert. Doch noch immer galt nicht für alle Displaced Persons, was das Organ des Zentralkomitees der befreiten Juden in Bayern, »Undzer Veg«, bereits im September 1946 angekündigt hatte: »Das kommende Jahr wird das letzte Jahr auf der verfluchten deutschen Erde sein.« Es dauerte weitere drei Jahre, bis die Redaktion sich in ihrer letzten Ausgabe an eine weitere Voraussage wagte: »Heute ist schon klar, sogar was die Alten und Kranken und die größten Skeptiker anbetrifft, daß die Frage der Auflösung der deutschen Diaspora eine Angelegenheit von nicht mehr langer Zeit ist.« In wenigen Monaten, hieß es weiter, wird nichts mehr in Deutschland an die jüdischen Flüchtlinge erinnern, die sich hier gegen ihren Willen aufgehalten hätten. Gleichzeitig wird jedoch eingestanden, dass es eine kleine Gruppe gibt, die Deutschland nicht verlassen möchte: »Das sind Menschen, die auch einmal zu dem Bewußtsein kommen werden, daß sie einen schrecklichen Fehler begangen haben, sich selbst gegenüber wie auch gegenüber ihren Familien . . . es wird aber zu spät sein – und keiner wird ihnen mehr helfen können.«

Tatsächlich hielt sich im Januar 1950 noch immer eine beträchtliche Anzahl jüdischer DPs in Bayern auf, und die ehemaligen Redakteure von »Undzer Veg« entschlossen sich zu einer Wiederbelebung der Zeitung. Als Begründung hieß es hierzu, dass in dieser letzten Phase der Auflösung die noch in Deutschland lebenden Juden nicht ohne jiddische Zeitung gelassen werden dürften. Die Einstellung der Redaktion zur Frage der Auswanderung hatte sich nicht verändert: »In Deutschland bleiben, wenn sich alles auflöst und alle weggehen, heißt praktisch: verloren zu gehen für das jüdische Volk.« Am 28. Dezember 1950 schließlich wurde die Zeitung endgültig eingestellt.[5])

Ganz ähnlich betrachteten die israelische Regierung und die Jewish Agency die Situation in Deutschland. Für die in Deutschland verbliebenen Juden könne man nichts mehr tun, stellte der israelische Konsul in München, Chaim Yachil, fest, sie bildeten »eine Quelle der Gefahr für das gesamte jüdische Volk dar. Diejenigen, die von den Fleischtöpfen Deutschlands angelockt werden, dürfen nicht erwarten, daß Israel oder das jüdische Volk ihnen mit Unterstützung für ihre Bequemlichkeit zur Seite stehen.«[6]) 1950 schloss die Jewish Agency, die in Deutschland für die Auswanderung von Juden nach Israel zuständig war, ihr Büro, verbunden mit heftigen Drohungen gegenüber den in Deutschland Zurückgebliebenen. So verkündete sie Anfang August 1950, wer sich innerhalb der nächsten sechs Wochen noch in

---

[5]) Undzer Veg, 5. September 1946, S. 3; 1. April 1949; 20. Januar 1950, S. 7.
[6]) Jewish Frontier (May 1951), S. 18–21.

Deutschland aufhalte, wäre für sie künftig nicht als Jude zu betrachten und könne nicht mehr mit Unterstützung im Falle einer späteren Immigration nach Israel rechnen.[7]) Konsul Yachil nahm eine weniger radikale Position ein. Ihm zufolge würde sich die in Deutschland verbliebene jüdische Gemeinde innerhalb weniger Jahre selbst auflösen. Gewiss liege die Schuld für die weitere Existenz einer jüdischen Gemeinschaft bei den deutsch-jüdischen Funktionären, doch auch sie könnten angesichts der kleinen Zahl der Mitglieder, ihrer Überalterung, ihrer finanziellen Abhängigkeit und ihrer starken Assimilation den Prozess einer natürlichen »Liquidation« nicht aufhalten.[8]) Nach mehrmaligen Ankündigungen schloss schließlich das israelische Konsulat in München, das ebenfalls vor allem zum Zwecke der Auswanderung etabliert worden war, am 1. Juli 1953 seine Tore.[9])

ZUSAMMENSETZUNG DER GEMEINDE

Mit der Auswanderung der meisten Displaced Persons war das erste Kapitel jüdischer Nachkriegsgeschichte in Deutschland abgeschlossen. Von einem Ende jüdischen Lebens konnte freilich keine Rede sein. Etwa gleichzeitig mit dem Rückzug internationaler jüdischer Organisationen kam es zur Etablierung bundesweiter jüdischer Institutionen, die jene versucht hatten zu verhindern. Der 1950 gebildete Zentralrat der Juden in Deutschland vertrat zwei durchaus unterschiedliche Gruppierungen: Zum einen die in Deutschland verbliebenen Displaced Persons osteuropäischer Herkunft, zum anderen die deutschen Juden, die in Deutschland überlebt bzw. aus Konzentrationslagern oder aus dem Exil zurückgekehrt waren. Bereits 1945 waren 51 jüdische Gemeinden wiedergegründet worden, 16 weitere folgten ein Jahr später.[10]) Insgesamt rechneten sich 1952 etwa 18 000 Juden den gut 70 Gemeinden als Mitglieder zu. Es war dies eine kleine, jedoch äußerst heterogene Gemeinschaft, die im Laufe der nächsten Jahrzehnte ein wenig anwachsen und sich noch vielfältiger gestalteten sollte. Zunächst stand der Gruppe der deutschen Juden – hierbei handelte es sich zumeist um in »Mischehe« Überlebende oder am Rande des organisierten jüdischen Lebens der Vorkriegszeit Stehende – diejenige der osteuropäischen Displaced Persons, die oft noch in einer weitgehend autonomen jüdischen Welt mit eigener Sprache, Kultur und orthodoxer Religion aufgewachsen war, gegenüber. Die traditionellen Konflikte und unterschiedlichen Anschauungen etwa in Bezug auf die religiöse Praxis zwischen den beiden Gruppen bestanden auch nach der Katastrophe fort und manifestierten sich in lokalen Auseinandersetzungen über das Wahlrecht in den Gemeinden.[11]) Letztlich gelang beiden Gruppen jedoch eine gemeinsame Aufbauarbeit. In den sechziger und siebziger Jahren kamen weitere Gruppen jüdischer Einwanderer hinzu: Persische Juden, die das religiöse Leben in einer großen Gemeinde wie Hamburg entscheidend mitbestimmen, Flüchtlinge aus Ungarn 1956, aus Polen 1968, aus der Sowjetunion in den siebziger Jahren, und ein zahlenmäßig schwer zu bestimmender Kreis von Israelis orientalischer und aschkenasischer Herkunft.

---

[7]) Siehe hierzu Peter L. Münch, Zwischen »Liquidation« und Wiederaufbau. Die deutschen Juden, der Staat Israel und die internationalen jüdischen Organisationen in der Phase der Wiedergutmachungsverhandlungen, in: Historische Mitteilungen 10 (1997), S. 85.

[8]) Astrid Gottwald, Jews in Germany – Israeli Perceptions in the 1950's, in: Tel Aviver Jahrbuch für deutsche Geschichte 26 (1997), S. 468–469.

[9]) Yeshayahu A. Yellinek, Like an Oasis in the Desert: The Israel Consulate in Munich, 1948–1953, in: Studies in Zionism 9 (1988), S. 88.

[10]) Harry Maor, Über den Wiederaufbau der jüdischen Gemeinden in Deutschland seit 1945. Diss. Mainz 1961, S. 159, Anm. 1.

[11]) Siehe hierzu meinen Artikel: German and East European Jews in Post-War Germany, 1945–1950, in: Michal Y. Bodemann (Hrsg.), Jews, Germans, Memory: Reconstructions of Jewish Life in Germany. Ann Arbor 1996, S. 49–63.

Die entscheidende zahlenmäßige Veränderung in der Zusammensetzung der jüdischen Gemeinden Deutschlands war ein Resultat des Zusammenbruchs der Sowjetunion und seiner Folgeerscheinungen. Der 9. November 1989, bereits vorher ein geschichtsträchtiges Datum für das deutsche Judentum, hat eine weitere Bedeutung, nicht nur in Bezug auf die deutsche Wiedervereinigung erlangt. Der Fall der Mauer leitete einen Flüchtlingsstrom von Ost nach West ein, in dem die osteuropäischen Juden nur einen kleinen, wenn auch symbolisch bedeutsamen Bestandteil bilden. Verglichen mit den etwas mehr als zwei Millionen Aussiedlern und den etwa sieben Millionen Ausländern bilden die bisher mehr als 50 000 eingewanderten Juden aus den Nachfolgestaaten der Sowjetunion – in der Regel mit dem bürokratischen Terminus »Kontingentflüchtlinge« abgestempelt – nur eine verschwindend kleine Minderheit. Im Verhältnis zu den Mitgliederzahlen der bestehenden jüdischen Gemeinden freilich ist ihre Präsenz ganz anders fühlbar. Im Zeitraum von weniger als einem Jahrzehnt haben sich die Mitgliederzahlen jüdischer Gemeinden in Deutschland mehr als verdoppelt und werden wohl bald die Grenze von 100 000 durchbrochen haben. Dies ist gewiss nicht mehr als ein blasser Schatten der knapp 600 000 Juden der Weimarer Republik, aber ein Blick auf die geographische Verteilung der jüdischen Gemeinschaft zeigt, daß man auch hier differenzieren muß.

1933 lebten etwa zwei Drittel der deutschen Juden in den Gebieten östlich der Elbe, die – mit Ausnahme von West-Berlin – nach 1945 nicht zum Territorium der Bundesrepublik gehörten. In diesen Gebieten, die nun zur DDR und Polen gehörten, gab es seit den fünfziger Jahren keine substantielle jüdische Bevölkerung mehr. Am deutlichsten spürbar war der Rückgang in Städten wie Breslau und Leipzig, wo einstmals blühende jüdische Gemeinden (in Breslau gab es 1925 über 23 000 Juden, in Leipzig mehr als 12 500) praktisch völlig vernichtet wurden. Das Auslöschen Hunderter Land- und Kleinstadtgemeinden markierte einen ebenso unwiederbringlichen Verlust jüdischen Lebens. Nirgends aber war der Rückgang jüdischer Bevölkerung so deutlich spürbar wie in Berlin, das nun seine eindeutige Vorreiterstellung im jüdischen Leben Deutschlands, die die Gemeinde vor 1933 mit über 170 000 Juden innegehabt hatte, verlor. Die 6 000 Juden der Nachkriegsjahre bildeten zwar noch die größte jüdische Gemeinde in Deutschland, machten aber nicht länger eine eigene Kategorie unter den verschiedenen Gemeinden aus. Der Föderalismus der Bundesrepublik machte sich aufgrund durchaus unterschiedlicher Ursachen auch im jüdischen Leben bemerkbar. Die maßgeblichen jüdischen Presseorgane erschienen in Düsseldorf und später Bonn, eine jiddische Zeitung bis in die siebziger Jahre in München, das sich heute als Zentrum des orthodoxen Judentum in Deutschland versteht. Die Nachfolgeinstitution der altehrwürdigen Berliner »Hochschule für die Wissenschaft des Judentums« wurde mit der »Hochschule für Jüdische Studien« in Heidelberg gegründet. Selbst die Vorsitzenden des Zentralrats stammten mit Ausnahme Heinz Galinskis nicht aus Berlin. Die wohl prominentesten Vertreter jüdischen Lebens heute – Personen, die wie Ignatz Bubis, Michel Friedman und Micha Brumlik unlängst ihre persönlichen Erinnerungen veröffentlichten – waren oder sind in Frankfurt ansässig.

Auch der Verlust jüdischen Lebens bewegt sich in Berlin in anderen Dimensionen als anderswo. In München etwa, als ehemaligem Zentrum der Displaced Persons, ist die Diskrepanz zur jüdischen Bevölkerung vor 1933 nicht so kraß wie in Berlin. Während in letzterem 1980 noch gerade drei bis vier Prozent der jüdischen Bevölkerung vor 1933 lebten, waren es in München immerhin noch 30 bis 40 Prozent, heute weist die jüdische Gemeinde in München die Hälfte der einstigen Bevölkerungszahl auf, Düsseldorf bereits fast wieder so viele Mitglieder wie zur Zeit ihres Höchststands zu Beginn des Jahrhunderts. Einige kleinere Gemeinden wie Osnabrück, Recklinghausen, Straubing, Hof und Weiden zählen heute wesentlich mehr Gemeindemitglieder als vor 1933. Freilich zeigt ein Blick auf die Zusammensetzung, daß gut 90 Prozent der Gemeindemitglieder erst in den letzten Jahren zugewandert sind. Dies verdeutlicht auch die Probleme, die die Gemeinden heute – zunächst mehr als Sozialamt denn als Religionsgemeinde gefragt – zu bewältigen haben. Eine Gemeinde mag heute doppelt so viele Mitglieder registriert haben wie 1930, über das tatsächliche jüdische Leben am Ort sagt dies wenig aus. Religiöser Hintergrund oder Grundkenntnisse jüdischer Traditionen sind bei den meisten Neueinwanderern nicht zu erwarten, eher die in einem atheistischen Staat anscheinend erfolgreich erzeugte Abneigung gegen alles Religiöse. Die deutsche Sprache beherrschen nur die wenigsten, die Arbeitssuche verschleißt zumeist die ganzen Energien und hat geringe Aussicht auf Erfolg. Dennoch kommt die demographische Revolution zu einem Zeitpunkt, da sich längerfristig durchaus zumindest aus einem Teil der Zuwanderer der Kern einer neuen vitalen Gemeinde bilden kann. Denn vorausgegangen war eine Veränderung im Selbstverständnis der in Deutschland lebenden Juden, die während der achtziger Jahre ihren Höhepunkt erreichte.

BEWUSSTSEINSWANDEL

Ein Blick zurück ist daher notwendig, um die Rahmenbedingungen zu verstehen, die die neuen Gemeindemitglieder in den neunziger Jahren erwarteten. Man mag mit einer scheinbaren Äußerlichkeit beginnen, der zweiten größeren Welle von Synagogenbauten. Bereits zwischen 1950 und 1967 wurden in der Bundesrepublik vierzig Synagogen und Betsäle neu- bzw. wiedererrichtet.[12]) Oftmals waren sie nur Provisorien von Institutionen, die sich selbst als »Liquidationsgemeinden« verstanden. In den Jahren danach kam es zu einer geringeren Bautätigkeit, bis dann vielerorts ab Mitte der achtziger Jahre neue Synagogen und Gemeindezentren die provisorischen oder zu klein gewordenen Bet- und Versammlungsräume ersetzten, so etwa in Nürnberg, Hof, Mannheim, Heidelberg, Freiburg, Darmstadt, Frankfurt am Main und Offenbach. Wer sich nicht nur häuslich niederlässt, sondern auch ein Gemeindezentrum und eine neue Synagoge baut, der plant sichtlich für die Zukunft.

Doch auch in anderer Beziehung standen die achtziger Jahre für Umbruch. Vertreter jüdischer Gemeinden traten nun mit wesentlich deutlicheren Tönen nach außen. Anlass zu Protesten gab es wahrhaft genug: Nicht nur die alljährlichen SS-Veteranen-Treffen, sondern auch zunehmend offen geäußerte antisemitische Kommentare deutscher Politiker, sei es im Bundestag oder im lokalen Rahmen, erregten Unmut in den jüdischen Gemeinden. Der gemeinsame Besuch von Bundeskanzler Kohl und US-Präsident Reagan auf dem Friedhof von Bitburg mit Gräbern von Angehörigen der Waffen-SS sorgte gar für internationales Aufsehen. Einen Protest ungeahnten Ausmaßes verursachte die geplante Aufführung von Faßbinders Stück »Der Müll, die Stadt und der Tod« in Frankfurt 1985. Offizielle Vertreter jüdischer Gemeinden verhinderten auf der Bühne die geplante Premiere eines Theaterstückes – dies hatte wahrlich nichts mehr mit der Diplomatie hinter verschlossenen Türen zu tun, die jüdische Politik in Deutschland lange Zeit charakterisiert hatte.

Zwei Jahre später kam ein Skandal in eigenen Reihen hinzu. Die Veruntreuung von Geldern durch den langjährigen Vorsitzenden des Zentralrats, Werner Nachmann, die kurz nach seinem Tod 1987 ans Licht gelangte, sorgte für negative Schlagzeilen, wie sie die Nach-

---

[12]) Eine genaue Aufstellung findet sich bei Salomon Korn, Zur Geschichte der Synagogal-Architektur in der Nachkriegszeit, in: Andreas Nachama (Hrsg.), Aufbau nach dem Untergang, S. 212.

kriegsgemeinde in dieser Form noch nicht erlebt hatte. Wie solch ein Skandal möglich sei, hieß es in der öffentlichen Meinung verständlicherweise immer wieder? Die Antwort ist sicherlich komplex und hat vor allem mit der Person Nachmann zu tun. Allerdings auch mit den Umständen, die die Situation erst erlaubten. Dies bedeutet zuvorderst die ungeheure Diskrepanz zwischen einer politisch und moralisch äußerst sichtbaren Gruppierung, deren Existenz nicht zuletzt für das Deutschlandbild im Ausland von großer Bedeutung ist und deren Repräsentanten neben denen der katholischen und protestantsichen Kirchen in offiziellen Gremien vertreten sind. Doch die kleine Zahl von Mitgliedern, die diese vertreten, wurde dabei oft für größer und »mächtiger« gehalten als es reell ist. Man vergißt oft, dass die knapp 30 000 Juden in Deutschland fünf Jahrzehnte lang eine kleinere Gemeinschaft bildeten als die Bevölkerung einer Kleinstadt wie Kaufbeuren oder Dormagen. Man stelle sich also vor, dass eine Gemeinde wie Kaufbeuren einen Bürgermeister stellen muss, der im Rampenlicht der internationalen Tagespresse steht, daß der Stadtrat laufend – dem Direktorium des Zentralrats entsprechend – finanzpolitische Entscheidungen mit siebenstelligen Beträgen fällen muß, dass auf der Ortsgemeinde ein moralisches Gewicht ohne Parallele in Deutschland lastet, dass der Ort mehr als 80 Bezirksvorsteher und Beiräte braucht (so viele jüdische Gemeinden mit Vorsitzenden und Vorständen bestehen in Deutschland), dass diese jeweils ihre religiösen Repräsentanten wie Rabbiner und Religionslehrer beschäftigen und dass jeder dieser Ortsteile einen Vertreter für den Rundfunkrat des Bundeslandes, den Sozialausschuss der Stadt und den lokalen interkonfessionellen Dialog entsenden muss. Auch wenn die Juden Deutschlands in ihrer Zusammensetzung natürlich nicht in dieser Form mit der Ortsgemeinde Kaufbeuren gleichzusetzen sind, so muss man sich dennoch diese Realitäten vor Augen halten, um erkennen zu können, dass in einer solch kleinen Gemeinde mitunter Repräsentanten schlicht und einfach überfordert sind und nur auf Grund der historischen Gegebenheiten in ihre Ämter gelangen konnten.

In diesem Sinne kommentierte Henryk Broder den Fall Nachmann: »Hätte die Geschichte nicht jene Wendung genommen, die sie genommen hat, dann wäre er in einem jüdischen Kegel- oder Gesangverein stellvertretender Protokollführer geworden. Weil aber eine größere Anzahl von Juden aus Deutschland vertrieben, in Deutschland ermordet wurde, bekamen Leute von der Art Nachmanns die Chance ihres Lebens: aufzurücken, Positionen einzunehmen, für die sie nur zwei Voraussetzungen brauchten: Brutalität und Servilität. Die Nachmanns machten Deutschland wieder koscher, indem sie als lebendiger Nachweis dafür dienten, wie gut die Juden behandelt wurden. Dafür wurden sie umworben, hofiert, mit Verdienstkreuzen behangen, zu Kanzlerfesten eingeladen und von Ministern auf Auslandsreisen mitgenommen.«[13]) Es ist dies eine Interpretation, die gewiss nicht auf die meisten Repräsentanten jüdischen Lebens zutrifft, die sich häufig aufopfernd in den Dienst der Gemeindearbeit stellten und den Wiederaufbau der jüdischen Gemeinschaft als ihre Lebensaufgabe betrachteten – ohne die es aber nicht möglich ist zu verstehen, wie ein Nachmann in seine Stellung gelangen und dort ausharren konnte.

Der Fall Nachmann hatte, zumindest im kleinen, eine Katharsis der jüdischen Gemeinden zur Folge. In manchen kleineren Gemeinden kam es zu Nachbeben mit persönlichen Konsequenzen, auf Bundesebene stellte eine offensive Haltung von Nachmanns Nachfolger Heinz Galinski die Glaubwürdigkeit des Zentralrats wieder her. Sein Nachfolger, Ignatz Bubis, spiegelte mit einem neuartigen offenen Umgang in den Medien auch das neue Selbstverständnis der deutschen Juden in den neunziger Jahren wider. Nicht länger als Jude in

---

[13]) Henryk M. Broder, Rehabilitiert Werner Nachmann, in: ibid., S. 299.

Deutschland, sondern als »Deutscher Staatsbürger jüdischen Glaubens« – so der Buchtitel eines autobiographischen Gesprächs – wollte er gesehen werden.

Juden planten also wieder für eine Zukunft in Deutschland, sie gingen öffentlich auf die Straße, und sie lösten, trotz personeller Nöte, die Nachfolgesituation an ihrer Spitze. Synagogen und Schulen entstanden, ebenso ein neues Selbstbewußtsein unter manchen als »deutsche Juden« und nicht »Juden in Deutschland«. Was sich allerdings nicht änderte, waren bis zu Beginn der neunziger Jahre die zahlenmäßigen Voraussetzungen. Konstant wie eh und je blieb die Zahl der Gemeindemitglieder knapp unter 30 000. So gab es während der achtziger Jahre zwar eine beachtliche Zahl von jüdischen Organisationen und entsprechenden Aktivitäten, aber die Teilnehmerzahl bewegte sich immer auf sehr bescheidenem Niveau.

Ein Beispiel für diese Entwicklung bildet der »Bundesverband Jüdischer Studenten in Deutschland« (BJSD). Gegründet in den sechziger Jahren als Nachfolgeorganisation der bereits vorher bestehenden lokalen jüdischen Studentenverbände, vertritt er junge Juden in Deutschland zwischen 18 und 35 Jahren – vorwiegend, doch nicht ausschließlich, Studierende. Diese Organisation, die vielleicht am deutlichsten die Zukunftsperspektiven der Gemeinden reflektierte, hatte es noch wenige Jahre vor dem großen Zuwachs mit erheblichen Existenznöten zu tun.

In einem Brief des Jüdischen Studentenverbandes Hessen an den Bundesvorstand etwa heißt es im März 1984: »Wie Du es in Deinem letzten Brief an mich ganz richtig zu befürchten scheinst, ist hier in Gießen von einer regen studentischen Arbeit kaum zu sprechen. Der Verband hat ca. 15 Mitglieder, was auch der Zahl der jüdischen Studenten in Gießen überhaupt entsprechen könnte. Die Spezifizierung der Mitglieder führt auch hin zur Erklärung der ausbleibenden Aktivitäten. Zum überwiegenden Teil sind es Studenten der verschiedenen medizinischen Bereiche, das heißt mit äußerst knapp bemessener Freizeit, da um einen möglichst schnellen Studienabschluß bemüht, zum anderen sind fast alle Israelis, die . . . aufgrund ihres befristeten Aufenthalts wenig Interesse an deutscher Politik, an einer Intensivierung jüdischen Lebens in Deutschland oder an Kontakten mit jüdischen deutschen Studenten aus anderen Städten haben.«

Noch deprimierender ein Bericht aus Hannover: »Die Wahrheit ist, daß es in Hannover schwer ist, solch eine Gruppe (des Studentenverbands) zustande zu bringen. Wir halten kaum (mit Ach und Krach) unser Jugendzentrum zusammen. Die Menge an Juden ist klein. Die Jugend verschwindet mehr und mehr: Auswandern nach Israel und ähnliches. Die Zahl der Studenten ist gering. Ich werde dennoch meinen Versuch nochmals starten, so etwas zu bewegen, aber der wird wohl eher erfolglos bleiben.« In der Tat blieb dieser ebenso erfolglos wie ein ähnlicher Versuch in der viel größeren Gemeinde Hamburg. Selbst aus einer der größten Gemeinden, München, mit einem traditionsreichen jüdischen Studentenverband war nicht mehr Optimismus zu erwarten: »Bei der letzten Vollversammlung (VV) stellte sich heraus, daß der Studentenverband an einem toten Punkt angekommen ist.« Und in der Einladung zur nächsten Vollversammlung heißt es: »Unsere nächste (letzte?) VV und Vorstandswahl findet statt am . . .«[14])

Aus einer Umfrage, die der Bundesverband 1984 an seine Mitgliedsverbände verschickte, geht hervor, dass die Mitgliederzahlen zwischen 17 in Mannheim und gut 100 in Frankfurt schwankten. Insgesamt vertrat der Bundesverband um die 1000 jüdischen Studenten. Seine Hauptaufgabe bestand (und besteht) neben der Koordinierung der lokalen Aktivitäten,

---

[14]) Gießen: Yvonne Hronec an Verf., 7. 3. 1984; Hannover: Claudia? an Verf., 12. 5. 1984; München: Vorstand der Vereinigung Jüdischer Studenten in Bayern an die Mitglieder, 12. 3. 1984. Alle Dokumente in Privatarchiv Michael Brenner, BJSD-Ordner 1984.

der Proteste gegen antisemitische Vorfälle und der Beteiligung auf europäischer Ebene bei der »European Union of Jewish Students« vor allem in der Organisation von etwa vier jährlich bundesweit organisierten Seminaren, die sowohl dem gegenseitigen Kennenlernen als auch der Wissensvermittlung dienen. Trotz kleinster Zahlenverhältnisse, was Mitglieder wie auch Budgets betraf, trugen Organisationen wie der Studentenverband dazu bei, jüdisches Leben aufrecht zu erhalten und den Interessierten Inhalte vom Judentum in einer fast ausschließlich nichtjüdischen Umwelt zu geben. Ähnliches gilt selbstverständlich für eine Reihe anderer Organisationen, angefangen von den Sportvereinen über die Zionistische Organisation bis hin zu den Seniorentreffs. Mit der Zuwanderung ergibt sich nun, gerade für die nichtreligiösen Aktivitäten, eine völlig neue Ausgangssituation. Nicht nur zahlreiche neue jüdische Gemeinden entstanden in Städten wie Potsdam und Rostock, Emmendingen und Lörrach, Oldenburg und Emden – auch die Aktivitäten bestehender Gemeinden und Vereine, die Seminare der Zentralwohlfahrtsstelle, der Studenten- und Jugendverbände erfeuen sich regen Zuspruchs. In Düsseldorf entstand eine neue jüdische Grundschule, in Berlin das erste jüdische Gymnasium. Die Kapazität der jüdischen Ferienlager kann mit dem wachsenden Interesse nicht Schritt halten.

JÜDISCHES LEBEN IN NICHTJÜDISCHER UMWELT

Bisher war vor allem die Rede von der innerjüdischen Entwicklung. Jüdisches Leben im Nachkriegsdeutschland bewegt sich auf Grund der demographischen Gegebenheiten jedoch in einem nichtjüdischen Umfeld. Selbst diejenigen, die sich in ein selbstgeschaffenes »Getto« zurückziehen möchten, können dies bei einer Minderheit, die gerade einmal 0,05 Prozent der deutschen Bevölkerung ausmacht, nur sehr eingeschränkt tun. Wie sich die Juden in Deutschland fühlten und fühlen, wird sich anhand von mehr oder weniger repräsentativen Befragungen angesichts des unterschiedlichen Hintergrunds und der insgesamt geringen Zahl dieser Gruppe nur schwer festmachen lassen. Buchtitel deutscher und österreichischer Juden und Jüdinnen zu diesem Thema sprechen Bände: »Dies ist nicht mein Land« (Lea Fleischmann), »Fremd im eigenen Land« (Henryk Broder und Michel Lang), »Wir wissen nicht was morgen wird. Wir wissen wohl was gestern war« (Peter Sichrovsky), »Im Land der Täter« (Susann Heenen-Wolff), »Leiden an Deutschland« (Julius Schoeps), »Zwischen Welten« (Richard Chaim Schneider). Ihr Inhalt erläutert vieles, was Statistiken nicht erfassen können.

Verschiedene Studien haben sich in den letzten Jahren mit dem jüdischen Selbstverständnis und dem Bezug zur Umwelt auseinandergesetzt und kamen dabei zu recht unterschiedlichen Ergebnissen. Eine Umfrage unter jüdischen Jugendlichen aus dem Jahr 1964 ergab, dass zwei Drittel der Befragten nicht in Deutschland geboren waren und ein Drittel andere Sprachen als deutsch mit ihren Eltern sprach. Mitte der sechziger Jahre waren Jiddisch und Polnisch noch häufige Umgangssprachen unter jüdischen Jugendlichen. Während die Eltern ihren Kindern zumeist deutsche Namen gegeben hatten, nannten sie sie zu Hause mit anderen, oft jiddischen oder hebräischen Namen. Auf die Frage: »Wo möchtest du am liebsten wohnen?« antworteten 73 Prozent der Befragten: in Israel; 18 Prozent wählten die USA, aber nur 8 Prozent Deutschland.[15])

---

[15]) Walter W. Jacob Oppenheimer, Jüdische Jugend in Deutschland, München 1967, S. 148

Eine Studie aus dem Jahre 1977 kommt zu fast noch dramatischeren Ergebnissen: 84 Prozent der befragten 255 in Deutschland lebenden Juden erklärten, kein Heimatgefühl in Deutschland zu haben. In der Gruppe der Jugendlichen betrug der Prozentanteil sogar mehr als 90 Prozent. Das schlechte Gewissen, in Deutschland zu leben, überwog bei den meisten die Identifikation mit der Umgebung. Die »gespaltene Persönlichkeit« der in Deutschland lebenden, aber sich mit Israel identifizierenden Juden brachte der Generalsekretär des Zentralrats der Juden in Deutschland, Hendrik van Dam, 1966 auf folgenden Nenner: »Heute sieht es so aus, daß aus der deutsch-jüdischen Symbiose eine deutsch-jüdische . . . Psychose geworden ist.«[16])

In einer Meinungsbefragung aus dem Jahr 1990 unter 377 Juden in Westdeutschland ergibt sich jedoch ein völlig verändertes Bild. Nun lehnen 56 Prozent der in Deutschland lebenden Juden die Behauptung ab, Israel sei ihre wahre Heimat, und 64 Prozent sehen sich, trotz ihrer Einbindung in die jüdische Kultur, »zunächst einmal als Deutsche«.[17]) Obgleich sowohl Fragestellung als auch Zielgruppen dieser drei Umfragen nicht identisch waren, lässt sich doch eine klare Feststellung treffen. In den achtziger Jahren begann sich ein Bewußtseinswandel innerhalb der jüdischen Gemeinschaft durchzusetzen. Mit der zunehmenden Dominanz der Gemeinden durch eine bereits in Deutschland geborene und aufgewachsene »zweite« Generation setzte auch eine stärkere Bejahung des Lebens in Deutschland ein. Wer nach drei oder vier Jahrzehnten noch immer in Deutschland lebte und von der Notwendigkeit einer Auswanderung sprach, wirkte kaum noch glaubwürdig. Langsam fanden sich in den Gemeindesälen neben den Israelfahnen und Jerusalempostern auch Dokumente zur lokalen jüdischen Vergangenheit und Gegenwart, wurde das deutsch-jüdische Erbe in den Mittelpunkt gestellt. Eine bisher unveröffentlichte Studie, die 1984 von der Hochschule für Jüdische Studien in Mannheim, also unter Mitgliedern einer jüdischen Gemeinde mittlerer Größe, durchgeführt wurde, vermittelt ein differenziertes Bild.[18])

Befragt wurden in persönlichen Interviews mit 86 Fragen ein repräsentatives Sample von 30 der knapp 400 Gemeindemitglieder sowie zusätzlich die führenden Repräsentanten des Gemeindelebens. Eines der auffallendsten Ergebnisse war die Diskrepanz zwischen der Identifikation mit dem lokalen Umfeld und der Distanz zum weiteren Bezugsrahmen. Die große Mehrheit der Befragten (75 Prozent) gab an, gerne in Mannheim zu leben und sich dort wohl zu fühlen. Die Beteiligung am öffentlichen Leben jedoch war eher gering; nur zwei der Befragten waren Mitglieder in Gewerkschaften, vier in Berufsverbänden, und kein einziger hatte sich einer politischen Partei angeschlossen. Gut die Hälfte sprach sich gegen einen Militärdienst für Juden in der Bundeswehr aus. Bezüglich ihrer privaten Sphäre gab ein Drittel an, ihr Freundeskreis bestehe hauptsächlich aus Juden, ein weiteres Drittel rechnete sowohl Juden wie auch Nichtjuden zu ihren engsten Freunden, und ein Drittel nannte vorwiegend Nichtjuden. Alle Befragten machten klar, dass ihr weiterer Freundes- und Bekanntenkreis aus Juden und Nichtjuden bestand. Zwei Drittel meinten, der Antisemitismus spiele für sie im Alltagsleben kaum eine oder überhaupt keine Rolle; drei Viertel machten niemals persönliche Erfahrungen mit antisemitischen Vorfällen, doch weiß immerhin fast die Hälfte von solchen Vorkommnissen im Bekanntenkreis zu berichten. Hierbei stehen schulische Vorfälle im Vordergrund. Gerade die Jüngeren schätzten daher den Antisemitis-

---

16) Die Angaben stammen aus Kuschner, Die jüdische Minderheit in der Bundesrepublik Deutschland. Köln 1977, S. 126 und 172. Das Zitat von van Dam befindet sich ebendort, S. 97.

17) Alphons Silbermann und Herbert Sallen, Juden in Westdeutschland. Selbstbild und Fremdbild einer Minorität. Köln 1992, S. 104–105.

18) Die Studie wurde unter Leitung von Prof. Akiba Deutsch von der Bar-Ilan-Universität durchgeführt. Die Unterlagen befinden sich im Privatarchiv des Verfassers.

mus als »bedrohlich« ein. Interessant ist schließlich noch das Verhältnis zu Israel. Nur zehn Prozent waren lediglich einmal in Israel, während 40 Prozent das Land »schon oft« besucht haben und weitere 40 Prozent bereits dort gelebt haben. Die enge, auch physische, Verbundenheit mit Israel, die in zahlreichen Antworten unterstrichen wurde, ist durchaus repräsentativ für Deutschlands Juden und steht etwa im Kontrast zu den amerikanischen Juden, von denen zwei Drittel niemals Israel besucht haben.[19])

Eine ähnliche Studie würde heute unter den in Deutschland lebenden Juden, von denen die Mehrzahl aus den GUS-Staaten stammt, gewiss anders aussehen. Nur die wenigsten von ihnen hatten die Möglichkeit, Israel zu besuchen, sie müssen sich erst mit ihrer jüngsten Umgebung identifizieren lernen, und antisemitische Vorfälle haben in den Jahren nach der Wiedervereinigung in erschreckender Weise zugenommen. Wie werden sie bzw. ihre Nachkommen sich zu Beginn des nächsten Jahrhunderts identifizieren? Einige werden Deutschland verlassen und Juden in Israel oder den USA bleiben; andere werden in Deutschland wurzeln schlagen und Deutsche ohne jüdische Identität werden; wieder andere jedoch werden sich als deutsche Juden verstehen, so wie viele Nachkommen osteuropäischer Juden es bereits in der Weimarer Republik und im Nachkriegsdeutschland getan haben.

Es wäre verfrüht, heute bereits ein Urteil über eine Entwicklung abzugeben, die noch im Gange ist. Die schwierigste Herausforderung wird es sein, kompetente Rabbiner, Religionslehrer, Vorbeter und eine geistige Laienführung heranzubilden. Die 1979 gegründete Hochschule für Jüdische Studien in Heidelberg hat sich dies zur Aufgabe gesetzt, es in den ersten Jahren ihres Bestehens aber nur bedingt erfüllen können. Nun sind erstmals die möglichen Kandidaten für eine derartige Ausbildung in Person der Immigranten vorhanden, worauf die Hochschule mit der Ausschreibung von Stipendien an diesen Personenkreis offensiv reagierte. Die Gründung liberaler Gemeinden, aber auch einer orthodoxen Austrittsgemeinde in Berlin versucht an ein pluralistisches deutsches Judentum der Weimarer Zeit, aber auch an heutige Traditionen in der westlichen Diaspora anzuknüpfen. Es ist bemerkenswert, dass nach fünf Jahrzehnten nun zum ersten Mal moderne deutsche Übersetzungen der wichtigsten Gebetbücher entstehen – und dies gleich in mehrfacher Ausführung: von orthodoxer Seite 1996 in Basel ein deutsch-hebräischer Siddur, gefolgt von mehreren liberalen Gebetbüchern; im Sommer 1998 schließlich war vom Unternehmen junger Kölner Juden zu hören, die mit Hilfe der örtlichen Rabbiner Neuübersetzungen von Feiertagsgebetbüchern ausgearbeitet haben.

Diese Unternehmen, beispielhaft für viele andere, machen Hoffnung. Es bleibt dennoch abzuwarten, ob das deutsche Judentum in der Lage sein wird, nach fünf Jahrzehnten erstmals wieder seine eigene geistige und religiöse Führung heranzuziehen. Wenn man eine Zwischenbilanz ziehen darf, wird sie folgendermaßen aussehen: Die dritte Generation von Juden im Nachkriegsdeutschland ist inzwischen herangewachsen, und die Mehrzahl von ihnen plant ihre Zukunft in Deutschland. Nach langem Zweifeln sieht es heute so aus, als könnten sie dies auch als Juden. Die institutionellen Rahmenbedingungen jüdischen Lebens von der lokalen Gemeinde bis zum Zentralrat, von der Rabbinerkonferenz zur Hochschule für Jüdische Studien, von der jüdischen Schule zum Seniorenclub wurden in den ersten fünf Jahrzehnten jüdischer Nachkriegsexistenz geschaffen – in den nächsten Jahrzehnten wird es darum gehen, diese mit neuem Leben auszufüllen.

---

[19]) Chaim I. Waxman, Weakening Ties: American Jewish Baby-Boomers and Israel, in: Alon Gal (Hrsg.), Envisioning Israel. The Changing Ideals and Images of North American Jews. Jerusalem und Detroit 1996, S. 383.

*Robert Guttmann**

Ohne Anfang und ohne Ende

Stationen jüdischen Lebens in Deutschland

Männer mit verhärmten Gesichtern, hohlen Augen, zerschlissener Kleidung kontrastierten erschreckend zu dem hellen, lichtdurchfluteten Raum in einer belebten Straße in Konstantinopel. Die Rabbiner, die bekanntesten der vertriebenen spanischen Juden, mit ihren Brüdern aus Portugal und anderen Ländern Europas, saßen verschreckt in der Eingangshalle der Synagoge. Es wird berichtet, als die Juden Ende des 14. Jahrhunderts aus Spanien vertrieben wurden, seien die größten und berühmtesten Rabbiner der jüdischen Gemeinschaft zusammengekommen, um einen »Cherem«, einen Bann, über Spanien auszusprechen, der so lautete: »Die nächsten 500 Jahre darf und wird kein Jude mehr seinen Fuß auf die Iberische Halbinsel setzen.« Rabbiner Meschula Rath, der zu dieser Zeit Oberrabbiner von Cernovic war, meinte zwar in seinem Buch, dies sei eine Legende. Ein solcher Bann sei nie verhängt worden. Aber Tatsache ist, daß knapp 450 Jahre lang Juden, obwohl sie überall auf der Welt einen Platz suchten, in diese beiden Länder nie zurückkehrten.

Am 8. Mai 1945 kapitulierte Deutschland, und die Tore der KZs öffneten sich. Gestalten wie aus Dantes Inferno versuchten, auf klapprigen Beinen der Stätte des Bösen zu entkommen. Die meisten Rabbiner waren tot, ermordet, gemeinsam mit ihren Gemeinden ausgerottet für immer. Das »Schtetl« war verschwunden. Und trotzdem fragt man heute, ob es damals richtig gewesen wäre, hätten die wenigen Überlebenden einen »Cherem« über Deutschland verhängt? Wenn nicht damals, wann sonst! Aber es geschah nicht. Das Gegenteil passierte. Hunderttausende dieser Überlebenden, die den Weg in ihre Ursprungsländer gesucht oder gefunden haben, die einem Traum nachgingen, daß ihre Familien vielleicht doch überlebt haben könnten und sie die noch finden würden, strömten nach Deutschland. Sie wohnten in den befreiten KZs. Es war keine SS mehr, die vor den Toren stand, sondern amerikanische Militärpolizei. Aber der Ton hatte sich fast nicht geändert. Diese Menschen waren die DPs, Displaced persons, ohne Wurzeln und ohne Heimat, ohne Familien und ohne Zukunft. Sie wollten nur noch eines: Die Vergangenheit vergessen!

Es ist kaum zu glauben, dass das deutsche Volk, das noch am 7. Mai 1945 die Juden gehasst und als Parasiten bezeichnet hatte, am 8. Mai 1945 durch die Kapitulation diesen in Kindergärten, Schulen, Universitäten, Hitlerjugend usw. eingebleuten Hass als Teil seines Ichs plötzlich »abgelegt« hat. Die Generation, die den Krieg überlebte, ist mit diesem Bild aufgewachsen und glaubte an die Richtigkeit, auch wenn der Krieg verloren wurde. Diese Auffassungen, die statt der Bibel zum Volksglauben geworden waren, wurden deshalb nicht verwischt. Dies musste so sein. Es wäre unmöglich, wenn es anders gewesen wäre. Die Kapitulation hat sogar noch weitere Hassgefühle freigestellt, weil viele Menschen glaubten, dass Deutschland deshalb den Krieg verloren hat, weil die Juden überall auf der Welt gegen Deutschland agitiert und gekämpft hatten. Das ist natürlich Unsinn, und dies ist uns 60 Jahre nach 1938 und 50 Jahre nach der Befreiung klar. Aber die Menschen damals, die auf ihre Art geschunden wurden, gehungert, die Familienmitglieder verloren und natürlich durch

* Bundesvorsitzender der Zionistischen Organisation in Deutschland

Hitler auch gelitten hatten, konnten und wollten das nicht wissen. Niemand erklärte es ihnen, und wenn es ihnen jemand erklärt hätte, hätten sie gar nicht zugehört. Denn damals war das wichtigste, ein Kilo Kohle oder ein Stück Brot zu besorgen, um zu überleben.

Die DPs, die Überlebenden der KZs, strömten von überall her nach Deutschland und vor allem nach Bayern. Diese Menschen, die ihre Menschenwürde verloren hatten, die zufällig überlebt hatten, brauchten viel Zeit, um überhaupt zu begreifen, dass sie frei waren, aber mehr oder weniger allein auf der Welt standen. Sie hatten nur einen einzigen Gedanken: So schnell wie möglich weg aus Deutschland, nach Kanada, Amerika, nach Palästina. Und jene, die eine Chance bekommen haben, emigrierten, egal wohin, nur weg aus Deutschland, möglichst auch fort aus Europa. Etwas Neues suchen, wo die Sonne schien, wo es Essen gab, wo man keine Angst haben mußte. Jene, die blieben, waren hauptsächlich Menschen, die kein Visum erhielten, meistens aus Gesundheitsgründen. Viele hatten auch derartige Ängste mit aus den KZs gebracht, daß sie nicht in der Lage waren, »normal« zu denken, an eine Zukunft zu glauben. Sie sind ganz einfach dageblieben, haben sich nicht für die Zukunft interessiert.

Die Amerikaner hatten Interesse, die Überlebenden verschiedener Herkunft zu kanalisieren. Es war einfacher, diese Menschen in den alten KZs zu beherbergen, sie zu verpflegen und zu kleiden und sie sonst in Ruhe zu lassen. Diese Menschen gingen, soweit es möglich war, aufrecht, auf zwei Beinen. Aber sie mussten erst wieder lernen, Menschen zu werden. Eines der wichtigsten Ziele der Nazis war es ja, sie nicht nur zu brechen und langsam zu Sklaven zu machen, sondern durch verschiedene Medizinzugaben in die dünne Wassersuppe und auf anderem unmenschlichem Weg sie zu »Zombies« zu machen. Sie blieben nun zunächst in diesen KZs, wo jetzt die Tore offenstanden. Das amerikanische Militär, entweder aus Unwissenheit oder aus anderen Gründen, zeigte keine große Sympathie für diese Opfer. General Patton, der Oberbefehlshaber, war ein berüchtigter Antisemit, und das spiegelte sich in der ganzen Hierarchie wider, bis hinunter zum einfachen Soldaten.

Unterbrochen wurde diese Kette nur durch jüdische Offiziere und Soldaten, die halfen, wo immer es möglich war. Doch trotz aller Probleme entstand langsam eine Verwaltung. Die Menschen begannen, ihre schrecklichen Erlebnisse zu verarbeiten. Die Synagoge in München zum Beispiel wurde 1947 eröffnet. Man versuchte, »Klein-Polen« in »Groß-München« zu installieren – mit Erfolg. Die Deutschen allerdings hatten sich noch nicht geändert. Pogrome gab es zwar nicht mehr, denn die Situation ließ dies nicht zu, im Gegensatz zu Polen und Ungarn. Aber die Juden waren weiterhin Ausgestoßene, die sicherlich auch selbst keine Liebe zu ihrer Umgebung hegten, hegen konnten.

1948, nach der Währungsreform, als Deutschland wieder anfing zu funktionieren, als im Westen das »Wirtschaftswunder« langsam an Konturen gewann, war es das wichtigste, gut zu essen, eine einigermaßen nette Wohnung zu haben und nicht in Gedanken der Vergangenheit nachzuhängen. Vor allem auf der Straße, wenn sich Herr Huber und Herr Maier trafen, dann begegneten sich zwei Menschen, die beide an Hitler geglaubt hatten. Ob sie beide Nazis, Mörder oder »nur« Mitläufer waren, stand auf einem anderen Blatt. Niemand allerdings sprach mehr von gestern. Man schwieg. Die Juden, die in Deutschland blieben, wachten aus ihrer Lethargie auf, vielleicht für kurze Zeit, bei der Proklamation des Staates Israel, nach dem UNO-Beschluß von 1947, wonach ein Staat der Juden gegründet werden sollte in Teilen von Palästina. Das war ein Wendepunkt, als die Überlebenden zum erstenmal wieder das Wort »Würde«, wenn auch nicht im Munde, so doch in ihren Gedanken hatten. Aber kaum jemand glaubte, dass dieser neue Staat die Möglichkeit haben würde zu existieren. Man meinte, was Hitler nicht geschafft hatte, würden die Araber beenden. Helfen konnte man wenig, auch wenn man wollte.

Es entstand eine gewisse Trennlinie zwischen den Juden, die in Deutschland zurückgeblieben waren, und dem Staat Israel. Reisen und Fliegen waren damals undenkbar, die Trennung wurde immer ausgeprägter. Aus psychologischen Gründen suchten die Menschen eine gewisse »Normalität« und fanden sie in Westdeutschland.

Die Deutschen ihrerseits interessierten sich nicht für die Vergangenheit. Nach den Nürnberger Prozessen wollten sie schnellstens einen Schlussstrich ziehen. Alles ging seinen normalen Weg. Der Westen Deutschlands wurde frei, die Alliierten zogen nach und nach ab, der Bundestag begann seine Arbeit. Die meisten Richter, Staatsanwälte und Ärzte waren in ihre alten Funktionen zurückgekehrt. Richter, die Hunderte von Todesurteilen ausgesprochen hatten, wurden befördert. An ihren Roben konnte man noch den Fleck sehen, wo vorher das Hakenkreuz war. Sie hielten »wunderbare« Reden über Demokratie und Recht. Es waren dieselben Juristen, die Menschen wegen Rassenschande in den Tod geschickt hatten. All das wurde in der Gesellschaft akzeptiert. Es musste wohl auch akzeptiert werden, denn es gab kaum andere Richter, Staatsanwälte oder Ärzte. Das deutsche Volk musste sich selbst erneuern. Die Lehrer, die mit »Heil Hitler« aufgewachsen waren, konnte man nicht aus den Schulen entfernen. Sie waren ein Teil des deutschen Volkes. In dieser Atmosphäre konnten nur naive Menschen oder solche, die voller Illusionen waren, glauben, dass das Verhältnis zwischen Opfern und Deutschen »normal« geworden wäre. Die wenigen jüdischen Gemeinden in Berlin, Frankfurt und München und die ganz kleinen andernorts öffneten wieder ihre Tore. Die Synagogen waren überraschenderweise sehr gut gefüllt, und es kam, wie es kommen musste: Die Juden, die winzige Minorität, die nicht auswandern konnte, verschwand im Umfeld der nichtjüdischen Deutschen. Sie wollten auch verschwinden. Diese »Getto-Mentalität«, mit gesenktem Haupt zu leben, war eine direkte Fortsetzung der Schtetl-Mentalität vor der Schoah. Die geheimen, offiziellen Verhandlungen zwischen der israelischen Regierung und der Bundesrepublik führten 1965 zur Aufnahme diplomatischer Beziehungen zwischen den beiden Staaten. Die israelische Mission in Köln arbeitete schon seit vielen Jahren und hatte auf der wirtschaftlichen Ebene die Aufgaben nicht nur einer Handelsmission, sondern sie betätigte sich auch als politisches Vermittlungszentrum. Die Aufnahme der offiziellen Beziehungen 20 Jahre nach der Schoah löste eine ganz neue Ära in den Beziehungen zwischen beiden Staaten aus.

In der Bundesrepublik kam langsam eine neue politische Generation in die Verantwortung: Menschen, die nicht belastet waren, Menschen, die ihre eigene Geschichte durchforstet hatten, wenn auch nicht so schnell und nicht so gründlich. Die Eltern und Großeltern hatten nur ungern darüber gesprochen.

Das gleiche Phänomen in anderer Form fand man übrigens auch bei israelischen Familien. Die meisten Eltern, die überlebt hatten, sprachen kaum mit ihren Kindern über den Holocaust. Die israelische Jugend von 1948 bis 1970/75 wußte über den Holocaust fast ebenso wenig wie die deutsche Jugend. Sicher gab es den »Jom Haschoa«, den Tag, an dem offiziell der Toten gedacht wird. Man hat die Schoah auch in den Schulen erwähnt, aber es war ein Geschichtsabschnitt, der kaum thematisiert wurde. Yad Vashem, die Gedenkstätte in Jerusalem, war bereits geöffnet, und die ersten Schulklassen besuchten sie auch. Aber allgemein herrschte großes Schweigen. Man konnte noch nicht darüber reden, es schmerzte zu sehr. Man konnte und wollte diesen Schmerz nicht an die neue Generation weitergeben. Man schämte sich: Hier die mächtige oder mächtig scheinende israelische Armee, die Jugend, die voller Stolz ihre Uniformen trug. Auf der anderen Seite die Wahrheit, dass Millionen von Juden in die Gaskammern getrieben wurden und sich auch treiben ließen. Das passte nicht zusammen. Das war auch nicht gut für die Moral. Deshalb hatten beide Seiten kein echtes Interesse, dieses schreckliche Kapitel der zwölf Jahre Dunkelheit zu beleuchten und darüber zu diskutieren.

Die Hallstein-Doktrin, gegen die Anerkennung der DDR gerichtet, war eines der größten Hindernisse für den großen Schritt in Richtung Anerkennung Israels. In Bonn fürchtete man, nach diplomatischen Beziehungen zu Israel würden die arabischen Länder und deren Verbündete die DDR anerkennen. Nach dem Besuch Ulbrichts in Kairo wurde diese Befürchtung auch Wirklichkeit. Fast alle arabischen Länder nahmen zur DDR diplomatische Beziehungen auf. Diese Anerkennung riss viele Wunden wieder auf, obwohl schon durch den Eichmann-Prozess die Menschen in Israel zum erstenmal öffentlich mit dem Holocaust konfrontiert worden waren. Dieser Prozess hatte aber keine positive Atmosphäre den Deutschen gegenüber geschaffen. Die Jugend hörte mit eigenen Ohren, was sie in dieser Form zuvor nicht wußte. Die Älteren brachen unter den Worten Eichmanns und der Befragung durch den israelischen Staatsanwalt zusammen. Jedes Wort war wie ein Peitschenhieb.

Die Juden in Deutschland, die so lange erfolgreich ihre Köpfe »in den Sand gesteckt« hatten, mussten ihren Kindern Rede und Antwort stehen. Das war schmerzlich. Und trotz allem wurden die »gepackten Koffer« langsam leerer. Es gab für die meisten kaum plausible Gründe, die BRD zu verlassen. Die ersten jüdischen Schulen wurden gegründet. Eine unausgesprochene »Normalität« breitete sich über das deutsch-jüdische Verhältnis aus. Als die Hatikwa, die israelische Nationalhymne, erstmals in Bonn gespielt und die israelische Fahne gehißt wurde, kam Stolz auf und gleichzeitig auch Hoffnung.

Der Grund für die Aufnahme der diplomatischen Beziehungen mit Bonn war nicht nur wirtschaftlicher Art. Die Wiedergutmachungsgelder waren auch vorher geflossen. Man hätte also Wege finden können, wenn man gewollt hätte, sich zu verweigern. Doch sowohl in Israel als auch in der Bundesrepublik war man zur Einsicht gekommen, daß der Zeitpunkt der Offenheit gekommen war. Mit der Bundesrepublik war ein demokratisches Land entstanden mit einer neuen Jugend, zum großen Teil von der Ideologie der alten Nazis befreit. Natürlich gab es sie noch, jene, die nicht in den Steppen Rußlands gefallen waren. Sie waren nach Deutschland zurückgekommen und haben ihr Leben weitergeführt. Natürlich wussten die Leute im Dorf oder in der Stadt, wer Herr Huber oder Herr Maier waren, bei welcher SS-Division er gedient hatte, bei der Wehrmacht oder bei der »Partei«. Aber was sollten die Menschen tun? Alle saßen im gleichen Boot, alle hatten das gleiche erlebt, die einen schlimmer, die anderen weniger schlimm. Einer schämte sich, der andere war stolz auf seine Vergangenheit. Die einen wollten darüber nicht sprechen, und die anderen wagten dies nicht. Aber alle wußten Bescheid, und es gab kaum eine Möglichkeit, es zu verbergen. Wenn man nach dem Verhältnis Juden–Deutsche fragte in den ersten 25 Jahren nach dem Krieg: Es gab kein Verhältnis! Es gab nur wenige Juden, etwa 30 000 in der BRD, und sie hatten nur wenig Interesse, sich als Juden in der Öffentlichkeit zu zeigen.

Die Synagogen waren in Hinterhöfen versteckt, das »Problem« Jude war etwas, über das man nicht redete. Dies alles änderte sich nun. Die »Aktion Sühnezeichen« wurde in Israel aktiv, und überraschenderweise wurden die deutschen Touristen in Israel viel positiver aufgenommen, als man gedacht hätte. Israelis machten noch einen großen Bogen um Deutschland, aber der Krieg von 1967 war ein Meilenstein.

Der Sechstagekrieg wurde auf zwei Plätzen gewonnen: In Israel selbst und außerdem in den Wirtshäusern und Kneipen in der Bundesrepublik Deutschland. Die Begeisterung über den Sechstagekrieg war ein Phänomen, das viele psychologische und geschichtliche Gründe in sich barg. Jedes Land liebt Sieger, und Deutschland noch mehr als andere. Und die »Juden« siegten. In den Kneipen waren Landkarten zu finden vom Kriegsschauplatz, und abends wurden kleine rote Fähnchen neu positioniert. Auf die jüdischen Erfolge wurde einander zugeprostet. Es waren keine israelischen Erfolge, es waren »jüdische« Siege. Zum erstenmal war der Jude kein Feigling mehr, der krumm und ängstlich vorbeihuschte und nebenbei seine dunklen Geschäfte trieb. Es waren stolze junge Männer und Frauen, überraschenderweise nur wenige dunkel oder schwarzhaarig, die siegten, die nicht flüchteten und zu denen man aufschaute.

Dieser große Meinungsumschwung auf der Straße hat einen Umkehrprozess mit sich gebracht, den man nicht erwartet hatte. Juden wurden plötzlich »Mitbürger«, deutsche Mitbürger sogar. Der Stolz Israels strahlte bis nach Deutschland. Viele versuchten, ihr schlechtes Gewissen und das ihrer Väter und Großväter auf eine absolut philosemitische Art kundzutun. Oft hatte man das Gefühl, dass beide Völker nicht nur die hunderttausend ermordeten Deutschen jüdischer Abstammung, Künstler und Maler, Musiker und Schriftsteller gemeinsam hatten, sondern dass eine viel stärkere Bindung existierte, als man früher angenommen hatte.

Dieser Umwälzungsprozess wurde noch beschleunigt durch die Studentenunruhen von 1968, wobei die Studenten ihre Wut gegen den »Muff unter den Talaren«, den Muff in den Wohnzimmern zu Hause und das Schweigen über die Vergangenheit richteten. Diese »Revolution« für demokratischen Alltag ging in dieselbe Richtung, egal ob in Deutschland oder Frankreich.

Die Juden in Deutschland waren zum erstenmal ein wenig zuversichtlicher, vor allem stolz, mächtig stolz. Viele, die von Zionismus nichts hören wollten, wurden zu glühenden Verfechtern des Zionisms. Israelische Fahnen zu verkaufen, war ein gutes Geschäft, und wer bisher seinen Urlaub nicht in Israel verbrachte, tat es nunmehr.

Wenig allerdings wurde über den Holocaust geschrieben, doch immerhin – die ersten Anfänge waren zu sehen. Jüdische Schriftsteller in ganz Europa fingen an, dieses Thema zu behandeln, und auch die ersten Deutschen kamen darauf. Schulklassen besuchten die Gedenkstätten. Die deutschen Schulbücher änderten sich freilich kaum. Der Holocaust wurde unverändert nur am Rande behandelt, aber: Eine Entwicklung zum Positiven zeichnete sich immerhin ab. Doch das Ansehen der Juden in Deutschland verbesserte sich in Israel nicht.

Auf internationalen jüdischen Kongressen versuchte man immer, das Wort »Deutschland« unter dem Teilnehmernamen zu verdecken. Wenn sie nach dem Herkunftsland gefragt wurden, stotterten die Befragten herum. Zu bekennen, dass man aus Deutschland kam, war keine gute Eintrittskarte.

Die jüdischen Gemeinden waren meistens erfolglos, wenn sie Lehrer, Rabbiner oder andere Personen für rituelle Stellen suchten. Einen »guten Rabbiner« nach Deutschland zu holen, war unmöglich. Ein Lehrer, der den Kindern jüdisches Wissen vermitteln konnte, war eine Rarität. Die innerjüdische Trennlinie existierte weiter. Die einen wollten sie nicht erkennen, die anderen haben sie nicht artikuliert. Diese Periode relativer Ruhe zerbrach unter den Terroranschlägen vor allem während der Olympischen Spiele 1972 in München. »Mincha« wurde zu München. Eine »kleine« Stadt wurde zur Weltstadt. Die Spiele veränderten das Bild der Stadt, die Straßen wurden breiter. Die Bevölkerung freute sich, und die allgemeine Stimmung war hervorragend. In ihr Haus in der Conollystraße luden die israelischen Sportler am Abend die zionistische Jugend und andere Freunde zum traditionellen »Houmus- und Tehina-Essen« ein. Es wurde gesungen, es wurde uns sogar angeboten, über Nacht zu bleiben. Am Tag danach dann das Unfassbare: Das schreckliche Attentat, das mit der Ermordung vieler israelischer Sportler endete. Die Menschen waren schockiert. Schon in den ersten Stunden danach wurden Vorwürfe laut: Viele Fehler seien gemacht worden. Aber wer hatte mit solch einem Verbrechen gerechnet! Damals war dies noch unvorstellbar gewesen. Die jüdische Bevölkerung Münchens war nach dem Attentat auf die El-Al-Maschine, nach dem Feuer im Altersheim und nach dem Verbrechen während der Spiele verzweifelt.

Von diesem Tag an begann weltweit eine neue Ära. Jüdische Schulen und Kindergärten wurden mit Stacheldraht eingezäunt. Videokameras und Sicherheitsbeamte, zuvor fast unbekannt, bekamen Hochkonjunktur.

Am Jom Kippur, dem Versöhnungstag am 6. Oktober 1973, schienen die schlimmen Nachrichten aus Israel nicht enden zu wollen. Anfangs wollte es niemand glauben. Von Tausenden von Toten berichteten die Nachrichten. Es gab nur wenig Häuser, in denen nicht Weinen und Klagen zu hören waren. Die Juden in Deutschland wollten helfen. Freiwillige meldeten sich, und man sammelte Geld. Auch nichtjüdische Deutsche haben während dieses Krieges und danach mit großer Hilfsbereitschaft die Menschen in Israel unterstützt. Wie nahe Israel damals an seiner totalen Vernichtung gestanden hatte, erfuhr man erst später.

Die Juden in der Bundesrepublik, die seit 1967 in einer Art Freudentaumel gelebt und sich nur wenig um die innenpolitischen Probleme in Deutschland gekümmert hatten, wachten plötzlich auf. Die Bindungen zu Israel wurden in den folgenden Jahren stärker. Die zionistische Jugend bekam neue Kraft, und der Begriff »Zionismus« war wieder etwas Positives. Die Investitionen jüdischer Bauträger in Israel verstärkten sich, und tatsächlich wurde alles getan, was möglich war, um diesem geschundenen Land zu helfen. Nicht nur ein Großteil der israelischen Bevölkerung, sondern auch die Juden in Deutschland waren hin- und hergerissen. Auf der einen Seite die erste konkrete Möglichkeit für Frieden zwischen Ägypten und Israel – auf der anderen Seite die Frage, ob man Land gegen Frieden tatsächlich eintauschen könne. Was würde denn beim nächsten Krieg geschehen?

Der Libanon-Feldzug von 1982 war weder militärisch noch formell richtig vorbereitet. Die alte israelische Haltung, nach der Aufklärung und Information nicht wichtig seien, hatte innen- wie außenpolitisch zum erstenmal sichtbare Risse in die stabile Mauer der israelischen Bevölkerung gebracht. Der Krieg kostete viele Menschenleben, und es war von Anfang an klar, dass die Erfolgsaussicht sehr gering war.

In Deutschland entwickelte sich in dieser Zeit mehr und mehr die »neue Linke« als neuer Feind Israels. Und diese linke Bewegung wurde auch von jüdischen Köpfen unterstützt, die auf der einen Seite Profilierung suchten und auf der anderen Seite tatsächlich davon überzeugt waren, dass das, was sie taten, richtig sei. Doch sie traten in den Dienst »antiisraelischer Propaganda«, die ihresgleichen suchen musste.

Das Verständnis israelischer Sicherheitspolitik spielte hier immer weniger eine Rolle. Das Trauma der Schoah, der absoluten Vernichtung, existierte für sie nicht mehr. Die wirtschaftliche Lage in Israel, auch durch die großen Ausgaben fürs Militär, wurde nicht besser, und Verständnis für Israel brachten immer weniger Menschen auf. Die Politik der Bundesrepublik war vorsichtiges Lavieren zwischen einem speziellen Verständnis oder Interesse für Israel und der wachsenden Bedeutung der arabischen Länder mit ihrem Öl.

Die wichtigste und meistartikulierte Forderung der Jüdischen Gemeinden weltweit an die Sowjetunion war damals der berühmte Satz »Let my people go«. Die später einsetzende Emigration dieser Menschen, die meist nicht religiös waren und sogar nur wenige jüdische Wurzeln hatten, hat Israel in vieler Hinsicht neuen Schwung gegeben. Viele Probleme schrumpften vor noch größeren Problemen. Der Fall der Berliner Mauer war nicht nur eine Glücksstunde für die Deutschen. Das Ende der Großmacht Sowjetunion machte einen Frieden im Nahen Osten denkbar. Solange die Sowjetunion stark und eine Weltmacht war, gab es dafür außer viel Geplänkel nie eine echte Chance. Die Russen hatten keinerlei Interesse daran und hätten auch nie eingewilligt, weder in Madrid noch in Oslo noch in Washington. Sie wollten nie wirklichen Frieden, der ihren politischen und millitärischen Einfluss in der Nahost-Region beendet hätte.

Am 9. November 1989, diesem in der deutschen Geschichte so geschichtsträchtigen Tag und diesem traurigen Datum in der Geschichte der Juden in Deutschland, der Pogromnacht, fiel die Mauer in Berlin. Für die Juden in Deutschland war dieser Tag von großer Bedeutung. Die Teilung Berlins war ebenso ein Dorn im Fleisch der Menschen wie die Teilung von Jerusalem. Und wenn sie sagten: »Nie wieder eine Teilung von Deutschland« dann meinten sie in ihren Herzen auch: »Nie wieder eine Teilung der Heiligen Stadt.« Die Ängste, dass Deutschland zu groß wird, vielleicht zu mächtig, war kein wichtiger Faktor für die jüdische Generation. Vielleicht hatten ihre Väter und Großväter, die die Schoah überlebt hatten, gedacht, wenn sie Mauer und Stacheldraht sahen, dass es richtig sei, dass auch Deutsche spürten, was es bedeutet, Babys hochhalten zu müssen, damit ihre Großväter und Großmütter im anderen Teil sie zu Gesicht bekommen.

Dies war die DDR, die Israel und den Juden immer nur Böses angetan hatte. Dies war das Land, das alles getan hatte, um Israel und den Zionisten zu schaden. Am Anfang der Teilung von Deutschland, als die Sowjetunion nominell ihre Macht an die SED und DDR übertrug, wurden Diskussionen im SED-Zentralkomitee über Wiedergutmachung an die Juden angedacht.

Ein prominentes Mitglied der Jüdischen Gemeinde zu Berlin war damals der Schriftsteller Arnold Zweig, der die Zeit nationalsozialistischer Verfolgung im palästinensischen Exil überlebt hatte und danach im Osten Deutschlands seinen Wohnsitz nahm. Er schrieb 1949 voller Stolz an seine frühere Sekretärin Ruth Klinger: »Später werde ich Ihnen einmal schreiben, dass ich und wie ich hier für Israel tätig bin, dadurch, daß ich die Verbindung mit der SMA (sowjetische Militär-Administration, d. V.) anbahne und unserem Vertreter behilflich bin, Transporte aus der Ostzone nach Palästina mit Unterstützung der sowjetischen Behörden zuwege zu bringen.«

Infolge des Prager Slanski-Prozesses kam es auch in der DDR zu einer »Judensäuberung«, wobei fast alle wichtigen Personen jüdischen Glaubens oder jüdischer Abstammung entfernt wurden. Jüdische Proteste gegen die verschiedenen Erklärungen, Israel als Aggressor darzustellen, waren an der Tagesordnung. Zweig und die anderen der winzigen jüdischen Gemeinschaft unterzeichneten keine Resolution.

Dies war das Land, wo noch 1948 und 1949 in den Vorstädten von Berlin folgende Notizen auf der Anschlagtafel des Bürgermeisteramtes hingen: »Einwohner Klein-Machnows! Achtet darauf, daß Fenster und Türen auch im Keller Eures Hauses gut verschlossen und gesichert sind. Laßt keine UNRRA-Juden in die Häuser. Es ist festgestellt worden, daß die Juden am Tage in die Häuser gehen und versuchen etwas zu kaufen oder zu verkaufen. Es wurde nach einem Einbruch festgestellt, daß UNRRA-Juden bei einem Einbruch beteiligt waren, da ein Schlüssel vom UNRRA-Lager gefunden wurde. Die UNRRA-Juden haben keine Erlaubnis, sich in der russischen Zone aufzuhalten. Jeder Klein-Machnower muß wissen, bei wem das nächste Telefon ist, um bei verdächtigen Geräuschen die Polizeiwache anzurufen. Unterstützt die Polizei, und Ihr schützt dadurch Euer Eigentum!«

Am 12. April 1990 bekannten sich die Abgeordneten aller Fraktionen der Volkskammer des ostdeutschen Staates »zur Verantwortung der Deutschen in der DDR für ihre Geschichte und ihre Zukunft«. Sie erklärten: »Wir bitten die Juden in aller Welt um Verzeihung. Wir bitten das Volk in Israel um Verzeihung für die Heuchelei und Feindseligkeit der offiziellen DDR-Politik gegenüber dem Staat Israel und für die Verfolgung und Entwürdigung jüdischer Mitbürger auch nach 1945 in unserem Land (…). Wir erklären, uns um die Herstellung diplomatischer Beziehungen und um vielfältige Kontakte zum Staat Israel bemühen zu wollen«.

So konnten die Juden nur Abscheu gegen die DDR in ihren Herzen tragen, und es war ein Freudentag, als dieses Gebilde endlich verschwand. Durch die großzügigen Verträge zwischen dem Zentralrat der Juden in Deutschland und der Bundesregierung und die gleichzeitige Auflösung der GUS-Staaten kam ein stetig wachsender Strom von Juden nach Deutschland. Sie wurden gleichmäßig verteilt, so dass kleine, fast nicht existierende Gemeinden plötzlich Kraft und Stärke fühlten. Dieser Strom von Neueinwanderern hat die Beziehungen zwischen den Juden in Israel und den deutschen Juden sicherlich nicht erleichtert. Die Abneigung, wie Shimon Peres sie als damaliger Außenminister 1993 vor einer Delegation des Zentralrats der Juden geäußert hat, zeigte sich, als er die Juden in verschiedene Kategorien einteilte. Die erste Kategorie seien die Sabres, die Bewohner Israels, und als letzte, die vierte, nannte er die Juden in Deutschland. Dies wurde uns ganz offen, ohne Scham und fast ohne abschwächendes Lächeln ins Gesicht geschleudert.

Der Rechtsradikalismus und die braune Gefahr in Deutschland Anfang der 90er Jahre haben die fast vergessenen Koffer auf dem Dachboden oder im Keller wieder ins Gedächtnis gerufen. Umfragen, wie zum Beispiel »möchten Sie mit einem Juden in einem Haus wohnen?«, ergaben eine hohe negative Quote. Sie haben das ihrige getan, dass die Jugend und junge Familien ihre Zukunft nicht mehr nur in diesem Land gesehen haben. Dennoch hatte der Zionismus in jenen Jahren auch bei Juden und in jüdischen Publikationen keinen hohen Stellenwert. Es ist populär geworden, zu Recht oder zu Unrecht, auf die israelische Regierung und vor allem auf den Premierminister zu schimpfen. Der Chor der Verdammer erhält eine immer höhere Oktave, die jüdischen Stimmen dabei fehlen nicht. Die Probleme des Staates Israel sind untrennbar mit den jüdischen Gedanken über Zukunftsträume verbunden. Viele versuchen, dies zu leugnen. Gottlob ohne Erfolg!

II Vergangenheit und Gegenwart

*Wolfgang Benz**

Reaktionen auf den Holocaust

Antisemitismus, Antizionismus und Philosemitismus

Ressentiments gegen die jüdische Minderheit, Vorbehalte gegen Israel, aber auch betonte Zuneigung sind nicht ohne ihre historischen Wurzeln zu verstehen. Die Traditionen gesellschaftlicher Ausgrenzung bzw. die leidvolle Geschichte der Emanzipation und Assimilation bilden immer den Hintergrund des Verhältnisses zwischen Juden und Nichtjuden in Deutschland, kulminierend in der Erinnerung an den Völkermord im Zeichen nationalsozialistischer Ideologie. Tradierte Einstellungen gegenüber den Juden sind für den Zustand der Beziehungen ebenso konstitutiv wie die kollektiven Erinnerungen, die Reaktionen auf den Wiederbeginn und die Entfaltung jüdischen Lebens nach 1945 beeinflußten.[1])

Die Einstellung der Mehrheitsgesellschaft gegenüber den Juden ist in erster Linie vom Holocaust, vom Mord an sechs Millionen Menschen, bestimmt. Das bedeutet Scheu und Scham, Schuldbewußtsein und trotzige Abwehr der Realität, aber auch philosemitische Zuwendung. Als Verhaltensmuster resultieren daraus große Unsicherheiten und Ängste im Umgang mit der Minderheit. Dazu gehört der Ruf nach dem Schlussstrich, ein neuer Antisemitismus, der nicht trotz, sondern wegen Auschwitz die Juden ablehnt, dabei die materiellen Leistungen der »Wiedergutmachung« als Argument benützt und daran die Frage knüpft, wie lange das noch gehen werde, wie lange künftige Generationen noch bezahlen müssten. Schließlich gehört dazu auch die Suche nach der Schuld der anderen, mit der deutsche Verbrechen aufzurechnen wären.

Die Illusion der jüdischen Integration, spät erworben durch Emanzipation und Assimilation im 19. Jahrhundert,[2]) zerbrach mit Hitlers Machtantritt 1933 endgültig. Die Ausgrenzung der Minderheit begann damit, dass die Juden als Fremde stigmatisiert wurden. Mit dem Argument, sie seien anders, von fremder Art, wurden ihnen die Existenzgrundlagen, die bürgerlichen Rechte, das Eigentum genommen, und schließlich sind sie – immer mit der Begründung, sie seien auf eine besondere Weise fremd, nämlich »artfremd«, deshalb minderwertig und nicht lebenswürdig – millionenfach ermordet worden.

Ohne die lange Tradition gesellschaftlicher Ausgrenzungen wären die Bemühungen der nationalsozialistischen Propaganda nicht so rasch und so verhängnisvoll erfolgreich gewesen. Judenfeindschaft manifestierte sich seit dem letzten Drittel des 19. Jahrhunderts in der Form des modernen Rassenantisemitismus. Modern war er, weil er die religiös motivierte Judenfeindschaft durch eine wissenschaftlich aufgemachte Rassenideologie fortentwickelte und ersetzte. Judenfeindschaft war, so behaupteten eifernde Schriftsteller und Privatgelehr-

---

* Leiter des Zentrums für Antisemitismusforschung an der TU Berlin

[1]) Vgl. Wolfgang Benz (Hrsg.), Zwischen Antisemitismus und Philosemitismus. Juden in der Bundesrepublik, Berlin 1991; Frank Stern, Im Anfang war Auschwitz. Antisemitismus und Philosemitismus im deutschen Nachkrieg, Gerlingen 1991.

[2]) Rainer Erb/Werner Bergmann, Die Nachtseite der Judenemanzipation. Der Widerstand gegen die Integration der Juden in Deutschland 1780-1860, Berlin 1989.

te als Protagonisten der neuen Lehre, jetzt scheinbar auf beweisbare Fakten gegründet: auf »Rasseneigenschaften«.[3])

Die neue Lehre ließ sich politisch funktionalisieren. Sie sollte helfen, die bestehende Ordnung bedrohende Strömung wie die Sozialdemokratie im kaiserlichen Deutschland abzuwehren. Antisemitismus erschien so im Gewand der sozialdemagogischen Heilslehren des Hofpredigers Adolf Stoecker in Berlin oder des Bürgermeisters Lueger in Wien. Das hat, wenngleich seinerzeit nicht besonders erfolgreich, Schlimmerem den Weg bereitet und Denktraditionen gestiftet.

Wie sehr die Ausgrenzung die Integration überwog, zeigt sich in zwei Indizien deutlich: Einmal war die Gegenseitigkeit durch Gleichberechtigung nicht gegeben; ein Teil des Jüdischen mußte bei aller Assimilation immer im Getto bleiben. Das galt für den religiös-spirituellen Bereich auch dann, wenn der deutsche Kaiser zu Besuch in die Synagoge kam und den »Centralverein der deutschen Staatsbürger jüdischen Glaubens« seines Wohlwollens versicherte. Und das galt im sozialen Bereich auch für die getauften Juden, denen als Vorbedingung des gesellschaftlichen Aufstiegs diese formelle Lösung vom Judentum zugemutet war. Zum anderen verkehrte man mit den Juden geschäftlich und offiziell, aber kaum privat, und wenn, dann war es nicht die Regel.

Als Frucht der Assimilation war also den Juden die volle Teilnahme am gesellschaftlichen Leben nicht gewährt worden. Ersatz fanden sie in Bildungsgütern, Trost suchten sie auch im Patriotismus: Niemand sollte den Juden nachsagen dürfen, sie bemühten sich nicht, die besten, kaisertreuesten, nationalbewußtesten Deutschen überhaupt zu sein. In fassungslosem Entsetzen erkannten viele erst in den Gettos und Vernichtungslagern im Osten, dass ihre Kriegsauszeichnungen aus dem Ersten Weltkrieg nicht das Blech wert waren, aus dem sie gestanzt wurden. Aber ihre Träger hatten einst geglaubt, damit soziale Reputation erworben zu haben und schließlich gehofft, wenigstens das nackte Leben mit diesen Beweisen ihrer Vaterlandsliebe retten zu können. Doppelt fatal war es, dass diese Hoffnung, so trügerisch sie war, auch hilflos machte gegen die nationalsozialistische Verfolgung.

Dem schweigenden Entsetzen nach dem Untergang des Mordregimes folgten – teils parallel, teils zeitlich nacheinander – verschiedene Reaktionen auf die Katastrophe. Aus unbewußtem Schuld- und Leidensdruck entstand nach Auschwitz, und zwar wegen Auschwitz, ein neuer Antisemitismus, der sich in verschiedenen Spielarten – als Antizionismus, als Kritik an Israel, aber auch in den traditionellen Formen – artikuliert.

Die diametrale Reaktion gegen die versteckte Judenfeindschaft besteht im unreflektierten Philosemitismus, dessen Exponenten oft genug ebensowenig Kenntnis haben von jüdischer Kultur und Identität, der sie sich annähern möchten, wie von den historischen Fakten, deren Schatten sie überspringen wollen. Beide Verhaltensweisen bleiben zwar auf jeweils eine Minderheit beschränkt, prägen aber auch die Reaktionen der Mehrheit.

Als bislang späteste Reaktion – entstanden aus der Kombination von philosemitischer Grundhaltung und Trauer über den kulturellen Substanzverlust durch die nationalsozialistische Rassenpolitik – wurde die Legende von der deutsch-jüdischen Symbiose wiederbelebt. Möglicherweise erfolgte dies auch in unbewußter Abwehr der massenhaften Emotion, denn die Beschwörung der Symbiose ist natürlich nur das Anliegen von Intellektuellen. Die Wirkung ist jedenfalls eindeutig. Sie erlaubt – wenn man die Zerstörung des angeblich innigen Miteinanders von jüdischer und deutscher Kultur beklagt – einen Schritt aus dem Täterkreis

---

[3]) Wolfgang Benz/Werner Bergmann (Hrgs.), Vorurteil und Völkermord. Entwicklungslinien des Antisemitismus, Freiburg i. B. 1997.

hin zu den Opfern: In der Hoffnung, sich ein wenig den Opfern zu nähern, besteht der Gewinn von Distanz zu den Tätern und damit Erlösung vom Leidensdruck.[4])

Lange vor Hitlers Machtantritt hatten die Juden hinlänglich Grund, physische und psychische Gewalt zu fürchten, auch wenn sie vor 1933 noch nicht alltäglich war. Danach aber fand sich bald nicht einmal mehr ein Minimum an Solidarität, Rechtsbewußtsein und Anstand, das im sozialen Leben einer so kultivierten Nation wie der deutschen und angesichts des hohen Assimilierungsgrads der deutschen Juden selbstverständlich hätte sein müssen. 1943, zehn Jahre nach dem Machterhalt Hitlers, verkündeten die Nationalsozialisten, Deutschland sei »judenfrei«. Vor dem Beginn der nationalsozialistischen Judenverfolgung hatten in Deutschland etwas mehr als eine halbe Million Juden gelebt. Zwischen 1933 und 1945 konnten etwa 270 000 von ihnen auswandern, mehr als 200 000 wurden in die Gettos und Vernichtungslager deportiert. Etwa 165 000 sind dort ermordet worden, ungefähr 15 000 deutsche Juden überlebten außerhalb der Konzentrationslager, die meisten von ihnen als Partner in »Mischehen« mit Nichtjuden, einige hatten sich im Untergrund verbergen können.[5])

Die aus KZ und Vernichtungslagern befreiten Juden, die sich nach 1945 als »Displaced Persons« (DPs) unter alliierter Obhut in den Besatzungszonen aufhielten, warteten nur, bis sie zu Kräften gekommen und fähig zur Ausreise sein würden; bis die Formalitäten der Immigration in ein Land, das ihnen Heimat bieten wollte, erledigt wären. Das dauerte freilich Jahre. Die überlebenden Juden stammten zumeist aus Ungarn, der Tschechoslowakei, Polen und weiteren Ländern Osteuropas. Andere wanderten in den ersten Nachkriegsjahren zu, als in Osteuropa neuer Antisemitismus manifest wurde und sich in Pogromen entlud. Auch diese Zuwanderer betrachteten Deutschland nur als Durchgangsstation.[6])

Unbeabsichtigt beeinflußten diese Juden aber den Wiederbeginn jüdischen Lebens in Deutschland. Sie sammelten sich in der amerikanischen Besatzungszone, wo die US-Army und die Hilfsorganisation »United Nations Relief and Rehabilitation Administration« (UNRRA) und ab Juli 1947 in deren Nachfolge die »International Refugee Organisation« (IRO) Lager einrichteten, vor allem in Bayern: in Deggendorf und Landsberg, in München-Freimann, Feldafing und im bis 1957 am längsten existierenden »Föhrenwald« im Landkreis Wolfratshausen. Insgesamt fast 200 000 jüdische DPs lebten zwischen 1945 und 1950 dort. Die Lager wurden Zentren jüdischer Kultur und jüdischer Religiosität in Deutschland. Aber die Synagogen und Schulen, Zeitungen und Theatergruppen setzten nur das Leben des Gettos fort. Die überwiegend ostjüdischen Gettobewohner hatten verständlicherweise kein Interesse an ihrer deutschen Umgebung, sie lehnten Kontakte und Zusammenarbeit meist strikt ab. Manchen gelang die illegale Einwanderung nach Palästina oder die legale Immigration im Rahmen der Quotenregelung in die Vereinigten Staaten. Für die meisten brachte jedoch erst die Gründung des Staates Israel im Mai 1948 die Erfüllung ihrer Wünsche.

Ab 1950 leerten sich die Lager nach und nach, übrig blieben Juden, die zu alt und zu krank für die Auswanderung waren, deren Visa-Probleme unlösbar blieben oder die nach allen überstandenen Leiden nicht mehr fähig waren, sich irgendwo eingliedern zu lassen. Die Bevölkerungsbewegung hielt bis 1952 an, München war die Durchzugs- und Ausreisestation für etwa 120 000 Juden, bis die IRO 1952 die Betreuung der jüdischen DPs in Deutschland

---

[4]) Vgl. Y. Michael Bodemann, Gedächtnistheater. Die jüdische Gemeinschaft und ihre deutsche Erfindung, Hamburg 1996.

[5]) Vgl. Saul Friedländer, Das Dritte Reich und die Juden. Die Jahre der Verfolgung 1933-1939, München 1998; s. a. Wolfgang Benz (Hrsg.), Die Juden in Deutschland 1933-1945. Leben unter nationalsozialistischer Herrschaft, München 1993.[3]

[6]) Vgl. Angelika Königseder/Juliane Wetzel, Lebensmut im Wartesaal. Die jüdischen DPs (Displaced Persons) im Nachkriegsdeutschland, Frankfurt a.M. 1994; Angelika Königseder, Flucht nach Berlin. Jüdische Displaced Persons 1945-1948, Berlin 1998.

einstellte. Da zeigte sich, dass etwa 12 000 Juden in Deutschland bleiben wollten, und zwar nicht nur wegen Krankheit oder Erschöpfung. Manche hatten auch neue Existenzen gegründet oder sich verheiratet.[7])

Bei den Deutschen stießen die überlebenden Juden in den Lagern auf Ressentiments und Abneigung – sie fühlten sich bedroht und vor allem an ihre verdrängte Schuld erinnert. Das äußerte sich immer wieder in antisemitischen Vorfällen, etwa bei der Razzia am 28. Mai 1952 im Lager Föhrenwald. Mehrere hundert Mann des Zollfahndungsdienstes, der Kriminal- und der Landespolizei umzingelten das Lager und drangen ein. Sie waren bewaffnet und führten Spürhunde mit sich und das alles nur, um Geschäfte und Kioske zu kontrollieren, in denen unverzollte Waren vermutet wurden. Die 2000 Juden im Lager aber fühlten sich an die Mordaktionen der Nazis in den Gettos und Konzentrationslagern erinnert. Die Ordnungshüter prügelten, stießen antisemitische und nazistische Parolen aus, drohten, die Krematorien und Gaskammern existierten noch, dies sei erst der Anfang.[8])

Heute leben in der Bundesrepublik etwa 75 000 Juden – nach der offiziellen Statistik, das heißt als registrierte Mitglieder jüdischer Gemeinden. Die wenigsten von ihnen sind Überlebende des früheren deutschen Judentums, also Rückkehrer aus den Konzentrationslagern oder deren Nachkommen. Die Juden in Deutschland machen kaum ein Promille der Bevölkerung aus. Sie wohnen vor allem in Großstädten. Durch die Zuwanderung aus der ehemaligen Sowjetunion hat sich die Zahl seit 1989 mehr als verdoppelt. Diese Präsenz war auf jüdischer Seite nicht beabsichtigt, nicht erwünscht. Es galt den Juden in aller Welt als selbstverständlich, dass Deutschland nach dem Holocaust für sie ein gebanntes Land sein werde, ähnlich Spanien nach der Vertreibung der Juden im Jahre 1492.

Anfang 1950 fasste der Jüdische Weltkongreß in Frankfurt am Main eine Resolution, nach der jüdische Organisationen in Deutschland nur Interimscharakter haben sollten: Wenn sie dem letzten Juden aus Deutschland zur Ausreise verholfen hätten, würden sie sich auflösen. Doch schon wenig später, am 19. Juli 1950, wurde der »Zentralrat der Juden in Deutschland« gegründet, als Signal, daß es doch noch Juden gab, die in Deutschland leben und sich hier behaupten wollten. Das war in vielerlei Hinsicht schwierig. Denn die Massenauswanderung nach Israel zwischen 1948 und 1953 beraubte die Lager der kulturellen und geistigen Substanz, die dort entstanden war. Das reiche religiöse Leben und die kulturelle Vielfalt der DP-Lager konnten mithin nicht auf die neugegründeten jüdischen Gemeinden übergehen. In Süddeutschland stellten aber die aus Osteuropa Gekommenen den Löwenanteil unter den Juden, in München waren es Ende der fünfziger Jahre mehr als 79 Prozent. Die Beziehungen waren gespannt: Die weitgehend assimilierten deutschen Juden hatten Probleme mit den Ostjuden, die jiddisch sprachen, die rituellen und religiösen Gesetze strenger beachteten und ihr Judentum auch äußerlich demonstrierten.

Die deutschen Juden wiederum sahen sich mit dem Vorwurf konfrontiert, lax im Glauben zu sein, kaum jüdische Geistigkeit auszustrahlen und sich allzu stark mit Nichtjüdischem verbunden zu haben, was sich zum Beispiel an der Zahl der Ehen mit Nichtjuden ablesen ließ. Die deutschjüdische Identität, häufig als deutschjüdische Symbiose mißverstanden und von interessierten Nichtjuden auch nach dem Holocaust als vermeintliche Tatsache beschworen, stieß bei den Ostjuden auf Skepsis, Unverständnis und Ablehnung.

Solche Probleme des Umgangs waren konstitutiv für die Gründungsgeschichte der neuen jüdischen Gemeinden in Deutschland, und sie wirken bis in die Gegenwart fort.

---

[7]) Juliane Wetzel, Jüdisches Leben in München 1945-1951. Durchgangsstation oder Wiederaufbau, München 1987.

[8]) Eingabe Jüdisches Komitee Regierungslager Föhrenwald, 4. 6. 1952, an Staatssekretär Oberländer, YIVO Institute New York, DP.Collection Germany, Folder 1326 (Kopie im Zentrum für Antisemitismusforschung, TU Berlin).

Der Wiederbeginn jüdischen Lebens in Deutschland war von den Spannungen gekennzeichnet, die sich aus den soziologischen, kulturellen und psychologischen Problemen ergaben. In den fünfziger Jahren entstand die religiöse Rechtfertigung für den Verbleib von Juden in Deutschland, die ein prominenter Rabbiner so formulierte: Juden seien für deutsche Menschen ein Mahnmal, jüdische Existenz in Deutschland halte die Erinnerung wach, führe zum Nachdenken und zur Einkehr. Eine nicht geringe Zahl Deutscher suche den Weg zur Sühne: »Und in dieser Situation gewinnt das Vorhandensein eines Überrestes Israels in Deutschland eine ganz andere Perspektive und Bedeutung. Noch nie sah ich eine solche Aufgeschlossenheit für jüdische Gedanken, beinahe eine Sehnsucht nach jüdischen Werten im Kreise anderer Völker wie heute und hier. Inmitten dieser Entwicklung und umdroht von einem wieder aufsteigenden Antisemitismus haben Juden in Deutschland ihre Aufgabe und damit die Möglichkeit einer Zukunft und Existenzberechtigung.«[9])

Das kulturelle und soziale Leben der jüdischen Gemeinden in Deutschland bleibt – ebenso wie die Politik des Zentralrats – bis heute von dieser Mission beherrscht. In den jüdischen Volkshochschulen und den Kulturzentren der Israelitischen Kultusgemeinden spielen das Bewußtsein des Holocaust, die Erinnerung an Verfolgung und Vernichtung, schließlich auch die Reflexion über diese Erinnerung die Hauptrolle. Viele Juden in Deutschland leiden unter dem Rechtfertigungsdruck gegenüber Angehörigen und Freunden, die nicht in Deutschland leben können, oder unter Schuldgefühlen gegenüber ermordeten Familienmitgliedern. Dazu kommen die besondere Verletzbarkeit durch absichtliche wie unabsichtliche Ausgrenzungen und Taktlosigkeiten, denen ein Jude in Deutschland ausgesetzt sein kann, und Mißtrauen gegen neue Manifestationen von Antisemitismus und Xenophobie. Die allgegenwärtige und nur zu berechtigte Angst vor Rechtsextremismus kann sich zur Paranoia steigern: Hinter mancher Manifestation mangelnder Sensibilität wird Antisemitismus vermutet und entsprechend reagiert.

Die Nichtjuden, ohnehin eher ängstlich als sensibel im Umgang mit Juden, schwanken zwischen Philosemitismus, zur Schau getragen als »Bereitschaft zur Versöhnung« unter stereotyper Beteuerung, man habe jüdische Freunde, sei engagiert und betroffen, und der alltäglichen Tabuisierung der Vergangenheit. Diese Attitüde zeigt sich etwa in der Vermeidung bestimmter Begriffe und Bezeichnungen, etwa des Wortes »Jude«, das man lieber mit Hinweisen auf »Herkunft« oder »Abstammung« umschreibt. Gleichzeitig werden aber Vokabeln des Nazi-Jargons wie »arisch«, »ausmerzen«, »Endlösung«, »Halbjude«, »Sonderbehandlung« ganz unreflektiert weiterverwendet. Damit ist der Boden für Mißverständnisse bestellt. Wenn Juden argwöhnisch sind und im Zweifelsfall Antisemitismus vermuten, fehlen auf der anderen Seite den Nichtjuden in Deutschland das Verständnis und die Bereitschaft, sich in die Situation deutscher Juden zu versetzen, etwa sich vorzustellen, dass sie, auch und gerade als Angehörige der zweiten und dritten Generation nach dem Holocaust, in einem »Angst- und Schuldgetto« (Rafael Seligmann) leben; dass Juden in Deutschland traumatisiert sind vom Gefühl, als dem Inferno Entronnene im Land ihrer Mörder zu leben. Was die Psychoanalytiker als Überlebenssyndrom beschrieben haben, ist für viele allgegenwärtige Realität.[10])

---

[9]) Landesrabbiner Dr. Zwi Harry Levy, Der »Überrest Israels« in Deutschland. in: The Jewish Travel Guide, Frankfurt 1953, S. 20. zit. nach Harry Maór, Über den Wiederaufbau der jüdischen Gemeinden in Deutschland seit 1945, Phil. Diss. Mainz 1961, S. III.

[10]) Exemplarisch: Richard Chaim Schneider, Zwischenwelten. Ein jüdisches Leben im heutigen Deutschland, München 1994; s. a. Micha Brumlik u. a. (Hrsg.), Jüdisches Leben in Deutschland nach 1945, Frankfurt a. M. 1988; Michael Brenner, Nach dem Holocaust. Juden in Deutschland 1945-1950, München 1995; Michael Wolffsohn, Meine Juden – Eure Juden, München 1997.

Der wachsende zeitliche Abstand zum Holocaust, der das Trauma auslöste, spielt für die Juden als Opfer keine Rolle. Von den Nichtjuden wird er dagegen als Hauptargument und als Postulat nach Normalität ins Treffen geführt. »Könnt ihr denn gar nicht vergessen, es ist doch schon so lange her«, lautet die Standardformel, und wenn Juden darauf mit Nein antworten, entsteht Verbitterung, wird die jüdische Haltung als »unversöhnlich« abgelehnt oder verurteilt, fühlt man sich im unterschwelligen Vorbehalt – im latenten Antisemitismus – bestätigt.

Der Vorschlag, Ignatz Bubis, den einstigen Präsidenten des Zentralrats der Juden in Deutschland, zum Bundespräsidenten zu wählen, war journalistisches Feuerwerk, veranstaltet Anfang der 90er Jahre von einer Wochenzeitung im Bemühen, sich beim Publikum durchzusetzen. Leser gingen mit großem Ernst und beträchtlicher Wut darauf ein. Manche versuchten sich in Ironie (»Es war jedesmal mit hohen Unkosten und Zahlungen verbunden, wenn führende Bonner Politiker zur Einholung von Direktiven nach Jerusalem reisen mußten«). Andere machten sich mit Schmähungen Luft (»Ein Volk, das auftragsgemäß die Juden fast vernichtete, soll nun sein Glück durch einen fetten Geld-Juden finden«). Symptomatisch ist die Zuschrift, in der es heißt: »Er wird aber immer ein Fremder unter uns bleiben, und wenn Sie noch so wundersame Dinge über ihn erzählen, daß einem die Augen tränen.«[11])

In solch ausgrenzendem Vorurteil, das »den Juden« als »den Fremden« definieren will, kommt eine Grundeinstellung zum Ausdruck, die man als eine der letzten Propagandafrüchte des Nationalsozialismus verstehen kann. Die Diskriminierung und Entrechtung begann ja mit der Definition, dass die deutschen Juden »Fremde« seien und deshalb mit einem minderen Rechtsstatus vorliebnehmen müßten, die aber seit der Gründung des Staates Israel auch mit dem Hinweis auf das Heimatrecht aller Juden in diesem Land gerechtfertigt wird.

Ignatz Bubis, seit seinem Amtsantritt an der Spitze des Zentralrats der Juden in Deutschland rasch als Sympathie stiftende Persönlichkeit anerkannt und beliebt, hat das selbst erfahren, als ihn in Rostock ein Stadtrat fragte, ob seine eigentliche Heimat Israel sei. Der Vorfall, im offiziellen Raum in sensibilisierter Umgebung geschehen, sorgte für erhebliche Aufregung, die mit dem Amtsverzicht des plump-dreisten Fragers endete. Es war eine Bestätigung dafür, dass es öffentlichen Antisemitismus in der Bundesrepublik nicht geben darf. Das gehört zu den Gesetzen der politischen Kultur in Deutschland nach Auschwitz. Wer dieses Tabu bricht, verliert Amt und Ansehen.[12]) Die unbewußte Überzeugung, dass die Juden Fremde seien, ist jedoch weit verbreitet und kann auf denkbar unschuldige – auch philosemitische – Weise artikuliert werden, wie das Beispiel lehrt, als Ignatz Bubis nach der Rede des israelischen Staatsoberhaupts in Bonn beim Staatsbesuch 1997 zum Auftreten »seines« Präsidenten gratuliert wurde.[13])

Ohne Sanktionen bleibt es in der Regel, wenn antisemitische oder fremdenfeindliche Vorurteile in weniger spektakulärem Rahmen, vor kleinerer Öffentlichkeit oder im Umfeld von Vereinen, am Stammtisch, beim alltäglichen sozialen Kontakt artikuliert werden. Im Herbst 1992 hielt Pater Basilius Streithofen, ein weithin als wortgewaltig und streitbar bekannter Dominikaner aus dem Kloster Walberberg bei Bonn, einen Vortrag, in dem er äußerte, Juden und Polen seien die größten Ausbeuter des deutschen Steuerzahlers. So und ähnlich hat sich

---

[11]) Die Woche, 18. 2. 1993 (»Der Mann der Stunde« und »Für Deutschland streiten«). Kopie der Leserbriefe im Archiv des Zentrums für Antisemitismusforschung, TU Berlin.

[12]) Vgl. Werner Bergmann, Antisemitismus in öffentlichen Konflikten. Kollektives Lernen in der politischen Kultur der Bundesrepublik 1949-1989, Frankfurt/New York 1997.

[13]) Vgl. Frankfurter Rundschau, 18. 1. 1996 (»Chef der Bundeszentrale für Bildung erbost Bubis«).

gewiss schon seit Jahrzehnten eine beträchtliche Zahl von Deutschen, die Wiedergutmachungs- und Entschädigungsleistungen der Bundesrepublik kommentierend, vernehmen lassen. Gegen den Ordensgeistlichen wurde jedoch, weil die Äußerung öffentlich war, Anzeige erstattet wegen Volksverhetzung. Er rechtfertigte sich trotzig und erklärte, es müsse »einmal Schluß mit der Vergangenheitsbewältigung sein« und sichergestellt werden, dass »die Urenkel nicht mehr für die in der NS-Zeit begangene Schuld haftbar gemacht werden können«. Er stehe zu seiner Äußerung, »dass die Juden die Deutschen ausbeuten«. Der Fall ist ein Lehrstück, und deshalb muss daran erinnert werden, auch wenn er juristisch (durch eine Geldbuße in zweiter Instanz) erledigt ist. Es geht um den demagogischen Einsatz von Vorurteilen (Juden und Polen als »Ausbeuter« der Deutschen) in der Öffentlichkeit.[14]) Dass der antisemitische Skandal von einem katholischen Ordensgeistlichen verursacht wurde, war Zufall. Der Fall Streithofen hat auch mit den älteren Traditionen des christlichen Antijudaismus nichts zu tun. Wenn man dem medienpräsenten Pater Basilius nicht unterstellen will, daß er ein nationalistischer Populist ist (der das alte antisemitische Klischee vom nicht arbeitenden, andere ausbeutenden, also eine Schmarotzer-Existenz führenden Juden anwendet), dann kann die Erklärung für seinen Ausspruch nur lauten, dass ganz offensichtlich mit dem Stigma »Ausbeuter« ein vorhandener Schuld- und Leidensdruck gegenüber Juden und Polen gemildert werden soll.

Der Leidensdruck hat sehr reale historische Gründe, das macht ihn so schwer erträglich. Aus dem gleichen Grund wurde ja auch seinerzeit die angebliche Kriegserklärung der Juden gegen die Deutschen erfunden; damit sollte Auschwitz vorsorglich als »Notwehr« gerechtfertigt werden. Die Mobilisierung traditioneller Feindbilder und Vorurteile hält den alltäglichen Antisemitismus am Leben. Die Tendenz, solches öffentlich zu machen, nimmt in den vergangegen Jahren zu, obwohl gleichzeitig Antisemitismus als individuelle Einstellung, als politisches, kulturelles, soziales Grundmuster in Deutschland nach den Erkenntnissen der empirischen Sozialforschung rückläufig ist.

Nach demoskopisch erforschten Trends ist Antisemitismus in Deutschland kein zentrales politisches Problem, judenfeindliche Tendenzen nehmen, langfristig gesehen, insgesamt ab, auch wenn die absoluten Zahlen (Emnid-Umfrage 1992) noch 16 Prozent der Bevölkerung in Westdeutschland und vier Prozent in Ostdeutschland als Antisemiten benennen. Manifeste Judenfeindschaft ist darunter aber nicht in jedem Falle zu konstatieren; anders als beim plump und pauschal artikulierten älteren Antisemitismus ist das Problem vielschichtig und erfordert differenzierte Betrachtung.[15]) Antisemitismus äußert sich subtiler als früher, er ist daher schwerer zu bestimmen und zu beweisen.

Wenn einer, der kein Jude ist, beteuert, er habe viele jüdische Freunde, dann ist Vorsicht geboten, denn das antisemitische Bekenntnis folgt meist unmittelbar. In der Regel ist es, dem Bildungsgrad entsprechend, in die Frageform gekleidet oder als Zweifel formuliert, als »berechtigter« Zweifel »um der Wahrheit Willen« (ob in Auschwitz wirklich so viele Juden ermordet worden sind, wie behauptet wird, ob Zyklon B tatsächlich so wirkte wie Zeugen, Täter, Historiker bekundet haben, ob die Juden vielleicht selbst am Holocaust schuld waren? usw.), und immer wird mit Stereotypen hantiert.

Die traditionellen Versionen des Vorurteils haben den bei Juden schon immer vermuteten besonders ausgeprägten Geschäftssinn zum Gegenstand – die Stereotypen dazu lauten: Wu-

---

[14]) Prozessunterlagen und Pressedokumentation 1992-1994 im Archiv des Zentrums für Antisemitismusforschung, TU Berlin.

[15]) Werner Bergmann/Rainer Erb, Wie antisemitisch sind die Deutschen?, in: Wolfgang Benz (Hrsg.), Antisemitismus in Deutschland. Zur Aktualität eines Vorurteils, München 1995, S. 47-63; s. a. Werner Bergmann/Rainer Erb, Antisemitismus in der Bundesrepublik Deutschland. Ergebnisse der empirischen Forschung von 1946 bis 1989, Opladen 1991.

cher und Schacher – oder eine angeblich alttestamentarische (es muß eigentlich heißen: alttestamentliche) Rachsucht oder die Unterstellung einer konstitutionellen Abneigung gegen die Mühsal des Arbeitslebens (»Schmarotzer« oder »Parasiten«). Andere Diffamierungen unterstellen Ambitionen auf Weltherrschaft, symbolisiert im »Internationalen Finanzjudentum«, wenn nicht gar in der »jüdischen Weltverschwörung«. Das Absurde an diesen Konstrukten drückt sich in zwei völlig entgegengesetzten Klischees aus: Der Jude als Bolschewist, als Erfinder und Drahtzieher der kommunistischen Weltrevolutionsideologie und der Jude als Inkarnation des Kapitalismus in der Figur des Börsenspekulanten, Bankiers, Finanzmagnaten. Die beiden Bilder – Plutokrat und Bolschewist – wurden von Goebbels mit lange anhaltender Wirkung gepflegt. Sie überlagern ältere, religiös motivierte Feindbilder und haben sie abgelöst. Wie leicht solche Bilder, die sich aus dem Kreuzigungsvorwurf ableiten, wiederbelebt werden können, zeigt sich nach dem Zusammenbruch kommunistischer Herrschaft in Osteuropa, nicht zuletzt in Russland, wo alter Antisemitismus aus religiöser Wurzel wieder als irrationales Erklärungsmuster für alles Elend und jede Misere der Gegenwart bemüht wird.[16])

Die Relikte von Antijudaismus aus christlicher Wurzel – theologisch begründet oder als Volksfrömmigkeit gelebt –, von denen man gelegentlich im Zusammenhang sektiererischer Wallfahrten, pejorativer Gnadenbilder in katholischen Kirchen oder antisemitischer Passionstexte hört, spielen im öffentlichen Diskurs gegenwärtig keine Rolle. Das gleiche gilt vordergründig auch für den Rassenantisemitismus des 19. Jahrhunderts, der sich als Erkenntnis der Wissenschaft gerierte und deshalb im Bildungsbürgertum einen Nährboden fand. Der Völkermord machte diese Form des Ressentiments – den Rassenantisemitismus – zum Tabu im Nachkriegsdeutschland. Aber eben daraus entstanden neue Vorbehalte gegen die Minderheit. Nicht alle reagierten mit Scham und Trauer, Verdrängen oder Betroffenheit auf das Trauma des Judenmords. Das Entsetzen machte auch aggressiv, und die offensive Reaktion auf den Holocaust entwickelte einen neuen Antisemitismus. Kristallisationspunkte waren in der Bundesrepublik die materiellen Leistungen zur »Wiedergutmachung« oder doch wenigstens Entschädigung, die an Juden – global und individuell – erbracht wurden.

Das spektakuläre Beispiel für solchen – oft gedankenlosen – Alltags-Antisemitismus bot ein stumpfsinniger Kontrabassist der Deutschen Oper Berlin, der es für witzig hielt, beim Israel-Gastspiel die Rechnung an der Bar mit »Adolf Hitler« zu unterschreiben. Zur Begrenzung des Schadens distanzierten sich das Orchester und der Intendant schnell, eindeutig und wirkungsvoll (der Musiker mußte unverzüglich die Heimreise antreten und wurde entlassen), aber die verbreitete Meinung lautete doch, die Deutschen sagten im alkoholisierten Zustand, was sie sonst nur heimlich dächten. Typisch am Eklat war auch, dass der Urheber nicht als Antisemit galt, noch nie einschlägig aufgefallen war, also offenbar unter Alkoholeinfluss aus dem Unterbewußtsein agierte.[17]) Ein ebenso lehrreicher Fall kollektiver Aggression war im fränkischen Adelsdorf bei Erlangen zu beobachten. Dort hatten Holocaust-Überlebende, ehemalige Bürger der Gemeinde, bei einem Besuch 1996 festgestellt, dass eine Straße nach dem früheren NSDAP-Ortsgruppenleiter benannt war. Im Ort war dies offenbar nicht[18]) negativ aufgefallen. Nun kam eine Diskussion darüber in Gang. Eine Bürgerinitiative veranstaltete, um der Forderung nach Umbenennung Nachdruck zu verleihen, eine Lichterpro-

[16]) Werner Bergmann/Rainer Erb (Hrsg.), Antisemitismus in der politischen Kultur nach 1945, Opladen 1990; Herbert A. Strauss/Werner Bergmann/Christhard Hoffmann (Hrsg.), Der Antisemitismus der Gegenwart, Frankfurt/New York 1990.

[17]) Der Orchestervorstand bedauerte in einer Anzeige »zutiefst den antisemitischen Vorfall während des Israel-Gastspiels« und distanzierte sich »von diesem Orchestermitglied mit aller Konsequenz«, Tagesspiegel (Berlin), 4. 6. 1997; vgl. Frankfurter Allgemeine Zeitung 11. 6. 1997 (»Der einsame Josef«) und Frankfurter Rundschau, 2. 6. 1997.

[18]) Süddeutsche Zeitung, 17. 7. 1998 (»Juden raus«-Ruf geahndet).

zession, gegen die fünf Rentner mit dem Ruf »Juden raus« protestierten. Sie wurden dafür im Sommer 1998 zu Geldstrafen verurteilt.

Zur politischen Kultur der Bundesrepublik gehört es seit ihrer Gründung, dass Juden – als Minderheit im eigenen Land, als Bürger Israels, als Individuen generell – Gegenstand pfleglicher Aufmerksamkeit und Zuwendung sind. Für die DDR galt solche Maxime nicht. Juden und ihr Verfolgungsschicksal im NS-Staat waren marginalisiert und tabuisiert. In der DDR und von der DDR gab es keine Entschädigungsleistung, keine besondere Zuwendung an jüdische Gemeinden, weniger Kenntnis über den Holocaust als im Westen. Es gab aber auch, nach der Welle stalinistischer Judenfeindschaft Anfang der 50er Jahre im Ostblock, kaum noch jüdisches Leben in der DDR. Die wenigen jüdischen Gemeinden waren überschattet von der antizionistischen Staatsdoktrin und standen unter Anpassungsdruck.[19])

In einem umfänglichen Buch ist der Versuch unternommen worden, die Beziehung der DDR zu Juden und zu Israel aus amtlichen Akten, nicht zuletzt denen der Behörden für Staatssicherheit, zu rekonstruieren. Die Freude an der Polemik stand der objektiven Behandlung des komplexen Themas etwas im Wege, und Henryk M. Broder, das andere polemische Talent der publizistischen Szene, schrieb darüber, die dokumentarische Stärke des Buches sei zugleich seine Schwäche: Man sehe gelegentlich vor lauter Bäumen den Wald nicht mehr, habe ständig das Gefühl, sich im historischen Unterholz zu verlaufen, und der löbliche Vorsatz »wir wollen nicht mit Schaum vor dem Mund schreiben, sondern mit dem Schalk im Nacken«, sei auf etwas besondere Art eingelöst, nämlich dadurch, dass Fakten präsentiert, erklärt und in einem Aufwasch bewertet würden, und oben drauf sei oft die Moral von der Geschicht' gepackt worden.[20])

Tatsache ist, dass die DDR besondere Formen des Ressentiments in Gestalt des politisch motivierten Antizionismus gegen Juden kultivierte, die mit Erscheinungen des manifesten Antisemitismus im Westen nicht gleichzusetzen sind. Das ist auch bei Meinungsumfragen zu beachten, wenn man die Einstellung von Bürgern der ehemaligen DDR mit Bürgern der alten Bundesrepublik vergleicht. Konrad Weiss, der als Parlamentarier kurz vor dem Ende der DDR über die »Gemeinsame Erklärung« der Volkskammer das Bekenntnis der Schuld gegenüber den Juden initiierte und verfaßte, meinte rückblickend, der Stalinismus in der DDR habe wirklichen Antifaschismus unmöglich gemacht. Das sei nirgendwo so deutlich geworden wie an der Feindschaft zu Israel. Deutsche hätten »nach Auschwitz wiederum Juden verfolgt und aus dem Land getrieben«, die DDR habe sich mit den Feinden Israels solidarisiert, sie mit Geld und Waffen unterstützt. 1967 begann mit dem Sechs-Tage-Krieg eine neue Kampagne: »Die SED erklärte Israel zum ›internationalen Rechtsbrecher‹ und ›Aggressorstaat‹. Die Medien beschmutzten und verleumdeten Israel, wo immer es ging.«[21])

Konrad Weiss belegt sein Verdikt u. a. mit der eigenen Erfahrung als Filmemacher. Als er 1980 an einem Film über das Tagebuch eines 1942 in Treblinka ermordeten jüdischen Jungen – Dawid Rubinowicz – arbeitete, war er mit dem offiziellen Argument konfrontiert, der Film könne Sympathie für das Judenkind wecken und damit Sympathie für Israel. »Damals«, schreibt Weiss, »begriff ich, daß der Antizionismus der Realsozialisten in Wahrheit

---

[19]) Vgl. Lothar Mertens, Antizionismus: Feindschaft gegen Israel als neue Form des Antisemitismus, in: Wolfgang Benz (Hrsg.), Antisemitismus in Deutschland. Zur Aktualität eines Vorurteils, München 1995, S. 89-100; s.a. Reinhard Wittenberg/Bernhard Prosch/Martin Abraham, Struktur und Ausmaß des Antisemitismus in der ehemaligen DDR, in: Jahrbuch für Antisemitismusforschung 4 (1995), S. 88-106; Thomas Haury, »Finanzkapitel oder Nation«. Zur idologischen Genese des Antizionismus der SED, ebenda 5 (1996), S. 148-171.

[20]) Michael Wolffsohn, Die Deutschland-Akte, München 1995; vgl. Henryk M. Broder, Die nützlichen Idioten, in: Der Spiegel 39/1995.

[21]) Konrad Weiss, Die DDR und Israel, in: Der Aufbau, 4. 8. 1995; vgl. Konrad Weiss, Gebrochener, nicht »verordneter« Antifaschismus, in: Das Parlament 10. 5. 1996 (die beiden Artikel sind weithin identisch).

Antisemitismus ist . . . Ein paar hundert Juden in den aussterbenden Gemeinden wurden als Alibi geduldet, mehr sollte nicht sein.«[22])

In der DDR erfüllte die Formel vom Antizionismus den gleichen Zweck wie die linke Israelkritik westlich der Elbe: Mit scheinbar objektiven Argumenten wurden Vorurteile gegen Juden auf eine andere Ebene verlagert. Judenfeindschaft war als Antizionismus instrumentalisiert, äußerte sich in antiisraelischen Pamphleten und Solidaritätsbekundungen für Palästinenser. Politisch gegen die Bundesrepublik gerichtet, wurde Israel als reaktionärer, nationalistischer, rassistischer und imperialistischer Staat diffamiert, und diese Art von Judenfeindschaft wirkt über den Untergang der DDR hinaus weiter.

Die obszönste Form von neuem Antisemitismus besteht im Leugnen der Realität von Auschwitz, dem Relativieren des Holocaust, der Verharmlosung des millionenfachen Mordes unter deutscher Staatsräson. Auch diese Haltung ist vermutlich aus Scham geboren, sucht sie jedoch durch trotziges Auftrumpfen zu überwinden. Und sogar die Fahndung nach dem Sinn des Bösen kann bei der Suche nach den Motiven des Holocaust zu neuen Ressentiments und Ideologien führen.[23])

Aufgeregte Überreaktionen gegen verbale Entgleisungen, die meist unbeabsichtigte Offenbarungen sind, stiften oft Unheil, weil sie Anlass zu Denunziationen durch Pharisäer bieten, die der Mehrheit einreden wollen, es gebe unter dem Oktroi einer »political correctness« Denkverbote und Rituale, die den Deutschen als Bußübungen verordnet seien. Bei den meisten antisemitischen Verbalinjurien, die zum politischen Skandal werden, geht es aber ursprünglich nur um Fragen des Anstands, der schlichten bürgerlichen Moral. Vandalismus gegen Denkmäler und das Verwüsten des jüdischen Friedhofs sind wohl die schandbarsten, da hinterhältig und anonym verübte Artikulationen von Antisemitismus. Die Irrationalität dieser Aggression macht erschreckend deutlich, wie tief im Unbewußten die Ressentiments verwurzelt sind. Auch das Schänden von Gräbern hat lange Tradition, aber die Wut gegen die Toten hat beängstigende Konjunktur. In den ersten fünf Jahren deutscher Einheit sind mehr jüdische Friedhöfe verwüstet worden als in der ganzen Zeit zwischen dem Ersten Weltkrieg und dem Ende der Weimarer Republik.

---

[22]) Ebenda.

[23]) Brigitte Bailer-Galanda/Wolfgang Benz/Wolfgang Neugebauer (Hrsg.), Die Auschwitzleugner. »Revisionistische« Geschichtslüge und historische Wahrheit, Berlin 1996.

Kirsten Serup-Bilfeldt

Warum der kleine Ochs sterben musste

Auf den Spuren eines Kindermordes in Köln

Ein typischer Novembertag: Kühl, grau, ohne einen Sonnenstrahl. An der Venloer Straße in Köln zaust der Wind die Kronen der alten Bäume. Dunkle Wolken jagen vorüber. Doch hinter den Mauern und Hecken des Westfriedhofes – ein Lichtermeer. Seit dem frühen Nachmittag ziehen die Kölner, beladen mit Blumen und Kerzen, zu den Gräbern. Die langen, buchsbaum- und taxusgesäumten Alleen, die großen und kleinen Grabsteine erstrahlen im Glanz unzähliger Lichter. Scharf zeichnen sich die Konturen eines riesigen Engels mit der gesenkten, verlöschenden Fackel gegen den Himmel ab. Auch hier Tannengestecke und rote, grüne, blaue Grabkerzen. Schon seit dem 9. Jahrhundert begehen Christen am 1. November den Totengedenktag Allerheiligen. Nur hundert Schritte vom Westfriedhof entfernt liegt hinter einem geöffneten schmiedeeisernen Tor ein anderer Friedhof. Still. Verlassen. Kein einziger Besucher. Unkraut kriecht über zerbrochene Grabeinfassungen, Efeu rankt sich an verwitterten Steinen empor. Nebel hängt in der Luft. Es riecht nach feuchtem Laub, nach Erde, nach Moder. Lautlos fallen bunte Blätter von den Bäumen. Die meisten dieser Gräber werden von niemandem mehr besucht. Auf den Steinen stehen oft Namen, die niemand mehr nennt. Häufig sind es Namen von Menschen, die gar nicht hier bestattet sind.

»Zum Gedenken an unsere geliebten Eltern und Großeltern – aus der Deportation nicht zurückgekehrt…« steht auf poliertem schwarzen Granit. Oder auch: »Gestorben durch Mörderhand in Sobibor…«

»Umgebracht in Auschwitz«.

»Umgekommen in Theresienstadt…«

Der Friedhof in Bocklemünd, auf dem im Schatten alter Bäume rund 5000 Menschen ruhen, ist der einzige jüdische Friedhof in Köln, auf dem heute noch bestattet wird. Er ist nicht sehr groß. Dennoch kann man sich durchaus verlaufen. Von den Hauptwegen abgekommen, stehe ich plötzlich auf einem Gräberfeld mit sehr kleinen Grabstätten: Gräber von jüdischen Kindern, die hier zu Grabe getragen wurden. Oft sind die Namen und Daten kaum noch zu entziffern.

Mein Blick bleibt auf einem Stein haften. »Hans Abraham Ochs. Geboren: 10. 6. 1928. Gestorben: 30. 10. 1936.« Und dann, darunter – offenbar später eingemeißelt – der Zusatz: »Umgekommen durch eine irregeleitete Jugend.«

Umgekommen durch eine irregeleitete Jugend? Ein achtjähriges Kind? Was heißt das? Ein Unfall? Wohl kaum. Also Mord? Totschlag? Und wieso 1936? 1936 war, wenn man das so sagen kann, ein Jahr der »relativen« Entspannng. Wegen der Olympischen Spiele war Deutschland jedenfalls in Ansätzen besorgt um sein Ansehen in der Welt. Die Grabinschrift läßt mich nicht mehr los. Suchen. Forschen. Überlegen. Wer kann Auskunft geben? Natürlich der Friedhofswärter. Herr Nies ist ein verschlossener Mann. Nein, er kommt gar nicht aus Köln. Er ist Pole und weiß nichts über das Grab. Schweigend gehen wir einige Tage später über den Friedhof. Ob es Eintragungen über Angehörige im Beerdigungsregister der Kölner Synagogengemeinde gibt? Herr Nies glaubt das nicht. Ein Anruf bei der Synagogengemeinde gibt ihm Recht. Historisches Archiv der Stadt Köln. Die Zeitungen aus der fraglichen Zeit dort sind alle auf Mikrofilm gespeichert. Es wird eine Suche nach der sprichwörtlichen Nadel im Heuhaufen. Im »Westdeutschen Beobachter« vom 6. November wird zwar der Tod eines Schülers gemeldet, doch der sei an »Nasenbluten und Erbrechen« gestorben. Der kann's nicht sein. Meine Augen saugen sich am Bildschirm fest. Ich durchforste alles – auch Blätter, die ganz sicher nicht den Mord an einem jüdischen Kind melden werden. Ich kann nicht mehr aufhören zu lesen und – finde Dinge, die ich gar nicht gesucht habe. Etwa im »Schwarzen Korps«, der Hauszeitung der SS, einem der übelsten Hetzorgane der Nazi-Zeit, eine Hochzeitsanzeige. Ihre Vermählung geben dort bekannt:

»Dr. Hanns-Martin Schleyer und Frau Waltrude...«

Die jüdischen Zeitungen befinden sich im Archiv der »Germania Judaica«, der Bibliothek des deutschen Judentums. Weiterlesen, weitersuchen. Dann schließlich doch etwas. Unter dem Datum vom 9. Oktober 1936 steht im »Gemeindeblatt der Synagogengemeinde zu Köln am Rhein«:

»Am 30. September 1936, 19 Uhr, wurde mein liebes Kind, unser lieber Bruder, Neffe und Enkel Hans nach kurzer schwerer Krankheit von uns genommen. In tiefer Trauer: Frau Witwe Luise Ochs und Anverwandte. Köln, 1. Oktober 1936, Trajanstraße 41...«

Das Verwirrspiel beginnt. Das Todesdatum dieser Anzeige – der 30. September – stimmt nicht mit dem auf dem Grabstein – 30. Oktober – überein. Dennoch gibt es aber nun wenigstens eine Adresse – Trajanstraße. Kölner Südstadt. Viele der alten Häuser sind hier nach dem Krieg wieder aufgebaut worden. Das Haus, in dem die Familie Ochs wohnte, hat einen neuen Verputz und eine neue Haustür. Im Hausflur brennt eine trübe Lampe. Steinfußboden. Über diese Steine, so werde ich später erfahren, haben die Stiefel der Gestapo und der SA gedröhnt. Überall verschlossene Türen. Eine öffnet sich, und eine Frau schickt mich nach oben zur Hausbesitzerin Frau F. Die ist nicht zu Hause. Irgendwann rufe ich Frau F. an, erkläre mein Anliegen, frage, ob sie etwas weiß. Sie reagiert unwirsch. Ja, sie erinnere sich dunkel an die Familie Ochs. Das Kind sei im Krieg durch eine Bombe auf das Haus umgekommen. Auf meine Frage, wo 1936 Bomben gefallen seien, reagiert sie nicht. Im übrigen habe sie das Haus von einer Tante geerbt und wisse nicht mehr. Sie legt den Hörer auf.

NS-Dokumentationszentrum in Köln. Der Leiter, Professor Horst Matzerath, erweist sich als große Hilfe bei der Suche nach Leben und Verbleib der Familie Ochs. Wir wollen mit Adressbüchern und Straßenverzeichnissen das Puzzle Steinchen um Steinchen zusammensetzen. In einem Band mit dem Straßenregister aus dem Jahr 1933findet Matzerath auch eine Liste der Bewohner des Hauses Trajanstraße 41. Es gibt mehrere jüdische Familien dort: den Kaufmann Rudolf Bier, den Diplomingenieur Paul Krahl, Lina und Albertine Löwenthal und schließlich die Witwe Fritz Ochs. In dem Adressbuch von 1933 ist sie noch mit einem Telefon – damals eine Seltenheit – nachgewiesen. Nur fünf Jahre später, 1938, fehlt diese Angabe; wohl ein Zeichen dafür, dass es damals der Familie wirtschaftlich schon sehr schlecht gegangen sei, meint Horst Matzerath. Wir finden heraus, daß das Haus in der Trajanstraße einem Juden namens Emil Bier gehört hat und dann »arisiert« wurde. Das, so folgern wir, mag auch das Zögern der heutigen Hausbesitzerin Frau F. erklären.

Szenenwechsel. Wieder Friedhof Bocklemünd. Der Friedhofsverwalter Nies ist inzwischen gestorben. Sein Nachfolger Winfried Günther hört sich die Geschichte, die ich ihm erzähle, interessiert an und zeigt mir die Gräber der Eltern von Hans Abraham Ochs: Fritz Ochs, gestorben am 4. Dezember 1932 und Luise Ochs, gestorben am 9./10. November 1981. Und er findet Unterlagen im Sterberegister des ehemaligen »Israelitischen Krankenhauses« in der Ottostraße. Dort steht, dass der kleine Ochs am 30. 9. 1936 an einer Bauchfellentzündung verstorben sei. Unterschrieben ist der Totenschein mit »Dr. Löwenstein«. Doch auf dem Grabstein steht als Todesdatum der 30. 10. 36. Man könne, so der Friedhofswärter Günther, also davon ausgehen, daß der Grabstein später aufgestellt wurde und somit das richtige Sterbedatum schlichtweg vergessen wurde. Das Sterbedatum vergessen, verwechselt – der Totenschein offenkundig gefälscht. Was hat eine Bauchfellentzündung mit dem Tod durch eine »irregeleitete Jugend« zu tun?

In den Friedhofsunterlagen findet Winfried Günther eine Grabrede, die zur Verabschiedung der Luise Ochs gehalten wurde. Aus ihr geht hervor, dass die Mutter des kleinen Hans ursprünglich Christin war, bei ihrer Heirat zum Judentum konvertierte und im »Dritten Reich« Juden bei ihren christlichen Eltern versteckt hat. Und dann kommt endlich ein ganz konkreter Anhaltspunkt. Unter der Beerdigungsrechnung von Luise Ochs findet sich die Adresse eines Sohnes, Gerhard Ochs, in Putten (Niederlande). Ich schreibe Gerhard Ochs, in dem ich einen Bruder des toten Kindes vermute, einen Brief und bitte ihn um Auskünfte.

Bei den Beerdigungsunterlagen der Luise Ochs ist ihre letzte Adresse verzeichnet: Steinkauzweg 17 in Köln-Ossendorf. Dort lebt auch eine ehemalige Nachbarin von Frau Ochs, die sich bis heute lebhaft an sie erinnert. Dieser Nachbarin muss Luise Ochs so vertraut haben, dass sie ihr die Geschichte ihres Kindes erzählt hat. Zugetragen hat sie sich im Römerpark, einen Steinwurf von der Wohnung der Familie Ochs entfernt. Dort sei Luise Ochs mit dem jüngeren Sohn Gerhard und dem älteren Sohn Hans spazieren gegangen, als ein Rudel Hitler-Jungen aufgetaucht sei, Hans angepöbelt und ihn als »Judensau« beschimpft habe. Anschließend hätten sich die Jugendlichen auf den Kleinen gestürzt und wahllos auf ihn eingeschlagen. An diesen Verletzungen sei das Kind dann gestorben. Auf meine Frage nach den Tätern zuckt die Nachbarin die Achseln. Luise Ochs habe sie nie erwähnt.

Ein Rudel Hitler-Jungen misshandelt ein achtjähriges jüdisches Kind so, dass es stirbt. »Körperverletzung mit Todesfolge« heißt dieses Delikt in der Sprache der Juristen. Und das geschieht am hellichten Tag mitten in Köln. Wurde das Verbrechen angezeigt und verfolgt? Oder war es 1936 schon aussichtlos, den gewaltsamen Tod eines jüdischen Kindes zu ahnden? Vermutlich nicht, denn immerhin lautet der betreffende Paragraph im Strafgesetzbuch – damals wie heute:

»Ist durch die Körperverletzung der Tod des Verletzten verursacht worden, so ist auf Freiheitsstrafe nicht unter drei Jahren zu erkennen…«

Dennoch hat Luise Ochs den Tod ihres Kindes offenbar nicht gerichtlich verfolgen lassen; die Todesanzeige, in der nach »kurzer, schwerer Krankheit« steht, und der gefälschte Totenschein sind Indizien dafür. Nachforschungen bei Polizei und Staatsanwaltschaft in Köln ergeben nichts. Auch im Hauptstaatsarchiv in Düsseldorf keine Akte, kein Hinweis. Das bedeutet: Die Tat ist ungesühnt geblieben. Die Täter sind straflos davongekommen.

Was waren das für Menschen, diese vielleicht 13-, 14-jährigen Hitler-Jungen, die ein wehrloses Kind totschlugen? Und woher wußten sie überhaupt, dass es sich bei dem Kleinen um ein jüdisches Kind handelte? 1936 mußten Juden noch keinen Stern tragen. Also müssen es Nachbarskinder, Schulkameraden gewesen sein, die die Familie kannten. Eine Clique von Jugendlichen, die mit privatem Sadismus den offiziell verordneten schon in vorauseilendem Gehorsam vorwegnahm. Sie hatten den damals so zwar noch nicht artikulierten, aber richtig erkannten Willen der Führung in die Tat umgesetzt. Ihre Lektion in Schule und Jugendgruppe hatten diese Jugendlichen offenbar gut gelernt. Nur zwei Jahre zuvor mögen sie das überaus lustige antisemitische Puppenspiel »Der Zahn der Zeit« gesehen haben – verfasst und uraufgeführt im Februar 1934 von einer Kölner Mittleren Knabenschule. Oder sie mögen im Kölner Karneval die Straße gesäumt haben, als der organisierte Frohsinn mit »Kölle Alaaf« Judenwitze in Sitzungssälen und Rosenmontagszügen bejubelte; oder sie haben bei den Ausflügen und Jugendfreizeiten am Lagerfeuer dem allseits beliebten Lied gelauscht, dessen Refrain so klang: »Wenn's Judenblut vom Messer spritzt, geht's uns noch mal so gut…«

Mein Brief an Gerhard Ochs, den Bruder in Holland, bleibt lange ohne Antwort. Doch dann kommt ein Anruf. Gerhard Ochs ist am Telefon, zurückhaltend, fast schweigsam. Er kann mir keinerlei Auskünfte geben. Als die Tat geschah, lag er im Kinderwagen. Nein, seine Mutter habe mit ihm nie über den Tod des älteren Bruders gesprochen. Er selbst hat keine jüdische Identität, auch keine Beziehung zu Köln mehr. Längst ist er Holländer geworden. Später erfahre ich, dass er Mitglied in einer Sekte ist, die seine gesamte Zeit in Anspruch nimmt. So komme ich nicht weiter. Eine Suchanzeige im »Kölner Stadt-Anzeiger« nach Menschen, die sich an das Kind Hans Abraham Ochs erinnern, bleibt ohne Resonanz; ebenso die Suche nach Schülerlisten von Schulen in der Kölner Südstadt. Eine weitere Anzeige gebe ich ohne große Hoffnung in der »Jüdischen Allgemeinen« auf.

In einem Buch finde ich – in ganz anderem Zusammenhang – Fotos aus dem »Israelitischen Krankenhaus« in der Ottostraße. Eines davon zeigt eine junge Frau in weißem Ärztekittel über ein Mikroskop gebeugt. Unterschrift: Dr. Trude Löwenstein. Dr. Löwenstein! Der Name, der auf dem gefälschten Totenschein des kleinen Ochs steht. Ich finde heraus, daß Frau Dr. Löwenstein heute »Schiff« heißt und über 90-jährig in New York lebt. Auf einen Brief antwortet sie am 13. März 1994:

»Ich bin die Ärztin aus dem »Israelitischen Asyl für Kranke und Altersschwache« in Köln-Ehrenfeld und war dort von 1933 bis 1939. Im September 1938 wurde ich die Frau von Hans (John) Schiff, dem Fotografen. An das Kind Hans Abraham Ochs erinnere ich mich nicht mehr, aber vage an seinen Tod. Die genauen Umstände sind mir leider entfallen…«

Ich muss also weiterforschen. Ringsum in den alten Häusern um die Trajanstraße herum, in Kneipen, Kirchen, Altersheimen. Überall dunkle Flure und Türen, die sich ganz schnell wieder schließen. Niemand weiß etwas von einem Kind, das nicht weiterleben durfte, weil andere Kinder verblendet und grausam waren. Ein Kinderleben wurde hier ausgelöscht. Und kein Mensch weiß etwas? Sonst ist das Gedächtnis vieler meiner Gesprächspartner durchaus gut. Eine Frau erinnert sich noch an die abgezählten Wäschestücke ihrer Aussteuer, die sie bei Bombenangriffen immer mit in den Luftschutzkeller nahm. Eine andere weiß detailliert von den schönen Heimatabenden der »Jungmädel« zu berichten und ein Herr in einem Altenheim vom Krieg. Gleichzeitig macht er mir aber Vorwürfe, weil ich »die ollen Kamellen« wieder »aufwärmen« will. Ich versuche mein Glück noch einmal in der Trajanstraße. Diesmal ist die Hauseigentümerin Frau F. zwar zu Hause, macht aber die Tür nicht auf. Wir müssen uns über die Sprechanlage unterhalten. Sie bleibt bei ihrer Version, dass der kleine Ochs bei einem Fliegerangriff auf das Haus umgekommen sei. Im übrigen habe sie aber keine Zeit, sich weiter mit mir zu unterhalten.

Und dann – ein Brief auf meine Anzeige in der »Jüdischen Allgemeinen«! Er kommt aus Laguna Hills in Kalifornien und ist von einem Henry Ochs und seiner Frau Charlotte. Am 16. 2. schreibt mir Herr Ochs:

»Durch einen Zufall erreichte uns kürzlich Ihre Anfrage wegen des verstorbenen Hans Abraham Ochs. Hans war mein Neffe, als Sohn meines verstorbenen Bruders Fritz und seiner ebenfalls verstorbenen Frau Luise Ochs. Es würde uns freuen, bald von Ihnen zu hören…«

Ich schreibe Henry Ochs und erkläre alles. Aus Laguna Hills ruft er mich kurz darauf an. Er ist über achtzig und beginnt zu weinen. Dass sich nach so vielen Jahren noch jemand mit seinem getöteten Neffen beschäftigt, will er nicht glauben. Seine Frau möchte auch mit mir sprechen. Als sie vor Schluchzen nicht reden kann, nimmt der alte Herr wieder den Hörer. Die Anzeige in der »Jüdischen Allgemeinen« hat ihn wie durch ein Wunder erreicht. In einem jüdischen Altersheim gebe es einen Freund, der an Schlaflosigkeit leide, nachts umherwandere und zufällig eine herumliegende Zeitung in die Hand bekommen habe. Elektrisiert von dem Namen »Ochs« in der Suchanzeige, habe der Freund sich mit ihm in Verbindung gesetzt. Henry Ochs bestätigt, was ich herausgefunden habe: Sein Neffe Hans ist im Römerpark von einem Grüppchen Hitler-Jungen zusammengeschlagen worden und an den Folgen im »Israelitischen Asyl« gestorben. Zum Begräbnis des Kindes 1936 ist er, der damals schon emigriert war, noch einmal nach Köln gekommen. Allerdings – über die Täter weiß auch er nichts. Auch nicht darüber, ob seine Schwägerin Luise damals zur Polizei gegangen sei. Henry Ochs ist mit seinen Eltern und seinem Bruder Fritz auch in dem Haus in der Trajanstraße aufgewachsen. Als ich ihm die Namen der damaligen Hausbewohner vorlese und Lina und Albertine Löwenthal nenne, kann er kaum weitersprechen. Die beiden alten Damen, so erzählt er, hätten nach dem Tod seiner Mutter an ihm und seinem Bruder Fritz Mutterstelle vertreten. Ob ich wisse, was mit ihnen geschehen sei? Ich muss ihm sagen, dass 1941 in einer Nacht-und-Nebel-Aktion die jüdischen Bewohner des Hauses Trajanstraße 41 herausgeholt, in ein »Judenhaus« gepfercht und von dort später deportiert worden seien. Die Spuren der Verjagten und Gemordeten wurden gelöscht. Endgültiger konnte keine »Endlösung« sein. Das Haus in der Trajanstraße war damit »judenrein«.

Die jüdischen Wohnungen darin warteten unterdessen, sauber geputzt und inventarisiert, auf die Neubesitzer – nachdem die vormaligen Bewohner das befolgt hatten, was sich auf einem Merkblatt so liest: »Meine Wohnung habe ich so herzurichten, daß sie bei meinem Verlassen polizeilich versiegelt werden kann. Gas-, Licht- und Wasserleitungen habe ich abzustellen. Verderbliche Ware habe ich zu entfernen. Die Wohnung ist in sauberem Zustand zu hinterlassen. Die Gas- und Lichtrechnungen sind vorher zu begleichen. Den Hausverwalter werde ich von meiner Evakuierung verständigen...« Als das geschah, war Hans Abraham Ochs schon fünf Jahre tot. Von dem kleinen jüdischen Jungen, dessen Grabstein mich neugierig gemacht hatte, ist mir kein Foto, kein Erinnerungsstück, keine Kinderzeichnung oder auch nur eine herausgerissene Schulheftseite in die Hände gefallen. Ein fröhliches, aufgewecktes, überdurchschnittlich intelligentes und begabtes Kind sei er gewesen, erzählt sein Onkel Henry Ochs. Professor Horst Matzerath vom Kölner NS-Dokumentationszentrum sorgt dafür, daß sein Name in das »Gedenkbuch für die jüdischen Opfer des Nationalsozialismus in Köln« aufgenommen wird.

Und die Täter? Wie leben sie, wenn sie noch leben, mit der Tat? Haben sie ihren eigenen Kindern von dem, was sie getan haben, erzählt? Wer deckt sie bis heute?

Irgendwann bleiben meine Briefe an Henry Ochs ohne Antwort. Als ich nach einer Weile in Laguna Hills anrufe, antwortet eine fremde Stimme. Henry Ochs ist gestorben. An einem Herbsttag – es ist wieder November – gehe ich noch einmal in die Trajanstraße. Es ist ein düsterer Abend, und es fängt an, heftig zu regnen. In einem dunklen Hauseingang stelle ich mich unter. Zu mir gesellt sich ein Betrunkener, der etwas lallt. Ein Trüppchen Frauen in langen Mänteln und Kopftüchern geht vorüber. Der Betrunkene feixt, sieht mich herausfordernd an und sagt: »Die Türken – die Türken sollte man alle vergasen...«

Heiner Lichtenstein

NS-Prozesse

Ein nicht zu bewältigendes Stück deutscher Geschichte

»Noch niemals in der neueren Geschichte mußte eine Millionenzahl von Menschen-Morden vor Gericht gebracht werden. Sie hatten im Hitlerreich und in den nazi-besetzten Gebieten zwischen 1933 und 1945 stattgefunden. Sie wurden, soweit überhaupt bei der Millionenzahl möglich, zwischen 1945 und heute Gegenstand von Strafverfahren.« Diese Sätze aus einem Vorwort, das Robert M. W. Kempner 1984 für ein Buch über NS-Prozesse schrieb, gelten auch 60 Jahre nach der Reichspogromnacht vom November 1938 – mit einer Ausnahme. Die Zeit der NS-Prozesse ist vermutlich zu Ende. Zwar hat die Staatsanwaltschaft Stuttgart Anfang März 1998 einen mutmaßlichen NS-Verbrecher in Haft genommen. Ob es aber gegen ihn zu einer Hauptverhandlung kommen wird, ist äußerst fraglich. Der knapp 80-jährige frühere Gestapo-Beamte Alfons Gentzfried hat zwar gestanden, 1942 und 1943 in der Ukraine und im Großraum Lublin Juden ermordet zu haben. Aber sowohl er als auch mögliche Zeugen sind mittlerweile zu alt, um eine Hauptverhandlung durchzustehen. Mit den Morden im Großraum Lublin ist die »Aktion Erntefest« gemeint, bei der am 3. November 1943 allein im Konzentrations- und Vernichtungslager Majdanek südlich von Lublin mehr als 8 000 Juden ermordet wurden. Sie mußten sich an eigens dafür ausgehobenen Gruben aufstellen und wurden dann mit Feuerstößen aus Maschienengewehren hingemetzelt. Gentzfried hatte jahrzehntelang in Kasachstan gelebt und war im Juli 1991 in die Bundesrepublik übergesiedelt. Er hat wohl nicht damit gerechnet, dass hier gegen ihn ermittelt wurde.

Und so dürfte sich an der Bilanz der NS-Prozesse vor deutschen Gerichten kaum noch etwas ändern. Ermittlungsverfahren wurden gegen etwa 95 000 Verdächtige geführt, rechtskräftig verurteilt wurden aber nur rund 6 500 Männer und Frauen. Diese Bilanz muss freilich durch andere Zahlen ergänzt werden. Die ersten Strafverfahren wegen NS-Verbrechen sind bereits vor dem Ende der NS-Herrschaft geführt worden. Das begann in der UdSSR nach dem Sieg von Stalingrad im Februar 1943. Während deutsche Truppen aus dem Land zurückgedrängt wurden, traten in zahlreichen Städten Militärgerichte zusammen, um mutmaßliche deutsche NS-Verbrecher und Kollaborateure zur Verantwortung zu ziehen. Zahlen über gesprochene und vollstreckte Urteile sind bisher nicht bekannt geworden. Ähnlich war die Lage in Rumänien, Bulgarien, Griechenland, Italien, Jugoslawien und Albanien. Aus Polen gibt es gesicherte Angaben über den ersten Majdanek-Prozess, der vom 27. November bis zum 3.Dezember 1944 in Lublin gegen sechs Angeklagte geführt worden ist. Insgesamt scheint es in Polen 11 000 Verurteilungen gegeben zu haben, in Frankreich 120 000, in Belgien 57 000, in den Niederlanden 35 615, in Luxemburg 4 000, in Norwegen 5 300 und in Dänemark 14 049. Diese Zahlen hat der leitende Oberstaatsanwalt a. D. Alfred Spieß aus Hilden bei Düsseldorf ermittelt, einer der erfolgreichsten und engagiertesten deutschen Ankläger. Von den in jenen Ländern Verurteilten kamen die weitaus meisten allerdings nach kurzer Haft wieder frei.

Anders in den vier Besatzungszonen, in die Deutschland 1945 aufgeteilt wurde. Aus der sowjetischen Zone gibt es überhaupt keine zuverlässigen Angaben. In den drei Westzonen, also der amerikanischen, der englischen und der französischen, sind etwa 35 000 Männer und Frauen verurteilt worden. Zwischen 6 000 und 7 000 Todesurteile wurden vollstreckt, ca. 25 000 Personen erhielten zeitlich begrenzte oder lebenslängliche Freiheitsstrafen, etwa 4 000 wurden freigesprochen.

Zu den Urteilen gehören auch die des Strafverfahrens gegen die »Hauptkriegsverbrecher« vor dem Internationalen Militätribunal in Nürnberg, das am 18. Oktober 1945 mit der Überreichung der Anklageschrift begann und am 1. Oktober 1946 mit der Bekanntgabe der Urteile endete. Von den 24 Beschuldigten wurden 12 zum Tode durch den Strang verurteilt und am 16. Oktober desselben Jahres in der Turnhalle des Nürnberger Gefängnisses hingerichtet. Drei Beschuldigte wurden freigesprochen, die anderen erhielten Freiheitsstrafen.

Während dieser juristisch einwandfrei vorbereitete und geführte Prozess weltweites Interesse fand und 250 Journalisten Tag für Tag aus Nürnberg berichteten, ließ die öffentliche Anteilnahme an anderen Verfahren zu wünschen übrig. Das gilt bereits für einen der ersten spektakulären NS-Prozesse – den gegen 48 Mitglieder des Wachpersonals von Bergen-Belsen. 32 Männer und 16 Frauen standen vom 17. September bis zum 17. November 1945 in Lüneburg vor ihren britischen Militärrichtern. Nach sorgfältiger Beweisaufnahme verurteilte das Gericht elf Angeklagte zum Tode, die anderen zu Freiheitsstrafen. Die Todesurteile wurden am 12. Dezember 1945 in Lüneburg vollstreckt, u. a. am Kommandanten Josef Kramer. Das Interesse an diesem Prozess litt vermutlich unter dem Nürnberger Verfahren, was wahrscheinlich auch für das Mauthausen-Verfahren galt. Die Schergen aus Bergen-Belsen wurden von britischen Richtern angeklagt, weil das Lager zur britischen Besatzungszone gehörte. Mauthausen in Österreich hatten amerikanische Truppen befreit und das nicht geflohene Wachpersonal danach gleich in ihre Zone nach Bayern mitgenommen. Sie wurden im befreiten KZ Dachau inhaftiert, 61 von ihnen vom 29. März bis zum 13. Mai 1946 auf die Anklagebank gesetzt. Während die Welt nach Nürnberg schaute, wurden in Lüneburg und Dachau das Grauen, Hängen, Morden in den KZs in allen Einzelheiten geschildert. Miserable Verkehrsverbindungen, desolate Telefonnetze und Mangel auf allen Gebieten ließen den Medien vermutlich keine andere Wahl, als sich auf einen, den Hauptverhandlungsort Nürnberg, zu konzentrieren. Von den 61 Mauthausen-Beschuldigten wurden 58 zum Tode verurteilt. Die drei verbleibenden Angeklagten erhielten lebenslage Freiheitsstrafen. Gnadengesuche führten dazu, dass neun der Todes- in lebenslange Freiheitsstrafen umgewandelt wurden. Die Todeskandidaten endeten am 27. und 28. Mai 1947 im »War Criminal Prison No 1« in Landsberg am Galgen, Otto Striege wurde am 19. Juni 1947 gehängt.

Landsberg war das zentrale Gefängnis der US-Besatzungsmacht. Dort wurden alle von US-Militärgerichten verhängten Todesstrafen vollstreckt. Die zum Tode Verurteilten mussten rote Anstaltskleidung tragen, damit sie besonders aufmerksam beobachtet werden konnten. Im Volksmund hießen sie deshalb »Rotjacken«. Der Begriff machte zuletzt im Januar 1951 Schlagzeilen, als ein von der US-Regierung eingesetzter Gnadenausschuss seine Empfehlungen abgab und der Hohe Kommissar der US-Zone, John McCloy, seine Entscheidungen bekanntgab. Er erließ 10 von 15 Massenmördern den Weg zum Galgen. Der Oberkommandierende der US-Streitkräfte in Europa, General Thomas Handy, ließ ebenfalls in elf von 13 Fällen Gnade vor Recht ergehen. Ihm unterstanden z. B. jene Rotjacken, die wegen des Mordes an amerikanischen Soldaten verurteilt worden waren. Die Strafen wurden in lange Freiheitsstrafen umgewandelt. Mitte der fünfziger Jahre befanden sich alle diese NS-Mörder auf freiem Fuß. Der Kalte Krieg, aber auch die wachsende Rolle der Bundesrepublik Deutschland als künftiger Bündnispartner retteten NS-Mördern das Leben. Aktiv beteiligt an dieser

»Gnadenarie«, wie Robert Kempner jene Massenamnestie nannte, waren die beiden großen Bundesparteien SPD und CDU. Am 9. Januar 1951 traf bei US-Hochkommissar McCloy in Frankfurt eine Delegation des Bundestages ein. Ihr gehörten für die CDU Hermann Ehlers und Heinrich Hoeffler, für die SPD Carlo Schmid und Jakob Altmeier, Hans Joachim von Merkatz von einer kleinen rechten Partei und Walter Strauß vom Bundesjustizministerium an. Sie haben dem US-Hochkommissar derartig zugesetzt, dass McCloy die Massenbegnadigung verkündete. Eine der Drohungen lautete, wenn US-Behörden weiter »deutsche Soldaten« henkten, werde es keinen deutschen »Wehrbeitrag«, also keine Bundeswehr geben. Für die Delegation des Deutschen Bundestages waren »deutsche Soldaten« auch Massenmörder wie Otto Ohlendorf und andere Chefs von SS-Einsatzgruppen, hohe SS-Führer und sogar Oswald Pohl, der Chef des SS-Wirtschaftsverwaltungs-Hauptamtes (WVHA). Pohl war verantwortlich für die »wirtschaftliche« Seite der »Endlösung der Judenfrage«, also für die Verwertung des Besitzes der Ermordeten einschließlich der Goldzähne. Das erste deutsche Parlament der jungen Demokratie wollte sogar das Leben dieses Mannes retten. Das ging der US-Seite denn doch zu weit. Ohlendorf und Pohl wurden 1951 in Landsberg hingerichtet.

Eine weitere Folge der »Gnadenarie« war das Kontrollratsgesetz Nr. 13 über die »Gerichtsbarkeit in den vorbehaltenen Gebieten«. Bis dahin waren deutsche Gerichte nur zuständig für Verbrechen an deutschen Staatsbürgern oder Staatenlosen. Durch das Gesetz Nr. 13 des Kontrollrats, einer alliierten Einrichtung, die in der Bundesrepublik noch Kontrollrechte besaß, durften deutsche Gerichte nun auch Verbrechen ahnden, die an Angehörigen alliierter Nationen begangen worden waren. Das war insofern von erheblicher Bedeutung, als in KZs und Gettos, Lagern und Zwangsarbeiter-Camps auch millionenfach West- und Osteuropäer gequält und ermordet worden waren. Hier durften nun deutsche Gerichte aktiv werden. Sie durften – aber sie taten es nicht. Obwohl nämlich durch die erweiterte Zuständigkeit nun viel mehr Straftaten hätten verfolgt werden müssen, ging die Zahl der Ermittlungsverfahren drastisch zurück. Waren es 1950, also vor dem Gesetz Nr. 13, noch etwa 2 500 Ermittlungsverfahren und rechtskräftige Urteile gewesen, so lag die Zahl 1955 bei ganzen 25 Urteilen bzw. Ermittlungsverfahren. Einer der Hauptgründe mag gewesen sein, dass kein deutscher Staatsanwalt wegen eines Verbrechens ermitteln musste, das außerhalb der Bundesrepublik begangen worden war. Nach der »Gnadenarie« schien außerdem das Thema »NS-Verbrechen« abgehandelt zu sein. Der Kalte Krieg schützte die NS-Täter und nahm stattdessen Kommunisten ins Visier. Als Bundeskanzler Konrad Adenauer US-Hochkommissar John McCloy in Bremerhaven verabschiedete, soll er ihm dafür gedankt haben, daß die US-Justiz den Deutschen die »Drecksarbeit« der Prozesse abgenommen habe. Der erste deutsche Regierungschef stellte sich damit auf die Seite derer, die in NS-Prozessen Nestbeschmutzung statt Nestsäuberung sahen.

Dass die deutsche Justiz Mitte der fünfziger Jahre dennoch endlich damit begann, NS-Verbrechen systematisch aufzuklären und mutmaßliche NS-Verbrecher anzuklagen, ist einem Zufall und der Unverfrorenheit eines ehemaligen hohen SS-Führers zu verdanken. Sein Name: Bernhard Fischer-Schweder. Der hatte 1941 nach dem deutschen Überfall auf die UdSSR als Polizeidirektor von Tilsit an Massenmorden teilgenommen. Bei Kriegsende geriet er in amerikanische Gefangenschaft, aus der er nach nur sechs Wochen entlassen wurde, weil er wohlweislich verschwiegen hatte, der SS angehört zu haben. Etwa zehn Jahre nach Kriegsende bewarb er sich unter falschem Namen erfolgreich um die Leitung eines Flüchtlingslagers in Ulm-Wilhelmsburg. Nach kurzer Zeit wurde ruchbar, dass er etwas verschwieg. Er kündigte, focht dann aber selbst diese Kündigung an. Die Sache kam in die Presse, und nun erinnerte sich ein Leser an diesen Fischer-Schweder als Führer eines Einsatzkommandos und Polizeidirektor von Tilsit. Er erstattete Anzeige, Fischer-Schweder wurde 1956 verhaftet, mit neun weiteren SS-Leuten angeklagt und am 29. August 1958 wegen Beihilfe zum Mord zu zwölf Jahren Zuchthaus verurteilt. Die anderen neun Beschuldigten erhielten Zuchthausstrafen zwischen drei und 15 Jahren.

Doch es waren nicht diese Urteile, die Aufmerksamkeit erregten. Die Hauptverhandlung in Ulm wurde von vielen Journalisten verfolgt, weil man annahm, nun gehe die Zeit der NS-Prozesse wohl doch nicht zu Ende. Vieles sei offenkundig noch nicht einmal in Ansätzen aufgeklärt – z. B. die Blutspuren der Einsatzgruppen durch alle von den Nazis okkupierten osteuropäischen Staaten. Der Ulmer Prozess brachte zum ersten Mal Licht in die Massenmorde dieser personell kleinen Einheiten.

Oberstaatsanwalt Adalbert Rückerl, später Leiter der Zenralen Stelle der Landesjustizverwaltungen zur Aufklärung nationalsozialistischer Verbrechen (Zentrale Stelle) in Ludwigsburg bei Stuttgart, zitiert in seinem aufschlußreichen Buch »NS-Verbrechen vor Gericht – Versuch einer Vergangenheitsbewältigung« (C. F. Müller Juristischer Verlag, Heidelberg 1983, S. 141) den bekannten Münchener Rechtsanwalt und Journalisten Ernst Müller-Meinigen, der am Tage nach der Urteilsverkündung von Ulm in der Wochenendausgabe der »Süddeutschen Zeitung« am 30. 8. 58 kommentiert hatte: »Redliche und Unredliche fordern aus Anlaß der späten Prozesse mit erhobener Stimme: Macht Schluß mit diesen Dingen, jetzt, dreizehn Jahre nach Kriegsende. In Wahrheit hat man aber . . . eigentlich überhaupt noch nichts Systematisches gegen die Verbrecher aus jener Zeit unternommen . . . Was zu tun bliebe, wäre die endliche Beschaffung und Sichtung des alliierten Materials über Untaten, die Aufstellung einer zentralen Karte unter Bemühung des Instituts für Zeitgeschichte, endlich eine zwischen Justiz- und Innenministerium von Bund und Ländern zu schaffende Absprache, um in den nächsten Jahren im Rahmen des überhaupt noch Möglichen reinen Tisch zu machen, bevor jener so beliebte ›Schlussstrich‹ wirklich guten Gewissens gezogen werden kann.«

Angeblich hat der Deutsche Bundestag bereits 1952 geplant, in Zusammenarbeit mit dem Bundesinnenministerium und den Landesjustizministerien systematisch NS-Verbrechen aufzuklären, was freilich an Erwägungen gescheitert ist, eine Amnestie zu erlassen. Rückerl bezweifelt zu Recht, daß im Bundestaag ernsthaft erwogen worden ist, wirklich und mit Nachdruck hier etwas zu ändern. Er schreibt (a. a. O. S. 142): »Es geschah in den nächsten Jahren aber . . . nichts, was geeignet gewesen wäre, die Strafverfolgung von NS-Verbrechen zu intensivieren. Erst der . . . ›Ulmer Einsatzgruppen-Prozess‹, die dort gewonnenen Erkenntnisse und das Echo, das er in der Presse fand, brachten dann im Jahre 1958 die Wende.«

Den entscheidenden Anstoß gab schließlich der Generalstaatsanwalt beim Oberlandesgericht Stuttgart, in dessen Amtsbereich der Ulmer Prozess geführt worden war. So ist – nur sechs Wochen nach dem Ulmer Urteil – der Beschluss der Landesjustizminister und -Senatoren auf ihrer Konferenz am 3. Oktober 1958 in Bad Harzburg zustande gekommen, die »Zentrale Stelle« zu gründen. Erster Leiter wurde Oberstaatsanwalt Erwin Schüle, der engagierte und erfolgreiche Anklagevertreter in dem Ulmer Prozess. Er musste seinen Posten freilich acht Jahre später räumen, weil herausgekommen war, dass er der SA angehört hatte. Sein Nachfolger wurde Adalbert Rückerl. Schüles Verdienste sowohl um die Zentrale Stelle als auch um den Ulmer Prozess sind unbestritten. Der Fall zeigt aber zugleich, wie leicht es alten Nazis gemacht worden ist, in den Staats- und Justizdienst der Bundesrepublik zu gelangen.

Etwas anderes konnte Müller-Meiningen 1958 noch nicht sehen. Jahrzehntelang durften deutsche Staatsanwälte und Polizeibeamte Archive in Osteuropa nicht benutzen. Bisher weiß die Öffentlichkeit zwar noch nicht, wann und wie dieses Verbot zustande gekommen ist. Daran, daß es existiert hat, besteht aber kein Zweifel. Osteuropäische Archive sind von bundesdeutschen Politikern immer wieder als »Fälscherwerkstätten« diffamiert worden. Wer dies tat, wollte mutmaßliche NS-Täter schützen. Die NS-Verbrechen waren nämlich, wie wir heute wissen, so monströs, daß Fälschungen völlig überflüssig gewesen wären. Erst nach der Verjährungsdebatte im Jahre 1964 konnten die Juristen endlich die umfangreichen Dokumentenbestände im Osten, vor allem bei der »Hauptkommission zur Verfolgung von Hitler-Verbrechen in Polen« in Warschau auswerten.

Die Ludwigsburger Mitarbeiter, die von den Bundesländern geschickt worden waren, gingen mit großem Eifer an die Arbeit. Sie standen unter Zeitdruck, weil im Mai 1960, 15 Jahre nach der Befreiung, die Verjährung für bestimmte Verbrechen anstand. Zwar versuchte die SPD-Bundestagsfraktion am 23. März 1960, diese Verjährung zu verhindern. Die Mehrheit im Parlament lehnte den Antrag aber am 24. Mai 1960 ab. Just an jenem Tag erfuhr die Weltöffentlichkeit allerdings, dass am 11. Mai 1960 Adolf Eichmann vom israelischen Geheimdienst aus Argentinien entführt und nach Israel gebracht worden war. Nun blickte die Öffentlichkeit zwar nach Israel, wo am 11. April 1961 der Prozess gegen den Organisator der »Endlösung der Judenfrage« begann. Gleichzeitig blieb aber die Bundesrepublik im Visier. Nach den Ungeheuerlichkeiten, die der Eichmann-Prozess zutage brachte, wollte die Welt wissen, wie die Bundesrepublik mit den Tätern umging. Nachdem bereits seit 1960 bestimmte Strafen nicht mehr verfolgt werden durften, stand im Mai 1965 – 20 Jahre nach der Befreiung – die Verjährung für alle Morde an. Damit hätten NS-Verfahren nicht mehr geführt werden dürfen. Die meisten großen NS-Prozesse der folgenden Jahrzehnte wären also ausgeblieben, Mörder und Mordgehilfen nicht verurteilt worden, wichtige historische Forschungsergebnisse aus Gutachten zu den Strafverfahren lägen der Wissenschaft nicht vor. Das gilt – um nur herausragende Strafverfahren zu nennen – für den Gaswagen-Prozess in Hannover, den Sobibor-Prozess in Hagen, den Harster-Prozess in München (»Endlösung« in den Niederlanden), den Mauthausen-Prozess in Köln, den Bialystok-Prozess in Wuppertal, den Groß-Rosen-Prozess in Braunschweig, den Stangl-Prozess in Düsseldorf (einziger deutscher Prozess gegen den Kommandanten eines Vernichtungslagers), den Pawiak-Prozess in Hamburg (das Gestapo-Gefängnis in Warschau), einen Dachau-Prozess in München, den Majdanek-Prozess in Düsseldorf, den Lischka-Prozess in Köln (»Endlösung« in Frankreich).

Weil die Mehrheit der Bundestagsabgeordneten die Verjährung für Mord nicht verlängern wollte, nach dem 9. Mai 1965 also auch mutmaßliche Mörder frei hätten herumlaufen können, rettete das Parlament sich mit einem Trick: Nicht am Tag der Befreiung, sondern 1949, bei der Gründung der Bundesrepublik, müsse die Berechnung der Verjährungsfrist beginnen. Deshalb trete diese erst im Jahre 1969 ein. So konnten die Experten in Ludwigsburg und die Staatsanwälte weiter ermitteln und anklagen. Doch die Abgeordneten hatten das Problem nicht gelöst, sie hatten es nur verschoben. In Ludwigsburg wußte man nämlich genau, daß nach den Schlampereien zwischen 1945 und 1958 die Zeit bis 1969 bei weitem nicht reichen werde, um alle möglichen Quellen auszuschöpfen und den Tätern auf die Spur zu kommen. Und so kam es, wie es bereits 1965 abzusehen war: Der Bundestag musste sich 1969 erneut mit der Verjährung befassen. Doch statt Mord von der Verjährung überhaupt auszunehmen, entschied sich die Mehrheit dafür, die Frist von 20 auf 30 Jahre zu verlängern. Schon damals sagten Fachleute den Parlamentariern freilich voraus, das Thema werde 1979 erneut auf ihrer Tagesordnung stehen. Massenverbrechen wie der NS-Völkermord dürften nicht in die Gnade der Verjährung kommen. Das erkannte die Bundestagsmehrheit denn auch endlich 1979 und beschloss: Mord verjährt in der Bundesrepublik Deutschland nicht mehr. Das gilt bis heute und zwar nicht nur für NS-Mörder, sondern für jeden. Damit haben die Abgeordneten des Bundestages dem Rechtsfrieden nicht gedient. Denn wenn ein Mörder nach einer bestimmten Zeit nicht gefaßt und angeklagt werden kann, muß er Gelegenheit haben, in die Gesellschaft zurückzukehren. Damit wäre der Rechtsfrieden wieder hergestellt. Weil der Bundestag aber für NS-Verbrecher keine besonderen Bestimmungen schaffen wollte, hob er die Verjährung generell auf. Eine Entscheidung, die damals auf Zustimmung und Widerspruch stieß.

Immerhin konnte nun in Ludwigsburg weiter ermittelt werden, und wenn ein hinreichender Tatverdacht vorlag, wurden die Akten der zuständigen Staatsanwaltschaft zugeleitet, um die Anklageschrift zu schreiben.

Hinter den Kulissen war zu dieser Zeit freilich eine kleine Gruppe von Männern damit beschäftigt, eine große Zahl von Verdächtigen vor Strafverfahren zu bewahren. Aufgedeckt hat dies freilich kein Jurist, sondern der Zeithistoriker Prof. Dr. Ulrich Herbert von der Universität Freiburg i. Br. In seinem außerordentlich spannenden und aufschlußreichen Buch »Best. Biographische Studien über Radikalismus, Weltanschauung und Vernunft 1903–1989«, (Verlag Dietz, Bonn 1996, S. 508ff.) weist Herbert nach, dass eine Clique von alten Nazis mit Hilfe eines Ministerialdirigenten im Bundesjustizministerium ein altes Gesetz so überarbeitet und neu gefasst hat, daß Mordgehilfen nicht mehr wie Mörder mit der Höchststrafe, also Lebenslänglich, bedroht waren. Unter bestimmten Umständen sollte künftig Mordbeihilfe geringer geahndet werden. Damit wurde die Verjährungsfrist von 20 auf 15 Jahre verkürzt. Konkret ging es um das längst überfällige Strafverfahren gegen leitende Mitarbeiter des Reichssicherheits-Hauptamtes (RSHHA) in Berlin, der Zentrale von Gestapo und Sicherheitsdienst (SD). Diese neue Fassung versteckte der Leiter der Strafrechtsabteilung im Bundesjustizminister, eben jener Ministerialdirigent Dr. Eduard Dreher, im Einführungsgesetz zum Ordnungswidrigkeiten-Gesetz, dem die meisten Bundestagsabgeordneten blauäugig zustimmten. Damit waren alle Verdächtigen aus dem RSHHA in Sicherheit. Zu einem Strafverfahren gegen diese Terrorzentrale ist es nie mehr gekommen, weil die RSHHA-Experten ja nicht persönlich gemordet hatten. Von ihnen waren »nur« die Befehle gekommen.

Zwei wichtige Komplizen Drehers waren Dr. Werner Best und Dr. Ernst Achenbach. Best, dessen Biographie Ulrich Herbert geschrieben hat, war alter Nazi, im Kriege Bevollmächtigter der Reichsregierung im besetzten Dänemark und nach dem Krieg einer der hartnäckigsten Verfechter der Amnestie von NS-Verbrechern. Komplize Achenbach aus Essen hatte während des Krieges deutsche Interessen in Paris wahrgenommen und sich nach dem Krieg auf die Verteidigung von NS-Angeklagten spezialisiert. Nebenbei war damit beschäftigt, mutmaßliche NS-Täter zu schützen. Das tat er besonders eifrig, wenn es um alte Bekannte aus Paris ging. In Frankreich waren nach der Befreiung zahlreiche Deutsche in Abwesenheit zum Tode oder zu hohen Freiheitsstrafen verurteilt worden. Ein solches Urteil entsprach nach deutschen Recht nur einer Anklageschrift. Die so in Frankreich Verurteilten lebten in der Bundesrepublik als unbescholtene Bürger. Der deutschen Justiz waren die Hände gebunden, weil Frankreich sich ausbedungen hatte, von französischen Gerichten verurteilte Deutsche nicht vor deutsche Gerichte zu stellen. Paris befürchtete zu Recht eine Welle von Rehabilitationen.

Unter Helmut Schmidt als Bundeskanzler wollten beide Seiten das ändern, um drei berüchtigte Männer auf die Anklagebank bringen zu können. Ein entsprechendes Abkommen wurde geschlossen, mußte aber in Bonn noch vom Auswärtigen Ausschuss beraten werden, um dem Plenum zur Abstimmung zugeleitet zu werden. Vorsitzender dieses Ausschusses war Ernst Achenbach, der es jahrelang der Beratung vorenthalten hat. Erst Beate Klarsfeld brachte die Affäre an die Öffentlichkeit, indem sie in Köln die Spur des Hauptverdächtigen aufnahm: Kurt Lischka. Die beiden anderen »Endlöser« waren Herbert Martin Hagen und Ernst Heinrichsohn. Das war Ende der 60er und Anfang der 70er Jahre. Beate Klarsfeld wurde in Köln wegen erpresserischen Menschenraubs in Untersuchungshaft genommen und später zu zwei Monaten Haft verurteilt. Achenbachs Verzögerungstaktik gelangte in die Medien, er musste den Ausschussvorsitz abgeben, kurze Zeit später folgte der Beratung die Zustimmung im Bundestag. Am 25. Juni 1974 begann das Strafverfahren gegen Lischka, Hagen und Heinrichsohn, nach nur dreieinhalb Monaten war es zu Ende, die Angeklagten erhielten hohe Freiheitsstrafen. Der »Lischka-Prozess« unterschied sich von fast allen NS-Prozessen durch zügige Verhandlungsführung, aber auch dadurch, daß das Gericht nicht lange Auslandsreisen unternehmen und viele Zeugen hören mußte. Die Beweise lieferten Dokumente, die Lischka, Hagen und Heinrichsohn unterschrieben hatten.

Insgesamt sollte nicht nur vom Scheitern des Versuchs gesprochen werden, NS-Verbrechen juristisch aufzuarbeiten. Im Gegenteil: Die meisten Staatsanwälte und Richter in NS-Verfahren waren bemüht, die Wahrheit herauszubekommen. Oft konnte das nur teilweise gelingen, weil zu viel Zeit zwischen Tat und Strafverfahren vergangen war. Dies freilich darf nicht den Gerichten angelastet werden. Es ist und bleibt eine schwere Schuld aller Bundestage und Bundesregierungen bis 1958, als endlich die Zentrale Stelle gegründet wurde. Schuld trifft auch alle Landesregierungen, weil sie nicht versucht haben, über den Bundesrat etwas zu ändern. Wie überhaupt die gesamte Prominenz der Bundesrepublik bei NS-Prozessen schmählich versagt hat. Ich kenne nur einen SPD-Bundestagsabgeordneten und vier SPD-Abgeordnete aus dem Landtag von Nordrhein-Westfalen, die hin und wieder NS-Prozesse persönlich im Zuhörerraum besucht haben. Einen Regierungschef, einen Kardinal oder Präses, einen Oberbürgermeister oder Europaabgeordneten habe ich in keinem Gerichtssaal gesehen. Zwei Ausnahmen müssen lobend erwähnt werden. Als 1981 nach sechs Jahren in Düsseldorf der Majdanek-Prozess zu Ende war, hat sich Ministerpräsident Johannes Rau über den WDR an die Bevölkerung des Landes gewandt und darum gebeten, die NS-Opfer nicht zu vergessen. Als 1990/91 in Stuttgart Josef Schwammberger, der Kommandant eines kleinen Konzentrationslagers, vor Gericht stand, hat der israelische Botschafter in Bonn Solidarität gezeigt und ist zu einer Hauptverhandlung nach Stuttgart gereist. Solche Demonstrationen haben stets viel zur Information der Öffentlichkeit beigetragen. Sie waren etwas Besonderes, weshalb die Medien berichteten. Denn das war nicht immer leicht – Medien dazu zu bringen, über NS-Prozesse zu berichten. Der erste Sender, der ein langes Feature über den Düsseldorfer Majdanek-Prozess gebracht hat, war nicht etwa der NRW-Heimatsender WDR, sondern es war der Kirchenfunk des Süddeutschen Rundfunks. Später hat der WDR das Versäumnis durch viele Berichte ausgeglichen. Unverständlich bis heute ist die Tatsache, dass vom Presseimperium des Axel Springer, der persönlich unendlich viel für Israel getan hat, NS-Prozesse nahezu übergangen worden sind. Ähnlich negativ muß die Berichterstattung durch die Agenturen bewertet werden. Ihre Vertreter verließen meistens bereits die erste Sitzung, wenn die Anklage verlesen worden war. Hin und wieder tauchten sie auf, wenn Anklage und Verteidigung plädierten, und schließlich schauten sie herein, wenn die Urteile verkündet wurden. Das gilt keineswegs nur für die deutschen Agenturen, es trifft gleichermaßen für ausländische zu.

Insgesamt darf gesagt werden, dass die meisten westdeutschen Gerichte bemüht gewesen sind, NS-Verfahren sorgfältig und gerecht zu führen. Das grenzte oft an die Quadratur des

Kreises, weil millionenfacher Mord mit einem hundert Jahre alten Strafrecht geahndet werden mußte. Wer sich umhört, wird dieses Urteil bestätigt bekommen – jedenfalls in Polen und meistens auch in Israel.

Das gilt freilich nur für die Bundesrepublik, nicht für die DDR. Dort wurden NS-Verfahren in aller Regel geheim und unter Ausschluß der Öffentlichkeit geführt. Hin und wieder gab es in Zeitungen kurze Meldungen, wenn jemand verurteilt worden war. Etwa 12 000 Urteile hat es gegeben. Wie viele juristisch einwandfrei zustande gekommen sind, ist nicht bekannt. Eines der ganz wenigen öffentlich geführten NS-Verfahren in der DDR richtete sich 1983 gegen Heinz Barth, der am Massaker im französischen Oradour beteiligt war und deshalb in Ostberlin zu einer lebenslangen Freiheitsstrafe verurteilt worden ist. Das Kapitel NS-Prozesse vor DDR-Gerichten ist noch nicht geschrieben worden. Für die alten Bundesländer kann bezüglich der Zahl der Verfahren und ihrer Art Bilanz gezogen werden. Was hinter den Kulissen geschehen oder unterdrückt worden ist, kommt erst nach und nach zu Tage. Ausgerechnet im sozialdemokratisch regierten Nordrhein-Westfalen hat eine sozial-liberale Regierung unter dem früher verfolgten Ministerpräsidenten Heinz Kühn und dem jüdischen, vor den Nazis nach Palästina geflohenen Justizminister Josef Neuberger einen Juristen zum obersten Ankläger des größten Gerichtsbezirks des Landes gemacht, der durch seine Tätigkeit zwischen 1933 und 1945 belastet war. Werner Pfromm war NS-Führungsoffizier in Hitlers Wehrmacht. Er hatte also dafür zu sorgen, dass in dem von ihm kontrollierten Truppenteil alles stramm nationalsozialistisch verlief. Solche Positionen bekamen selbstverständlich nur überzeugte und bewährte Nazis. Obwohl diese Biographie der Landesregierung in Düsseldorf bekannt war, konnte Pfromm 1974 Generalstaatsanwalt in Köln werden. Seit gut einem Jahr tut eine Historikergruppe in Münster so, als versuche sie, Licht in die Affäre zu bringen. Bewegt hat sich noch nichts.

Ulrich Renz

Das Recht auf den Pass

Vom Umgang mit Ausgebürgerten

Zumindest bei einer Art der Einbürgerung in Deutschland verläuft die Bearbeitung der Anträge so zügig, dass der Experte Hans-Michael Schmitt die Formulierung wählt: »Das geht flott.« Er spricht über einen Akt der Wiedergutmachung, über die »Rückbürgerung« von – zumeist jüdischen – Menschen, denen die Nationalsozialisten die Staatsbürgerschaft genommen hatten, und deren Nachkommen in direkter Linie. Rund 60 000 Betroffene waren einst namentlich bekannt. Gewaltig ist jedoch die Dunkelziffer, denn 1941 »wurde den im Ausland lebenden Juden (die deutsche Staatsbürgerschaft) pauschal aberkannt« wie Schmitt, Amtsrat und Sachbearbeiter für Staatsangehörigkeitsrecht im hessischen Innenministerium, erläutert. Ungewiß ist auch die exakte Zahl der »Rückbürgerungen«. Allein für die Zeit von 1981 bis 1996 wird sie mit mehr als 13 000 angegeben.

Auch beim Staatsbürgerrecht fackelten die Nazis nicht lange, nachdem ihnen die Macht zugefallen war. Bereits am 14. Juli 1933 erließ das Regime ein Gesetz über den Widerruf von Einbürgerungen und die Aberkennung der deutschen Staatsangehörigkeit. Danach konnten Einbürgerungen, die in der Weimarer Republik – zwischen dem 9. November 1918 und dem 30. Januar 1933 – vorgenommen worden waren, widerrufen werden, »falls die Einbürgerung nicht als erwünscht anzusehen ist«. Ferner wurde bestimmt: »Reichsangehörige, die sich im Ausland aufhalten, können der deutschen Staatsangehörigkeit verlustig erklärt werden, sofern sie durch ein Verhalten, das gegen die Pflicht zur Treue gegen Reich und Volk verstößt, die deutschen Belange geschädigt haben. Das gleiche gilt für Reichsangehörige, die einer Rückkehraufforderung nicht Folge leisten, die der Reichsminister des Innern unter Hinweis auf diese Vorschrift an sie gerichtet hat…« Es fehlte nicht die Androhung einer weiteren Zwangsmaßnahme, von der die Nazis gern und reichlich Gebrauch machten: Das Vermögen der Betroffenen einzuziehen.

Nach Angaben des Bundesinnenministeriums waren vom Widerruf der Einbürgerung 19 219 Menschen betroffen. Unter die zweite Kategorie, die Ausbürgerung der ins Ausland geflüchteten Deutschen, fielen 41 115 Personen. Ihre Namen sind bekannt, denn sie wurden seinerzeit im Reichsanzeiger veröffentlicht. Unter ihnen waren mehr als 100 Mitglieder des Reichstags, Schriftsteller und Künstler, Gegner des Regimes und Hellsichtige, die nicht dem Glauben anhingen, der »Spuk« sei bald vorüber.

Immer wieder veröffentlichte die Regierung in Berlin Listen wie jene vom 23. August 1933, in der der Reichsinnenminister unter Berufung auf das Gesetz vom Juli mitteilte: »…erkläre ich… die folgenden Reichsangehörigen der deutschen Staatsangehörigkeit für verlustig, weil sie durch ein Verhalten, das gegen die Pflicht zur Treue gegen Reich und Volk verstößt, die deutschen Belange geschädigt haben.« Unter den 34 Namen befanden sich auch die der Schriftsteller Lion Feuchtwanger, Ernst Toller, Heinrich Mann und Kurt Tucholsky oder von Politikern wie Rudolf Breitscheid, Wilhelm Pieck und Philipp Scheidemann.

Auch im Staatsbürgerrecht wurde fortan die Politik der Verfolgung, Ausgrenzung und Vernichtung von Gesetzen begleitet, die vor allem Juden trafen. Am 14. November 1935 folgte eine Erste Verordnung zum Reichsbürgergesetz, in der es hieß: »Bis zum Erlaß weiterer Vorschriften über den Reichsbürgerbrief gelten vorläufig als Reichsbürger die Staatsangehörigen deutschen oder artverwandten Blutes, die beim Inkrafttreten des Reichsbürgergesetzes das Reichstagswahlrecht besessen haben, oder denen der Reichsminister des Innern im Einvernehmen mit dem Stellvertreter des Führers das vorläufige Reichsbürgerrecht verlieh.« In Paragraph 4 wurde bestimmt: »Ein Jude kann nicht Reichsbürger sein. Ihm steht ein Stimmrecht in politischen Angelegenheiten nicht zu; er kann ein öffentliches Amt nicht bekleiden.«

Am 25. November 1941 wurde in der Elften Verordnung zum Reichsbürgergesetz dekretiert: »Ein Jude, der seinen gewöhnlichen Aufenthalt im Ausland hat, kann nicht deutscher Staatsangehöriger sein. Der gewöhnliche Aufenthalt im Ausland ist dann gegeben, wenn sich ein Jude im Ausland unter Umständen aufhält, die erkennen lassen, daß er dort nicht nur vorübergehend verweilt.«

Welche Konsequenzen dies hatte, wird in der »Enzyklopädie des Nationalsozialismus« erläutert: Mit diesem bürokratischen Akt »verloren über die Reichsgrenze deportierte Juden… die deutsche Staatsbürgerschaft«. Natürlich wurden nun keine Listen mehr veröffentlicht, die Betroffenen wurden in Bausch und Bogen ihrer Staatsbürgerschaft beraubt. Niemand kennt daher die Zahl dieser Ausgebürgerten.

Nach dem Krieg setzten umgehend Bemühungen ein, die Ausbürgerungen rückgängig zu machen und Wiedergutmachung zu leisten. Die Siegermächte hoben mit dem Kontrollratsgesetz Nr. 1 – neben anderen Unrechtsmaßnahmen – zwar auch die entsprechenden Bestimmungen der Nazis auf, doch galt dies nicht rückwirkend, so dass die Betroffenen weiterhin nicht als Deutsche galten. Das Vorhaben der Siegermächte, ein Gesetz über die Wiederannahme der deutschen Staatsangehörigkeit durch deutsche Ausgebürgerte zu erlassen, scheiterte an der zunehmenden Uneinigkeit der Mitglieder des Kontrollrates. Zudem gab es bald nach der Kapitulation in den Besatzungszonen unterschiedliche Maßnahmen und Vorschriften über die Wiedereinbürgerung. In der französischen Zone, beispielsweise, wurden diese Personen offenbar ohne weiteres wieder als deutsche Staatsangehörige betrachtet.

Im März 1948 verkündete der Länderrat in Westdeutschland ein Gesetz, dessen Kernsatz lautete: Eine Ausbürgerung, die aus politischen, rassischen oder religiösen Gründen ausgesprochen wurde, »wird auf Antrag rückwirkend für nichtig erklärt«. Und schließlich folgte 1949 im Grundgesetz für die Bundesrepublik Deutschland der Artikel 116, der im zweiten Absatz bestimmt: »Frühere deutsche Staatsangehörige, denen zwischen dem 30. Januar 1933 und dem 8. Mai 1945 die Staatsangehörigkeit aus politischen, rassischen oder religiösen Gründen entzogen worden ist, und ihre Abkömmlinge sind auf Antrag wieder einzubürgern. Sie gelten als nicht ausgebürgert, sofern sie nach dem 8. Mai 1945 ihren Wohnsitz in Deutschland genommen haben und nicht einen entgegengesetzten Willen zum Ausdruck gebracht haben.

Einen solchen absoluten Anspruch auf Wiedereinbürgerung gibt es sonst im Staatsbürgerrecht nicht, wie Schmitt betont. Es sollten ja keine neuen Fakten geschaffen, vielmehr sollte schlicht der Zustand wiederhergestellt werden, der vor dem Machtantritt der Nationalsozialisten herrschte. Allerdings waren die Verfasser des Grundgesetzes auch der Meinung, eine zwangsweise Wiedereinbürgerung solle vermieden werden. Dass diese Gefahr einst durchaus bestand, meldete die Reichsabteilung bei der amerikanischen Militärregierung für Hessen schon im Mai 1947. In einer Stellungnahme zur gesamten Problematik erwähnt sie, einige interalliierte Behörden hätten »die Aufhebung der nationalsozialistischen Gesetzgebung dahingehend ausgelegt, daß einigen Gruppen staatenloser Personen gegen ihren Wunsch die deutsche Staatsangehörigkeit wieder zuerkannt wurde«.

Die Schöpfer der neuen Verfassung konnten kaum erwarten, dass die Lösung, die sie fanden, allen Betroffenen gefallen würde. Einige Ausgebürgerte wandten sich empört, manchmal auch sarkastisch gegen die Vorschrift, wonach sie die Rückgabe der deutschen Staatsbürgerschaft zu beantragen hatten. So soll auch der Schriftsteller Walter Mehring, der 1933 emigrieren musste und vor seinem Tod im Jahre 1981 in der Schweiz lebte, argumentiert haben: Da er nicht auf seinen Antrag hin ausgebürgert worden sei, könne er nicht einsehen, warum er nun einen Antrag einreichen müsse.

Auch stellte sich heraus, dass der Artikel 116 des Grundgesetzes allein nicht ausreichte. Es zeigte sich, daß »massiv unrechtsbedingte Fälle« nicht erfaßt wurden, wie im Bundesinnenministerium erläutert wird. Zugunsten einer großen Gruppe Betroffener wurde daher in das Gesetz zur Regelung von Fragen der Staatsangehörigkeit die Formulierung eingefügt: »Der Anspruch auf Einbürgerung steht auch dem früheren deutschen Staatsangehörigen zu, der im Zusammenhang mit Verfolgungsmaßnahmen aus politischen, rassischen oder religiösen Gründen in der Zeit vom 30. Januar 1933 bis zum 8. Mai 1945 vor Inkrafttreten dieses Gesetzes eine fremde Staatsangehörigkeit erworben hat, auch wenn er seinen dauernden Aufenthalt im Ausland beibehält.« Allerdings wurde hier für die »Abkömmlinge« eine Frist bis zum 31. Dezember 1970 gesetzt. Danach verfiel ihr Anspruch.

Nach 1970 wurden auch Nachkommen solcher deutschen Juden abgewiesen, die nach Palästina ausgewandert waren und noch unter britischer Herrschaft die palästinensische Mandatszugehörigkeit erhalten hatten. Doch im September 1993 griff das Bundesverwaltungsgericht ein und entschied: Diese Mandatszugehörigkeit ist nicht mit einer Staatsangehörigkeit gleichzusetzen. Gerhard Köhn, der beim Regierungspräsidium in Darmstadt für Staatsangehörigkeitsrecht zuständig ist, berichtet, nach diesem Urteil seien aus Tel Aviv prompt Anträge von Abkömmlingen eingetroffen, »die wir vorher ablehnen mußten« und die nun genehmigt werden konnten.

Im übrigen spielt der entsprechende Paragraph im einschlägigen Gesetz heute kaum noch eine praktische Rolle. Gleiches gilt für eine andere Bestimmung in diesem Paragraphenwerk: Sie nahm sich der Juden an, die die Nazis einst von sogenannten Sammeleinbürgerungen ausschlossen. Gemeint war damit die pauschale Einbürgerung von Volksdeutschen etwa aus Danzig oder Westpreußen. Wer damals »aus rassischen Gründen« ausgegrenzt wurde, erhielt in der Bundesrepublik »einen Anspruch auf Einbürgerung, wenn er in Deutschland seinen dauernden Aufenthalt hat, es sei denn, daß er in der Zwischenzeit eine andere Staatsangehörigkeit erworben hat«.

Beamte, die mit praktischen Fragen der Wiedereinbürgerung befasst sind, berichten übereinstimmend, in der Regel könnten alle Probleme gelöst werden. Im Bundesministerium betonen Ministerialrat Gerd-Dieter Schoen und seine Mitarbeiter, von Amts wegen werde versucht, Schwierigkeiten bei den Bemühungen zu beseitigen, die frühere deutsche Staatsbürgerschaft nachzuweisen. Es seien kaum Fälle bekannt, in denen dieser Nachweis nicht gelungen sei.

Wichtiges Hilfsmittel ist eine Liste beim Bundesverwaltungsamt, in der 1933 und später ausgebürgerte Deutsche erfasst sind und die als praktisch vollständig gilt. Personen der »Erlebnisgeneration« können auch häufig noch ihren alten Pass vorweisen. Als Nachweise dienen ferner Geburtsurkunden und ähnliche Dokumente. Einen Grenzfall schildert Amtsrat Schmitt in Wiesbaden. Danach stellte eine jüdische Familie im Jahre 1932 einen Antrag auf

Einbürgerung, der aber nach der Machtübergabe an die Nazis nicht weiterbearbeitet wurde. In der Bundesrepublik wurde die Einbürgerung nachgeholt, denn in Frankfurt wurden tatsächlich noch amtliche Hinweise auf die Antragstellung am Ende der Weimarer Republik gefunden. »Das sind die komplizierten Fälle«, erläutert Schmitt.

Über den aktuellen Stand der Dinge sagt Gerhard Köhn im Regierungspräsidium in Darmstadt, 99 Prozent der Fälle, die nun auf seinem Schreibtisch landeten, beträfen die Verordnung aus dem Jahre 1941. In Wiesbaden ergänzt Schmitt, in aller Regel könne nachgewiesen werden, dass die Betroffenen am 21. November 1941 oder danach im Ausland gelebt hätten. Trotz des Umstandes, dass das Unrecht hier ganz pauschal gewütet habe, gebe es auch in diesem Bereich »praktisch keine Probleme«.

Freilich gilt eben der Grundsatz: Wer im Ausland lebt und seine deutsche Staatsangehörigkeit wiederhaben möchte, muss selbst tätig werden. Wer beispielsweise in einem südamerikanischen Land seinen Anspruch geltend machen will, reicht bei einer deutschen Auslandsvertretung seinen Antrag ein. Der wird an die Einbürgerungsbehörde des letzten Wohnsitzes in Deutschland geschickt. In Hessen ist dies eines der drei Regierungspräsidien. Lag der letzte Wohnsitz nicht in den Grenzen der heutigen Bundesrepublik Deutschland – sondern beispielsweise in Breslau – dann ist das Bundesverwaltungsamt zuständig.

Schmitt legt Wert auf die Feststellung, dass bei einer Einbürgerung nach Deutschland in der Regel der Verzicht des Antragstellers auf eine andere Staatsbürgerschaft verlangt wird. Ein solches Ansinnen werde den von den Nazis Ausgebürgerten aber nicht zugemutet, sie dürften den Pass des anderen Landes behalten. »Da ist das Gesetz ganz eindeutig«, sagt er.

Trotz der unmissverständlichen Rechtslage hat es vereinzelt Versuche gegeben, bestimmten Personen die Einbürgerung zu verweigern. Zu ihnen gehörte in den 50er Jahren Otto Strasser, einst Gefolgsmann und später erbitterter Gegner Adolf Hitlers, den die Emigration bis nach Kanada führte. Behörden der Bundesrepublik verweigerten ihm die Wiedereinbürgerung. Doch im November 1954 erkannte ihm das Bundesverwaltungsgericht die deutsche Staatsangehörigkeit zu und berief sich auf Artikel 116 des Grundgesetzes.

Offenkundig weist die statistische Erfassung von Wiedereinbürgerungen dieser Art Lücken auf. Bis 1950 wird für Westdeutschland und Westberlin eine Zahl von rund 700 genannt. 1952 belief sie sich auf 3637, 1953 auf 4247 und 1955 auf 2383. Das Bundesinnenministerium nennt für den Zeitraum von 1981 bis 1996 die Zahl 13 085. Dabei sind die Personen nicht erfaßt, die »durch Wohnsitznahme« im Inland die deutsche Staatsangehörigkeit wiedererwarben. 1997 wurden 139 Personen eingebürgert, davon waren 89 in Israel ansässig, andere Anträge kamen aus England oder Südafrika.

Heutzutage stammen die Anträge in der Mehrzahl von Personen, die das Grundgesetz »Abkömmlinge« nennt. Inzwischen gilt als unbestritten, dass damit alle gemeint sind, die in gerader Linie von den ursprünglich Betroffenen abstammen: Die also Deutsche geworden wären, wenn die Nazis ihre Eltern nicht ausgebürgert hätten. Und gar kein Zweifel besteht daran, dass ihr Anspruch nach Artikel 116 unbefristet ist. Gerhard Köhn sagt auch, heute kämen 90 Prozent aller Anträge aus Israel. Ihre Zahl allein in diesem Zuständigkeitsbereich gibt er mit 30 bis 50 im Jahr an. Zum Teil stammten sie schon von Enkeln oder gar Urenkeln der einst ausgebürgerten deutschen Juden.

Rainer Erb

Klischees über »gute« und »böse« Juden

Immer wieder entgegentreten

Die Vorstellungen, die sich »die« Deutschen von »den« Juden machen, sind vielfältig, differenziert und ambivalent. Dies beruht offensichtlich darauf, dass die nichtjüdischen Deutschen ein umfangreiches »Wissen« von den Juden besitzen, das Nähe und Distanz, positive wie negative Zuschreibungen einschließt. Seit Jahrzehnten sind auf den Foren der Öffentlichkeit, in Medien, zu verschiedenen Gedenktagen, aber auch anlässlich von konflikthaft verlaufenden Debatten, insbesondere um die Deutung der Vergangenheit, Juden und jüdische Geschichte präsent. Das Gespräch unter Bekannten, in der Familie und zwischen den Generationen tradiert einen schwer zu bestimmenden Strom von Meinungen, Informationen und Wertungen. Einrichtungen der politischen Bildungen, Akademien und vor allem die Schulen vermitteln in verschiedenen Unterrichtsfächern Kenntnisse über jüdische Kultur und über das Schicksal der Juden während der nationalsozialistischen Diktatur. Primärerfahrungen aus derartigen Veranstaltungen bilden zusammen mit quantitativen Forschungsergebnissen den Hintergrund für die folgenden Überlegungen.

Juden als Gruppe mit eigener Religion, Geschichte und Kultur sind gegenwärtig, aber doch auf eigentümliche Weise fremd geblieben. Über keine andere Gruppe und deren Gruppenschicksal, nicht über Schlesier, Russen oder Italiener, besitzten die Leute hier so gute Kenntnisse wie über die Juden. Zugleich aber ist deren jüngste Geschichte so außergewöhnlich, ihr Schicksal so entsetzlich grausam gewesen und mit eigenen Erfahrungen so unvergleichlich geblieben, dass eine emotional-kognitive Distanz bestehen bleibt. Auch als konkrete Männer und Frauen, zu denen man eine private Beziehung besitzen kann, sind Juden den meisten nichtjüdischen Deutschen eher fremd. Erzählungen über persönliche Erlebnisse sind häufig farblos, weil die Beziehungen in der Regel sehr distanziert sind. Bereits diese Beobachtungen machen darauf aufmerksam, dass die Geschichte der Juden nicht als selbstverständlicher Teil der eigenen Geschichte angesehen wird, angesehen werden kann, obwohl die Zahl der Juden in Deutschland zunimmt. Trotz aller gedanklichen Bemühungen und praktischen Fortschritte auf historisch-kulturellem wie auf politisch-sozialem Gebiet bleiben Juden im Bewußtsein der Bevölkerung etwas Außergewöhnliches und in eigentümlicher Weise Außenseiter. Ungeachtet der zeitlichen Distanz sind die Hauptursachen dafür die nationalsozialistische Judenverfolgung, das Erbe des Nationalsozialismus und seine bis heute anhaltende Wirkung. Er ist die wunde Stelle, die bisher keine Anstrengung der sozialen Inklusion und der politisch-moralischen Reflektion heilen konnte. So ist die doppeldeutige Gegenüberstellung von »Deutschen und Juden«, wie man sie auf Buchtiteln oder auf Programmen, die zum Dialog einladen, findet, schroff, problematisch und vor allem falsch, weil die Juden Deutsche jüdischen Glaubens waren und sind und weil das, was Deutsche den Juden angetan haben, Deutsche anderen Deutschen antaten. Aber dieser Bezug drückt auch aus, daß entlang dieser Kollektivbezeichnung mit öffentlich geschürtem Hass und bürokratischen Maßnahmen aus Nachbarn Juden gemacht wurden. Die abstrakte Generalisierung dieser beiden Großgruppen ist falsch, insofern sie alle – und jedermann kennt sie – individuellen Unterschiede zwischen alten und jungen, tüchtigen und untüchtigen, religiösen und indifferenten Juden löscht, aber sie hält auch die Erinnerung an das jeweilige Kollektivschicksal wach. Dies hat Folgen. Die Wir/Sie-Unterscheidung bleibt stabil, trotz der zahllosen bürgerlichen Interessen, die »wir« als Familienväter in Sorge um den erfolgreichen Schulabschluss unserer Kinder, als Arbeitnehmer an einer angemessenen Entlohnung oder als Konsumenten an einem vernünftigen Preis-Leistungs-Verhältnis mit »ihnen« gemeinsam haben. So gibt es in den Beziehungen keine bloß situativ geschaffene Dimension, sondern auch immer einen historischen Horizont. Neben den historisch tradierten Klischees konstituiert im Bewußtsein der Deutschen vor allem Auschwitz die Juden als imaginäre Gruppe und bildet ein Verhältnis von Schuld und Verpflichtung. Komplementär begründet Auschwitz aber nicht die überindividuelle Erinnerung der Deutschen an sich selbst. Dies wird regelmäßig sichtbar, wenn von »den Deutschen« gesprochen wird. Fast reflexartig meldet sich dann ein Teilnehmer zu Wort, um Differenzierungen einzufordern. Während der Außenbezug der Wir/Sie-Unterscheidung einen historischen Fokus hat, variiert der Innenbezug erheblich.

Die moralisch-emotionale Belastung durch die nationalsozialistische Vergangenheit lässt bei den Individuen unterschiedliche Reaktionen aus, die ähnlich wie beim Verlust fraglos sicherer Orientierung je nach sozial-kulturellem Milieu, politisch-ideologischer Grundeinstellung und der Empfänglichkeit für Deprivationserfahrungen variieren. Wut, Hass, Angst, Entsetzen, Ungeduld, Antipathie wie Sympathie können ebenso die Folge sein wie Verdrängung, Identifikation oder Idealisierung. Eine neutrale Position ist eher selten. Es handelt sich um Strategien, das gestörte Gleichgewicht, die durch Gruppenschande beschädigte positive nationale Identität wiederherzustellen. Das Verlangen nach Einheit und Gewissheit geht einher mit dem Versuch, die eigene Zugehörigkeit positiv von anderen relevanten Gruppen abzugrenzen. Diese Prozesse lassen sich aber nicht allein im Rückgriff auf psychische Mechanismen erklären, sondern sie werden durch soziale Normen und gesellschaftliche Deutungen vielfach beeinflußt und geleitet. Bevor die unterschiedlichen Sichtweisen der deutschen Nichtjuden von »den Juden« dargestellt werden können, benötigen wir die Stereotypen, aus denen die Judenbilder geformt sind. Die Forschung hat hierzu wiederholt Befragungen vorgenommen und dazu lange Listen mit »typisch« jüdischen Eigenschaften benutzt, wie sie in der Bevölkerung verbreitet sind.

Frage: »Hier steht Verschiedenes, was uns andere Leute über Juden gesagt haben. Welche Eigenschaften findet man denn Ihrer Meinung nach besonders häufig bei Juden?«

	% Zustimmung 1987	1993
Religiös	75	79
Erfolgreich im Geschäftsleben	75	73
Halten fest zusammen	70	67
Traditionsbewußt	65	64
Intelligent, klug	50	46
Ehrgeizig	49	48
Fleißig	46	41
Gerissen, schlau	42	44

	% Zustimmung 1987	1993
Künstlerisch begabt	39	34
Tapfer	34	28
Empfindlich	32	36
Pflichtbewußt	29	27
Geldgierig, raffgierig	28	31
Nachtragend, unversöhnlich	26	33
Politisch radikal	22	29
Ordentlich, sauber	20	23
Geizig	20	21
Machthungrig	19	23
Unberechenbar	15	20
Rücksichtslos	15	21
Verschwörerisch	12	19
Bescheiden, anspruchslos	11	12
Treu	11	11
Ehrlich	11	9
Falsch, hinterhältig	9	12
Unheimlich	7	10
Zerstörerisch, zersetzend	4	8
Schwächlich	4	4
Hässlich	4	4
Feige	4	6
Nichts davon	8	—

(1987 nur Westdeutschland, 1993 West- und Ostdeutschland.)
Quellen: Werner Bergmann und Rainer Erb, Antisemitismus in der Bundesrepublik Deutschland, Opladen 1991, S. 114 ff. und S. 310; Elisabeth Noelle-Neumann, Rechtsextremismus in Deutschland. Dokumentation, Allensbach 1993, Tab. A 7.

Eine Faktorenanalyse fügt die Stereotypen zu sechs größeren Einstellungskomplexen zusammen.

1. Das überkommene antisemitische Judenbild mit den negativen Zuschreibungen: machthungrig, gefährlich, nachtragend und geldgierig. Dieses aus der Geschichte bekannte Judenbild hat sich wenig verändert. Lediglich antijudaistische und rassistische Merkmale fehlen. Der Beweggrund für derartig diskriminierende Zuschreibungen ist in der Situation nach dem Holocaust zu finden. Nicht nur Antisemiten betrachten die Juden als lästige Mahner, die die Vergangenheit nicht ruhen lassen wollen, weil sie aus egoistischen Motiven daraus einen finanziellen und moralischen Vorteil ziehen wollen. Das Phantasma von einer jüdischen Verschwörung kann hier anschließen. Wie auch immer der einzelne sich verhält, alle stehen miteinander im Bunde.

2. Die Vorstellung einer religös-traditionsbewußten Gruppe von hoher Geschlossenheit. Dieser Vorstellungskomplex hat ebenfalls eine lange Geschichte. Er ist widersprüchlich,

weil auf den festen Zusammenhalt in der jüdischen Familie und Gruppe mit Anerkennung, aber auch mit Neid und Furcht geschaut wird. Familien- und Gruppensolidarität ist ein anerkannter Wert. Wenn aber der Gruppe egoistische oder gar schädigende Absichten unterstellt werden, dann wird der Zusammenhalt bedrohlich, weil er als Ressource für großen Einfluss in der Welt genutzt werden kann.

3. Das philosemitische Judenbild setzt sich aus »Tugenden« wie Pflicht, Fleiß, Ehrlichkeit, Tapferkeit usw. zusammen, die zum traditionellen Selbstbild der Deutschen gehören und auf Juden bzw. Israelis übertragen werden. Der Wahrnehmung der Leistungen beim Aufbau des Staates Israels und seiner militärischen Erfolge in den Verteidigungskriegen muß in den Jahren bis mindestens 1967 ein positiver Einfluß auf die Bevölkerungsmeinung zugerechnet werden. Allerdings hat Israel durch seine Besatzungspolitik weltweit eine negative Presse, und so ist anzunehmen, dass israelkritische und antizionistische Meinungen das ältere, positive Israelbild zunehmend reduziert haben. Zwar sind die Zuschreibungen an einen Staat und die Kritik an der Politik seiner Regierung nicht ohne weiteres mit der Attributierung von Personen oder Gruppen gleichzusetzen, da aber diese Kritik an der Regierungs- und Besatzungspolitik generalisiert und auf alle Israelis und Juden ausgedehnt wird, sind doch ein Imagetransfer und die Unterstellung einer kollektiven Verantwortlichkeit festzustellen. Dies geschieht unabhängig davon, wie eng die Bindungen der deutschen Juden an Israel tatsächlich sind.

4. Ein weiterer antisemitischer Vorstellungskomplex wird aus wirtschaftsbezogenen negativen Eigenschaften gebildet (gerissen, geldgierig, geizig, erfolgreich im Geschäftsleben). Von allen Teilbildern hat dieses die weiteste Verbreitung. Die traditionelle Assoziation von Juden mit Handel und Geschäft ist als negativer Komplex erhalten geblieben. Die Zuschreibung von Geschäftstüchtigkeit ist in der modernen Marktgesellschaft eine erwünschte Fähigkeit. Aber im Kontext von gerissen und geldgierig wird sie negativ bewertet. Verhandlungen um Entschädigung und um Rückgabe jüdischen Eigentums beleben diese Vorbehalte.

5. Das negative Körperbild ist durch rassistische Züge gezeichnet (hässlich, feige, schwächlich). Sie deuten auf den Menschen selbst. Der Fremdgruppe werden nicht nur schädliche Absichten unterstellt, sondern diese werde in biologischen bzw. charakterlichen Eigenschaften verfestigt. Dieses rassistische Bild ist in der Bevölkerung schwach vorhanden. Seine Verwendung verstößt massiv gegen geltende Normen, weil der Rassismus durch Medien, Eliten, Bildung und Strafrecht energisch diskreditiert wird. Während für alle anderen Teilbilder mehr oder weniger deutliche Anhaltspunkte im öffentlichen oder privaten Diskurs vorhanden sind, findet das rassistische Teilbild außerhalb von radikalen Subkulturen keine mediale Unterstützung.

Der 6. Komplex wird aus dem Streotyp des empfindlichen und nachtragenden (unversöhnlichen) Juden gebildet. Hier wirken historische Klischees des alttestamentlich-rachsüchtigen Juden mit dem Nicht-Begreifen-Können des Holocaust zusammen. Der emotionale Schock über die Greuel ist keineswegs verarbeitet, und jede neue Thematisierung rührt an die Gefühle von Befleckung, Scham, Schande, Trauer und Schuld. Eine Schülerstudie im Land Brandenburg zeigte diese Reaktionen. Von den Jugendlichen, für die die nationalsozialistische Periode nicht Zeitgeschichte sondern Geschichte geworden ist, wird die Aufforderung, Einsicht und Verantwortung gegenüber dieser kriminellen Vergangenheit und ihren

Opfern zu übernehmen, als ein »fremder« Anspruch wahrgenommen, der von den Lehrern, der dominanten politischen Kultur Westdeutschlands, vom »Ausland« und von den »Juden« eingefordert wird. Gegen derartige Zumutungen fordern etliche Schüler Normalität ein; sie wollen als gleich anerkannt und nicht mißtrauisch beobachtet oder für das Fehlverhalten einzelner kollektiv an den Pranger gestellt werden. Gleichheitsforderungen sind moralisch hoch bewertet, und so löst das Gefühl, als Deutsche der dritten Nachkriegsgeneration nicht gleich behandelt zu werden (z. B. durch die Vorstellung, es würden einem ständig moralische Höchstleistungen abverlangt), heftige Emotionen gegenüber denjenigen aus, die angeblich diese Gleichbehandlung verweigern. In Ostdeutschland richten sich diese Emotionen auch gegen die dominante Kultur Westdeutschlands, von der man nicht öffentlich erzogen sein möchte. Es ist aber nur noch ein kleiner Schritt auf den Weg, »den« Juden Überheblichkeit und Unversöhnlichkeit vorzuwerfen.

Hinzu kommt ein zweiter Mechanismus. Menschen vergleichen ständig. Sie vergleichen ihre Situation mit der von anderen, ihre heutige Position mit einer vergangenen Lage. In den Vergleich wird auch die Gruppe der »Juden«, die hohe moralische Forderungen an die »Deutschen« stellt, eingeschlossen und danach befragt, ob diese Gruppe ihren eigenen Maßstäben genügt. Dieser naive Vergleich idealisiert und pauschalisiert. Von falschen Voraussetzungen ausgehend, stellt er zwangsläufig Abweichungen fest, die aber nicht zur Korrektur des Vergleichmaßstabes führen, sondern zur Relativierung und Demontage der moralischen Autorität, die sich überheblich eine Norm anmaßt, die sie selbst nicht erfüllt. Häufig wird Israel in den Vergleich mit einbezogen. Die dabei festgestellten kritikwürdigen Erscheinungen entlasten und nivellieren alle historisch-politischen Unterschiede.

So ist die häufig eingeforderte Normalität in den deutsch-jüdischen Beziehungen nicht möglich, weil die völlig unnormale Vergangenheit und ihre Folgen den Grund für Idealbilder als auch für Zerrbilder vom »Juden« abgeben. Überkommene Klischees zeichnen das Judenbild, aber der Konflikt um das problemgeladene nationale Erbe schafft die Dynamik für neue Voreingenommenheiten. Die Juden heute können nicht wie eine andere Teilgruppe in einer pluralistischen Gesellschaft betrachtet werden, weil ihre Wahrnehmung im Horizont von Auschwitz steht. Der Umgang mit dieser Gemengelage fordert intellektuelle und moralische Anstrengungen, die zu erbringen nicht alle Nichtjuden fähig und bereit sind. Weil es sich um eine kollektive Erinnerung handelt, sind alle betroffen. Forderungen nach einem Schlussstrich unter die NS-Geschichte, um der drückenden Verantwortung ledig zu werden, Strategien der Schuldumkehr, die Suche nach einem nachträglichen Motiv für eine kaum begriffene Tat, um die Opfer mit einer Mitschuld an ihrem Schicksal belasten zu können, sind deshalb keine Erscheinungen, die bestimmten Persönlichkeitstypen wie dem »autoritären Charakter«, Altersgruppen (der NS-Erlebnisgeneration), sozialen Milieus (Trägerschichten) oder politisch-ideologischen Lagern zuzurechnen und damit als individuelles Versagen zu isolieren oder zu marginalisieren sind. Selbstverständlich konzentrieren sie sich im nationalistisch-rechtsextremen Lager, und die Männer der ältesten Generation machen davon häufiger Gebrauch als die jüngeren. Aber sie sind – wie eine lange Kette von Beispielen zeigt – in allen Schichten und Parteiungen vorhanden. Völkerstereotype und antisemitische Pseudourteile wurden schon hundertmal analysiert und kritisiert, sie konnten wohl reduziert werden, aber sie verschwinden nicht. Auch in Zukunft werden sie benutzt, und ihnen muss dann erneut und immer wieder entgegengetreten werden.

Henryk M. Broder

Der Vordenker als Wegdenker

Das Blindekuhspiel des Martin Walser

Wie die Zeit vergeht: Vor zehn Jahren hat der damalige Präsident des Bundestages, Philipp Jenninger, zum 50. Jahrestag der »Kristallnacht« eine Rede gehalten, mit der er sich politisch und moralisch um Kopf und Kragen brachte. Er nannte das »Dritte Reich« ein »Faszinosum« und stellte die rhetorische Frage, ob den Deutschen das Mitmachen und Mitmarschieren nicht doch großen Spaß gemacht habe. Jenninger hatte den letzten Satz noch nicht zu Ende gesprochen, da war er schon als »Verharmloser« gebrandmarkt, bald darauf aus dem Amt gejagt. Es dauerte eine Weile, bis die voreilige Öffentlichkeit merkte, daß Jenninger eine gute und richtige Rede gehalten hatte, dass er nur kein guter Redner war, nicht in der Lage, Anführungszeichen richtig zu betonen, um Zitate vom eigenen Text abzusetzen.

Die Rede, die Martin Walser 1998, zehn Jahre nach Jenninger, in der Frankfurter Paulskirche gehalten hat, wird das nämliche Schicksal erfahren, nur genau andersrum: Es wird eine Weile dauern, bis die Öffentlichkeit merkt, dass die Ansprache des Friedenspreisträgers des Deutschen Buchhandels nicht den Jubel wert war, mit dem sie quittiert wurde.

Anders als der unglückliche und glücklose Jenninger ist Walser ein Mann, der mit dem Medium Sprache umzugehen versteht. Er weiß, wann er die Stimme heben und wann er sie senken muss, er macht Pausen an den richtigen Stellen und benutzt Wiederholungen als Stilmittel. Er ist eben nicht nur ein Schrift-, sondern auch ein Sprechsteller, dem zuzuhören ein Vergnügen ist.

Man muss Walser in vielen Punkten seiner Rede recht geben: Ja, Auschwitz und Holocaust sind zu wohlfeilen Metaphern plattgeredet worden, sie werden als argumentatives Kleingeld benutzt, eine »Pflichtübung«, die nix kostet und sich immer gut macht. Es stimmt: Manche Intellektuelle versuchen, sich auf die Seite der Opfer der deutschen Geschichte zu schleichen: So dienen sie ihren eigenen Interessen, wollen »ein wenig entschuldigt« sein. Und es ist richtig, dass der Massenmord an den Juden »instrumentalisiert« wird, um allerlei Unfug moralisch zu rechtfertigen, z. B. die deutsche Teilung als Strafe für Auschwitz. Freilich: Man kann Recht haben und trotzdem danebenliegen. Denn: Der Ton macht die Musik, und auf die Haltung kommt es an, zwei banale Weisheiten, die auch für Martin Walser gelten.

Walser bricht Tabus, die längst keine mehr sind, er rennt durch offene Scheunentore und tut dabei so, als habe er Schleusen aufgebrochen, um den freien Fluß sperriger Gedanken zu ermöglichen. Am Start der Debatten war er nicht dabei, steht aber nun an der Ziellinie und ruft: »Ich bin auch schon da!« Ein Schriftsteller darf vieles: Zitieren, in fremden Gärten wildern, auch klauen und kopieren. Er darf nur eines nicht: Das ius primae noctis an Einsichten für sich reklamieren, die längst entjungfert worden sind. So etwas ist schlicht peinlich. Das Berliner Holocaust-Mahnmal – ein »fußballfeldgroßer Alptraum« – wo haben wir das schon mal gelesen? Der Historiker Michael Wolffsohn warnt seit langem davor, bei jeder noch so nichtigen Gelegenheit Auschwitz als »Moralkeule« einzusetzen. Die wunderschöne

Formel von der »Banalität der Guten«, die Walser aus dem Hut holt, wurde von dem Hannah-Arendt-Bewunderer Eike Geisel geprägt. Walsers Leistung besteht darin, sie in »Die Banalität des Guten« zu verwandeln.

Walser sagt, er habe »lernen müssen wegzuschauen« und: »Auch im Wegdenken bin ich geübt.« Ohne Wegschauen und Wegdenken käme er »nicht durch den Tag und schon gar nicht durch die Nacht«. Big deal. So wie zum Wahlrecht das Recht auf Wahlenthaltung gehört, schließt die Informationsfreiheit das Recht ein, nicht informiert werden zu wollen. Wegschauen und Wegdenken, die Augen zumachen, statt der Tagesschau die »Schrecklich nette Familie« und statt der x-ten Dokumentation über das »Dritte Reich« »Veronas Welt« sehen wollen – Walser darf das, jeder darf das. Nur aus dem Wegschauen und dem Wegdenken eine Tugend machen, sich der eigenen Ignoranz rühmen und dabei Buch führen, wie oft man schon weggeschaut habe (»mindestens zwanzigmal«), mutet bei einem Intellektuellen, der für seinen genauen Blick gerühmt wird, artfremd an. Bis jetzt sind Schriftsteller dafür geschätzt und geehrt worden, dass sie genau hingeschaut und hingehört haben, genauer als andere. Walsers Moral könnte einen neuen Maßstab für schriftstellerische Qualität etablieren: Je bewußter einer wegschaut und weghört und je entschiedener er das Recht auf Wegschauen und Weghören vertritt, um so erhabener verhält er sich und um so mehr zählen daraufhin seine Ratschläge.

Walser hat die jahrelange Debatte um das Berliner Holocaust-Mahnmal überhört oder verschlafen, eine auch für einen im Wegdenken und Wegschauen geübten Vordenker bemerkenswerte Leistung. Er hat sich erst dann mit einem konformen Statement zu Wort gemeldet, als das Ergebnis der Debatte seiner Position entsprach. Er hat nicht mitbekommen, dass die Debatte hart und polemisch geführt wurde, dass sie aber erstaunlich sauber war, frei von antisemitischen Unter- und Obertönen. Die Gegner des Mahnmals wollten nicht wegschauen und nicht wegdenken, sie hatten gute Gründe: Die Juden sollten nicht wieder »sonderbehandelt« werden, diesmal als die einzigen Opfer der Nazis, derer gedacht wurde, und die nichtjüdischen Teilnehmer der öffentlichen Auseinandersetzung wollten verhindern, dass mit dem Mega-Mahnmal ein gewaltiger Punkt unter die Geschichte gesetzt wird, dass eine »Kranzabwurfstelle« entsteht, die dem Ritual und nicht der Erinnerung dient.

Walser geht es um etwas anderes. Er ist die »Dauerpräsentation unserer Schande« leid, auch das ein legitimes Motiv fürs Wegdenken und Wegschauen, allerdings eins, das schon an Stammtischen hinreichend gepflegt wird und nicht mit dem Friedenspreis des Deutschen Buchhandels geehrt werden muss. Auch dass er »Schande« sagt, wo es »Verbrechen« heißen müßte, zeugt vom Überdruss und dem Bedürfnis, nicht belästigt werden zu wollen. Denn zwischen Schande und Verbrechen besteht ein wesentlicher qualitativer Unterschied, und der Holocaust gehört unbestritten in die zweite Kategorie, auch wenn seine Schatten so lang und so unerträglich sind, daß man öfter wegschauen und wegdenken möchte.

Aber Walsers Wegschauen und Wegdenken ist eine selektive Übung. Er kann auch anders. Wenn es schon leicht unangemessen war, aus Anlass der Verleihung des Friedenspreises dem Blindekuhspiel als intellektuelle Tugend das Wort zu reden, so war es geradezu frivol, die Feier und die Anwesenheit des Bundespräsidenten zu nutzen, um sich für die Begnadigung des Ostspions »Topas« einzusetzen, der wichtigste Geheimnisse der NATO nach Moskau und Berlin, Hauptstadt der DDR, verraten hatte und dafür zu 12 Jahren Haft verurteilt wurde. Walser nannte ihn einen »idealistisch-sozialistischen Weltverbesserer«, dem es darum ging, »denen im Osten begreiflich zu machen, wie wenig von der NATO ein atomarer Erstschlag zu befürchten sei«. Hier scheint Walser exklusiv über Informationen zu verfügen, die er nur durch sehr hartnäckiges Hinschauen gewinnen konnte, sozusagen durch Panzerschränke und dicke Mauern hindurch. Und es lässt ihm keine Ruhe, dass ein Weltverbesserer, dessen Aktivitäten Walser im Ernstfall gezwungen hätten, die deutsche Einheit unter der Führung der SED zu erleben, im Gefängnis darbt, während draußen lauter »Meinungssoldaten« frei herumlaufen, die »mit vorgehaltener Moralpistole den Schriftsteller in den Meinungsdienst nötigen« – da tritt er mutig aus der Reihe der Genötigten und wird zum Meinungsdienstverweigerer.

Dass sich Walser ausgerechnet den Meisterspion »Topas« als Gegenstand seiner Fürsprache ausgesucht hat, muss einen ebenso stutzig machen wie das kokette Gerede von den Dichtern und Denkern als »Gewissenswarten der Nation«, mit denen Walser nichts zu tun haben möchte. Denn natürlich ist auch er ein »Gewissenswart«. Die Frage ist nur: Für wen rührt sich sein Gewissen? Wäre der Umgang der Ausländerbehörden mit Asylanten, die Abschiebung von Flüchtlingen in Krisengebiete nicht viel eher einen Appell an den Präsidenten und die teilnehmende Öffentlichkeit wert gewesen? Aber so was gehört für Walser in die Abteilung »Banalität des Guten«, während »Topas« literarische Qualität besitzt, denn es handelt sich um einen Fall, den Walser »noch zur Zeit der Teilung in einer Novelle dargestellt« hat, weswegen er sich nun seinem Sujet verpflichtet fühlt, auch wenn es ihm ein wenig leid tut, dass »die Wirklichkeit die Literatur geradezu nachäfft«.

So viel Selbstverliebtheit hätte mit sofortiger Verbannung nach Bitterfeld geahndet werden müssen, was aus den bekannten Gründen leider nicht möglich war. Und so erlebte die vereinte Nation einen kleinen Skandal, der wie eine schwäbische Spätzlemühle funktioniert: Oben kam der Teig rein und unten fielen die Klümpchen raus. Ignatz Bubis hat Martin Walser umgehend »geistige Brandstiftung« vorgeworfen und ihn in die Nähe von Gerhard Frey und Franz Schönhuber gerückt, wogegen sich Frey und Schönhuber sicher verwahren werden. In der Paulskirche, während der Ansprache von Walser, wurde Bubis' Gesicht immer länger. Das »Ende der Schonzeit« hat den damaligen Vorsitzenden des Zentralrates der Juden in Deutschland mitten unter den Ehrengästen, in der ersten Reihe, kalt erwischt, obwohl es schon 1986 in Frankfurt verkündet wurde.

Alle Zeitungen der Republik fragten bei den maßgeblichen Intellektuellen nach, was sie von Walsers Worten hielten:

Ralph Giordano, sonst um keine Äußerung verlegen, gab »lähmendes Erstaunen« zu Protokoll und Klaus Harpprecht meinte, »es wäre besser« gewesen, Walser hätte über Auschwitz geschwiegen. Doch schwerer als die Vorwürfe wiegen die Stellungnahmen, die zugunsten von Walser abgegeben werden. Walter Jens lobte dessen »vorzügliche, präzis strukturierte Rede mit vielen nachdenkenswerten Details« und erklärte sich mit Walsers Kritik am Holocaust-Mahnmal einverstanden. Wer allerdings nicht an Amnesie leidet, der weiß noch, dass derselbe Tübinger Rhetoriker nach dem Jenninger-Skandal in der ZEIT »Ungehaltene Worte über eine gehaltene Rede« veröffentlichte, einen Aufsatz, in dem er ausführte, »Wie Philipp Jenninger hätte reden müssen«; und dass derselbe dabei im ersten Berliner Holocaust-Mahnmal-Wettbewerb jener Jury vorsaß, die den »fußballfeldgroßen Alptraum« mit dem ersten Preis prämiert hatte. Einige werden sich sicher auch daran erinnern, dass Walter Jens bei dem Empfang zu Ehren der Preisträger, das Sektglas in der Hand, davon sprach, das Mahnmal werde die Gemeinschaft der toten Juden wieder zum Leben erwecken. Aus New York stellte sich Peter Sichrovsky, Europa-Abgeordneter der Freiheitlichen Partei Österreichs, entschlossen hinter Walser. Der habe ausgesprochen, »was viele denken, doch nur wenige wagen, auch nur auszusprechen«. Sichrovsky, Jörg Haiders Alibi- und Hofjude, machte so dezent auf sich aufmerksam und wurde mal wieder seinem Ruf als populistischer Wendehals gerecht.

Es sei »offenkundig«, schrieb die »Frankfurter Allgemeine Zeitung«, dass auch nach Jahrzehnten der Erinnerungsausübung . . . aneinander vorbeigeredet wird.« Eben, es waren »Übungen«, Exertitien, die von den Juden anders verstanden wurden als von den Deutschen. Das Aneinandervorbeireden war von Anfang an eingebaut, nun wird es unübersehbar und unüberhörbar, denn: Die Normalität ist da. Und so baut sich eine Normalität auf, die einerseits ziemlich anormal ist: Während die Kultur der toten Juden boomt und die Deutschen nicht genug bekommen können von Klezmer-Konzerten, Schtetl-Ausstellungen und jüdischen Humordarbietungen, werden lebende Juden zunehmend als Störenfriede empfunden, wenn sie daran zu erinnern wagen, dass noch nicht alle Rechnungen beglichen sind und Geld allein die Schulden nicht aus der Welt schafft, dass man Auschwitz nicht wie einen Sack Altkleider in die Abstellkammer stellen und gleichzeitig ein Mega-Mahnmal bauen kann, das den Nachkommen der Täter Trost spenden soll. Aus dieser verqueren Normalität gibt es keinen Ausweg, immer nur die fatale Wahl zwischen falsch und verkehrt. Für das Verhältnis der Deutschen zu Juden bleibt es erst einmal bei einer Erkenntnis, die der israelische Psychoanalytiker Zvi Rex auf eine ebenso einfache wie geniale Formel gebracht hat: »Die Deutschen werden Juden Auschwitz nie verzeihen.«

Nein, für seine Freunde und Verteidiger kann man Martin Walser nicht unbedingt verantwortlich machen, für seine eigenen Sätze schon. Als Ziel seiner Rede schwebe ihm vor, sagte er in Frankfurt, »daß die Zuhörer, wenn ich den letzten Satz gesagt habe, weniger von mir wissen, als bei meinem ersten Satz«. Er wäre ehrlicher gewesen, die Rede mit diesem Geständnis zu beginnen, statt es am Ende abzulegen.

»Vielleicht sind wir wirklich eine Art Schicksalsgemeinschaft, entstanden aus Jahrtausende währender Verfolgung und Jahrtausende alter Erinnerung, die von Generation zu Generation weitergetragen wird. Schließlich sind wir auch keine Religion wie jede andere, denn das Missionieren ist uns fremd, aber wir waren die ersten, die einen einzigen unsichtbaren Gott verehrt haben. Was wahrscheinlich auch der Grund für die furchtbaren Verfolgungen in der Geschichte war. Rätselhaft bleibt mir allerdings, warum die Juden trotz aller Verfolgung nicht gescheiter geworden sind.«

Simon Wiesenthal

Alphons Silbermann

Was bedeutet »Auschwitz« heute?*

Eine soziologische Studie zum Wissensstand über NS-Verbrechen

Auschwitz: Nie davon gehört?

Das Maß der Unkenntnis in bezug auf Auschwitz, Konzentrationslager und nationalsozialistische Verbrechen im Zusammenhang damit schwankte in der Untersuchung von 1,6 Prozent aller Befragten (insgesamt 2197 Personen), die auf die Frage nach den in Konzentrationslagern Inhaftierten mit »weiß ich nicht« antworteten, bis hin zu 21,8 Prozent, die offen zugaben, »keine Ahnung« von der Zahl der in den Konzentrationslagern umgebrachten oder auf sonstige Weise umgekommenen Menschen zu haben.

Die Motive derjenigen, die keine Antwort gaben bzw. die Antwort explizit verweigerten, bleiben ungeklärt. Es ist jedoch wahrscheinlich, dass zumindest ein Teil der Antwortverweigerungen auf das Konto »Unwissenheit« geht. Allerdings kann keine definitive Zurechnung vorgenommen werden.

Antwort »weiß ich nicht« auf die Fragen nach Kenntnissen

	Total	14–17 J.	14–50 J.	51 + J.	Antwort: Keine Angabe Total
Wer oder was war Auschwitz?	4,3 %	21,9 %	5,8 %	2,2 %	1,5 %
Haben Sie schon einmal von Konzentrationslagern gehört?	2,1 %	11,8 %	2,7 %	1,2 %	3,5 %
Wo lag Auschwitz?	20,3 %	36,9 %	25,4 %	13,3 %	4,7 %
Gab es noch andere KZ?	12,8 %	22,8 %	15,4 %	9,2 %	0,7 %
Vor wieviel Jahren gab es die KZ?	4,6 %	12,1 %	6,9 %	1,6 %	1,0 %
Wer waren die Inhaftierten?	1,6 %	4,5 %	1,5 %	1,8 %	1,6 %
Was waren die Gründe für die Inhaftierung?	9,3 %	22,2 %	10,5 %	7,7 %	4,3 %
Wie wurden die Menschen nach Auschwitz gebracht?	8,4 %	12,9 %	9,4 %	7,0 %	0,9 %
Tötungsmethoden im KZ?	4,8 %	16,2 %	4,9 %	4,6 %	1,8 %
Die Zahl der Toten	21,8 %	16,3 %	22,7 %	20,6 %	0,9 %
Gründe für die Tötung	17,3 %	25,2 %	20,0 %	13,4 %	7,3 %

* Im Auftrag des Vereins »Wider das Vergessen«, Düsseldorf, und der Redaktion TRIBÜNE, Frankfurt am Main, hat das Kölner Institut für Massenkommunikation e. V. unter Leitung des renommierten Soziologen Prof. Dr. Alphons Silbermann eine repräsentative Erhebung zum Wissensstand über die nationalsozialistischen Verbrechen in Zusammenarbeit mit emnid durchgeführt und in eigener Verantwortung ausgewertet. »Was bedeutet ›Auschwitz‹ der zweiten und dritten Nachkriegsgeneration?« hieß die zentrale Fragestellung. Die Studie erscheint im Jahr 2000 in vollem Umfang im Rowohlt-Verlag.

Jeder fünfte Jugendliche im Alter von 14 bis 17 Jahren wußte nicht, »wer oder was« Auschwitz ist oder war. In der Gesamtheit der Befragten ab 14 Jahren hatten 4,3 Prozent noch nie etwas von Auschwitz gehört. Hochgerechnet auf die altersgleiche Bevölkerung der Bundesrepublik Deutschland sind dies rund drei Millionen Menschen. 69 Prozent aller Befragten assoziierten bei dem Namen Auschwitz »Konzentrationslager«, und nur 6,6 Prozent wußten, dass Auschwitz der Name einer Stadt ist. Der Ortsname Auschwitz wird im Bewußtsein der Bevölkerung von seinem ursprünglich lokalen Bezug, nämlich dem Ort in Polen, losgelöst und als Bezeichnung für ein Konzentrationslager bzw. als Gattungsbegriff für Konzentrationslager oder sogar als Synonym für Massenvernichtung benutzt. In seiner stärksten Abkoppelung von seinen historischen Bezügen wird er von jedem Hundertsten für den Namen einer Gedenkstätte gehalten. Nur zwei Drittel aller Befragten konnten Auschwitz regional zutreffend verorten. Für ein Viertel der Angehörigen der Nachkriegsgenerationen (14–50 J.) war Auschwitz ein Ort mit relativer geographischer Beliebigkeit, sie wussten nicht, wo dieser Ort lag oder liegt.

Je größer die zeitliche Distanz zwischen dem Geburtsdatum der Befragten und den erfragten historischen Ereignissen ist, desto größer ist die in den Antworten dokumentierte Unkenntnis. Auf den ersten Blick scheint die Vermutung zulässig und plausibel, dass angesichts dieser von Generation zu Generation stärker ausgeprägten Unkenntnis in der nächsten, spätestens aber in der übernächsten Generation mit dem völligen Verschwinden von Auschwitz aus dem Bewußtsein der jüngeren Menschen zu rechnen sein wird. Aus der empirischen Momentaufnahme der hier vorgelegten Querschnittuntersuchung kann diese Schlußfolgerung jedoch nicht abgeleitet werden. Denn wir wissen nicht, ob die älteren Befragten, die über respektable Kenntnisse verfügten, diese auch schon in einem früheren Alter hatten, d. h. wir wissen nicht, in welchem Lebensabschnitt sie ihre Kenntnisse erworben haben. Bei optimistischer Betrachtung, könnte man dem Befund der Unkenntnis bei jungen Leuten hinzufügen, dass sie »noch« nicht wissen, wer oder was Auschwitz war bzw. ist. Gleichwohl kann dies nicht von der Tatsache ablenken, dass gerade in der Altersgruppe so große Unkenntnis herrscht, aus der fremdenfeindliche Gruppierungen ihren Nachwuchs rekrutieren.

Mit dem Begriff Konzentrationslager konnten 5,6 Prozent der Befragten nichts anfangen. 82,8 Prozent der Befragten ab 14 Jahre wußten ihn inhaltlich zu konkretisieren. Sie verbanden damit Massenvernichtungslager, Judenverfolgung und Holocaust. Nur jeder Fünfte konnte neben Auschwitz weitere Konzentrationslager benennen. Die örtliche Realität von Auschwitz scheint bei einem Großteil der Bevölkerung, die in der Untersuchung repräsentiert sind, ebenso aus dem Bewußtsein ausgeblendet zu sein wie die polypenhafte Struktur des KZ-Systems, zumindest sind ihre konkreten örtlichen Bezüge in Vergessenheit geraten.

Die zeitliche Einordnung der Massenvernichtung in den Konzentrationslagern gelang mehr als 80 Prozent der Befragten. Hochgerechnet auf die Bevölkerung der Bundesrepublik im Alter ab 14 Jahren bedeutet dies, dass fast vierzehn Millionen Menschen nicht in der Lage sind, einigermaßen exakt anzugeben, wann die schrecklichste Phase deutscher Geschichte stattgefunden hat.

Zum Alltagswissen fast aller Deutschen (96 Prozent) gehören Kenntnisse über Opfergruppen, die in Konzentrationslagern inhaftiert waren. Fast ebenso weit bekannt sind die Transporte der Opfer zu den Konzentrationslagern. Auschwitz, Konzentrationslager, Sammeltransport, Vergasung, Massengrab sind die einprägsamen Topoi, die schablonenhaft aus dem Gedächtnis abrufbar sind. Die weite Verbreitung steht allerdings nicht als Indiz für einen abgestuften Kenntnisstand. Wie schon bei der Frage der regionalen Verortung des bekanntesten Konzentrationslagers in Auschwitz treten die Kenntnislücken bei Fragen nach historisch verbürgten Fakten immer deutlicher zutage. Hochgerechnet weiß mehr als jeder zehnte Nachkriegsdeutsche (ab 14 Jahre) und mehr als jeder fünfte deutsche Jugendliche nicht, warum Täter aus den Generationen ihrer Eltern, Großeltern oder Urgroßeltern Millionen Menschen umgebracht haben.

Ebenso große Wissenslücken tun sich auf, wenn es um Kenntnisse in bezug auf die konkreten Lebensumstände in den Konzentrationslagern geht. Eher an modernere Formen des Strafvollzugs scheinen die 11,8 Prozent der Befragten gedacht zu haben, als sie meinten, die Insassen der Konzentrationslager seien in Einzelzellen untergebracht gewesen. Mehr als jeder vierte Befragte verfügte nicht einmal annähernd über konkrete Kenntnisse über die Lebensbedingungen der KZ-Insassen. Bei der gezielten Nachfrage nach den Details der Tötungsmaschinerie mußten 16,2 Prozent ihre Ahnungslosigkeit bekennen. Der überwiegenden Mehrzahl der Befragten fiel in erster Linie der Gemeinplatz »Vergasen« ein. Sie kannten die Variationsbreite der in den Konzentrationslagern angewandten Tötungsmethoden nicht, bzw. konnten sie erst nach stützender Nachfrage benennen. Folgerichtigerweise wusste die Mehrzahl von ihnen, dass sehr viele Menschen getötet worden sind. Allerdings musste jeder Fünfte passen, wenn er die genaue oder doch zumindest ungefähre Zahl beziffern sollte: »keine Ahnung, weiß ich nicht«. Nur rund 30 Prozent konnten die Zahl der in Konzentrationslagern ermordeten oder in sonstiger Weise umgekommenen Menschen in einer Bandbreite von vier bis sieben Millionen Todesopfern einigermaßen zutreffend beziffern. Millionen Menschen wurden umgebracht, und nur knapp ein halbes Jahrhundert nach diesem Massenmord können nur 70 Prozent eines repräsentativen Bevölkerungsquerschnitts die Gründe dafür benennen. Kennen sie die Gründe nicht oder haben sie diese verdrängt? Können sie sich keine Gründe vorstellen? Ist ihnen diese Phase deutscher Geschichte so unheimlich, dass sie sich im Denken blockieren? Oder ist es ihnen 50 Jahre danach einfach »egal«? Zu einem Gutteil dürften die Wissenslücken auf eine gezielte Ausblendung zurückzuführen sein – »endlich muß Gras über die Sache wachsen«. Überwiegend dürfte es sich jedoch um eine schlichte Ahnungslosigkeit handeln, die auf fehlende, unzureichende und methodisch mangelhaft vermittelte Information zurückzuführen ist.

Als harter Kern der Ahnungslosen erweisen sich Jugendliche mit niedrigem Bildungsniveau – zumal wenn sie in den neuen Bundesländern leben. Sie sind bisher offenbar durch das grobmaschige Netz der Information und Aufklärung über die jüngere deutsche Geschichte gefallen bzw. haben sich mehr oder minder bewußt hindurchfallen lassen. Wenn reflektiertes Wissen über das nationalsozialistische Terrorregime wesentlicher Teil des geistigen Immunsystems gegen das Aufkeimen ähnlicher ideologischer Strömungen ist, dann sind gerade diese Jugendlichen eine Risikogruppe, denn ihnen fehlt der immunisierend wertende Wissensfilter. Wie zutreffend diese Vermutung ist, zeigt die Tatsache, dass rechtsradikale Gruppierungen gerade in diesen jugendlichen Bevölkerungsgruppen ihren Nachwuchs rekrutieren.

Die Ahnungslosigkeit ist jedoch kein Phänomen, das auf Jugendliche beschränkt ist. Zwar weniger ausgeprägt, aber um so erschreckender sind die Wissensdefizite bzw. die Wissensausblendungen bei den Erwachsenen. Erschreckend sind sie deswegen, weil sie vorhanden sind, obwohl diese Erwachsenen jahrzehntelang sporadisch mit Informationen konfrontiert worden sind, denen sie kaum ausweichen konnten. Wenn sie das Informationsangebot kaum ignorieren konnten, demnach also irgendwann in ihrem Leben – wenn auch nur kurzzeitig – über das Wissen verfügt haben müssen, werfen die aktuell diagnostizierten Wissenslücken die Frage nach den Gründen für das Vergessen auf. Ist der Zeitablauf der zentrale Grund, der das Vergessen begünstigt? Ist es der individuelle Mangel an Sensibilität und Empathie bei gleichzeitiger Konzentration auf die partikularen Individualinteressen? Ist der Grund vielleicht im unerträglichen Schuldgefühl zu suchen, das um der psychischen Erträglichkeit Willen ebenso verdrängt werden muss wie das Wissen, das dieses Schuldgefühl nährt. Schließlich ist auch der Frage nachzugehen, ob der Grund für das Vergessen und Verdrängen im individuellen oder gruppenweisen Auftauchen latent vorhandener antisemitischer oder genereller fremdenfeindlicher Tendenzen zu suchen ist, die das vorhanden gewesene Wissen deformieren, überlagern oder ganz beiseite drängen.

AUSCHWITZ: NIEMAND HAT DAVON ERZÄHLT?

Bei der Suche nach den Gründen für Ahnungslosigkeit, Vergessen und Verdrängen spielen die Informationsquellen eine wichtige Rolle. Deswegen war nach der individuell erfahrenen Wichtigkeit der Informationsagenturen zu fragen.

Das Fernsehen war quantitativ die wichtigste Informationsquelle für die 14 bis 50-jährigen gewesen bzw. ist es noch. An zweiter Stelle folgen Lehrer. Fast gleichstark wurden dann Bücher und Zeitschriften genannt. Eltern und ältere Verwandte folgen erst nach Radiosendungen auf den letzten beiden Rangplätzen. Die überwiegende Zahl der Angehörigen der zweiten und dritten Nachkriegsgeneration wurde und wird nicht von den Eltern über diese Phase deutscher Geschichte informiert. Für jeden fünften Befragten der Nachkriegsgenerationen – egal ob in den westlichen oder in den östlichen Bundesländern – schieden bzw. scheiden die Eltern als Informationsquelle völlig aus. Am stärksten mit 25 Prozent trifft dies bei Befragten zu, die selber nur über einen niedrigen Bildungsabschluß verfügen bzw. sich noch in einem der niedrigeren Bildungsgänge befinden.

Eltern nehmen das ihnen vom Grundgesetz zugedachte Erziehungsprivileg in diesem wichtigen Aspekt nicht wahr. Im Verhalten der Eltern der ersten Nachkriegskinder war dies durchaus verständlich. Sie selber waren gerade erst mit der unglaublichen und ebenso unbeschreiblichen Wirklichkeit der Konzentrationslager konfrontiert worden, die sie in ihrer eigenen elenden Verfassung mit einer Gewalt traf, die sie sprachlos werden ließ. Diese Sprachlosigkeit auf der einen und die Angst, von den eigenen Kindern als Mittäter oder mitschuldiger Dulder entlarvt zu werden, kann das Wegstehlen aus der erzieherischen Informationsverantwortung zwar nicht entschuldigen, wohl aber verständlich machen. Als die erste Nachkriegsgeneration im Westen ihre Kinder erziehen mußte, war sie viel stärker damit in Anspruch genommen, die Turbulenzen des Wirtschaftswunders des auf sie zurollenden Wohlstandes zu bewältigen als die dunklen Flecken in der gerade erst vergangenen Phase der deutschen Geschichte aufzuhellen. Zudem hatte es noch nie zum Repertoire elterlicher Erziehung in Deutschland – und auch wahrscheinlich in keinem anderen Land – gehört, die Kinder mit der moralischen Verwerflichkeit des eigenen Tuns bzw. des Verhaltens der Generation der Großeltern in kritisch distanzierter Absicht vertrautzumachen. Kindererziehung wird von Eltern nicht schulisch oder akademisch gelernt, sondern der Tradierung von den eigenen Eltern entsprechend praktiziert und weiterentwickelt. Vereinfachend ausgedrückt, hatten diese Nachkriegseltern kein Vorbild für die Erziehung ihrer Kinder in diesem für sie persönlich heiklen Themenfeld. So überließen sie es – wie auch andere heikle Themen – der Schule bzw. den Massenmedien. Aus denselben Gründen wie die Eltern hatten auch die ersten Nachkriegsgenerationen von Lehrern persönliche Schwierigkeiten mit der eigenen jüngeren Vergangenheit im Nazi-Deutschland. Die Folge war die Konzentration auf die ältere Geschichte. Die Massenmedien, allen voran das Fernsehen, gewannen die größte Bedeutung als Informationsagentur. Dies lag nicht nur an der Möglichkeit zur anschaulichen Auseinandersetzung durch Bild- und Tondokumente, sondern nicht zuletzt auch an der Tatsache, dass das Medium zwar die deutsche Geschichte darstellte, aber dabei dem Zuschauer die Gelegenheit gab, diese Geschichte als die persönliche Geschichte anderer Deutscher zu definieren.

Das heißt, die Vermittlung von Informationen über die Verbrechen des Nationalsozialismus über das Fernsehen war anonymer, unverbindlicher und damit für die Eltern wie auch ihre Kinder erträglicher, weil sie nicht dazu zwang, selber »Farbe zu bekennen«.

In der Zeit des öffentlich-rechtlichen Fernsehmonopols war die Wahrscheinlichkeit, mit Informationssendungen über die Zeit des Nationalsozialismus konfrontiert zu werden, mangels Ausweichmöglichkeiten größer, als dies heute der Fall wäre, wenn ähnlich viele Sendungen wie damals angeboten würden. Bei den Kindern und Jugendlichen verliert heute das Fernsehen an Wichtigkeit als Informationsmedium über die Nazi-Zeit. Dies liegt nicht nur an der Möglichkeit, vor dieser Art Informationssendungen in die Vielzahl anderweitiger Programme auszuweichen, sondern sicher auch daran, dass allein schon das Denken in Zuschauerquoten Sendungen, die sich mit diesem Teil unserer Vergangenheit beschäftigen, verhindert.

AUSCHWITZ: ERINNERN ODER VERGESSEN?

Von der kollektiven Erinnerung, d. h. der Verankerung von Kenntnissen über die Menschenverfolgungen und Massentötungen in den Beständen des Alltagswissens erhoffen wir uns, dass dadurch einer Wiederholung oder ähnlichen Entwicklungen vorgebeugt werden kann. Voraussetzung dafür, dass sich diese Erwartung erfüllt, sind nicht nur die tatsächlich vorhandenen Kenntnisse, sondern auch die Bereitschaft, individuell die Erinnerung an diese Ereignisse zuzulassen.

Fast drei Viertel (73 Prozent) der zweiten und dritten Nachkriegsgeneration sind dazu bereit, indem sie sich für die Wichtigkeit des Erinnerns aussprechen. Mehr als 90 Prozent der Befragten aus dieser Altersgruppe sind fest davon überzeugt, dass durch die Erinnerung verhindert werden könnte, »daß sich solche Greueltaten wiederholen«. Ebenso viele sahen die moralische Verpflichtung bzw. den Respekt gegenüber den Opfern und deren Nachkommen als Gründe zum Wachhalten der Erinnerung. Sie sahen ebenfalls eine die deutsche Grenzen überschreitende präventive Außenwirkung, »weil die Erinnerung auch international ein abschreckender Hinweis für ähnliche Entwicklungen in anderen Ländern sein kann«. Knapp 80 Prozent trauten der Erinnerung an die Menschenvernichtung in den Konzentrationslagern zu, »Fremdenfeindlichkeit entgegenzuwirken«.

Angesichts der gravierenden Wissenslücken stellt sich die Frage, ob das Plädoyer für die Wichtigkeit der Erinnerung nur ein pflichtbewußt fades Lippenbekenntnis, eine von latenten Schuldgefühlen durchsäuerte Anstandsgeste oder tatsächlich ernstgemeinte Absicht mit Verbindlichkeit für sich selbst ist.

Von den Angehörigen der zweiten und dritten Nachkriegsgeneration hielten 26,4 Prozent die Erinnerung für weniger wichtig oder sogar für völlig unwichtig. Sie begründeten dies mehrheitlich mit der Befürchtung, dass durch die Erinnerung »allen Deutschen – auch denjenigen, die damals noch nicht gelebt haben – immer gleich auch die Schuld für diese Greueltaten angelastet wird«. Ebenso sahen sie die Gefahr, dass »dadurch international immer noch das Bild vom ›hässlichen Deutschen‹ gefestigt« werde. Schließlich meinte fast jeder von ihnen, dass »irgendwann auch mal ›Gras‹ über die alten Dinge wachsen« müsse.

Hier stellt sich die Frage, ob die Vermutung von ungerechtfertigter Beschuldigung und Image-Beschädigung tatsächlich eintreten oder nur hypertrophierte Befürchtungen sind, die vorgeschoben werden, um sich der Auseinandersetzung mit diesem Teil der deutschen Vergangenheit zu entziehen. Sollten diese Befürchtungen zutreffen, wären sie sehr ernst zu nehmen und sollten dann Anlass für eine Prüfung der Informations- und Aufklärungsarbeit sein.

Fast ein Viertel der Nachkriegsgeneration scheiden als Mittler zur Tradierung des Wissens über die nationalsozialistische Vergangenheit aus, denn ihr Bestreben ist es, diese Vergangenheit in Vergessenheit geraten zu lassen.

AUSCHWITZ: ZIEMLICH ÜBERTRIEBEN?

14,8 Prozent der 14 bis 50-jährigen und 17,9 Prozent der älteren Befragten waren der Auffassung, dass die Berichte über Konzentrationslager im Dritten Reich stark oder doch zumindest ein wenig übertrieben sind. 10,4 Prozent der Nachkriegsgenerationen meinten, die Berichte seien untertrieben. Fast 15 Prozent der Befragten aus den Nachkriegsgenerationen standen somit der »Auschwitz-Lüge« und damit der Verleugnung der Greueltaten im Dritten Reich sehr nahe. Dieses Ergebnis zeigt sehr eindrucksvoll, wie wirksam die Desinformation in der jüngeren Vergangenheit war. Ohne die Hintergründe zu kennen, kann denjenigen, die meinen, die Berichte seien übertrieben, ihre Einstellung nicht pauschal vorgeworfen werden. Viel eher ist dieser Befund eine Aufforderung der Desinformation entgegenzuwirken.

AUSCHWITZ: AUFKLÄRUNG GESCHEITERT?

Die Untersuchung hat eindrucksvoll gezeigt, dass 50 Jahre der Auseinandersetzung mit den Schreckenstaten im Dritten Reich nicht ausgereicht haben, um bei einem beträchtlichen Teil der Nachkriegsgenerationen einen ausgewogenen Kenntnisstand zu schaffen. Schon Eugen Kogon vermutete, daß die »Umerziehung« scheitern mußte, weil sie die These von der deutschen Kollektivschuld propagiere. Der »Anklage-Schock« führte nicht zur gewünschten Sensibilisierung des Gewissens, sondern zu geistigen Blockaden oder vielfältigen Versuchen, sich gegen den Vorwurf der Mitschuld zu wehren. Der Schuldvorwurf scheint so stabil nachzuwirken, daß er auch von der dritten Nachkriegsgeneration immer noch wahrgenommen oder doch zumindest vermutet wird, was sich letztlich in der Ablehnung der Auseinandersetzung mit der Nazivergangenheit ausdrückt. Sattsam bekannt sind die emotional aufpeitschenden Schreckenstopoi, wobei die Konzentration auf die dauernde Wiederholung problematisch sein kann, weil sie Differenzierungen im Wege steht. Bleibt die Auseinandersetzung mit den Massenvernichtungen in den Konzentrationslagern – wofür Auschwitz als Sammelbegriff steht – auf der Ebene der bildhaften Konfrontation mit dem Grauen wie auch der Abscheu und geht nicht darüber hinaus in die rationale historische Auseinandersetzung, steht sie in der Gefahr, Wirkungen zu erzeugen, die schließlich in Reaktionen münden, wie »Schwamm drüber« oder »war doch alles gar nicht so schlimm«.

AUSCHWITZ: DIE ZEIT IST REIF FÜR EINE NEUE AUFKLÄRUNGS-OFFENSIVE

Die in dieser Untersuchung aufgezeigten Wissensdefizite und vorurteilshaften Vermutungen sind nicht nur eine Aufforderung zur (Re-)Aktivierung der Aufklärungs- und Informationsarbeit, sondern auch gerade eine Aufforderung, die Wege der individuellen und gesellschaftlichen Auseinandersetzung neu zu bedenken. Eine derartige Revision muss schon bei den Informationsquellen beginnen. Der stereotype Appell an die Eltern, Familie und Schule, ihre Erziehungsverpflichtung auch in dieser Hinsicht mehr als bisher wahrzunehmen, entspricht idealtypischen Denkmustern in bezug auf Sozialisationsabläufe. Ihr Versagen als Informationsmittler in der Vergangenheit verdrängt zunächst einmal die grundlegende Qualifizierung dieser »Sozialisationsagenturen« in ihrer Fähigkeit zum »Erinnern«. Ebenso nutzlos wie der bloße Appell an diverse Erzieher wäre die Forderung an die Massenmedien – allen voran das Fernsehen – wieder mehr »Holocaust« ins Programm zu bringen. Würden die Massenmedien dieser Anregung entsprechen und wieder mehr von schon Gehabtem bringen, wäre dies allein nicht geeignet, das Wissen, die historische Wahrheit und damit die Qualität der individuellen wie auch kollektiven Auseinandersetzung zu erhöhen.

Das Prinzip der Auseinandersetzung mit »Auschwitz« in der fünften Nachkriegsgeneration sollte keine multimediale Holocaust-Horror-Show sein und sollte sich auch nicht in Schuldzuweisungen und Sühneforderungen ergehen. Vielmehr sollte sich die Auseinandersetzung auf Aufklärung beschränken, d. h. Kenntnisse und Wissen vermitteln, um damit nicht Verständnis, wohl aber Verstehen zu ermöglichen. Eine Generation, die in dieser Weise aufgeklärt ist und verstanden hat, taugt nicht mehr als Instrument extremistischer Machtausübung.

Vielmehr taugt sie dann als Medium für die Tradierung des Wissens und des sensibilisierten Gewissens – und zwar nicht nur in Richtung auf die nachfolgenden Generationen, sondern auch in bezug auf die vorangegangenen. Sie ist die erste Generation, die relativ frei von persönlichen Rücksichtnahmen auf die Generation der Täter handeln kann, denn die tatsächlichen und potentiellen Täter in den eigenen Familien oder im eigenen sozialen Nahraum sind bereits tot. Die große zeitliche Distanz zum Dritten Reich gestattet es ihnen, unbelastet von eigenen Schuldvorwürfen, die Geschichte sozusagen mit »fremden«-eigenen Augen zu sehen. Die so mögliche Distanziertheit auf der einen und die eigene geschichtliche Betroffenheit auf der anderen Seite lassen eine rationale Auseinandersetzung zu, die nicht in Gefahr steht, in der aufwühlenden Zwiespältigkeit von Schuldgefühlen und moralischer Selbstverteidigung unterzugehen.

III Ost und West

*Andreas Nachama**

Ost und West

Die jüdische Gemeinde in Berlin 1945 bis 1988

Nach der Kapitulation Berlins am 2. Mai 1945 wurden in Berlin gleichzeitig zwei »Befreiungsgottesdienste« gefeiert. Während Bruno Blau von einem Gottesdienst am 6. Mai in Anwesenheit des sowjetische Truppen begleitenden polnischen Oberrabbiners in der Charlottenburger Kantstraße 158 (dem Sitz des heutigen Karstadt-Sportkaufhauses) berichtete, schilderte Martin Riesenburger in seinen Erinnerungen den ersten Gottesdienst am Freitag, dem 11. Mai 1945, in der Synagoge Lothringer Straße, in dem als Raum für Trauerfeiern genutzten ehemaligen Warteraum im linken Flügel der Eingangsanlage zum Friedhof Weißensee: »Gleich nach der Kapitulation begannen wir die Fenster unserer kleinen Synagoge, die sich am Eingang unseres Friedhofes befindet, notdürftig zu verglasen, und am Freitag, dem 11. Mai 1945, fand hier der erste öffentliche Gottesdienst statt. Wir hatten versucht, dieses durch Rundfunk bekanntzugeben, und es fanden sich Menschen ein, die erstmalig aus ihrer Illegalität – wieder an das Tageslicht – den Weg suchten.«[1])

Bruno Blau berichtete eindrucksvoll, dass der polnische Oberrabbiner in Anwesenheit jüdischer Soldaten der Roten Armee und einiger aus dem Untergrund aufgetauchter, befreiter Berliner Juden das Schofar (Widderhorn) blies, während bei Riesenburgers Gottesdienst nur die wiederaufgetauchten Berliner Juden den Sabbath in Freiheit feierten.

Wie es zur Errichtung der an die Tradition der Jüdischen Gemeinde zu Berlin anknüpfenden Einheitsgemeinde kam, zeigt einerseits ein am 12. Dezember 1945 verfaßter Brief des Vorstandes der Gemeinde an die sowjetische Zentralkommandatur, andererseits ein von Hermann Simon aufgespürter Aktenfund über die Jüdische Gemeinde Nordost. Man kann also zunächst davon ausgehen, dass verschiedene Institutionen an den Standorten der zerstörten Synagogen einzelne lokale Gemeindezentren errichteten, die erst mit dem Einrichten einer allgemeinen Infrastruktur in dem »Schutthaufen bei Potsdam« (so Bert Brecht 1948) wieder zu einer einzigen geordneten Jüdischen Gemeinde wurden.

In dem Brief vom 12. Dezember 1945 wird geschildert: »Nach dem Einzug der siegreichen Roten Armee in Berlin hatte Herr Generaloberst Bersarin mit dem in Berlin, Karl-Liebknecht-Straße 32, wohnhaften jüdischen Zahnarzt, Herrn Dr. Martin Blum, im Reichstagsgebäude eine Besprechung, in deren Verlauf Herr Generaloberst Besarin Herrn Dr. Blum die Anregung gab, die ›Jüdische Gemeinde zu Berlin‹, die bekanntlich durch das Hitler Regime aufgelöst worden war, wieder aufzubauen. Herr Dr. Blum sammelte um sich die Herren Dr. med. Leo Hirsch, Berlin N54, Alte Schönhauser Str. 46, Arnold Peymer, Berlin N54, Rosenthaler Str. 40/41 und Erich Mendelsohn, Berlin-Neukölln, Elbestr. 38, und diese Männer führten in den Monaten Juni und Juli 1945 die Reorganisation der Jüdischen Gemeinde zu Berlin durch. Es hatten sich gleich nach Kriegsende in einzelnen Stadtbezirken Bezirksgemeinden gebildet, die im Laufe der Zeit in der Jüdischen Gemeinde zu Berlin aufgingen.«

---

* Vorsitzender der Jüdischen Gemeinde in Berlin

[1]) Auszug aus der Autobiographie Martin Riesenburgers (1896-1965 Berlin), 1984: Riesenburger, Das Licht verlöschte nicht. S. 53

Weiter wird in diesem Brief berichtet, dass die Jüdische Gemeinde zu Berlin ihre Hauptverwaltung in der Oranienburger Straße 28 habe und dass sie von einem Vorstand geleitet werde, der aus folgenden Personen bestehe:

»Herrn Dr. Erich Nelhans, Herrn Dr. Hans Münzer, Herrn Dr. Hans-Erich Fabian, Herrn Dr. Leo Loewenstein, Herrn Karl Busch, Herrn Julius Meyer.

Außerdem besteht ein Gemeindegremium von 19 Repräsentanten.

Von den im Jahre 1932 in Berlin ansässig gewesenen rund 200 000 Juden sind nach dem Abzug von ca. 50 000 Personen, die auswanderten, ungefähr 140 000 Menschen durch Verfolgung der Nazis ums Leben gekommen. Es ist nur ein Rest von ca. 7000 übriggeblieben, von denen rund 1500 aus dem KZ kamen, 1250 sich jahrelang vor der Gestapo versteckt hielten und ca. 4250, die von der Deportation auf Grund ihrer ›arischen‹ Verheiratung zunächst verschont blieben. Von diesen 4250 Juden mußten 2250 den Judenstern tragen, während die restlichen hierzu nicht gezwungen waren, weil christliche Kinder aus ihrer Ehe hervorgegangen waren.«

Über den Hintergrund der Abfassung dieses Briefes geben die hier nicht zitierten Absätze Auskunft. Darin wird dargelegt, dass die Jüdische Gemeinde unterstützende ausländische Organisationen (genannt werden die in den Westsektoren Berlins und in den Westzonen tätige UNRRA und der »Joint«) »unpolitische Organisationen« seien, die den, insbesondere während der Nazizeit, ohne Lebensmittelkarten lebenden Juden nun die notwendige Versorgung mit Lebensmitteln ermöglichten. Offenbar war die im sowjetischen Sektor ansässige Jüdische Gemeinde in den Sog des beginnenden Kalten Krieges geraten, was den Sowjets eine Kooperation mit westlichen Hilfsoranisationen suspekt erscheinen ließ. In diesem Zusammenhang ist möglicherweise auch die Einleitung des Briefes zu sehen, in der die Gründung der Jüdischen Gemeinde nahezu als Akt des sowjetischen Stadtkommandanten Bersarin geschildert wird.

Die frühesten auffindbaren Dokumente der sich rekonstruierenden Jüdischen Gemeinde nach der Befreiung beschäftigen sich ausschließlich mit der schlechten Versorgungslage jüdischer Menschen in Berlin. Mit dem Einzug der Amerikaner in Berlin am 4. Juli 1945 begannen die Aktivitäten internationaler Hilfsorganisationen: Ziel der UNRRA (United Nations Relief and Rehabilitation Administration) war es, die millionenfach aus ihrer Heimat vertriebenen und durch Kriegshandlungen versprengte nichtdeutsche Opfer des Zweiten Weltkrieges (Displaced Persons) zu repatriieren. Das schloss verfolgte Juden aus anderen europäischen Ländern ein, Juden deutscher Staatsangehörigkeit aber aus. Die UNRRA legte Durchgangs- und Sammellager für die Displaced Persons (DP) an, um sie, wenn es sich um Juden handelte, möglichst rasch in das damalige Palästina, aber auch in andere Staaten weiterzuleiten.

Im November 1945 begann ein spürbarer Anstieg jüdischer Flüchtlinge aus Polen wegen der dortigen brutalen Pogrome. Rabbi Herbert Friedmann (1946-1947 in Berlin), Chaplin der US-Armee in Berlin, fuhr nächtens ohne Erlaubnis der Alliierten mit amerikanischen Militär Lkw nach Stettin, um dort DPs aufzunehmen. Die Wehrtauglichen wurden im Auftrag der »Bericha«, einer von 1944 bis 1948 in Europa tätigen Organisation, die die Einwanderung jüdischer Holocaust-Überlebender im Auftrag Ben Gurions nach Palästina organisierte, durch das Berliner Aufnahmelager geschleust und schnellstens nach Palästina weitergeleitet.

Als dieser Strom jüdischer Flüchtlinge nachließ, verloren die UNRRA-Lager ihren Charakter als bloße Transitstationen. Nun begannen dort arbeits-soziale Unterrichtsprogramme sowie eine bessere medizinische Versorgung mit Hilfe qualifizierter DPs als Selbsthilfeeinrichtung. Es entstanden außerdem u. a. die Theatergruppe »Baderech«, eine Schule und eine regelmäßig erscheinende Lagerzeitung »Undser Leben, Irgun fun di befreite Jidin in Berlin«.

Die erste amerikanisch – jüdische Hilfsorganisation, die in Berlin tätig wurde, war der »Joint« (American Joint Distribution Commitee), der nicht nur für DPs, sondern auch für die deutschen Juden zum wichtigsten Stützpunkt der Rückgewinnung des Lebens wurde. Der »Joint« beklagt in seinen Berichten immer wieder, dass die »deutschen Juden« keinen Zugang zu den DP-Camps erhielten und von der UNRRA wie feindliche Deutsche behandelt wurden, obgleich sie entweder in einem Konzentrationslager oder – versteckt im Untergrund – die NS-Herrschaft überlebt hatten. Dass die Hilfe des »Joint« auch zu Merkwürdigkeiten führte, beschreibt Robert Welsch in einem Bericht aus den Januar 1946 aus Berlin: »In der letzten Zeit häufen sich die Aufnahmegesuche in die Jüdische Gemeinde von Leuten, die früher ausgetreten waren. Der Grund hierfür mag manchmal sentimental oder persönlich sein, in den meisten Fällen aber besteht die Attraktion in den Lebensmittelpaketen, die das ›American Joint Distribution Commitee‹ verteilt. Alle Empfänger solcher Pakete sind voll des Lobes über ihren Inhalt, und die Nichtempfänger beschweren sich, daß sie in der Nazi-Zeit als ›Nichtarier‹ die Lasten des Judentums getragen haben, daher jetzt die Vorteile genießen müssten . . . Alle interessiert vor allem eines: Wo bekommt man etwas zusätzliche Nahrung? Essen, Wohnung und Heizung und eventuell noch Zigaretten – das sind die Sorgen der Menschen, und so wird auch das Judentum nicht in erster Reihe als eine Quelle seelischer Nahrung betrachtet, sondern als ein Weg zur Erlangung der ersehnten Joint-Pakete.«

Die Situation der Überlebenden bildete für die US-Armee zunehmend ein Problem. Deshalb ernannte General Dwight D. Eisenhower den amerikanischen Armeegeistlichen Rabbi Judah Nadich zu seinem Sonderberater und beauftragte ihn, einen Bericht über die Situation der Juden im besetzten Deutschland zu fertigen. Nadich besuchte die von der UNRRA angelegten Sammellager in der amerikanischen Besatzungszone sowie die Berliner Lager.

3,5 Mio. RM Bankvermögen der Gemeinde, die augenblicklich gesperrt seien, werden in Nadichs Bericht ebenso erwähnt wie die für den 1. Oktober 1945 angesetzten Wahlen innerhalb der Jüdischen Gemeinde. Aufgeführt wird, dass die Gemeinde Besitz in allen vier Sektoren (Zonen) habe, daß aber lediglich im amerikanischen Sektor eine Rückübertragung eingeleitet sei. In Nadichs Bericht heißt es weiter: »Ein unmittelbares Problem sind 250-300 jüdische Displaced Persons polnischer Herkunft, die nicht nach Polen repatriiert werde wollen. Überwiegend junge Leute sind in den oben erwähnten Sammellagern (Rykestraße und Iranische Straße 3) unter schlechtesten Bedingungen untergebracht. Beide Lager bedürfen unverzüglicher Reparatur der Fenster, Decken und Dächer. In der Rykestraße sind für 180 Personen 140 Betten und 80 Decken vorhanden. Je 20 Menschen schlafen in einer Holzbaracke, die keine Fensterscheiben hat. Die Lebensmittelration beträgt 300 g Brot, 1 Suppe, 1 Würfel Margarine wöchentlich und gelegentlich eine Tomate.«

Nadich erwähnt auch Rabbiner Isidore Breslauer, der offenbar als erster Militärseelsorger in Berlin für die amerikanischen Truppen tätig war und über den weitere Kontakte zur Berliner Gemeinde abgewickelt werden sollten.

Am 1. März 1946 erscheint die erste Ausgabe der Berliner Zeitschrift für Fragen des Judentums »Der Weg«. Hier beginnt innerhalb der Jüdischen Gemeinde die Diskussion über die Zukunft. War die 1945 gegründete Gemeinde Rechtsnachfolger der von den Nazis widerrechtlich liquidierten Gemeinde oder war sie eine Neuschöpfung? War die sich etablierende Jüdische Gemeinde zum Aufbau einer neuen Ära jüdischen Lebens in Berlin geschaffen oder nur dazu da, die gerade in Berlin befindlichen Holocaustüberlebenden so lange zu betreuen, bis diese eine neue Heimat gefunden hatten?

Am 29. August 1947 berichtete »Der Weg« von der Ankunft von 295 Rückkehrern aus Shanghai. Dies war die erste sichtbare Gruppe jüdischer Berliner, die in die alte Heimat zurückkehrte, um hier ein neues jüdisches Leben aufzubauen. Zwischenzeitlich war Dr. Hans-Erich Fabian, der bis zu seiner Deportation nach Theresienstadt 1943 Leiter der Finanz- und Vermögensabteilung der Reichsvereinigung war (eine Zwangsorganisation der Nationalsozialisten, in der die Jüdische Gemeinde aufging) und 1944 von der Gestapo nach Berlin zurückgeholt wurde, um die Vermögensabwicklung der Reichsvereinigung profitabel für den NS-Staat zu organisieren, zum Nachfolger des ersten Nachkriegsgemeindevorsitzenden Erich Nelhans gewählt worden. Fabian begrüßte die Shanghai-Rückkehrer, entschloss sich aber im April 1949 mit seiner Familie zu einer Emigration in die USA. Sein Nachfolger wurde dann Heinz Galinski, der dieses Amt über vier Jahrzehnte bis zu seinem Tod am 19. Juli 1992 ununterbrochen bekleidete.

Zwischen den in den DP-Camps lebenden Juden und der Jüdischen Gemeinde entstand manche Spannung, die nicht nur aus der besseren Versorgung in den Camps resultierte. Die in der Stadt Lebenden hatten sich zum größten Teil für den Aufbau einer Zukunft in Berlin entschieden. Die in den Camps Lebenden saßen auf gepackten Koffern. Die DPs traten aber auch durch politische Aktionen in die Öffentlichkeit. So protestierten sie am 30. September 1947 gegen das Konzert von Yehudi Menuhin mit Wilhelm Furtwängler im Titania-Palast, weil sie es für falsch hielten, dass ein jüdischer Solist mit einem während der NS-Zeit aktiven Dirigenten zusammen auftrat.

Nach dem Bekanntwerden der Proklamation des Staates Israel kamen am 16. Mai 1948 in den »Verschleppungslagern Berlins Tausende von DPs zusammen, um diesen Tag festlich zu begehen«. Erwähnt sei, daß auf der Kundgebung aus gleichem Anlass im DP-Lager Wittenau Heinz Galinski als Mitglied des Gemeindevorstandes das Bekenntnis zum jungen jüdischen Staat artikulierte. Auch nach der Auflösung des DP-Camps zu Beginn der Blockade, als die DPs mit den leeren Blockadeflugzeugen aus Berlin evakuiert wurden, blieben etwa 500 von ihnen in Berlin und nahmen ihren Wohnsitz in der Stadt.

So findet sich z. B. im »Monthly Report of Military Governor« vom 3. März 1949 folgender Bericht: »Presseberichten zufolge haben sich in Berlin mehrere hundert DPs im Protest gegen einen Film, der antisemitisch sein soll, versammelt. Es gibt keine DP-Camps mehr in Berlin. Schätzungen sagen, daß zwischen 17 000 und 18 000 ›Displaced Persons‹ in Berlin leben. Davon sind 8000 bis 9000 deutsche Juden, die anderen haben osteuropäische Nationalitäten. Die Berliner Polizei berichtet von 25 000 Ausländern in Berlin, die IRO schätzt aber nur die obige Zahl in DP-Kategorien.«

Politisch blieben die DPs weiter aktiv. Ende 1949 fand in der »Kurbel«, einem Charlottenburger Kino, die Vorführung eines Filmes statt, der offenbar antisemitischen Inhalt hatte. Es kam zu Krawallen vor dem Kino, bei denen 25 DPs verletzt wurden. Vier von ihnen mussten zur stationären Behandlung in ein Krankenhaus eingeliefert werden. 30 Berliner Polizisten und mehrere britische Militärpolizeieinheiten versuchten, die Ordnung wiederherzustellen. Nach der Demonstration war die Menge auf 1500 Personen angewachsen. Schließlich wurden bei Vorstellungsbeginn die Vorhänge niedergerissen, die Leinwand durch Steinwürfe zerstört und die Bestuhlung demoliert.

Etwa einen Monat nach Beginn des amerikanischen Engagements mit der Berliner Luftbrücke, die am 25. Juni 1948 begann, wurde am 23. Juli die Evakuierung der UNRRA-Lager in die Camps der westlichen Besatzungszone eingeleitet. Etwa 5400 Personen wurden bis zum 16. August ausgeflogen, die geleerten UNRRA-Lager wurden an die US-Armeeverwaltung zurückgegeben.

1951 verfügte die Jüdische Gemeinde zwar bereits wieder über sieben Synagogen, zwei Rabbiner, drei Prediger, vier Kantoren und über vier Religionsschulen, aber trotzdem war das religiöse Leben in der Gemeinde dadurch geprägt, dass noch immer jüdische Lehr- und Gesetzesbücher fehlten (»Der Weg«, 19. August 1951).

AUF DEM WEG ZUR SPALTUNG

Ein wesentlicher Unterschied zwischen den drei Westsektoren und dem Ostsektor Berlins war, daß die UNRRA ausschließlich in den Westsektoren tätig war. Daraus ergab sich eine gewisse »Westlastigkeit« der Gemeindeaktivitäten. Der Kalte Krieg machte jedoch auch vor der Jüdischen Gemeinde nicht halt. Julius Meyer (1909 – 1979) prominentes und aktives Mitglied des Gemeindevorstandes, 1949 – 1953 gemeinsam mit Heinz Galinski Gemeindevorsitzender, 1948 – 1953 Mitglied der VVN-Fraktion der Volkskammer, hielt den Kontakt zur sowjetischen Besatzungsmacht: »Glückwunsch zum 31. Jahrestag der Großen sozialistischen Oktober-Revolution. Nachstehend veröffentlichen wir den Wortlaut der Glückwunschadresse, die der Vorstand der Jüdischen Gemeinde zu Berlin an die Russische Zentralkommandatur richtete: ›An die Russische Zentralkommandatur! Aus Anlaß des 31. Jahrestages der Großen sozialistischen Revolution erlauben wir uns, die herzlichsten Glückwünsche zu übermitteln. Wir sind uns bewußt, dass es die sowjetische Armee gewesen ist, die Berlin und damit die Mitglieder unserer Gemeinde von der Naziherrschaft befreit hat. Die Grundlagen für die ruhmreichen Taten der Armee sind in der Oktoberrevolution geschaffen worden. Wir bitten, unsere Glückwünsche den zuständigen Stellen weiterzuleiten und benutzen die Gelegenheit, um für die Hilfe, die uns in unserer Arbeit von der Russischen Zentralkommandatur gewährt wurde, zu danken. Mit dem Ausdruck vorzügl. Hochachtung, Jüdische Gemeinde zu Berlin, Der Vorstand‹.«[2])

Auch in Wiedergutmachungsfragen konkurrierten nach der Teilung der Stadt Ostberliner Magistrat, Westberliner Senat und Bundesregierung. Ergebnis war, dass Heinz Galinski für den Westen und Julius Meyer für den Osten für die Berliner Juden Bestimmungen schafften, die bis heute besondere Regelungen für die Opfer der Nationalsozialisten beinhalten.

Antijüdische Propaganda begann in den Ostsektoren im Kontext der stalinistischen Schauprozesse in Ungarn und der Tschechoslowakei, die belegen sollten, dass einzelne Juden im Ostblock Kontakte zu amerikanisch-jüdischen Organisationen – das heißt in der Lesart stalinistischen Denkens, zum Zionismus und zur CIA – hatten. Auf dieses heute kaum nachvollziehbares Weltbild und auf die damit einhergehende Propaganda folgte im Kontext der atheistischen Grundkonstellation des Bolschewismus die klare Folgerung: Auflösung der Jüdischen Gemeinden und Ächtung ihrer Mitglieder. Das Zentralorgan der SED, das »Neue Deutschland« (ND), hatte zum Slansky-Prozess in Prag eigens einen Sonderberichterstatter entsandt. Als am 22. November 1952 das »Geständnis« Slanskys im ND abgedruckt war, wurde »aufmerksamen Lesern signalisiert, daß dieser Prozeß nicht ohne Auswirkung auf die DDR bleiben würde«.[3])

Die Situation spitzte sich so weit zu, dass der Westberliner Rabbiner Nathan Peter Levinson im Frühjahr 1953 eine Pressekonferenz einberief, in der er die Juden der SBZ dazu auf-

---

[2]) Der Weg Nr. 43, Oktober 1948

[3]) Ulrike Offenberg, Seid vorsichtig gegen die Machthaber, Berlin 1998, S. 81

rief, diese zu verlassen. Bis Ende April betreute die Jüdische Gemeinde in einem eigens eingerichteten Aufnahmelager 570 Flüchtlinge, wobei 260 bereits in die Bundesrepublik ausgeflogen wurden. Julius Meyer traf im Frühjahr 1953 in Westberlin ein und wanderte ein Jahr später nach Brasilien aus. Es ist überliefert, dass Heinz Galinski ihn nach seiner Flucht aus seinem Büro in der Joachimsthaler Straße mit dem Bemerken, er habe mit der falschen Seite Kollaboration betrieben und dafür jetzt die Quittung bekommen, hinausgeworfen haben soll.

Die Teilung der Gemeinde ist auf diese Wochen zwischen Januar und Juni 1953festzumachen. Heinz Galinski, der bereits längere Zeit neben dem Hauptsitz der Gemeinde in der Oranienburger Straße auch ein Büro in der Jaochimsthaler Straße 13 unterhielt, hatte keine Schwierigkeiten, die Gemeindeverwaltung im Westen fortzusetzen, da der dezentralen Struktur entsprechend der nicht zerstörten Gemeindeliegenschaften entsprechend und den Notwendigkeiten der Vier-Mächte-Stadt folgend große Teile der Gemeindeadministration bereits im Westsektor waren.

DIE SPALTUNG

Anschließend an die Luxemburger Verträgevom 10. 9. 1952 zwischen in der Claims-Konferenz vertretenen jüdischen Organisationen und der DDR wurde anerkannt, dass diejenigen Liegenschaften, die zum Zeitpunkt der Vertragsunterzeichnung von den Jüdischen Gemeinden im Bundesgebiet und Berlin West als Synagogen und Gemeindehäuser genutzt wurden, diese den Gemeinden zur weiteren Nutzung übertragen wurden. Die nicht genutzten, bzw. brachliegenden Gebäude sollten einer Verwertung zugeführt werden, die im Verhältnis 70:30 zwischen Claims-Konferenz und Jüdischen Gemeinden aufgeteilt wurde. Entsprechend wurden in Berlin von der Claims-Konferenz im Laufe der folgenden Jahre die Ruinen der Synagogengebäude abgeräumt und an den Senat von Berlin veräußert. So wurde beispielsweise für das Grundstück Fasanenstraße 79-80 vom Senat geplant, ein Parkhaus zu errichten. Etwa 1957 trat die Jüdische Gemeinde an den Senat mit der Bitte heran, in der Fasanenstraße ein Gemeindehaus zu errichten, für das im November 1957 in Anwesenheit des damaligen Präsidenten des Abgeordnetenhauses in Berlin, Willy Brandt, der Grundstein gelegt und das im September 1959 zu den Hohen Feiertagen eingeweiht wurde. Der Jüdischen Gemeinde war das Grundstück zunächst in Erbpacht überlassen und im Kontext der Vereinbarung zwischen Senat und Jüdischer Gemeinde vom 8. Januar 1971 rückübereignet worden. Im Kontext der Teilung der Stadt wurden nach dem 17. Juni 1953 Beerdigungen auf einem nichtjüdischen Friedhof vorgenommen – da der jüdische Friedhof im Ostteil der Stadt lag: 1959 stand ein neu eingerichteter Friedhof am Scholzplatz zur Verfügung, auf den auch die zwischenzeitlich Beerdigten umgebettet wurden.

DAS GEMEINDELEBEN NACH DER TEILUNG

Das Leben der Jüdischen Gemeinde konzentrierte sich nun weitgehend auf Westberlin. Die wenigen Juden, die in Ostberlin verblieben, wurden von Rabbiner Martin Riesenburger betreut und gerieten in ihrer politischen Führung in starke Abhängigkeit von den Ostberliner Machthabern.

Als der Grundstein für das Jüdische Gemeindehaus in der Fasanenstraße gelegt wurde, dokumentierte dieser Neubau und das von ihm ausgehende Gemeindeleben unübersehbar, dass Berlin wieder auf Dauer eine Jüdische Gemeinde haben würde.

Dieser Prozess der Abkehr von der Liquidations- zur Aufbaugemeinde ist untrennbar mit Heinz Galinski verbunden, der seit den 50er Jahren als Befürworter einer Integration der Juden in ein demokratisches Deutschland und als ein unbeirrbarer Mahner im Umgang mit der nationalsozialistischen Vergangenheit zu einem wichtigen Faktor des politischen Lebens Berlins und der Bundesrepublik geworden war. Mit der Gründung der Jüdischen Volkshochschule 1962 begann die Gemeinde auch über ihren Kreis ihrer Mitglieder hinaus zu wirken und Kenntnisse des jüdischen Lebens in Geschichte und Gegenwart zu vermitteln. Die 1971 zwischen Senat und Jüdischer Gemeinde geschlossene Vereinbarung belegt die gewachsene Bedeutung der Gemeinde und anerkennt die Verpflichtung der Stadt, die durch das nationalsozialistische Unrecht dezimierte Gemeinde bei der Wahrnehmung ihrer Aufgaben zu unterstützen. Im November 1993 trat an die Stelle dieser Vereinbarung ein förmlicher Staatsvertrag, der vorher aufgrund der statusrechtlichen Situation Berlins nicht möglich war.

Die Jüdische Gemeinde trat in West- und Ostberlin mit unterschiedlichen politischen Vorzeichen und mit unterschiedlichen Rahmenbedingungen regelmäßig mit Gedenkveranstaltungen an die Opfer des Nationalsozialismus an die Öffentlichkeit. In Ostberlin gab es Gedenkveranstaltungen auf dem jüdischen Friedhof zu Ehren des jüdischen Kommunisten Herbert Baums und seiner Mitstreiter sowie zum Gedenken an den Frauenprotest in der Rosenstraße und alljährlich am 9. November. Die Westberliner Gemeinde erinnerte im Kontext des Jom Haschoa (dem israelischen Gedenktag zur Erinnerung an die Opfer der Schoah) an den Warschauer Ghettoaufstand sowie an die Novemberpogrome von 1938. Diese Gedenkveranstaltungen fanden unter großer Beteiligung der Öffentlichkeit jeweils im großen Saal des jüdischen Gemeindehauses statt. Alle Regierenden Bürgermeister und Präsidenten des Abgeordnetenhauses sowie zahlreiche Bundesminister haben mit Gedenkreden und anschließenden Kranzniederlegungen am Schoah-Mahnmal in der Fasanenstraße die Verantwortung der deutschen Politik für die Erziehung der Jugend im Sinne der Verantwortung für die Vergangenheit und Zukunft bekundet und gleichzeitig dem Gemeindevorsitzenden eine Plattform gegeben, mahnende Worte über die zu beklagenden rechtsradikalen und neonazistischen – und seit dem 70er Jahren auch ausländerfeindlichen Vorfälle – in der Berliner und bundesdeutschen Öffentlichkeit zu sagen.

RÜCKBESINNUNG DURCH KULTUR

Anlässlich des dreihundertsten Jahrestages der Gemeindegründung durch ein Edikt des Großen Kurfürsten von 1671 wurde 1971 eine erste historische Ausstellung »Leistung und Schicksal – 300 Jahre Jüdische Gemeinde zu Berlin« im Berlin-Museum gezeigt. Diese sehr erfolgreiche Ausstellung war der erste Versuch einer umfassenden Rückbesinnung auf jüdische Geschichte in Berlin und führte zum Aufbau eines Jüdischen Museums – zunächst als Abteilung des Berlin-Museum. Seit Mitte der 80er Jahre folgten in Berlin weitere historische Stadtteilausstellungen zu dortigen früheren jüdischen Lebenswelten. 1992 wurde im Martin-Gropius-Bau mit dem Ausstellungs- und Veranstaltungsprogramm »Jüdische Lebenswelten« eine umfassende kulturhistorische Ausstellung eingerichtet, die innerhalb von drei Monaten 300 000 Ausstellungsbesucher und 200 000 Veranstaltungsbesucher verzeichnen konnte und zu einem bis heute fortwirkenden Revival jüdischer Kulturveranstaltungen in Berlin führte. Seit 1987 finden alljährlich die »Jüdischen Kulturtage« statt, die in Ostberlin im gleichen Jahr in den Tagen der jiddischen Kultur ihre Entsprechung hatten und die auch nach der Vereinigung der Stadt noch mehrere Jahre fortbestanden.

DAS GEISTLICHE LEBEN

Die Jüdische Gemeinde zu Berlin unterhielt bis zur Vereinigung vier Synagogen, von denen eine orthodox, eine konservativ und zwei liberal ausgerichtet waren, während in Ostberlin nur die Synagoge Rykestraße existierte. In Westberlin amtierten 1980 zwei Rabbiner und sechs Kantoren. Dabei muss hervorgehoben werden, dass der orthodoxe Gemeinderabbiner David Weisz von 1961 bis 1995 durchgehend in Berlin beheimatet war, während die liberale Rabbinerposition in den sechziger Jahren von Prof. Dr. Cuno Lehrmann, Ende der sechziger Jahre zusätzlich von Rabbiner Uri Themal, von 1972 bis 1980 von Rabbiner Manfred Lubbiner, von 1980 bis 1997 von Rabbiner Ernst Stein und heute von Rabbiner Walter Rotschild betreut wird.

In den sechziger Jahren kam es im Kontext der christlich-jüdischen Begegnung über die »Woche der Brüderlichkeit« hinaus zu einem intensiven Dialog zwischen den christlichen Kirchen und der Jüdischen Gemeinde. Dieser Dialog hatte seinen Höhepunkt während des Sechs-Tage-Krieges 1967, als Monsignore Clausener und der protestantische Bischof Kurt Scharf zu einem gemeinsamen Fürbittgottesdienst in die Synagoge Pestalozzistraße kamen.

Zur gleichen Zeit erschien im »Neuen Deutschland« ein Protest von DDR-Bürgern jüdischer Herkunft gegen die Politik des Staates Israel. Die Solidarität der Berliner Juden mit dem jüdischen Staat dokumentiert sich nicht nur durch die Existenz israelischer Organisationen wie KKL (Jüdischer Nationalfond), Keren Hajessod oder zionistischer Organisationen wie WIZO, sondern auch dadurch, daß diese Solidaritätseinrichtungen auch in die nichtjüdische Öffentlichkeit hineinreichen und wirken. So ist z. B. die jeweilige First Lady Berlins seit den 60er Jahren die Schirmherrin des alljährlich im März stattfindenden WIZO-Bazars, dessen Erlös einem Theodor-Heuss-Müttergenesungsheim in Tel Aviv zufließt.

Anfang der siebziger Jahre, im Kontext des 30jährigen Gemeindejubiläums, richtete der damalige Regierende Bürgermeister Klaus Schütz ein Besuchsprogramm ein, das es ehemaligen Berliner Juden ermöglichte, auf Einladung und Kosten des Senats, ihre alte Heimatstadt für eine Woche zu besuchen.

JÜDISCHE EINRICHTUNGEN

Seit 1949 unterhält die Jüdische Gemeinde einen Kindergarten – zunächst in der Joachimsthaler Straße – er erhielt später einen eigenen Neubau. 1986 wurde, zunächst in der Bleibtreustraße, in einem alten Berliner Schulgebäude, eine jüdische Grundschule eingerichtet, die vor einigen Jahren in der Waldschulallee einen vom israelischen Architekten Zwi Hecker entworfenen Neubau erhielt und heute bereits mehrere hundert Schüler beherbergt, die nicht nur aus den Reihen der Gemeindemitglieder kommen und damit den integrativen Charakter der Jüdischen Gemeinde beweisen. 1993 wurde diese Grundschule durch eine Oberschule mit einem Gymnasial- und einem Realschulzweig ergänzt.

Das jüdische Krankenhaus, 1756 gegründet und am 22. Juni 1914 auf das jetzige Gelände in Wedding umgezogen, wurde 1963 zu einer Stiftung des öffentlichen Rechts umgewandelt, weil für die ca. 6000 Menschen umfassende jüdische Nachkriegsgemeinde der sechziger Jahre der Betrieb eines 400- Betten-Krankenhaus zu groß geworden war. Heute stehen Senat und Jüdische Gemeinde in der Verantwortung, bei der Optimierung des Berliner Krankenhauswesens Perspektiven dieser in der Tradition jüdischer Heilkunde stehenden Einrichtung eine Zukunft im 21. Jahrhundert durch Modernisierung und Vergrößerung zu geben.

Im Kontext von Glasnost entdeckte die Regierung der DDR die Jüdische Gemeinde Ostberlins als Teil ihrer Außenpolitik. Honecker meinte, mit Hilfe jüdischer Organisationen die Teilung Deutschlands in den USA als Konsequenz des Naziunrechts aufrecht halten zu können. Dies führte anläßlich des Jahrestages der November-Pogrome 1988 zu einem riesigen öffentlichen Gedenkakt im Volkskammersaal des Palastes der Republik, zu dem u. a. Heinz Galinski als Vorsitzender des Zentralrates der Juden in Deutschland mit dem »Stern der Völkerfreundschaft« in Gold ausgezeichnet wurde. Das verschaffte Westberliner Juden in Ostberlin die Möglichkeit, die durch nationalsozialistische Gesetzgebung in die Jüdische Gemeinde eingegliederte, 1869 gegründeten Adass Jisroel Ausstrittsgemeinde neu zu beleben. Dies führte jedoch zu einer Kontroverse mit der von Heinz Galinski geleiteten Jüdischen Gemeinde zu Berlin und zu einem langjährigen Rechtsstreit zwischen Adass Jisroel und dem Senat von Berlin, der die nach der Wende »in seine alten Rechte wieder eingesetzte Adass-Gemeinde« nicht als Rechtsnachfolger anerkennen wollte. Das Bundesverfassungsgericht hat 1997 in einem höchstrichterlichem Urteil festgestellt, dass die seit Ende der 80er Jahre wieder als Gemeinde amtierende Adass-Gemeinde identisch mit der alten Adass Jisroel ist.

DIE JÜDISCHE GEMEINDE NACH DER WENDE

Nach dem Tod Heinz Galinskis wurde sein langjähriger Stellvertreter Jerzy Kanal der Gemeindevorsitzende. Er führte in der Tradition Heinz Galinskis die Jüdische Gemeinde bis zum Ende seiner Wahlperiode 1997. Dann stellte er sich aus Altersgründen nicht zur Wiederwahl. (Seitdem leitet Andreas Nachama die Geschicke der Gemeinde, d. Red.)

Mit der staatlichen Vereinigung Deutschlands im Oktober 1990 ging auch die Vereinigung mit der Jüdischen Gemeinde Ostberlins mit ca. 200 Mitgliedern einher. Durch den Zuzug russischsprachiger Juden aus dem Gebiet der ehemaligen Sowjetunion, der schon Ende der siebziger Jahre begonnen hatte, aber forciert durch den Beschluss der DDR nach der Wende, Juden aus der Sowjetunion den Zuzug zu ermöglichen, kam es Anfang der neunziger Jahre zu einem gewaltigen Anstieg der Mitgliederzahlen. Dadurch wurde das Gemeindeleben in Berlin von völlig neuen Gegebenheiten geprägt. Die ursprüngliche Regelung der DDR wurde von der Bundesregierung durch eine »Kontingentsflüchtlingsregelung« ersetzt. Heute hat die Jüdische Gemeinde mehr als 11 000 Mitglieder. Sie wächst jedoch nur noch durch Familiennachzügler, weil das Land Berlin im Rahmen des bundesweiten Kontingents seine Quote längst erfüllt hat.

1995 wurde der noch unter der DDR-Regierung begonnene Aufbau des Portalgebäudes der Neuen Synagoge vollendet. Möglich geworden war dies, weil kurz vor der staatlichen Vereinigung im September 1990 der damalige DDR-Kulturminister Schirmer ca. 70. Millionen DM aus dem ehemaligen Parteivermögen der SED der Stiftung Neue Synagoge zufließen ließ. Heute ist das Centrum Judaicum in der Oranienburger Straße ein Ort, der die Dauerausstellung »Tuet auf die Pforten« beherbergt und im Mai 1998 eine kleine Synagoge eingerichtet hat – mit einem Männer und Frauen gleichstellenden egalitären Gottesdienst.

Neben der Jüdischen Gemeinde und Adass Jisroel gibt es seit 1988 einen jüdischen Kulturverein sowie zahlreiche, im unmittelbaren Umfeld der Jüdischen Gemeinde wirkende Initiativen und Institutionen wie den Sportclub TUS Makkabi, das Anti-Defamation Forum, außerdem Berliner Ableger internationaler jüdischer Organisation wie die Bnai Brith Youth, den Magen David Adom, Freunde der Hebräischen Universität, Freunde der Universität Bar Ilan sowie einen Förderverein für das Jüdische Krankenhaus, eine Organisation jüdischer Ärzte und Psychologen, einen jüdischen Studentenverband und zahlreiche Selbsthilfegruppen.

Seit 1991 unterhält der Staat Israel ein Generalkonsulat in Berlin. Von großer Bedeutung für die Erinnerungsarbeit sind Gedenkstätten wie das »Haus der Wannseekonferenz« (seit 1992) und die Stiftung »Topographie des Terrors« (seit 1987). Als Hauptstadt Deutschlands wird Berlin auch Sitz internationaler jüdischer Organisationen sein, so der Ronald Lauder Foundation (seit 1997), des American-Jewish Committee (seit 1998), des European Jewish Congress (ab 1999) und des Zentralrates der Juden in Deutschland, dessen Berliner Büro in der Oranienburger Straße ab 1999 in das ehemalige Gebäude der 1942 geschlossenen »Hochschule für die Wissenschaft des Judentums« umzieht. Ebenfalls dort hat nun die »Allgemeine Jüdische Wochenzeitung« ihre Redaktion eingerichtet.

Jüdisches Leben in Berlin heute ist gekennzeichnet einerseits durch die von Heinz Galinski gegründete Tradition der politischen Gemeinde: Nicht parteipolitisch im Sinn der Festlegung auf eine der im Parteienspektrum wirkenden politischen Kräfte, sondern im Sinn des Engagements für Demokratie, Toleranz und gegen Neonazismus, Rechtsradikalismus und Ausländerfeindlichkeit. Auch bei der Debatte um ein adäquates Gedenken an den Mord an den europäischen Juden sowie in der Wächterfunktion gegen den seit der Vereinigung zu beklagenden brutalen Rechtsradikalismus versucht die Jüdische Gemeinde zu Berlin, ihre Ansichten im politischen und öffentlichen Leben zu manifestieren. Daneben gibt es ein sich ständig weiterentwickelndes kulturelles jüdisches Leben, das weit über den Kreis der Mitglieder der Jüdischen Gemeinde im Umfeld zwischen Oranienburger Straße und Hackeschen Höfen eine jüdische Atmosphäre hat entstehen lassen, die in Zukunft wird beweisen müssen, dass dies nicht nur in den Stadtführern und Guides, sondern auch im Leben der Jüdischen Gemeinde Bestand hat.

Hanna Struck

Juden in Mecklenburg-Vorpommern

Geschichte und Gegenwart

Zu Beginn unserer Zeitrechnung lebten in Mecklenburg die slawischen Volksstämme der Obotriten und Leutiter. Sie waren, so berichtet der Historiker L. Donath in seiner im vorigen Jahrhundert erschienenen »Geschichte der Juden von Mecklenburg«, »heidnisch in ihrem Glauben, roh und barbarisch in ihren Sitten«. Das jüdische Volk jedoch habe stets nur dort seinen Wohnsitz aufgeschlagen, »wo bereits ein gewisser Grad von Cultur und Gesittung herrschte«, obwohl, fügt Donath hinzu, die Juden vielleicht in heidnischer Umgebung auf größere Toleranz und Gastfreundschaft rechnen durften als in christlichen Ländern. Doch erst, als die Christianisierung in Mecklenburg einige Fortschritte gemacht habe, seien die ersten Juden dorthin gekommen, »vielleicht in der Hoffnung, in dem Lande, das eben die Taufe erhalten und vom Fanatismus noch nicht so durchwühlt war, eine sicherere und friedlichere Zufluchtsstätte zu finden«. Der Historiker Ulrich Grotefend vermutet dagegen, dass es möglicherweise schon vor der Germanisierung und Christianisierung Juden im späteren Mecklenburg und Pommern gegeben habe, die dann, als Christen ins Land kamen, nach Polen weiterzogen. Die Mehrzahl der Historiker nimmt indessen an, dass die ersten Juden aus dem Land Brandenburg stammten – denn dort waren sie 1243 unter dem Vorwand, sie hätten Hostien gestohlen und geschändet, verfolgt und viele von ihnen ermordet worden – sowie aus dem Rheinland und der Maingegend, wo Pogrome der Kreuzzugsritter überlebende Juden in die Flucht getrieben hatten. Wahrscheinlich hat zu einer Zeit, als man in Schleswig-Holstein noch keine Juden kannte, sich schon eine Reihe von ihnen in Mecklenburg und Pommern angesiedelt, wie etwa in Wismar, Rostock, Parchim, Stralsund, Greifswald, Pasewalk, Wolgast und Löckwitz. Genau genommen, beginnen die Nachrichten über die mecklenburgischen Juden mit einem Pferdediebstahl: Ein Schuster namens Jordan stahl seinem Nachbarn ein Pferd »und versetzte es bei den Juden«, so steht es im Wismarer Stadtbuch um 1260. Einige Jahre später, am 14. April 1266, stellte Fürst Heinrich I. von Mecklenburg die in Wismar ansässigen Juden mit den fürstlichen Dienern gleich und betrachtete sie als seine Schützlinge – gegen Entrichtung eines nicht geringen Schutzgeldes. Dabei ließ sich der Landesherr keineswegs von uneigennütziger Menschenliebe leiten. Motiv seines Handelns war vielmehr seine ständige Finanznot. Laut Donath standen die Juden zu Heinrich I., dem Pilger, in einem »Clientenverhältniß«, sie waren seine Schützlinge, keine Kammerknechte. Sie brauchten nicht ständig Abgaben zu zahlen, sondern mussten »nur« die Erlaubnis, »Leben und Luft athmen zu dürfen, für theures Geld erkaufen«.

Je mehr Hansestädte an Macht und Einfluss gewannen, desto häufiger schlugen diese den fürstlichen Willen in den Wind. Das geschah ganz augenfällig, nachdem Heinrich von Mecklenburg »in seiner glühenden Frömmigkeit« zu einem Pilgerzug nach Palästina aufgebrochen war, wo er von Moslems 26 Jahre lang gefangengehalten wurde. Während seiner Abwesenheit jagte die Stadt Wismar seine Schutzjuden kurzerhand davon. Im Grunde lebten Juden in mecklenburgischen Städten nur dann unbesorgt und unbehelligt, wenn diese, wie Rostock von 1301 bis 1323, unter dänischer Herrschaft standen. Dennoch erhielten einige von ihnen im heutigen Mecklenburg-Vorpommern schon früh das städtische Bürgerrecht und die Konzession, Häuser zu kaufen. Die Geschichte der Juden in Pommern wiederum ist bislang noch weniger erforscht worden als die der Juden in Mecklenburg, vielleicht weil es in Pommern fast gar keine kulturellen Zentren mit langer jüdischer Tradition gegeben hat wie beispielsweise in Schlesien. Doch so viel steht fest: In der Stadt Stralsund, die nach ihrer Gründung im Jahre 1234 schnell zu einer der reichsten Städte in Deutschland aufstieg, haben zu allen Zeiten Juden Handel getrieben. Auch wenn sie in der Stadt selbst keinen festen Wohnsitz hatten, so deutet doch die bereits Anfang des 15. Jahrhunderts in den Akten genannte »Judenstraße« auf deren häufige Anwesenheit hin. Aber ansonsten werden in der Zeit vom 13. bis zur Mitte des 14. Jahrhunderts in Pommern nur vereinzelt Juden erwähnt – urkundlich erstmals am 2. Dezember 1261. Auch in den folgenden Jahrhunderten ist der jüdische Bevölkerungsanteil in Pommern immer niedrig gewesen.

Die stets prekäre Situation von Juden im heutigen Mecklenburg-Vorpommern verschärfte sich mit den Pogromen der Pestzeit Mitte des 14. Jahrhunderts. Als die Seuche ausbrach, tauchte auch hier das Gerücht auf, Juden hätten die Brunnen vergiftet. Die ersten Pogrome gab es in Krakow und Güstrow. In Krakow wurden die Opfer 1325 gerädert und in Güstrow 1330 verbrannt. Ihre Güter wurden eingezogen und von ihrem Geld Kapellen erbaut, die fortan als beliebte Wallfahrtsorte den Herrschern und der Geistlichkeit zusätzliche Einnahmen sicherten. Die Verfolgung der Juden in Mecklenburg kulminierte nochmals im Oktober 1492, als ihnen Hostienfrevel vorgeworfen wurde und am 24. Oktober 1492 in dem kleinen, idyllisch an einem See gelegenen mecklenburgischen Städtchen Sternberg 27 Juden auf dem Scheiterhaufen verbrannt wurden. Im selben Jahr, in dem mit der Entdeckung Amerikas in Europa angeblich das Mittelalter zu Ende gegangen war, wurden Juden in ganz Mecklenburg gefangengesetzt und peinlichen Verhören unterzogen, bei denen sie, so schreibt ein Chronist, »alles« eingestanden hätten. Über diesen Vorgang liegen zwei einander widersprechende Protokolle vor. Aber kein Ermittler hat je versucht, die Widersprüche zu klären. Wahrscheinlich, weil es nichts zu klären gab und weil man nur einen Vorwand gesucht hatte, um die Juden loszuwerden. Wieder wurde ihr Vermögen zugunsten der Herzöge eingezogen, wieder wurden alle Schulden, die die Herrscher bei ihnen hatten, für null und nichtig erklärt, sozusagen als Entschädigung für das nicht mehr fließende Geld aus dem Judenregal. Für die angeblich geschändeten Hostien wurde auf Beschluss von Bischof und Domkapitel zu Schwerin eine sogenannte Heiligblutkapelle an die Sternberger Dorfkirche angebaut. Die Einnahmen aus den Prozessionen zu dieser Kapelle wurden so präzise geregelt, dass man an den Bilanzen ablesen kann, wer an dem Judenmord verdient hat: der Pfarrer von Sternberg, die Geistlichkeit der Sankt-Jakobi-Kirche zu Rostock und der Bischof von Schwerin.

Schon im 15. Jahrhundert hat der evangelische Theologe Osiander die Manipulation des Schuldspruchs und das unaufrichtige Verhalten der Ankläger aufgedeckt. Es seien Schuldsprüche nach vorgefertigtem Muster gewesen, befand er und stellte die Frage, wer denn wohl glauben wolle, daß ausgerechnet Menschen, die in tagtäglicher Unsicherheit lebten, Straftaten begingen, die ihre ohnehin bedrohliche Lage noch weiter verschärften. Die Verbrennung der Juden von Sternberg auf dem sogenannten Judenberg nahe der Stadt sei, so folgerte Osiander, ein einwandfreier Justizmord gewesen und die Vertreibung der übrigen Juden aus den mecklenburgischen Ländern ein reiner Willkürakt. Auch der evangelisch-lutherische Pastor Bard nennt um 1900 die Legende von der Hostienschändung eine »pia fraus«, einen frommen Betrug, der die Stadt Sternberg in der Inflationszeit nach dem Ersten Weltkrieg indessen nicht davon abgehalten hat, auf dem gedruckten Notgeld das angebliche Geschehen von 1492 als wahre historische Begebenheit darzustellen.

Aber nochmals zurück zum Ende des Mittelalters. Das Gerücht von der Hostienschändung in Sternberg hatte sich bis nach Pommern rumgesprochen und den dort regierenden Herzog Bugeslav zu der Annahme verleitet, auch er dürfe nach der Sternberger Anklage Juden in seinem Lande nicht mehr dulden. So wurden auch hier alle vertrieben. Ob sich dennoch Juden in den nächsten zweihundert Jahren in Mecklenburg und Pommern aufgehalten haben, ist nicht bekannt. Wir wissen nur, dass sich nach dem Westfälischen Frieden von 1648, durch den Vorpommern zu Schweden kam, in diesem Territorium offiziell vorerst keine Juden niederlassen durften.

TABAKHÄNDLER KURBELN DIE HANDELSGESCHÄFTE AN

Erst Ende des 17. Jahrhunderts durften Juden wieder nach Mecklenburg und Vorpommern einwandern. Da Jahrhunderte zuvor ihre Glaubensgenossen dort höchst schimpflich behandelt worden waren, missbilligten viele Rabbiner eine erneute jüdische Ansiedlung und belegten zunächst jeden, der sich in diesem Landstrich niederließ, mit dem Bann. Aber die meisten Juden haben sich darum nicht gekümmert. Die ersten Juden, die nach Mecklenburg kamen, waren Tabakhändler: Michel Heinrichs, ein Glückstädter Jude – er durfte mit herzoglichem Privileg Rauchtabak einführen, verarbeiten und vertreiben–, und die sephardischen Tabakhändler Abraham Hagen und Nathan Bendix aus Hamburg. Auch der Güstrower Hof und der Herzog von Mecklenburg-Strelitz verpflichteten, da sie wie der Schweriner Hof in Geldnöten steckten (Mecklenburg bestand zeitweilig aus drei Herzogtümern), durch Handelsprivilegien Juden aus Frankfurt/Oder an ihren Hof. Ihre Leistungen als Kaufleute und Händler wirkten sich für das noch unentwickelte Land segensreich aus, denn sie haben nicht nur den Anbau der Tabakspflanze in Mecklenburg erfolgreich vorangetrieben, sondern dank ihrer internationalen Beziehungen auch den Wollhandel. Gefestigt wurde die Stellung der Juden vor allem durch zwei mecklenburgische Glaubensgefährten, durch die Brüder Philipp und Nathan Aaron. Diese waren Mäzene jüdischer Gelehrter und, laut Donath, »ein Hort aller Gedrückten und Bedrängten und machten, wo sie nur eine hülfreiche Hand bieten konnten, von ihrer einflußreichen Stellung am Hofe den edelsten, hochherzigsten Gebrauch«. 1752 durften Juden in Malchin sogar einen »Landtag« abhalten, auf dem über jüdische Angelegenheiten beraten wurde. Die dort gefassten und in hebräischer Sprache niedergeschriebenen Beschlüsse zur Organisation der Juden konnten allerdings nicht verwirklicht werden. 1764 kam nochmals ein jüdischer Landtag zustande, diesmal in Schwaan, der Juden in Mecklenburg und Vorpommern eine festere Organisation als bisher und ein Statut über ihre Lebens-, Glaubens- und Gemeindeverhältnisse bescherte.

VIELE KLEINE JÜDISCHE SIEDLUNGEN

Im heutigen Vorpommern siedelten sich allmählich ebenfalls wieder Juden an. Viele kamen aus Mecklenburg, weil sie in Pommern auf bessere Handelsgeschäfte hofften. Nachdem 1757 in Stralsund die königlich-schwedische Münze eingerichtet worden war, benötigte man zur Edelmetallbeschaffung und für die damit verbundenen risikoträchtigen Geschäfte die Erfahrungen und Mittel jüdischer Agenten und holte daher 1759 die Brüder Abraham und Samuel Hertz aus Strelitz in die Stadt. Es folgten weitere Familien, so dass sich bald eine Gemeinde mit 37 Mitgliedern konstituieren konnte. Aus der Stralsunder Gemeinde sind später zwei Juden weit über die Stadt und die Region hinaus bekannt geworden: Abraham Wertheim und Leonhard Tietz, die Gründer der gleichnamigen Warenhäuser. Da der Rat der Stadt »ihren« Juden für die Bestattung der verstorbenen Angehörigen einen Begräbnisplatz verweigerte, sahen sich die Stralsunder Juden gezwungen, bei Beerdigungen den weiten und mühseligen Weg nach Sülze im Mecklenburgischen zurückzulegen, wo sich am Schindanger ein jüdischer Friedhof befand. Als 1776 das Töchterchen des Münzagenten Hertz starb, erlaubte der Münzdirektor Giese auf Zureden seiner Frau der Familie Hertz, das Kind in seinem Lustgarten auf Gut Niederhof unentgeltlich zu beerdigen. Im Laufe der Zeit folgten weitere Bestattungen. So wurden 74 Jahre lang bis 1850 Juden aus Stralsund, Greifswald und anderen vorpommerschen Städten hier zur letzten Ruhe gebettet.

In Stralsund wurde am 30. März 1787 eine Synagoge feierlich eingeweiht, der alle in Schwedisch-Pommern ansässigen Juden angehörten. Aber auch Pasewalk und Anklam entwickelten sich Ende des 18. und Anfang des 19. Jahrhunderts zu religiösen jüdischen Zentren. An kleineren Orten ließen sich ebenfalls vereinzelt Juden nieder: In Ribnitz-Damgarten, in Usedom und Wollin, mit Genehmigung der schwedischen Regierung in Greifswald, in Bergen und Binz auf Rügen, wo bald auch jüdische Erholungsheime entstanden, und später in Grabow, Plau, Malchow, Bützow (hier wurde 1885 der »Judenmissionsverein für Mecklenburg-Schwerin« gegründet, der Juden das Christentum nahebringen sollte), ferner in Malchin, Penzlin, Güstrow sowie in den berüchtigten Landstädtchen Sternberg und Krakow.

BEDEUTENDE MECKLENBURGISCHE JUDEN

In Krakow genoss die alteingesessene Familie Nathan besondere Verehrung. Viele ihrer nicht unbeträchtlichen Gewinne, die die Familie aus dem Textil- und Produktenhandel erzielte, stellte sie der Stadt für öffentliche Zwecke zur Verfügung. 1852 eröffnete Ascher Nathan ein Kaufhaus, während der Gemeindevorsteher Benno Nathan eine Fortbildungsschule für junge Kaufleute errichtete. 1910 gehörte er zu den Stiftern des Reuter-Gedenksteins in einer Gartenanlage. Sein Bruder Josef förderte die Freiwillige Feuerwehr und war ein Verehrer des plattdeutschen Dichters Fritz Reuter. Josef Nathan verfaßte ebenfalls plattdeutsche Lyrik und dichtete einmal: »Min oll lütt Vaterstadt, tüschen See un Barg: Hier hett min Weig dunn stahn, hier stah' min Sarg.« Wie ihre nichtjüdischen Nachbarn betrachteten sich die Nathans im 19. Jahrhundert in erster Linie als Mecklenburger und pflegten wie alle Einheimischen die plattdeutsche Sprache.

Fritz Reuter, Mecklenburgs »Nationaldichter«, wiederum hat in seinem großen Roman »Ut mine Stromtid« in der Figur des Moses Isaak Salomon einem Mecklenburger Juden ein ehrfurchtsvolles Denkmal gesetzt. Ein Stavenhagener Jude, der Arzt Michael Liebmann (1810–1874), hat in Reuters Leben eine wichtige Rolle gespielt: Er unterstützte Reuter tatkräftig, als sich dieser 1866 mit einem Spendenaufruf für die Verwundeten der Schlacht von Langensalza an seine Landsleute wandte. Ein Jahr später, als Reuter den Tiedge-Preis erhielt, revanchierte er sich mit einer Spende für das Krankenhaus, das Liebmann in Reuters Heimatstadt Stavenhagen gründen wollte. Reuter schrieb dazu: »...weil ich seit langen, langen Jahren Dein treues und ehrenvolles Wirken in Deinem Berufe und Deine Liebe und Freundschaft für mich kenne, so sende ich diese Gabe an Dich. Dir, dem Juden, der in trübster Zeit, in Not und in Tod treu zu mir gestanden hat, verdanke ich viel mehr als manchem, durch seinen Glauben aufgeputzten Christenmenschen.«

Die bekannteste jüdische Familie in Neubuckow waren die Burchards. Ihr entstammte ein »Amerikafahrer« namens Martin Burchard, der in Brasilien zu Vermögen gekommen war und seiner Heimatstadt testamentarisch 40 000 Goldstücke vermachte, mit der Auflage, von diesem Geld ein Altersheim zu errichten.

1768 war die jüdische Gemeinde von Alt-Strelitz gegründet worden. Kurz zuvor war Strelitz die Residenz der mecklenburg-strelitzschen Fürsten, samt Schloß und Städtchen abgebrannt. Herzog Adolph Friedrich I. ließ sich eine neue Residenz und eine neue Stadt bauen, die den Namen Neustrelitz erhielt. In einer Mischung aus Toleranz und Eigennutz rief der Herzog 1733 Neuansiedler in sein Land und gewährte jüdischen Einwanderern gegen eine geringe Gebühr das Niederlassungsrecht. Diese schufen aus der abgebrannten Residenz Alt-Strelitz die jüdische Hauptstadt Mecklenburgs »Oll-Mochum«. Es war das einzige Schtetl in ganz Mecklenburg. Nirgendwo sonst in dieser Region sollen die Juden im 18. und in der ersten Hälfte des 19. Jahrhunderts so autonom gewesen sein wie gerade in Alt-Strelitz. Immerhin hatte ihnen der Herzog bei ihrer Ankunft eine zehnjährige Steuerfreiheit gewährt, Bauplätze geschenkt oder billig vergeben, preiswertes Baumaterial überlassen und freie Religionsausübung zugestanden. Die herzogliche Toleranz führte bald dazu, dass Alt-Strelitz die höchste jüdische Bevölkerungszahl erreichte, die es je in Mecklenburg gegeben hat. Die jüdische Gemeinde in Alt-Strelitz verfügte über eine eigene Polizei und besaß neben einer Synagoge eine eigene Freischule, die auch von christlichen Eltern geschätzt wurde. Dem Herzog von Neustrelitz war es nur recht, dass die Juden seinem winzigen Staat wirtschaftlich auf die Sprünge halfen, organisierten sie ihre Handelsgeschäfte doch viel besser als ihre schwerfälligen christlichen Kollegen. Nicht zuletzt dem Gewerbefleiß der Juden war es zu danken, dass das Haus Mecklenburg-Strelitz bald eines der reichsten deutschen Fürstenhäuser war.

In Strelitz lebte einer der bedeutendsten jüdischen Gelehrten, der Sprachforscher und Literaturhistoriker Daniel Sanders (1819–1897). Als Sanders, der in Strelitz das Amt des Schulleiters innehatte, 1897 starb, brachte die Stadt Strelitz an seinem Wohnhaus eine Gedenktafel an. Die Nazis rissen die Tafel ab und ließen sie einschmelzen. Das Haus, das Sanders nach endlosen Querelen hatte kaufen dürfen, vernichtete 1945 ein Feuersturm, der das ganze Schtetl »Oll Mochum« verschlang. Viele Juden waren aufrechte Patrioten, wie etwa Marcus Isaak aus Malchin, der in der Silvesternacht 1761, als die Stadt von den Truppen Friedrichs II. von Preußen belagert und beschossen wurde, »mit großer Tapferkeit« das Niederbrennen der Stadt verhindert hatte. Sein Sohn Siegfried war ein bekannter Erfinder auf dem Gebiet der Elektrotechnik und Erbauer des ersten mit Benzin getriebenen Automobils sowie des ersten Vier-Takt-Motors – zehn Jahre vor Daimler und Benz. (Die FAZ widmete ihm zu seinem 100. Todestag am 1. Juli 1998 einen längeren Artikel.)

In Schwerin wirkte von 1840 bis 1847 Dr. Samuel Holdheim, ein bedeutender Judaist und radikaler Vertreter der jüdischen Reformbewegung in Deutschland. In seinem Hauptwerk »Über die Autonomie der Rabbinen« verlangte er unter anderem die Aufhebung aller »national-jüdischen« Gesetze, also jener Bestimmungen, die über den religiösen Bereich hinausgingen und eine vollständige Integration der Juden in das jeweilige Staatswesen verhinderten.

Weniger liberal als in Mecklenburg-Neustrelitz ging es im viel größeren Mecklenburg-Schwerin zu. Herzog Friedrich, »der Fromme«, dessen Regierungszeit in die Zeit der Aufklärung fiel, war zwar kein Judenfeind, vielmehr verhielt er sich Juden gegenüber durchaus tolerant. Doch ihre »Bekehrung« zum Christentum lag ihm am Herzen. Einer seiner eifrigsten Gehilfen war der Bützower Orientalist Georg Oluf Tychsen, ein hartnäckiger Proselytenmacher, der einmal bei seinen Versuchen, Juden zur Taufe zu bewegen, mit einer deftigen Tracht Prügel bedacht wurde. Ähnlich ambivalent wie der Herzog benahm sich Ende des 18. Jahrhunderts Professor Georg Brockmann, Pastor an St. Marien in Greifswald. In einer Predigt forderte er Christen zur Toleranz auf und verlangte von ihnen, sie sollten durch ihren Lebenswandel »den Unglauben der Juden beschämen«. Dieser Geistliche verzichtete zwar auf Gewaltanwendungen, nicht aber auf christliche Missionierung. Unter den Machtkämpfen der Landesherren mit der Ritterschaft und den Städten in der ersten Hälfte des 18. Jahrhunderts hatten vor allem die Juden zu leiden. Als die Ritter und Städte einmal mit Nachdruck die Vertreibung der Juden verlangten, erließ der Schweriner Herzog 1749 die Ordre, daß außerhalb der Jahrmärkte in seinem Territorium keine Juden zu dulden seien, ausgenommen jene, die eine herzogliche Spezialkonzession besäßen. Zu einer Vertreibung kam es indessen nicht, weil Mecklenburg während des Siebenjährigen Krieges (1756–1763) bis an den Landkonkurs geraten war und Landesherr und Städte folglich die Finanz- und Handelsbeziehungen der Juden brauchten.

Während der Napoleonischen Zeit konnten sich die mecklenburgischen Juden einige Jahre lang der Toleranz und freien Entwicklung erfreuen. »Ihre Sklavenketten brachen, wo die Soldaten Frankreichs erschienen«, stellt der Chronist lakonisch fest. Nach der Niederlage Napoleons wurde im Großherzogtum Mecklenburg ein großer Teil der Emanzipationsversprechungen wieder aufgehoben. In Güstrow, »Klein-Paris« genannt, plante man 1819 sogar, Juden am Abend des Versöhnungstages in der Synagoge zu überfallen und zu töten. Doch wurde die Synagoge auf Veranlassung des Güstrower Bürgermeisters von Soldaten bewacht, während die Offiziere dem Gottesdienst beiwohnten. Die Rädelsführer mit ihren bewaffneten 173 Helfershelfern hatten »den Riesenmuth, 14 wehrlose Familien an ihrem heiligsten Feste zu überfallen und wohl auch zu mißhandeln oder gar niederzumachen; waren aber viel zu feige, mit den 70 Soldaten der Garnison und der Polizei in gefährliche Berührung zu kommen«, heißt es in der Chronik.

Herzog Friedrich Franz I. (1756–1837) war einer der wenigen deutschen Herrscher, der sich ernsthaft um die Beseitigung der Ausgrenzung von Juden bemühte. Am 22. Februar 1813 wurde gegen den Widerstand der Ritterschaft und der Magistrate der Städte allen Juden durch landesherrliche Verordnung die bürgerliche Gleichstellung eingeräumt. Anfeindungen der Stände ließen nicht lange auf sich warten. Als sich auch der Großherzog von Mecklenburg-Strelitz auf die Seite der Ritter und Stände schlug, blieb Großherzog Friedrich Franz I. nichts anderes übrig, als sein fortschrittliches Gesetz 1817 ersatzlos aufzuheben. Die Juden standen verfassungsrechtlich wieder auf dem Stand von 1755. Noch am 20. Januar 1814 hatte der Herzog darauf hingewiesen: »Die in Mecklenburg geborenen Juden sind auch Mecklenburger, Unsere Untertanen, die ein gleiches Recht mit anderen auf Unsere Landesherrliche Vorsorge und Bedachtnahme der Verbesserung ihres Zustandes haben, welche letztere sich nicht ohne Vorteil für die übrigen Untertanen und das ganze Land denken läßt.«

Nach der Revolution von 1848 wurden Juden auch in Mecklenburg zum ersten Mal in Parlamente gewählt. Doch das Wechselbad zwischen Emanzipation und Restriktion ging weiter. Erst Jahrzehnte später wurde mit der vollen rechtlichen Gleichstellung, die am 3. Juli 1869 vom Norddeutschen Bund beschlossen und 1870/71 auf das geeinte Deutschland ausgedehnt wurde, jeder religiösen Diskriminierung der Rechtsboden entzogen. Damit war auch in Mecklenburg »die politisch-bürgerliche Leidens-Toleranz und Emanzipations-Geschichte der Juden abgeschlossen, und wie wir hoffen mit göttlicher Hilfe für alle Zeiten«, schreibt Donath frohgemut, nicht ahnend, welch schlimmes Schicksal die Deutschen ihren jüdischen Landsleuten im nächsten Jahrhundert bereiten würden. »In politisch-bürgerlicher

Beziehung«, meint er weiter, »wird es für alle Söhne des deutschen Reiches, ohne Unterschied der Confession, fortan nur eine Geschichte des engeren Vaterlandes – für uns Mecklenburg – und des großen deutschen Vaterlandes, geben. Was sich bei den Juden als solche, an deutscher Geschichte abspielen wird, wird nur, wie bei den anderen Confessionen, auf religiösem Gebiet sich bewegen.«

In jener Zeit hat sich auch Rostock, das sich jahrhundertelang gegen den Zuzug von Juden gesträubt hatte, eines besseren besonnen und Juden aufgenommen. Hier erstand die größte Gemeinde Mecklenburgs neben Schwerin und Güstrow. Eine eigene jüdische Schule hat Rostock freilich nie besessen. Rostocker Juden mussten daher ihre Kinder auf die Thora-Schulen in Hamburg oder Frankfurt/Main schicken. Ihren weltlichen Unterricht erhielten jüdische Kinder in städtischen und in Privatschulen. Die meisten besuchten das Gymnasium. Die Hansestadt hat durch die Ansiedlung von Juden aber nicht nur zahlungskräftige Steuerzahler gewonnen, sondern auch eine große Zahl tüchtiger Ärzte, Rechtsanwälte, Universitätsprofessoren und Kaufleute. Die größte soziale Leistung vollbrachte die Reformpädagogin Marie Bloch mit dem Fröbelschen Kindergarten. In Stralsund waren ebenfalls die oft hoch angesehenen jüdischen Geschäftsleute in das gesellschaftliche Leben der Stadt fest integriert. Immer häufiger kam es zu Eheschließungen zwischen Juden und Christen. Die kleine Gruppe der »Ostjuden« blieb dagegen isoliert.

Ende des 19. Jahrhunderts zogen zahlreiche jüdische Familien in die prosperierende Hauptstadt Berlin und in weltoffene Handelsplätze wie Hamburg oder Frankfurt. Nach dem Ersten Weltkrieg gerieten auch Juden in Not. Inflation und Weltwirtschaftskrise trafen sie genauso wie nichtjüdische Familien. Jüdische Firmen gingen in Konkurs. Synagogen wurden verkauft, um mit dem Erlös die Friedhöfe erhalten zu können.

DER NAZI-TERROR

Als die Nazis ihre unheilvolle Herrschaft antraten, lebten ungefähr 1000 Juden in Mecklenburg, verteilt auf 47 israelische Gemeinden. Das waren gerade 0,13 Prozent der in Deutschland ansässigen Juden. In ganz Pommern waren im Jahre 1925 7761 jüdische Einwohner gezählt worden.

Gleich 1933 begann im heutigen Mecklenburg-Vorpommern wie überall in Deutschland die Judenverfolgung. Einige Beispiele mögen die wachsende Eskalation verdeutlichen. 1933 wurde an der Universität Greifswald ein Zweig des Amtes für »Rassenhygiene« gegründet, wo exponierte Rassenfanatiker, unter ihnen Theodor Oberländer, ihren dubiosen Forschungen nachgingen. Am 10. Mai 1933 landeten in Greifswald wie in vielen anderen Universitätsstädten Bücher auf Scheiterhaufen, während jüdische Gelehrte und andere Juden geächtet und verfolgt wurden.

Der international angesehene Stomatologe Hans Moral (1855–1933), der zwei Jahrzehnte lang die Rostocker Universitätsklinik für Mund- und Zahnkrankheiten geleitet hatte, war schon vor 1933 Ziel antisemitischer Anfeindungen. Nach dem Verlust seiner Arbeitsstelle nahm er sich am 6. August 1933 das Leben. Der 1919 nach Rostock berufene Professor David Katz (1884–1953), der das Psychologische Institut an der Universität Rostock gegründet und die Psychologie zum anerkannten Fach entwickelt hatte, wurde 1933 von den Nazis zur Emigration gezwungen. Die Stadtverwaltung von Putbus gab im Herbst 1935 kund, »keine Juden mehr bedienen« zu wollen. Im selben Jahr wurde Pastor Köhler aus Zernin verhaftet, weil er Geld für Juden gesammelt hatte. Aber seine Haltung war fragwürdig. Hatte er doch in einer Predigt selbstgerecht getönt: »Die Juden sind wohl unsere Feinde, aber wir müssen ihnen vergeben.« 1938 machte der Landrat von Wollin den Vorschlag, die pommerschen Juden auf der Insel Rügen zu konzentrieren oder Heringsdorf als »Judendorf« einzurichten. Während der Pogromnacht im November 1938 brannten in vielen Städten die Synagogen: in Alt-Strelitz, Güstrow, Neubrandenburg, Rostock und Schwerin. Jüdische Friedhöfe wurden geschändet, Geschäfte jüdischer Bürger beschädigt und geplündert, während die Juden selbst einer entwürdigenden und unmenschlichen Hetze ausgesetzt waren. Auch von den Mecklenburger Juden wurden viele in Auschwitz, Majdanek und Theresienstadt ermordet. Manche wählten den Freitod wie der Mathematiker Felix Hausdorff (1868–1942), der an der Universität Greifswald die Grundlage für Mengenlehre und Topologie geschaffen hatte. In jedem Ort spielten sich Tragödien ab, still und fast anonym. Von wenigen Ausnahmen abgesehen, verhielt sich die Bevölkerung während der Nazizeit gleichgültig oder unterstützte die Diskriminierung jüdischer Menschen. Nur wenige Nichtjuden standen bedrohten Juden bei, wie etwa in Warin, wo sich der pensionierte preußische Kammergerichtsrat Ernst Wolff aus Köslin von 1943 an bei Freunden verstecken konnte und so die Schoah überlebte.

Außerdem wurden in Mecklenburg mehrere Konzentrationslager eingerichtet: In Reiherhorst bei Wöbbelin, das berüchtigte Lager Ravensbrück bei Fürstenberg und ein weiteres in Neubrandenburg.

DER NEUE ANFANG

Vierzehn jüdische Bürger überlebten in Rostock die Schreckensjahre der Verfolgung. Zwei jüdische Frauen kamen aus Theresienstadt zurück. In Stralsund fanden sich ebenfalls nur zwei Juden ein, die den nationalsozialistischen Völkermord überlebt hatten. Am 2. September 1947 versammelten sich hier zweiundzwanzig Juden, um mit Zustimmung des Vizepräsidenten der neuen »antifaschistisch-demokratischen« Landesregierung Mecklenburg-Vorpommern, Gottfried Grünberg, eine jüdische Gemeinde für die Kreise Stralsund, Rügen, Usedom, Grimmen, Demmin, Greifswald und Anklam zu gründen. In Schwerin bildeten Holocaust-Überlebende zusammen mit aus der Emigration zurückgekehrten Juden Anfang 1947 die »Jüdische Landesgemeinde Mecklenburg« und richteten in der ehemaligen Israelitischen Schule einen kleinen Betsaal ein. Zudem erhielt die Gemeinde von der Sowjetischen Militäradministration Mecklenburgs zahlreiche von den Nazis geraubte Grundstücke, darunter viele Friedhöfe, zurück. Weitere Gemeinden entstanden in Mecklenburg zunächst nicht, weder in Rostock noch in Wismar oder anderswo.

Allerdings nahm in Schwerin die Zahl der Gemeindemitglieder rasch ab. 1960 waren es nur noch dreißig. Auch der in Pommern gegründeten jüdischen Gemeinde war keine lange Lebensdauer beschieden. In Schwerin existierte freilich noch bis 1962 ein regelmäßiges jüdisches Leben, das dann durch Umzüge etlicher Mitglieder nach Berlin oder Westdeutschland mehr und mehr zum Erliegen kam. 1973 fand der vorläufig letzte Gottesdienst statt. Lediglich eine Lehrerin, die selbst keine Jüdin war, kümmerte sich noch um die Pflegeverträge für die jüdischen Friedhöfe.

Jüdische Beisetzungen gab es nach dem Ende der Nazi-Herrschaft allein in Schwerin und in Rostock. Lange Zeit fand man nur auf diesen beiden Friedhöfen auf einigen Grabsteinen Hinweise, die an die Nazi-Opfer einzelner Familien erinnerten. Ausgerechnet die See- und Handelsstadt Rostock, die sich fünf Jahrhunderte lang dem Zuzug von Juden starrköpfig widersetzt hatte, besitzt heute den größten jüdischen Friedhof in Mecklenburg-Vorpommern.

Insgesamt 34 jüdische Begräbnisstätten hat Mecklenburg noch aufzuweisen. Halbwegs gut erhaltene stillgelegte jüdische Friedhöfe gibt es in Grabow, Teterow, Krakow, Penzlin und Ludwigslust. Einige Friedhöfe und Synagogen stehen unter Denkmalschutz oder sind inzwischen zu Gedenkstätten umgestaltet worden. Anderen droht der Verfall. Viele sind überwuchert, verschüttet oder ganz vergessen. In mehreren Städten sind die Friedhöfe vollständig verschwunden. Oft wissen nicht einmal mehr die Ortsansässigen, dass ihre Stadt einen Judenfriedhof besaß. Im Plau benachbarten Lübz liegen Juden, die hier gelebt haben, auf dem örtlichen Friedhof begraben. Aber keine Tafel erwähnt ihre Geschichte. In manchen Städten wurden jüdische Grabsteine anderweitig verwendet. In der Marienkirche von Parchim beispielsweise ist in der Grundmauer ein jüdischer Grabstein eingemauert worden. Auch in Rehna dienten Steine vom jüdischen Friedhof als Treppenstufen und Schwellsteine, allerdings nicht in einer Kirche, sondern vor einer Gastwirtschaft am Markt. In Plau wird die ehemalige Synagoge jetzt als katholische Kirche benutzt. Der frühere jüdische Friedhof ist heute Gedenkstätte. Jedoch wurde die Beschriftung eines Grabsteins am jüdischen Friedhof herausgemeißelt und zur Erinnerung an die Opfer des Faschismus umgewidmet. Derartig »sonderbehandelt« steht er nun, knapp hundert Meter entfernt von seinem ursprünglichen Standort, in einem Park. Im Zentrum von Güstrow klafft dagegen am Ort der zerstörten Synagoge eine große Baulücke, dicht neben dem heute baufälligen Haus des Rabbiners und dem jüdischen Schulgebäude. Hier fehlt ebenfalls jeder Hinweis auf die einst bedeutende jüdische Gemeinde der Stadt. In der Kleinstadt Krakow am See im Landkreis Güstrow erinnern nur noch ein Friedhof – er ist Eigentum des Zentralrats der Juden in Deutschland – und eine ehemalige Synagoge an die frühere jüdische Gemeinde. Von den vierzehn ehemaligen Synagogen und Bethäusern in Mecklenburg-Vorpommern ist lediglich in Krakow am See die Alte Synagoge fast vollständig erhalten geblieben. Sie war 1920 an die Stadt als Turnhalle verkauft worden und wurde 1995 zu einem Kultur- und Begegnungszentrum umgestaltet.

Gedenkstätten und Mahnmale, die an die Verbrechen der Hitler-Zeit erinnern, findet man in Bützow (hier war das Zuchthaus Bützow-Dreibergen) und in Wöbbelin (hier endete der »Todesmarsch« der Häftlinge aus dem KZ Sachsenhausen).

Unbekümmert feierte indessen schon am 2. 9. 1946 der »Judenmissionsverein für Mecklenburg-Schwerin« seine Auferstehung, um Juden das Christentum wie eh und je aufzudrängen, gerade so, als sei nichts geschehen. 1966 wurde der Verein umgetauft in »Arbeitsgemeinschaft Kirche und Judentum«.

Seit Anfang der 90er Jahre hat Mecklenburg/Vorpommern wieder jüdische Gemeinden in Rostock und in Schwerin. Ihre Mitglieder – die Zahl beläuft sich gegenwärtig auf fünfhundert – stammen alle aus der ehemaligen Sowjetunion, mit Ausnahme eines Juden, der von Frankfurt am Main nach Rostock umgezogen ist. Erste Hilfestellung beim Aufbau der Gemeinde leistete in Rostock eine Außenstelle der Zentralwohlfahrtsstelle der Juden in Deutschland (ZWST), die dort ein Büro einrichtete. Behilflich war und ist auch der in Schwerin ins Leben gerufene »Verein für jüdische Geschichte und Kultur in Mecklenburg und Vorpommern«. Er organisiert erste Kontakte zwischen Immigranten und Einwohnern, hilft bei Behördengängen und der Lösung von Sprachproblemen, bei der Beschaffung von Wohnraum, Kleidung, Hausrat und bei der Integration der Neuankömmlinge. Er kümmert sich um Verbindungen zu den verschiedenen Institutionen und bemüht sich um Dokumentationen, Begegnungen, Gespräche, wissenschaftliche Vorträge, künstlerische Veranstaltungen und Exkursionen. Die Landesregierung von Mecklenburg-Vorpommern half den Gemeinden mit einer finanziellen Überbrückung von 15 000,– DM. Freilich deckt dieses Geld gerade die Kosten im Sozialbereich. Hinzu kommen, seitdem im Juni 1996 mit der Landesgemeinde ein Staatsvertrag abgeschlossen wurde, bis 2001 jährlich 480 000,– DM. Aber Geld allein löst natürlich nicht alle Probleme. Wichtig ist bei der Bewältigung alltäglicher Aufgaben vor allem der Einsatz von Sozialarbeitern. Ferner müssen Deutschkurse angeboten werden. Das größte Problem aber ist nach wie vor die Arbeitslosigkeit. Die meisten Einwanderer finden keine Anstellung, obwohl – oder weil – viele von ihnen akademisch ausgebildet sind, als Bauingenieure, Architekten und Ärzte. Nicht wenige leben von der Sozialhilfe. Besser steht es dagegen mit der religiösen Betreuung. Um diese kümmert sich in Rostock und in Schwerin seit Oktober 1997 Andrew Steinmann, ein Religionslehrer aus Berlin, so dass jetzt alle zwei Wochen abwechselnd in jeder Gemeinde ein Schabbatgottesdienst gefeiert werden kann. Außerdem vermittelt Steinmann durch intensiven Nachhilfeunterricht russischen Eltern und Kindern die wichtigsten Kenntnisse über die jüdische Religion. Für Abwechslung und Entspannung in den Gemeinden sorgen die vor kurzem gegründeten Video- und Seniorenklubs und Jugendgruppen. Die Rostocker Gemeinde verfügt sogar über ein eigenes kleines Theater.

Quellen:

J. Borchert/D. Klose: Was blieb. Jüdische Spuren in Mecklenburg. Vorwort Bubis. Berlin 1994.

Peter Richter u. a. (Hrsg.): Der faschistische Pogrom vom 9./10. November 1938 zur Geschichte der Juden in Pommern. Wissenschaftliche Beiträge der Ernst-Moritz-Arndt-Universität Greifswald. Greifswald 1989.

L. Donath: Geschichte der Juden in Mecklenburg von den ältesten Zeiten (1266) bis zur Gegenwart (1874). Auch ein Beitrag zur Kulturgeschichte Mecklenburgs. Nach gedruckten und ungedruckten Quellen. Leipzig Oskar Leiner 1874. Reprint von 1974 Dr. Martin Sändig Reprint Verlag H. R. Wohlwend. 1984, Ulrich Grotefend: Geschichte und rechtliche Stellung der Juden in Pommern. Von den Anfängen bis zum Tode Friedrichs des Großen, Marburg 1931.

Margret Heitmann/Julius H. Schoeps (Hrsg.): »Halte fern dem ganzen Lande jedes Verderben…« Geschichte und Kultur der Juden in Pommern. Hildesheim–Zürich–New York 1995.

Heinz Hirsch: Spuren jüdischen Lebens in Mecklenburg. Schwerin 1995.

Rudolf Hirsch/Rosemarie Schuder: Der gelbe Fleck. Berlin 1987, Wanda Kampmann: Deutsche und Juden. Frankfurt/Main 1979, Jüdisches Museum Rendsburg und Dr.-Bamberger-Haus (Hrsg.): Bestandsaufnahme jüdischer Spuren in Mecklenburg-Vorpommern. 1992.

Julius H. Schoeps u.a (Hrsg.): Menora. Jahrbuch für deutsch-jüdische Geschichte 1995. München–Zürich 1995.

Frank Schröder/Ingrid Ehlers: Zwischen Emanzipation und Vernichtung. Zur Geschichte der Juden in Rostock. Schriftenreihe des Stadtarchivs Rostock, Heft 9, Rostock 1988. Klaus Arlt, Ingrid Ehlers u. a.: Zeugnisse jüdischer Kultur. Erinnerungsstätten in Mecklenburg-Vorpommern, Brandenburg, Berlin; Sachsen-Anhalt, Thüringen und Sachsen etc. 1992.

Lothar Mertens

Optimistische Erwartung

Die Jüdische Gemeinde zu Dresden

In den alten Zentren jüdischen Lebens in Deutschland begann nach der Schoah und dem Ende des Zweiten Weltkrieges bereits im Sommer 1945 wieder ein zaghafter Neubeginn, der zunächst nur einen temporären Übergang darstellen sollte. Obgleich den meisten Überlebenden der Vernichtungslager ein Verbleib in Deutschland unvorstellbar erschien, mussten viele, infolge fehlender Emigrationsmöglichkeiten, zunächst doch in Deutschland verharren, so dass die Wiedergründungen der jüdischen Gemeinden zunächst rein organisatorische Maßnahmen darstellten. Dieser Neubeginn nach dem Untergang geschah in sog. Liquidationsgemeinden, die nur eine zeitlich befristete institutionelle Funktion übernehmen sollten. Von den einstmals 6000 jüdischen Einwohnern Dresdens lebten im Sommer 1945 lediglich noch zwölf Glaubensjuden in der Elbestadt,[1]) die im Spätsommer 1945 auch die »Jüdische Gemeinde zu Dresden« wiedergründeten.

Nachdem es in Polen im Sommer 1945 und 1946 zu pogromhaften Ausschreitungen der polnischen Bevölkerung gegen die rückkehrenden jüdischen KZ-Überlebenden gekommen war, begann eine jüdische Auswanderungswelle in die angrenzende Sowjetische Besatzungszone (SBZ), die auch in Dresden zu einem raschen Zuzug führte. Nach den Ergebnissen der Volkszählung in der SBZ von 1946 lebten in Dresden insgesamt 134 Juden, davon 54 männlichen und 80 weiblichen Geschlechts. Dabei ist auch zu berücksichtigen, dass es in der SBZ im Gegensatz zu den drei westlichen Besatzungszonen keine DP-Lager gab, wodurch die Versorgung und Integration der KZ-Überlebenden in noch stärkerem Maße zur Aufgabe der jüdischen Gemeinden wurde. Bezeichnend für die Wichtigkeit dieser zentralen Funktion in der Mangelgesellschaft der ersten Nachkriegsjahre ist das Verhalten des jüdischen Historikers Helmut Eschwege. Dieser war 1947 als britischer Staatsbürger aus Palästina in seine Heimatstadt zurückgekehrt. Im Frühjahr 1948 wandte sich Eschwege an die Wohlfahrtsabteilung des amerikanischen JOINT in Berlin. In seinem Schreiben bat er um Unterstützung, da seine Frau ein Kind erwartete und wegen des fehlenden Auslandspasses nicht mit ihm nach Palästina könne. Der Grund für seine Bitte: »Die hiesige jüdische Gemeinde anerkennt mich nicht als Mitglied, da ich Freidenker bin und sie nur religiöse Menschen aufnimmt.«[2]) Da dem »American Joint Distribution Committee« »diese Angaben nicht klar« waren, wandte sich der stellvertretender Direktor an die Dresdener Gemeinde mit der Bitte um eine Stellungnahme. Die Gemeindeleitung teilte in ihrer Antwort unmissverständlich mit, dass Eschwege kein Gemeindemitglied werden könne, »solange er sich nicht zur mosaischen Religion bekennt«. Schließlich sei man eine »Religionsgemeinde und keine Freidenkervereinigung.« Man wolle auf die religiöse Einstellung Helmut Eschweges »in

---

[1]) Adolf Diamant: Chronik der Juden in Dresden. Von den ersten Juden bis zur Blüte der Gemeinde und deren Ausrottung. Darmstadt 1973, S. 228.

[2]) Alle Zitatbelege mit Quellenangabe in Lothar Mertens: Davidstern unter Hammer und Zirkel. Die Jüdischen Gemeinden in der SBZ/DDR und ihre Behandlung durch Partei und Staat 1945–1990. Hildesheim 1997, hier S. 49f.

keinerlei Hinsicht einen Einfluß oder Druck ausüben«, jedoch beschränke sich die materielle Betreuung nur auf die Gemeindemitglieder, nicht aber die Personen jüdischer Herkunft. Für den Landesverband war es daher, ebenso wie für den JOINT, »abwegig«, Helmut Eschwege in die Betreuung aufzunehmen, solange er nicht einen Antrag auf Gemeindemitgliedschaft stellte. Eschwege trat daher am 1. Mai 1948 der jüdischen Gemeinde bei. Ohne sein eigenes Verhalten expressis verbis anzusprechen, konzedierte er in seinen Lebenserinnerungen, dass die Hilfssendungen des amerikanischen JOINT in den Nachkriegsjahren »häufig der Grund« gewesen seien, sich einer jüdischen Gemeinde anzuschließen.[3])

Von den 166 Personen, die im Sommer 1950 der jüdischen Gemeinde in Dresden angehörten, waren lediglich 23 Kinder und Jugendliche unter 16 Jahren. Acht Personen waren zwischen 15 und 25 Jahren, 40 zwischen 25 und 40 Jahren, 75 zwischen 40 und 59 Jahren, und 39 waren älter als sechzig Jahre. Deutlich ist die Überalterung erkennbar. In allen Gemeinden der DDR war mehr als Hälfte der Mitglieder älter als 45 Jahre. Besonders ausgeprägt war dies in Magdeburg, wo drei Viertel der Gläubigen dieser Altersgruppe angehörten. Etwas günstiger sah es hingegen in Dresden aus, wo es im Gegensatz zu den anderen DDR-Gemeinden auch noch einige schulpflichtige Kinder gab. Prominentestes Mitglied des Gemeindevorstands war Leon Löwenkopf.

Doch die friedfertigen Zeiten der ersten Nachkriegsjahre endeten rasch. Danach bestimmte ein antisemitisches Klima in der im Jahre 1949 gegründeten DDR die aktuelle Tagespolitik der fünfziger Jahre. Allein im Januar 1953 flohen mehr als 400 Juden aus der DDR in den Westen. Vorangegangen war am 4. Januar 1953 die Drohung des SED-Zentralkomitees, alle Westemigranten auf ihre politische Zuverlässigkeit zu überprüfen, sowie am 14. und 15. Januar 1953 die Erklärungen des deutsch-amerikanischen Rabbiners N. Peter Levinson und des Vorsitzenden der jüdischen Gemeinde der geteilten Stadt, Heinz Galinski, die den in der DDR sich wieder artikulierenden Antisemitismus verurteilten und zugleich alle Bedrohten aufforderten, in den Westen zu fliehen, wo ihnen Hilfe und wohlwollende Aufnahme zuteil werde. Der Dresdener Gemeindevorsitzende Löwenkopf,[4]) der ebenfalls im Januar 1953 aus der DDR floh,[5]) hatte beispielsweise noch im Frühjahr 1952 in mehreren Rede- und Zeitungsmanuskripten den Staat DDR unkritisch gelobt und die Situation der jüdischen Bürger in diesem Staat, auch im Vergleich zur Bundesrepublik Deutschland, ausdrücklich positiv hervorgehoben.

Nach SED-Meinung trat in Dresden nach der Flucht Löwenkopfs in der Gemeinde »eine Verwirrung auch in politischer Hinsicht ein«. Nach Darstellung der örtlichen Staatsorgane dauerte es fast ein dreiviertel Jahr, bis die jüdische Gemeinde sich »wieder gefunden hatte«. Neuer Vorsitzender wurde der Dipl.-Chemiker Dr. Walter Friedländer, der – zumindest nach Darstellung des Rates des Bezirkes Dresden – jedoch wohl mehr Wissenschaftler als Politiker war. Der parteilose Friedländer, Angestellter in einem Chemiewerk, leitete die Gemeinde von 1953 bis 1956, ehe er 1958 selbst in den Westen floh. Dem neugebildeten Vorstand gehörte auch bereits Friedländers Nachfolger Helmut Aris an, der zwar SED-Mitglied war, nach Auffassung der Behörden des Bezirks Dresden dies jedoch nicht »aktiv und bewußt« manifestierte und daher nur als »Parteibuchträger« angesehen werden könne. Jedoch war Aris seit März 1954 unter dem Decknamen »Lanus«[6]) als Spitzel für die Bezirksverwaltung

---

[3]) Helmut Eschwege: Fremd unter meinesgleichen. Erinnerungen eines Dresdner Juden. Berlin 1991, S. 153.
[4]) Nora Goldenbogen: »Säuberungen« und Antisemitismus in Sachsen (1949–1953). In: Mario Keßler (Hg.): Arbeiterbewegung und Antisemitismus. Entwicklungslinien im 20. Jahrhundert. Bonn 1993, S. 121–128.
[5]) Helmut Eschwege: Die erneute Vertreibung der Juden. Voller Angst verließ 1952/53 ein Drittel der jüdischen Gemeindemitglieder die DDR. In: Leipziger Volkszeitung, 21./22. Juli 1990, S. 10.
[6]) BStU Dresden, Reg. 676/54, angeworben am 1. März 1954.

Dresden des damaligen Staatssekretariats für Staatssicherheit tätig. Helmut Eschwege hingegen trat, um einem drohenden SED-Parteiausschlußverfahren zu entgehen, im März 1953 wieder aus der Gemeinde aus.[7]) Ungeachtet dieses vorbeugenden Opportunismus wurde er dennoch aus der »Partei der Arbeiterklasse« ausgeschlossen. Darum trat er im Jahre 1956 in der Tauwetter-Periode nach dem XX. Parteitag der KPdSU und den Enthüllungen Chruschtschows über die Stalin-Ära wieder in die jüdische Gemeinde ein. Die allgemeine Westflucht und die starke Überalterung führten zu einem kontinuierlichen Niedergang in der Mitgliederzahl. Hatten im Dezember 1952 noch 159 Gläubige der Gemeinde angehört, waren es im März 1953 nur noch 116 Mitglieder. In der Zwischenzeit war jedoch nur ein Todesfall zu beklagen, so dass die Differenz von mehr als dreißig Personen vor allem auf Austritte (wie z. B. Helmut Eschwege) oder auf Flucht in den Westen (»unbekannt verzogen«) zurückzuführen war. Problematisch für die Gemeindezukunft war dabei der Verlust von zwei Drittel der Kinder, d. h. ein Rückgang von 22 auf 7 minderjährige Mitglieder innerhalb kurzer Zeit. Damit war die Gemeinde bereits im Frühjahr 1953 ihrer langfristigen Perspektive verlustig gegangen. Im November 1954 umfaßte die Dresdener Gemeinde schließlich nur noch 96 Personen, darunter 46 Männer, 43 Frauen, vier Jungen und drei Mädchen. Durch den Zusammenschluss mit der in den späten 1940er Jahren gegründeten kleinen Gemeinde im nahen Görlitz Mitte der 1950er Jahre stieg die Zahl der Gemeindemitglieder im Herbst 1956 wieder kurzzeitig auf 112 Personen an, um danach über die Jahrzehnte aufgrund der fortschreitenden Überalterung kontinuierlich abzusinken. Von den 81 Mitgliedern im Sommer 1976 waren nur noch vier jünger als 15 Jahre, während fast die Hälfte (37) mit über 60 Jahren im Rentenalter war. Diese Verteilung zeigt die hohe Überalterung in den DDR-Gemeinden deutlich auf,[8]) wobei Dresden die einzige der acht Gemeinden war, in der noch nicht mehr als die Hälfte der Mitglieder im Rentenalter war. Jugendliche und junge Erwachsene bis 30 Jahre bildeten in der sächsischen Elbmetropole immerhin noch fast ein Drittel der Gemeindemitglieder, während in Ost-Berlin, Halle/S. und Magdeburg bereits zwei Drittel der Mitglieder älter als 60 Jahre waren. Da die Gemeinden sich strikt auf die religiös-kulturelle Aufgaben beschränkten und kaum öffentlich in Erscheinung traten, entstand mitunter der Eindruck von »lebendigen Museumsstücken«.[9])

Seit den frühen fünfziger Jahren wurden die jüdischen Gemeinden auch von den staatlichen Sicherheitskräften permanent überwacht.[10]) Neben dem allgegenwärtigen Ministerium für Staatssicherheit waren es vor allem die lokalen Dienststellen der Deutschen Volkspolizei, welche Erkundigungen über die Gemeinden und ihre Mitglieder einzogen. Die oftmals rudimentären Angaben entbehren nicht einer gewissen Ironie, da sie neben dem staatlichen Überwachungsdrang zugleich die individuelle Unwissenheit der Polizeikräfte dokumentierten. So heißt es in einem Überwachungsbericht über die Dresdener Gemeinde vom 1. Nov. 1955, dass Gesetzesverletzungen nicht vorgekommen seien. Es habe auch keine Verleitung zur Republikflucht oder den widerrechtlichen Empfang von Westpaketen gegeben. Das Alter der Gemeindemitglieder wurde nur pauschal mit zwischen 45 und 84 Jahren angegeben, ungeachtet der Jugendlichen und Kinder. Von der Sozialstruktur her waren die Gemeinde-

[7]) Archiv des Centrum Judaicum, Berlin, 5 B1, Nr. 15; Schreiben der Jüdischen Gemeinde Dresden an den Verband vom 20. Apr. 1953. Siehe auch Eschwege, Erinnerungen, S. 154.

[8]) Yizhak Ahren: Vom Aussterben bedroht. Die Lage der jüdischen Gemeinden in der DDR. In:TRIBÜNE, 23. Jg. (1984), H. 92, Frankfurt/M., S. 78–85.

[9]) Peter Honigmann: Nur noch lebendiges Museumsstück? Über das Problem, in der DDR ein Jude zu sein. In: TRIBÜNE, 24. Jg. (1985), H. 96, Frankfurt/M., S. 146–151.

[10]) Helmut Eschwege: Unheimliche Begegnungen der diskriminierenden Art. In der Vergangenheit wurden viele Bürger der DDR durch die Staatssicherheit verfolgt. In: Allgemeine jüdische Wochenzeitung, 26. Apr. 1990, S. 11.

mitglieder Angestellte, Rentner und Hausfrauen. Der Besitz größerer Vermögenswerte war nicht bekannt. Die Zusammenkünfte fanden der Volkspolizei zufolge in Privatwohnungen statt. Da die einstige Leichenhalle des Friedhofs an der Fiedlerstraße jedoch bereits in den Jahren 1949/50 zur Synagoge umgebaut worden war und von der Gemeinde auch für Gottesdienste genutzt wurde, konnte es sich bei dieser Angabe nur um einen Fehler der Volkspolizei handeln. Die Leichenhalle des jüdischen Friedhofs war zur Synagoge umgebaut worden, weil alle Dresdner Synagogen zerstört worden waren – entweder während der Reichspogromnacht im November 1938 oder durch Bombardements. Den Davidstern, der einst der Turm der von Gottfried Semper erbauten Synagoge schmückte, hatte ein Feuerwehrmann in der Pogromnacht heimlich an sich genommen und bis Kriegsende versteckt. Nun krönte er das Dach der früheren Trauerhalle.

Wie souverän und unangefochten der langjährige Vorsitzende Hermann Baden aus Halle den Verband der jüdischen Gemeinden in der DDR geführt hat, zeigte sich nach seinem Tode bei der Suche eines Nachfolgers. Da es unter den Mitgliedern des Verbandsvorstands keinen »Kronprinzen« gab, kam es zu verbalen Diadochenkämpfen unter den Gemeindevorsitzenden, die ihre verschiedenen Verbandsfunktionen als Nachweis ihrer Befähigung für die Leitung anführten. So schlug im Mai 1962 die »Jüdische Gemeinde zu Dresden« Helmut Aris für die anstehenden Vorstandswahlen des Verbandes vor. Während seiner bisherigen vierjährigen Tätigkeit im Vorstand des Verbandes habe er gute Arbeit geleistet und erfolgreich im Redaktionskollegium des »Nachrichtenblattes der Jüdischen Gemeinden in der DDR« sowie in der Kommission »Kinderferienlager« mitgearbeitet. Anlässlich der außerordentlichen Verbandstagung am 24. Juni 1962 wurde Helmut Aris zum Verbandspräsidenten gewählt. Dieses Amt hatte er dann, ebenso wie Gemeindeleitung in Dresden, bis zu seinem Tode im Jahre 1987 inne. Der Verbandssitz wurde von Halle/S. nach Dresden, an den Wohnort des neuen Vorsitzenden, verlegt. Ein Zeichen der staatlichen Anerkennung von Aris' politischer Loyalität war die Sondergenehmigung der DDR-Behörden, auf Grund der er seit dem Sommer 1969 die westdeutsche »Allgemeine jüdische Wochenzeitung« sowie das »Israelitische Wochenblatt« aus Zürich beziehen durfte, die ansonsten für DDR-Bürger nicht zugänglich waren.

Die Bestattung von Helmut Aris in Dresden im Dezember 1987 wurde im übrigen vom Staatssekretariat generalstabsmäßig geplant, insbesondere die Einladung der ausländischen Repräsentanten. Für die Unterbringung der hochrangigen Gäste im Dresdener Interhotel »Newa« (heute Hotel »Mercure«) wurde vom Staatssekretariat für Kirchenfragen extra bei Staatssekretär Alexander Schalck-Golodkowski, dem Leiter des Bereiches »Kommerzielle Koordinierung«, eine Genehmigung zur Abrechnung aller Leistungen in Mark der DDR statt der üblichen Valuta eingeholt. Nachfolger von Helmut Aris als Dresdener Gemeindevorsitzender wurde das langjährige Vorstandsmitglied Roman König, der bereits dem Vorstand des Verbandes angehörte.

Schwerwiegend war der ideologische Druck, der in den siebziger und achtziger Jahren auf den Dresdener Historiker Eschwege ausgeübt wurde. Im Sommer 1982 wandte sich Helmut Eschwege daher an den Leiter der Abt. Wissenschaft im SED-Zentralkomitee, Hannes Hörnig, und beschwerte sich über die Kampagne, die das Rektorat der Technischen Universität Dresden gegen ihn als Mitarbeiter der Hochschule führte und die in der Forderung nach einer persönlichen Erklärung zum aktuellen Nahost-Krieg gipfelte. Eschwege forderte Hörnig auf, zu überprüfen, »welche Regierungs- oder SED-Instanz« es sei, die ihn diesbezüglich drangsaliere. Einen Durchschlag des Schreibens sandte Eschwege außerdem an Klaus Gysi. Wie Eschwege in seinem Begleitschreiben an den damaligen DDR-Staatssekretär für Kirchenfragen mutmaßte, würden die Parteifunktionäre in der Verwaltung der Technischen Universität ihn »wohl als Faustpfand bei der Verteidigung der PLO« betrachten.[11]) Wie auf dem Briefkopf handschriftlich vermerkt ist, wurde die Angelegenheit von Klaus Gysi mit dem SED-Zentralkomitee telefonisch geklärt und die Forderung nach einer Erklärung »abgeblasen«, da man ein solches Ansinnen nicht an einen Siebzigjährigen richten sollte. Doch dies war lediglich die Meinung des Staatssekretärs für Kirchenfragen. Denn wie Helmut Eschweges Stasi-Akten belegen, intensivierte das Ministerium für Staatssicherheit zeitgleich im Juni 1982 die Überwachung dieses kritischen DDR-Bürgers, u. a. durch eine konspirative Wohnungsdurchsuchung und den Einbau einer Abhörwanze in Eschweges Privatwohnung.[12]) Dies dokumentiert eindrücklich die permanenten Schwierigkeiten, die durch eine engagierte Zugehörigkeit zu einer Religionsgemeinde im atheistischen Staat DDR entstanden.[13])

Symptomatisch für die geringer werdende Bedeutung der jüdischen Gemeinden in der DDR war das Rabbinerproblem.[14]) Seit dem Tode von Martin Riesenburger im Jahre 1965 besaß keine Gemeinde mehr einen eigenen Rabbiner. Selten, und dann war es eine gebührende Erwähnung im »Nachrichtenblatt der Jüdischen Gemeinden in der DDR« wert, war ein ausländischer Rabbiner an den jüdischen Festtagen in einer Gemeinde als hilfreicher Gast zugegen. Etwas besser war die Situation in Dresden, wo zwischen 1968 und 1988 an den hohen Feiertagen zumeist der Budapester Kantor Laszlo Lugosi amtierte.

Die tiefgreifenden politischen und gesellschaftlichen Veränderungen im Oktober/November 1989 in der DDR leiteten auch im jüdischen Leben einen Wandel ein. So betonte das Präsidium des Verbandes der jüdischen Gemeinden in der DDR nach einer außerordentlichen Verbandstagung am 4. November 1989 in Dresden in einer Erklärung: »Viele unserer Mitglieder haben sich in der Vergangenheit sehr bewußt für die gesellschaftliche Entwicklung engagiert. Aus diesem Grunde bestehen wir darauf, bei der Um- und Neugestaltung des öffentlichen Lebens keine Abstriche an der die DDR von Anfang an bestimmenden antifaschistischen Grundhaltung zuzulassen.«[15]) Gleichzeitig wurde es als »Pflicht« angesehen, »einige Probleme anzusprechen, die unser spezifisch jüdisches Interesse betreffen.« Dazu gehörten u. a.: die deutlichen Defizite in der Aufarbeitung der deutschen Geschichte und im Geschichtsunterricht der Schulen. Nach der Verbandserklärung vom November 1989 traten die jüdischen Gemeinden nur noch einmal, wenige Wochen später, öffentlich in Erscheinung, als sie sich in einer zweiten Verbandserklärung u. a. für den Fortbestand der Zweistaatlichkeit Deutschlands aussprachen und in deutlicher Distanz zum sog. »Zehn-Punkte-Plan zur Deutschen Einheit« von Bundeskanzler Helmut Kohl betonten, daß »die deutsche Frage genauso offen ist wie die Zukunft Europas«.[16]) Darüber hinaus forderten die Gemeinderepräsentanten, vollkommen systemstabilisierend, angesichts der Fluchtwelle aus der

---

[11]) Zit. in Mertens, S. 129 (Anm. 2).

[12]) Horst Seferens: Heimliches Schielen auf den »Stützpunkt des Gegners«. Unter dem Decknamen »Zionist«: Der Dresdener Historiker Helmut Eschwege staunte nicht schlecht, als er jetzt Gelegenheit hatte, seine Stasi-Akten zu studieren. Als Feind der DDR vierzig Jahre lang im Visier der Stasi bespitzelt und gemaßregelt. In: Allgemeine jüdische Wochenzeitung, 22. Okt. 1992, S. 15.

[13]) Siehe auch Peter Honigmann: Über den Umgang mit Juden und jüdischer Geschichte in der DDR. In: Siegfried Theodor Arndt/Helmut Eschwege/Peter Honigmann/Lothar Mertens: Juden in der DDR. Geschichte, Probleme, Perspektiven. Köln 1988, S. 101–123.

[14]) Zum kurzfristigen Aufenthalt von Rabbiner Neuman siehe Lothar Mertens: Achtzehn Jahre dauerte die Vakanz. Rabbiner Isaac Neuman aus den USA übernahm sein Amt in der DDR. In: TRIBÜNE, 26. Jg. (1987), H. 104, Frankfurt/M., S. 8–11.

[15]) Lothar Mertens: Die Kinder Mose im Staate Marx. Die jüdischen Gemeinden in der ehemaligen DDR. In: Andreas Nachama/Julius H. Schoeps (Hg.): Aufbau nach dem Untergang. Deutsch-jüdische Geschichte nach 1945. In memoriam Heinz Galinski. Berlin 1992, S. 285–295.

[16]) Siehe Lothar Mertens: Der politische Umbruch in der DDR. Bemerkenswerte Stellungnahmen der Jüdischen Gemeinden. In: TRIBÜNE, 29. Jg. (1990), H. 113, Frankfurt/M., S. 124–132.

DDR die Bundesregierung auf, die an Artikel 116 des Grundgesetzes der Bundesrepublik Deutschland geknüpften Rechte außer Kraft zu setzen, da diese viele Menschen zum Verlassen der DDR ermutigen würden.[17]) Die nach der Vereinigung der Ost-Berliner Gemeinde mit der West-Berlins verbliebenen sieben DDR-Gemeinden bildeten im Sommer 1990 zusammen mit der neugegründeten Potsdamer Gemeinde zwei Landesverbände, die dann dem bundesdeutschen Dachverband, dem »Zentralrat der Juden in Deutschland«, im August 1990 geschlossen beitraten. Den Landesverband Sachsen/Thüringen bilden die Gemeinden in Chemnitz, Dresden, Erfurt und Leipzig.

Die Dresdener Gemeinde unter Roman König zählte im Herbst 1989 lediglich noch 59 Mitglieder. Die staatliche Vereinigung[18]) und der zeitgleich erfolgende Zustrom von Zuwanderern aus der ehemaligen Sowjetunion verdoppelten jedoch die Zahl der Dresdner Gemeindemitglieder innerhalb weniger Jahre auf mehr als 120 Personen,[19]) wodurch auch die jüdische Gemeinde der Elbestadt vor schwierige Integrationsaufgaben gestellt wird.

Ein deutliches Zeichen für das Erstarken des jüdischen Lebens in Dresden ist der geplante Synagogenneubau. Die Kosten werden bei ca. 17 Millionen Mark liegen, von denen bereits 1,1 Millonen durch Spenden zusammengetragen wurden.[20]) Aufgrund der anhaltenden Zuwanderung aus den GUS-Staaten hat sich die jüdische Gemeinde in der Elbestadt bis 1998 gegenüber dem DDR-Ende auf über zweihundert Mitglieder verdreifacht. Für die Betreuung der rund 600 Juden, die heute insgesamt in Sachsen in den Städten Chemnitz, Dresden und Leipzig leben, ist seit Januar 1998 wieder ein Rabbiner zuständig; der letzte war im Jahre 1939 emigriert. Außerdem wurde eine Religionslehrerin eingestellt, welche die rund 50 Kinder betreut.

Der große Mitgliederzuwachs durch die osteuropäischen Zuwanderer hat die Zukunftsaussichten der kleinen »Jüdischen Gemeinde zu Dresden« wieder deutlich verbessert, sodass sich die pessimistische Perspektive der achtziger Jahre zu einer optimistischen Erwartung in den neunziger Jahren gewandelt hat.

---

[17]) Siehe auch Ursula Homann: Brauchen die Deutschen einen gemeinsamen Staat? Jüdische Befürchtungen vor einem Wiederaufleben des Antisemitismus. In: TRIBÜNE, 29. Jg. (1990), H. 114, Frankfurt/M., S. 122–128.

[18]) Herbert Lappe: Ich fühle mich für Deutschland zuständig. In: Robin Ostow: Juden aus der DDR und die deutsche Wiedervereinigung. Elf Gespräche. Berlin 1996, S. 58–76.

[19]) Herbert Lappe: Jüdisches Leben. Erfahrungen eines Ostdeutschen. In: Günther B. Ginzel (Hg.): Der Anfang nach dem Ende. Jüdisches Leben in Deutschland 1945–1995. Düsseldorf 1996, S. 260–267, S. 261 u. S. 266.

[20]) Ralf Hübner: Eine Synagoge für Dresden. Architekturwettwerb für ein neues Gotteshaus abgeschlossen. In: Allgemeine jüdische Wochenzeitung, 24. Juni 1997, S. 9.

Ursula Homann

Juden in Hessen

Geschichte und Gegenwart

Im Jahr 1925 beherbergte Frankfurt am Main mit knapp 30 000 jüdischen Einwohnern, nach Berlin, die zweitgrößte jüdische Gemeinde in Deutschland. Aber nicht nur das, durch das politische Gewicht dieser Gemeinde und den Ruf seiner Rabbiner, deren Entscheidungen überall in Europa respektiert und als bindend angesehen wurden, war die Mainmetropole jahrhundertelang ein wichtiges Zentrum jüdischen Lebens. Seine innerreligiösen Auseinandersetzungen waren ebenso wegbereitend für die Ideen der jüdischen Aufklärung, der Haskala, wie die in Berlin. Zu Recht galt die Stadt daher lange Zeit als das »Jerusalem des Nordens«.

Die heutige Jüdische Gemeinde Frankfurts kann sich mit der früheren, durch das Nazi-Regime brutal zerstörten Gemeinde zwar nicht messen, gleichwohl ist sie mit ihren mehr als 7000 Mitgliedern (von vier hessischen Juden leben etwa drei in Frankfurt) die aktivste Gemeinde in der Bundesrepublik. Bis zur Vereinigung der beiden deutschen Nachkriegsstaaten war Frankfurt unbestritten die Stadt, mit der man jüdisches Leben in Deutschland nach 1945 am ehesten identifiziert hat. Zudem stößt man noch heute hier auf Spuren vergangenen jüdischen Daseins, die deutlich machen, wie segensreich das Wirken vieler Juden Kultur und Wohlergehen dieser Stadt beeinflußt haben. Allerdings war ihr Zusammenleben mit den Frankfurter Nichtjuden keineswegs immer durch Eintracht, freundschaftliches Miteinander oder fairen Streit geprägt. Auch davon künden verdeckte Spuren. Man schaue sich nur einmal den Frankfurter Dom an (ihm direkt gegenüber stand einst die erste Synagoge). Am Portal des Domes sieht man Josef in mittelalterlicher Kleidung – mit einem Judenhut. Offensichtlich war ihm die Aufgabe zugedacht worden, die Juden zum Konvertieren zu bewegen. War man doch in der Vergangenheit keineswegs gewillt gewesen, selbst in Zeiten nicht, in denen man Juden unter sich duldete, diese ihren Glauben leben zu lassen und in ihrem Selbstverständnis zu akzeptieren. Werfen wir also einen Blick auf die jüdische Geschichte in Frankfurt und in Hessen.

Wahrscheinlich lebten schon seit dem 11. Jahrhundert, zumindest aber seit 1180, Juden in Frankfurt. Im Laufe der nächsten beiden Jahrhunderte entstanden auch im übrigen Bereich des heutigen Landes Hessen weitere Judengemeinden, wie etwa in Bingen, Lorch, Oppenheim, Friedberg, Münzenberg, Fulda, Fritzlar, Nidda und Wolfhagen. Der nordöstlich von Frankfurt zwischen Friedberg und Hanau gelegene Ort Windecken hatte von 1288 bis 1941, also mehr als 650 Jahre, ununterbrochen einen jüdischen Bevölkerungsteil.

In Kassel beginnt die Geschichte der Juden im 13. Jahrhundert. Schon 1262 werden hier die Judengasse und 1318 der Grundbesitz einer Jüdin erwähnt. Die erste Gemeinde entstand 1398. Vermutlich hat auch in Marburg im 13. und 14. Jahrhundert eine große jüdische Gemeinde existiert. Wie überall in Deutschland kam es auch im heutigen Hessen immer wieder zu Krisen zwischen Juden und Christen sowie zu Verfolgungen und Vertreibungen. Eine der Verfolgungswellen begann Ende März 1349 mit einem Massaker in Fulda. Sie erreichte ihren traurigen Höhepunkt mit der Ermordung der Gelnhauser Juden und der Vernichtung der Frankfurter Judengemeinde und einer Reihe kleinerer Gemeinden in der Umgebung. Nur wenigen Juden gelang die Flucht. Nach einiger Zeit kam es sporadisch wieder zu ersten jüdischen Ansiedlungen, 1360 in Frankfurt und 1368 in Kassel.

FRANKFURT UND SEINE JUDENGASSE

Seit Beginn des 15. Jahrhunderts reglementierte in Frankfurt der Rat der Stadt das Leben der Juden durch zahlreiche Vorschriften. 1460 entschloss sich der Rat auf Drängen von Kaiser Friedrich III. und der Kirche, die Juden aus den Straßen am Dom in eine winzige entlegene Gasse umzuquartieren. Daraufhin wurde am Wollgraben, dem städtischen Abwasserkanal gegenüber der alten staufischen Stadtmauer in einem wenig bewohnten Teil der damaligen Neustadt, eine zweite Mauer errichtet. So entstand zwischen den beiden Mauern eine knapp 300 Meter lange und 3 bis 4,5 Meter breite Gasse – von den Juden »Neu-Ägypten« genannt – mit drei Toren, die nachts und an Sonn- und Feiertagen geschlossen wurden. Hier lebte fortan bis zum Einmarsch der Truppen Napoleons die jüdische Gemeinde mit all ihren Einrichtungen und unterschiedlichen Menschen: Erwachsene und Kinder, Kranke und Gesunde, Arme und Reiche; Hausierer unmittelbar neben Hoffaktoren und den Baruchs, Sterns, Schönbergs und Rothschilds, deren Gründer Meyer Amschel Rothschild in der Judengasse, im Wohnhaus »Zum roten Schild«, lebte. Auch berühmte Schriftgelehrte und Rabbiner stammten von dort. Erwähnt sei nur der Dichter Ludwig Börne (1786–1837), der ursprünglich den Namen Löb Baruch trug. Anfangs wohnten in der Judengasse etwa 100 Leute in 15 Häusern, um 1560 waren es bereits über 1000 in 77 Häusern (Frankfurt hatte zu diesem Zeitpunkt insgesamt ungefähr 12 000 Einwohner) und um 1600 rund 2700. Das Anwachsen der jüdischen Bevölkerung führte, wie man sich denken kann, zu einer immer dichteren Bebauung der Gasse.

Während die Juden ihr Getto möglichst nicht verlassen sollten, wurden den Christen freundschaftliche oder gesellige Beziehungen mit Juden untersagt. Die weltlichen Machthaber fürchteten wohl auch Übergriffe des Pöbels auf Juden, und diese wiederum fühlten sich in der Zeit der Verfolgungen hinter Mauern und geschlossenen Toren sicherer als draußen. Auf diese Weise überlebte die Frankfurter Judengemeinde die Vertreibungen des 16. Jahrhunderts, die mörderischen Umtriebe des Judentäuflings Pfefferkorn und Ritualmordbezichtigungen. Die besonnene Haltung des Rates und eine Reihe günstiger Konstellationen in Krisensituationen sorgten mit dafür, dass Frankfurt eine Art Bollwerk des deutschen Judentums wurde. Zugleich entwickelte sich die Mainmetropole zum Anziehungspunkt für Juden aus dem Umkreis, die im 16. Jahrhundert in großer Zahl aus den benachbarten Orten im Rhein-Main-Gebiet und aus Süddeutschland hierher kamen, entweder weil man sie aus den Städten und Territorien des Reiches vertrieben hatte oder weil sie von den wirtschaftlichen Chancen, die Frankfurt bot, angelockt wurden. Der stark verschuldete Rat duldete die Einwanderung, da ihm die Steuern der eingewanderten Juden zusätzliche Einnahmequellen bescherten.

Um 1612 erschütterten heftige Auseinandersetzungen zwischen der Bürgerschaft und dem Rat die Stadt. Die Bürger verlangten die Reduzierung des von den jüdischen Geldverleihern geforderten Zinssatzes. Als die Konflikte eskalierten, überfielen Frankfurter Bürger und Handwerksgesellen unter Führung des Handwerkers Vinzenz Fettmilch die Judengasse. Die Juden wurden aus der Stadt gewiesen und verließen diese auf Schiffen. Der

Kaiser und benachbarte Fürsten griffen jedoch sofort ein, sodass der Aufstand gegen den Rat schnell zusammenbrach. Die Anführer der Bürgerschaft wurden hingerichtet und die Frankfurter Juden unter dem Geleit kaiserlicher Truppen in die Judengasse zurückgeführt. Zur Erinnerung an ihre Errettung feierten die Frankfurter Juden seit jener Zeit an diesem Tag das Vinzenz-Purim-Fest. Ihr bisheriges dreijähriges Aufenthaltsrecht wurde nun in ein unbefristetes Bleiberecht umgewandelt. Hin und wieder brachen in der Judengasse schlimme Brände aus, zum Beispiel im Januar 1711 im Haus des Rabbiners Naphtali Cohen. Da dieser Feuersbrunst fast sämtliche Häuser der Judengasse zum Opfer gefallen waren, gewährten christliche Bürger der Stadt obdachlos gewordenen Juden Unterkunft. Kaum aber waren die Schäden behoben, wurde der alte Zustand auf Anordnung des Rates wieder hergestellt. 1721 brannte der Nordteil der Gasse ab, und 1774 wurde ein Teil der Judengasse abermals durch ein Großfeuer zerstört. Viele Familien erlitten große materielle Verluste und verarmten.

Beim Löschen des letzten Brandes soll sogar der junge Johann Wolfgang Goethe mitgeholfen haben. In seiner Kindheit hatte auf ihn die enge dunkle, von Menschen wimmelnde Judengasse den Eindruck eines düsteren Geheimnisses gemacht, das ihn einerseits abstieß und andererseits seine Neugierde weckte. Die jiddische Sprache in ihrer besonderen Frankfurter Ausprägung wiederum empfand er im Alter von zehn Jahren als »barock und unerfreulich«.

Aber zurück zur Judengasse. Die Juden blieben dort bis 1796, als französische Truppen Frankfurt und den Nordteil der Judengasse in Brand schossen, sodass die Juden erneut gezwungen waren, sich in anderen Teilen der Stadt Unterkünfte zu suchen. Inzwischen hatte auch in Frankfurt die Diskussion um die rechtliche Gleichstellung begonnen. Infolgedessen brauchten die Juden nach dem Wiederaufbau der Häuser nicht mehr in ihre alte Gasse zurückzukehren. Da aber die Mauern des Ghettos letztlich nicht durch eine liberale Verfügung des Stadtrates niedergerissen worden waren, sondern durch französische Revolutionsheere, bedankte sich die jüdische Gemeinde später bei Napoleon mit einer Ode. Als 1811 die Frankfurter Juden offiziell die Erlaubnis erhalten hatten, sich auch in den übrigen Stadtteilen niederzulassen, folgten ihr freilich nur die Wohlhabenderen, die Ärmeren blieben zurück. Zu ihnen gesellten sich nun auch arme Christen. Allerdings waren inzwischen statt der engen Fachwerkhäuser großzügige Bauten im klassizistischen Stil errichtet worden. Das Bankhaus der Familie Rothschild beispielsweise nahm jetzt den Raum von fünf abgebrannten Häusern ein. Später wurde die Judengasse ganz abgerissen und geriet in Vergessenheit. Man erinnerte sich erst wieder an sie, als im Herbst 1987 bei Erdarbeiten der Stadtwerke siebzehn Kellerfundamente freigelegt wurden. Die Reste dieser unwiederbringlich verlorenen steinernen Zeugen deutsch-jüdischer Stadtgeschichte – ein erheblicher Teil fiel trotz Protesten engagierter Bürger dem Bauprojekt zum Opfer – sind heute in dem »Museum Judengasse« zu besichtigen.

DIE JÜDISCHE GEMEINDE ZU KASSEL

Auch in Kassel war das Schicksal der jüdischen Gemeinde vom Wohlwollen der jeweiligen Herrscher abhängig. 1524 verwies Landgraf Philipp der Großmütige die Juden für kurze Zeit des Landes. Doch schon 1532 wurde ihnen der Aufenthalt in Hessen wieder erlaubt, nachdem 1530 Michel Jud of Berenburg für zehn Jahre als Hofbankier zugelassen worden war. 1539 wurde die Zahl der Juden auf einige Familien und ihre Tätigkeit auf nur wenige

Berufszweige beschränkt. Unter ihnen gab es einen Arzt und einige Seidensticker. Jetzt wurde eine neue, verhältnismäßig milde Judenordnung erlassen, in der Landgraf Philipp von Hessen die Bestimmungen des Römischen Rechts in einem für Juden günstigeren Sinne auslegte. Glaubte er doch, er könne auf diese Weise die jüdische Minderheit in das Christentum integrieren und sie als Juden unversehens von der Bildfläche verschwinden lassen. So verfügte er, dass Juden jeden Sonntag die christlichen Gottesdienste besuchen sollten. Ähnliche Anstalten traf hundert Jahre später, 1647, die regierende Landgräfin Amalie Elisabeth. Die Eschweger Juden mussten zum Beispiel alle sechs Wochen auf dem Rathaus erscheinen, um sich durch christliche Geistliche im Christentum unterweisen zu lassen. Wer sich nicht einfand, wurde hart bestraft. Um den Bekehrungsversuchen der Landgräfin Amalie Elisabeth zu entgehen, kehrten nicht wenige Juden ihrem Heimatort den Rücken. Subtiler fiel dagegen die Diffamierung der Juden durch Christian Dohm aus. Dohm, ein Freund von Moses Mendelssohn und Dozent am Carolinum in Kassel, veröffentlichte 1781 die Schrift: »Über die bürgerliche Verbesserung der Juden«, in der er die angeblichen Mängel des jüdischen Charakters auf den Druck zurückführte, unter dem Juden bisher leben mussten. Dohm forderte die bürgerliche Gleichstellung der Juden, denn durch sie werde, meinte er gönnerhaft, ihre »sittliche und religiöse Hebung von selbst erfolgen«.

JUDEN IM HESSISCHEN ODENWALD

In Michelstadt, dem Handelsmittelpunkt des Odenwaldes, erschienen die ersten Juden um 1560 als Pächter der gräflichen Münze. Ihre Hauptaufgabe war nicht das Prägen von Geld, sondern die Beschaffung von Silber für die Münzherstellung, wobei ihnen ihre internationalen Beziehungen zustatten kamen. Um 1658 bestand die Judengemeinde Michelstadt aus zwei Familien und erreichte ihren höchsten Stand um 1860 mit rund 200 Seelen. Im übrigen Kreisgebiet hatten sich seit 1680 in Höchst, seit 1700 in Bad König, seit 1760 in Neustadt, seit 1800 in Reichelsheim und in Beerfelden ebenfalls kleine jüdische Gemeinden gebildet, die im Bezirksrabbinat Michelstadt zusammengefasst waren und von diesem betreut wurden. In Erbach haben dagegen nie Juden gewohnt, obwohl sich das Grafenhaus Erbach ihrer Dienste in Geldangelegenheiten gern bediente.

Manchmal zeigten sich die weltlichen Herrscher gegenüber den in ihrem Herrschaftsbereich ansässigen Juden humaner und christlicher als ihre Untertanen und die erlauchte Geistlichkeit. Als die Städte 1657 den Landgrafen zur Vertreibung der Juden aufforderten, trat er diesem Ansinnen mit der Bemerkung entgegen: »Dass die Juden aus dem Lande vertrieben und unter den Christen nicht mehr geduldet werden, ist göttlichen und menschlichen Rechten zuwider.« 1694 bestimmte der Landgraf Ernst von Hessen-Rotenburg: »Des Scheltens auf die Juden haben sich die christlichen Prediger in den Predigten zu enthalten.«

Mit der Französischen Besetzung nahm die Geschichte der hessischen Juden nicht nur in Frankfurt eine für sie durchaus erfreuliche Wendung. Nach 1807 wurde Kassel Residenz des Königreichs »Westphalen« unter Jérôme Napoleon, der als erster Herrscher im hessisch-nassauischen Raum die Gleichberechtigung der Juden verwirklichte. Als »König von Westphalen« erließ er am 15. November 1807 eine Verfassung, die sämtlichen Bürgern Gleichheit vor dem Gesetz und freie Religionsausübung garantierte, und verabschiedete am 27. Januar 1808 ein Dekret, das allen »Untertanen, welche der mosaischen Religion zugetan sind« zusicherte, daß sie die gleichen Rechte und Freiheiten wie die übrigen Untertanen genießen dürften.

Die im Großherzogtum Frankfurt sesshaften Juden wiederum wurden durch Karl Theodor von Dalberg mit dem Organisationspatent vom 16. August 1810 den christlichen Bürgern theoretisch gleichgestellt. Allerdings mussten sie die künftige Freiheit von allen Sonderabgaben mit der hohen Ablösesumme von 440 000 Gulden bezahlen. 1824 schlossen die jüdische Gemeinde und der Rat der Stadt einen Kompromiß. Den Juden wurde der Status »Israelitischer Bürger« zuerkannt, der einer weitgehend privatrechtlichen Gleichstellung mit den christlichen Bürgern entsprach. Doch wichtige politische Rechte wurden ihnen weiterhin verwehrt. Auch einige demütigende Bestimmungen wurden beibehalten. Weniger günstig verlief um diese Zeit die Entwicklung in Kassel. Nachdem das westfälische Zwischenspiel 1813 mit der Niederlage Napoleons zu Ende gegangen war, erklärte der Kurfürst nach seiner Rückkehr die Emanzipation der Juden für null und nichtig.

EMANZIPATION – ASSIMILATION

Mit der Niederlage Napoleons fand die Gleichberechtigung der hessischen und nassauischen Juden somit ein vorläufiges Ende. Gleichwohl blieb die Frage nach der künftigen Rechtsstellung der Juden auf der politischen Tagesordnung und wurde in der nassauischen und kurhessischen Regierung in den folgenden Jahren immer wieder lebhaft erörtert. Durch die französische Julirevolution 1830 geriet in Kurhessen die Gleichberechtigung der Juden erneut stärker in die öffentliche Diskussion. Aber die antijüdischen Vorbehalte sind dennoch nie völlig verstummt, weder bei Behörden, noch bei der Landbevölkerung oder im Landtag. Nicht wenige Abgeordnete erwarteten von den Juden als Vorleistung für ihre Gleichstellung die völlige Bereitschaft zur Assimilierung, teilweise sogar den Verzicht auf religiöse Grundsätze oder zumindest die Verlegung der Sabbatfeier auf den Sonntag. In einigen Landstädten und Dörfern Kurhessens kam es, wie in Hofgeismar, zu exzessartigen Straßenkrawallen gegen die jüdischen Einwohner. Die meisten von ihnen flohen vorübergehend nach Kassel oder Karlshafen. Nicht einmal das Emanzipationsgesetz von 1869 bereitete den Judenverfolgungen ein Ende. Wenig später kam ein neuer Antisemitismus auf, in dessen Fahrwasser der Marburger Reichstagsabgeordnete Otto Böckel die Forderung erhob, Juden unter »Fremdenrecht« zu stellen.

Der mühsam erreichten Emanzipation und Gleichstellung der Juden folgte die Assimilation etlicher Juden. Manche wollten nur noch als Deutsche gelten und bemühten sich, ihre religiösen und kulturellen Besonderheiten zu verbergen. Vor allem in Kassel ließ sich die Gemeinde mehr und mehr von liberalen Ideen leiten. Man ging dazu über, Gebete und Predigten in deutscher Sprache abzuhalten. Die Rabbiner trugen Talar und Bäffchen und waren in ihrer Amtstracht von protestantischen Geistlichen kaum noch zu unterscheiden. Als indessen eine Orgel in der Synagoge eingebaut und 1872 in Gebrauch genommen wurde, war für einige Juden das Maß voll. Es kam zur Abspaltung einer konservativ-orthodoxen Gruppe, die 1898 eine eigene Synagoge mit 200 Plätzen bezog. Die Große Synagoge bot dagegen Platz für 300 Beter und auf den Emporen für 340 Frauen. In anderen Gemeinden bildeten sich ebenfalls separate Synagogengemeinden, sogenannte Austrittsgemeinden, die sich »Adass Jisroel« oder »Adass Jeschurun« nannten, so auch in Frankfurt unter Rabbiner Samson Raphael Hirsch.

In der Mainmetropole haben vor allem die dort ansässigen Juden mit dafür gesorgt, daß aus der protestantischen Krönungsstadt eine richtige Weltstadt wurde. Allein auf die Aktivitäten eines einzigen Juden gingen die Gaswerke, der Hauptbahnhof, das Opernhaus, der

Palmengarten und das Hotel »Frankfurter Hof« zurück. Auch andere vermögende jüdische Familien errichteten repräsentative Bauten. Insbesondere am Mainufer entstanden klassizistische Wohnhäuser, die den Anspruch zahlreicher Juden auf Integration in das Frankfurter Bürgertum sichtbar machten. Manche Juden nahmen Spitzenpositionen ein, die sie weit über die Stadt hinaus berühmt machten. Zu diesen gehörten neben den schon erwähnten Rothschilds die Bankiers Speyer, Oppenheimer, Sulzbach, Wertheimer und Ladenburg. Leopold Sonnemann wiederum gehörte zu den Gründern der »Frankfurter Zeitung«. Die Universität und das Senckenberg-Museum wurden ebenfalls von Juden mitbegründet. Der jüdische Bürgermeister Ludwig Landmann baute in der ersten Hälfte des 20. Jahrhunderts die ersten Sozialsiedlungen. Rund um den Zoo im Ostend wohnten dagegen überwiegend fromme Juden, die durchweg der orthodoxen Israelitischen Religionsgesellschaft angehörten. Während der Zeit der Aufklärung wurden ferner reformierte jüdische Schulen gegründet, von denen das 1804 eröffnete »Philanthropin« bis 1942 bestand.

Auch andere hessische Städte haben ihrer jüdischen Bevölkerung viel zu verdanken. Bad Nauheims Blütezeit als Badestadt von 1890 bis 1933 geht auf das Wirken jüdischer Ärzte zurück. Zahlreiche jüdische Hotel- und Pensionsbesitzer sorgten für das Wohl der Gäste. Man schätzt, dass 25 bis 30 Prozent der Kranken, die Nauheim alljährlich aufsuchten, jüdische Kurgäste waren. Diese kamen nicht nur aus Deutschland, sondern auch aus dem übrigen Europa und aus Übersee. In Nauheim selbst wohnten damals etwa 300 Juden.

In Bad Soden im Taunus bildeten nahezu 50 Juden die zum Rabbinatsbezirk Wiesbaden gehörende Israelitische Kultusgemeinde. Hier gab es seit dem ausgehenden 19. Jahrhundert die private »Israelitische Kuranstalt für Lungenkranke«. Die Wiesbadener Judengemeinde hingegen unterschied sich in ihren historischen Wurzeln grundlegend von den sie umgebenden Traditionsgemeinden wie Mainz oder Frankfurt. Das heute mondäne Wiesbaden war ursprünglich rein dörflich strukturiert und besaß erst seit dem 18. Jahrhundert eine jüdische Gemeinde, die lange im Schatten der florierenden jüdischen Gemeinde in Mainz stand. Aber dann kamen Juden aus dem Rheingau, um in der wachsenden und aufblühenden Kurstadt Geschäfte zu machen. Jüdische Badeärzte, Pelzhändler – manche waren auf dem Weg aus dem Zentrum des Rauchwarenhandels Leipzig nach Frankfurt in Wiesbaden hängengeblieben – und Juweliere ließen sich hier nieder. Konflikte zwischen den aus zwei grundverschiedenen Traditionssträngen zugewanderten Juden blieben nicht aus. Während die orthodox geprägten »Landflüchtigen« sich als Kleinbürger etablierten, betätigte sich das liberale, weltoffene Judentum meistens in gehobeneren Berufen. Zunächst bildete sich in Wiesbaden eine Einheitsgemeinde, die alle Juden unter einem Bekenntnis zusammenfasste. Gegründet und geleitet wurde sie von dem liberalen Rabbiner Abraham Geiger (1810–1874). Bis 1876 hielt das gemeinsame Bekenntnis alle Juden am Ort zusammen. Dann trennte sich die erste »Austrittsgemeinde« Preußens ab – nicht zuletzt durch Zuwanderer aus dem Osten, denen die liberale Struktur suspekt war. Immerhin zählte die jüdische Gemeinde Wiesbadens zu ihren Glanzzeiten 3000 Mitglieder. Das entsprach zwei Prozent der Bevölkerung.

Die rechtliche Gleichstellung der Juden seit Mitte des 19. Jahrhunderts führte auch in Hessen zu einem Schrumpfungsprozeß der kleineren Gemeinden. Da die Aufnahmebeschränkungen in Berufe, die bislang ausschließlich Christen vorbehalten gewesen waren, nun wegfielen und die expandierenden Großstädte an wirtschaftlicher Attraktivität gewannen, insbesondere für kaufmännische Berufe, zogen zahlreiche jüdische Familien in größere Städte wie etwa von Hofgeismar in das nahegelegene Kassel, dessen jüdische Einwohnerzahl seit 1861 stetig anstieg. Überdies war mit der Forderung nach Emanzipation im Zeitalter der Aufklärung der Gedanke entstanden, jüdische Jugendliche »produktiven Berufen« wie Handwerk und Landwirtschaft zuzuführen. Tatsächlich ließ sich eine Anzahl hessischer Juden in Handwerksberufen ausbilden, nicht zuletzt dank der Bemühungen des einflussreichen Bankiers Israel Jacobson, der in Kassel eine »Religions- und Industrieschule« einrichten ließ. Zu den Ausbildungsberufen gehörten u. a. Maler, Schneider, Schuhmacher, Schlosser, Buchbinder, Sattler und Tischler. Die Chancen für eine gesellschaftliche Integration der Juden standen auf lange Sicht nicht schlecht.

VIELE BEKENNTNISSE ZU DEUTSCHLAND

Nach der Gründung des Wilhelminischen Kaiserreiches 1871 bekannten sich nicht wenige Juden geradezu überschwenglich zu Deutschland als ihrer Heimat. Sichtbar wurde diese Einstellung auch in der veränderten Bauweise neuer jüdischer Gotteshäuser, zum Beispiel in der 1910 in Frankfurt erbauten Westend-Synagoge, die die Nazis wie viele andere Synagogen in der Pogromnacht des 9. November 1938 in Flammen aufgehen ließen. Ferner nahmen jetzt immer mehr Juden aktiv am politischen Leben teil. In Kassel, wo bis 1933 über 2500 Juden lebten, saßen 1913 fünf jüdische Bürger in der Stadtverordnetenversammlung, unter ihnen Georg Rosenzweig, der Vater des Religionsphilosophen Franz Rosenzweig. 1928 hatte die Stadt, in der Roland Freisler in den zwanziger Jahren eine Anwaltspraxis führte, sogar einen jüdischen Polizeipräsidenten: Dr. Adolf Hohenstein.

Auch in kleineren Orten, in denen der jüdische Bevölkerungsanteil durchweg bei fünf Prozent lag, fühlten sich die meisten Juden vor dem »Dritten Reich« durchaus als Bürger und Bewohner ihrer Stadt. Sie führten ein bescheidenes Leben und unterschieden sich kaum von ihren christlichen Nachbarn. In einzelnen Ortschaften waren manche Familien schon seit mehr als hundert Jahren ansässig. Zu Pessach, in der Osterzeit, oder am Sabbat verdienten sich die christlichen Nachbarskinder gern ein Stück Matze oder ein paar Pfennige, wenn sie in den Häusern der orthodoxen Juden Licht und Feuer anzündeten.

Mit dem Hitler-Regime, spätestens jedoch mit den Deportationen der letzten hessischen Juden in die Gaskammern 1942, endete auch in Hessen wie überall in Deutschland die Geschichte der jüdischen Gemeinden. »Wenn keine Stimme sich für uns erhebt, so mögen die Steine der Stadt für uns zeugen, die ihren Aufschwung zu einem guten Teil jüdischer Leistung verdankt, in der so viele Einrichtungen von Gemeinsinn der Juden künden, in der aber auch das Verhältnis zwischen jüdischen und nichtjüdischen Bürgern stets besonders eng gewesen ist.« Mit diesen Worten kommentierte Eugen Mayer, Syndikus der Jüdischen Gemeinde in Frankfurt, 1933 den Anfang vom Ende. Gießen hatte bis zu Hitlers Machtantritt im Jahre 1933 drei jüdische Gemeinden mit drei Synagogen. Seligenstadt am Main besaß eine der größten jüdischen Gemeinden im ganzen Landkreis. 47 der gut zweihundert jüdischen Seligenstädter konnten ins Ausland fliehen, die anderen endeten fast alle in Konzentrationslagern. Ausgerechnet der evangelische Ortspfarrer vermerkte 1942 triumphierend in seiner Chronik: »Ab heute ist Seligenstadt judenfrei.« 1989 wurde an der Stelle, wo einst die Synagoge stand, ein Obelisk mit einer Gedenktafel aufgestellt. Neubeginn nach 1945.

Heute existiert in Hessen, insbesondere in Frankfurt, ein anderes Judentum als vor dem Krieg. Denn nur wenige Juden sind nach der Schoah in ihre hessische Heimat zurückgekehrt. Wer nach Deutschland zurückkam, tat es aus eigenem Antrieb. Kaum eine Stadt, nicht einmal die Bundesregierung dachte daran, die Exilanten um Rückkehr zu bitten. Eine Ausnahme bildete die Stadt Frankfurt, die 1948/49 die beiden Professoren Max Horkheimer und Theodor W. Adorno zurückrief, die dann gemeinsam das Institut für Sozialforschung wieder aufbauten und leiteten. Anstelle der ehemaligen deutschen Juden kamen viele Juden aus Osteuropa. Am 1. Oktober 1947 zählte man in Hessen 1294 Juden. Durch den Zuzug der so genannten Displaced Persons war die Zahl der jüdischen Gemeindemitglieder in zahlreichen Städten, vor allem im nordhessischen Raum, in den Jahren von 1946 bis 1948 weit höher als in den späteren Jahren. Manche jüdische Gemeinde wie die in Eschwege, Hofgeismar und Bad Wildungen ist wenig später, nachdem die DPs ausgewandert waren, wieder eingegangen. 1950 hatte Hessen 14 jüdische Gemeinden, 1983 nur noch elf.

Bei der Wiederherstellung jüdischer Gebäude und Einrichtungen leistete die amerikanische Besatzungsmacht oft tatkräftige Hilfe. Die ersten Synagogen konnten schon im Jahr 1945 in Bad Nauheim und in Frankfurt (Westend) eingerichtet werden. Die Teilnehmer des ersten jüdischen Gottesdienstes nach dem Ende des Zweiten Weltkrieges in der Synagoge von Bad Nauheim waren fast ausnahmslos amerikanische Soldaten. Für die Bewohner der nahegelegenen DP-Lager wurden vorübergehend auch die Synagogen in Wetzlar (1945) und Dieburg (1947) wiederhergestellt. In Darmstadt entstand eine eigene jüdische Fachschule, um jüdischen Jugendlichen eine berufliche Ausbildung zu ermöglichen, und im Schloss von Rauischholzhausen unweit Marburg eine Landwirtschaftsschule, in der junge Juden auf den Siedlerberuf in Palästina vorbereitet wurden.

Die Jüdische Gemeinde in Frankfurt, die sich im August 1945 konstituierte, hatte anfangs große Schwierigkeiten. Hierzu trug auch das gespaltene Selbstverständnis der Gemeindemitglieder bei. Viele lebten in ihrer ostjüdischen Tradition und konnten nur mühsam einen Einklang zwischen ihrem Wohnort und der Heimat herstellen. So blieb die Jüdische Gemeinde in den ersten Jahren in einer freiwilligen Isolation. Das Provisorium jüdischer Existenz im Nachkriegs-Deutschland hielt noch an, als in den 50er und 60er Jahren die jüdischen Gemeinden Deutschlands langsam wuchsen. Nur wenige Juden suchten den Kontakt und den Dialog mit der nichtjüdischen Bevölkerung. Die meisten waren voller Mißtrauen gegenüber ihrer Umwelt. Doch der Prozess der Anpassung und Integration war auf Dauer nicht aufzuhalten, zumal das stürmische Prosperieren der Handelsmetropole Frankfurt die Jüdische Gemeinde stark anwachsen ließ, die alsbald ein eigenes kulturell-geistiges Profil gewann. Hinzu kam, dass die Kinder der Holocaust-Generation, die in der Bundesrepublik aufwuchsen und sich durchaus als Teil dieser Gesellschaft fühlten, den Dialog suchten und sich politisch engagierten.

Die Jüdische Gemeinde Frankfurt, bei weitem die größte in Hessen, war von Anfang an die Gemeinde mit dem jüngsten Durchschnittsalter in Deutschland. Fast vierzig Prozent ihrer Mitglieder wurden nach dem Krieg geboren, etwa die Hälfte davon gehört der dritten Generation an, sodass die Struktur der Jüdischen Gemeinde Frankfurts schon vor der Einwanderung russischer Juden nicht allzu stark durch Überalterung und Nachwuchssorgen gekennzeichnet war.

Offiziell endete der anfänglich provisorische Zustand hier 1986 mit der Eröffnung des neuen Jüdischen Gemeindezentrums in der Savignystraße. Die partielle Rekonstruktion der Westend-Synagoge bedeutete ein Anknüpfen an die Vergangenheit der vormaligen Israelitischen Gemeinde und ein weiteres Bekenntnis zur Zukunft der Jüdischen Gemeinde in Frankfurt. Längst ist das Gemeindezentrum zu einem Brennpunkt des Kulturlebens der Mainmetropole geworden. Am 9. November 1988 kam ein weiterer kultureller Brennpunkt hinzu: Das Jüdische Museum im ehemaligen Rothschild-Palais. Seit 1986 finden unregelmäßig jüdische Kulturwochen statt, die zu einem besseren Verständnis zwischen Juden und Nichtjuden beitragen und zugleich zeigen, dass die jüdische Kultur mittlerweile wieder ein Bestandteil der Kultur in Deutschland geworden ist. Frankfurt hat auch wieder eine jüdische

Grundschule, die Lichtigfeldschule. Es ist die dritte der vier jüdischen Schulen in Deutschland nach Berlin und München und vor Düsseldorf. Der jüdische Kindergarten im Frankfurter Westend, in dem Kinder aus Rußland, Amerika, Polen, Ungarn und Rumänien spielerisch miteinander Hebräisch und liturgische Inhalte lernen, gilt als multikulturelles Paradebeispiel. Außerdem verfügt die Frankfurter Jüdische Gemeinde über ein weit gespanntes Netz von Einrichtungen, die nicht nur dem religiösen Leben, sondern auch gesellschaftlichen und sozialen Bedürfnissen dienen wie das jüdische Jugendzentrum, früher gab es mal ein Theater. Die Bundeszentrale der zionistischen Jugend ist mit einer Bildungsstätte hier ebenso vertreten wie die Zentrale des Verbandes jüdischer Heimatvertriebener und Flüchtlinge, die Zentralwohlfahrtsstelle der Juden in Deutschland, eine jüdische Studentengruppe und seit 1965 ein jüdischer Sportverein.

Natürlich wirkt das Trauma der Schoa bei vielen Juden bis in die dritte Generation hinein, da häufig Eltern und Großeltern ihre nicht verarbeiteten Ängste unausgesprochen weitergeben. Eine eigene Erziehungsberatungsstelle mit psychologischer Betreuung steht diesen Menschen zur Verfügung. Auch kommen täglich neue Probleme auf die Gemeinde zu, vor allem seit dem Zuzug von mehr als tausend russischen Juden in den letzten Jahren, die aber nicht nur Belastung und Arbeit bedeuten, sondern auch geistige Verstärkung, deutlich an Veranstaltungen zu erkennen, die von den neuen Mitgliedern mit klassischen Konzerten, Ausstellungen und Lesungen bestritten werden.

Ferner sollte nicht übersehen werden, dass einzelne Frankfurter Juden bemerkenswerte Beiträge zum politischen und geistigen Leben der Bundesrepublik nach 1945 geleistet haben: der frühere Vorsitzende des Deutschen Gewerkschaftsbundes Ludwig Rosenberg und das IG-Metall-Vorstandsmitglied Moneta, ferner jüdische Intellektuelle wie Dan Diner, Micha Brumlik, Michel Friedman, Daniel Cohn-Bendit, die sich politisch engagieren und verschiedenen Parteien angehören oder nahestehen. Bedeutsam für das kulturelle Leben war auch die Niederlassung des S.-Fischer-Verlages in Frankfurt. Die Frankfurter Juden haben schon häufig Zivilcourage bewiesen und ihre Stimme erhoben, wenn sie sich provoziert fühlen, etwa durch Rainer Werner Fassbinders »Der Müll, die Stadt und der Tod«. Als dieses von nicht wenigen Menschen zu Recht als antisemitisch empfundene Theaterstück in Frankfurt aufgeführt werden sollte, stürmten Juden aller Altersgruppen die Bühne und verhinderten die Vorstellung.

Die zweitgrößte jüdische Gemeinde in Hessen nach Frankfurt existiert in Offenbach. Offenbachs ehemalige Synagoge, die in der Pogromnacht 1938 geplündert, aber nicht zerstört worden ist, wurde im Frühjahr 1995 zu einem Musicaltheater umgebaut – zum Unbehagen nicht nur vieler Juden. Seit November 1997 hat die Offenbacher Gemeinde, die von 20 auf 900 Mitglieder angewachsen ist, auch wieder eine neue Synagoge mit einem großen Gemeindezentrum. In Wiesbaden zählt die Gemeinde gegenwärtig rund 550 Mitglieder, darunter 370 Übersiedler aus Rußland. In Kassel ist die Gemeinde von 70 auf über 800 Mitglieder angestiegen und – neben der von Offenbach und Wiesbaden – eine der regsten im hessischen Landesverband.

Bemerkenswert ist ferner das Schicksal der heutigen Synagoge in Gießen. Ursprünglich stand sie seit Mitte des 19. Jahrhunderts in dem Dörfchen Wohra im Marburger Land. Dort wurde sie im Frühjahr 1992 behutsam abgetragen, restauriert und in Gießen wieder aufgebaut, als »lebendiges Denkmal für das Landjudentum und eine Brücke von der Vergangenheit in die Gegenwart.« Sie bietet sechzig Personen Platz und ist das Herzstück des neuen jüdischen Gemeindezentrums. In Darmstadt zeichnet sich das dort ansässige Judentum ebenfalls durch ein ausgeprägtes religiöses und kulturelles Gemeindeleben aus und leistet hervorragende Arbeit, um die Einwanderer aus fünfzehn Ländern zu integrieren. Längst ist die Gemeinde mit ihrem kleinen Museum, das sich eines regen Zuspruchs erfreut, zu einem wichtigen kulturellen Faktor in der Stadt geworden. Das kann man auch von der Jüdischen Gemeinde in Bad Nauheim sagen, deren Mitgliederzahl sich seit 1991 von achtzig verdreifacht hat. Schon 1950 war hier wieder ein jüdisches Erholungsheim eröffnet worden. 1980 folgte das Grand Hotel Accadia, ein 100-Betten-Hotel, das mit seinen Sport- und Badeeinrichtungen sowie der koscheren Küche speziell auf jüdische Kurgäste eingerichtet ist. In Fulda und Marburg bestanden die nach 1945 neugegründeten Jüdischen Gemeinden bis zum Zeitpunkt der russischen Einwanderer nur auf dem Papier. Das ist jetzt anders geworden. Auch hier bemüht man sich, zusammen mit dem Landesverband die Zuwanderer einzugliedern. Das gelingt oft schneller und besser als nichtjüdischen Institutionen, da jüdische Gemeinden von jeher multikulturell ausgerichtet waren und ihnen Berührungsängste fremd sind. Sorgen bereitet überall die Finanzierung, da der Staat trotz vielversprechender Feiertagsreden seiner Politiker keine ausreichenden Geldmittel zur Verfügung stellt. Eine weitere traurige Bilanz aus den letzten fünfzig Jahren darf nicht verschwiegen werden: Als der Krieg zu Ende war, gab es in Hessen noch 245 Synagogen. Statt alle zu erhalten, wurden sechzig Prozent von ihnen durch Abbruch oder Umbau noch zerstört.

Quellen:

Yehuda Ben-Avner: Vom orthodoxen Judentum in Deutschland zwischen zwei Weltkriegen. Hildesheim–Zürich–New York 1987.
Erica Burgauer: Zwischen Erinnerung und Verdrängung – Juden in Deutschland nach 1945. Reinbek 1993.
Helmut Burmeister und Michael Dorhs (Hrsg.): Juden – Hessen – Deutsche. Beiträge zur Kultur und Sozialgeschichte der Juden in Nordhessen. Hofgeismar 1991.
Helmut Burmeister und Michael Dorhs (Hrsg.): »Suchet der Stadt Bestes«. Die jüdische Gemeinde Hofgeismars zwischen Assimilation und Untergang. Hofgeismar 1990.
Karl-Heinz Dörbecker: Die Juden in Ziegenhain in den dreißiger Jahren unseres Jahrhunderts. Msk. unveröffentlicht.
Michel Friedman: Zukunft ohne Vergessen. Ein jüdisches Leben in Deutschland. Mit Ernst Dieter Lueg. Köln 1955.
Nachum T. Gidal: Die Juden in Deutschland von der Römerzeit bis zur Weimarer Republik. Köln 1997.
Juden in Kassel 1808–1933. Eine Dokumentation anläßlich des 100. Geburtstages von Franz Rosenzweig. »Ich bleibe also Jude«. Kassel 1987.
Wanda Kampmann: Deutsche und Juden. Frankfurt/Main 1979: Museum Judengasse, Katalog zur Dauerausstellung, Frankfurt am Main 1992.
Neunhundert Jahre Geschichte der Juden in Hessen. Beiträge zum politischen, wirtschaftlichen und kulturellen Leben. Wiesbaden 1983.
Martin Schmall: Die Juden in Michelstadt 1650–1943. Michelstadt 1988.

Roberto Fabian

Ein Erbe als Herausforderung

Die jüdische Gemeinde in Frankfurt am Main von 1945 bis heute

»Wenn wir selbst zu dem Schluss gelangen werden, dass der ›Wiederaufbau der jüdischen Gemeinden in Deutschland‹ auf einem äußerst schwachen Fundament vollzogen wird, so bleiben wir gewiss nicht unberührt davon, daß die Baumeister der Gemeinden in den Grundstein die Worte des Propheten Jesaja eingesenkt haben: ›Aufgebaut werden durch dich Trümmer der Vergangenheit, Grundlagen für kommende Geschlechter richtest du auf‹«

(Maor, 1961, S. V)

Am 9. November 1998 wurde in der Westend-Synagoge in Frankfurt am Main daran erinnert, dass sechzig Jahre zuvor in der Reichspogromnacht im November 1938 fast alle Frankfurter Synagogen für immer zerstört wurden. Tausende von Juden wurden seinerzeit in Konzentrationslager wie Buchenwald oder Dachau deportiert. Damals rief die Jüdische Gemeinde ihre in Frankfurt verbliebenen Mitglieder auf, alles für den Gang ins Exil vorzubereiten (Heuberger/Krohn, 1988, S. 188).

Das beeindruckende Frankfurter Memorial am Börneplatz zur Erinnerung an die vernichtete jüdische Gemeinschaft in Frankfurt, im Herbst 1996 eingeweiht, zeigt, was allein der jüdischen Bevölkerung Frankfurts durch den nationalsozialistischen Völkermord am europäischen Judentum zugefügt wurde. Mehr als elftausend in der Mauer des ältesten Frankfurter jüdischen Friedhofs einbetonierte Blöcke erinnern an die ermordeten Frankfurter Juden. Die auf Metallblättchen eingravierten Namen und die jeweiligen Orte der Vernichtung wie etwa Buchenwald, Dachau, Treblinka, Auschwitz hinterlassen beim Betrachter einen nachhaltigen Eindruck (Canem, 1996, S. 11).

Im März 1945, dem Monat, in dem die Amerikaner Frankfurt von nationalsozialistischer Herrschaft befreiten, konnte sich angesichts der Trümmerlandschaft, des Elends und der alltäglichen Not der ersten Nachkriegsjahre noch niemand vorstellen, dass es nach allem, was in den zwölf Jahren nationalsozialistischer Herrschaft geschah, zu einem Wiederaufbau einer jüdischen Gemeinde kommen würde (Balser, 1995, S. 9 ff.).

Zu den in Frankfurt während der Nazi-Zeit verbliebenen untergetauchten Juden gehörte der inzwischen verstorbene Schriftsteller Valentin »Rabisanowitsch« Senger. Er erinnert in seinem Buch »Kurzer Frühling, Erinnerungen« an die damaligen Zustände:

»Die Stadt lag im Koma. Es gab nichts zu essen, kein Trinkwasser, kein Gas, keinen Strom und keine Kohlen, um Tee zu kochen oder eine Suppe zu wärmen.

Papa, mittlerweile fünfundsiebzig Jahre alt, kletterte mit mir über ein zusammengestürztes Haus in der Hochstraße, ganz in der Nähe unserer Wohnung. Wir waren dabei, Brennholz aus den Trümmern zu klauben ... Mich überkam ein Gefühl, als müßte ich nur noch ein bisschen weitergraben, um auf all die widerlichen Gestalten zu stoßen, die mir in den zwölf Jahren des Schreckens so viele Ängste bereitet hatten. Höchst lebendig, wenn auch mucksmäuschenstill und feige, saßen sie in ihren Löchern und warteten auf ihre Zeit: ... die Denunziantin von gegenüber, die ihre Untermieterin, eine junge Büroangestellte, wegen ›Blutschande‹ mit einem jüdischen Freund bei der Gestapo anzeigte und sie in den Tod trieb. Und all die andern, die keine Sekunde gezögert hätten, meine Familien und mich den Nazi-Henkern auszuliefern, würden sie geahnt haben, wer wir waren.« (Senger, 1992, S. 10 ff.)

In der ersten Nummer des Mitteilungsorgans des Landesverbandes der Jüdischen Gemeinden in Hessen »Frankfurter Jüdisches Gemeindeblatt« aus dem Jahr 1955 heißt es im Rückblick auf die ersten zehn Jahre nach der Befreiung Frankfurts durch die Aliierten:

»... 100 in Frankfurt Verbliebene, 300 aus Lagern Zurückgekehrte sind der Anfang der neuen jüdischen Gemeinde in Frankfurt ... Gemeinsam mit Hunderten von jüdischen Soldaten und Offizieren der amerikanischen Armee begeht die Gemeinde Rosch Haschanah und Jom Kippur in der vom Lichterglanz erhellten Ruine der Westend-Synagoge ... Die im jüdischen Komitee zusammengeschlossenen Juden werden in die Gemeinde aufgenommen, deren Mitgliederzahl auf fast 2000 steigt ... Die Geschichte dieser zehn Jahre, in Stichworten aneinandergereiht, ist die Geschichte eines Versuchs, aus menschlichen Ruinen wieder Menschen, aus baulichen Trümmern wieder Gebäude zu schaffen, die Zerstreuten zu sammeln und in einer Gemeinde zu vereinigen.« (Allschoff, 1955)

Einer der »Väter« der Frankfurter jüdischen Nachkriegsgemeinde, der Mediziner Ewald Allschoff, Autor des Artikels »Frankfurter Tagebuch«, gehörte zu der kleinen Gruppe von Rückkehrern aus dem KZ Theresienstadt, die im Mai 1945 auf Anordnung der Frankfurter Stadtverwaltung mit Bussen in ihre Heimatstadt zurückgebracht wurden und zu denen auch die Wiederbegründer der provisorischen ersten jüdischen Gemeinde in Frankfurt nach dem Krieg, der Rabbiner Leopold Neuhaus und der Kaufmann Max Meyer, zählten (vgl. auch Bubis, 1986, S. 18 ff.).

Wie Leo Baeck in Berlin sah es Rabbiner Neuhaus, der letzte in Frankfurt nach 1938 amtierende Rabbiner, als seine selbstverständliche Aufgabe an, die Bewohner des jüdischen Altersheims Gagernstraße im Frankfurter Ostend auf ihrem Weg in die Deportation im Februar 1942 zu begleiten. Sofort nach der Rückkehr in das zerstörte Frankfurt am Main machten sich Rabbiner Neuhaus und Max Meyer daran, für die überlebenden Juden eine provisorische Betreuungsstelle zunächst in der Friedrichstraße 29 zu eröffnen (Klötzer, 1994, Bd. 2, S. 52 u. S. 96). Diese Einrichtung wurde im Jahr 1947 gemeinsam mit dem Büro der Gemeinde auf Veranlassung der amerikanischen Besatzungsbehörde in das Gebäude Baumweg 5/7 verlegt, das vor dem Krieg einen jüdischen Kindergarten der Oppenheimerschen Stiftung beherbergt hatte und auch heute noch von der Jüdischen Gemeinde genutzt wird. Ein Zimmer wurde auf Drängen von Rabbiner Neuhaus sogleich zu einem provisorischen Betraum umgebaut (»Jüdische Illustrierte«, 1966, S. 4 ff.). Bei dem Aufbau einer funktionierenden Verwaltung, der Wiederinstandsetzung der jüdischen Friedhöfe und ehemaliger Liegenschaften der ehemaligen jüdischen Gemeinde konnte die kleine jüdische Gemeinschaft auf die tatkräftige Hilfe zuständiger Stellen der amerikanischen Besatzungsmacht bauen. Diese hatten Rabbiner Neuhaus autorisiert, eine jüdische Gemeinde offiziell zu gründen und den provisorischen Vorstand, bestehend aus dem schon erwähnten Max Meyer und dem Rechtsanwalt Max L. Cahn, mit den notwendigen Amtsgeschäften zu betrauen. In den ersten Nachkriegsjahren musste es deren vorrangige Aufgabe sein, dazu beizutragen, die große materielle Not der Überlebenden zu lindern. Notunterkünfte, Lebensmittel, Heizmaterialien usw. mussten unter schwierigsten Bedingungen beschafft werden. Viele alte, kranke und psychisch gebrochene jüdische Opfer benötigten umfassende Pflege in zunächst provisorisch zu schaffenden Alten- und Pflegeheimen.

»Nur wer die Notzeit der ersten Nachkriegsjahre in Erinnerung hat, wird den bescheidenen Stolz verstehen, mit dem der Leiter der Wiedergutmachungsabteilung, Epstein, am 1. Februar 1948 berichtet, es sei gelungen, für die Verfolgten u. a. 450 Rundfunkgeräte, 2110 Herren-Wintermäntel, 354 Damenmäntel, 925 Regenmäntel, 2500 Herrenanzüge, 200 Dutzend Damenstrümpfe und 320 Herrenhüte zu beschaffen.« (Kropat, 1983, S. 470)

Der Korrespondenz des ersten Vorsitzenden Max Meyer (Zentralarchiv, Dokumente B1/13/A 606) ist zu entnehmen, dass es ehemalige Frankfurter Juden gab, die gewillt waren, endlich aus dem Exil, wie etwa aus Shanghai (erste Rückkehrer 1947), nach Frankfurt zurückzukehren oder sich nach dem Verbleib von Angehörigen und dem Zustand ehemaliger Liegenschaften bzw. Gräbern von Angehörigen zu erkundigen (vgl. Zentralarchiv, Dokumente B1/13/2105).

Zu diesem Schritt ermutigte sie die Silvesteransprache des Frankfurter Oberbürgermeisters Walter Kolb zum Jahreswechsel 1946/1947, der die überlebenden Frankfurter Juden aufrief, in ihre Heimatstadt zurückzukommen (Balser, 1995, S. 59). Dem autobiografischen Roman »Kurzer Frühling« von Valentin Senger läßt sich auf vielfältige Weise entnehmen, wie schwierig sich dieser Neuanfang für einen Überlebenden des Holocaust gestaltete, wie etwa bei einem Freund Sengers, der die Ermordung seines gesamten Familien- und Freundesumfeldes erst in den Nachkriegsjahren traumatisch erfährt und zu einem normalen Leben nicht mehr zurückzukehren vermag (Senger, 1992, S. 62 ff.).

1947 konstituierte sich ein erster ordentlicher fünfzehnköpfiger Vorstand, der einen geschäftsführenden dreiköpfigen Vorstand bestimmte. Jahrelang wurden die Amtsgeschäfte von Max Meyer, Dr. Ewald Allschoff, später auch von Lucian Rogozinski, Joseph Klibanski, Max L. Cahn und Adolf Olkowicz geführt.

Von wesentlicher Bedeutung für die weitere Entwicklung der noch kleinen Frankfurter Restgemeinde wurde die im Frühjahr 1949 getroffene Vereinbarung mit dem Vorstand des »Commitee of Liberated Jews in Frankfurt«. Moses Goldberg, Jeschajahu Neumann und Emil Wulkan, die diesem Komitee vorstanden, führten die verbliebenen ostjüdischen Flüchtlinge des Lagers Zeilsheim mit der kleinen jüdischen Gemeinde in Frankfurt zur Fusion (Lustiger, 1980, S. 15; Zentralarchiv, Dokumente B1/13 A 709). In dieser Zeit wurde sie vom Hessischen Staatsministerium als Körperschaft des öffentlichen Rechts erstmals anerkannt (Zentralarchiv, Dokumente, B1/13/2952).

Bis dahin hatten im DP-Lager Zeilsheim, nahe Frankfurt, in den Jahren 1945 bis 1949 durchschnittlich bis zu 3500 Juden, meist polnischer Herkunft, auf ihre Einreisegenehmigungen vor allem nach Palästina/Israel, in die USA und andere Staaten in Übersee gewartet. Eine Rückkehr in ihre ursprüngliche Heimat war auf Grund des latenten Antisemitismus, der immer wieder auch zu einzelnen Pogromen eskalierte und vor dem Hintergrund sich bildender stalinistischer Regime in den sogenannten Ostblockstaaten für die meisten nicht mehr vorstellbar (Brenner, 1995, S. 25; Kropat, 1983, S. 450). Arno Lustiger, Autor verschiedener Publikationen über den jüdischen Widerstand und langjähriges Mitglied im Gemeinderat der Jüdischen Gemeinde Frankfurt (erstmals 1955), gehörte zu dieser Gruppe der Displaced Persons, der Verschleppten:

»Im September 1945 kam ich dann in Frankfurt am Main an. Ich war vorher nicht in Frankfurt gewesen, es war reiner Zufall. Ich hatte gehört, daß hier ein DP-Lager, das Lager Zeilsheim, gegründet wurde, für Juden und ehemalige KZ-Häftlinge überhaupt. Dann habe ich mich hier registrieren lassen und bin noch einmal nach Polen aufgebrochen, um den Rest meiner Familie nachzuholen. Diese Operation hat mehrere Monate gedauert. Das war also der Herbst '45 . . . Deutschland, DP-Lager – das war für uns praktisch ein Nachtasyl. Niemand wäre auch nur im Traum darauf gekommen, hierzubleiben, kein einziger, nicht einer. Die Wege nach Palästina waren versperrt, man konnte also nicht weg und mußte warten. Illegal nach Palästina konnte ich nicht gehen. Meine Mutter und meine Schwester waren schwer krank, und es war für mich ausgeschlossen, sie zu verlassen . . .« (Brenner, 1995, S. 135)

Gemeinsam erlebten die in Frankfurt verbliebenen deutschen und osteuropäischen Juden im September 1950 den Festakt anläßlich der Neueinweihung der damals frisch restaurierten Westend-Synagoge. Höhepunkt des Abends war neben einem Synagogenchor aus Paris die Ansprache des ehemaligen Rabbiners der Westend-Synagoge, des in London lebenden Dr. Salzberger. In seinen Ausführungen gab er den vielen nicht aus Frankfurt stammenden Juden einen Einblick in das jüdische Frankfurter Leben vor der Schoah (Balser, 1995, S. 161). Aus dem schon erwähnten »Frankfurter Tagebuch« von 1955 geht hervor, dass sich die Zu- und Abgänge von Gemeindemitgliedern jetzt erstmals ausglichen, was aber nicht darüber hinwegtäuschen konnte, daß sich eine Vielzahl von Juden auch weiterhin darum bemühte, das Land der Täter bei der nächsten sich bietenden Gelegenheit zu verlassen. Der ehemalige Vorstandsvorsitzende des DP-Lagers Zeilsheim, Moses Goldberg, legte schon kurz nach der gelungenen Fusion sein Amt als zweiter Vorsitzender nieder und wanderte im Dezember 1950 in die USA aus.

Immer wieder sind es neben persönlichen Motiven auch gehäufte antisemitische Vorfälle wie Friedhofsschändungen, Schmierereien an jüdischen Gedenktafeln und Einrichtungen, aber auch eine ausgesprochen milde Strafpraxis gegen NS-Straftäter und deren Mitwirkung bei der Verfolgung, Deportation und Vernichtung von Juden (Balser, 1995, S. 159 ff.; Zentralarchiv, Dokumente, B1/13/288), das Ansteigen von rechtsextremen Parteien vor allem bei Kommunal- und Landtagswahlen und die Praxis der Wiedereinstellung von ehemaligen Beamten der NS-Zeit gerade auch in verantwortlicher Stellung (Kropat, 1983, S. 480), die ihre Wirkung bei vielen Überlebenden der Schoah nicht verfehlten, an der demokratischen Entwicklung des neuen Deutschlands zu zweifeln oder gar zu verzweifeln.

Zum anderen wurden die Juden in den neu entstandenen jüdischen Gemeinden in Deutschland durch Angehörige im Ausland und durch offizielle Verlautbarungen jüdischer Institutionen in aller Welt immer wieder daran erinnert, dass es nicht wünschenswert und nicht vorstellbar sei, wieder Juden im Land der Verantwortlichen des Völkermords am europäischen Judentum in vermeintlicher Normalität leben zu sehen:

»Gibt es eine Zukunft für Juden in Deutschland? Wir erinnern uns der Resolutionen, die von verschiedenen Körperschaften und Organisationen gefaßt wurden, worin proklamiert wird, daß Deutschland nie wieder ein jüdischer Fuß betreten soll; ja es war sogar die Rede von einem Cherem, einem Fluch und Bann, der nicht nur das Land Hitlers trifft, sondern alle Juden, die auf den Gedanken verfallen sollten, sich in Deutschland niederzulassen . . .« (Harry Maor, 1961, S. 34)

Nicht nur im Ausland war man der Auffassung, es handle sich bei den jüdischen Gemeinden in Deutschland lediglich um Liquidationsgemeinschaften von kurzer Dauer, sondern auch Gemeinderatsmitglieder vertraten die Auffassung, die Gemeinde sei ein provisorisches Gebilde, das dafür zu sorgen habe, ehemalige Vermögenswerte der jüdischen Gemeinden nach der rechtlichen Rückübertragung durch deutsche Behörden zu veräußern und zum Aufbau des noch jungen jüdischen Staates im Nahen Osten zu verwenden. So ist es zu verstehen, dass in Frankfurt der jüdischen Gemeinde nur einige wenige Liegenschaften verblieben, die einen Bruchteil dessen darstellen, was der Vorkriegsgemeinde ursprünglich gehörte (Lustiger, 1980, S. 14 ff.). Nach zähen, aber erfolgreichen Verhandlungen mit der IRSO (Jewish Restitution Sucessor Organization) konnten wenigstens einige der für eine funktionsfähige Gemeinde notwendigen Gebäude wie etwa der Synagogenkomplex oder das Philantropin in das Eigentum der Frankfurter Nachkriegsgemeinde übergehen (Kropat, 1983, S. 454 ff.; vgl. Zentralarchiv, Dokumente B1/13/288, S. 9).

Diese aus der Sicht der in Frankfurt lebenden Juden faktische Bejahung jüdischen Lebens im Nachkriegs-Frankfurt und die Tatsache der sprungartig anwachsenden Zahlen von Rückwanderern aus Israel, Flüchtlingen aus Osteuropa und aus Ländern des Exils auf etwa 1300 Juden im Jahre 1955 motivierten dazu, eine Neustrukturierung der Gemeinde mit Gemeinderat und Gemeindewahl nach demokratischen Prinzipien vorzunehmen (Lustiger, 1980, S. 16 f.).

Tabelle 1

Mitglieder der jüdischen Kultusgemeinde Frankfurt am Main

Ende 1945	1947	1952	1955	1956	1957	1958	1959	1960
ca. 500	ca. 700	1082	1308	1395	1908	2130	2478	2639
1965	1970	1975	1980	1985	1990	1992	1993	
4055	4444	5018	4987	4841	4823	5500	5777	

(vgl. Mitgliederstatistik der ZWST der Juden in Deutschland, bei Kropat, 1983, S. 457)

Enttäuschungen, Verletzungen, geringe Hoffnung auf einen Neuanfang und die bei den meisten bestehende innere Distanz zur deutschen Nachkriegsgesellschaft veranlaßten aber auch weiterhin eine Vielzahl von Juden dazu auszuwandern. Besonders betroffen von dieser instabilen Situation war die Frankfurter Rabbinerstelle, die immer wieder nur für eine kurze Zeit besetzt werden konnte.

Wanderte Rabbiner Leopold Neuhaus schon 1946 in die USA aus, verließ sein Nachfolger Rabbiner Dr. Wilhelm Weinberg drei Jahre später ebenfalls die Frankfurter Gemeinschaft. In seiner Abschiedspredigt in der Westend-Synagoge am 11. November 1951 verwies er auf einen Aspekt als Grund für seinen Weggang:

»Zugleich aber ist es Pflicht, auszusprechen, daß selbst jene unter uns, die an eine Denkwende des deutschen Volkes geglaubt haben oder glauben wollten, allmählich diesen Glauben verlieren. Denn auch die politisch Blinden merken es allmählich, daß durch die deutschen Lande wieder jene Gestalten geistern, die für die reibungslose Durchsetzung der braunen Ordnung und des nazistischen Welteroberungszuges gearbeitet haben, diesmal noch das Marsgesicht durch die Miene der gekränkten Unschuld tarnend, morgen jedoch schon ihr wahres Gesicht unverhüllt zeigend.« (Bodemann, 1995, S. 352)

Bis weit in die 60er Jahre hinein dauerten die Bemühungen an, das jüdische Gemeindeleben in Frankfurt zu stabilisieren und auf ein langsames Anwachsen der Mitgliederzahlen zu hoffen.

Unter der Leitung des seit 1954 amtierenden Gemeinderabbiners Dr. Isaak Lichtigfeld konnte sich das jüdische Gemeindeleben entscheidend weiterentwickeln. Lichtigfeld war über Jahrzehnte die unangefochtene charismatische Autorität sowohl in Frankfurt als auch unter den anderen Rabbinern in Deutschland.

Er ermutigte den Vorstand tatkräftig, verstärkt die Förderung jüdischer Kinder und Jugendlicher voranzutreiben: Während seiner Amtszeit wurden nicht nur das Jugendzentrum (1960) und die Religionsschule »Jeschurun« (1956) eingerichtet, sondern auch die erste jüdische Grundschule (1966) in Deutschland überhaupt (vgl. J.Gz.F., Jg. 27, Nr. 1, 1997, S. 26).

Moritz Gertler, damals Schuldezernent im Vorstand der Jüdischen Gemeinde Frankfurt, erinnerte anlässlich des dreißigjährigen Jubiläums der Schule im Jahre 1996 daran, welche Überzeugungsarbeit im Gemeinderat damals zu leisten war, um ihn von der Notwendigkeit einer gemeindeeigenen Schule zu überzeugen. Es gab seinerzeit Befürchtungen, die Gründung einer jüdischen Grundschule würde die jüdische Nachkriegsgemeinschaft auf Dauer zu sehr von der Allgemeinheit der Gesellschaft separieren. Weitere Vorbehalte gingen von der Annahme aus, die jüdische Gemeinschaft in Frankfurt sei auf Grund der verschiedenen Herkunftsländer und unterschiedlicher religiöser Praxis der Gemeindemitglieder zu heterogen. Der Schluss sei daher naheliegend, dass sich nicht genügend jüdische Eltern mit ihren Kindern für das geplante Vorhaben finden lassen würden (Zentralarchiv, B1/13/1725). Heute ist die Schule der Stolz der Gemeinde, ist sie doch die maßgebliche Institution, die die Kinder aus den verschiedenen Herkunftsländern zusammenführt und gegenseitige kulturelle und religiöse Unterschiede durch Integration nivelliert.

Zum Glück für die Jüdische Gemeinde Frankfurt blieb das Vakuum, das Rabbiner Lichtigfeld mit seinem Tode 1967 hinterließ, nicht lange bestehen.

Ignatz Bubis lebte damals bereits zwölf Jahre in Frankfurt am Main, bis er sich zunächst in der Zionistischen Vereinigung engagierte und dann 1968 in den Vorstand der Jüdischen Gemeinde gewählt wurde. Dort setzte er sich sowohl für den forcierten Ausbau jüdischer Institutionen und deren Modernisierung als auch für das Konzept der stetigen Öffnung jüdischen Gemeindelebens nach außen hin ein (BAjW, 1987, S. 4). Unter seiner Ägide kam es 1986 zur Eröffnung des ersten Gemeindezentrums im Frankfurter Westend. Mit der Verwirklichung des Konzepts eines modernen säkularen jüdischen Gemeindezentrums wurde der bisherige provisorische Charakter der jüdischen Nachkriegsgemeinde zum Abschluss gebracht: »Wer ein Haus baut, will bleiben, und wer bleiben will, erhofft sich Sicherheit«, so der Tenor der Rede des Vorstandsmitglieds Dr. Salomon Korn anlässlich der Einweihung des Gemeindezentrums am 14. September 1986. Die Jahre des »Auf-dem-gepackten-Koffer-Sitzens« waren nun zumindest für die Elterngeneration beendet.

Die Brüche in der Geschichte der Gemeinde sollten deshalb aber keineswegs verleugnet werden. Architektonisch sind diese Brüche in der Außenfassade des Gemeindezentrums im direkten Bereich des Hauptportals gut sichtbar. Schmale steinerne Gesetzestafeln ragen in die Höhe, durch lange und tiefe Risse in sich gebrochen und an die Verfolgung und Vernichtung während der NS-Diktatur erinnernd (vgl. Salomon Korn, J.G.F., Prospekt zur Eröffnung des Gemeindezentrums).

Mochte die Generation der Überlebenden für sich selbst die Entscheidung getroffen haben, sich mit den Verhältnissen vor Ort zu arrangieren, hatten sie unbewußt ihre Ambivalenz jüdischen Lebens in Deutschland an ihre Kinder, die zweite Generation nach dem Holocaust, weitergegeben. Die emotionalen und unbewußten Botschaften der

Elterngeneration zu Hause und in den Gemeinden bewirkten bei den Nachgeborenen erhebliche Widersprüche mit der eigenen Realität im Alltag von Schule, Beruf und Gemeindeleben.

Während die jüdischen Repräsentanten mit den deutschen Behörden auf der Basis wachsender jüdischer Gemeinden verhandelten und die eine oder andere Römerplakette der Stadt Frankfurt oder das Bundesverdienstkreuz der Bundesrepublik Deutschland entgegennahmen, war auf Weisung der jeweiligen Gemeindeführung in den Jugendzentren und in der zionistischen Jugendorganisation die Jugendarbeit auf die Aliyah, den »Aufstieg«, d. h. die Auswanderung nach Israel, orientiert. Vor allem in den Familien der aus Osteuropa stammenden Juden gehörte die Abgrenzung gegenüber den deutschen Nachbarn und deren Kindern zur selbstverständlichen Alltagserfahrung jüdischer Kinder:

»Meine Eltern«, so berichtet die aus einer polnischen Familie stammende Cilly Kugelmann, »lebten hier, hatten aber keinen Kontakt zu Deutschen. Meine Eltern hatten überhaupt keine deutschen Freunde. Es war ein Problem für mich, deutsche Schulkameraden nach Hause einzuladen . . . In anderen Familien war es ähnlich. Beziehungen zu Deutschen hieß immer auch, die Eltern zu verraten. An Heiraten war gar nicht zu denken . . .« (Kropat, 1983, S. 466).

Diesen Zustand empfanden vor allem die intellektuell orientierten jüdischen Studenten als Einengung auf das familiäre Zuhause und auf die Aktivitäten der Gemeinde. In der Ära der Studentenbewegung rebellierten nicht wenige von ihnen gegen die eigenen Eltern, gegen das »Establishment«, wie es damals hieß. In dieser Zeit der politischen Forderungen der Studentenbewegung nach neuen Strukturen in allen Bereichen der bundesrepublikanischen Gesellschaft gelang es der oppositionellen »Jungen Liste« zur Überraschung aller, in den Gemeinderatswahlen vom 31. Januar 1971 die meisten Stimmen auf sich zu vereinigen. Vor allem Heschi Rothmensch, Marek Glezermann und Dan Diner bemühten sich nach Kräften, neue Impulse in die nach ihrer Meinung verkrusteten Strukturen der Gemeindeführung zu setzen, und stießen deshalb auf erhebliche Widerstände bei den etablierten Gemeinderatsmitgliedern:

»Manche sprachen von einem Erdrutsch. Manche sahen schon die Synagogen geschlossen, rote Fahnen im Aron Hakodesch und wilde Horden von skandierenden Outlaws die jüdische Gemeinschaft Frankfurt hinwegfegen . . . Die wildesten Gerüchte wurden durstig aufgesogen, verarbeitet, aufgebläht und weitergereicht . . . Wie hatte es so weit kommen können? . . .« (Glezerman, 1971, S. 5).

Für einen begrenzten Zeitraum von immerhin knapp einem Jahr gelang es der Jungen Liste, neue Formen der Auseinandersetzung in die eingefahrenen Gleise des Gemeindeapparates zu bringen.

Verschiedene Themen konnten auf diese Weise erstmals kontrovers diskutiert werden. Einzelne Artikel setzten sich kritisch mit der offiziellen Linie der damaligen zionistischen Bewegung auseinander, indem etwa versucht wurde, eine Verbindung zwischen Sozialismus und Zionismus herzustellen. Auf die Frankfurter Verhältnisse direkt bezogen war eine Artikelreihe von Dan Diner, die einerseits bemüht war, die Mitwirkung von Teilen des »jüdischen Establishments« beim Ausverkauf des Frankfurter Westends auf ihre Vielschichtigkeit hin zu beleuchten und andererseits den Antisemitismus der Bürgerinitiative Aktionsgemeinschaft Westend e. V. als solchen zu benennen und sich von diesem Erklärungsmodell Frankfurter Bau- und Spekulationspolitik im Westend deutlich zu distanzieren. In »Round-table-Gesprächen« im Gemeindehaus wurden verschiedene Male Tabuthemen wie »Jüdische Jugend, Drogen und Sexualität« im Beisein von Mitgliedern der

Jungen Liste, diskussionswilligen Gemeindefunktionären und verschiedenen jüdischen Fachleuten kontrovers diskutiert. Bei einem solchen Podiumsgespräch im Juni 1971 zum Thema Jugendfragen forderten die Vertreter der Jungen Liste ein stärkeres Interesse seitens der Jüdischen Gemeinde für ihre jüdische Jugend (Rothmensch, 1971, S. 4). Einerseits wurde gerade von diesen sehr engagierten jüdischen Studenten bemängelt, dass zwar eine kleine Gruppe von Jugendlichen sehr aktiv versuche, sich auch in die Gemeindepolitik einzumischen, andererseits die Mehrheit der jüdischen Jugend sich aber politisch apathisch verhalte:

»Micha Brumlik . . . führte . . . als augenscheinliches Beispiel an, daß die fünf in den Gemeinderat gewählten Jugendlichen nicht von der Jugend, die in ihrer Mehrheit nicht zur Gemeinderatswahl gegangen sei, sondern zu 80 % von den Älteren gewählt worden seien. Er wies auf das schon von Prof. Simonsohn dargestellte unlösbare Problem hin, das dem jüdischen Jugendlichen gestellt werde in seinem Leben mit der nichtjüdischen Umwelt. Entweder man tue den Eltern weh und mische sich in die deutsche Gesellschaft, oder man lasse es und begebe sich zwangsläufig ins Ghetto und orientiere sich nur auf Israel.« (F. J. Gb., 1971, S. 2 ff.)

Schon bald mussten die Aktivisten der Jungen Liste sich selbst eingestehen, dass sie zwar vermocht hatten, inhaltliche Diskussionsprozesse in Gang zu setzen, sie aber keineswegs die Absicht hatten, die erforderliche Energie zur langfristigen Umstrukturierung der Gemeinde in einem pluralistischen und basisdemokratischen Sinne aufzubringen. Die von ihnen selbst forcierte Auseinandersetzung über die Klärung der Frage, was es heißt, Jude in Deutschland zu sein, ließ die Mitglieder der Jungen Liste immer wieder zu der Einsicht in eine ausschließlich negative Symbiose zwischen Juden und Deutschen gelangen (Diner, 1988, S. 243), dass es für einen Juden keinen gangbaren Weg als Deutschen und Juden in Deutschland geben kann. Vor diesem Hintergrund ist es nicht erstaunlich, dass einzelne Mitglieder der Jungen Liste beschlossen, vorzeitig ihre Ämter niederzulegen, nach Israel auszuwandern oder dort ihren Militärdienst abzuleisten. Ihr Engagement hatte aber doch Bewegung in den Gemeindeapparat gebracht, da sie bemüht waren, die von der Gemeindebürokratie gehüteten Interna auf Effizienz hin zu überprüfen und den Gemeindemitgliedern gegenüber transparent zu machen (Diamant, 1971, S. 32). Erstmals konnte im Gemeinderat auf diese Weise durchgesetzt werden, dass die Gehälter der Angestellten nun nicht mehr nach Gutdünken des jeweiligen Gemeindevorstandes ausgehandelt, sondern nach einem Haustarif berechnet und festgelegt wurden. In seiner Autobiographie »Damit bin ich noch längst nicht fertig« erinnert sich Ignatz Bubis noch lebhaft an diese »wilden« Jahre in der Frankfurter Gemeinde: »Die jungen Leute aus dieser Bewegung entdeckten schließlich die Jüdische Gemeinde und wollten diese revolutionieren . . . Sie stellten den Vorstand, bis sie merkten, daß das jüdische Gemeindeleben nichts, aber auch gar nichts mit den revolutionären Ideen ihrer Generation zu tun hatte. Noch im Laufe der Legislaturperiode wählten sie mich, ihren eigentlichen Gegner, in den Vorstand. Die meisten dieser jungen Juden haben nach Ablauf der Amtszeit auch nicht wieder kandidiert. Ihr Interesse am Engagement in der Jüdischen Gemeinde war völlig erloschen und sollte erst viele Jahre später wiedererwachen.« (Bubis, 1996, S. 89)

Etwa weitere fünfzehn Jahre sollten vergehen, bis sich eine konkrete Annäherung zwischen der Gemeindeführung in Frankfurt und der kritischen intellektuellen jüdischen Elite anbahnte, die sich zwischenzeitlich in den achtziger Jahren den Hochschullehrern Micha Brumlik und Dan Diner in der »Jüdischen Gruppe« anschlossen.

Es war ein unglaublicher Vorgang, als am 31. Oktober 1985 Mitglieder der Jüdischen Gemeinde, unter ihnen Ignatz Bubis und andere Gemeinderatsmitglieder, die Bühne des Kammerspiels am Frankfurter Theaterplatz besetzten, um die Aufführung des Theaterstücks »Der Müll, die Stadt und der Tod« von Rainer Werner Fassbinder zu verhindern. In Bubis' Erinnerungen war es vor allem dieser Satz aus dem Theaterstück »Wär' er geblieben, wo er herkam, oder hätten sie ihn vergast, ich könnte heute ruhiger schlafen!«, der ihn zu der Überzeugung brachte, unter allen Umständen zu versuchen, die Aufführung zu verhindern: »Als ich das las, sah ich plötzlich vor mir, wie das Publikum im Saal vielleicht lacht und applaudiert, und bei diesem Gedanken wurde mir heiß und kalt zugleich, und ich wusste, was ich zu tun hatte.« (Bubis, 1996, S. 137) Die Bereitschaft des Frankfurter »Grundstücksspekulanten« Bubis, als »Bühnenbesetzer« und erstmals als »Demonstrant« gegen städtische Institutionen seine ganze Autorität zu riskieren, führte zu einem deutlich sichtbaren Zusammenhalt zwischen den Generationen und Fraktionen innerhalb der Jüdischen Gemeinde Frankfurt. Vertreter der jüdischen Gruppe wie des jüdischen »Establishments« waren zumindest für diesen Augenblick vereint (Bubis, 1996, S. 147). Nach wochenlangen Auseinandersetzungen in den Medien wurden zum ersten Mal in der Geschichte der Bundesrepublik die Argumentation und vor allem der Protest einer bis dahin kaum wahrgenommenen jüdischen Minderheit respektiert. Bereits zwei Jahre später ließ sich wieder einmal ein offener Eklat in Frankurt nicht vermeiden: Das Aktionsbündnis »Rettet den Börneplatz«, dem wiederum Micha Brumlik und jetzt auch die Frankfurter Schriftstellerin Eva Demski angehörten, besetzte mit einzelnen Gruppen der jüdischen Gemeinde Teile des Baugeländes am Börneplatz, um gegen die von den städtischen Behörden angestrebte unwiderrufliche Zerstörung archäologischer Reste einstigen jüdischen Lebens in Frankfurt zu protestieren.

Erstmals nahmen an den verschiedenen Protestaktionen auch jüdische Jugendliche der dritten Generation teil, um für sich selbst die jüdische Geschichte ihrer Heimatstadt zu bewahren (Daniel S. Korn, 1987, S. 23). Sie machten mit ihren Aktionen viele Frankfurter Bürger auf den Umstand aufmerksam, dass die Erhaltung der auf dem Börneplatz ausgegrabenen Fundamente der ehemaligen Judengasse Frankfurts doch von größerer Wichtigkeit sei als der Bau der städtischen Gas- und Wasserwerke.

Auch wenn es trotz zahlreicher Proteste der Frankfurter jüdischen Gemeinschaft und eines großen Unterstützerkreises aus den Reihen der Kirchen und der Frankfurter Universität nicht gelang, die meisten archäologischen Funde vor der Zerstörung zu bewahren, so konnten doch zumindest durch den allgemeinen öffentlichen Druck der damalige Oberbürgermeister Frankfurts, Wolfram Brück, und der hessische Ministerpräsident Walter Wallmann zu einem Kompromiss bewegt werden (vgl. Korn, 1987, S. 9). Heute befindet sich innerhalb des errichteten Stadtwerkebaus eine Dependance des 1988 gegründeten Jüdischen Museums, die einen Zugang zu den wenigen verbliebenen Fundamenten der einstigen Judengasse erlaubt.

Die Ereignisse im Frankfurt der achtziger Jahre, von denen die Frankfurter Jüdische Gemeinde unmittelbar berührt war, zeigten allen Beteiligten, dass sich im Verhältnis der Juden zu ihrer Stadt gegenüber früheren Jahren etwas verändert haben musste.

Der Kulturdezernent der Jüdischen Gemeinde Frankfurt, Michel Friedman, stellte in der Frankfurter Jüdischen Gemeindezeitung die Frage, wie sich die Frankfurter jüdische Gemeinschaft ihren Standort in dieser Stadt perspektivisch vorstellt. Für die Generation der Überlebenden war das Leben in Frankfurt lediglich ein provisorischer Zustand, in dem es darum ging, »die physischen und psychischen Wunden zu heilen und eine neue Existenz aufzubauen« (J.Gz.F.,1987, Nr. 7/8, S. 1). Das Engagement der zweiten und auch schon dritten Generation hatte sichtbar gemacht, dass sie sich immerhin als Teil der Frankfurter Bürgerschaft begriffen und deshalb sehr emotional etwa um den Erhalt der archäologischen Reste der Frankfurter Judengasse stritten, die »sinnliche Bezüge zur Vergangenheit der ehemals großen Vorgängergemeinden« vermitteln können. (Vgl. Korn, 1987, S. 15)

Seit diesen Ereignissen haben sich die Regierenden der Stadt und die Gemeinde immer wieder darum bemüht, möglichst einvernehmlich zu Vereinbarungen zu kommen. In dem 1990 geschlossenen Stadtvertrag verpflichtete sich die Stadt Frankfurt, die Sicherung des Fortbestehens der Jüdischen Gemeinde auch in Zeiten knapper Mittelvergabe zu gewährleisten (J. Gz. F., 1990, S. 6ff.). Hier ist besonders das couragierte Engagement des ehemaligen Oberbürgermeisters Volker Hauff hervorzuheben, der erstmals darauf hinwirkte, eine städtische Gedenkveranstaltung zum 9. November 1938 alljährlich in der Paulskirche stattfinden zu lassen, »um öffentlich miteinander an der Trauer teilzunehmen«. (Remmlinger, 1991, S. 9)

Mit der Einweihung des Frankfurter Holocaust-Mahnmals am Börneplatz im Herbst 1996 konnte nach den Jahren der Auseinandersetzungen das mittlerweile einvernehmliche Verhältnis zwischen Frankfurt und seiner Jüdischen Gemeinde deutlich demonstriert werden.

Seit dem Abschluss dieses Prozesses der konfliktreichen, aber doch gelungenen Integration der Jüdischen Gemeinde in ihre Heimatstadt Frankfurt am Main ist die Diskussion innerhalb der Gemeinde über deren religiöse Ausrichtung und ihre zukünftige Entwicklung in den Mittelpunkt der Betrachtung gerückt. Die Erkenntnis, dass fünfzig Jahre nach dem Holocaust dessen Historisierung für die nachwachsenden Generationen unvermeidbar zu sein scheint, stellt immer mehr Juden in Frankfurt und anderswo in Deutschland vor die Frage, wie in diesem Land eine positive jüdische Identität bei sich und den eigenen Kindern entwickelt und gefestigt werden kann.

Nicht wenige, die sich schon heute mit dieser Problematik konfrontiert sehen, suchen eine Antwort auf eine Realität, in der sie einerseits mit den Anforderungen einer postindustriellen Dienstleistungsgesellschaft und andererseits mit denen einer orthodox ausgerichteten jüdischen Gemeinde konfrontiert werden und nicht wissen, wie beide miteinander in Einklang zu bringen sind.

In modernen westlichen Gesellschaften, vor allem im angelsächsischen Raum, realisieren demgegenüber bereits viele Frauen und Männer in den dort bestehenden Reformgemeinden die erfolgreiche Verbindung zwischen Religion und Gesellschaft. Selbstverständlich nehmen dort Frauen am egalitären Gottesdienst teil und sind auch nicht, wie in der orthodoxen Synagoge, räumlich vom Betbereich der Männer getrennt. Von einer Rabbinerin zur Thoralesung aufgerufen zu werden, gehört zum dortigen religiösen Alltag. Daher ist es nicht erstaunlich, dass sich 1994 eine Gruppe veränderungswilliger Jüdinnen und Juden zur Erneuerung des jüdischen Gottesdienstes unter dem Namen »Kehillah Chadaschah«, wieder einmal unter maßgeblichem Einfluß Micha Brumliks, in Frankfurt als Verein konstituierte. Zu den hohen Feiertagen Rosch Haschana und Jom Kippur wird der egalitäre Gottesdienst unter der jeweiligen Leitung eines auswärtigen Reformrabbiners gefeiert. Besonders glücklich ist die Gruppe über die erste in Deutschland überhaupt durchgeführte Thoralesung einer Bat-Mitzwa (der Eintritt als vollwertiges erwachsenes und mündiges Mitglied der jüdischen Gemeinschaft, Bar-Mitzwa bei Jungen, Bat-Mitzwa bei Mädchen) in Anwesenheit des Rabbiners Nathan P. Levinsohn in einer Landsynagoge in der Nähe Frankfurts im Juli 1996, ist doch in einer orthodoxen Synagoge im Gegensatz zur Reformsynagoge der Aufruf einer Bat-Mitzwa überhaupt nicht vorgesehen.

Aber auch ultraorthodoxe Gruppierungen wie die Lubavicher Bewegung sind seit den neunziger Jahren bemüht, in der jüdischen Gemeinde Frankfurt Fuß zu fassen und hier vor allem Kinder und Jugendliche mit Aktivitäten wie Mazzebacken in der Synagoge zum Pessachfest oder etwa mit einem Jugendlager während der Sommerferien für die eigenen religiösen Vorstellungen zu gewinnen.

Insofern sollten die Erkenntnisse der Langzeitkommission (LZK) der Jüdischen Gemeinde Frankfurt mit Aufmerksamkeit gelesen werden, beziehen sie doch langjährige Tabuthemen wie etwa die Existenz nichtorthodoxer jüdischer Gruppen mit egalitärem Gottesdienst und die Problematik interkonfessioneller Ehen und deren Kinder (vgl. Feinberg,1990, S. 139) in ihre Betrachtung mit ein und erkennen diese damit als gegebene Tatsache an. Diese Kommission hat sich unter der Prämisse, die Frankfurter Einheitsgemeinde als tragfähiges Modell für die Mehrheit der Juden in Frankfurt auch für die Zukunft zu erhalten (vgl. hierzu Brumlik, 1995, S. 1; Ignatz Bubis, 1995, S. 1), dafür ausgesprochen, »die Vielfalt der Ausprägungen jüdischen Lebens« stärker als bisher zu berücksichtigen. So sollen nach diesen Vorstellungen liberale und reformistische Gruppen ins Gemeindeleben integriert werden.

Unter dem Vorsitz von Rachel Singer hat sich die LZK bei ihren Erkenntnissen auf die statistische Auswertung einer Mitgliederbefragung aus dem Jahr 1994 bezogen. Ein Thesenpapier wurde erarbeitet, um Gemeinderat und Gemeindevorstand wenigstens Denkanstöße für die zukunftsorientierte Weitergestaltung der Frankfurter Einheitsgemeinde zu geben (Singer: 1998, S. 8).

Auf diese Entwicklung der großen Einheitsgemeinden wie Berlin, Frankfurt und München geht das Vorstandsmitglied Salomon Korn in seinem Grundsatzartikel »Auf der Suche nach innerer Festigung« (Korn, 1998, S. 16) differenziert, nachdenklich und mit großer Skepsis ein:

»Die Stärke der Einheitsgemeinde, der Zusammenhalt verschiedenster religiöser Ausrichtungen unter einem großen Dach, ist gleichzeitig deren Schwäche. Sie bietet zwar allen einen Rahmen, das notwendige institutionelle Verwaltungsgerüst, aber keine klar definierten Inhalte, keine eindeutige Religionsausrichtung. Wo alles unter einen bequemen Hut paßt, besteht die Gefahr der Beliebigkeit – von manchen Gemeindemitgliedern auch als Richtungslosigkeit empfunden.«

In seinen weiteren Ausführungen wird die zukünftige Gefahr von Abspaltungstendenzen von vor allem konservativen und neoorthodoxen Minderheiten gesehen, die eine zunehmende Liberalisierung der Gemeinde und ihrer Mitglieder weniger als positiven Ausdruck von Toleranz gegenüber religiösen Dingen bewerten, sondern eher als Preisgabe der religiösen Tradition aus Indifferenz. Bedroht sieht Salomon Korn die Einheitsgemeinde aber auch durch die durchaus zu würdigende Tatsache einer auch in Krisenzeiten stabilen Demokratie in der Bundesrepublik, in der der Antisemitismus »als politisch relevantes Phänomen allmählich an Wirkung verliert«. Durch diesen nachlassenden »Außendruck« dürften vor allem jüngere Gemeindemitglieder immer weniger Veranlassung verspüren, ganz anders als etwa noch die Elterngeneration, die Gemeinde als »Zufluchtsort in schwierigen Zeiten« aufzusuchen, um dort im kulturellen Schutzraum gegenüber der nichtjüdischen Umwelt bestehen zu können. Gegen diese negative Entwicklungsperspektive der Gemeinde setzt das Vorstandsmitglied der Jüdischen Gemeinde Frankfurt auf Konzentration zukünftiger Gemeindearbeit auf »die bescheidene Synagoge, das jüdische Lehrhaus, den jüdischen Kindergarten, die jüdische Schule, jüdisches Wissen, jüdische Tradition« und auf »im unspektakulären Alltag gelebtes Solidarverhalten«.

Literaturliste:
Allgemeine Jüdische Wochenzeitung (AJW), Jg. 18, Nr. 46, S. 9, 2. Mai 1991.
Ewald Allschoff, Frankfurter Tagebuch. 1945 – 1955, in: Mitteilungsorgan, Jg. 1, Nr. 2, Mai 1955.
BAjW (Allgemeine jüdische Wochenzeitung (Berliner Ausgabe)) Nr. 42, 09. 01. 1987, S. 4: Ignatz Bubis zum 60. Geburtstag. Um die Gemeinde Frankfurt verdient gemacht.
Frolinde Balser, Aus Trümmern zu einem europäischen Zentrum, Geschichte der Stadt Frankfurt am Main 1945–1989, Bd. 6, Sigmaringen 1995.
Michael Bodemann, »Ich verlasse dieses Land mit Verbitterung, doch vor keinem Volke darf man die Fensterläden zuschlagen . . .« Zur Abschiedspredigt von Rabbiner Dr. Wilhelm Weinberg (1901 – 1976) in Frankfurt / Main am 11. November 1951, in: Julius H. Schoeps u. a. (Hrsg.): Menora, Jahrbuch für deutsch-jüdische Geschichte, München – Zürich, 1995, S. 345.
Michael Brenner, Nach dem Holocaust, Juden in Deutschland 1945–1950, München: Beck 1995.
Micha Brumlik, Einheitsgemeinde: Ein Dogma wankt, in: AJW, Jg.50, Nr. 6, 23. März 1995, S. 1.
Ignatz Bubis, Einheitsgemeinde: Wankt sie wirklich?, in: AJW, Jg. 50, Nr. 7, 6. April 1995, S. 1.
Ders., »Damit bin ich längst noch längst nicht fertig«. Die Autobiographie, Frankfurt/Main / New York 1996.
Ders., Weiterleben mit der Hoffnung. Die Jüdische Gemeinde nach 1945, in: Jüdische Gemeindezeitung Frankfurt, Jg.18, Nr. 8, 1986.
Alexis Canem, Jeder Name ist ein Schicksal. Mit einer Gedenkmauer am Börneplatz erinnert Frankfurt am Main an die deportierten Juden der Stadt, in: Allgemeine Jüdische Wochenzeitung (AJW), Nr. 13/96, S. 11.
Adolf Diamant, Leserbrief «Zum Gemeindeblatt Nr. 2/3/4, 4. Jg., in: F. J.Gb., Jg. 4, Nr. 6/7, 1971, S. 32.
Dan Diner, Negative Symbiose – Deutsche und Juden nach Auschwitz, S. 243, in: Micha Brumlik, u. a. (Hrsg.): Jüdisches Leben in Deutschland seit 1945, Frankfurt am Main 1988.
Ana Feinberg, Wende, Umbruch oder Krise, in: Tribüne, Jg. 29, Heft 114, 1990, S. 139.
Frankfurter Jüdisches Gemeindeblatt (F.J.Gb): Jg.4., Nr. 6/7, 1971, S. 2ff.
Dass., (F.J.Gb), Jg.13, Nr. 5 – 8, 1980, S. 7.
Marek Glezerman, Zwischen Diaspora und Zionismus, in: Frankfurter Jüdisches Gemeindeblatt, Jg.4, Nummer 2/3/4, 1971.
Rachel Heuberger und Helga Krohn, Hinaus aus dem Ghetto, Juden in Frankfurt am Main 1800–1950, Frankfurt am Main 1988, S. 188.
»Jüdische Illustrierte«, Beilage in: AJW, 15. Jg., Heft 1, Mai 1966, S. 4ff.
Jüdische Gemeindezeitung Frankfurt (J.Gz.F.), Jüdische Gemeinde Frankfurt am Main (Hrsg:): Jg. 19, 1987, Nr. 7/8, S. 1
Dass., (J.Gz.F.), Jg. 22, Nr. 10/12, 1990, S. 6ff.).
Dass., (J.Gz.F.), Jg. 27, Nr. 1, 1997, S. 26.
Daniel S. Korn, Lichtigfeldschüler am Börneplatz. Fünfte Klassen besuchen die Grabungsstätte, in: JGz.F. Jg. 19, Nr. 7/8, 1987, S. 23.
Salomon Korn, Der Kommentar. Die gegenwärtige Vergangenheit am Börneplatz, in: J. Gz.F., Jg. 19, Nr. 7/8, 1987, S. 15.
Ders., Börneplatz 1977 – 1987. Kurzchronologie der Ereignisse, in: J.Gz.F., Jg. 19, Nr. 7/8, 1987, S. 9ff.
Ders., Auf der Suche nach innerer Festigung. Über die Gefährdung der jüdischen Gemeinden in Deutschland und Europa / Ein Ausblick auf das 21. Jahrhundert, in: Frankfurter Rundschau, Nr. 92, 21. April 1998, S. 16.
Wolf-Arno Kropat, Jüdische Gemeinden, Wiedergutmachung, Rechtsradikalismus und Antisemitismus nach 1945, S. 447–508, in: Neunhundert Jahre Geschichte der Juden in Hessen: Beitr. zum polit., wirtschaftl. u. kulturellen Leben / Komm. für d. Geschichte d. Juden in Hessen, Wiesbaden, 1983.
Arno Lustiger, 25 Jahre, in: Frankfurter Jüdisches Gemeindeblatt, Jg. 13, Nr. 5-8, 19, Frankfurt /Main 1980, S. 14ff.
Harry Maor, Der Wiederaufbau der jüdischen Gemeinden in Deutschland, Diss., Mainz 1961.
Sophie Remmlinger, Sympathie und Zuneigung zu Volk und Staat Israel, in: AJW, Nr. 46, Jg.18, 2. Mai 1991, S. 9.
Heschi Rotmensch, Persönlichkeitsfindung des jüdischen Jugendlichen, in: Frankfurter Jüdisches Gemeindeblatt, 4. Jg., Nr. 6/7, 1971, S. 4.
Valentin Senger, Kurzer Frühling. Erinnerungen, Hamburg / Zürich 1992.
Rachel Singer, Die Jüdische Gemeinde im Jahre 2005. Die Thesen der Langzeitkommission (LZK) zu den grundlegenden Veränderungen im kommenden Jahrzehnt, in: J.Gz. F., Jg.31, Nr. 3, Juni/Juli 1998, S. 8.
Zentralarchiv zur Erforschung der Geschichte der Juden in Deutschland, Heidelberg: Dokument B1/13/1725, Auszug aus dem Protokoll Nr. 17 vom 3. März 1963, S. 9ff.
Zentralarchiv zur Erforschung der Geschichte der Juden in Deutschland, Heidelberg.: Dokumente B1/13/A 709, Protokoll über die Sitzung betr. Fusion Jüdische Gemeinde Frankfurt am Main und Städt. Commitee (. . .), den 2. Februar 1949 (. . .) im Philanthropin, S. 2.
Zentralarchiv, Dokumente, B1/13/2952, Urkunde vom 10. März 1949.
Zentralarchiv, Dokumente, B1/13/288, Geschäftsbericht des Vorstands zur Gemeindeversammlung vom 23.2.58, S. 4.

Ludger Heid

Jüdische Gemeinden im Ruhrgebiet

»Die messianische Zeit fängt mit dem Bau eines Gotteshauses an«

Neubeginn nach 1945 in Duisburg, Mülheim und Oberhausen: Wie andernorts, entwickelte sich auch in Duisburg eine neue Gemeinde.[1]) 1945 hat es in Duisburg eine Anlaufstelle für die aus den Konzentrationslagern zurückkehrenden Juden gegeben. Einer der ersten Mitarbeiter war Horst Lucas, der im Mai 1945 in Buchenwald befreit worden war und zunächst auf der Moselstraße 5, später auf der Mainstraße 22 wohnte. Diese Adresse ist im Jahre 1946 die offizielle Anschrift der Jüdischen Gemeinde und zugleich Sitz des Jüdischen Wohlfahrtsverbandes. Ende 1946 verließ Horst Lucas Deutschland und emigrierte in die USA. Sein Nachfolger war Hermann Heymann, der in den Jahren 1948 und 1949 als Vorsitzender der Jüdischen Gemeinde genannt wird. Wie Lucas stammte auch Heymann aus Duisburg. Hermann Heymann, der seine erste Frau und fünf Kinder in Auschwitz verloren hatte, starb, gerade 53-jährig, im Jahre 1955. Im Zusammenhang mit der Beerdigung von Heymann schrieb der Vorsitzende der Jüdischen Gemeinde Mülheim/Ruhr, Salomon Lifsches, am 26. Mai 1955 an die Stadt Duisburg, dass er die (Jüdische) Gemeinde Duisburg vorübergehend vertrete. Die Absicht einer Zusammenlegung der beiden Nachbargemeinden Duisburg und Mülheim war auch der Jewish Trust Corporation for Germany, die offizielle Vertreterin jüdischer Restitutionsansprüche in Deutschland, die ihren Sitz in Hamburg hatte, bekannt geworden, was diese veranlasste, beim Vorstand der Jüdischen Gemeinde in Mülheim nach dem Stand der Angelegenheit zufragen. In Hamburg interessierte man sich vor allem dafür, ob der neuen Kultusgemeinde bereits die Rechte einer Körperschaft des öffentlichen Rechtes nach dem Gesetz über jüdische Kultusgemeinden im Lande Nordrhein-Westfalen vom 18. Dezember 1951 verliehen worden seien.[2]) In seinem Antwortschreiben teilte der neue Erste Vorsitzenden der Gemeinde, Salomon Lifsches, mit, dass der formelle Zusammenschluss der beiden Gemeinden zur »Jüdischen Kultus-Gemeinde Mülheim-Ruhr/Duisburg« auf einer konstituierenden Versammlung am 10. Juli 1955 erfolgt sei.[3]) Wahrscheinlich haben die beiden Gemeinden nach dem Tod von Hermann Heymann im Sommer 1955 den Zusammenschluss beschlossen. Im Adreßbuch für das Jahr 1956 findet sich die Eintragung »Kultusgemeinde Mülheim-Duisburg«, Anschrift: Mülheim, Kampstraße 7. Privatanschrift des Vorsitzenden Salomon Lifsches und jüdische Kultusgemeinde Mülheim-Duisburg waren zu ein und derselben Adresse geworden.

---

[1]) Vgl. dazu das Kapitel »Neubeginn nach 1945« aus der Feder von Rita Vogedes, in: Günter von Roden, Geschichte der Duisburger Juden (= Duisburger Forschungen Bd. 34, 2 Bde.), Tl. 2, Duisburg 1986, S. 889-891.

[2]) Am 13. Januar 1956 wurde durch Erlaß des Kultusministers von NRW die Gemeinde Mülheim-Duisburg eine Körperschaft des öffentlichen Rechts. Vgl. Chronik der Jüdischen Gemeinde Mülheim-Ruhr-Duisburg-Oberhausen, Archiv der Jüdischen Gemeinde Mülheim-Duisburg-Oberhausen (zukünftig: AdJG MH-DU-OB).

[3]) Jewish Trust Corporation for Germany (JTC) – Erna Goldschmidt – an Vorstand der Jüdischen Kultusgemeinde Mülheim-Duisburg, Hamburg, 20. Juli 1955. – In einem Schreiben an den Landesverband (LV) für Nordrhein vom 11. Juli 1955 hatte Salomon Lifsches den Vorsitzenden des LV für den Bezirk Nordrhein bereits neun Tage zuvor gebeten, davon Kenntnis zu nehmen, daß die Gemeinde Mülheim-Duisburg vereint worden und die Mitgliederzahl dieser Gemeinde auf 80 Seelen angestiegen sei. Jüdische Gemeinde Mülheim-Ruhr (Salomon Lifsches) an LV der Jüdischen Gemeinden für Nordrhein (Julius Dreifuß), Mülheim, 11. Juli 1955, AdJG MH-DU-OB, Akte »Synagogengrundstück der Jüdischen Gemeinde Mülheim-Ruhr«.

Die Neugründung der Jüdischen Gemeinde Mülheim erfolgte im Jahre 1947. Die konstituierende Gemeindeversammlung fand am 16. März 1947 im Mülheimer Rathaus statt. Zum Ersten Vorsitzenden wurde Salomon Lifsches gewählt, der dieses Amt bis zu seiner Deportation im Jahre 1942 bereits seit dem 20. November 1938 innegehabt hatte. Bis zu seinem Tod 1968 war er Vorsitzender der jüdischen Kultusgemeinde Mülheim-Duisburg.

Im Jahre 1961 wurde Michael Lucas in einer Bar-Mitzwah-Zeremonie in die religiöse Erwachsenengemeinschaft der Gemeinde aufgenommen. Es war die erste religiöse Feier dieser Art der jüdischen Kultusgemeinde Mülheim-Duisburg-Oberhausen nach der Schoah. In seinem Rechenschaftsbericht zwei Jahre nach Errichtung der Synagoge gab der Vorsitzende Salomon Lifsches die Gesamtmitgliederzahl im Jahre 1962 mit 70 Seelen an, die sich wie folgt verteilten: Duisburg 37, davon 13 Männer, 20 Frauen, 4 Kinder; Mülheim 33, davon 9 Männer, 17 Frauen, 7 Kinder.[4])

Der Zweite Vorsitzende der Doppel-Gemeinde war der 1902 in Meiderich geborene Herbert Salomon[5]), der damit nach dem Tode von Salomon Lifsches am 17. Februar 1968 dessen Nachfolger wurde. Mit der Wahl Herbert Salomons fasste der Vorstand den Beschluss, die Jüdische Gemeinde Oberhausen zur Kultusgemeinde Mülheim-Duisburg-Oberhausen zusammenzuschließen. Zu diesem Zeitpunkt bestand die überalterte Gemeinde nur noch aus rund 80 Personen. Das bedeutete, dass das zum Gebet notwendige Quorum von 10 Männern, der Minjan, nur selten erreicht werden konnte. Das galt natürlich auch für den Gottesdienst, der ohnehin nur an den hohen Feiertagen möglich war, und zu dem stets ein auswärtiger Kantor oder Rabbiner eingeladen werden mußte.

Am 3. März 1968 beschloss die Jüdische Kultusgemeinde Oberhausen, sich »wegen der geringen Anzahl von Gemeindemitgliedern und insbesondere wegen Mangels an geeigneten Persönlichkeiten für den Vorstand« der Gemeinde Mülheim-Duisburg anzuschließen.[6]) Diese erklärte sich einverstanden, und am 21. April 1968 wurde eine entsprechende Satzungsänderung vorgenommen.

Am 6. November 1972 starb Herbert Salomon in Alter von 70 Jahren. Sein Nachfolger wurde im Januar 1973 Jacques Marx, Apotheker in Mülheim, der bereits seit 1968 Mitglied in der Repräsentanz der Gemeinde war. Seit nunmehr 26 Jahren leitet er ohne Unterbrechung die Jüdische Gemeinde Mülheim-Duisburg-Oberhausen. Jacques Marx ist zugleich seit 1983 im Vorstand des Landesverbandes der Jüdischen Gemeinden Nordrhein und gehört als Delegierter dem Zentralrat der Juden in Deutschland an.

Während im Herbst 1990 im Gemeindeblatt noch bedauert wurde, dass der für den 16. September 1990 vorgesehene Friedhofsbesuch vor den hohen Feiertagen nicht habe stattfinden können,[7]) weil kein notwendiger Minjan zustandegekommen wäre, änderte sich die Situation wenige Monate später schlagartig. In rascher Folge trafen die ersten russischen Juden in Mülheim ein und meldeten sich in der Kultusgemeinde Mülheim-Duisburg-Oberhausen an. »Das Jahr 5752 (1991/92 – L. H.) ist das Jahr des Zusammenrückens«, kündigte Jacques Marx in seiner Neujahrsbotschaft 1991 den Gemeindemitgliedern an und versprach zugleich: »Wir sind verpflichtet, unseren Brüdern aus dem Osten jede Hilfe anzubieten, damit sie sich schnell in unsere Gesellschaft eingliedern. Wir sollten froh sein, so viele neue Gemeindemitglieder zu bekommen, und

---

[4]) Chronik der Jüdischen Gemeinde.
[5]) Zur Biographie Herbert Salomons siehe das Portrait von Rita Vogedes in: von Roden, 2. Tl., S. 1003-1005.
[6]) Registratur des LV der jüdischen Kultusgemeinden von Nordrhein, in: STA DU, 63-29 (Materialsammlung, rote Nr. 648).
[7]) Gemeindeblatt Nr. 9, 20. September 1990. – Am 16. Oktober 1959 wurde die jüdische Kultusgemeinde Mülheim-Ruhr-Duisburg durch Grundbucheintragung Eigentümer des Friedhofs an der Gracht in Mülheim/Ruhr. (Bis dahin war die Jewish Trust Corporation for Germany Ltd. zu London Eigentümerin gewesen.)

ich freue mich ganz besonders darauf, wenn unsere Synagoge zu den hohen Feiertagen, aus allen ›Nähten platzen‹ wird«.[8])

Bis zu diesem Zeitpunkt im Sommer 1991 hatten sich insgesamt 33 jüdische Emigranten aus der ehemaligen UdSSR in der Gemeinde gemeldet und diese mit einem Mal um ein Viertel ihrer bisherigen Mitgliederzahl anwachsen lassen. Sehr bald mußte Jacques Marx resigniert feststellen, dass er nicht wisse, wie es weitergehen solle: »Es gab vielerlei zu tun, den russischen Juden, die in Notquartieren der drei Städte untergebracht sind, musste bei vielen Dingen geholfen werden. Doch als erstes fehlt natürlich Wohnraum. Doch trotz der engen Unterbringung – teils zwei Familien in einem Raum – sind die Russen zufrieden«.[9]) Im nächsten Gemeindeblatt, das zu Pessach 1992 herauskam, verkündete der Vorsitzende der Kultusgemeinde stolz, dass die Gemeinde (bisher 120 Mitglieder) bereits um die Hälfte gewachsen sei und die neuen Mitglieder intensiv am Gemeindeleben teilnehmen würden.[10])

Im Herbst 1992 schlug Jacques Marx noch selbstbewußtere Töne an, als er sagte: »Die Jüdische Gemeinde ist im Begriff, eine richtige Gemeinde zu werden. Mittlerweile haben wir die Möglichkeit, Religionsunterricht zu erteilen, Jugendgruppen zu bilden, der Frauenverein blüht, die Synagoge ist bei den Gottesdiensten voll, Vorträge finden statt, Brith-Milahs (Beschneidung – L. H.) und Feierlichkeiten«.[11]) Erstmals formulierte der Gemeindevorsitzende bei dieser Gelegenheit öffentlich den Wunsch nach dem Bau einer neuen – größeren – Synagoge.

Zu dem vielleicht wichtigsten Ereignis der jüdischen Kultusgemeinde nach der Schoah gehört die Wahl des Gemeinderabbiners David Polnauer im Jahre 1993. Damit hat die Gemeinde 51 Jahre nach der Verschleppung ihres ersten Rabbiners Manass Neumark am 25. Juli 1942 mit den Resten seiner Duisburger Gemeinde nach Theresienstadt und 59 Jahre, nachdem der Mülheimer Rabbiner Leopold Neuhaus sich im April 1934 aus Mülheim verabschiedet hatte, wieder einen eigenen Rabbiner. Am 1. September 1993 trat Rabbiner Polnauer sein Amt an. Er stammt aus Ungarn und hat sein Rabbiner-Diplom an der Jüdischen Hochschule in Budapest erworben. In einem Grußwort zum jüdischen Neujahrsfest Rosch Haschana gab Rabbi Polnauer zugleich sein Programm als Gemeinderabbiner bekannt. In seiner Botschaft für das jüdische Neujahr 5754 (1993/94) sprach er von einer schwierigen Probezeit und warf die Frage auf, wie eine Gemeinde, die vorher 150 Mitglieder zählte, 450 neue Mitglieder ohne religiösen Hintergrund integrieren und wie ein traditionelles, von Jiddischkeit geprägtes Gemeinschaftsleben neu organisiert werden könne, wenn dafür Ansprüche und Kenntnisse fehlten. »Wie können wir mit jüdischem Leben bei Alef-Beth anfangen?« Als Rabbiner hatte er jedoch eine zukunftsorientierte Lösung parat, die er stets praktiziert: »Wir sind ein Volk von Wundern. Wir werden mit all unseren Kräften danach streben, dass diese Gemeinde auch mit 700 Mitgliedern eine aktive, sensible Gemeinschaft bleibt, wo die Religion mit Lust praktiziert wird und diese Gemeinde allen ihren Mitgliedern ein sicheres Hinterland gibt«.[12])

Das sagte Rabbi Polnauer im Herbst 1993 – die Gemeinde wuchs seitdem ständig an und zählt gegenwärtig mehr als 1000 Gemeindemitglieder. Dabei entspricht das Gemeindeleben genau den Wünschen von Rabbiner Polnauer: Es ist eine Gemeinde inmitten der Öffentlich-

---

[8]) Gemeindeblatt Nr. 11, 9. September 1991.
[9]) Aus dem Gemeindeleben, in: Ebda.
[10]) Unsere Gemeinde. Gemeindeblatt Nr. 12/1992.
[11]) Gemeindeblatt Nr. 13/1992.
[12]) Unsere Gemeinde. Gemeindeblatt Nr. 15/1993.

keit, in der die religiöse Erziehung möglichst offen und modern vermittelt wird. »Ich rette Seelen«, benennt Rabbi Polnauer die Arbeit mit Kindern und fügt befriedigt hinzu: »Das ist doch schön.«

Inzwischen hat die Jüdische Gemeinde ein vielfältiges und reges Gemeindeleben mit einer Reihe von Vereinen aufgebaut. Zu nennen wären ein Frauenverein[13]), ein Seniorentreff, mehrere Jugendgruppen, eine Chewrah Kadisha, die traditionelle Beerdigungsbruderschaft[14]) sowie einen Verein zur Förderung der jüdischen Musik, der unter dem Namen Niggun im Vereinsregister eingetragen ist. Regelmäßig bietet die Gemeinde Vortragsveranstaltungen an, zu denen sie renommierte Referenten einlädt.

Die Jüdische Gemeinde Mülheim-Duisburg-Oberhausen ist – wie alle Gemeinden in der Bundesrepublik Deutschland – eine Einheitsgemeinde, in deren Synagoge sowohl orthodoxe als auch liberale Juden gleichermaßen den Gottesdienst besuchen. Der Gottesdienst selbst wird nach orthodox-traditionellen Richtlinien praktiziert.

VON DER SYNAGOGE IN DER KAMPSTRASSE ZUR NEUEN SYNAGOGE AM SPRINGWALL

Nach dem Kriege gestaltete sich sehr bald die Frage als äußerst schwierig, wo die Jüdische Gemeinde Mülheim zukünftig ihren Gottesdienst abzuhalten gedachte. Die Gemeinde verfügte über keinen Ort, um sich auf religiösem und kulturellem Gebiet zu entfalten. Es war eine beschämende Tatsache, dass sich die Gläubigen an den hohen Feiertagen in einem »Wirtschaftsraum« versammeln mußten. Hilfesuchend wandte sich der Gemeindevorsitzende Lifsches immer wieder an die jüdischen Interessenvertreter, diesen unerträglichen Zustand zu beenden. Die »größte MIZWOH, die sich ein Mensch erwerben« könne und solle, sei, ein Gotteshaus zu errichten.[15]) Die Eigentums- und Wiedergutmachungsfragen erwiesen sich jedoch juristisch ebenso kompliziert wie langwierig.

Salomon Lifsches bot Ende der 1950er Jahre der Gemeinde sein Wohnhaus in der Kampstraße 7 zum Zweck des Gottesdienstes an.[16]) Vorausgegangen waren lange und schwierige Verhandlungen über Kosten und Unterhalt des geplanten Gotteshauses. Der Landesverband der Jüdischen Gemeinden von Nordrhein-Westfalen zweifelte keineswegs an dem Bedürfnis und der Notwendigkeit für ein Gemeindehaus, sorgte sich allerdings angesichts der geringen Zahl an Gemeindemitgliedern um die mangelnde finanzielle Stärke der jüdischen Kultusgemeinde Mülheim-Duisburg, die Unterhaltung des Gebäudes auf Dauer zu gewährleisten. »Das ganze Unternehmen kommt mir vor«, fasste der Vorsitzende des Landesverbandes für die Abteilung Nordrhein, Julius Dreifuß, seine Bedenken einen Vergleich heranziehend zusammen, »wie das Geschenk eines Cadillac an einen armen Mann, der die Kosten für das Benzin, um den Cadillac zu fahren, niemals aufbringen kann.« Darüber hinaus verwies Dreifuß auf die Altersstruktur der Gemeinde, die keine große Hoffnung auf die Zukunft zulasse. »Die Gemeinde ist überaltert, und die Jugend ist bei Ihnen so spärlich vertreten«, äußerte er sich gegenüber Salomon Lifsches, »dass man die Gemeinde wirklich nicht als zukunfts-

[13]) Der erste Frauenverein der Jüdischen Gemeinde Mülheim-Duisburg ist für die Jahre 1956 bis 1965 unter Leitung von Cläre Mies nachgewiesen.

[14]) Vgl. dazu: Die Geschichte der Juden und Jüdinnen in Mülheim an der Ruhr 1620 bis 1994, gesammelt u. aufgezeichnet v. Alfred Maletke, Mülheim 1994, S. 109.

[15]) Salomon Lifsches an Sekretariat des Special Komitee, Hamburg, Mülheim/R., 21. Juli 1955, AdJG MH-DU-OB, Akte »Synagogengrundstück der Jüdischen Gemeinde Mülheim-Ruhr«.

[16]) Am 28. Januar 1959 faßte der Gemeindevorstand den Beschluß, die Besitzung von Salomon Lifsches zum Preis von DM 71 000 zu erwerben. Vgl. Chronik der Jüdischen Gemeinde.

trächtig bezeichnen kann«.[17]) Das war im Herbst 1957 – und zu diesem Zeitpunkt waren die geäußerten Bedenken gewiß nicht von der Hand zu weisen.

Die Gemeinde ließ sich nicht beirren. Die Umbauarbeiten am Haus in der Kampstraße wurden wie geplant durchgeführt und nach einer Bauzeit von 1½ Jahren beendet.[18]) Entsprechend der niedrigen Zahl der Gemeindemitglieder – 1960 waren es rund 100 – wurde die nach Plänen des Mülheimer Architekten Karl Gerle gestaltete Synagoge ziemlich klein gehalten. Am Synagogeneingang geben zwei Steintafeln mit den Namen der gefallenen deutsch-jüdischen Soldaten des Ersten Weltkrieges Ausdruck von der patriotischen Haltung der Mülheim-Duisburger Juden.

Das bedeutendste Ereignis der Doppelgemeinde Mülheim-Duisburg war die Einweihung der Synagoge an der Kampstraße 7 in Mülheim am 24. April 1960. Sie wurde traditionsgemäß mit dem Einbringen und Einheben der drei Thorarollen in den Heiligen Schrein sowie dem Entzünden des Ewigen Lichtes vollzogen. Die Festpredigt hielt der Düsseldorfer Landesrabbiner Dr. Salomonowicz unter Anwesenheit politischer Repräsentanten des Landes, der Städte Mülheim und Duisburg, der Kirchen, Parteien und Verbände sowie Vertretern des Staates Israel.

Der eigentliche Betsaal, der Mittelpunkt des Gemeindehauses, dessen Kernstück der Heilige Schrein mit den Thorarollen ist, hatte 72 Sitzplätze. Ein gegenüberliegender Raum diente als Versammlungssaal und als Ort für besondere Kulthandlungen. Im Obergeschoß befanden sich die Verwaltungsräume für Vorstand und Gemeindevertretung. Das Gemeindezentrum war auf eine kleine Gemeinde ausgerichtet und selbst für die Zeit vor dem starken Anwachsen der Gemeinde beengt.

Nachdem die Jüdische Gemeinde Mülheim-Duisburg-Oberhausen 30 Jahre lang das Wohnhaus seines Vorsitzenden als Synagoge genutzt hatte, wurde durch die Zuwanderung von Juden aus der ehemaligen Sowjetunion die Notwendigkeit eines größeren Gotteshauses und Gemeindezentrums immer dringender. Die Mitgliederzahl der Gemeinde schnellte von ca. 50 Mitgliedern vor 40 Jahren durch die russisch-jüdische Zuwanderung aus der ehemaligen Sowjetunion seit Ende der 1980er Jahre auf mehr als 1300 Mitglieder an, wobei der Zuzug weiter anhält.

Nach jahrelangen Verhandlungen und Überlegungen einigten sich Jüdische Gemeinde und die drei Städte Mülheim, Duisburg und Oberhausen darauf, den Neubau eines jüdischen Gemeindezentrums zu ermöglichen und die Kosten zu je einem Drittel auf das Land, die drei Städte und die Jüdische Gemeinde aufzuteilen. Die Stadt Duisburg erbringt ihren Anteil durch die Bereitstellung des Grundstücks.

Im Frühjahr 1996 lobte die jüdische Kultusgemeinde Mülheim-Duisburg-Oberhausen in Abstimmung mit der Internationalen Bauausstellung Emscherpark (IBA) und der Innenhafen Duisburg Entwicklungsgesellschaft (IDE) einen Einladungswettbewerb aus. Sieben international renommierte Architekten wurden als Teilnehmer eingeladen. Das Preisgericht entschied sich in seiner Sitzung am 2. Juli 1996 für den Entwurf des deutsch-israelischen Architekten Zvi Hecker. Die Bauarbeiten begannen im Frühjahr 1997.

Die alte Duisburger Synagoge in der Junkernstraße, in unmittelbarer Nähe des neuen Synagogenstandorts gelegen, bestand ca. 60 Jahre. Mit der Einweihung des neuen Gotteshauses, das die Metapher eines geöffneten Buches in Stein umsetzt und in der Achse seines

---

[17]) LV der Jüdischen Gemeinden von Nordrhein-Westfalen Abt. Nordrhein (Julius Dreifuß) an jüdische Kultusgemeinde Mülheim, Düsseldorf, 20. September 1957, AdJG MH-DU-OB, Akte »Synagogengrundstück«.

[18]) Die Kosten für den Umbau des Hauses in eine Synagoge beliefen sich auf DM 350 000,-, die vom LV in voller Höhe übernommen wurden. Vgl. Chronik der Jüdischen Gemeinde.

Mitteltraktes – wo sich das religiöse Zentrum befindet – eine gedachte Linie zum Standort der 1938 zerstörten Synagoge in der Junkernstraße bildet, fand 1998 statt. Dies war zugleich der 60. Jahrestag des Novemberpogroms, an dem die alte Duisburger Synagoge am 9./10. November 1938 durch nationalsozialistische Mordbrenner in Schutt und Asche gelegt wurde.

Die starke Heterogenität der Mitglieder innerhalb der Jüdischen Gemeinde Mülheim-Duisburg-Oberhausen bringt für die Gemeinde große Probleme mit sich, die nur schwer zu lösen sind. Wie in anderen Gemeinden auch, besteht die Hauptaufgabe darin, die verschiedenen Herkunftsgruppen zu integrieren. Die jüdische Kultusgemeinde Mülheim-Duisburg-Oberhausen setzt sich heute fast ausschließlich aus zugewanderten Juden wie folgt zusammen: Eine Familie stammt aus dem Iran, je zwei bis drei Familien aus Polen, Ungarn und der ehemaligen CSR, zehn Familien sind rumänischer Herkunft, 90 Prozent der Gemeindemitglieder stammen jedoch aus den ehemaligen GUS-Staaten, zwei Gemeindemitglieder sind Deutsche.

Viele der Zugewanderten – vor allem jene aus den ehemaligen GUS-Staaten – sind aufgrund der dortigen antijüdischen Verhältnisse vom Judentum entwurzelt, konnten ihr Judentum nicht ausleben, haben keine spezifische jüdische Identität. Diejenigen, die eine lebendige Verbindung zum Judentum haben und über jüdisches Wissen verfügen, sind eine verschwindende Minderheit. Die Gemeinde selbst – Vorstand und Rabbiner – unternimmt alles, die zugewanderten Gemeindemitglieder in religiöser, kultureller, sprachlicher, sozialer und materieller Hinsicht fürsorgerisch zu unterstützen – mit zunehmendem Erfolg. Es war in religiöser Hinsicht bedeutsam, als im September 1992 zwei Zuwandererkinder die Brith Milah vornehmen ließen. Durch die Beschneidung des Mohel, Dr. Porat, wurden die beiden Jungen Roman Briker, drei Jahre alt, und Vladimir Fikhman, sieben Jahre, mit sichtbarem Zeichen in die jüdische Gemeinschaft aufgenommen. Sie tragen jetzt die Namen Roy Ben Moshe und Sev Ben Pessah. Die beiden waren die ersten Kinder aus der ehemaligen Sowjetunion, die diesen Schritt vollzogen. Ein knappes Jahr später wurde das erste russisch-jüdische Paar religiös getraut. Im Mai 1994 feierte die Gemeinde etliche Bath-Mizwah (religiöse Volljährigkeit für Mädchen), alle Mädchen sind Kinder aus russisch-jüdischen Familien.

Die Neuankömmlinge haben dem Gemeindeleben einen unerwarteten Aufschwung gegeben. Ende 1991 konnte Jacques Marx eine erste positive Bilanz ziehen und mit Genugtuung feststellen, dass sich die zugewanderten Glaubensgenossen sehr schnell eingelebt hätten. Für die neuen Mitglieder hat die Gemeinde einen Sozialarbeiter eingestellt. In der religiösen und sozialen Erziehung der Kinder und Jugendlichen zeigt sich der Integrationsfortschritt am deutlichsten – und ist in jedem Gottesdienst zu beobachten. Es gibt nun wöchentlich für alle Kinder von 7 bis 10 Jahren Religionsunterricht; außerdem existiert ein Jugendzentrum, in dem Jugendliche ab 16 Jahren Informationen über die jüdische Religion und das jüdische Leben erhalten und sich treffen können. Für Erwachsene finden Deutschkurse in unterschiedlichen Stufen statt, die den Eingliederungsprozeß beschleunigen sollen.

Die Gemeinde selbst zeichnet sich durch ein ausgeprägtes Solidaritätsgefühl und einen ins Auge springenden Gemeinschaftssinn aus. Der Freitagabend-Gottesdienst ist nun wieder gut besucht. Die Feier-, Fast- und Gedenktage werden ebenso würdig wie ernst begangen. Erstmals veranstaltete die Gemeinde im Frühjahr 1996 einen eigenen Purim-Ball im Mülheimer Hotel »Handels-Hof«, der schon deswegen ein unerwarteter Erfolg war, weil sich die nichtjüdische Öffentlichkeit mit einer Selbstverständlichkeit am Festprogramm beteiligte.

Es war der erste öffentliche jüdische Ball in der Rhein-Ruhr-Region nach sechzigjähriger Unterbrechung.[19])

ANTISEMITISMUS IM RUHRGEBIET

Antisemitismus in Deutschland ist offiziell obsolet, antisemitische Straftäter von Schmierereien und Anschlägen können von Staats wegen nicht mit Nachsicht rechnen. Es ist trotzdem eine unbestreitbare Tatsache, dass sich Juden in der Bundesrepublik Deutschland von Anfang an mit einem latenten wie manifesten Antisemitismus konfrontiert sahen. Das gilt auch für die Jüdische Gemeinde Mülheim-Duisburg-Oberhausen.

All das wirkt sich im jüdischen Alltagsleben der Gemeinde aus. Die Angst vor Anschlägen oder Attentaten ist zwar präsent, doch nervös ist man nicht. Wenn auch die Mülheimer Synagoge – wie in Berlin, Frankfurt, Düsseldorf und anderen Städten – keinem Hochsicherheitstrakt gleicht, auf Personenschleusen und Sicherheitsschecks verzichtet wird, ist die Mülheimer Synagoge gleichwohl gesichert, eine Kamera überwacht den Eingangsbereich, an Feiertagen observiert Polizei das Gemeindezentrum.[20]) Die Anomalität ist längst Normalität – bislang ist nichts passiert, außer einigen anonymen Schreiben oder Anrufen. Zwei Beispiele: Im November 1962 erreichte die Jüdische Gemeinde »Kampstr.(sic!) 7« einen Drohbrief mit dem Absender »Bund für die deutsch-völkische Erneuerung«. Darin wurde ganz im Jargon der Nazis unverblümt ein Vernichtungsantisemitismus verbreitet. Die jüdische »Organisation« wird als »äußerst schädlich und abträglich« bewertet, sie sei ein »Fremdkörper im deutschen Volksleben«, solange ihr nicht »vollständig der Boden für Ihr Tun und Handeln entzogen« werde. Die Aufgabe des »Bundes« sei es, ihre »Ausmerzung aus dem deutschen Volkskörper« vorzunehmen. Sechs Monate wurden der jüdischen Kultusgemeinde Zeit gegeben, ihre Organisation zu »liquidieren« und die Auswanderung aller Mitarbeiter nach dem » ›gesegneten Land‹ Palästina« vorzunehmen. Diese Warnung sei allen »Rassegenossen« bekanntzugeben, andernfalls die Juden als »vogelfreies Gesindel« betrachtet würden und folgendes Schicksal zu gewärtigen hätten: »Nach dieser Frist sind für uns alle jüdischen Bürger und sonstigen jüdischen Abkömmlinge vogelfrei und die Tage hier noch verbliebener Semiten wären gezählt.« Die Angelegenheit war zu spektakulär, um einfach ignoriert zu werden. Der Gemeindevorsitzende Salomon Lifsches erstattete beim Mülheimer Polizeidirektor Anzeige gegen Unbekannt. Der Fall beschäftigte zwar das Düsseldorfer Landeskriminalamt, doch wie nicht anders zu erwarten, konnten der oder die antisemitischen Straftäter nicht ermittelt werden.[21])

Ein anderes Beispiel datiert aus jüngerer Zeit. In diesem Falle erreichte die Jüdische Gemeinde, deren Adresse mit der Bezeichnung »Oberjude« tituliert wurde, eine – anonyme – Karte mit folgendem Wortlaut: »Wir brauchen keine Ost-Juden! Schnell nach Israel abschieben. Sonst!!!« Erwähnenswert an diesem Beispiel ist, dass die Postkarte zugleich ein

---

[19]) Das erste Purimfest der Mülheimer Juden nach der Schoah wurde am 6. März 1947 im Privathaus von Selma Büttner gefeiert. Maletke, S. 79. – Seit Mitte 1960 wurden jährlich wieder die Feiertage Purim, Seder (einige Male im »Wasserbahnhof«), Pessach, Schawuot, Channukka im Rahmen von Gemeindefeiern begangen.

[20]) Allerdings musste der Vorsitzende der Jüdischen Gemeinde wegen der mangelnden polizeilichen Schutzmaßnahmen zu Jom Kippur 1992 Klage beim Mülheimer Polizeipräsidenten führen, der dieses Versäumnis einräumte und zugleich versprach, zukünftig alle gewünschten Sicherheitsmaßnahmen zu ergreifen. Polizeipräsident Mülheim an Jacques Marx, Mülheim, 23. Oktober 1992, AdJG MH-DU-OB.

[21]) »Bund für die deutsch-völkische Erneuerung« an jüdische Kultusgemeinde, Mülheim, 6. November 1962 (Poststempel: Internationale Frankfurter Messe); Salomon Lifsches an Polizeidirektor Mülheim, Mülheim, 30. November 1962, Ebda.

Erzeugnis des »Missionswerk Werner Heukelbach« in Bergneustadt ist. Sie trägt als Text einen Bibelvers – Jesaja 44 Vers 21: »Du wirst nicht von mir vergessen werden!«[22])

INTEGRALER TEIL DER DEUTSCHEN GESELLSCHAFT

Die offiziellen Repräsentanten der Jüdischen Gemeinde Mülheim-Duisburg-Oberhausen registrieren mit Zufriedenheit und Beruhigung, dass die jüdische Präsenz in der deutschen Gesellschaft voll akzeptiert ist. Ausdruck findet diese Haltung im »vollständig problemlose[n] Umgang mit anderen Konfessionen«, der sich in zahlreichen Synagogenführungen – allein 100 im Jahre 1994 – niederschlägt. Zwar werde das deutsch-jüdische Verhältnis durch den Holocaust überschattet, doch sei, so Rabbi Polnauer im Gemeindeblatt, eine offene und konstruktive Verbindung festzustellen, um die andere Länder der Welt Deutschland beneidet.[23])

Die Öffnung der Gemeinde in die Gesellschaft und die konstruktive Kooperation mit Kirchen, Verbänden, Instituten oder der Universität ist erklärtes Ziel der Gemeindeverantwortlichen und inzwischen geübte Praxis. Interreligiöses Engagement hat dabei einen nicht zu unterschätzenden positiven Nebeneffekt, das Rabbi Polnauer so begründet: »Zusammenarbeit halte ich für ein sehr wichtiges Arzneimittel gegen Antisemitismus«.[24])

Die Vorstellung, dass Deutschland für Jahrhunderte ein Land ohne Juden sein werde, hat sich nicht erfüllt. Anlässlich der Einweihung der neuen Synagoge in Aachen am 18. Mai 1995 richtete der damalige Ministerpräsident Johannes Rau ein Grußwort an die Festversammlung, in dem er sagte, der Kalender der Grausamkeiten sei längst nicht zu, und er fügte mit Blick auf die Zukunft in Anlehnung an ein Wort von Ignaz Bubis hoffnungsfroh hinzu: »Wer ein Haus baut, der will bleiben. Es gibt kein sichtbareres Zeichen dafür, dass jemand sagt, hier bin ich zu Hause, als wenn er ein Haus baut.«

Weil auch die Jüdische Gemeinde Mülheim-Duisburg-Oberhausen im Begriff ist, eben dies zu tun, besitzt Raus Feststellung allgemeine Gültigkeit. Das »Wunder vor unseren Augen«, von dem Johannes Rau bei gleicher Gelegenheit mit Blick auf die jüdische Existenz in Deutschland sprach, birgt eine unglaubliche Chance zu einer echten Wiedergutmachung, die es ja so wirklich nie gegeben hat: Wenn es möglich war, dass Juden sich nach dem Holocaust wieder in Deutschland niederließen und Tausende heute Deutschland als Anziehungspunkt und Wohnsitz wählen, besteht mehr als 50 Jahre nach Auschwitz die historische Gelegenheit, das deutsch-jüdische Verhältnis noch einmal neu aufzurollen und ein neues, diesmal positives Kapitel gemeinsam zu schreiben. Die Jüdische Gemeinde Mülheim-Duisburg-Oberhausen ist eine aktive, prosperierende und expandierende Gemeinde, deren Gebiet sich heute rechtsrheinisch von Mülheim über Duisburg und Oberhausen bis nach Emmerich erstreckt. Vielleicht erleben wir demnächst noch die Trennung der Synagogalgemeinde in der Struktur der vor-nationalsozialistischen Zeit.

Die politische Entscheidung für den Bau der Synagoge, für die er jahrelang gekämpft hatte, kommentierte Jacques Marx mit folgenden Worten: »Die messianische Zeit, in der wir leben, fängt mit dem Bau eines Gotteshauses in Duisburg an: Die nächsten Generationen sollen sich hier auf diesem Boden wohl fühlen und vermehren. Jeder Duisburger soll einmal sagen können, dass unser Haus ein Fundament der Nächstenliebe ist, und dadurch soll er Glück und Seligkeit finden. Dann wird es nach der Grundsteinlegung nicht mehr lange dauern, bis das Ewige Licht in der Synagoge brennen wird und sich in Duisburg das Judentum wieder fest verankern kann«.[25])

---

[22]) Unbekannt an Jüdische Gemeinde. OBERJUDE, Kampstr. 7, 4330 Mülheim 1, o.D., Ebda.
[23]) Gemeindeblatt Nr. 17/1994.
[24]) Der Weg 47/1993.
[25]) Gemeindeblatt Nr. 20/1966.

Herzs Krymalowski

Perspektiven entwickeln

Die Geschichte der Juden in Köln nach 1945

Der Wiederaufbau jüdischer Gemeinden in Deutschland nach der Schoah war möglich, weil das ein jüdisches, nicht ein deutsches oder gar jüdisch-deutsches Phänomen war. Juden leben in Gemeindeformationen, weil das ein integerer Teil ihres Jüdisch-Seins ist. Diese jüdische Charakteristik scheint demnach unabhängig von politischen, wirtschaftlichen und sozialen Umwelten zu sein.

In der Gemeinde Köln stammten viele Juden nicht aus Deutschland: Teils waren es Überlebende oder auch Flüchtlinge aus mittel- und osteuropäischen Konzentrationslagern, teils die vorwiegend aus Polen stammenden »Displaced Persons«. Trotzdem hat sich die Gemeinde sehr stark an traditionelle Organisationsmuster der Zeit vor dem Nationalsozialismus gehalten. Dass sie sich als »Kultusgemeinde« organisiert hatte, obwohl die Liturgie fast überall orthodox war, ist eine typisch deutsche Struktur, die in allen anderen Ländern anders ausgesehen hätte, beispielsweise in England oder in den USA, wo Verbindungen zwischen Staat und Religion konstitutionell abgelehnt werden.

Für die Gemeinden heute wie auch für die Gemeinde in Köln wird der historische Ausdruck »Einheitsgemeinde« verwendet, doch trifft dies auf die heutigen Verhältnisse mit Ausnahme Berlins nicht zu. In Zukunft wird diese Einheitsgemeinde auch in den anderen größeren Gemeinden nicht mehr fortgeführt werden können. Vor 1933 bedeutete dies, dass alle drei großen Strömungen im Judentum gleichberechtigt unter dem Dach einer Gemeinde ihre Tradition pflegen konnten. Die Gemeindevorstände unserer Zeit, meist im traditionellen osteuropäischen Milieu oder in ebensolchen Elternhäusern aufgewachsen, richten sich ausschließlich nach der orthodoxen Interpretation des Religionsgesetzes. Bei der geringen Zahl an Juden in Deutschland wie auch der Synagogen in den jeweiligen Gemeinden, bis auf die Großgemeinden Berlin, Frankfurt und München, ist das verständlich, da ein religiös orthodoxer Jude nie in einer Reformsynagoge beten wird, umgekehrt ist dies jedoch kein Problem.

Die jüdische Gemeinde des mittelalterlichen Köln war einst eine der ältesten und bedeutendsten auf deutschem Boden. Der früheste Hinweis auf Juden in Köln wird weit außerhalb dieser Stadt aufbewahrt: In der Vatikanischen Bibliothek in Rom befindet sich ein Edikt Kaiser Konstantins aus dem Jahr 321, mit dem der bis dahin geltende Ausschluss der Juden von der Zugehörigkeit zur städtischen Gemeinschaft aufgehoben wird.

Vor dem Zweiten Weltkrieg hatte die damalige Synagogen-Gemeinde etwa 20 000 Mitglieder, von denen 11 000 nachweislich in den Vernichtungslagern umgebracht wurden; viele weitere sind verschollen. Die Synagogen in der Glockengasse, in der St.-Apern-Straße, der Roonstraße, der Körnerstraße in Köln-Mülheim, und in Köln-Deutz wurden am 9. November 1938 von Nazis in Brand gesteckt und sind bis auf die Synagoge in der Roonstraße nie wieder aufgebaut worden.

Es waren nicht viele jüdische Frauen und Männer, die in Köln den Einmarsch der Amerikaner im März 1945 erlebten. Ungefähr 40 bis 50 der ehemals 20 000 Kölner Juden waren –

versteckt in Kellern und zwischen Bombentrümmern – unentdeckt geblieben. Das früheste Dokument nach der Befreiung datiert vom 11. April 1945: Juden erhielten durch die amerikanische Militärbehörde die Erlaubnis, Gottesdienst abzuhalten. Die wenigen Überlebenden trafen sich bereits am 29. April 1945 zu einem Gottesdienst im Luftschutzkeller der Synagoge in der Roonstraße. Im Anschluss an den Gottesdienst erfolgte die Gründung der jüdischen Gemeinde; von den Anwesenden wurden sogleich der Vorstand und die Repräsentanz gewählt. Nach diesem ersten Treffen musste jedoch ein neuer Ort für die Zusammenkünfte gefunden werden, denn die Synagoge war so stark zerstört, dass dort noch nicht einmal ein provisorischer Betsaal eingerichtet werden konnte. Man wandte sich an den damaligen Oberbürgermeister Suth mit der Forderung, das jüdische Asyl in der Ottostraße in Köln-Ehrenfeld der jüdischen Gemeinde zurückzugeben, da Teile dieses Gebäudes so erhalten waren, dass man dort einen Raum für die Gottesdienste herrichten könne.

Da die Rückgabe nicht sofort genehmigt wurde, überkletterten einige Überlebende aus Ghettos und Lagern mit Leo Sachs den Zaun, schlugen ein Fenster ein und nahmen am 10. Juni 1945 das Asyl in Besitz. Für Sachs war sein Verhalten völlig legal, er kam überhaupt nicht auf die Idee, in Köln nach einer Autorität zu suchen, die ihm eine Erlaubnis erteilen könnte. Seine Legitimation waren sein Judesein und seine Not.

Durch diese Inbesitznahme konnten die erste Unterkunft in den Restgebäuden des Israelitischen Asyls in der Ottostraße für die Flüchtlinge eingerichtet und die noch bestehende kleine Synagoge im ehemaligen Hauptgebäude des Asyls als Betsaal genutzt werden. Im Jahre 1949 wurde eine neue Synagoge in einem anderen noch einigermaßen erhaltenen Trakt des Asyls gebaut. Am 6. April 1949 wurde mit der Einhebung von über die NS-Zeit hinweggeretteten Kölner Torarollen bewusst an die jahrhundertealte jüdische Tradition in Köln angeknüpft.

Doch zurück ins Jahr der Befreiung: Nach Hilferufen von jüdischen Überlebenden wurde im Juni 1945 von der Gemeinde in Zusammenarbeit mit dem damaligen Oberbürgermeister Konrad Adenauer eine Rückholung Überlebender des Konzentrationslagers Theresienstadt organisiert. Hier war es vor allem Kurt Simons, der diese Rettungsaktion vereinbarte. Zu den rund 80 Kölner Juden, die nach Köln zurückgebracht wurden, gehörte auch Dr. Herbert Lewin, späterer Vorsitzender der Gemeinde. Bereits der nächste Transport, der Kölner aus Theresienstadt heimholte, wurde von Dr. Lewin geleitet. Mit der Rückkehr der wenigen Juden, die bereits vor 1933 in Köln gelebt und die Schoah überlebt hatten, begann die zweite Phase in der Wiederaufbaugeschichte der Kölner Gemeinde. Durch die Rückkehrerinnen und Rückkehrer lebten im August 1945 wieder 300 Juden in Köln. Aus den Listen ging die Zusammensetzung der Gemeindemitglieder für die Jahre 1946 bis 1948 hervor. Die größte Gruppe Kölner Juden bildeten die »ehemaligen jüdischen KZ-Häftlinge«.

Die Gemeinde wurde von Anfang an demokratisch geführt und verwaltet. Eine Gemeindevertretung wurde gewählt, diese wählte den Vorstand und den Vorsitzenden. Ein Mann der ersten Stunde und Vorsitzender der Gemeinde war Moritz Goldschmidt. Er wurde nicht nur innerhalb der jüdischen Gemeinschaft geachtet, sondern auch von der nichtjüdischen Welt geschätzt. Er setzte sich für die Mitglieder der Gemeinde mit vollem Herzen ein und half den entwurzelten Menschen bei ihrer Wohnungssuche und Existenzgründung. Sein Wort galt bei den Behörden. Moritz Goldschmidt starb 1954. Den Wiederaufbau der Synagoge in der Roonstraße durch den Architekten Helmut Goldschmidt, seinen Sohn, erlebte er leider nicht mehr. Als Vorstandsmitglied und Geschäftsführer wurde nunmehr Sally Kessler gewählt, ein Überlebender verschiedener Konzentrationslager, ein Mann mit jüdischer und kölnischer Mentalität, der auch für die SPD in den Stadtrat gewählt wurde. Nach und nach kehrten verschiedene Emigranten zurück, und die Zahl der Mitglieder der Gemeinde stieg auf ca. 1200.

Da die Außenmauern und der Kuppelbau der Synagoge in der Roonstraße den Pogrom von 1938 überstanden hatten, entschied sich die Gemeinde zum Wiederaufbau. Adenauer als damaliger Oberbürgermeister erklärte sogar, die Synagoge in der Roonstraße sei ein Symbol Kölns gewesen und müsse in alter Form wiederaufgebaut werden. Auf die Frage »Wer soll das bezahlen?«, erklärte Adenauer, daß man sich darüber keiner Sorgen machen solle, das würde schon bezahlt. Im Zuge eines »Wiedergutmachungsverfahrens« erhielt die Gemeinde einen Ausgleich von 7,5 Mio. DM für die Zerstörung und Beschädigung ihres Eigentums. Aus heutiger Sicht eine lächerliche Summe, weil mit dem Geld gerade nur die Synagoge in der Roonstraße wiederaufgebaut werden konnte. Im Jahre 1957 wurde mit dem Bau begonnen, und am 20. September 1959, sechzig Jahre nach der ersten feierlichen Einweihung, wurde die Synagoge in der Roonstraße ein zweites Mal geweiht.

In einem Interview begründete der damalige Gemeinderabbiner Zwi Asaria, weshalb der Wiederaufbau der Synagoge nicht ausschließlich für die jüdische Gemeinde nach der Schoah von Bedeutung sei. »Ich betrachte diese Synagoge wie die Wiedererrichtung jüdischer Zentren in Deutschland mehr als Erinnerungsstätten denn als Mahnmale. Verzeihen Sie, aber ich bin davon überzeugt, daß man ohne die kleine Schar Überlebender und Zurückgekehrter in Deutschland längst vergessen hätte, was uns Juden zugefügt wurde. Nun sind wir da, sind sicherlich vielen Deutschen unbequem und rütteln an ihrem Gewissen. Die Synagogen werden nicht von uns, sondern von den Regierungen aufgebaut. . . . Man könnte auf den Gedanken kommen, daß die Synagogen nur aufgebaut werden (übrigens auch dort, wo keine Juden mehr leben, zum Beispiel in Worms), um bei den kommenden Generationen den Eindruck zu erwecken, als wäre nichts geschehen. So haben wir hier eine Gedenkhalle errichtet, damit wenigstens dieses Gotteshaus von der Barbarei, die auch ein Schlag gegen Gott war, kündet.«

Auf die Frage »Wie beurteilen Sie denn aus heutiger Sicht die Zukunft jüdischer Gemeinden in Deutschland?« antwortete Asaria: »Das dürfen Sie nicht mich fragen. Das hängt allein von den Deutschen ab. Wollen sie uns denn? Es stimmt, dass heimkehrende Juden nach den Richtlinien schwer erkämpfter Wiedergutmachungsgesetze behandelt werden. Darüber hinaus geschieht nichts. Wo bleibt das Menschliche? Unter Hitler gehorchte man dem Schießbefehl. Unter Adenauer dem Buchstaben ausgearbeiteter Gesetze. Kann man das ›Wiedergutmachung‹ nennen?« Was 1959 galt und von Rabbiner Asaria vorgetragen wurde, gilt auch heute noch, 40 Jahre danach.

Das Gebäude in der Roonstraße ist das einzige Gemeindezentrum Kölns und beherbergt neben dem Gotteshaus eine Gedenkhalle, die Mikwe (das Ritualbad), Verwaltungsräume, ein koscheres Restaurant, einen Veranstaltungssaal, Schulräume, das Jugendzentrum sowie Wohnungen für den Rabbiner und den Kantor.

In der Weihnachtsnacht 1959 kam es in Köln zu antisemitischen Ausschreitungen. Die Synagoge sowie das Denkmal für die Verfolgten des nationalsozialistischen Regimes wurde mit Hakenkreuzen beschmiert – Auftakt für eine wahre Flut derartiger Skandale. Das Thema Antisemitismus machte Schlagzeilen und wurde zum Politikum. Trotz des eindeutigen neonazistischen Hintergrundes wurde sowohl seitens der Medien als auch von Politikern versucht, die Tat zu bagatellisieren. Obwohl Bundeskanzler Adenauer am 16. Januar 1960 in einer Rundfunk- und Fernsehansprache die Ereignisse in Köln an der Synagoge und am Denkmal eine »Schande« und ein »Verbrechen« nannte, so relativierte er die meisten darauffolgenden Vorkommnisse als »Flegeleien ohne politischen Hintergrund«. Er sagte:

»Wenn ihr irgendwo einen Lümmel erwischt, vollzieht die Strafe auf der Stelle und gebt ihm eine Tracht Prügel. Das ist die Strafe, die er verdient.« Diese »Prügelrede« verlieh den Ereignissen den Anstrich von »Lausbubereien«.

Und so kommentierte Heinrich Böll die Vorgänge: »Selbst wenn ein Irrer ein Hakenkreuz an eine Synagoge malen würde, es wäre ein Zeichen an der Wand, das mehr bedeutet, als dem Irren im Sinn stand.« Er hatte sicherlich recht, denn es ging nicht um die Täter allein, sondern um den gesellschaftlichen Boden, auf dem solche Untaten gedeihen konnten und bis zum heutigen Tage gedeihen.

Es ist eine innerjüdische Frage, zwischen Tradition und Religion einerseits und Integration und Assimilation andererseits einen »dritten Weg« zu suchen, der dem Ideal autonomer Identitätsfindung entsprechen konnte, ohne kollektive Gemeinsamkeiten zu leugnen. So ist das größte Problem jüdischen Gemeindelebens nach der Schoah besonders verhängnisvoll, weil es so wenig Anhaltspunkte innerhalb der Gemeinden gibt, die für die Zukunft sprechen. In dem Sinne ist ein Wiederaufbau jüdischer Gemeinden nach der Schoah noch nicht erreicht; es muß Lebensbedingungen geben, in denen für jeden einzelnen die Familie ein Stück der Gemeinde ist und die Gemeinde seine große Familie.

Die innerjüdische Diskussion der vergangenen Jahre hat gezeigt, dass gerade Mitglieder aus der zweiten und dritten Generation trotz aller Vorbehalte darum bemüht sind, zu einer jüdischen Identität zu finden, die nicht allein durch die Schoah bestimmt wird. Ist doch die Trauer um die Toten der industriellen Massenvernichtung nicht in sich sinnstiftend und für Entwicklung der jeweiligen Persönlichkeit zukunftsweisend.

Sichtbar wird der Bruch mit der Vergangenheit und der bestimmende Einfluß osteuropäischer Vorstellung und Gebräuche auch in der Synagoge Roonstraße in Köln. Bis zum heutigen Tag orientiert sich die Liturgie am osteuropäischen Kultus. Sidurim (Gebetsbücher) mit deutscher Übersetzung gab es kaum. Erst im Jahre 1997 wurde eine größere Anzahl Gebetbücher mit deutscher Übersetzung der Gemeinde von Sponsoren geschenkt. Eine heute nicht mehr benutzte Orgel erinnert daran, dass diese Synagoge bis zur Schoah religiös liberal war.

Der jüdischen Erziehung wird im Gemeindezentrum – früher mit Kindergarten – heute noch immer mit einer Nachmittags-Schule höchste Priorität eingeräumt. Diese Haltung war und ist nicht selbstverständlich, denn die ganze Aufmerksamkeit galt in den Jahren des Neuaufbaus fast ausschließlich der Versorgung der Älteren und Schwachen, die praktisch alle mit ihren psychischen und physischen Schäden aus der Schoah zu kämpfen hatten und im wesentlichen die Aktivitäten der Gemeinde bestimmten.

Seit Herbst 1990 kommen Juden aus den GUS-Staaten nach Deutschland und selbstverständlich auch nach Köln. Nordrhein-Westfalen (NRW) erhält nach einem von der Bundesregierung und den Ländern aufgestellten Schlüssel 22 Prozent der sogenannten Kontingentflüchtlinge. Von den insgesamt 45 000 Immigranten sind bis heute mehr als 1800 Frauen, Männer und Kinder nach Köln gekommen.

Die Synagogen-Gemeinde Köln ist in den Jahren von 1983 mit gut 1200 Mitgliedern bis 1998 auf nun mehr als 3100 Mitglieder angewachsen. Die Mitgliederzahl ist gewachsen, die Aufgaben sind gewachsen, die Ausgaben sind gewachsen, aber die Einnahmen sind leider nicht entsprechend gewachsen. Im Jahre 1992 wurde nach langjährigen Verhandlungen zwischen den Landesverbänden Nordrhein und Westfalen, der Synagogen-Gemeinde Köln und dem Land NRW ein Staatsvertrag abgeschlossen. Aufgrund des Zuzugs der neuen Mitglieder wurde gemeinsam mit den zwei anderen Landesverbänden, Westfalen und Nordrhein erreicht, daß der Zuschuß aus dem Staatsvertrag mit dem Land NRW angepasst wurde, doch war dies nur ein Tropfen auf den heißen Stein. Viele andere Zuschüsse wurden und werden jedoch aufgrund der schwierigen Haushaltslage bei der Stadt, bei den Kommunen und beim Land gekürzt oder ganz gestrichen. In Zukunft werden die jüdischen Gemeinden immer mehr auf sich selbst gestellt sein.

Auf Grund der schwierigen Lage auf dem deutschen Arbeitsmarkt konnten nur die wenigsten der Immigranten in ihren gelernten und zuvor ausgeübten Berufen Arbeit finden. Auch intensive Bemühungen um Arbeitsvermittlung durch Mitglieder der Integrationskommission führten leider nicht zum Erfolg. Das bedeutet, dass auch in nächster Zeit die Gemeinde keine höheren Einnahmen aus der Kultussteuer verzeichnen wird – und somit weiter auf die Unterstützung des Staates gebaut werden muss, da die meisten jüdischen Gemeinden in der BRD kein Vermögen haben. Dies gilt auch für die Gemeinde in Köln.

Doch das Anwachsen der Gemeinde durch den Zuzug neuer Mitglieder aus den ehemaligen GUS Staaten sollte als große Herausforderung und als Chance gesehen werden.

Die Aufgaben der Gemeinde, die Ansprüche an die Gemeinde und an das Personal, an die Repräsentanten und an den Vorstand, werden immer größer, und die Gemeinde stellt sich allen diesen Aufgaben und Ansprüchen bisher mit großem Erfolg.

Innerhalb der Gemeinde bestehen vielfältige Aktivitäten und Veranstaltungen. In Köln gibt es den ESRA Altenclub, die Chevra Ahavas Reeim (Verein der Nächstenliebe zu Verstorbenen und Liebe zu den Lebenden), den Jüdischen Frauenverein, die WIZO, den Makkabi Sportverein, die Bnai Brith Rheinlandloge, die Kinder- und Jugend-Alijah, den Keren Hayessod, den Club für Akademiker und Wissenschaftler, den Bund jüdischer Jugendlicher und Studenten, und es erscheint eine Zeitung, das Gemeindeblatt.

Alle diese Organisationen und Vereine, welche innerhalb der Gemeinde eine hervorragende ehrenamtliche Arbeit machen, leisten einen nicht zu unterschätzenden Beitrag, jeder auf seinem Gebiet, für das gemeinsame Ziel, jüdisches Leben in Köln zu fördern und zu erhalten. Einen ganz besonderen Beitrag leisten diese Organisationen und Vereine für die Integration der neuen Mitglieder.

Natürlich können im täglichen Leben der Gemeinde nicht alle Wünsche und Forderungen erfüllt werden. Doch es wird versucht, und an erster und herausragender Stelle steht die Kultusabteilung. Die Gemeinde beschäftigt zur Zeit zwei Rabbiner: Gemeinderabbiner David Bollag und Rabbiner Schtrocks, der aus der Chabad/Lubawitsch-Bewegung kommt – sowie dessen Frau Luba. Hinzu kommt der Kantor Shimon Ben Zeev mit seiner Frau Chedwa. Die Familie Ahren und Herr Besserglick sowie die ständigen Minjan-Teilnehmer gehören zu denen, die das religiöse und orthodoxe Leben in der Gemeinde tragen. Die Jugendlichen werden von Herrn Ben Zeev und seiner Frau Chedwa auf die Bar- und Bat-Mizwa vorbereitet. Die Kultusabteilung bereitet auch die neuen männlichen Mitglieder auf ihre Beschneidung vor, wenn diese noch nachträglich durchgeführt werden muss. Solange in der Gemeinde solche Menschen die Verantwortung mittragen, die die hohen Werte jüdischer Tradition erhalten wollen, so lange wird es auch eine jüdische Gemeinde geben.

Es ist jedoch nicht die Aufgabe einer jüdischen Gemeinde, die russische Kultur zu pflegen. Die neuen Mitglieder sind nach Deutschland gekommen, weil sie als Juden nicht mehr in den GUS-Staaten leben konnten oder wollten, und deshalb ist es ihre Pflicht, sich hier in der Gemeinde auch die jüdische Religion und die jüdische Kultur anzueignen. Hierbei werden sie in jeder Hinsicht unterstützt und gefördert. So werden sie auch unsere Gemeinde in die Zukunft begleiten.

Die künftige Aufgabe als jüdische Gemeinde wird es vor allem sein, die neuen Mitglieder in ihrer Identitätsfindung als Juden und in ihrer Zugehörigkeit zur jüdischen Gemeinschaft zu bestärken. Wir als Gemeinde müssen Vorurteile bei den eigenen Altmitgliedern gegenüber den »Ostjuden« abbauen und hilfsbedürftige Gruppen in besonderem Maße unterstützen oder einbinden. Die Gemeinde ist jedoch trotz ihres traditionell jüdischen Hilfeverständnisses kein Selbstbedienungsladen, der die Forderungen und Bedürfnisse der Zuwanderer und auch der Altmitglieder anstelle der staatlichen Stellen erfüllen kann.

Auch im Schul-Ressort der Gemeinde wird durch die Religions-Lehrerinnen ein gründliches jüdisches Wissen vermittelt. In enger Zusammenarbeit mit Israel kommen deutschsprachige Lehrerinnen nach Köln, um jüdisches Wissen zu unterrichten. Die Lehrerinnen leisten eine hervorragende Arbeit. Ohne Erfolg blieben jedoch Pläne, eine jüdische Schule zu gründen.

Die Verwaltung mit dem Geschäftsführer Benzion Wieber kümmert sich um die vom Vorstand und der Repräsentanz beschlossenen Aufgaben. Der verwaltet die Einnahmen und Ausgaben, betreut die Buchhaltung und die Kasse.

Die Sozialabteilung ist die erste Anlaufstelle für die neuen Mitglieder. Hier wird in oft recht mühseliger Arbeit der tägliche Kampf mit den Behörden und der dazugehörigen Bürokratie geführt. Natürlich gehört auch die Betreuung der Kranken und Armen in der Gemeinde dazu.

Das Heim in der Berrenrather Straße betreut etwa 30 alte Menschen, doch es entspricht leider nicht mehr den heutigen Anforderungen in der Langzeit-Pflege von alten und kranken Menschen. Nun wird im Rahmen eines neuen Gemeindezentrum ein neues Elternheim geplant, welches allen Anforderungen einer Betreuung aufs beste entsprechen sollte.

Der jüdische Franz-Herschtritt-Kindergarten befindet sich außerhalb des Gemeindezentrums, was seinerzeit aus Sicherheitsgründen entschieden wurde. Im Jahre 1994 wurde der Kindergarten mit viel Aufwand vergrößert und verschönert. Wir haben ihn vergrößert, weil wir sicher waren, dass wir die Plätze aufgrund des Zuzugs neuer Mitglieder aus den GUS-Staaten brauchen werden. Das jüdische Grundwissen wird dort bereits kleinen Kindern beigebracht und ist die Basis ihres späteren jüdischen Lebens. Manche Eltern haben so von ihren Kindergartenkindern gelernt, dass man z. B. am Schabbat Kerzen anzündet und was Rosh Hashana ist.

Das Jugendzentrum Jachad befindet sich leider in den Kellerräumen der Gemeinde. Jeweils am Sonntag treffen sich dort ca. 50 Kinder- und Jugendliche. Viele dieser Jugendlichen verbringen auch die Ferien gemeinsam. Die Zentralwohlfahrtstelle der Juden in Deutschland organisiert in den Ferien Reisen, um den Kindern und Jugendlichen die Möglichkeit zu geben, die Ferien in einer jüdischen Umgebung zu verbringen.

Die Friedhofsabteilung wird in Zusammenarbeit mit der Beerdigungsbruderschaft »Chevre« geführt. Die Arbeit muss und wird dort im traditionellen Ritus durchgeführt. Der Friedhof mußte um ein weiteres Grabfeld erweitert werden.

Im Jahre 1996 wurde mit der Sanierung und Restaurierung der denkmalgeschützen Gebäude auf dem Friedhof in Köln-Bocklemünd begonnen und im Jahre 1997 vollendet: Man kann sagen, dass die Gebäude jetzt wieder einen würdigen Eindruck vermitteln. Für diese Baumaßnahme mußten 1,7 Mio. DM veranschlagt werden – ein Teil der Ausgaben wurde durch staatliche Zuschüsse gedeckt, ein Teil durch Spenden. Für den Rest hat die Gemeinde Kredite aufnehmen müssen.

Mit dem Konzept des neuen Gemeindezentrums in der Ottostraße wird auch die Zukunft der Gemeinde für die nächsten Generationen gesichert und die Vision einer jüdischen Zukunft in Köln realisiert. Dass Juden, die nach Köln kommen oder hier leben, eine Infrastruktur vorfinden, ist nur deshalb möglich, weil andere für sie bezahlen oder bezahlt haben. Ohne die Mitglieder der Synagogen-Gemeinde Köln gäbe es keine Synagoge, keinen Gottesdienst, keinen Religionsunterricht, keinen Kindergarten, keinen Sozialdienst, kein Elternheim, keinen Friedhof etc. So verdienstvoll es auch ist, Gäste in unserer Mitte aufzunehmen, so verständlich ist es auch, sich über diejenigen zu ärgern, die von unseren Einrichtungen nur profitieren wollen, ohne bereit zu sein, ihren Anteil zu tragen. Doch die Kölner Gemeinde und die Mitglieder dieser Gemeinde sind offen gegenüber allen Menschen, die sich für das Judentum interessieren. Während eines Jahres finden viele Führungen in der Synagoge statt, es werden Gespräche mit den christlichen Religionsgemeinschaften geführt und Kontakte zu politischen Parteien und zu der Verwaltung der Stadt Köln sowie zum Land Nordrhein- Westfalen unterhalten.

Bereits zweimal fanden in Köln mit großem Erfolg jüdische Kulturwochen statt, und es gibt in der Gemeinde viele kulturelle Veranstaltungen, die auch von nichtjüdischen Bürgern dieser Stadt sehr gut besucht werden. Wir dürfen nicht vergessen, dass wir nur eine kleine Minderheit in einer Millionenstadt sind und unsere Möglichkeiten sowohl personell als auch finanziell sehr begrenzt sind. Und in diesem Rahmen machen wir sehr viel.

In den vergangenen Jahren wurde immer wieder über ein jüdisches Museum in Köln gesprochen. Köln als Standort der ältesten jüdischen Gemeinde jenseits der Alpen ist geradezu prädestiniert zur Errichtung eines solchen Museums. Die mittelalterliche Mikwe, das Judenbad im historischen mittelalterlichen Quartier der Juden beim Rathaus, bietet sich als herausragender Mittelpunkt für den Standort eines künftigen jüdischen Museums in Köln geradezu an. Leider sind die Befürworter eines solchen Museum in Köln noch in der Minderzahl, und die Unterstützung durch die maßgebenden Politiker der Stadt lässt sehr zu wünschen übrig. Eine Verwirklichung des jüdischen Museums scheint in weiter Ferne zu liegen.

Im Jahre 1996 erschienen mehrere Zeitungsartikel über das ehemalige Israelitische Asyl in Köln, das zum Verkauf durch die Bundesrepublik anstand. Es wurden Investoren gesucht. Dieses Grundstück ist jedoch Teil der jüdischen Geschichte von Köln. 1908 wurde das Gebäude als Krankenhaus des Israelitischen Asyls eingeweiht. Im Jahre 1942 wurde es durch Gestapo und SS geräumt, die jüdischen Kranken und Bettlägerigen in Konzentrationslager verschleppt und ermordet. In den Trümmern des Asyls entstand 1945, einen Tag nach der Befreiung durch die amerikanische Armee, der Neuanfang der Jüdischen Gemeinde Köln.

Im Juli 1996 beanspruchte die Gemeinde in einem formellen Antrag dieses historische Gelände. Damaliger Eigentümer war das Bundesvermögensamt. Es wurde ein Nutzungskonzept für das Gelände erarbeitet, das folgende Einrichtungen in einem neuen Gebäudekomplex unterbringen will: Eine Synagoge und ein Elternheim, eine Schule, außerdem ein Jugendzentrum, einen Kindergarten, einen Gemeindesaal, eine Sporthalle, ein koscheres Restaurant, Verwaltungsbüros, Sozialwohnungen, eine Begegnungsstätte, eine jüdische Volkshochschule, eine Bibliothek und Studenten-Wohnungen.

Die Verhandlungen wegen der Rückgabe dieser Immobilie waren in erster Linie politisch – und bedeuteten sehr schwierige Diskussionen mit den Parteien des Kölner Rats. Bei vielen Politikern fehlte bereits das Verständnis für die Notwendigkeit einer räumlichen Erweiterung der Synagogen-Gemeinde Köln. Eine der ersten Fragen der Politiker war: »Wie wollt Ihr das bezahlen?« Diese Frage zeigte die fehlende Auseinandersetzung mit der schrecklichen deutschen Vergangenheit und machte uns den Verdrängungsmechanismus bei den Beteiligten deutlich. Wir machten in diesem Zusammenhang unseren Verhandlungspartnern klar, dass man hier nicht von »Wiedergutmachung« sprechen kann. Besonders erwähnenswert ist in diesem Zusammenhang das Engagement der Grünen im Kölner Stadtrat, die sich von Anfang an für das Projekt einsetzten.

Es bedurfte Überzeugungsarbeit und politischen Kalküls, dass doch noch alle Parteien ihre Zustimmung zu diesem neuen Gemeindezentrum gaben. Doch nicht nur die Politiker mussten überzeugt werden, auch der Investor des Grundstückes, die Stadtsparkasse Köln, musste Ihre Zustimmung erteilen. Wir mussten den Verantwortlichen zuerst klarmachen, dass dieser Verkauf kein gewöhnliches Geschäft unter Partnern ist, sondern ein Vertrag mit einer schrecklichen geschichtlichen Hypothek. Als auch diese Hürde genommen war, erwarb die Synagogen-Gemeinde Köln im November 1997 etwa ein Drittel des gesamten Grundstückes. Auf dem restlichen Gelände baut die Stadtsparkasse Köln Sozial- und Eigentumswohnungen. Von den dort später zur Verfügung stehenden ca. 100 Sozialwohnungen werden die neuen Mitglieder aus den GUS–Staaten, sofern sie berechtigt sind, 50 Sozialwohnungen beanspruchen können. Parallel zu den Kaufverhandlungen haben sich vier renommierte Architekturbüros aus Köln mit der Planung des zukünftigen weiteren Gemeindezentrums befaßt. Diese Architekten arbeiteten entsprechend dem von der Gemeinde vorgelegten reduzierten Nutzungskonzept. Auch der Rat externer Berater wurde eingeholt. Besonders der Architekt Salomon Korn aus Frankfurt, der das Frankfurter Gemeindezentrum im Westend baute, konnte wertvollen Rat und Hilfe bei der Entscheidung über die Architektur geben. Die vier Büros leisteten alle hervorragende Arbeit – Vorstand und Gemeindevertretung haben sich in einer Sondersitzung Ende November 1997 für zwei Büros entschieden: die Teams Coersmeyer/Jacoby und Schneider-Wesseling/Herz.

Die Entscheidung für das neue Gemeindezentrum bedeutete damals einen großen Schritt in die Zukunft. Es muss allen Beteiligten bewußt sein, welch großer Herausforderung wir uns stellen: Der Vorstand, die Gemeindevertretung und natürlich auch die Mitglieder der Gemeinde. Wir sind uns sehr wohl bewusst, dass dieses Bauvorhaben für die wachsende Gemeinde von elementarer Bedeutung ist. Erweiterungs- und Modernisierungsmöglichkeiten in dem von der Gemeinde benötigten Maße sind in der Roonstraße nicht gegeben. Vor dem Hintergrund der besonderen Lebenssituation der neuen Mitglieder ist es ein besonders wichtiges Ziel, diesen Menschen ein lebendiges jüdisches Zentrum, das auch ein Symbol sein wird und alle Generationen beherbergen kann, anzubieten und sie damit zu integrieren.

Dieser Herausforderung müssen wir uns stellen und auch den Weitblick haben, uns vorzustellen, wie eine jüdische Zukunft in Köln für unsere Kinder und auch für uns aussehen soll. Mit der Entscheidung für das Projekt Ottostraße kann aus einer Vision Realität werden. Wir müssen gemeinsam daran glauben und Hoffnung für die Zukunft haben.

Im Januar 1998 gab es Neuwahlen in der Synagogen-Gemeinde Köln: Der neue Vorstand hatte sich vor seiner Wahl vehement gegen das neue Gemeindezentrum ausgesprochen. Ob dieser Vorstand den Weitblick haben wird, das Vorhaben weiterzuführen, wird sich entscheiden müssen. Sonst wäre diese einmalige Chance vertan.

Quellen:
- »Wegweiser durch das jüdische Rheinland« – Publikation des Salomon Ludwig Steinheim Instituts
- »Jüdisches Leben heute in Deutschland« von Uri R. Kaufmann
- »Mehr als nur ›Kwartier Latäng‹« von Anne Sass
- »Jüdische Gemeinde von der Antike bis zur Gegenwart« von R. Jütte/A. P. Kustermann
- »Deutsch-Jüdische Passagen« von W. Jasper und J. H. Schoeps
- »Die Juden in Köln« von Zvi Asaria
- »Köln und das rheinische Judentum« Festschrift Germania Judaica 1959–1984, Köln 1984
- »Köln nach 1945«– Berichte von Ernst Simons

Christophe Baginski

Ignoranz oder Wohlwollen?

Jüdisches Leben in der französischen Besatzungszone 1945-1949[1])

Das 1940 besiegte Frankreich fand sich fünf Jahre später nicht ohne Mühe und Verdienst im Kreise der Sieger des Zweiten Weltkriegs. Es verdankte diesen Platz dem aktiven Widerstand von General Charles de Gaulle und den verschiedenen Kräften der Résistance sowie dem Beitrag der Ersten Armee zur Niederwerfung des nationalsozialistischen Deutschen Reiches. Für de Gaulle war es insofern selbstverständlich, dass sich Frankreich an der Besatzung Deutschlands beteiligen sollte. De Gaulle bekam erst am 11. November 1944 vom britischen Premierminister Winston Churchill die Zusicherung einer französischen Beteiligung, die im Februar 1945 auf der Jalta-Konferenz proklamiert wurde. Frankreich sicherte sich dann selbst ab März 1945 eine Zone auf dem linken Rheinufer. General de Lattre de Tassigny, der an der Spitze der Ersten Armee stand, hatte sogar im April auf Befehl de Gaulles Karlsruhe und auch, gegen den Willen der Amerikaner, Stuttgart erobert. Als endlich am 27. Juli die endgültigen Grenzen der französischen Zone festgelegt wurden, übergaben die französischen Einheiten beide Städte den Amerikanern. Die französische Zone umfaßte dann Südbaden, Württemberg-Hohenzollern, die Pfalz, Rheinland-Hessen-Nassau, das Saarland und den bayerischen Kreis Lindau. Am nächsten Tag nahm die erste Phase der französischen Besatzung Deutschlands ein Ende. General Koenig löste General de Lattre de Tassigny mit dem Auftrag ab, von Baden-Baden aus das französische Oberkommando in Deutschland zu führen. Ihm unterstellt war unter anderem eine durch den »administrateur général« Emile Laffon geleitete Militärregierung, die trotz der irreführenden Bezeichnung und der aus Sicherheits- und Prestigegründen obligatorischen Uniform mit militärischem Dienstgrad eine zivile Instanz mit zivilem Personal war.[2]) Diese Militärregierung wurde dann in den verschiedenen Provinzen durch Oberst-, Bezirks- und Kreisdelegierte vertreten.

Die Alliierten hatten nicht nur die Absicht, der deutschen Bevölkerung die Konsequenzen der von Hitler betriebenen Angriffs- und Terrorpolitik anzulasten, sondern sie auch zu demokratischem Verhalten zu erziehen. Diejenigen zu bestrafen, die für die in den Konzentrationslagern verübten Greueltaten verantwortlich waren, einem Volk, das sich durch den Antisemitismus betören ließ, das Zusammenleben mit jüdischen Überlebenden des nationalsozialistischen Ausrottungsprogrammes aufzuerlegen, ehemalige Parteimitglieder einzusetzen, um geschändete jüdische Friedhöfe wieder in Ordnung zu bringen[3]), all dies waren die heikelsten Aspekte der Besatzungszeit.

Gemäß den alliierten Vorschriften wurde in allen Ortschaften die uneingeschränkte Religionsausübung wiedereingeführt. Dabei sollten den jüdischen Gemeinden dieselben Rechte und Vorteile wie den christlichen Kirchen gewährt werden und sie insofern als Körper-

---

[1]) Der vorliegende Aufsatz fasst einen Teilaspekt der Dissertation des Autors zusammen, die in Frankreich als Buch erschienen ist: La politique religieuse de la France en Allemagne occupée, Villeneuve d'Ascq 1997.

[2]) Alain Lattard, Gewerkschaften und Arbeitgeber in Rheinland-Pfalz unter französischer Besatzung 1945-1949, Mainz 1988, S. 13 ff.

[3]) Jüdisches Gemeindeblatt für die britische Zone, 14. 5. 1947.

schaften des öffentlichen Rechts einen Teil der Kirchensteuer erhalten. Darüber hinaus mussten Sicherheitsvorkehrungen getroffen werden, um die jüdischen Einrichtungen vor jeglicher Feindseligkeit der deutschen Bevölkerung zu schützen, die mit antisemitischer Propaganda überhäuft worden war.[4]) Die aus den Konzentrationslagern befreiten Juden konnten einfach durch ihre Anwesenheit ein Unruhe- und Konfliktherd sein. Diese Tatsache führte dazu, dass vor Ort einige Militärregierungsstellen die Neubildung von jüdischen Gemeinden ablehnten und damit deren Lebensverhältnisse noch schwieriger machten.[5]) Um ihre Verpflichtung, die freie Religionsausübung für alle einzuführen, einzuhalten und Konflikte mit der Bevölkerung zu vermeiden, zeigte die französische Besatzungsmacht zwar wohlwollendes Verhalten, kontrollierte aber die Ansiedlung von Juden in ihrer Zone. Um sich zu informieren, beauftragten die französischen Militärbehörden den in Straßburg amtierenden Rabbi Monheit, über die Situation von »einigen Hundert« Juden, die sich im südlichen Teil der französischen Zone aufhielten, einen Bericht zu schreiben.[6])

Monheit fand die größte Gruppe jüdischer Flüchlinge, etwa einhundert, in Konstanz. Im Juli 1945 hatten sie die Genehmigung erhalten, ein »jüdisches Komitee« zu bilden, das sich aus den in Konstanz, Gailingen und Umgebung wohnenden Juden zusammensetzte. Die meisten waren jedoch schockiert, »als Pole bezeichnet und damit mit der großen Zahl von wirklichen Polen verglichen zu werden, die sich freiwillig in der Wehrmacht engagierten«. Der französische Militärgeistliche musste intervenieren, um ihre Zwangsrückkehr nach Polen oder in die Tschechoslowakei zu verhindern und deren Versorgung und Unterbringung so gut wie möglich zu organisieren. Die meisten von ihnen wollten Deutschland für immer verlassen und nach Palästina gehen. Bis dahin besorgte ihnen der französische Rabbi die nötigen Kultusgegenstände und schlug die Gründung einer »Hachschara« (Anstalt zur Vorbereitung der Jugendlichen für ein Arbeitsleben in Palästina) vor, um eine etwas sicherere und tröstlichere Atmosphäre zu erreichen.[7]) Ziel war es auch, die notwendigen Bedingungen zu schaffen, um die nach Frankreich geflüchteten Juden aufnehmen zu können.

Gleich im September 1945 unterstützte die Militärregierung für Baden die Wiedergründung des »Hohen Rates der Juden in Baden«.[8]) Dessen ehemalige Leiter, Julius Ellenbogen und S. Lion, während des Krieges nach Frankreich geflohen, hatten dort einen Verein gegründet, der sich aus den badischen und pfälzischen jüdischen Überlebenden des Holocaust zusammensetzte (»Association des survivants des israélites déportés du pays de Bade et du Palatinat«). Nachdem die Verbindung zwischen beiden Organisationen geknüpft worden war, stimmte die Militärregierung einer Konferenz zu,[9]) die im Dezember in Freiburg tagte, um die eventuelle Rückkehr der in Frankreich weilenden jüdischen Überlebenden in die französische Zone vorzubereiten. Außerdem sollte die mögliche Bildung eines Unterbringungszentrums in Gailingen untersucht werden, und zwar in den Räumen, die 1940 seitens der Nazis von der jüdischen Gemeinde konfisziert worden waren.[10]) Diese Räume sollten nicht nur als vorübergehende Bleibe genutzt, sondern auch eingerichtet werden, um die aus Frankreich zurückkehrenden Juden auf Dauer aufzunehmen. Auch wenn die französischen

---

[4]) »Manuel Technique pour l'Instruction et les Affaires religieuses«, Punkte 66-67, S. 81.
[5]) Bericht des Militärrabbis Monheit, Strasbourg. Ministère des Affaires Etrangères/Archives de l'Occupation, Colmar (ferner MAE/Colmar), AP, 3303/96-2.
[6]) Mitgliederzahlen der jüdischen Gemeinden in der französischen Zone im Jahre 1948: Koblenz, 78. Kreuznach, 22. Landau, 133. Mainz, 80. Neuwied, 23. Saarbrücken, 224. Trier, 33. Biberach, 194. Konstanz, 158. Freiburg, 120. Gailingen, 117. Lindau, 42. Ravensburg, 32. Saulgau, 97 Personen. Jüdisches Gemeindeblatt für die britische Zone, 24. 12. 1948.
[7]) Bericht des Militärrabbis Monheit. MAE/Colmar, AP, 3303/96-2.
[8]) Oberst Eberle an Ministerialdirektor Karl Ott, 30. 8. 1945, MAE/Colmar, Bade, 2636.
[9]) Generalverwalter Emile Laffon an General Schwartz, 1. 12. 1945. MAE/Colmar, Bade, 2636.
[10]) General Schwartz, Oberdelegierter für Baden, an Laffon, 21. 11. 1945. MAE/Colmar, Bade, 2636.

Besatzungsbehörden sich nicht grundsätzlich gegen dieses Vorhaben äußerten, sorgten sie doch dafür, daß die nach Gailingen kommende jüdische Gemeinde nicht eine paritätische, sondern eine entsprechende Beteiligung in der Stadtverwaltung übernahm, um jedes Ungleichgewicht im öffentlichen Leben des Ortes zu vermeiden. Nach französischer Auffassung kam es ebensowenig in Frage, die Kosten der Sanierung der enteigneten jüdischen Gebäude der örtlichen Bevölkerung anzulasten, sondern das badische Finanzministerium um entsprechende Hilfe zu bitten.[11]) Indessen durfte sich das jüdische Militärseelsorgeamt der Militärregierung uneingeschränkt um die deutschen jüdischen Gemeinden kümmern. So wurden in Gailingen etwa einhundert junge Juden in einer »Hachschara« unter der geistlichen Leitung eines französischen Militärrabbis versammelt.[12])

Die im nördlichen Teil der französischen Besatzungszone weilenden jüdischen Gemeinden gründeten den »Landesverband der Jüdischen Gemeinden Rheinland-Pfalz«, der unter der Leitung von Addi Bernd stand. Im Juli 1945 registrierte die Verwaltung der Stadt Mainz 144 Juden gegenüber 2000 vor dem Krieg.[13]) 1946 waren es nur noch 58. Als die Militärregierung im Oktober 1945 die Wiedergründung der jüdischen Gemeinde genehmigte,[14]) erschienen lediglich 17 Personen am 9. November 1945 bei der ersten Veranstaltung. Die Situation der im nördlichen Teil der Besatzungszone wohnenden jüdischen Gemeinden war jedoch im Vergleich zum südlichen Teil prekärer, da sie über keine Synagoge verfügten. Nachdem Addi Bernd sich deswegen im Mai 1947 direkt bei Militärgouverneur Claude Hettier de Boislambert beschwert hatte, beeilten sich die französischen Behörden plötzlich, dieser Situation abzuhelfen, zuerst in Koblenz und dann in Mainz, wo die Synagoge am 10. September 1947 in einer Schule eröffnet wurde.[15])

Auf Grund der spärlichen Quellenlage stellen sich Probleme bei der Beurteilung des Verhaltens der französischen Militärregierung bei dem Wiederentstehen der jüdischen Gemeinden in Südwestdeutschland. Ob die Besatzungsmacht genug dafür getan hat, ließe sich heute wohl nur durch Erinnerungen noch lebender Zeitzeugen bestätigen oder widerlegen.

---

[11]) General Schwartz an Laffon, 17. 12. 1945. MAE/Colmar, Bade, 2636.

[12]) Der Kreisdelegierte in Konstanz an General Schwartz, 5. 3. 1946. MAE/Colmar, Bade, 2636.

[13]) Der Autor bedankt sich recht herzlich bei Frau Esther Epstein, die ihm den Zugang zu den Archivalien der jüdischen Gemeinde in Mainz ermöglichte.

[14]) Die Sûreté in Mainz an Michel Oppenheim, 17. 10. 1945. Archiv der jüdischen Gemeinde Mainz.

[15]) Jüdisches Gemeindeblatt für die britische Zone, 14. 5. 1947 u. 24. 9. 1947. Neuer Mainzer Anzeiger, 13. 9. 1947.

IV Religion und Soziales

*Moritz Neumann**

Gemeinschaft oder Gemeinde?

Juden in Deutschland heute

Wer nicht an Wunder glaubt, ist kein Realist. Die in feiner Selbstironie formulierten Worte des ersten israelischen Staatspräsidenten Chaim Weizman sind nicht erst seit der Staatsgründung eine Art inoffizieller jüdischer Grundgesetz-Erkenntnis. Und sie passen noch immer zu einem Land, in dem Phantasie und Flexibilität zu den Voraussetzungen politischen wie persönlichen Lebens zählen.

Dass der feste Glaube an das Funktionieren der Utopie auch für die jüdischen Gemeinden in Deutschland seine Bedeutung besitzen könnte, gehörte dagegen zu den eher überraschenden Erkenntnissen, die zudem nicht so recht zu den allgemeinen deutschen Maßstäben zu passen schienen. Hierzulande wird geplant und in den Kategorien sorgsamer Vorbereitung gedacht. Und in Übereinstimmung mit dem Plan-Soll, zumindest aber mit einer realistischen Einschätzung der eigenen Situation, hatte lange die feste Überzeugung zu gelten, dass Jüdische Gemeinden in Deutschland Institute ohne größere Zukunftsaussichten seien.

Wer noch vor einem runden Jahrzehnt eine Einschätzung der zu erwartenden Zukunft jüdischen Lebens in Deutschland hätte abgeben sollen und dabei die Vermutung einer Wiederbelebung oder gar eines Eintritts in eine neue Epoche geäußert hätte, der wäre der Träumerei geziehen worden. Nichts lag ferner als die Annahme, es könnte in den Jüdischen Gemeinden Deutschlands jene Entwicklung geben, die Politiker unterschiedlicher Couleur bei Gedenkfeiern gern zu erhoffen pflegen, nämlich die häufig zitierte, gelegentlich herbeigeredete, in jedem Fall aber herbeigewünschte Normalisierung.

Anders gesagt: Der Normalfall innerhalb der Jüdischen Gemeinden, von den wenigen sogenannten Großgemeinden wie Berlin, Frankfurt oder München einmal abgesehen, war eine Mitgliederzahl, zu deren zahlenmäßiger Bestimmung pro Hundert die Finger bloß einer Hand ausreichten. Und selbst dies war manchen – jüdischen – Kritikern noch zuviel, jenen zumal, die aus dem Ausland auf die deutschen Verhältnisse schauten und für die Etablierung neuer Jüdischer Gemeinden kein Verständnis aufzubringen vermochten. Eine Position übrigens, der wir auch heute noch begegnen, zwar in deutlich geringerem Ausmaß als noch während der sechziger Jahre, dennoch aber immer mal wieder.

Bei den Betroffenen löste die Kritik aus dem eigenen Lager die psychologisch verständliche Verteidigungsreaktion aus, obwohl der Dissens in der Sache kaum sehr groß gewesen sein kann, denn der Großteil aller in Deutschland lebenden Juden suchte jahrzehntelang vor sich selbst und gegenüber Freunden und Verwandten im Ausland immer dann nach Ausreden, Erklärungen, letztlich also Rechtfertigungen, wenn die jüdische Existenz in Deutschland zur Sprache kam.

---

* Vorsitzender des Landesverbandes der Jüdischen Gemeinden in Hessen

Und in der Tat – konnte es denn wirklich mit rechten Dingen zugehen, dass Juden nach allem, was geschehen war, wieder in Deutschland lebten? Ausgerechnet in Deutschland? Hatten sie denn so wenig Stolz, so wenig Selbstachtung, daß sie es ertrugen, auch nach ihrer Befreiung aus den Todeslagern in der Nachbarschaft zu den Vollstreckern zu leben, hier gar Kinder in die Welt zu setzen und sie im gerade erst zu Boden gerungenen Ex-SS-Staat aufwachsen zu lassen? Hatten sie, die wenigen übriggebliebenen Juden, vergessen, wie ihre Vorfahren 500 Jahre zuvor auf die Vertreibung von der Iberischen Halbinsel durch die katholische Inquisition reagiert hatten? Mit jenem Cherem nämlich, jenem Bann, der es Juden fortan verbot, auf spanischem und portugiesischem Boden zu leben und der, mit geringen Ausnahmen, tatsächlich bis ins 20. Jahrhundert befolgt worden war?

Die Fragen sind so unberechtigt nicht. Sie wurden, zumal in den ersten Jahrzehnten nach der Befreiung vom Nationalsozialismus, immer wieder gestellt.

Und dennoch blieb ein jüdischer Bodensatz im Land der Täter, allen Träumen oder ernsthaften Bemühungen um Auswanderung zum Trotz. Sei es, dass sie zu krank und zu schwach waren, um auszuwandern ins Ungewisse, sei es, dass sie entwurzelt und orientierungslos waren. Nun, als dauerhafte Ansiedlung empfanden sie ihre Anwesenheit auch nicht, sondern nur als eine Zwischenstation auf dem gigantischen Umsteigebahnhof Deutschland. Ihnen allen jedoch war eines gemeinsam: An eine jüdische Zukunft in Deutschland, eine mehr als nur provisorische Existenz, an eine Stabilisierung oder Normalisierung gar, wie sie von bewältigungsfreudigen Politikern angelegentlich jeder verfügbaren Gedenkveranstaltung beschworen wurde, mochten sie denn doch nicht glauben. Sie sahen sich selbst als die vermutlich letzten Juden auf deutschem Boden. Schon ihre Kinder sollten, kaum mit Studium oder Ausbildung fertig, das jüdische Kapitel in Deutschland endgültig abschließen – und so mithin vollenden, wozu ihre Eltern die Kraft oder den Willen nicht hatten, nämlich dem Land der einstigen Peiniger ein für allemal den Rücken zu kehren.

Auf gepackten Koffern sitzen – so lautete das Standardwort zur Selbstdefinition, gewissermaßen Versprechen und Entschuldigung zugleich, ein Satz mit scheinbarer Aktualität bis in die frühen siebziger Jahre. Denn dann waren es die Kinder, die sogenannte Second Generation, die ihren Eltern den Spiegel des frommen Selbstbetrugs vorzuhalten begannen. Wer bis dahin die stets geträumte Auswanderung nicht geschafft hatte, der würde wohl schon auf Dauer bleiben. So sehr wie seine Kinder, auf die zwar der Traum vererbt wurde, jedoch als bloß papierener Wechsel und ohne Gefahr, je eingelöst werden zu müssen.

Tatsächlich waren die jüdischen Gemeinden weit weniger funktionsfähig, als es nach außen den Anschein haben mochte. Zwar gab es sie als Adresse, als Anlaufstelle, als Symbol des Willens zur ungebrochenen Ausübung religiöser Traditionen. Doch tatsächlich funktionierte dieser Schein nach innen allenfalls in den großen jüdischen Gemeinden. Die Gemeinden indessen, die die breite Mehrheit stellten, waren oftmals gekennzeichnet von Auszehrung. In ihnen herrschte, wie Besucher aus dem Ausland gelegentlich melancholisch konstatierten, Friedhofsruhe. Es schien sich in ihnen das Schicksal jüdischer Existenz in Deutschland punktgenau zu erfüllen: Kraftlos und unentschlossen, kranke Reste einer vernichteten Gemeinschaft, nicht einmal mehr ein Schatten dessen, was sie einstmals waren.

Und dennoch: Trotz aller eigenen Skepsis erfüllten sie ihre Funktion. Eine gewollte nach innen, indem sie den wenigen verbliebenen Juden der Brunnen waren, aus dem das lebensnotwendige Wasser einstmals selbstverständlicher Tradition geschöpft wurde. Und eine eher ungewollte nach außen, die dem Staat, in dem sie lebten, mehr half als ihnen selbst, weil ihre bloße Anwesenheit in diesem Land gegenüber der Völkergemeinschaft als Beweis dafür herangezogen wurde, dass die Nazizeit hierzulande wirklich überwunden war und Juden in diesem Land wieder leben konnten.

Die Funktion als Feigenblatt war gewiss auch einer der Gründe, weshalb den kleinen, provisorischen Gebilden, die sich gelegentlich Israelitische Kultusgemeinde nannten und als Vereine bürgerlichen Rechts eingetragen waren, ein überdurchschnittliches Maß an öffentlicher Aufmerksamkeit und Unterstützung zuteil wurde. Immerhin waren sie, ob gewollt oder nicht, Wegbereiter für die moralische Rückkehr des einstigen Nazilandes in die internationale Staatengemeinschaft.

Dass dieser Nebeneffekt ihrer Existenz die jüdischen Gemeinden intern beeinflußt haben könnte, sollte freilich nicht angenommen werden. Sie und ihre Gründerväter hatten gänzlich anderes im Sinn. Ausgehend von der Überzeugung, dass nach all dem Geschehenen sicherlich keine jüdischen Gemeinden auf deutschem Boden jemals Bestand haben würden, wollten sie nicht mehr als Provisorien schaffen, vorübergehende Unterkünfte, eine zeitlich begrenzte und absehbare Bleibe – bis zu jenem Zeitpunkt, da allen Mitgliedern die Auswanderung gelungen sein würde. So wie es in nahezu allen Satzungen der Jüdischen Nachkriegsgemeinden zu lesen stand: »Aufgabe der Jüdischen Gemeinde ist es, die Auswanderung ihrer Mitglieder zu fördern und begleitend zu unterstützen.« Im allgemeinen Sprachgebrauch wurde daraus die selbstironische Aufforderung: »Der Letzte macht das Licht aus.«

Das Licht freilich brannte weiter, dürftig mitunter und mühsam flackernd, aber es verlosch nicht. In dieser Situation waren es die Kinder der Überlebenden von einst, die ihren Eltern die Selbsttäuschung klarmachten: Die gepackten Koffer, auf denen längst niemand mehr saß, weil sie in Keller oder auf Dachböden gestellt worden waren. Diese gepackten Koffer sollten allmählich ausgepackt werden, denn auswandern würde mit diesen Koffern niemand mehr.

Mit anderen Worten: Wenn die Anwesenheit in Deutschland sich de facto zu einer geregelten Existenz entwickelt hatte, dann sollten die Eltern aufhören, sich noch länger etwas vorzumachen, sollten sich, bitte schön, der Realität stellen, sich nicht unablässig mit ihrem eigenen schlechten Gewissen herumplagen, sich nicht länger bei Freunden und Verwandten in Israel, Australien oder den Vereinigten Staaten für ihr Leben in Deutschland entschuldigen, sondern sich als Teil der deutschen Wirklichkeit begreifen.

Was hier wie im Zeitraffer beschrieben wird, war tatsächlich eine Entwicklung über mehrere Jahrzehnte. Nach außen hin wird dies besonders im Zusammenhang mit jenem zuvor erwähnten Satzungspassus über die Auswanderung deutlich: Die Jüdische Gemeinde Darmstadt zum Beispiel, um nur eine Gemeinde exemplarisch zu nennen, strich erst in den achtziger Jahren die selbstauferlegte Verpflichtung zur Auswanderung aus ihren Statuten und dies eher als Folge des damals gerade begonnenen Baus einer neuen Synagoge. In der Erkenntnis, daß jemand, der baut, auch bleiben möchte, schien den Gemeindemitgliedern der keineswegs unsympatische, jedoch vielfach nicht mehr befolgte Aufruf zur Emigration nicht länger zeitgemäß. Was nicht heißt, daß ihnen die ersatzlose Streichung leicht gefallen wäre. Immerhin wurde durch sie eine Zäsur festgeschrieben, an die sich gerade die älteren Mitglieder erst gewöhnen mußten.

Viel entscheidender als die Streichung irgendwelcher Paragraphen, an die sich ohnehin schon geraume Zeit niemand mehr gehalten hatte, war das sichtbares Symbol einer veränderten jüdischen Existenz in Deutschland: Der Bau von Synagogen. Die Zeit der Provisorien war offenkundig vorbei, die nächste Phase jüdischen Lebens wurde eingeläutet.

Es gilt dies, notabene, in der Hauptsache für die sogenannten Klein- und Mittelgemeinden, jene, deren Mitgliederzahlen sich zwischen 150 und 500 bewegten, Menschen wohlgemerkt, nicht Familien. Und so kennzeichnet im Rückblick gerade die Zeit seit Mitte der achtziger Jahre den Umschwung mit etlichen neuen Bauten und Institutionen, u. a. in Mannheim und Darmstadt, Aachen und Heidelberg.

Eine neue Zeit schien angebrochen, und es geschah zusätzlich etwas gänzlich Unerwartetes, als in der Folge von Gorbatschows Glasnost und Perestroika der europäische Osten aufbrach und der Eiserne Vorhang in sich zusammenfiel. Denn urplötzlich begann eine Wanderungsbewegung, Juden kehrten der sich auflösenden Sowjetunion den Rücken und zogen in den Westen.

Dass sie auch und gerade Deutschland zum Endpunkt ihrer Emigration wählten, wäre nicht unbedingt zu erwarten gewesen, wird aber in der historischen Retrospektive nachvollziehbar. Denn es war der letzte Ministerpräsident der in Auflösung begriffenen DDR, Lothar de Maiziere, der die Juden Rußlands und der benachbarten Unionsrepubliken zur Einwanderung in seinen Staat einlud. Nun, da die DDR sich aus den Fesseln fünf Jahrzehnte währender Vormundschaft befreit habe, so verkündete er anläßlich eines Empfangs für die Delegierten des Jüdischen Weltkongresses und vor laufenden Fernsehkameras, sei sie auch willens, in die Verpflichtung der Nachfolge jenes Deutschen Reichs einzutreten, in dessen Verantwortung sich seither immer nur die Bundesrepublik gesehen habe. Deshalb sollten Juden aus Rußland und der Ukraine fortan das Recht erhalten, sich in der DDR anzusiedeln.

Es gehört zu den Konsequenzen des Einigungsvertrags zwischen den beiden deutschen Staaten, dass diese Einladung in die Zeit nach der Vereinigung übernommen wurde, mit dem Resultat, daß seither rund 45 000 neue Gemeindemitglieder in die bestehenden etwa 70 Jüdischen Gemeinden Deutschlands zugewandert sind, somit zahlenmäßig für eine Festigung sorgen, wo zuvor die Auflösung als Folge der Mangelerscheinung fast greifbar gewesen wäre.

Der Verweis auf eine – zunächst nur zahlenmäßige – Stabilisierung ist angemessen und zugleich Dokument des gegenwärtig gravierendsten Problems in den Jüdischen Gemeinden Deutschlands. Denn die Zuwanderer aus den GUS-Staaten sind zwar Juden nach Herkunft und Religionszugehörigkeit, mehr noch, sie haben in ihrer nun hinter sich gelassenen Heimat nicht selten alle Nachteile zu spüren bekommen, die sich im kommunistischen Herrschaftsbereich mit der Zugehörigkeit zum Judentum verbanden. Doch die Inhalte ihrer eigenen Religion, die Traditionen zumal, sind ihnen vielfach fremd. Nach all den negativen Erfahrungen, die sie als Juden bislang hatten machen müssen, kommt somit zum ersten Mal etwas Positives, nämlich die Erlaubnis zur Einreise und dem Daueraufenthalt in Deutschland, dezidiert als Folge ihrer Religionszugehörigkeit.

Was aber bedeutet die Zuwanderung für die bestehenden Jüdischen Gemeinden in Deutschland? Sie bedeutet zunächst eine große Hoffnung – und eine schnelle Enttäuschung. Denn sehr bald schälte sich die Erkenntnis heraus, dass die hohen Erwartungen über eine inhaltliche Stabilisierung nicht eingetreten sind. Vielleicht deshalb, weil sie ein romantischer Wunschtraum waren, weit entfernt von jeder Realität. In demselben Maße nämlich, in dem Jüdischen Gemeinden ihre Mitgliederzahlen verdoppelt, verdreifacht oder gar vervielfacht haben, ist die relative Kenntnis eigener Riten und Gebräuche beinahe gegen Null gesunken. Und was schlimmer ist: auch das Selbstverständnis als Religionsgemeinschaft. Denn die Aufgabe Jüdischer Gemeinden wird von vielen Zuwanderern zuvorderst als Sozialstation und Kulturinstitut gesehen. Religion? Nein danke!

Dies zu ändern, also Bewußtseinsbildung zu betreiben, die Rückkehr zu den geistigen Wurzeln zu ermöglichen, ist somit die völlig unerwartet und unvorbereitet entstandene Aufgabe für die Gemeinden, die damit in ein spürbares Dilemma geraten. Waren sie in den ersten Jahren ihres Nachkriegsprovisoriums Versammlungsstätten für eine Schicksalsgemeinschaft mit fundierter Kenntnis in nahezu allen Bereichen praktizierten jüdischen Glaubens, so litten sie zuletzt unter zahlenmäßiger wie inhaltlicher Auszehrung. Nicht allein deshalb verbanden sich mit der Zuwanderung besondere, allerdings, wie sich bald zeigte, erheblich überhöhte Erwartungen.

Ein Blick zurück macht dies deutlich: In den Jahren nach der Befreiung, als bescheidene Betstuben die oftmals einzigen Zentren jüdischer Existenz in kleinen und mittleren Städten waren, gab es unter diesem sehr provisorischen Dach ein religiöses Leben, wie es in seiner beinahe selbstverständlichen Ausformung von Traditionen heute manchmal selbst in großen, schönen und neuen Synagogen nicht annähernd geboten werden kann. Dass die Teilnehmer an den Gottesdiensten der hebräischen Gebetssprache mächtig waren, bedurfte keiner sonderlichen Erwähnung, es war eine durch die Herkunft gesicherte Selbstverständlichkeit.

Und heute? Mit der gleichen wieder durch Herkunft erklärbaren Selbstverständlichkeit ist festzustellen, daß die wenigsten der Neumitglieder den Gebeten in der Synagoge zu folgen vermögen, erst lernen müssen, welche Bedeutung einem Thora-Aufruf zukommt, warum sie am Shabbat in die Synagoge kommen sollen und daß es zuvorderst Aufgabe ihrer Gemeinde ist, religiöses Leben sicherzustellen und erst dann Lesungen, Konzerte oder Dia-Abende ins gemeindliche Programmangebot aufzunehmen. Und sie müssen lernen, dass sie sich selbst und ihrer Gemeinde einen solidarischen Dienst erweisen, wenn sie am Gottesdienst teilnehmen und somit für die Wahrung des Minjan sorgen, jenes Quorums von zehn erwachsenen Männern, die es braucht, um wesentliche Gebete sprechen und spezielle Handlungen in der Synagoge vornehmen zu können.

Andererseits: Die Bereitschaft zum Lernen, der Wunsch nach Teilnahme an nachgeholten Lektionen ist durchaus vorhanden. Und wenn auch nur der kleinere Teil der Zuwanderer am Angebot einer auch geistigen Rückkehr in die eigene Religion partizipieren, so hilft dieser entscheidend mit, neue Grundzüge praktizierten jüdischen Gemeindelebens zu schaffen.

Dennoch sind gerade die jüdischen Gemeinden in Deutschland zu schwach, um als qualifizierte – und was wichtiger ist: glaubwürdige – Lehrer mit gutem Beispiel voranzugehen. Die Juden in Deutschland haben als Folge des Vernichtungsfeldzugs der Nazis so viel an Wissen, Erfahrung und einstmals selbstverständlicher Wahrung von Traditionen der eigenen Religion eingebüßt, daß sie heute nurmehr ein mattes, mitunter gar ein nahezu blindes Spiegelbild dessen sind, was das deutsche Judentum in den ersten beiden Jahrzehnten dieses Jahrhunderts dargestellt hatte. Und in dieser Phase einer niedergegangenen, sich erst langsam und allmählich wieder erholenden Religionsgemeinschaft, wo sollte da die Kraft herkommen, um durch eigenes Beispiel und durch fundierte Kenntnis zu Lehrern jener zu werden, die neu hinzukommen und noch weniger wissen?

Es wäre dies die geradezu ideale und grundlegende Situation, in der Rabbiner, die geistigen Oberhäupter ihrer Gemeinden, ins Spiel kämen. Doch die Wirklichkeit sieht anders aus. Erstens fehlen Rabbiner in Deutschland in schon schmerzhafter Weise, und zweitens sind die wenigen vorhandenen Rabbiner in ihrer Mehrzahl – und insbesondere ihr vielfach überschätztes Gremium Rabbinerkonferenz – auch nicht nur annähernd in der Lage, diese Lücken zu füllen. Manchmal will es scheinen, als seien die Mitglieder der Rabbinerkonferenz bei ihren ohnehin nicht häufigen Zusammenkünften einigermaßen ausgelastet damit, ihre Probleme mit ihren jeweiligen Gemeindevorständen auszutauschen. Da bleibt anscheinend nicht viel Zeit, um Strategien zu entwickeln, geschweige denn, dem Bildungsnotstand wirklich zu begegnen. Und große Rabbinerpersönlichkeiten, für die Deutschland einstmals in der gesamten jüdischen Welt bekannt war, gibt es seit der Schoah hier nicht mehr.

Hinzu kommt ein Problem ganz besonderer Art, das es in dieser geballten Form in Deutschlands jüdischen Gemeinden bislang nicht gegeben hatte, nämlich die extrem hohe Zahl interkonfessioneller Ehen im Kreis der Zuwanderer. Diese für das Herkunftsland Sowjetunion typische Konstellation bewirkt eine um viele Grade stärkere Neuauflage jener Situation, wie man sie allenfalls aus den ersten Nachkriegsjahren in der Bundesrepublik kannte. Nun also reisen Familien ein, die zwar wegen eines jüdischen Großvaters nach sowjetisch administrativer Sprachregelung als jüdisch (und mithin nicht selten als benachteiligt) galten, die jedoch in der Deutung der Halacha, des jüdisch-religiösen Grundgesetzes, alles andere als jüdisch sind. Zu erwarten stünde, dass die Rabbiner sich ihrer Verantwortung stellen und ähnlich wie ihre Vorgänger in den ersten Nachkriegsjahren das Problem aus der Welt schaffen. Doch die Rabbinerkonferenz in Deutschland ist nicht stark genug, sich für einen eigenen Weg, und sei es nur einen auf Zeit, zu entscheiden. Sie ist nicht selbstbewußt genug, sich aus der Bevormundung durch israelische Oberrabbinate zu befreien, verzichtet auf die Wahrnehmung eigener Positionen, wie sie sich aus der ganz speziellen Gegenwartslage hierzulande durchaus ergeben, folgt mithin den Stukturen, wie man sie eher aus der katholischen Praxis der Instanzenregelung zwischen Vatikan, Bistümern und Einzelgemeinden kennt – und überlässt damit viele Familien sich selbst und einem vielleicht ungewissen Schicksal. Dass dies in besonderer Weise die Kinder aus solchen Familien trifft, verleiht dem Problem zusätzliche Brisanz und eine um so größere Notwendigkeit, helfend einzugreifen.

Es ist dies eine geradezu klassische Ausgangslage für neue Heilsbringer, die denn auch bereits Morgenluft wittern und zum Sturm auf das geschwächte Objekt ihrer Begierde blasen. Gemeint sind die unterschiedlichen christlichen Missionsbewegungen, die mit den in Fragen der Religion vielfach unwissenden Zuwanderern leichtes Spiel zu haben meinen – und leider nicht selten leichtes Spiel haben. Hier tun sich besonders einige sogenannte evangelische Freikirchen hervor, mitunter auch von persönlicher Überzeugung beseelte Prediger, die mit dem Argument, auch ihr Religionsstifter Jesus sei schließlich Jude gewesen, in den Kreisen der Zuwanderer auf Interesse stoßen. So sind bereits erste Fälle solcher der Werbung erlegener Migranten bekannt geworden, die von selbstberufenen Missionaren zu einer gemeinsamen Reise nach Israel überredet wurden, um sich dort im Wasser des Jordan einer von dubiosen Gruppen inszenierten Massentaufe zu unterziehen. Ihrer Rückkehr nach Deutschland und dem stolzen Hinweis, sie hätten sich taufen lassen, folgt unvermeidlich die Streichung als Mitglied der Jüdischen Gemeinde, weil man nun einmal nicht Jude sein und gleichzeitig an Jesus als Heilsbringer und Messias glauben kann. Was eigentlich ganz und gar einsichtig klingt und doch bei einigen Betroffenen bereits ziemliche Verwirrung ausgelöst hat – ein weiteres Beispiel für die Unkenntnis über die eigene Religion.

Die Proteste, mit denen die Rabbinerkonferenz auf derlei Tendenzen reagiert, sind gewiss angemessen. Ausreichend freilich sind sie nicht. Denn es zeigt sich, dass so mancher Missionar sich von den mahnend in die Höhe gereckten rabbinischen Zeigefingern nicht sonderlich beeindrucken läßt. Deshalb bleibt oftmals nicht mehr als ein gestrenger Blick und zorniges, doch kraftloses Zähneknirschen. Und die Mission macht unverdrossen weiter.

Während die etablierten Kirchen eilends versichern, sie hätten mit derlei Seelenfischern nichts zu tun, gelingt es diesen immer wieder, »Beute« zu machen. Und kein Köder ist zu simpel, um mit Erfolg zu funktionieren, was sich schließlich abermals aus der Herkunft der so Umworbenen erklärt. Denn wer in der Atmosphäre einer zutiefst religionsfeindlichen Gesellschaft aufwachsen mußte, der wird Unterschiede von Glaubensrichtungen weniger differenziert betrachten. Für den ist, bevor er eines anderen belehrt werden kann, Religion zunächst einmal Religion. Ähnlich verhält es sich übrigens mit der Neuauflage eines durchaus innerjüdischen Problems: Dem Gegeneinander von Orthodoxie und liberalem, respektive reformiertem Judentum. Auch dies eine alt-neue Debatte, die zudem ihre Wurzeln in Deutschland hat, nur eben über die Jahrzehnte seit dem Ende der NS-Zeit ohne Bedeutung für die hier lebenden Juden war.

Während nämlich die Unterschiedlichkeiten praktizierter Religionsausübung, die Gegensätze in der Auslegung und Anwendung der Halacha, des jüdisch-religiösen Grundgesetzes, mit in die Emigration nach Großbritannien oder in die USA genommen wurden, war im Deutschland der Nachkriegszeit die religiöse Reform kein Thema für die hier gestrandeten Juden. Und sie wäre vermutlich auch keines geworden, gäbe es nicht die Zuwanderung aus der einstigen Sowjetunion. Mit ihr ist plötzlich Bewegung in diese Szene gekommen, weil eine Klientel, die wenig von Riten und Traditionen weiß, beinahe zwangsläufig aufgeschlossen sein muß für eine leichter zu bewältigende Religionspraxis, in der auch derjenige als vollwertiges und ernstzunehmendes Mitglied zählt, der bei strengeren Maßstäben eher einer Randgruppe zugeordnet würde.

Von derlei Randgruppen gibt es in Deutschland mittlerweile einige, allesamt entstanden während der zurückliegenden zwei, drei Jahre, im Aufwind der Zuwanderung also, und getragen von der Erwartung, durch die neuen Mitglieder jene Aufmerksamkeit und jenen Zulauf zu erfahren, die ihnen bislang versagt geblieben waren. Schon haben sich derlei Gruppierungen in München und Köln, in Hannover und Kassel gegründet, offenkundig jedoch stärker an der medialen Aufmerksamkeit interessiert als an einer kontinuierlichen inhaltlichen Arbeit. Die Medien und das von ihnen entfachte öffentliche Interesse sind freilich selten mehr als Eintagsfliegen, weshalb die nachlassende und schließlich verstummende Publizierung auch nicht ohne Wirkung bleibt, was am Beispiel der selbsternannten »Jüdisch Liberalen Vereinigung Kassel« deutlich zu erkennen ist. So lange die Lokalzeitung mit hoher Spannung, doch ungleich geringerer Kenntnis von innerjüdischen Abläufen über die scheinbare Konkurrenz zur herkömmlichen Jüdischen Gemeinde am Ort berichtete, solange waren die Aktivisten der neuen Vereinigung mit Verve bei der Sache. Seitdem die Zeitungsartikel seltener geworden sind und der eigene Anspruch mit dauerhafter Arbeit eingelöst werden mußte, leidet die Vereinigung an Auszehrung. Es scheint, als fühlten sich ihre ohnehin nur wenigen Mitglieder doch schon mehr zum Original, nämlich der Jüdischen Gemeinde Kassel, hingezogen als zu einer anscheinend funktionsuntüchtigen Kopie.

Trotzdem versuchen es andere immer wieder, mit dem Pfund des konkurrenzfähigen Selbstwertgefühls auch für die Anhänger eines »Judaism light« zu wuchern, insbesondere jene, die sich vom Zuzug der Neuen eine Stärkung ihrer eigenen, bislang ein Schattendasein fristenden Gruppierung erhoffen. Anstatt die Zuwanderer in der traditionellen hebräischen Gebetssprache zu unterweisen, locken sie mit dem Angebot russisch oder deutsch gesprochener Gebete. Und dort, wo die entscheidende halachische Frage der Zugehörigkeit zum Judentum einzig auf die Mutter (und allenfalls eine von orthodoxen Rabbinern vollzogene Konversion) als Merkmal festgeschrieben ist, bieten die Reformer jene auch in den USA mehr und mehr verbreitete Alternative an, nach der auch derjenige als Jude gezählt wird, der nur einen jüdischen Vater hat. Angesichts der in der einstigen Sowjetunion weitverbreiteten interkonfessionellen Ehen ist dies eine von den Betroffenen als höchst willkommen empfundene Erleichterung zur Klärung des eigenen Status. Schon wurden in einigen Städten Vereinigungen ins Leben gerufen, die mit Religion nicht viel im Sinn haben und sich daher als jüdische Kulturvereine definieren. Ihre Mitglieder, die sich in der einstigen Heimat Sowjetunion nur dann zu ihrer jüdischen Herkunft bekannten, wenn es sich gar nicht mehr vermeiden ließ, empfinden sich nun plötzlich als »Kulturjuden« – verbunden mit dem Anspruch staatlicher Förderung und dem Wunsch, als gleichwertig neben allen bestehenden Religionsgemeinden anerkannt zu sein. Kein Wunder, dass die orthodoxen Rabbiner – und sie stellen in der Rabbinerkonferenz in Deutschland die Mehrheit – empört aufschrecken und die Bestandssicherung gefährdet sehen. Doch auch von durchaus säkularen, wenngleich immerhin traditionsbewußten Juden hierzulande wird die »Light-Version« vernehmlich abgelehnt. Denn auch dies ist eine der scheinbaren Sonderlichkeiten jüdischer Realität in Deutschland: Im privaten Umfeld sind sie fast alle ausgesprochen liberal, fahren Auto am Shabbat, essen das Käse-Dessert nach dem Steak – doch in der Synagoge haben sie es gern traditionell. Und dies bedeutet: In der Tradition ihrer vielfach aus Polen stammenden Eltern, also gut-jüdisch, orthodox.

Sympathisch mit einem Schuss Ironie hatte dies vor Jahren ein Gemeindevorsitzender auf den Punkt gebracht, als er seine individuelle Definition fand: »Wir sind eine liberale Gemeinde in einer orthodoxen Hülle.« Eine Kennzeichnung, die heutzutage für die große Mehrzahl aller Jüdischen Gemeinden in Deutschland gelten dürfte, wobei möglicherweise auch eine sehr eigene Mischung aus Verantwortungsbewusstsein und schlechtem Gewissen eine Rolle spielen dürfte. Denn die weitverbreitete und im persönlichen Umfeld zu beobachtende Abkehr von den religiösen Rahmenrichtlinien ist eine Privatangelegenheit. Die Wahrung der Traditionen in Synagogen und Gemeinden wird dagegen als Gemeinschaftsaufgabe verstanden, als Verpflichtung vor der Geschichte und als Anerkennung des Wissens um die Sicherung jüdischer Glaubensinhalte über die Jahrhunderte einzig durch die Orthodoxie. Um dies zu verstehen, empfiehlt sich ein Blick in die Schriften des bedeutenden zionistischen Vordenkers Moses Hess. Der überzeugte Sozialist, antwortete in seiner Schrift »Rom und Jerusalem« auf die Frage nach seiner Standortbestimmung: »Unbefriedigt von der Reform fragen Sie, welcher Religionsgemeinschaft man sich heute noch mit seiner Familie anschließen soll. Ich kenne nur eine jüdische Genossenschaft, die uralte Synagoge, die glücklicherweise noch besteht. Ich selbst würde, wenn ich Familie hätte, trotz meiner dogmatische Heterodoxie, mich nicht nur im öffentlichen Leben einer frommen Jüdischen Gemeinde anschließen, sondern auch in meinem Hause alle Trauer- und Festtage vorschriftsmäßig feiern, um in mir und meinen Nachkommen die jüdischen Volkstraditionen lebendig zu erhalten.«

Wem dies zu widersprüchlich erscheinen mag, inkonsequent gar, dem sei als aktuelles Beispiel die Einstellung von Ignatz Bubis, dem verstorbenen Präsidenten des Zentralrats der Juden in Deutschland, genannt. Bubis, ein politisch wie religiös ausgewiesener Liberaler, der auch am Schabbat öffentliche Termine wahrnahm, während andere in die Synagoge gingen, hatte eine sehr eindeutige Position etwa in der Frage der einzigen in Deutschland amtierenden Rabbinerin. Sosehr er es respektierte, dass die Schweizerin Bea Wyler der Jüdischen Gemeinde Oldenburg als geistiges Oberhaupt vorsteht und gar die Funktion einer niedersächsischen Landesrabbinerin ausübt, sowenig ist er bereit, einem von ihr zelebrierten Gottesdienst beizuwohnen. Bubis bekennt in aller Offenheit und ohne relativierende Schnörkel: Er sei nun einmal in einer anderen Tradition aufgewachsen. Da sei für eine Rabbinerin kein Platz im Gottesdienst.

Mit dieser Einstellung war Bubis in der Tat der richtige Repräsentant für die deutliche Mehrzahl der Juden in Deutschland. Mögen sie sich noch so sehr von Glaubensinhalten entfernt haben, so gilt für sie doch immer noch jenes magische Wort, das schon Tewje, der Milchmann, im Erfolgsmusical »Anatevka« nicht so recht zu erklären vermag, das aber sein Leben bestimmt: »Tradition eben«.

Freilich, wie lange diese Tradition noch das verbindende Element unter den in Deutschland lebenden Juden bleiben könnte, das vermag auch im Volk der Propheten niemand mit Bestimmtheit zu sagen. Der allgemein feststellbare Trend ins große Lager der Laizisten macht auch vor Juden nicht halt. Wer also wollte schon sagen können, wie die jüdischen Gemeinden Deutschlands im nächsten Jahrtausend aussehen werden?

Dabei ist diese Frage keineswegs allein auf religiöse Ausrichtungen begrenzt, denn die Neufassung einer Gesellschaft mit in der Vergangenheit stets ausgeprägtem Zusammengehörigkeitsgefühl muß gerade für die neueren Jüdischen Gemeinden, jene in den neuen Bundesländern, besondere Bedeutung haben. Dort nämlich, in Erfurt und in Halle, in Dresden und in Magdeburg, standen die jüdischen Gemeinden jahrzehntelang nur auf dem Papier, Institutionen ohne Inhalt und mit geringem Wert, vom Regime der DDR künstlich am Leben gehalten, einzig als vorführbarer Beweis für die Möglichkeit, als Juden im angeblichen Arbeiter- und Bauern-Staat leben zu können – und als Dokument gegenüber dem Ausland, daß die praktizierte Israelfeindlichkeit politischer, nicht jedoch religiöser Natur sei. Allen Bemühungen zum Trotz, geglaubt hatte das ohnehin niemand, sowenig wie den Ergebenheitsadressen der vom Staat ausgesuchten jüdischen Gemeindevertreter bei Gedenkveranstaltungen und Staatsfeiern.

Heute versuchen die neuen Jüdischen Gemeinden des deutschen Ostens, den Anschluss an einen Zug zu finden, der im Westen zwar auch nur sehr gemächlich über Land zockelt, jedoch immerhin einen erheblichen Vorsprung hat. Was als Ausdruck traditionellen Gemeindelebens in Dortmund und Nürnberg, in Aachen und Mannheim längst selbstverständlich ist, das muss in Sachsen, Thüringen und Brandenburg erst noch mühsam erarbeitet werden. Eines aber scheinen viele Gemeinden und ihre Mitglieder inzwischen gelernt zu haben, einerlei, ob sie der traditionellen oder der reformistischen Richtung anhängen, einerlei, ob sie zu den Alteingesessenen oder zu den Neuzuwanderern zählen: Dass es eine offenbar willkommene Möglichkeit zur Fortsetzung gegenseitiger Streitigkeiten mit anderen Mitteln gibt, nämlich die Anrufung der Gerichte. Noch nie in der Nachkriegsgeschichte jüdischer Gemeinden in Deutschland ist so viel, so heftig und so anhaltend gezankt worden wie in diesen zu Ende gehenden neunziger Jahren, was den Schluss nahelegt, dass auch diese Entwicklung mit der Zuwanderung und den durch sie veränderten Mitgliederzahlen zu tun haben könnte. Nicht allerdings, weil sie so großen Nachholbedarf in rechtsstaatlicher Übung hätten, sondern weil sie von einigen unverantwortlichen Meinungsmachern benutzt werden, um deren persönliche Interessen zu befriedigen, die mit jenen des jüdischen Lebens nicht viel gemeinsam haben.

Wenn staatsanwaltschaftliche Ermittlungen Hausdurchsuchungen, versiegelte Gemeindebüros, Strafanzeigen und Zivilklagen, all das also, was zum alltäglichen Repertoire der Justiz in jeder beliebigen Stadt gehört, wenn all dies nun Einzug in das Umfeld jüdischen Gemeindelebens hält und zudem Ausdruck normalen Miteinanders – mehr und mehr allerdings auch Gegeneinanders – sein sollte, dann allerdings wären die Jüdischen Gemeinden auf einem sehr eigenen Weg zur Normalisierung. Ob dies freilich die Normalisierung sein könnte, von der Politiker bei Gedenkveranstaltungen so gern und inbrünstig reden, darf füglich bezweifelt werden. Unterdessen setzen die Protagonisten jüdischen Lebens in Deutschland auf die nächste Generation, insbesondere auf die Kinder der gegenwärtigen Zuwanderer. Mit ihnen verbindet sich die Hoffnung auf eine, wenn auch bescheidene Rückkehr zu den Wurzeln, zu jenen Traditionen, mit denen die eingewanderten Eltern eher weniger anzufangen wissen.

In der Tat gibt es Beispiele aus verschiedenen Gemeinden, die durchaus hoffen lassen. Eine phantasievolle und engagierte Jugendarbeit, zudem unterstützt durch zusätzlichen Unterricht, machten es möglich, Versäumnisse der Vergangenheit aufzuholen und Vorsorge für die Zukunft zu treffen. Das Interesse bei vielen der zugewanderten Kinder und Jugendlichen ist merklich vorhanden, die Bereitschaft zum Lernen auch – fehlen nur noch die geeigneten Lehrer.

Dies aber ist eine der schmerzlichen Schwachstellen jüdischer Wirklichkeit in Deutschland. Es fehlen nicht nur die vorbildgebenden Rabbiner, es fehlen eben auch Lehrer. Sie nach Deutschland zu holen, wäre nicht ganz einfach, immerhin aber machbar. Doch die entscheidende Schwierigkeit stellt sich mit der Frage der Bezahlung ein. Denn die jüdischen Gemeinden sind vielfach nicht in der Lage, ihre Bedürfnisse aus eigener Kraft zu bestreiten, und die öffentliche Hand verweist in unschöner Regelmäßigkeit auf angespannte Haushaltslagen, auf vorgebliche Gleichbehandlung (»Was werden die christlichen Kirchen und die Muslime sagen?«) und zuckt bedauernd mit den Schultern – nicht ohne noch schnell betont zu haben, wie außerordentlich die Bemühungen der jüdischen Gemeinden zur Integration ihrer Zuwanderer doch zu schätzen seien. Dabei gehört es zu den leider festzustellenden Erscheinungen, dass derlei politische Bigotterie von einer bestimmten Parteizugehörigkeit völlig unabhängig ist. Die einstmals anvisierte Vorgabe, Deutschland wieder zu einem Zielort für Juden zu machen, scheint erreicht, auch und gerade durch die Zuwanderung aus der ehemaligen Sowjetunion. Und damit sinkt die Bereitschaft zu weiterer Unterstützung jüdischer Belange erkennbar. Egal, wie die jüdischen Gemeinden mit dieser Situation auch fertig werden mögen.

Jedenfalls wäre es unter diesen Voraussetzungen noch eine positive Entwicklung, wenn es gelänge, die nächste Generation, die Kinder der Zuwanderer also, zu den Wurzeln zurückzuholen. Denkbar (und vielleicht gar nicht so unwahrscheinlich) wäre allerdings auch die in weiten Teilen des amerikanischen Judentums zu beobachtende Abkehr vom Glauben der Großväter, das Aufgehen in der Assimilation.

Schließlich gab es deutliche Ansätze zu solch einer Fehlentwicklung auch schon im Deutschland der Zeit vor 1933. Die Gefahr besteht heute wieder, wenn es den Jüdischen Gemeinden und ihren zentralen Organisationen nicht gelingen sollte, außer der sozialen und kulturellen Integration vor allem eine religiöse Standortbestimmung zu finden. Wenn es nämlich nicht gelingt, die Bedeutung jüdischer Inhalte zur Selbstverständlichkeit jüdischen Gemeindelebens zu formen, dann könnte sich jüdische Existenz in mittlerer Zukunft von selbst erledigen. Dann gäbe es zwar mehr Juden in Deutschland als je während der zurückliegenden vier Jahrzehnte – aber das religiöse Fundament jüdischen Lebens wäre ausgestorben. Und ohne Religion hätte das Judentum wohl kaum Zukunft.

*Benjamin Bloch**

Zedaka – Die Gerechtigkeit

Jüdische Sozialarbeit 1945 bis heute

Jüdische Sozialarbeit hat ihre Wurzeln in der jahrtausendealten Sozialethik des Judentums. »Wenn ein Armer in deiner Mitte ist, so verhärte nicht dein Herz und verschließe nicht deine Hand vor deinem armen Bruder. Geben sollst du ihm wiederholt und dein Herz sei nicht böse« (Deut. 15.7. ff). Weitere religiöse Gesetze dienten dazu, die Armut größerer Bevölkerungsteile zu lindern, indem eine soziale Ordnung geschaffen wurde, die die Wohlhabenden dazu verpflichtete, die Armen zu versorgen.

Dieses religiös-ethische Grundprinzip gegenüber den Notleidenden war nach der Zerstörung jüdischen Lebens in Europa das Fundament für die unmittelbare Hilfe, die jüdische Organisationen den mittellosen und bedürftigen Überlebenden entgegenbrachten.

Nach der Befreiung glaubte keiner der Juden, dass es in Deutschland jemals wieder jüdisches Leben geben werde. Die Überlebenden, die die Schoah im KZ, im Versteck oder in der Sowjetunion überlebt hatten und nach ihrer Befreiung das Ausmaß der Zerstörung ihrer Lebensgemeinschaften erkennen mussten, verließen Osteuropa in der Hoffnung auf eine neue Heimat. Sie strömten westwärts, in die von den Alliierten besetzten Zonen, in der Hoffnung auf eine baldige Auswanderung.

Harry Goldstein, einer der Gründer der Jüdischen Gemeinde Hamburg nach 1945, beschreibt die damals vorgefundene Situation mit folgenden Worten: »Schon wenige Stunden oder Tage nach dem Verschwinden der Gestapoverbrecher inmitten der noch rauchenden Bombentrümmer begann eine Handvoll Unverzagter, die alt-neue Gemeinde wieder aufzubauen. Alle diese Männer beseelte ein Wille. Sie wollten im Chaos retten, was zu retten war, und helfen, wo zu helfen war . . . aber sie begnügten sich nicht damit, denn die Probleme häuften sich von Tag zu Tag, die Rückführung der Überlebenden aus den KZs, die Unterbringung der Alten und Kranken, Hilfe für die Untergetauchten, für die Flüchtlinge, die aus den Ländern des Ostens kamen, Einrichtung von Krankenhäusern, Altenhäusern, Öffnung der verschlossen gewesenen und verwahrlosten oder gar zerstörten Friedhöfe, Hilfe und Beratung für alle Juden, die mittel- und ratlos vor ihren zertrümmerten Wohnstätten und Existenzen standen.« (Harry Goldstein, Die heutige jüdische Gemeinde in Deutschland« in Jewish Travel Guide 1952/53, S. 96)

Gleichzeitig schufen die sogenannten Männer der ersten Stunde spontan und unabhängig voneinander Strukturen, die noch im Zeichen des Provisorischen standen und später zu den Neugründungen der jüdischen Gemeinden führten. Diese Väter der Gemeinden waren in ihrer Mehrzahl deutsche Juden, die vor dem Holocaust in Deutschland gelebt hatten.

Wenn vom Wiederaufbau der Gemeinden die Rede ist, muss die Rolle der ausländischen jüdischen Organisationen hervorgehoben werden. Ohne deren Hilfe wäre die Aufbauarbeit gar nicht oder sehr schleppend vorangegangen.

Das American Jewish Joint Distribution Committee war die erste ausländische jüdische Organisation, die die Überlebenden unterstützte. Bereits wenige Monate nach Kriegsende

---

* Vorsitzender der Zentralwohlfahrtsstelle der Juden in Deutschland

war es dem Joint gelungen, in München, Frankfurt und Berlin Zweigstellen mit insgesamt 700 Mitarbeitern zu errichten. Der Joint legte den Grundstein für die moderne jüdische Sozialarbeit in Deutschland.

Erst nach der Gründung des Staates Israel im Jahre 1948 konnten die Überlebenden die DP-Lager endlich verlassen und in großer Zahl nach Israel auswandern. Gleichzeitig lockerten sich die Einwanderungsbestimmungen in den USA und anderen Ländern, sodass 1950 nur noch etwa 22 000 Juden in Deutschland blieben.

Nach der Währungsreform 1948 und der Gründung der Bundesrepublik 1949 begann auch für die jüdischen Gemeinden ein neues Kapitel. Mit der Stabilisierung zeigte sich sehr bald, dass die Not der Überlebenden nicht alleine mit der Gewährung einer finanziellen Unterstützung zu beheben war. Die Überlebenden litten unter den Folgeschäden der traumatischen Erlebnisse und mußten auch in der Sicherung ihrer existentiellen Bedürfnisse unterstützt werden. Hierzu gehörten zum Beispiel Fragen zur sogenannten »Wiedergutmachung« sowie Fragen zum Status des heimatlosen Ausländers.

Die Notwendigkeit, eine jüdische Dachorganisation ins Leben zu rufen, die die Interessen der jüdischen Bevölkerung in Deutschland vertritt, wurde immer offensichtlicher. Der Zentralrat der Juden in Deutschland wurde 1950 als Antwort auf diese lauter werdenden Stimmen gegründet. Seine Aufgabe bestand darin, sich für die politischen Interessen der Juden einzusetzen und ihre existentielle Sicherung zu gewährleisten.

Am 20. August 1951 fasste der Zentralrat den Beschluss, eine zentrale Organisation der jüdischen Wohlfahrtspflege aufzubauen. Die aus diesem Beschluss hervorgegangene neugegründete »Zentralwohlfahrtsstelle der Juden in Deutschland e. V.« (ZWST) nahm ihren ersten Sitz in Hamburg.

Bis 1953 war die ZWST aber lediglich ein Ein-Mann-Betrieb. Die Geschäftsführung übernahm Berthold Simonsohn, der als Jurist in besonderem Maße dazu beitrug, die anstehenden Probleme des Sozial- und Wiedergutmachungsrechts zu lösen. 1953 richtete die ZWST ein Sozialreferat ein, dessen erster Sozialreferent Bertold Scheller war, der einen intensiven Kontakt zu den Gemeinden aufbaute.

Im Sommer 1955 zog die ZWST nach Frankfurt am Main. Die zentrale Lage Frankfurts und die Tatsache, daß auch andere jüdische Organisationen wie z. B. der Joint, die Auswanderungsorganisation HIAS und die Jewish Agency hier ihren Sitz hatten, führten zu diesem Entschluß. Um flächendeckend arbeiten zu können, gründete die ZWST zunächst Zweigstellen in München und Berlin. Zur weiteren Optimierung der Betreuung vor Ort unterstützte die ZWST den Aufbau von Sozialabteilungen in den Gemeinden. Es standen zunächst keine qualifizierten Kräfte für den Sozialbereich zur Verfügung. Die Arbeit in den Gemeinden konnte aber nur unter Einsatz entsprechend geschulter Mitarbeiter im Sozialbereich erfolgreich sein. Die Zentralwohlfahrtsstelle steht seither in engem Kontakt mit den Sozialabteilungen der jüdischen Gemeinden und leistet deren fachliche Beratung sowie die Qualifizierung der Mitarbeiter.

Die Betreuung der Überlebenden und die Bekämpfung der Armut gehörten nach wie vor zu den vordringlichsten Aufgaben der ZWST in den 50er und 60er Jahren. Zur Unterstützung der Überlebenden wurden beispielsweise Darlehenskassen in den Großgemeinden eingerichtet, denen viele ihre Existenzgründung verdanken. Ebenfalls im Jahre 1955 richtete die ZWST ein Jugendreferat unter der Leitung von Jaakov Oppenheimer ein, um den wachsenden Anforderungen in der Jugendarbeit gerecht zu werden. In Anlehnung an das Sozialreferat unterstützte das Jugendreferat die Einrichtung lokaler Jugendzentren in den Gemeinden und verlagerte damit einen Teil der Jugendarbeit vor Ort.

Im Jahre 1959 wurde Max Willner, der Geschäftsführer des Landesverbandes Jüdischer Gemeinden in Hessen, zum Direktor der ZWST berufen. Er baute die ZWST in den folgenden Jahren zu einem anerkannten jüdischen Wohlfahrtsverband aus. Sein Anliegen war es, mit diesem weiteren Ausbau jüdischen institutionellen Lebens die Situation der Juden in Deutschland zu verbessern.

Eine besondere Aufgabe der ZWST war die Eingliederung neuer jüdischer Flüchtlinge aus Osteuropa. Seit der ungarischen Revolution im Jahre 1956 gab es in fast allen Staaten des Ostblocks antisemitische Kampagnen, die viele Juden zur Ausreise zwangen. Bis in die 80er Jahre flüchteten jüdische Emigranten aus Osteuropa und ließen sich in der Bundesrepublik nieder. Nach dem Sturz des Schahregimes im Iran kamen auch aus dieser Region jüdische Flüchtlinge nach Deutschland, die sich hauptsächlich in Hamburg und Pforzheim ansiedelten.

Die Integration dieser Flüchtlinge bildete von nun an einen Schwerpunkt der Arbeit der ZWST. Einerseits unterstützte sie die jüdischen Gemeinden, die sich um die Eingliederung der Flüchtlinge vor Ort bemühten, indem die ZWST ihnen mit Rat und finanzieller Hilfe in Form von »Starthilfen und Flüchtlingsdarlehen« zur Seite stand; andererseits oblag der ZWST auch die zentrale Betreuung der Flüchtlinge in den von der Bundesregierung unterhaltenen Flüchtlingslagern. Aussiedleraufnahmestellen, Durchgangs- und Verteilungsstellen wurden systematisch besucht; darüber hinaus wurde auf die spezifisch jüdische Zuwandererproblematik aufmerksam gemacht. Dabei musste das Sozialreferat der ZWST sowohl bei den Flüchtlingsverwaltungen für die rechtlichen Belange der jüdischen Zuwanderer eintreten als auch sich in den Lagern selbst um eine angemessene Betreuung der jüdischen Lagerbewohner kümmern. Die Eingliederung eines knappen Drittels der Gesamtmitglieder der jüdischen Gemeinden wurde in jenen Jahren zur Bewährungsprobe der ZWST.

Die Zuwanderung aus dem Osten und die Rückwanderung aus Israel und Übersee bewirkten eine Senkung des Durchschnittsalters in den jüdischen Gemeinden. Für eine wachsende Zahl von Kindern und Jugendlichen mußten neue Einrichtungen in Form von Kindergärten und Jugendzentren geschaffen werden. Jugendpflege und Jugendfürsorge wurden deshalb nun zu einem weiteren zentralen Bestandteil der Arbeit der ZWST. Im Rahmen der Jugendfürsorge betrieb die ZWST daneben Berufs- und Studienförderung. Auf diese Weise trug sie dazu bei, dass zahlreiche jüngere Menschen eine solide Basis für ihren beruflichen Lebensweg erhielten. Weiterhin wurden in dieser Zeit unter anderem die Ferienlager ausgebaut, Israelreisen für Jugendliche organisiert sowie Seniorenerholungen geschaffen.

Zwanzig Jahre hatte Max Willner die Geschäfte der ZWST geführt. Willners besondere Leistung bestand darin, die finanzielle und personelle Kontinuität des Verbandes gesichert und die Aktivitäten – wie geschildert – erweitert zu haben. Er übergab seinem Nachfolger Alfred Weichselbaum im Jahre 1979 einen konsolidierten Verband.

Weichselbaum konnte auf dieser soliden Basis das bisherige Unterstützungsprogramm weiter ausbauen. Darüber hinaus verwirklichte er seine besonderen Vorstellungen von jüdischer Solidarität und Zedaka in den fünf Jahren bis zu seinem Tod 1984.

Willner und Weichselbaum waren gleichermaßen von den Erfahrungen des Holocaust geprägt. Für die Leiden der Toten Zeugnis abzulegen und bedürftige Juden zu versorgen, war ihnen zum Lebensinhalt geworden. Weichselbaum organisierte in Zusammenarbeit mit dem Europäischen Rat Jüdischer Gemeinden solidarische Hilfen für notleidende Juden in Osteuropa. Diese Hilfen reichten von der Einrichtung von Mittagstischen in Polen über Altenerholungsmaßnahmen für tschechoslowakische Juden bis hin zu Medikamentensendungen für Kranke im Osten. Weichselbaums Jugendarbeit hatte die Bewahrung jüdischer Tradition zum erklärten Ziel. Während seiner Amtsperiode nahm die Zahl der von der ZWST organisierten Seminare und Ferienlager zu.

Das bis 1987 betriebene »Henriette-Szold-Heim« in Wembach/Schwarzwald und das neue Rehabilitationszentrum in Sobernheim an der Nahe dienten als Erholungsheime der ZWST, in denen ganze Generationen jüdischer Kinder und Jugendlicher ihre Ferien verbracht haben. Diese intensive Gemeinschaft mit anderen jüdischen Jugendlichen unter der Leitung von qualifizierten jüdischen Erziehern stärkt die jüdische Identität der Kinder und Jugendlichen und damit auch ihr Selbstbewußtsein. Um die Qualifizierung von Erziehern und Jugendbetreuern zu intensivieren, gibt es bis heute in Sobernheim Fortbildungslager für Madrichim, Treffen von Jugendlichen und Erziehern sowie Seminare zu aktuellen Themen.

Auch in der Leitung des Sozialreferates der ZWST fand ein Wechsel statt. Im Jahre 1983 ging der langjährige Sozialreferent Bertold Scheller in den Ruhestand. Seitdem führt Aviva Goldschmidt, eine ausgewiesene Sozialarbeiterin, das Sozialreferat der ZWST.

Auch die ältere Generation, die Senioren, bedurfte der Fürsorge, um gerade den in dieser Altersgruppe am stärksten auftretenden Symptomen von Entwurzelung und Einsamkeitsgefühlen entgegenzuwirken. So wurden besondere Kulturangebote für Senioren entwickelt. Neben der Organisation von Seniorenclubs und regionalen Treffen gehört hierzu auch die Seniorenerholung, die zunächst in Sobernheim stattfand. Zweimal pro Jahr werden Gruppenreisen für Senioren nach Israel angeboten. Nach dem Tod von Alfred Weichselbaum im Jahre 1984 ging die kommissarische Geschäftsführung an Günter Singer.

Nachdem der Autor dieses Beitrages im Jahre 1974 in die ZWST als Jugendreferent eingetreten war, wurde er 1987 zum Geschäftsführer ernannt. Kurze Zeit später wurde Paul Spiegel zum neuen Vorsitzenden der ZWST gewählt. Er löste Heinz Galinski ab, der sich diesem Amt seit 1961 verdienstvoll gewidmet hatte.

Mit den politischen Umwälzungen in der DDR und der ehemaligen Sowjetunion wurde die jüdische Gemeinschaft in Deutschland vor große Herausforderungen gestellt. Nach der Wiedervereinigung im Jahre 1989 sah sich die jüdische Gemeinschaft mit der Flucht Tausender jüdischer Menschen aus der ehemaligen Sowjetunion konfrontiert. Nach zähen Verhandlungen erreichte der Zentralrat der Juden in Deutschland für die jüdischen Emigranten aus der ehemaligen Sowjetunion den Status der Kontingentflüchtlinge. Dieser Status ermöglicht den Flüchtlingen, sich dauerhaft in Deutschland niederzulassen und einer geregelten Arbeit nachzugehen. Die Zuwanderung dieser Emigranten erforderte den Ausbau der Strukturen in den alten Gemeinden sowie den Aufbau neuer Sozialeinrichtungen in den ostdeutschen Bundesländern. Daraus ergab sich eine Intensivierung der Zusammenarbeit der ZWST und der überlasteten jüdischen Gemeinden.

Die Immigration aus der ehemaligen Sowjetunion war mit hohen Erwartungen verbunden, die sich vornehmlich auf eine Belebung der Gemeinden richteten. Tatsächlich hat sich gezeigt, dass bisher nur ein Teil der an die Zuwanderer aus der ehemaligen Sowjetunion geknüpften Hoffnungen eingelöst werden konnte. Einerseits haben die Kleingemeinden, die zuvor vom Aussterben bedroht waren, eine Überlebenschance erhalten. Andererseits hat sich der Bedarf an sozialer Beratung und Betreuung sowie religiöser Unterweisung in einem Maße verändert und erweitert, das die Kleingemeinden häufig personell überfordert. Durch den Zuzug älterer Familienangehöriger aus der ehemaligen Sowjetunion mussten neue Formen der jüdischen Sozialarbeit geschaffen werden. Da die Senioren aufgrund ihres Alters stärker von Isolation betroffen sind und auch Schwierigkeiten haben, die deutsche Sprache zu erlernen, wurde ihnen ein spezifisches Betreuungsangebot, bestehend unter anderem aus

Erholungsprogrammen, Deutschkursen und Familienseminaren, geschaffen. Im Rahmen dieser Erweiterung erwarb die ZWST 1993 das Kurheim Eden-Park in Bad Kissingen, das Senioren ganzjährig für gemeinschaftliche Ferienerholung zur Verfügung steht.

Die Zuwanderung bewirkt eine erhöhte Nachfrage an sozialer Betreuung seitens der ZWST.

Da viele Heime für Zuwanderer in den neuen Bundesländern weit von den kulturellen und religiösen Zentren entfernt liegen, versucht die ZWST, mit ortsnahen Zweigstellen und dem Einsatz von qualifizierten sozialen Betreuern die Lebenssituation der Zuwanderer zu erleichtern. Diese Sozialarbeiter informieren Zuwanderer z. B. zu ihrem Status, dem Zusammenzug von Familienangehörigen sowie dem Leistungsspektrum der einzelnen Ämter. Sie intervenieren bei Behörden, helfen bei der Übersetzung von Unterlagen und Schriftverkehr und vermitteln bei psychosozialen sowie juristischen Problemen an geeignete Einrichtungen.

Die größte ZWST-Zweigstelle befindet sich in Berlin. Sie wurde im Jahre 1990 eingerichtet und seither stetig ausgebaut. Die Vielfalt des gemeinsamen Angebotes der jüdischen Gemeinde und der Zweigstelle an Deutschkursen und etablierten Neigungsgruppen des Treffpunktes Oranienburger Straße, wie z. B. Computertechnikkurse für Kinder sowie für Erwachsene, der Keramikzirkel, eine Folkloretanzgruppe und die Gesellschaft der Wissenschaftler spiegeln die Spannbreite der Aktivitäten der ZWST. Die Zweigstelle arbeitet in enger Kooperation mit der Berliner jüdischen Gemeinde, die heute mit ca. 11 000 Mitgliedern die größte jüdische Gemeinde Deutschlands ist. Der Anteil der Mitglieder, die aus der ehemaligen Sowjetunion stammen, liegt bei ca. 70 Prozent.

In den neuen Bundesländern bestehen die jüdischen Gemeinden fast ausschließlich aus Zuwanderern aus der ehemaligen Sowjetunion. Eine der dringlichsten Aufgaben der Zentralwohlfahrtsstelle ist die Integration der Emigranten in das Berufsleben und in die jüdische Gemeinschaft.

Eine weitere Aufgabe der ZWST ist die Archivierung und Publikation von Materialien zu jüdischer Geschichte und Feiertagen in deutscher und russischer Sprache. Zur Wahrnehmung dieser Aufgabenstellung wurde 1990 das Pädagogische Zentrum (PZ) eingerichtet. Die dort archivierten und publizierten Unterlagen werden im Rahmen von Veranstaltungen des Jugendreferates und für die Arbeit der jüdischen Schulen, Kindergärten und Jugendzentren der Gemeinden eingesetzt. Die verfügbaren audiovisuellen und schriftlichen Materialien sind in einem Katalog gelistet. Sie ermöglichen selbst Neuzuwanderern, die der deutschen Sprache noch nicht mächtig sind, sich über jüdische Religion und Tradition zu informieren.

Die 75-Jahr-Feier der ZWST im Jahre 1992 fand breites Interesse der Medien und somit auch der nichtjüdischen Öffentlichkeit. Die Ausstellung »Zedaka: Jüdische Sozialarbeit im Wandel der Zeit«, die in Zusammenarbeit zwischen ZWST und dem Jüdischen Museum der Stadt Frankfurt am Main entstand, wurde in direktem Anschluß an die Feier eröffnet. Diese Ausstellung erinnerte auch an die Diskontinuität der Verbandsgeschichte durch die Zwangsauflösung der Zentralwohlfahrtsstelle im Jahre 1939, an die mühsamen Anfangsjahre seit 1951 sowie an die veränderte Haltung der jüdischen Gemeinschaft in Deutschland, die sich u. a. in der Namensgebung des Verbandes bei dessen Neugründung niederschlug. Die Umbenennung der ZWST von »Zentralwohlfahrtsstelle der deutschen Juden« in »Zentralwohlfahrtsstelle der Juden in Deutschland« spiegelte die Distanzierung und Abgrenzung der jüdischen Gemeinschaft von Deutschland wider. Mit zahlreichen Dokumenten, Fotos, Exponaten und Zeitzeugeninterviews zeigte die Ausstellung die religiösen Grundlagen der jüdischen Wohlfahrtspflege sowie den Wandel ihrer Institutionen. Durch die Feier und die Ausstellung gelang es, jüdische Sozialarbeit auch für eine nichtjüdische Öffentlichkeit transparent zu machen. Ein umfassender Katalog zur Ausstellung ist erschienen.

In den folgenden Jahren wurde immer deutlicher, dass die jüdische Zuwanderung aus der ehemaligen Sowjetunion anhalten würde. Die gravierenden Auswirkungen auf die jüdische Gemeinschaft in Deutschland und auf die Arbeit der ZWST wurden absehbar. Es begann sich herauszukristallisieren, dass die jüdischen Zuwanderer schon bald die Mehrheit der Mitglieder in den Gemeinden bilden würden. Die Widerstände der »Alteingesessenen« gegen die Zuwanderer wuchsen aus Furcht vor den Konsequenzen und wegen der Enttäuschung der eigenen übersteigerten Erwartungshaltung gegenüber der Zuwanderung.

Unter den Zuwanderern dominieren zunächst existentielle Probleme. Die materielle Festigung, Fragen der Familienzusammenführung, der Erwerb von Deutschkenntnissen, der Aufbau eines neuen Freundeskreises bestimmen selbstverständlich das Denken und Handeln.

Die Lösung der materiellen Fragen ist für die Neuankömmlinge lebenswichtiger als eine Annäherung an das Judentum, die nur als allmählicher Prozess vorstellbar ist. Die im Auftrag der Synagogen-Gemeinde Köln durchgeführte Forschungsarbeit des Kölner Instituts für Massenkommunikation über die Integration der jüdischen Zuwanderer aus der ehemaligen Sowjetunion in die Gemeinde Köln beweist, daß sich die von seiten der Kontingentflüchtlinge an die Gemeinde gerichteten Wünsche allzu oft auf Konfliktbewältigung mit Ämtern, finanzielle Hilfe oder Bereitstellung von Kindergarten- oder Altenheimplätzen sowie Vermittlung von Wohnungen und Arbeitsstellen beschränken. Das eigentliche Anliegen, Judentum weiterzugeben, gelingt bis jetzt nur bei der jüngeren Generation und den Senioren (Kölner Institut für Massenkommunikation e.V. unter Mitarbeit von Prof. Dr. Alphons Silbermann; Dr. Albin Hänseroth; Manfred Stoffers, Dipl.-Päd.; Michael Brüning, M.A.; »Die Synagogen-Gemeinde Köln: Partizipation und Integration«, Köln 1998).

Das abnehmende Wissen um das Judentum als Religion birgt die Gefahr, dass aus Religionsgemeinschaften Kulturvereine werden und die Zugehörigkeit zur jüdischen Gemeinschaft über ein emotionsgeprägtes Traditionsverständnis definiert wird.

Die Art der Hinwendung der jüdischen Kontingentflüchtlinge zu existentiellen Problemen stößt häufig auf das Unverständnis »alteingesessener« Gemeindemitglieder, deren – meist zu hohe – Erwartungen an die Zuwanderer in bezug auf ihr Engagement für das jüdische Gemeindeleben – zumindest im Anfangsstadium – nicht erfüllt werden können. Umgekehrt stehen diese häufig fassungslos vor der Erwartung der »Alteingesessenen«, sich mit einer Einheitsgemeinde und deren Konzepten zu identifizieren und sich dafür zu engagieren. Die Zentralwohlfahrtsstelle sieht sich zunehmend als Vermittler zwischen den Polen, versucht, diese Erwartungshaltungen auf beiden Seiten der Realität anzugleichen und steuert somit den Spaltungstendenzen innerhalb der jüdischen Gemeinschaft entgegen.

Die Erhebung der Qualifikationen der Zuwanderer durch Fragebögen der ZWST zeigte das ausgesprochen hohe Bildungsniveau und die musischen Interessen. Auf diesen Ergebnissen basierte u. a. die Spezialisierung und Innovation des Angebotes an Integrationsmaßnahmen: Die Integrationsseminare für diverse Berufsgruppen. Bisher gab es Seminare für Mediziner, Ingenieure, Musiker und Sänger, Journalisten und Schriftsteller sowie für Schauspieler, Regisseure und Dramaturgen. Vielen Teilnehmern gelang durch die entstandenen Kontakte zu Fachleuten erste Schritte zur Etablierung in ihrer Branche.

Die musischen Begabungen der Zuwanderer wurden durch weitere Projekte der ZWST gefördert. Die Organisation von Ausstellungen bildender Kunst ermöglichte Zuwanderern verschiedener Genre- und Stilrichtungen die Chance, eine Auswahl ihres Schaffens zu präsentieren und sich dem Publikum und der Kunstszene bekannt zu machen. Eine besonders gelungene Initiative zur beruflichen Integration der Zuwanderer aus der ehemaligen Sowjetunion war der Aufbau des Kammerorchesters »Hatikva«, das Anfang 1996 gegründet wurde. Das Orchester steht unter der Leitung des Dirigenten und langjährigen Rektors der Frankfurter Hochschule für Musik und Darstellende Kunst, Prof. Hans-Dieter Resch. »Hatikva« – der hebräische Begriff für Hoffnung – steht für die Hoffnung jedes einzelnen Mitglieds des Ensembles, sich in der deutschen Musikszene zu etablieren. Seit Mitte des Jahres 1996 hat das Orchester deutschlandweit Konzerte – u. a. zu offiziellen Anlässen wie der Leo-Baeck-Preis-Verleihung an Bundeskanzler Dr. Helmut Kohl und an Bundespräsident Prof. Dr. Roman Herzog – gegeben. Der ersten CD von »Hatikva« mit Werken von Ottorino Respighi, Edvard Grieg und Peter Tschaikowski wird in Kürze eine zweite folgen.

Seit einigen Jahren ist für die Zentralwohlfahrtsstelle der Einbezug der Zuwanderer in die soziale Arbeit von essentieller Bedeutung. Daher bildet der Verband Betreuer aus dem Kreis der Zuwanderer für die Jugend- und Sozialarbeit aus. Ihr Wirken schafft eine intensivere Verbindung zu »ihren Landsleuten«. Auf Grund des gleichen kulturellen Hintergrundes und derselben Muttersprache wird ein schnellerer Fluß des Integrationsprozesses erreicht.

Das neueste Projekt der ZWST ist die Einrichtung einer überregionalen Beratungsstelle, die für das Land Brandenburg zuständig ist. Sie nahm im Frühjahr 1998 ihre Arbeit auf und ist seither Anlaufstelle für jüdische Zuwanderer in jenem Bundesland. Gleichzeitig ist sie Ansprech- und Vermittlungspartner für die dortigen Behörden bei die Migration betreffenden Fragen. Die Arbeitsschwerpunkte sind die Weitergabe juristischer Informationen in Sprechstunden innerhalb der Beratungsstelle, die Beratung und Betreuung der Zuwanderer in den Heimen im Lande Brandenburg, die Klärung von Einzelfragen mit den zuständigen Behörden im Bundesland sowie die Vermittlung jüdischer Religion und Tradition. Für die Zukunft ist geplant, verstärkt Sprechstunden vor Ort (in den Wohnheimen) zu einzelnen Themenkomplexen anzubieten und dazu Verantwortliche der Stadt einzuladen, die konkrete Informationen zu den Bedingungen in der Region vermitteln können.

Die wachsenden Anforderungen an den Ausbau der Leistungen der ZWST sowie die restriktive Zweckgebundenheit der staatlichen Fördermittel und deren Reduktion haben dazu geführt, daß die ZWST parallel andere Formen der finanziellen und materiellen sowie der ideellen Unterstützung sucht. Erste Wege in Richtung einer Finanzierung durch den Ausbau der Spendenakquisition und der Projektförderung durch Stiftungen sowie durch private Mittel wurden bereits beschritten.

Im November 1997 startete die ZWST das durch die Europäische Kommission finanziell gestützte Projekt »Integration durch Kultur – Förderung des künstlerischen Potentials jüdischer Kontingentflüchtlinge«. Über das Projekt werden vier spezielle Berufsgruppen gefördert: Musiker, bildende Künstler, Schauspieler und Regisseure sowie Journalisten und Schriftsteller.

Besonders interessant erscheint in diesem Zusammenhang, dass es gelungen ist, unter Heranziehung von Journalisten und Schriftstellern aus dem Zuwandererkreis ein Medium zu publizieren, das sich mit der Thematik »Jüdische Kontingentflüchtlinge in Europa und deren Integration« befasst. Die Zeitung mit dem Namen »Alef-Bet« erscheint in sechs-wöchigem Rhythmus und bietet neben den Informationen in russischer Sprache, die sich in erster Linie an die in den Wohnheimen untergebrachten Neuzuwanderer richten, auch Artikel in deutscher Sprache, die für eine an Fragen der Integration interessierte, deutschsprachige Leserschaft veröffentlicht werden. Die Zentralwohlfahrtsstelle möchte mit der Herausgabe dieses Printmediums einerseits für einen besseren Informationsfluss unter den Kontingentflüchtlingen sorgen, andererseits ist beabsichtigt, Vorurteile gegenüber diesem Zuwandererkreis abzubauen und Konfliktpotentiale, die häufig in mangelnder oder fälschlicher Information begründet liegen, zu entschärfen. Eines der Ziele dieses multidimensional ansetzenden EU-Projektes ist aufzuzeigen, daß die Kontingentflüchtlinge nicht nur Zuwendungsempfänger sind, sondern einen wertvollen Beitrag – in diesem Fall durch ihre künstlerische Kreativität – leisten können.

Das innovative Moment des Projektes liegt in der Nutzung der Kunst als Mittel zur Integration. Die ZWST möchte den Teilnehmern der genannten Berufsgruppen ermöglichen, sich in ihrem erlernten Beruf zu etablieren und sich – gestärkt durch entsprechende Informationsgrundlagen und Zukunftsperspektiven – aus der Isolation zu begeben. Das durch das Projekt gewonnene Selbstbewußtsein soll die Teilnehmer befähigen, Kontakte auch außerhalb der »Schicksalsgemeinschaft« zu suchen. Dadurch würde ein weiterer Grundstein für ein harmonisches Miteinander gelegt.

Seit Mai 1998 betreibt die Zentralwohlfahrtsstelle mit der finanziellen Unterstützung der Bosch Stiftung den Auf- und Ausbau des Ehrenamtes in den neuen Bundesländern.

Die vielschichtigen und gestiegenen Aufgaben können durch hauptamtliche Kräfte allein nicht mehr bewältigt werden. Währenddessen sind die meisten der fast ausschließlich hochqualifizierten Zuwanderer arbeitslos. Die ZWST möchte deren Potentiale im Rahmen des durch die Bosch Stiftung geförderten Projektes weiterentwickeln und den Gemeinden in den neuen Bundesländern zuführen.

Durch systematische Rekrutierung und Qualifizierung geeigneter Kräfte strebt die ZWST an, das Selbsthilfepotential in den Gemeinden auszubauen. Dies soll – je nach Eignung der Ehrenamtlichen – durch deren Einsatz in der Einzelfallbetreuung und/oder durch deren Engagement im Rahmen von Clubaktivitäten und Selbsthilfegruppen erreicht werden. Das Angebot fachlicher Informationsabende sowie kultureller Veranstaltungen innerhalb dieser Clubs sollen dazu verhelfen, soziale Kontakte zu erweitern. Derzeit wirbt die ZWST um die Akzeptanz dieser Aktivitäten innerhalb der Gemeinden, die letztendlich – sofern sie sich auf dieses neue Projekt einlassen und entsprechende Aufbauarbeit leisten – entlastet werden und somit erheblich von dem ehrenamtlichen Engagement profitieren können.

Durch die Förderung der Deutsche Bank Stiftung Alfred Herrhausen »Hilfe zur Selbsthilfe« konnte die Einrichtung der sogenannten »Mediothek Atid« in Bad Sobernheim finanziert werden. In der Mediothek werden 14 PC-Arbeitsplätze eingerichtet, die auch über einen Zugang zum Internet verfügen werden. Zielgruppe sind junge jüdische Zuwanderer der Altersgruppe 15 bis 25 Jahre, die dort die Möglichkeit haben werden, sich auf ihr Berufsleben in Deutschland vorzubereiten.

»Atid« ist das hebräische Wort für Zukunft, und so deutet bereits der Projektname das Ziel dieser Investition an. Die Mediothek wird ein- bis mehrwöchige Lehrgänge in verschiedenen Bereichen anbieten. Unterrichtsschwerpunkte werden auf der Vermittlung der deutschen Sprache sowie der Grundkenntnisse zur Bundesrepublik Deutschland, zur Eingliederung in den Arbeitsmarkt sowie zu jüdischer Geschichte, Religion und Tradition liegen. Dabei werden moderne multimediale Lehrmittel aus dem Bestand der Mediothek zum Einsatz kommen. Das Programm wird voraussichtlich Anfang 1999 anlaufen.

Weitere Innovationen der sozialen Arbeit der ZWST ergeben sich durch die Zusammenarbeit mit anderen sozialen jüdischen und nichtjüdischen Institutionen. Bereits seit 1956 ist die ZWST Mitglied der Bundesarbeitsgemeinschaft der Freien Wohlfahrtspflege (BAGFW) und arbeitet in Ausschüssen und Arbeitsgemeinschaften auf Bundesebene mit den anderen durch die BAGFW vertretenen Verbänden zusammen. Erarbeitet werden hier auch gemeinsame Thesenpapiere zu verschiedenen aktuellen sozialen Themen. Die ZWST adaptiert die Ergebnisse der Untersuchungen und praktischen Erfahrungen der o.g. Verbände für die eigenen Zielgruppen.

Darüber hinaus werden die Beziehungen zu jüdischen sozialen Organisationen im In- und Ausland beständig weiter ausgebaut. Die israelischen Organisationen verfügen häufig über ausgereifte und in der Praxis erfolgreich erprobte Integrationskonzepte, die von der ZWST auf den Integrationsbedarf und die Bedingungen in Deutschland übertragen werden.

Weitere gemeinsame pädagogische und soziale Projekte sind geplant.

Zweifelsohne ändert sich durch die Einwanderung das Bild der jüdischen Gemeinden. Aus der letzten Mitgliederstatistik der einzelnen jüdischen Gemeinden und Landesverbände per 1. Januar 1998 geht hervor, daß die Gesamtmitgliederzahl auf 67 471 angestiegen ist (zum Vergleich: per 1. Januar 1991 waren 29 089 Personen Mitglieder der Gemeinden). Unter diesen Gemeindemitgliedern befinden sich 45 260 Zuwanderer aus der ehemaligen Sowjetunion, die sich seit 1990 den jüdischen Gemeinden angeschlossen haben.

Der Ausbau des Angebotes jüdischer Institutionen wird nur unter Mitwirkung jedes einzelnen Früchte tragen. Eines der Integrationskonzepte der ZWST besteht darin, die Zuwanderer über gemeinsame Ferienaufenthalte bzw. Erholungsmaßnahmen mit »Alteingesessenen« in die jüdische Gemeinschaft einzugliedern. Das Konzept hat sich in der Praxis gut bewährt und führt insbesondere bei Kindern, Jugendlichen und jungen Erwachsenen zur raschen Eingliederung in die jüdische Gemeinschaft und zu einem schnelleren Erlernen der deutschen Sprache.

Eine effektive Kommunikation – insbesondere zwischen Zuwanderern und Alteingesessenen – ist die Basis für den Erfolg aller Integrationsbestrebungen. Die Zentralwohlfahrtsstelle hofft, durch soziale Beratung und Förderung von Integrationsprogrammen in enger Zusammenarbeit mit den Gemeinden Vorurteilen entgegenzuwirken. Lag bis zur Einwanderung das Augenmerk der ZWST hauptsächlich auf den Spätfolgen der Schoah bei der ersten und zweiten Generation, so ist die ZWST jetzt zusätzlich zunehmend mit den psychosozialen Folgen von Emigration und Arbeitslosigkeit konfrontiert.

Für das Gros der Zuwanderer ist die Migration zunächst mit sozialem Abstieg verbunden. Die ungewohnte Eigenverantwortlichkeit, der Verlust von Heimat und sozialen Kontakten, die fremde Sprache, Kultur und Bürokratie führen – nach kurzer Euphorie – bei einem Teil der Zuwanderer zu Lethargie oder Hyperaktivität, somatischen Erkrankungen und Identitätskrisen, die von diesen schwer zu bewältigen sind.

Das Gelingen der Integrationsbestrebungen ist ein zentrales Anliegen, das die ZWST in einer guten Zusammenarbeit mit dem Zentralrat der Juden in Deutschland und den jüdischen Gemeinden und Landesverbänden zu verwirklichen sucht.

MITGLIEDERSTATISTIK DER EINZELNEN GEMEINDEN UND LANDESVERBÄNDE

Mitgliedergesamtzahl (per 1. Januar 19..) im Vergleich mit der Zuwanderung aus den GUS

JAHR per 1. Januar 19...	Gesamt- Mitglieder	davon Zugang GUS-Staaten
1990	27.711	1.008
1991	29.089	5.198
1992	33.692	6.206
1993	36.804	9.983
1994	40.917	15.188
1995	45.559	20.709
1996	53.797	29.560
1997	61.114	38.168
1998	67.471	45.260

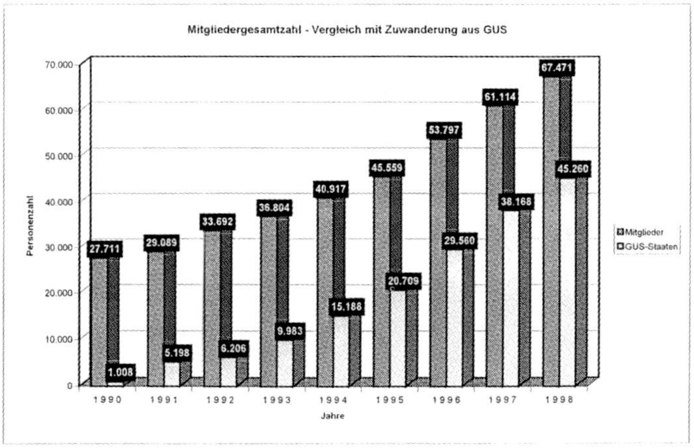

ZENTRALWOHLFAHRTSSTELLE DER JUDEN IN DEUTSCHLAND e.V.

GESAMTMITGLIEDERZAHLEN - ÜBERSICHT

JAHR per 1. Jan. 19..	Gesamtzahl MITGLIEDER
1990	27.711
1991	29.089
1992	33.692
1993	36.804
1994	40.917
1995	45.559
1996	53.797
1997	61.114
1998	67.471

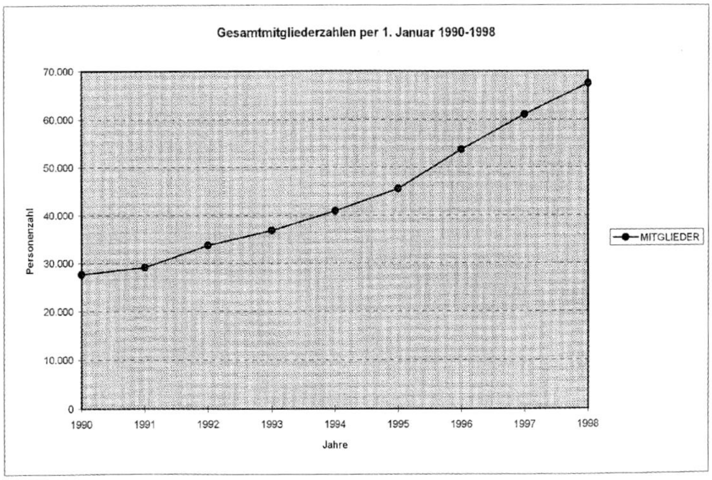

Dalia Moneta

Displaced People

Alltag auf einer jüdischen Sozialstation

Als ich ihn zum ersten mal sah, war ich achtzehn oder zwanzig Jahre alt. Er muß Anfang vierzig gewesen sein. Er war ein auffallend schöner Mann, leise, sanft und ein wenig zu gut angezogen. Ich wollte in seinem Pelzladen eine Pelzmütze kaufen. Es war ein kalter Winter. Er konnte es nicht fassen, dass ich eine sibirische Lammfellmütze mit Schirm und Ohrenklappen einer Kappe aus feinem Fuchspelz vorzog.

Es muss ihm dreißig Jahre später unendlich schwer gefallen sein, zu mir in die Sozialabteilung zu kommen und um Hilfe zu bitten. Als er mich anrief und um einen Termin bat, wollte er weder seinen Namen sagen noch den Grund seines Besuchs. Ich spürte, dass er sich schämte, und deshalb bot ich ihm an, sich mit mir im Café zu treffen. Nein, sagte er. Es ist so, wie es ist, und ich muss das jetzt machen.

An einem Donnerstag kam er pünktlich zur vereinbarten Zeit in mein Büro. Ein immer noch schöner, ungefähr siebzigjähriger Mann, der olivfarbene Teint vom Alter und den Sorgen verblasst, das Haar schlohweiß und dicht. Er war immer noch sehr gut angezogen. Er hielt sich aufrecht. Es war ihm anzusehen, daß es ihm nicht gut ging. Er stellte sich vor. Herr Langermann.[1])

Erst als er mir sagte, dass er ein Pelzgeschäft besessen hatte, fiel mir wieder ein, woher ich ihn kannte. » Sie haben mir vor sehr langer Zeit eine Pelzmütze verkauft. Sie hatten das Pelzgeschäft in der M-Straße im Bahnhofsviertel.« Herr Langermann wunderte sich darüber, dass ich mich noch daran erinnern konnte. Ich erklärte ihm, dass mir seine Freundlichkeit im Gedächtnis geblieben war und seine Fassungslosigkeit darüber, dass ich eine sibirische Lammfellmütze gekauft hatte, und nicht die bildschöne Fuchspelzkappe. Er lächelte mich sanft an, betrachtete mich sehr aufmerksam, genau wie damals, vor dreißig Jahren, und sagte: »Das ist sicher. Die aus Fuchspelz würde heute noch besser zu Ihnen passen.«

Mit Pelzen kannte er sich aus. Sein Vater war Kürschner gewesen, in Polen. Seine Brüder, alle älter als er, haben schon mit Pelzen gearbeitet, ehe sie deportiert wurden. Die ganze Familie. Erst ins Getto, dann nach Auschwitz. Es war eine große Familie gewesen, vier Brüder und zwei Schwestern. Er war damals sehr jung, aber groß und kräftig für sein Alter. Er hat überlebt, weiß heute noch nicht wie und warum. Außer ihm hat noch ein Bruder überlebt. Der ist in Israel gestorben, schon in den fünfziger Jahren. Die Eltern wurden ermordet und die anderen Geschwister, mit ihren eigenen Familien, Frauen, Männer und Kinder.

Nach dem Krieg hat er seine erste Frau kennengelernt, in Zeilsheim bei Frankfurt, in einem Übergangslager. Auch sie hatte Auschwitz überlebt. Wie, hat sie ihm niemals erzählt. Sie waren noch jung, als sie heirateten. Sie gingen nach Israel, in ein junges, aufstrebendes Land, in die Heimstatt für Juden. Sie waren so voller Hoffnung auf einen Neuanfang! Sie ha-

---

[1]) Die hier geschilderten Biographien sind authentisch, aus unterschiedlichen Einzelschicksalen zusammengesetzt und somit unkenntlich gemacht. Die Namen sind frei erfunden. Ähnlichkeiten oder Übereinstimmungen von Namen sind zufällig.

ben mit aller Kraft versucht, sich eine Existenz zu schaffen, aber sie konnten sich nicht einleben. Die Frau wurde krank, litt an Depressionen. Er selbst fand sich beruflich nicht zurecht.

Sie gingen zurück nach Frankfurt. Er eröffnete ein Pelzgeschäft, stellte Kürschner und Näher ein, ging auf in seiner Arbeit. Finanziell ging es bergauf. Die Frau erholte sich etwas, doch ganz gesund wurde sie nicht. Als die Tochter geboren wurde, entwickelte die Frau starke Ängste. Die Depressionen wurden schlimmer. Wer fragte damals, woher das kam. Herr Langermann stellte eine Haushälterin ein und eine Kinderfrau. Er stand von früh bis spät im Geschäft. Machte sich Sorgen um die Frau. Machte sich Sorgen um das Kind. Das Kind war schwierig. Es schaffte die Grundschule und – mit großer Mühe und viel Hilfe – die ersten Gymnasialklassen. Herr Langermann ahnte, dass das Kind in eine andere Umgebung musste, dass es zusammen sein musste mit anderen Kindern, lachen, toben, natürlich auch lernen. Und natürlich Tennis, Ballett und Klavier, und, wenn es denn unbedingt sein muss, dann, Gott behüte, auch reiten. Das Kind kam in ein Internat nach England. Nur das teuerste und beste.

Seitdem die Tochter im Internat war, ging es der Frau täglich schlechter. Sie spürte, dass sie eine Bürde war, für ihr Kind und für ihren Mann. Sie drängte auf Scheidung, drängte ihn dazu, ein neues Leben anzufangen, mit einer anderen Frau, einer jungen und gesunden. Sie war von dieser Idee nicht abzubringen gewesen, »so sehr liebte sie mich«, sagte er. Ihm kamen die Tränen. Es war ihm unendlich peinlich. Er verließ für einige Minuten das Zimmer.

Er hat dann in die Scheidung eingewilligt. »Ich war ja schließlich auch kein Engel«, sagte er, »ich hatte Freundinnen. Aber ich wollte meine Frau nie verlassen.« Er heiratete wieder. Eine viel jüngere Frau, hübsch, blond, Israelin. Auch seine Tochter heiratete, in den USA. Aus seiner zweiten Ehe wurden zwei Söhne geboren. Seine erste Frau war nach Israel gezogen, er hatte ihr dort eine Wohnung gekauft. Sie hielten Kontakt, telefonierten häufig miteinander, er besuchte sie oft, zahlte großzügigen Unterhalt. Als der große Einbruch in der Pelzbranche kam, florierte sein Geschäft weiter. Er hatte auch Lederbekleidung mit hereingenommen, und die ging gut. Mit seiner zweiten Frau und seinen Söhnen lebte er in einer großen Wohnung, er konnte sich und ihnen jeden Wunsch erfüllen, und das tat er auch.

Kurz vor seinem siebzigsten Geburtstag starb seine erste Frau. Herr Langermann wurde krank. Herzprobleme. Schlaflosigkeit. Angstzustände. Sein langjähriger Partner aus seiner Stadt in Polen, der mit ihm überlebt hatte, ihn seit seiner Kindheit kannte, starb wenige Zeit nach seiner Frau. Herr Langermann schleppte sich nur noch mühsam ins Geschäft. Auf Drängen von Freunden nahm er sich einen Geschäftsführer. Vielleicht war der unerfahren, vielleicht war es auch schon zu spät. Das Geschäft ging immer schlechter. Seine zweite Frau verließ ihn. Nach einer schweren Herzattacke kam er ins Krankenhaus, für lange Zeit, zu lange. Als er herauskam, hatte er nichts mehr als eine viel zu teure Mietwohnung, viel zu teure Möbel, einen Haufen Schulden und seine Alpträume. Vom Lager, von den Eltern, den Geschwistern, den Kindern seiner Brüder, Nacht für Nacht. Seine Söhne waren ihm geblieben, die waren, dem Himmel sein Dank, schon fast erwachsen, gute Jungs, liebevoll und sehr besorgt, aber überfordert. Auch sie, die früher alles hatten, denen die Wünsche von den Augen abgelesen wurden, waren verarmt. Herr Langermann wollte so sehr, dass sie hier ein Zuhause haben. Er selbst hat sich in Deutschland, trotz seiner mühsam erworbenen deutschen Staatsangehörigkeit, niemals heimisch gefühlt. Aber ganz alleine war er nicht. Er hatte sich, mit jüdischen Freunden, die, wie er, Überlebende aus den Lagern waren, eine Art Refugium geschaffen, in dem er nicht viel erklären mußte.

Seine Freunde halfen, die Tochter in den USA half. So konnte es aber nicht weitergehen, die Wohnung kostete 3000 DM, Monat für Monat. Herr Langermann hatte nicht einmal eine

»Wiedergutmachungs«-Rente. Er hatte in jungen Jahren erlebt, wie andere, die alt, krank und gebrochen aus den Vernichtungslagern, aus den Verstecken gerettet worden waren, noch mit Fragen geplagt worden sind. Wie sie das Unfassbare in Worte fassen mussten, um ein paar Mark zu bekommen. Und wie ihnen nicht geglaubt wurde, wie sie sich von alten Nazi-Ärzten begutachten lassen mußten, die sie in ihren Gutachten beleidigten, ihre Gesundheitsschäden bagatellisierten, sie als »Simulanten« einstuften. Wie Anträge abgelehnt wurden mit Worten aus der Sprache der Mörder. Nein, das war nichts für ihn. »Ich war jung und gesund. Ich war stark. Nie mehr wollte ich diese Leute sehen, nie mehr an die schlimme Zeit zurückdenken. Von denen wollte ich kein Geld.« Das kannte ich aus meiner Arbeit. Die Opfer, die mit diesem »schmutzigen Geld«, wie sie es nannten, nichts zu tun haben wollten. Wer dachte damals schon daran, wie es später sein würde, wenn die eigenen Kräfte nicht mehr ausreichen, wenn die alten Bilder wiederkommen, wenn sie nicht mehr durch Arbeit zugeschüttet werden können und das Leben beherrschen? Und die Opfer, die mir heute nach Jahren ihre Gutachten und Urteile aus ihren Wiedergutmachungsverfahren zeigen, von Ärzten und Richtern, sicher aus sehr guten, deutschen Familien, die die Opfer ein zweites Mal verhöhnten und vernichteten.

Herr Langermann hat sich um die Angelegenheiten seiner ersten Frau gekümmert, hatte einen Anwalt besorgt; der hat die Wiedergutmachung für sie beantragt. Sie hatte einen Gesundheitsschaden. Die Antragstellung und das Verfahren waren grausam und mühselig gewesen, eine Tortur für beide. Aber er hatte Angst um ihre Zukunft. »Sie hat, dem Herrn sei Dank, eine Rente bekommen. Wäre mir etwas passiert, sie wäre versorgt gewesen.«

Jetzt war ihm etwas passiert. Das Geschäft war bankrott. Vergeblich hatte er nach einer billigeren Wohnung gesucht, aber irgendein kaltes Rattenloch, wie er sagte, wollte er auch nicht nehmen, schon der Söhne wegen. »Wie werden die dastehen vor ihren Freunden? Wie werde ich vor ihnen dastehen?« Er hat seine Möbel verkauft und Wertsachen, um die Miete bezahlen zu können. Zum Sozialamt? Eher sterben. Er nahm eine Stelle an, bei einem Freund. Er wollte kein Gnadenbrot, rieb sich bei der Arbeit auf, bis ihm klar war, dass er das gesundheitlich nicht durchstehen würde. Als seine Freunde ihn endlich davon überzeugen konnten, sich in der Sozialabteilung seiner jüdischen Gemeinde beraten zu lassen, war alles schon geschehen. Das letzte gute Stück war verkauft, die Wohnung hatte er kündigen müssen, er hatte eine neue angemietet. Dort wollte er mit seinem jüngsten Sohn leben. Der Große lebte seit einiger Zeit bei seiner Freundin und versuchte, sich alleine durchzuschlagen. Jetzt war kein Geld mehr da, nicht für die Miete, noch ein paar Mark fürs Essen, vielleicht für eine oder zwei Wochen. Herr Langermann wollte keine Freunde mehr beanspruchen, von seiner Tochter, der es in USA auch nicht gerade blendend ging und vor der er sich schämte, wollte er auch nichts annehmen.

Ich habe seiner Geschichte zugehört, Fragen gestellt und ein ungefähres Bild seines Lebens und seiner Situation bekommen. Als ich seinen Mietvertrag in Händen hielt, wusste ich, dass wir jetzt zum praktischen Teil kämen:

Ich würde ihn davon überzeugen müssen, Sozialhilfe anzunehmen. Müsste ihm erklären, wie dieses Sozialsystem funktioniert. In diesem Land, das ihm fremd geblieben ist, dessen Ämter und Behörden er gemieden hat, soweit es ihm möglich war. Er war immer unabhängig gewesen, hatte niemanden gebraucht. Wie sollte ich ihm erklären, dass es eine Richtlinie in Frankfurt gibt, die bestimmt, wie groß eine Wohnung sein darf für zwei Personen, wie viele Zimmer sie haben darf, wie viel sie kosten darf, und dass seine Wohnung nach diesen Bestimmungen zu groß und zu teuer ist? Obwohl es keine Luxuswohnung ist, obwohl sie sich durchaus nach allgemeinen, vernünftigen mittelständischen Maßstäben im Rahmen hält.

Obwohl sie weit weniger als die Hälfte seiner bisherigen Wohnung kostet. Obwohl er vom Wohnungsamt innerhalb eines Jahres kein Angebot bekommen hat. Doch. Eines. Eine winzige Wohnung in einem der dreckigsten, heruntergekommensten Stadtteile Frankfurts, in einem Haus, in dem der Müll in den Fluren lag und stank, im dritten Stock ohne Aufzug. Er ist siebzig Jahre alt und hat Rückenprobleme. Das hat er der Sachbearbeiterin gesagt, die ihn daraufhin anblaffte: »Das hätten Sie ja mal vorher angeben können. Da müssen Sie aber ein Attest vom Gesundheitsamt bringen.« Noch ein Amt nach diesem hier? Herr Langermann besorgte sich eine Wohnung auf dem freien Markt, stolz darauf, unabhängig geblieben zu sein, nach diesem Ausflug in die Abhängigkeit von Ämtern. Das letzte Geld hatte er für die Kaution ausgegeben, für den Umzug und die ersten Monatsmieten. Er besaß buchstäblich nichts mehr außer einem alten Mercedes, für den er keinen Pfennig mehr bekommen würde.

Dass er jetzt zum Sozialamt gehen müsse, ja, das wusste er. »Und gibt es denn wirklich keine andere Möglichkeit?« Ich sah die Angst in seinen Augen. »Kann denn die Gemeinde nicht helfen?« Die Gemeinde kann. Mit kleinen Beträgen, wenn mal ein Engpass ist. Wie alle anderen Sozialverbände, die kirchlichen und säkularen. Aber sie kann nicht für den Lebensunterhalt aufkommen. Auch wenn viele Juden das glauben. Eben weil über Jahrhunderte hinweg die jüdischen Gemeinden für ihre Armen, für ihre Witwen und Waisen sorgten. Viele jüdische Gemeinden taten dies auch, als es schon eine öffentliche Wohlfahrtspflege gab, aus Tradition, aber auch aus Angst und aus Scham, die Armut und Bedürftigkeit nach außen zu zeigen, die nichtjüdische Außenwelt in Anspruch zu nehmen. Und wenn ich einen Herrn Langermann vor mir habe, mit Angst in den Augen, berechtigter Angst vor Ämterwillkür und Behördenkälte, dann wünsche ich mir die orthodoxen Gemeinden zurück, für die die Sozialgesetze der Thora galten und die Kommentare des Maimonides und nicht das Bundessozialhilfegesetz. Aber es ist hier wie dort dasselbe: Das Buch ist gut, der Mensch ist es nicht, und die deutsche Sozialgesetzgebung ist ein redlicher Versuch, soziale Gerechtigkeit herzustellen. Und meine Aufgabe ist es, meinen jüdischen Klienten und den städtischen Behörden gleichermaßen beizubringen, daß wir Bürger sind, wir Juden, die ganz normale Bürgerrechte genießen, nicht mehr und nicht weniger, unter Berücksichtigung des Einzelfalles natürlich, wie es laut Gesetzestext vorgesehen ist.

Und nicht aus der Haut zu fahren, wenn ich höre: »Ja, kann denn die Jüdische Gemeinde da nicht helfen? Sie haben doch Geld!« (Welches meinen Sie? Das arisierte? Oder diese Milliarden und Abermilliarden an Wiedergutmachung, mit denen die Juden angeblich das deutsch Volk aussaugen?), und höchstens zu fragen, ob sie bei Klienten der Caritas oder der Evangelischen Sozialdienste die gleiche Frage stellen.

Dieser ganze Film läuft vor meinen Augen ab, während ich den Mietvertrag des Herrn Langermann ansehe. Und vergleiche. Mit dem Frankfurter Mietspiegel. Zu groß, zu teuer! Ich werde es ihm sagen müssen. Dass diese Richtlinien, angesichts dessen, was er in seinem Leben durchgemacht hat, lächerlich sind, aber dass sie existieren und dass es Kraft und Nerven kosten wird, jemanden dazu zu bringen, sie angesichts der Geschichte meines Herrn Langermann wenigstens ausnahmsweise nicht so wichtig zu nehmen. Ich schaue nach, in meinem roten Verzeichnis, wer dieser Jemand sein wird. Stadtteil, Straße, Anfangsbuchstaben des Nachnamens sind dafür maßgebend. Es muß alles seine Ordnung haben. Dabei wüsste ich jetzt auf Anhieb mindestens zehn Sachbearbeiter, denen ich nicht viel erklären müsste, die verstehen würden ohne viele Worte, denen schon das Geburtsdatum und der Geburtsort des Herrn Langermann reichen würden, um sich seine Geschichte auszumalen und das Leid, das er hat durchmachen müssen.

Unser Sachbearbeiter ist ein Herr C. bei der Sozialstation A. Herr Langermann schaut mir beim Grübeln und Blättern zu. Ich komme jetzt nicht mehr drum herum. Ich muss mit ihm reden. Ich sage ihm, wie sehr ich ihn dafür bewundere, dass er sich so lange und so tapfer durchgeschlagen hat. Und dass er zu Recht stolz darauf sein kann, sich diese Wohnung besorgt zu haben. Und dass ich wünschte, er wäre früher zu uns in die Sozialabteilung gekommen. Und dass es Richtlinien gibt beim Sozialamt über Größe und Preis von Wohnungen. Und dass seine Wohnung nach diesen Richtlinien zu groß und zu teuer sei. Und dass es deswegen Ärger geben werde bei der Antragstellung der Hilfe zum Lebensunterhalt.

Das waren die anstrengendsten Sätze seit Wochen, die ich einem Klienten gesagt habe. Weil ich wusste, dass sie ihm Angst machen würden. Und weil Herr Langermann zuviel Angst hat haben müssen in seinem Leben. Aber was sollte ich ihm sagen? »Wir schaffen das schon«? Ich war mir da nicht so sicher.

Er war fassungslos. Warum war die Wohnung zu groß und zu teuer? Er hatte eine Wohnung aufgeben müssen, die dreimal so groß und beinahe dreimal so teuer gewesen war. Er hatte auf dem freien Wohnungsmarkt das genommen, was am billigsten war. Er starrte mich wütend und enttäuscht an. Es sind doch nicht meine Richtlinien, Herr Langermann. Sie sind von Bürokraten erfunden worden, um die Stadtkasse zu entlasten, und manchmal sind sie sinnvoll und oft völlig am menschlichen Einzelschicksal vorbeikonzipiert. »Und was, wenn das Sozialamt mir nur die Miete bezahlt und ich will sonst nichts von ihnen?« Das geht nicht, Herr Langermann. So funktioniert Bürokratie nicht. Ganz oder gar nicht, so ist das. Ich rechne ihm vor, aus welchen Bausteinen sich die Hilfe zum Lebensunterhalt nach dem BSHG zusammensetzt. Er versteht schnell.

Er und sein Sohn werden mit wenig Geld auskommen müssen. Er hatte mit weniger gerechnet. Und doch, wenn er an seinen 15-jährigen Maurice denkt, an seinen Augapfel, geliebt, behütet, verwöhnt, wird Herrn Langermann weh ums Herz. Er hat versucht, ihn und seinen Bruder von allem abzuschirmen, vor seinem eigenen Leid und vor dem Niedergang seines Geschäfts. Er hat versucht, ihnen die Mutter zu ersetzen, und jetzt wird er sich vor ihnen schämen müssen. Ich sehe das und möchte in den Boden versinken.

Ich bin ungeschützt vor seinem Leid, seiner Angst, seiner Scham. Das ist jüdische Sozialarbeit, immer wieder ist man ungeschützt. Da ist kein Klient mehr, der vor mir steht, Da ist mein Vater, mein Onkel, meine Mutter, meine Tante. In diesem Moment: keine Distanz. Es sind meine Großeltern, meine Tanten, Onkel, Cousins, Cousinen, die in Auschwitz vergast wurden, mit ihren Kindern, ihren Babys. Das ist die Stärke und die Schwäche zugleich. Ich weiß es, ich spüre es, werde davon aufgesaugt. Aber mein Klient fühlt, dass ich verstehe, und fühlt sich geborgen, auch wenn ich vielleicht nicht immer helfen kann.

Wir vereinbaren mit Herrn C. einen Termin in der Sozialstation A. Ich versuche, Herrn C. auf die Situation vorzubereiten, erzähle ein wenig von der Geschichte meines Klienten. Herr C. wirkt abweisend am Telefon, aber das geht mir auch oft so; er hat wohl zuviel zu tun, ich habe Verständnis. Herr Langermann weiß jetzt, dass ihm viele unangenehme Fragen gestellt werden und dass er die meisten davon beantworten muss. Er weiß, dass er vor jemandem stehen wird, der im besten Falle Respekt vor seinem Schicksal haben wird und dem das im Normalfall schnurzegal sein wird. Und er weiß, dass ich ihn begleiten werde.

Einige Tage nach unserem Gespräch erwartet mich Herr Langermann vor der Sozialstation A. Er sieht aus wie ein direkter Nachkomme mehrerer Generationen jüdischer Könige. Ich freue mich und bin stolz darauf, dass er Haltung bewahrt und sich nicht gehen läßt. Aber ich weiß auch, dass von ihm in dieser Situation möglicherweise ein gewisses Maß an Demut erwartet wird. Herr Langermann ist sichtbar erleichtert, mich zu sehen. Wir klopfen an und betreten das Dienstzimmer des Herrn C.

Bevor diese Geschichte weitererzählt wird, muss hier ein Exkurs gemacht werden zugunsten der Sachbearbeiter, die mit der wirtschaftlichen Sozialhilfe (so heißt das) zu tun haben, und die erfahren, verständnisvoll, differenziert und einfach gut sind. Angesichts ihrer zum Teil schlimmen Arbeitsbedingungen, ohne Entlastung durch Fachsupervision und angesichts dessen, daß sie, wegen immer knapper gehaltener Mittel, diese zu verteidigen haben wie ihr eigenes Portemonnaie, sind das viele. Erstaunlich viele.

Herr C. gehört nicht dazu.

Nach einem Bruchteil einer Sekunde im Dienstzimmer des Herrn C. wünsche ich mir, dass ich nicht spüre, was ich spüre. Dass ich nur von einem heftigen Vorurteil befallen bin. Dass sich nun die Angst des Herrn Langermann auf mich übertragen hat. Und am meisten wünsche ich, dass Herr Langermann nicht dasselbe spürt. Dass ich dies vergeblich wünsche, ist nach dem zweiten Bruchteil der ersten Sekunde sichtbar. Herr Langermann steht, fahl und mit völlig abwesendem Gesicht, vor dem Schreibtisch des Herrn C. »Guten Tag«, sagt Herr C. »Setzen Sie sich bitte.« »Danke«. Herr Langermann sieht schlecht aus. Ich frage ihn, ob wir ein andermal wiederkommen sollen. Nein, wir müssen da durch. So schlimm wird es nicht werden.

Es wurde so schlimm.

Ich habe in der nichtjüdischen Welt eine Menge blöder Fragen und Reaktionen erlebt, wenn ich sage, wie ich heiße, wer ich bin und wo ich arbeite. Beruflich und auch in meinem Privatleben. Damit angefangen, dass kaum jemand das Wort »Jude« aussprechen kann. Als sei es etwas Obszönes. So wird es denn auch umschrieben. Mit »jüdische Mitbürger« oder »Menschen Ihrer Religion« oder sogar – kein Witz – »Menschen Ihres Stammes«. Das geht munter weiter, es ist müßig, es aufzuzählen, jeder kann ein Lied davon singen, der in Deutschland ein Mensch meines Stammes ist. Aber mir persönlich ist niemals so ein Blödsinn in dieser Häufung begegnet wie an diesem Tag bei Herrn C. im Dienstzimmer. Mehr als ein paar Kostproben glaubt mir ohnehin kein Mensch, also mache ich es so kurz, wie ich kann, ohne der Angelegenheit ihre Würze zu nehmen. Beginnen wir. »Ach, die Jüdische Gemeinde hat eine Sozialabteilung? Sowas brauchen Sie? Ja, wen betreuen Sie denn da?« (unsere Spekulanten und Zinswucherer, natürlich) »Gehen Sie denn regelmäßig in die Jüdische Kirche?« (ja, jeden Sonntag) »Was ist denn Ihre Muttersprache?« (Mittelhochdeutsch. Sie Idiot).

Diese Fragen, Herr C., haben mit unserer Angelegenheit nichts zu tun, ich denke, wir sollten anfangen. Meine Hände sind eiskalt. Mein Klient hat mittlerweile eine »Totstell-Haltung« eingenommen. Aber er will immer noch dableiben. Wenn wir weiter so ruhig bleiben, werde ich uns nach diesem Gespräch für den Friedensnobelpreis vorschlagen.

Es beginnt die peinliche Befragung. Der Mietvertrag wird kritisch begutachtet und dem vorausgeahnten Vergleich unterzogen. Die Abmeldung des Gewerbes wird kommentiert: »Ach, ein Pelzgeschäft hatten Sie? Na ja.« (Ja, Herr Wolfhardt C., wir schächten die armen Kreaturen nicht nur, wir häuten sie auch.) Fragen nach Renten, Kontoauszügen, Versicherungen, Einkommen der Kinder, formal geht alles korrekt zu. Ich halte mich mit Erklärungen zurück. Was sollte ich Herrn C. auch erklären? Wo Herr Langermann seine Kindheit und Jugend verbracht hat, in einem Alter, in dem wir zur Tanzstunde gingen? Er würde doch nichts verstehen, und Herr Langermann wäre noch schutzloser ausgeliefert. Wir sind jetzt fertig mit den Formalien. Da sagt Herr C: »Maurice? Das ist aber kein deutscher Name, Maurice!« (nein, Herr C., es handelt sich hier wahrscheinlich um einen Moische, zu deutsch Moritz, alttestamentarisch Moses) »und wenn der dann zum israelischen Militär muss, der

Maurice, dann ist das doch eine viel zu teure, viel zu große Wohnung für nur eine Person.« Herr C., Sie haben zwei deutsche Reisepässe vor sich liegen, einer lautet auf David Langermann, der andere auf Maurice Langermann. Wie kommen Sie darauf, dass hier irgendwer zum israelischen Militär muss? Wir wollen den Antrag auf Sozialhilfe jetzt durchlesen und unterschreiben. »Aber ich muss doch diese Fragen stellen. Ich habe doch auch nur meine (sagen Sie es nicht, Herr C., bitte nicht) ich habe doch nur meine Vorschriften!« Er hat es gesagt. Ich sehe aufmerksam zu, wie Herr Langermann sich aus seiner Erstarrung löst. »Und«, sagt Herr C., »die Miete ist ja ohnehin viel zu hoch. Ich werde das meinem Abteilungsleiter übergeben. Ich sehe da keine Chance. Der Antrag wird bestimmt abgelehnt.« Herr C., das ist doch nicht Ihr Ernst. So hoch ist die Miete ja wirklich nicht, dass sie das mit so einer Bestimmtheit sagen können. Sie dürfen diesem Mann und seinem Sohn nicht die Sozialhilfe verweigern, weil sie versucht haben, sich selbst zu helfen. Sie müssen doch schließlich die persönliche Geschichte des Herrn Langermann berücksichtigen, es handelt sich doch hier um einen besonderen Fall. . .

Herr Langermann unterbricht mich: »Ich unterschreibe den Antrag sowieso nicht.« »Ja, und wovon wollen Sie dann leben?« Herrn C. quillt die Häme aus dem Gesicht. Herr Langermann steht auf. Sehr langsam und sehr ruhig. Er sieht Herrn C. ins Gesicht. Und sagt: »Wovon ich dann leben soll? Ich werde leben. IHR Auschwitz habe ich schließlich auch überlebt.«

Wunderbar, Herr Langermann. Bravo. Niemals hat jemand so gerne auf den Friedensnobelpreis verzichtet. Nix wie weg hier. Ich schnappe mir den Antragsbogen, reiße ihn Herrn C. förmlich aus den Händen, dabei sehe ich, wie er völlig verdattert und außer sich vor Wut versucht, noch etwas zu erwidern. Das will ich nun wirklich nicht mehr hören. Ich ziehe Herrn Langermann, der immer noch ganz ruhig vor dem Schreibtisch des Herrn C. steht, sanft mit mir hinaus. »Kommen Sie, wir gehen ins Kaffeehaus.«

Wenige Zeit später sitzen wir vor dampfenden Tassen. »Ich werde mich bei seinem Vorgesetzten beschweren.« Ich bin wütend. Herr Langermann lacht leise: »Aber Saujud' hat er doch gar nicht gesagt.« Auf seiner Stirn stand's geschrieben, Herr Langermann, in Leuchtbuchstaben. »Das machen Sie mal seinem Chef klar. Nichts können Sie da sagen. Gar nichts. Und was soll dem denn schon passieren, dem Herrn C.? Dummheit kann man nicht bestrafen.« Sie haben ja so recht, Herr Langermann, aber das alles macht mich so fassungslos. Mein Klient versucht, mich zu trösten. »Was erwarten Sie denn von denen. Das war doch gar nicht so schlimm. Wissen Sie, die Deutschen haben schon Schlimmeres getan als der da.« Wie wahr. Das tröstet mich freilich gar nicht. Aber sie sollen zahlen. Sie sollen und sie müssen. Herr Langermann lacht. Er lacht mich sanft und freundlich aus, für meinen Optimismus, meinen Glauben an die deutsche Sozialgesetzgebung, meinen Glauben an Gerechtigkeit. Unser Cappuccino ist kalt geworden.

Ich gehe zurück in die Gemeinde. Mein Refugium. Die Sozialabteilung. Wo wir zusammenarbeiten, Juden und Nichtjuden, alle gemeinsam und so meilenweit entfernt von einem Herrn C. wie die Erde von der Milchstraße.

In der Sicherheitsschleuse begrüßen mich unsere beiden Sicherheitsmitarbeiter freundlich: »Na, wo kommst du denn her?« »Aus der Vorhölle.« Sie lachen. Sie sind vor nunmehr acht Jahren aus der Ukraine gekommen. Sie arbeiten schon lange in der Gemeinde. Sind sie besser integriert als Herr Langermann, fühlen sich hier zu Hause. Sie haben beide ihren Antrag auf die deutsche Staatsangehörigkeit gestellt, müssen laut deutschem Gesetz dafür ihre ukrainische Staatsangehörigkeit abgeben, und das ist fast unmöglich. Das Land Hessen, Vorreiter in vielem, macht vor, wie es noch schwieriger geht, und legt die »Kann-Bestimmungen« ordentlich hart aus. Es ist nicht nur schwer, Jude zu sein, es ist auch nicht leicht, Deutscher zu werden.

Vielleicht sind sie unbeschwerter, unsere beiden Mitarbeiter aus der Ukraine. Sie haben nicht so viel durchmachen müssen. Aber ihre Eltern haben im Krieg immerhin die Flucht vor den Truppen der Wehrmacht erlebt. Auch sie wurden entwurzelt. Sie sind zurückgekehrt in ihre Dörfer und Städte, frühere jüdische Schtetl, auf verbrannten Boden. Auch sie haben Vernichtung erlebt. Aber sie haben auch in der Roten Armee gekämpft, haben Auschwitz befreit und sind in Berlin einmarschiert, als Sieger über das, was sie euphemistisch »Faschismus« nennen, und das in Deutschland doch so unvergleichlich grauenhaft war. Die älteren unter den jüdischen Neuzuwanderern haben ein erstaunlich unbeschwertes Verhältnis zu den Deutschen. Als wären diese direkte Nachfahren von Goethe und Heine. Ein Kulturvolk. Man kann nicht glauben, daß von dort so viel Grauen kommen konnte. Das Schlimme, das waren die Faschisten. Diese Haltung ist rührend, und ich versuche, sie zu verstehen. Vielleicht kann man anders denken und fühlen, wenn man einst als Sieger und Befreier einmarschiert ist.

Dennoch ist die Entwurzelung spürbar bei den Kollegen aus der Sicherheitsschleuse, bei ihren Eltern und ihren Familien. Die verbrannte Erde ihrer Heimat hat sich niemals erholt. Der stalinistische Terror und die jahrzehntelange korrupte Schlampwirtschaft haben ein übriges getan. Der Antisemitismus war ohnehin allgegenwärtig. Nach dem Zusammenbruch des alten Regimes kam nicht die erhoffte Freiheit, verbunden mit Wohlstand, sondern die Freiheit des Stärkeren. Alte Menschen, Juden wie Nichtjuden, verelenden. Alleinerziehende, körperlich und seelisch Behinderte, alle, die auch hier zu den sozial schwachen oder gefährdeten gehören, werden in den Gebieten der ehemaligen UdSSR von Tag zu Tag brutaler an den Rand der Gesellschaft gedrängt. Es gibt dort kein soziales Netz, das sie auffängt.

In Deutschland nimmt die Ausländerfeindlichkeit täglich zu. Die Debatte über die Entschädigungen von Opfern durch ihre früheren Sklavenhalter und die Nutznießer ihrer Ermordung und Vertreibung ist hierzulande teilweise in einem solch perfiden Ton gehalten, dass man, wäre man Mäuschen unter den Stammtischen, sofort wieder seine Koffer packen würde. Über die öffentlichen Verlautbarungen deutscher Politiker über das Mahnmal für die jüdischen Opfer der Vernichtung ist es besser zu schweigen. Kein Mensch kann das Tag für Tag bei Gesundheit verfolgen. Und doch ist Deutschland im Jahre 1998 des gregorianischen Kalenders, trotz Arbeitslosigkeit und Einschnitten im sozialen Netz, immer noch ein attraktives, wirtschaftlich und politisch stabiles Land. Auch reißt die Zuwanderung nicht ab.

Nachdem sie in ihrem Heimatland ein langwieriges und kompliziertes Verfahren durchlaufen mussten, um die Zuwanderung nach Deutschland zu erreichen, ist, sofern sie sich in Frankfurt am Main niederlassen dürfen (denn dies ist nach Quoten geregelt, ein vertrautes Wort für ehemalige Sowjetbürger), ihre erste Anlaufstelle in dieser Stadt eine spezielle Sozialstation für Flüchtlinge, die auch für Asylbewerber zuständig ist. Dort arbeiten erfahrene, kompetente Menschen auf allen Ebenen. Beschaffung von Übergangswohnraum, Antragstellung, Beratung laufen vergleichsweise reibungslos. Im Sozialdienst dieser städtischen Einrichtung arbeiten zwei Mitarbeiter, die bei der Jüdischen Gemeinde angestellt sind. Sie kennen die Probleme der Zuwanderer seit Jahren, sie verstehen sie, ihre Arbeit ist geprägt von Kompetenz und Solidarität. Sie sind die ersten Ansprechpartner der Zuwanderer, sie sehen sie in der Behörde, besuchen sie aber auch in den Wohnheimen. Sie sind der Brückenschlag zu den städtischen Mitarbeitern der wirtschaftlichen Sozialhilfe, denen, die über das Geld zu wachen haben. Und sie sind der Brückenschlag zu uns, zur Sozialabteilung der Jüdischen Gemeinde.

Da bin ich nun wieder angekommen. In unserer Sozialabteilung. Zufällig sind die Flure leer, der erste Ansturm der Klienten ist vorbei, meine Kolleginnen haben Zeit für mich. Frau E. sitzt vor ihrem PC, in den sie die Namen und Daten der Neuzuwanderer dieses Monats eingegeben hat. Es waren 39, über 3000 insgesamt seit Ende 1989. Die Jüdische Gemeinde zu Frankfurt hat dennoch konstant ca. 7000 Mitglieder, 5000 waren es vor der Zuwanderung. Die Gemeinde ist überaltert. Ganze Jahrgänge, die der Kinder, die zu jung zum Arbeiten waren und deshalb gleich ermordet wurden – und derjenigen, die niemals geboren wurden, also die Jahrgänge 1933 bis 1945, ihre Kinder und Enkel, sind quasi nicht existent. Viele Kinder derjenigen, die nach dem Krieg aus den DP-Lagern hiergeblieben sind oder aus der Emigration zurückkamen, sind ins Ausland abgewandert. Sie wollten im Lande der Mörder ihre Kinder nicht großziehen. Die Zuwanderung vergrößert die Jüdische Gemeinde Frankfurt am Main nicht wesentlich. Sie verhindert ihr Verschwinden durch Aussterben, das Verschwinden einer einst blühenden Gemeinschaft von 30 000 Juden vor dem Holocaust.

Es sind vergleichsweise wenige jüdische Zuwanderer nach Deutschland gekommen. Wenige, verglichen mit der Anzahl der Spätaussiedler, und sehr wenige, bedenkt man den Presserummel, der allenthalben in der Sauregurkenzeit veranstaltet wird, als ob es die Gefahr einer jüdischen Masseninvasion aus dem Osten gebe.

Frau E. verwaltet die Daten und Akten dieser »Invasion« und die unserer anderen Klienten, hat jede Menge Korrespondenz zu erledigen, und: Sie ist die einzige, die die Regeln der deutschen Interpunktion beherrscht. Sie ist das Aushängeschild unserer Abteilung. Sie ist diejenige, die unsere Termine koordiniert und Ordnung im Büro, in unseren Kalendern und in unseren Köpfen hält. Sie weiß in Sekunden, wie viele Ingenieure es unter den Zuwanderern gibt (sehr viele), wie viele Musiker (erstaunlich viele) und wie viele Ärzte (zu viele) und auch wie viele Arbeiter (fast keine). Sie ist die erste, die gesehen wird und die sich alles anhören muss, bis sie es, wie häufig, selbst erledigt, oder an mich weiterleitet oder an Frau S.

Frau S., die seit einigen Jahren in der Sozialabteilung arbeitet, hat vorwiegend mit den Zuwanderern zu tun. Sie ist 1991 mit ihrer Familie aus Moskau nach Frankfurt gekommen. Als sie kam, gab es noch keinen geregelten Zuzug von Juden aus der damals noch existierenden UdSSR. Sie betraten Neuland, und wir hatten nur das Wort des damaligen Ministerpräsidenten von Hessen, Walter Wallmann, der die Zuwanderung von 100 Juden gestattete. Nach Frankfurt kamen dann etwa 400, und das war dem Herrn Ministerpräsidenten dann auch recht. Es war schwierig, nervenaufreibend, keiner wusste Bescheid, aber man übte sich darin, so unbürokratisch wie möglich zu sein. Und das ging.

Frau S. und ihre Familie lebten wie alle »ungeregelten« Zuwanderer der ersten Jahre in einem winzigen Hotelzimmer im Bahnhofsviertel. Die Familie sah Dinge, die sie nie vorher gesehen hatte und die jetzt, in Moskau wie in Frankfurt, an der Tagesordnung sind. Drogen, Prostitution, tägliche Gewalt, Armut, Bettelei. Frau S. war in Moskau eine junge, engagierte Strafverteidigerin gewesen. Sie gehörte, wie die meisten der jüdischen Zuwanderer, einer gebildeten, privilegierten Mittelschicht an. Juden fielen wie alle anderen nationalen Minderheiten – in der UdSSR wurden die Juden als Nationalität definiert – unter Quoten, die sie, wie auch der Antisemitismus, in ihrem beruflichen Fortkommen behinderten. In der sowjetischen Gesellschaft bildeten sie dennoch eine solide, gutsituierte Mittelschicht, die das System erheblich mit getragen hat, auch wenn Juden letztlich der Zugang zu den ganz großen Karrieren in Politik, Wirtschaft und Wissenschaft verwehrt wurde.

Nun berät, betreut, besucht Frau S. andere Zuwanderer, die noch lernen müssen, sich hier zurechtzufinden. Insbesondere ist sie täglich mit dem Leid derer konfrontiert, die als Opfer von kriegsbedingter Flucht, von Gettos und Konzentrationslagern Anspruch auf Entschädigungsleistungen haben. Sie hört, liest, übersetzt ihre Schicksale, wie sie als Kinder auf der Flucht vor der Wehrmacht, in überfüllten Zügen, die von den Deutschen bombardiert wurden, auf dem Weg in den Osten ihre Eltern oder Geschwister aus den Augen verloren, wie sie fliehen mussten in tagelangen Fußmärschen, wie ihre Väter in den Krieg gingen, wie sie in Kinderheimen unterkamen, wenn sie verlorengegangen oder verwaist waren, nicht wissend, ob sie jemals ihre Familien wiedersehen werden. Oder wie sie in Gettos gesperrt wurden, Deportationen, Erschießungen, Hungertod mit ansehen mußten. Nach einem Tag solcher Anträge, einem Tag dieser Erlebnisse, ist es dann auch genug. Für Frau S, die sie sich anhört, sie aufschreibt, nachfragt, übersetzt, und für Frau E., die sie auf deutsch in den PC eingibt.

Der geregelte Zuzug von Juden aus der ehemaligen UdSSR geht nun ins siebente Jahr. Rechnet man die ersten Jahre der ungeregelten Zuwanderung hinzu, ins zehnte. Wie kam es eigentlich dazu? Man vergisst so schnell. Erinnert sich jemand an die Pamjat-Bewegung? Jene russisch-nationalen Faschisten, die die Juden aus dem Land werfen, sie schlagen, sie ausmerzen wollten? Sie hatten 1990 zur Jagd geblasen. Von der damaligen Regierung Gorbatschow kamen keine klaren, eindeutigen und energischen Worte oder Taten, die dies unterbanden. Und rechtes Pack, ob Arbeiter, Bauer oder Intellektueller, sah sich im Recht und riß den Arm hoch und das Maul auf. Gleichzeitig fielen die Staaten der damals noch existierenden UdSSR übereinander her. Niemand wusste, wo das enden sollte, aber Juden wissen seit jeher eines: Wenn etwas nicht gut für sie ist, dann sind es Menschen, die entdecken, daß sie eine Nation sind, und andere Menschen entdecken, die nicht dazugehören. Deutschland, zuerst Westberlin, dann 1989 die mittlerweile mauerlose DDR, dann Hessen, Nordrhein-Westfalen und Niedersachsen, dann das ganze, inzwischen wiedervereinigte deutsche Land, zeigte sich offen und ließ die Juden aus dem Osten herein. Als der Zuzug dann in Gesetzen geregelt wurde, ließ man nur noch die aus der ehemaligen UdSSR herein.

Die tieferen Gründe hierfür kommen aus einer Geschichte, die ich schon anderswo aufgeschrieben habe und die ihren Ursprung in einer wahren Schande hat. Es war nämlich so, dass Juden, die im Osten Europas lebten, hinter dem Eisernen Vorhang, und die aus dem deutschen Kulturkreis stammten – und das waren wahrlich nicht wenige –, nicht als Deutsche anerkannt wurden wie andere Spätaussiedler deutschen Ursprungs. Und warum? Weil ihnen aus vielen Gründen ihr für diese Anerkennung notwendiges »Volkstumbekenntnis« nicht gelungen ist. Zum Beispiel, weil sie nicht die Zugehörigkeit zu deutsch-nationalen Organisationen nachweisen konnten. Oder die Mitgliedschaft in der NSDAP. Oder die Zugehörigkeit zur SS. Über diesen Skandal gibt es ein Gutachten von 26 Seiten, das Prof. Dr. Axel Azzola vom Institut für Rechtswissenschaften in Darmstadt, im Auftrag von Stadtrat Daniel Cohn-Bendit, damals zuständig für Multikulturelle Angelegenheiten in der Stadt Frankfurt am Main, im Jahre 1990 erstellte.

Da es aber für die Judenheit immer noch mit großer Scham behaftet war, wollte einer oder tausend oder zehntausend von ihnen sich in Deutschland niederlassen, wurde von diesem Skandal kein großes Aufhebens gemacht. Man suchte im stillen nach einer Lösung, und als der Osten in seinen ursprünglichen Staatsgefaßtheiten zusammenbrach und die letzten Juden, die dort lebten, sich aufmachten, diese Länder zu verlassen, fand man die Lösung im geregelten Zuzug nach dem Kontingentflüchtlingsgesetz.

Seit Beginn der Zuwanderung im Jahre 1989 haben sich bis Ende 1997 45 260 jüdische Zuwanderer aus der ehemaligen UdSSR im inzwischen wieder groß gewordenen Deutschland niedergelassen und die jüdischen Gemeinden vergrößert. Es wird wohl noch einige Jahre der Zuwanderung brauchen, sollten in Deutschland wieder sechshunderttausend Juden leben wie vor 1933.

Die Situation der Zuwanderer in Deutschland hat sich im Laufe der Jahre verändert. Während anfangs ihr größtes Problem die Versorgung mit Wohnraum war, ist dies jetzt durch den Abzug des militärischen Personals der Befreier dieses Landes weitgehend gelöst. Tausende Wohnungen wurden frei, die Wartezeit auf Wohnraum hat sich erheblich verringert. Arbeitslosigkeit ist nun das drängende Problem, das alle trifft, aber besonders die Menschen ohne deutsche Staatsangehörigkeit. Und die Kürzungen im Bereich der Anpassungsmaßnahmen der Arbeitsverwaltung. So sind die Deutschkurse in Länge und Qualität verringert worden, was die Chancen auf Vermittlung in einen qualifizierten Beruf nicht eben verbessert. Diese Maßnahmen gelten für alle, auch für die deutschen Spätaussiedler. Doch da hört die Gleichbehandlung auch schon auf. Dass bei der Staatsangehörigkeit keine Gleichheit besteht, ist bekannt. In einem anderen wichtigen Punkt ist es genauso: Im Unterschied zu der gewaltigen Zahl der deutschen Spätaussiedler, denen die Arbeitsjahre, die sie nicht in Deutschland geleistet haben, voll als Rentenjahre anerkannt werden, ist dies bei den jüdischen Kontingentflüchtlingen nicht der Fall. So wird in unserem Falle ein alter Mensch, der sein Leben lang als Ingenieur, Ärztin, Lehrer, Konzertmusikerin gearbeitet hat, keine Rente bekommen, sondern von Sozialhilfe leben müssen, während sein deutscher Nachbar, der die gleiche Muttersprache spricht, nämlich Russisch, möglicherweise aus der gleichen Stadt gekommen ist und genauso lange dieselbe Arbeit gemacht hat, eine Rente bezieht, als hätte er seine gesamten Arbeitsjahre in Deutschland verbracht. Und da es sich bei den Juden mangels deutschen Volkstumbekenntnisses eben nicht um Deutsche handelt, ob sie aus dem deutschen Kulturkreis stammen oder nicht, bekommen sie ihre Rente nach deutschem Recht eben nicht.

Gehen wir wieder dorthin, wo unsere Geschichte begonnen hat: in die Sozialabteilung. Denn über diese Abteilung gibt es noch einiges zu berichten. Morgens versammeln sich alle Mitarbeiterinnen zur Besprechung. Klienten rufen an. Wir rufen Klienten an. Erlebtes aus der Arbeit vom Vortag wird berichtet. Man braucht Entlastung, wenn man in einer anstrengenden Situation alleine war. Darüber sprechen, sich die Situation nochmals anschauen, hören, was andere vorschlagen, ist die beste Hilfe, die beste Verarbeitung.

Zum Team der Sozialabteilung gehören zwei Krankenschwestern und zwei Altenpflegerinnen. Sie halten durch Hausbesuche und Anrufe regelmäßigen und verbindlichen Kontakt zu einsamen und kranken Menschen, alten und jüngeren, unabhängig von deren Einkommen. Krankheit und Einsamkeit kennen kein Alter und sind meistens durch Geld nicht zu verhindern. Und in unserer Gemeinde gibt es viel Elend, vor allem unsichtbares.

Unsere Mitarbeiterin Frau L., die Krankenschwester ist, macht sich auf, Herrn Bremer zu besuchen. Sie wurde vor einiger Zeit zu ihm gerufen, einem alten, über 90-jährigen Herrn. Den Nachbarn war aufgefallen, dass er nicht mehr zurechtkam. Er lebte seit Jahren alleine. Er war verwirrt. Er lehnte jede Pflege und Betreuung ab, wozu sollte er das denn brauchen? Es ging ihm doch wunderbar! Er war fest davon überzeugt, dass er keine Hilfe benötigt, bis Frau L. ihn besuchte. Die hätte er am liebsten den ganzen Tag um sich gehabt. Sie kam in der ersten Zeit tatsächlich wochentags täglich, kaufte ein, brachte ihm Essen, achtete darauf, dass er aß und dass er seine Medikamente pünktlich nahm. Das tat ihm gut, und dass die Betreuung von der Jüdischen Gemeinde kam, tat ihm noch besser. Nach einiger Zeit akzeptierte er auch, daß ein Pflegedienst öfter nach ihm sah, seine Orientierung verbesserte sich und auch sein gesundheitlicher Zustand. Nun muß Frau L. ihn nicht mehr täglich besuchen, sie hat wieder mehr Zeit für ihre anderen Patienten.

Frau J., Altenpflegerin, hat heute früh sehr lange mit Frau Gold telefoniert. Frau Gold wird für lange Zeit in einem psychiatrischen Landeskrankenhaus bleiben müssen. Sie ist etwa vierzig Jahre alt, hat eine schwere Psychose, halluziniert und hört Stimmen, die sie bedrohen. Sie ist schon seit langer Zeit sehr krank. Ihr Vater, mit dem sie eine sehr schwierige Beziehung verband, ist vor zwei Wochen im Altenheim verstorben, ein alter verwirrter Mann. Frau Gold hätte sich so gerne noch mit ihm versöhnt. Frau J. hält regelmäßigen Kontakt zu Frau Gold, zu ihren Ärzten, Pflegern und zum Sozialarbeiter der Klinik. Frau Gold tut es gut zu wissen, daß sie nicht alleine ist, und für die Ärzte ist es gut zu wissen, dass sich jemand für das Schicksal ihrer Patientin interessiert.

Frau G. ist Krankenschwester. Wie ihre Kollegin Frau L. spricht sie russisch. Seit einiger Zeit hat sie eine neue Klientel. Immer mehr alte, alleinstehende und einsame Zuwanderer aus der ehemaligen UdSSR brauchen Hilfe. Sie ist diejenige, die sie regelmäßig besucht und zu ihnen Kontakt hält. Ihr Sorgenkind ist eine zierliche alte Dame, die die charmante, wenn auch lästige Angewohnheit hat, ihre Umgebung mit ständig neuen Ideen in Atem zu halten. Überall ruft sie mehrmals täglich an und stellt beim Sozialamt ständig neue Anträge. Frau G. besucht die alte Dame regelmäßig in ihrer Wohnung, ist von ihrem Charme bestrickt, und das tut der alten Dame gut. Das Sorgenkind ist zur Zeit ruhiger, die Anrufe sind seltener geworden, wir halten den Atem an.

Frau Ganz ist verstorben. Frau R., die sie als Altenpflegerin unserer Abteilung seit Jahren regelmäßig besucht hat, ist traurig. Frau Ganz hatte keine Familie mehr, war achtundachtzig Jahre alt und schwerkrank. Ihr Tod war sicher eine Erlösung, aber es tut weh, jemanden zu verlieren, den man so lange betreut hat. Frau Ganz war Ungarin. Klein, sehr zierlich, ganz österreichisch-ungarische Donaumonarchie, ganz Dame, residierte sie in einer riesigen Wohnung im Frankfurter Westend, mit überdimensional großen Zimmern und sehr, sehr hohen Decken. Saß in einem Ohrensessel, in dem sie beinahe verschwand. Sie war hochgebildet und hatte einen Tross blutjunger, engagierter deutscher Helfer und Helferinnen aus dem nahegelegenen evangelischen Gemeindezentrum, die ihr alle möglichen Bücher brachten, Neuerscheinungen, die sie gierig verschlang. Der blutjunge Tross lauschte gebannt ihren Geschichten, die sie mit leiser Stimme und charmantem Akzent erzählte. Wie sie in Budapest lebte, aus bildungsbürgerlichem Hause kommend. Wie sie früh verwaist war. Wie sie ihren Mann, den wunderbarsten, den schönsten und besten Mann kennengelernt hatte. Einen Arzt. Wie ihr Mann, als die Deutschen 1944 doch noch in Ungarn einmarschiert sind, am Balaton war, um seine kranke Mutter zu besuchen, und wie sie selbst noch in Budapest auf ihn wartete. Wie die Deutschen als letzte noch mit unglaublicher Geschwindigkeit die ungarischen Juden nach Auschwitz deportiert haben, nur eben aus Budapest nicht, das noch rechtzeitig von der Roten Armee gerettet wurde. Wie sie gehofft hatte, ihren Mann und ihre Schwiegermutter lebend wiederzusehen, auch, als sie selbst im Getto in Budapest schon halb verhungert war und wusste, was die Deutschen mit den ungarischen Juden machten. Frau Ganz hat ihren Mann und ihre Schwiegermutter niemals wiedergesehen. Sie weiß, was mit ihnen geschehen ist. Dass sie wie die anderen ungarischen Juden noch ganz zuletzt nach Auschwitz kamen, dass sie vergast wurden zu Zehntausenden am Tag, so viele, dass die Krematorien mit dem Verbrennen nicht nachkamen. Dass der Regen aus Asche an diesen Tagen in Auschwitz nicht aufhörte. Dass die, die nicht mehr verbrannt werden konnten, verscharrt wurden in Massengräbern. Das erzählte sie ihren jungen Verehrern und Verehrerinnen nicht. Sie sagte ihnen nur mit müder Stimme, wo sie das nachlesen könnten. Und doch war Frau Ganz eine lebensfrohe Frau geblieben. Sie erzählte, wie sehr sie ihren Mann geliebt hatte, »nicht nur seelisch!«, und dabei errötete sie wie ein junges Mädchen. Und sie fragte eine ihrer jungen

Verehrerinnen, die gerade frisch und heftig verliebt war: »Und, mein Kind, wie sind sie denn so, die christlichen jungen Männer?« Und als das Mädchen glaubte, nicht recht verstanden zu haben, etwas ungeduldig: »Sie wissen doch, was ich meine, oder?« Inwieweit Frau Ganz' Neugier befriedigt werden konnte, wurde nicht überliefert. Aber über das ganz besondere Verhältnis der von ihr hochverehrten Hanna Arendt zu Martin Heidegger war sie bestens im Bilde. Sie hatte buchstäblich alles darüber gelesen. Und fand es sehr aufregend. Wir werden Frau Ganz vermissen.

Und was ist aus Herrn Langermann geworden? Ich habe den Vorgesetzten angerufen, sobald dieser aus dem Urlaub zurück war. Habe ihm die Geschichte des Herrn Langermann erzählt und von dem vergeblichen Versuch, ihm bei Herrn C. in der Sozialstation zu seinem Recht zu verhelfen. Der Vorgesetzte verstand ohne viele Worte. Er bat uns zu sich. Wir hatten ein langes und gutes Gespräch. Die Angelegenheit wurde so geregelt, wie es im Ermessensspielraum der gesetzlichen Vorgabe möglich ist. Herr Langermann hatte es nicht mehr für möglich gehalten.

Wir werden oft gefragt, wie wir das alles aushalten, dieses ganze Leid. Mir ist diese Frage unangenehm. Was soll man darauf antworten? Dass wir unsere Arbeit lieben? Bestimmt nicht jeden Tag. Wir sind keine Kriegerinnen und keine Heldinnen. Wir machen unsere Arbeit, für die wir von der Jüdischen Gemeinde bezahlt werden und die darin besteht, so professionell wie möglich zu versuchen, Ungerechtigkeiten auszugleichen. So wie ein Arzt möglichst professionell versucht zu heilen. Wir können es nicht immer. Dass das nicht ohne Herzblut geht, versteht sich von selbst. Manchmal fühlt man sich ziemlich schwach. Dann nützt einem auch ein Sieg über einen Herrn C. nichts mehr. Nur noch der Sieg über alle Herrn C. in diesem Land. Und wie das gehen soll, wird wohl eine ganz andere Geschichte sein, und ich wünsche mir, dass das jemand mir mal erzählt.

Rachel Heuberger

Jüdische Jugend in Deutschland

Zwischen Isolation und Integration

Nach der Schoah schien es undenkbar, dass in Deutschland wieder Juden leben würden. Für viele Jahre galt uneingeschränkt die Aussage, die Robert Weltsch im Jahre 1946 getroffen hatte: »Wir können nicht annehmen, daß es Juden gibt, die sich nach Deutschland hingezogen fühlen. Hier riecht es nach Leichen, nach Gaskammern und nach Folterzellen. Aber tatsächlich leben heute noch ein paar tausend in Deutschland. Das Nachkriegschaos hat sogar einen Teil Deutschlands zu einem Zentrum für Juden gemacht. Das ist ein Übergangszustand, wie wir verstehen. Dieser Rest jüdischer Siedlungen soll so schnell wie möglich liquidiert werden . . . Deutschland ist kein Boden für Juden . . .«[1])

Gleichzeitig haben sich seit dem Ende des Zweiten Weltkrieges und der Kapitulation Deutschlands Juden von Anfang an in diesem Land niedergelassen. Lange Zeit teilten sie die negative Einschätzung von Weltsch und lebten daher in dem Selbstbetrug, ihre Existenz sei lediglich eine temporäre. Die Eltern erklärten den Kindern, man würde Deutschland bald verlassen, nach Israel oder in die USA ausreisen, und eigentlich nur »auf gepackten Koffern sitzen«. Über Jahre wurden die Juden in Deutschland vom Staat Israel, den internationalen jüdischen Organisationen und den Juden in aller Welt wegen ihres Lebens in Deutschland verachtet. Noch 1996 drückte der israelische Staatspräsident Ezer Weizman aus, was lange Zeit die vorherrschende Meinung war, als er anläßlich seines Staatsbesuches in Deutschland verkündete, »Ich verstehe nicht, wie 40 000 Juden in Deutschland leben können.«

Dies waren die Voraussetzungen, unter denen die jüdischen Jugendlichen hier aufwachsen mußten. Permanent wurden sie damit konfrontiert, daß ihre eigene Existenz nicht zu rechtfertigen sei und eigentlich schnellstens beendet werden sollte. Sie mussten im Land und mit dem Volk leben, das ihre Eltern grausamst verfolgt hatte, und waren nicht nur von eigenen Ressentiments behaftet, sondern oftmals auch äußeren Anfeindungen ausgesetzt. So lebten die jüdischen Jugendlichen in Deutschland in einem ständigen Spannungsfeld zwischen realer Existenz im »Land der Mörder« und moralischer Negierung dieser Tatsache, in einer Situation, die alles andere als »normal« war, und als ein »neurotischer Kompromiß« definiert wurde.[2]) Als 1970 der Zentralrat proklamierte: »Eine Gemeinschaft hat nur eine Zukunft, wenn sie mit einer Jugend rechnen kann, die den Willen zur Existenz als Glied dieser Gemeinschaft hat«[3]), war es durchaus noch fraglich, ob sich die in dieser Aussage ent-

---

[1]) Zitiert nach Harry Maor, Über den Wiederaufbau der jüdischen Gemeinden in Deutschland seit 1945, Mainz 1961, S. 34. Diese Dissertation sowie die von Walter W. Jakob Oppenheimer, Über die jüdische Jugend im heutigen Deutschland, München 1967, und Doris Kuschner, Die jüdische Minderheit in der Bundesrepublik, Köln 1977 »sind immer noch die ausführlichsten Arbeiten zu diesem Thema. Weitere wichtige Informationen in Monika Richarz,« Juden in der Bundesrepublik Deutschland und in der Deutschen Demokratischen Republik seit 1945", in: Jüdisches Leben in Deutschland seit 1945, hrsg. von Micha Brumlik. . ., Frankfurt/M. 1986; Erica Burgauer, Zwischen Erinnerung und Verdrängung – Juden in Deutschland nach 1945, Reinbeck bei Hamburg, 1933, und Michael Brenner, Nach dem Holocaust. Juden in Deutschland 1945 – 1950, München 1995.

[2]) Oppenheimer (Anm. 1), S. 16.

[3]) Kuschner, (Anm. 1), S. 164.

haltene Hoffnung bewahrheiten würde. Im selben Jahr wurde diese Jugend in einem Zeitungsartikel wie folgt beschrieben: »Sie wohnen nicht in einem begrenzten Viertel. Und es gibt keine sichtbaren Mauern um sie herum – aber doch leben die jungen Juden der Bundesrepublik in einem sozialpsychologischen Getto.«[4]) Erst in den letzten Jahren hat sich in dieser Hinsicht viel geändert und die imaginären Gettomauern scheinen zu wanken.

DIE DEMOGRAFISCHE ENTWICKLUNG

Die jüdischen Jugendlichen wuchsen in stark überalterten Gemeinden auf. Die Mehrzahl der Gemeindemitglieder waren ältere Leute über 50 Jahren. Während bei einem »normalen« Altersaufbau einer Gesellschaft die Zahlenstärke der Altersgruppe bis zum 20. Lebensjahr dominiert und die Zahl der Menschen über 60 Jahre hierzu wesentlich geringer ist, machten bis 1990 die Jugendlichen bis zu 20 Jahren nur ein Siebtel der jüdischen Bevölkerung aus.

Das Durchschnittsalter der Juden in Deutschland lag zwischen 45 und 50 Jahren. Stehen in der »normalen« Gesellschaft, in der die Geburten die Todesfälle kompensieren, in der Regel zwei Drittel Kinder, Jugendliche und junge Erwachsene bis 40 Jahre den über 40-jährigen gegenüber, so gehörten bei den Juden Deutschlands im Jahre 1959 nur 34 Prozent, 1970 nur knapp 36 Prozent und 1980 ca. 40 Prozent zu der jüngeren Generation unter 40 Jahren.[5]) Die Überalterung der jüdischen Gemeinden war über die Jahre ebenso konstant wie die Zahl der hier lebenden Juden, die seit Anfang der 60er Jahre stets zwischen 26 000 und 28 000 schwankte. Erst mit dem Zuzug der jüdischen Einwanderer aus den Staaten der ehemaligen Sowjetunion hat sich die Zahl der in Deutschland lebenden Juden nachhaltig verändert, seit 1990 hat sie sich mehr als verdoppelt. Ein wenig hat sich dadurch auch das Altersverhältnis zugunsten der Jugendlichen gewandelt, ihr Anteil (bis zu 21 Jahren) beträgt 21 Prozent. Doch der Anteil der jüngeren Generation unter 40 Jahren beträgt nur 42 Prozent, d. h. noch immer sind über die Hälfte der Juden älter als 40 Jahre.[6])

Im Laufe der Zeit sind auch immer wieder Juden eingewandert, die sich nicht in den Gemeinden registrieren ließen. Zum überwiegenden Teil waren es Israelis, die nichts mit der Diaspora-Gemeinde zu tun haben wollten sowie manche Einwanderer aus den Ostblockstaaten, die sich nicht als Juden zu erkennen geben wollten. Mittlerweile schätzt man ihre Zahl auf 30 000 bis 40 000. Über ihre Kinder, soweit sie außerhalb des organisierten Gemeindelebens stehen, gibt es keine genauen Angaben.

Die jüdische Bevölkerung lebt zu 70 Prozent in den sieben Großgemeinden Berlin (10 436 Juden), Frankfurt am Main (6289), München (5726), Düsseldorf (4227), Hamburg (3273), Köln (2763) und Stuttgart (1828).[7]) Hier wächst demzufolge auch die Mehrzahl der Jugendlichen auf. Im Vergleich zu der allgemeinen Bevölkerung sind die Juden in Deutschland jedoch auch in den Großgemeinden zahlenmäßig eine quantité negligablé, ebenso wie im Vergleich zur jüdischen Bevölkerung, die vor dem Nationalsozialismus hier lebte. Die jüdische Jugend in den Großgemeinden wächst jedoch nicht ganz so isoliert auf, wie es die Jugendlichen in den restlichen Kleingemeinden empfinden müssen, die auf nur ganz wenige Gleichaltrige treffen.

---

[4]) ebenda S. 166.
[5]) Burgauer (Anm. 1), S. 358.
[6]) laut Mitgliederstatistik der Zentralwohlfahrtsstelle der Juden in Deutschland per 1. 1. 1998.
[7]) Diese Städte gelten als Zentren jüdischen Lebens. Allerdings hat die Jüdische Gemeinde Dortmund laut Mitgliederstatistik der ZWST 1998 2.517 Mitglieder und ist somit größer wie Stuttgart

Da die Gemeinden überwiegend aus älteren Menschen bestanden, starben ständig siebenmal soviel Juden wie geboren wurden. Die jahrzehntelang fast konstante Zahl der jüdischen Bevölkerung der BRD von knapp 30 000 wurde primär durch Zu- und Abwanderung bestimmt. Die Bundesrepublik war nicht erst seit der Öffnung der Grenzen der ehemaligen Sowjetunion Einwanderungsland für Juden. In den fünfziger und sechziger Jahren kehrten ehemalige deutsche Juden vor allem aus Israel und Südamerika zurück, nach dem fehlgeschlagenen Ungarnaufstand kamen ungarische Juden, später Juden aus Polen und der Tschechoslowakei. Aus dem Iran kamen einige hundert Juden, die sich in Hamburg niederließen, und einige tausend Israelis emigrierten ebenfalls nach Deutschland. Demzufolge setzten sich die Gemeinden stets aus kulturell inhomogenen Gruppen zusammen, deren Jugendliche verschiedene Sozialisationen durchgemacht hatten. Allen gemeinsam war das Gefühl, eine verschwindend geringe Minorität darzustellen, doch war die kulturelle Prägung der Einwanderer je nach Biographie und Herkunftsland äußerst verschieden.[8])

SOZIALISATIONSPROZESSE

Die jüdischen Jugendlichen lassen sich in der Mehrzahl drei Gruppen zuordnen, aus denen die jüdischen Nachkriegsgemeinden primär hervorgegangen sind.

1. Die Kinder der deutschen Juden. Ihre Eltern gehörten zu den 15 000 deutschen Juden, die die Schoah in Deutschland überlebt hatten und die größtenteils nach dem Krieg nicht aus Deutschland emigriert waren. Die meisten waren mit Nichtjuden verheiratet und deshalb von der Deportation verschont geblieben oder erst relativ spät deportiert worden. Einige hatten im Untergrund überlebt, einige wenige waren aus Theresienstadt zurückgekehrt. Viele dieser Juden hatten schon vor dem Nationalsozialismus einen inneren und äußeren Loslösungsprozeß vom Judentum vollzogen, hatten sich taufen lassen oder nichtjüdische Partner geheiratet und besaßen kaum Kenntnisse von der eigenen jüdischen Religion und Tradition. Infolge der nationalsozialistischen Verfolgung, der auch sie nur knapp entgangen waren, waren jedoch ein Zusammengehörigkeitsgefühl entstanden und der Wille, in Zukunft den bisherigen zwangsweisen Zusammenschluss freiwillig fortzusetzten. »Die Jahre der Verfolgung hatten zu tiefe Eindrücke hinterlassen und vielen ihr Judesein schmerzlich zu Bewußtsein gebracht. Neben dem Gefühl der Dankbarkeit sprach eine beinahe stolze Befriedigung der bisher Unterdrückten gegenüber den Bedrückern mit, und man wollte unter sich bleiben.«[9])

Andererseits waren diese Juden in der deutschen Kultur und Gesellschaft tief verwurzelt gewesen und empfanden so, im Gegensatz zu den jüdischen Einwanderern, einen viel größeren Wunsch nach erneuter Identifizierung, wenn auch mit Vorbehalten, mit der deutschen Gesellschaft. Zu Hause wurde deutsch gesprochen, es gab gesellschaftliche Kontakte zu den Nichtjuden, zu denen ja auch teilweise die eigenen Familienangehörigen zählten. Ihre Kinder hörten Erzählungen über einzelne mutige Deutsche, die Juden gerettet oder geholfen hatten, und wuchsen nicht mit einer Ablehnung auf alles, was deutsch war, auf. Dies erleichterte den Jugendlichen ihre Kontakte zu den nichtjüdischen Klassenkameraden in Kindergarten und Schule und verringerte ihr Bedürfnis, sich unbedingt in die jüdische Gemeinschaft der Gleichaltrigen zu integrieren. Die deutschen Juden lebten in ganz Deutschland verstreut und daher naturgemäß auch häufig in mittleren und kleineren Gemeinden.

---

[8]) Richarz, (Anm. 1), S. 23.
[9]) Maor , (Anm. 1), S. 6.

Vor allem in Norddeutschland hatten sie in den Gemeinden das Sagen, da die überwiegende Mehrzahl der ostjüdischen DPs in Süddeutschland konzentriert war. Die jüdischen Jugendlichen in den Kleingemeinden trafen auf wenige jüdische Altersgenossen und wuchsen mit einem erheblich geringeren Angebot an organisierten jüdischen Aktivitäten auf. Wollten sie sich nicht isolieren, so mussten sie sich auch aufgrund fehlender Alternativen viel stärker an ihren nichtjüdischen Altersgenossen orientieren und in die deutsche Gesellschaft eingliedern als die Jugendlichen in den Großgemeinden.

2. Die Kinder der Ostjuden. Die Mehrzahl der nach dem Krieg in Deutschland aufgewachsenen Jugendlichen stammte aus ostjüdischen Familien, die zu dem »She'erit Hapletah«, dem Rest der Überlebenden, gehörten und sich als Flüchtlinge in Deutschland aufhielten. Die Eltern waren als Zwangsarbeiter aus den Fabriken und den Konzentrationslagern befreit worden, oder vor dem alt-neuen Antisemitismus in Polen und der UdSSR nach Kriegsende nach Deutschland geflohen. In den Jahren 1945–1950 diente Deutschland als Durchgangsstation für bis zu 200 000 überlebende Juden. Sie lebten in DP-Lagern vor allem in der amerikanischen Zone, wo sie auf ihre Ausreise in die Vereinigten Staaten oder Palästina warteten.

In diesen Jahren bildeten die DP-Lager die eigentlichen Zentren jüdischen Lebens in Deutschland. Sie verfügten über eigene Synagogen, Schulen und jiddischsprachige Zeitungen. Ende 1946 bestand für Kinder wie für Erwachsene ein komplettes Erziehungssystem, vom Kindergarten zur Volks- und Mittelschule, von ORT-Berufsfachschulen und Volkshochschulen bis hin zu Yeshivot, religiösen Hochschulen. Die Hauptaufgabe der Schulen, die von etwa 10 000 Kindern besucht wurden, war die Vorbereitung auf die Ausreise nach Palästina. Deshalb sollte die Schulsprache Hebräisch sein, was aber mangels Lehrer in der Regel in Jiddisch umgewandelt wurde. Nach der Gründung des Staates Israel und der Novellierung des amerikanischen Einwanderungsgesetzes verließen die DPs Deutschland, nur eine kleine Restgruppe von ca. 12 000 blieb zurück. Diese gliederten sich erst allmählich und unter großen Schwierigkeiten in die jüdischen Gemeinden ein und verließen die Lager oft nur auf Druck der deutschen Behörden, wie auch im Fall der Auflösung des letzten bestehenden DP-Lagers Föhrenwald im Jahre 1956. Dessen letzte Bewohner wurden in größeren Gruppen auf die jüdischen Gemeinden München, Frankfurt, Düsseldorf und Wiesbaden aufgeteilt, wo sie weiterhin in unmittelbarer Nachbarschaft zusammenwohnten. Überhaupt ist es charakteristisch für die ehemaligen DPs, dass sie es vorzogen, in dieselben Häuser oder in unmittelbare Nachbarschaft zueinander zu ziehen, sodass ihre Kinder weiterhin innerhalb einer jüdischen Hausgemeinschaft aufwuchsen. Mit den deutschen Juden, die nach dem Krieg die eigentlichen Gründer waren, begannen sie gemeinsam die neuen Gemeinden aufzubauen und das Gemeindeleben zu organisieren. In den Gemeinden der ehemaligen amerikanischen Zone, so in Frankfurt und München und insbesondere in Süddeutschland, bildeten die ehemaligen DPs die Mehrheit der Gemeindemitglieder. Das Zusammenleben innerhalb der Gemeinde und der Wiederaufbau eines jüdischen Lebens liefen nicht immer ohne Probleme ab, waren doch die Ostjuden von den deutschen Juden kulturell, religiös und mental völlig verschieden. Bei den Kindern der deutschen und der osteuropäischen Juden verlief das Zusammenleben trotz der vorhandenen Differenzen im wesentlichen ohne Reibungen. Dennoch hat diese frühe unterschiedliche Sozialisation bei manchen Konflikten innerhalb der Großgemeinden durchaus eine Rolle gespielt. Die Nachkommen der deutschen Juden waren sehr viel früher bereit, sich wieder in der Kontinuität des deutschen Judentums zu sehen und die Geschichte der Vorkriegsgemeinde als ihre eigene zu empfinden, wie etwa im Falle des Frankfurter Börneplatz-Konfliktes, bei dem es die Nachkommen der deutsch-jüdischen Familien waren, die sich am vehementesten für den Erhalt der Ruinen des alten Gettos einsetzten.

Dagegen wuchsen die Kinder der ostjüdischen Familien größtenteils jiddischsprachig auf und mit einer religiösen Tradition, wie sie den Eltern in ihren osteuropäischen Schtetln vertraut gewesen war. Sie wurden groß im täglichen Kontakt mit anderen ostjüdischen Kindern und hatten in den frühen Kindheitsjahren überhaupt keine Berührungspunkte mit nichtjüdischen Kindern. So lebten sie eigentlich in zwei Welten, der Innenwelt von Familie und Freunden, die jüdisch geprägt war und eine emotionale Bindung an die Gewohnheiten und Denkschemen des Ostjudentums herstellte, und der Außenwelt von Schule und Ausbildung, die deutsch und damit fremd und abzulehnen war. Die Loyalität gegenüber den ermordeten Familienangehörigen führte zu einer Ablehnung gegenüber den Deutschen und allem, was deutsch war, und zu einer Bindungslosigkeit gegenüber der deutschen Gesellschaft.

3. Die »Israelis«. Diese Jugendlichen entstammen den Rückwanderer-Familien, die nach Abschluss des Wiedergutmachungsvertrages zwischen der Bundesrepublik und Israel im Jahre 1952 wieder verstärkt nach Deutschland zurückkehrten. Zu diesen Rückwanderern zählten sowohl die deutsch-jüdischen Familien, denen noch vor dem Krieg die Einwanderung nach Palästina gelungen war, als auch die ostjüdischen DPs, die nach 1945 nach Deutschland gekommen, 1948 nach Israel ausgewandert waren und nun wieder zurückkehrten. Sie verließen Israel, da sie dort wirtschaftlich oder kulturell nicht hatten Fuß fassen können. Ihre Kinder definierten sich als »Israelis«, da sie, wenn auch teilweise direkt nach dem Krieg in Deutschland geboren, doch ihre eigentlichen Kindheitsjahre und damit ihre erste kulturelle Sozialisation in Israel erlebt hatten. Zu Beginn der sechziger Jahre erreichte die Rückwanderung ihren Höhepunkt, an die 6000 Juden kehrten zurück.[10]) Fast drei Viertel von ihnen ließen sich in den Großgemeinden Berlin, Hamburg, München, Frankfurt, Köln und Stuttgart nieder, davon wiederum die überwiegende Mehrheit in Berlin und Frankfurt. Damit wurden die Großgemeinden noch größer und der Anteil nicht-deutscher Juden in diesen Gemeinden verstärkt.

Wie bei den Kindern der ehemaligen DPs führte auch bei den Jugendlichen, die aus Israel zurückgekehrt waren, der Aufenthalt in Deutschland zu einer inneren Zerrissenheit. Auch sie mussten mit dem Widerspruch zwischen ihrer äußeren Anpassung an die deutsche Umwelt und der inneren Ablehnung ihres Lebens in Deutschland fertig werden. Bei den israelischen Kindern kam jedoch noch die Verachtung durch die in Deutschland lebenden Juden hinzu. Diese Kinder empfanden die Übersiedlung aus Israel nach Deutschland als einen äußerst schmerzhaften Bruch mit ihrem bisherigen Leben. Kinder, die jahrelang als selbstbewußte Israelis aufgewachsen waren und deren Erziehung in Israel vor allem das Motto »Nie wieder Diaspora« als wesentliches Merkmal beinhaltet hatte, waren nun plötzlich selbst Diaspora-Juden geworden. Schlimmer noch, sie waren mit ihren Eltern in das Land gezogen, das von allen Juden in der Welt am meisten verachtet und gemieden wurde, und mußten sich nun den Normen und Gepflogenheiten dieser Gesellschaft gezwungenermaßen anpassen. Die scharfe Ablehnung Deutschlands und der hier lebenden Juden und somit letztendlich auch ihrer eigenen Existenz in Deutschland führten zu einer Idealisierung der eigenen Vergangenheit in einer freien israelischen Gesellschaft, in die sie baldmöglichst zurückkehren wollten. Wurden die Kinder der DPs geprägt von der ostjüdischen Tradition innerhalb der Familie, so bildete für die israelischen Kinder die Idealisierung des Staates Israel das

---

[10]) ebd., S. 43 und 45.

wichtigste Element ihrer Identität und verhinderte ihre Assimilation in die deutsche Gesellschaft.

RELIGIÖSES LEBEN

Die jüdischen Jugendlichen in Deutschland sind, von ganz wenigen Ausnahmen abgesehen, nicht religiös. Zwar wurden sie in der Mehrzahl im Laufe ihrer Kindheit in irgendeiner Form mit den Grundlagen der jüdischen Religion und den Gebräuchen vertraut gemacht, sei es im Kindergarten, in der Religionsschule oder im Jugendlager. Aber dies geschah eher in einer folkloristischen Weise denn als gezielte und fundierte Einführung in die jüdische Tradition. Obschon die jüdische Erziehung zu den selbstgesetzten Zielen der Gemeinden gehört, so können doch nur die Großgemeinden diese Aufgabe erfüllen und für die Kinder und Jugendlichen ein weites Spektrum an Institutionen zur Vermittlung der eigenen Religion und Kultur unterhalten. Jüdische Kindergärten bestehen nur in den Großgemeinden, jüdische Grundschulen lediglich in München und Frankfurt seit Mitte der sechziger Jahre und in Berlin seit den achtziger Jahren. 1993 wurde zudem in Düsseldorf eine jüdische Grundschule eingerichtet. Im selben Jahr wurde in Berlin ein jüdisches Gymnasium eröffnet, das erste und bislang einzige in Deutschland seit 50 Jahren. Besuchen fast alle jüdischen Kinder einen jüdischen Kindergarten und die Mehrzahl eine jüdische Grundschule, so bleibt nur ein Teil der jüdischen Schüler auf der jüdischen Förderstufe in Frankfurt – zwei zusätzlichen Klassen im Anschluß an die Grundschule –, und nur wenige der jüdischen Jugendlichen in Berlin besuchen das dortige jüdische Gymnasium. Außerdem sorgen die Gemeinden für einen geregelten Religionsunterricht für die schulpflichtigen Kinder. Hierzu unterhalten die größeren Gemeinden eigene Religionsschulen, die kleineren teilen sich Wanderlehrer. In Berlin und Frankfurt existieren Jüdische Volkshochschulen, die eine Mischung aus Kursen mit religiösem und intellektuell-kulturellem Inhalt anbieten, an denen auch die älteren Jugendlichen ab 16 teilnehmen können.

Es gibt allerdings in ganz Deutschland keine religiöse Schule und keine Jeschiwa, ein Gymnasium mit Talmudstudium, wie es vor 1933 der Fall war. Kritiker bemängeln auch, dass in den bestehenden jüdischen Schulen nicht ausreichend jüdische Inhalte vermittelt werden; da die Mehrzahl der Lehrkräfte keine Juden seien, so auch z. B. der Direktor des Berliner Gymnasiums. Somit ist es nicht verwunderlich, dass das religiöse Leben noch Mitte der achtziger Jahre aus orthodoxer Sicht als äußerst mangelhaft beschrieben wurde: »Aus einer religiösen Perspektive gesehen ist Deutschland seit 1945 eine Wüste, geprägt von den Leiden der Naziopfer . . . Die meisten Juden haben Kindergartenniveau, was ihre jüdische Bildung anbetrifft.«[11])

Die Gründe hierfür liegen zum einen im Desinteresse der Elterngeneration an jüdischer Religion und Kultur. Die neuen jüdischen Gemeinden waren ursprünglich als »Interessengemeinschaft von Geschädigten« gegründet worden, das religiöse Leben war im Grunde bedeutungslos. Die meisten Kinder wuchsen somit in Familien auf, in denen die religiösen Gebote nur in äußerst geringem Maße praktiziert wurden. Die Mehrzahl der Eltern ging mit ihren Kindern selten in die Synagoge und legte keinen allzu großen Wert auf einen regelmäßigen Besuch des Religionsunterrichtes.[12]) Zum anderen wurde die Vermittlung der jüdi-

---

[11]) Izhak Ahren, zitiert in Brenner (Anm. 1), S. 207.
[12]) Oppenheimer (Anm. 1), S. 62

schen Religion vor allem dadurch erschwert, daß es im Nachkriegsdeutschland keine geistige Elite mehr gab. Die emigrierten und ehemals in Deutschland tätigen Rabbiner, Kantoren und Lehrer sind nach dem Krieg nicht zurückgekehrt, und so litten die neugegründeten jüdischen Gemeinden von Anfang an unter einem Mangel an Kultuspersonal. Die Lehrer mussten über die Jahre aus dem Ausland rekrutiert werden und haben daher häufig gewechselt. Bis heute stellt dies eines der zentralen Probleme für die jüdische Erziehung dar, das seiner Lösung noch harrt. Die ausländischen Religionslehrer kennen die deutschen Verhältnisse nicht, stammen aus einem anderen Sprach- und Kulturraum und können daher für die Jugendlichen nur in den seltensten Fällen Vorbildfunktion einnehmen. Die Jugendlichen, von Haus aus mit ohnehin geringen religiösen Erfahrungen, erhalten keine Anreize, sich in ihre eigenen Traditionen zu vertiefen. Folglich ist es nur zu verständlich, dass es fast keine Jugendliche gibt, die orthodoxes Judentum praktizieren.

Diesem Manko wollte der Zentralrat mit der Gründung der Hochschule für Jüdische Studien in Heidelberg 1979 abhelfen. Die Dichotomie zwischen lebendiger jüdischer Tradition und akkurater Wissenschaftlichkeit sollte aufgehoben werden, und jüdisches Wissen sollte auch in Deutschland, wie in der übrigen Welt, aus jüdischem Selbstverständnis heraus und nicht aus christlich-theologischer Sicht vermittelt werden. Zudem sollte die Hochschule Rabbiner und Religionslehrer für die jüdischen Gemeinden ausbilden. Doch bislang ist die Hochschule kein geistiger Anziehungspunkt für die jüdische Jugend geworden; die Mehrzahl der Studenten besteht aus Nichtjuden. Zwar hat die Hochschule bereits einige jüdische Religionslehrer ausgebildet, die in den Gemeinden arbeiten, doch noch keinen einzigen Rabbiner mit Anstellung in Deutschland. Lediglich die Sommerkurse der Hochschule, die jährlich stattfinden, stoßen auf größere Resonanz.

GESELLSCHAFTLICHES LEBEN

Gesellschaftlich bleiben die jüdischen Jugendlichen am liebsten unter sich, wobei jüdische Themen meist keine Rolle spielen. Die jüdischen Gemeinden haben fast alle in irgendeiner Form Jugendzentren eingerichtet, in denen die Jugendlichen im Alter von 6 bis 19 Jahren ihre Freizeit verbringen können. Unter Leitung von ehrenamtlichen Madrichim (Jugendleiter) gibt es gemeinsame Veranstaltungen, die das »Wirgefühl« der Jugendlichen als jüdische Minderheit stärken und gleichzeitig jüdisches Wissen und Tradition vermitteln sollen. So tragen die einzelnen Gruppen Namen berühmter biblischer Persönlichkeiten, bilden wichtige historische Ereignisse in der jüdischen Geschichte den Inhalt der Programme und werden die Feste und Bräuche gemeinsam gefeiert.

Einen wichtigen Beitrag in der Jugendarbeit leisten überregionale Einrichtungen, und zwar an erster Stelle die Zentralwohlfahrtstelle der Juden in Deutschland (ZWST). Im Jahre 1951 vom Zentralrat der Juden in Deutschland wiedergegründet, um als zentrale Organisation vor allem jüdische Sozialarbeit mit Alten und Flüchtlingen zu leisten, übernahm die ZWST mit dem neuen Jugendreferat schon bald eine aktive Rolle in der Jugendbetreuung. Durch Sport und Spiele, durch musische und künstlerische Aktivitäten soll das Zusammengehörigkeitsgefühl der Kinder gestärkt, mit Hilfe des Pädagogischen Zentrums sollen die Inhalte jüdischer Erziehung in den Institutionen der Gemeinden erhalten und vertieft werden. Seit 1956 organisiert das Jugendreferat mehrwöchige Ferienlager, zu Beginn in den zwei wiederhergestellten jüdischen Heimen Wembach im Südschwarzwald und Sobernheim an der Nahe, danach auch im Ausland, vor allem in Italien, Österreich und Israel. Die älteren Jugendlichen werden in Seminaren und Lehrgängen zu ehrenamtlichen Madrichim (Jugendleitern) ausgebildet, die in den Ferienlagern und zugleich den Jugendzentren innerhalb der Gemeinden tätig sind. Für viele Jugendliche stellen diese Ferienaufenthalte nicht nur die Möglichkeit dar, neue Freunde außerhalb ihrer Gemeinden zu finden, sondern sie sind zudem die einzige Zeit, die sie in einer jüdischen Atmosphäre verbringen.

Mit dem Ziel, die jüdischen Jugendlichen stärker in die Gemeindearbeit einzubinden, organisiert der Zentralrat seit 1977 jährliche Jugend- und Kulturtagungen. Ausgangspunkt war 1977 die Erkenntnis, dass alle in der Bundesrepublik im Jugendbereich tätigen Organisationen höchstens ein Fünftel der jüdischen Jugend erfaßten und selbst bei diesen Defizite an jüdischem Wissen vorherrschte. Hinzu kam die Sorge um den Fortbestand der jüdischen Gemeinden, da trotz der beobachteten konstanten zwiespältigen Haltung der Jugendlichen zu ihrer deutschen »Heimat« über Jahre eine Zunahme der sogenannten Mischehen festzustellen ist, das heißt Ehen mit einem nichtjüdischen Partner, der nicht zum Judentum übergetreten ist. Heute geht man von einer Mischehenrate von ca. 70 Prozent aus, d. h. zwei Drittel der jüdischen Jugendlichen sucht sich einen nichtjüdischen Partner.

Seit 1959 ist in Deutschland auch die ZJD, die Zionistische Jugend Deutschlands, mit Ortsgruppen in den größten jüdischen Gemeinden tätig. Im Gegensatz zur Praxis in anderen Ländern haben die verantwortlichen Stellen in der Zionistischen Weltorganisation beschlossen, in Deutschland keine parteigebundenen zionistischen Jugendgruppen zuzulassen. Daher gibt es bis heute in Deutschland keine Gruppen der Bnei-Akiba, der religiös-zionistischen, oder des Schomer Hazair, der sozialistisch-zionistischen Bewegung. Das erklärte Ziel der ZJD war es von Anfang an, die Verbundenheit der Jugendlichen mit Israel zu stärken und sie auf ihre Auswanderung nach Israel vorzubereiten. Doch scheint der ideologische Faktor im Vergleich zum rein gesellschaftlichen bei den Jugendlichen kaum eine Rolle gespielt zu haben. So waren bis Januar 1964 lediglich 30 Mitglieder der ZJD nach Israel ausgewandert, und auch diese waren in der überwiegenden Mehrheit Israelis, bei denen fraglich ist, wie weit der Entschluß durch die ZJD beeinflusst worden war.[13]) In den einzelnen Städten, so z. B. in Frankfurt herrschte zwischen dem Jugendzentrum und der Ortsgruppe der ZJD eine heftige – ideologisch verbrämte – Rivalität, die aber in Wirklichkeit eher von sozialen Gegensätzen herrührte.

»Ein Forum für die jüdische Jugend in Deutschland schaffen . . .« war auch das erklärte Ziel von Makkabi Deutschland, der 1965 als jüdischer Sportverein wieder gegründet wurde.[14]) Von außen betrachtet ein reiner Sportverein mit zur Zeit 2000 aktiven Mitgliedern, ist er für viele Jugendliche eine Plattform, auf der sie über die sportlichen Aktivitäten Kontakt mit anderen jüdischen Jugendlichen aufnehmen und gemeinsam jüdische Traditionen pflegen können. Das Solidaritätsgefühl mit der jüdischen Gemeinschaft und mit dem Staat Israel wird durch die Teilnahme an gemeinsamen Sportwettbewerben und natürlich an der alle vier Jahre in Israel stattfindenden Makkabiade gefördert.

An die 1000 Mitglieder hat der im Jahre 1968 gegründete Bundesverband Jüdischer Studenten in Deutschland (BJSD). Aus politischen Motiven gebildet, spielt doch der Wunsch der Jugendlichen, die gesellschaftlichen Kontakte untereinander zu verstärken und auch zukünftige jüdische Ehepartner zu finden, eine große Rolle. Mehrmals im Jahr werden

[13]) ebd., S. 68

[14]) Makkabi Deutschland 1965 – 1995, 30 Jahre jüdische Sportbewegung im Nachkriegsdeutschland, Hrsg. von Makkabi Deutschland, München 1995, S. 65.

Seminare veranstaltet, mit dem Ziel, gemeinsam das Judentum zu »erleben«. Und so werden die Jugendlichen weiterhin von dem alten Problem ihres Lebens in Deutschland eingeholt, und immer noch ist »ein wichtiger thematischer Schwerpunkt der letzten Zeit die Frage gewesen: Sitzen wir auf gepackten Koffern?, die Frage, ob Juden, vor allem die jüngere Generation, sich in Deutschland heimisch und was viel wichtiger ist, sicher fühlt, oder ob es wieder an der Zeit ist, darüber nachzudenken, dem Land den Rücken zu kehren«, wie dies auf einem Seminar des BJSD in Konstanz im Mai 1992 diskutiert wurde.[15])

DIE IDENTITÄT DER JÜDISCHEN JUGENDLICHEN

Das schlechte Gewissen der Eltern, im »Land der Mörder« zu leben, wurde auf die jüdischen Jugendlichen übertragen und von den organisierten Jugendverbänden verstärkt. Die religiöse Komponente des Judentums besaß für die meisten, wie bereits dargelegt, keine identifikatorische Kraft , an seine Stelle traten als Ersatzreligion die Identifizierung mit der Schoah und die Fixierung auf Israel. Die Überlebenden in Deutschland fühlten sich als Schicksalsgemeinschaft, zusammengeschweißt durch die gemeinsame Erfahrung der Judenvernichtung und der persönlich erlittenen Verfolgung. Die Kinder, die »Zweite Generation«, brachten ihre Solidarität mit den Eltern zum Ausdruck, indem sie deren Leid und deren Geschichte als eigene übernahmen und sich selbst als Opfer verstanden, wie der französisch-jüdische Philosoph Alain Finkielkraut in seinem Buch »Der eingebildete Jude« treffend dargelegt hat. Was viele aus der zweiten Generation in aller Welt charakterisiert, trifft für Jugendliche in Deutschland in besonders starkem Maße zu. Da sie ja im Lande der Täter lebten, sollten sie die an ihren Eltern begangenen Verbrechen symbolisch dadurch rächen, dass sie das Gedenken an die Verbrechen aufrechterhielten.

Die Identifikation mit der Schoah diente als das stärkste Integrationsmittel der inhomogenen Gruppe der jüdischen Jugendlichen. Kritiker werfen den jüdischen Organisationen, der ZJD, aber auch den Jugendzentren der Gemeinden vor, die Schoah für ihre Zwecke instrumentalisiert und in ihrer Jugendarbeit bewusst eingesetzt zu haben, um eine Legitimation jüdischer Existenz in Deutschland zu verhindern. Zudem behaupten sie, die gesamte jüdische Geschichte würde auf die Schoah reduziert werden, da ja den Jugendlichen sonst jüdisches Wissen kaum vermittelt werde.[16])

Die positive Komponente der jüdischen Identität bildete jahrelang die uneingeschränkte Solidarität mit dem Staat Israel, auf das die Jugendarbeit auch heute noch stark ausgerichtet ist. In Ermangelung einer Identifizierung mit der deutschen Gesellschaft und auf Grund der fehlenden religiösen Orientierung werden die Symbole des israelischen Staates, also Fahne und Hymne sowie die Parolen der israelischen Jugendbewegungen eingesetzt, um in den Sommerlagern und bei den regelmäßigen Treffen der Jugendlichen das Gemeinschaftsgefühl zu stärken. Auf diese Weise soll das schlechte Gewissen, basierend darauf, dass man zwar die Vernichtungslager überlebt hatte, nicht jedoch nach Israel übersiedelt war, kompensiert werden. Dieses Schuldgefühl, das nicht nur die Überlebenden, sondern auch ihre

---

[15]) Rony Baruch, Der jüdische Studentenverband, in: Jüdisches Leben in Deutschland, hrsg. von Uri R. Kaufmann, Bonn 1993, S. 99ff.

[16]) Julius H. Schoeps, Jüdisches Leben im Nachkriegsdeutschland, in: Jüdische Lebenswelten, Essays, hrsg. von Andreas Nachama, Berlin 1992, S. 358 ff.

Kinder und Enkel belastet, unterdrückte jahrelang jegliche kritische Stimme an konkreten Maßnahmen der israelischen Regierung. Die durch die Negation der eigenen Existenz in Deutschland entstandene Leere sollte durch totale Loyalität dem israelischen Staat gegenüber kompensiert werden.

1964 ergab eine Umfrage unter jüdischen Jugendlichen, dass auf die Frage, wo sie am liebsten wohnen würden, 73 Prozent Israel, 18 Prozent die USA und nur 8 Prozent Deutschland nannten. Noch 13 Jahre später erklärte bei einer Befragung die überwiegende Mehrheit der befragten Jugendlichen, kein Heimatgefühl gegenüber Deutschland zu haben.[17])

In den vergangenen Jahren hat sich die Situation drastisch geändert. Die Zuwanderung der Juden aus den Staaten der ehemaligen Sowjetunion hat die Zahl der Juden in Deutschland mehr als verdoppelt, Kleingemeinden sind um ein Vielfaches gewachsen, und neue Gemeinden sind gegründet worden. Selbst Großgemeinden haben zahlreiche Mitglieder, vor allem jüngere, gewonnen, wie z. B. die jüdische Gemeinde Düsseldorf. Bestand diese Gemeinde bis 1990 aus 48 Prozent Mitgliedern, die älter als 60 Jahre waren, und standen dem jährlichen Durchschnitt von 3 Geburten 40 bis 50 Todesfälle gegenüber, so hat der Zustrom der Juden aus dem Osten die Zahl der Kinder so vermehrt, dass eine jüdische Grundschule gegründet wurde. Auch die Einstellungen haben sich in den letzten Jahren geändert, wie eine 1990 durchgeführte Befragung unter 377 Juden in Deutschland gezeigt hat. Darin lehnte zum ersten Mal eine wenn auch geringe Mehrheit, nämlich 56 Prozent, die Behauptung ab, Israel sei ihre wahre Heimat, aber immerhin 64 Prozent sahen sich trotz der Einbindung in die jüdische Kultur »zunächst einmal als Deutsche«.[18]) Wenn sich auch diese befragte Gruppe von den in den Jahren davor stark voneinander unterschied, so scheint das Ergebnis dennoch auf einen Bewusstseinswandel hinzuweisen, der gegen Ende der achtziger Jahren einsetzte und heute auch in anderen Tatsachen seinen Ausdruck findet. Ignatz Bubis, bis zu seinem Tod Präsident des Zentralrates der Juden in Deutschland, bekannte sich als »Deutscher jüdischen Glaubens«. Jüdische Wissenschaftler und Intellektuelle der zweiten Generation fordern eine verstärkte Identifikation mit der jüdischen Existenz in Deutschland.

Vor allem die Kinder der Zuwanderer haben kein schlechtes Gewissen, in Deutschland zu leben, und auch die Abiturienten unter ihnen sehen keinen Anlass, zum Studium ins Ausland zu gehen, wie Ellen Presser erst kürzlich in ihrem Artikel »Nächstes Jahr in London? Jüdische Jugendliche aus Deutschland sagen, warum sie ihre Zukunft im Ausland sehen,« resümierte.[19]) Für die Jugendlichen der zweiten und dritten Generation in Deutschland dagegen ist die Entscheidung, in Deutschland zu leben, alles andere als selbstverständlich. Noch immer ist es eine Frage, der man sich bewußt stellt. Daran hat sich in all den Jahren nichts geändert. Dennoch scheint »berechtigte Hoffnung auf eine optimistischer getönte Zukunftsperspektive« zu bestehen. So ist in den letzten Jahren eine Infrastruktur an jüdischen Einrichtungen entstanden, und bei den Jugendlichen ist durchaus eine Hinwendung zu ihrer jüdischen Identität zu erkennen, die nicht auf dem Selbstbetrug eines nur vorübergehenden Aufenthaltes in Deutschland fußt. Durch die »Notwendigkeit, die noch »weniger jüdischen« Zuwanderer zu »echten Juden« zu machen, . . . lernt man dabei oft sein eigenes Judentum kennen«.[20])

---

[17]) Oppenheimer (Anm. 1), S. 148 und Kuschner (Anm. 1), S. 126, 172.
[18]) Alphons Silbermann und Herbert Sallen, Juden in Westdeutschland. Selbstbild und Fremdbild einer Minorität, Köln 1992, S. 104-105.
[19]) Allgemeine Jüdische Wochenzeitung, Nr. 5/98 vom 5. März 1998, S. 3.
[20]) Brenner (Anm. 1), S. 222.

Willi Jasper/Bernhard Vogt

Integration und Selbstbehauptung

Russische Juden in Deutschland

In Deutschland den Status von »Musterjuden« einzunehmen – auch wenn man diesen Begriff nicht so sarkastisch definiert wie der Schriftsteller Rafael Seligmann in seinem gleichnamigen Roman – ist für die aus Russland, der Ukraine oder anderen GUS-Ländern nach Deutschland eingewanderten sogenannten »Kontingentflüchtlinge« nicht so einfach. Karrieren nach dem Vorbild des Romanhelden Moische Bernstein sind in dieser Gruppe kaum vorstellbar. Integration – mangels eines besseren bleiben wir bei diesem Begriff, auch wenn er in der modernen Migrationstheorie umstritten ist – sowie Selbstbehauptung stellen sich für die »russischen Juden« – ebenfalls eine verkürzte Sammelzuordnung – als doppeltes Problem dar: Einmal im Hinblick auf die deutsche Gesellschaft und zum anderen bezüglich der jüdischen Gemeinde. Im folgenden soll diese Problematik aus drei Wahrnehmungsebenen analysiert werden: als Fremdbild in der nichtjüdischen Öffentlichkeit, aus der Sicht der jüdischen Gemeinden und als Eigenbilder der Einwanderer.

FREMDBILDER UND STATISTIKEN

Das bekannteste Beispiel der jüngsten Zeit für die Ausgrenzung russisch-jüdischer Flüchtlinge durch die deutsche Gesellschaft waren die Vorkommnisse in dem brandenburgischen Ort Gollwitz, als der Gemeinderat die Aufnahme von 60 Flüchtlingen in mehreren Beschlüssen ablehnte und – was weniger bekannt ist – eine Kriminalisierungskampagne gegen die Betroffenen eingeleitet wurde. Die in öffentlicher Diskussion erfolgten Diffamierungen, die an die historische Stigmatisierung der Ostjuden und das Vorurteilsstereotyp gegenüber Romas und Sintis erinnerte, sind bis heute nicht zurückgenommen worden. Es wäre eine schönfärberische Illusion, Gollwitz als brandenburgisch-provinziellen Sonderfall abzutun. Die Sogkraft der Losung »Deutschland den Deutschen« reicht bis in die Mitte. Deren selbsternannte politische Vertreter, die Volksparteien, versuchten und versuchen, »rechte« Themen im Bereich der inneren Sicherheit und der Ausländerpolitik zu besetzen, um so Wählerstimmen aus dem rechten Spektrum zurückzugewinnen oder zu halten. Die Änderung des Asylrechts und der drastische Rückgang der Zuwandererzahlen verdeutlichen den Zynismus dieser »Logik«. Freilich offenbarten die neuerlichen Wahlerfolge rechtsradikaler Parteien – die angebliche »Phantompartei« des rechtsradikalen Medienmachers und Immobilienmaklers Frey erhielt in Sachsen-Anhalt 1998 knapp 13 Prozent der Wählerstimmen –, wie illusorisch dieser Vereinnahmungsversuch war, denn Parolen lassen sich nicht mit Parolen bekämpfen. Vergeblich waren die Zugeständnisse der etablierten Parteien an den Ausländerhass nicht. Die »normale Pathologie der modernen Industriegesellschaft«, wie der Kölner Sozialforscher Erwin K. Scheuch den Rechtsextremismus bezeichnet, hat in deren Krise erschreckende Ausmaße angenommen, wie eben nicht nur der Rekordstand der rechtsextrem motivierten Straf- und Gewalttaten zeigt. Die Grauzone zwischen extremem und traditionellem Rechtskonservativismus scheint flächendeckend geworden zu sein. Nach einer Studie der Deutschen Paul-Lazarsfeld-Gesellschaft und der FU Berlin vom Juli 1998 ist die Verdrossenheit mit dem politischen System vor allem in Ostdeutschland besonders hoch: Rund die Hälfte der Bürger ist dort mit diesem unzufrieden. 17 Prozent haben dort ein dezidiert rechtsextremes Weltbild, aber auch im Westen gehören zwölf Prozent zu dieser Kategorie. Die Radikalen artikulieren nur das, was an den Stammtischen dumpf die Runde macht. In der rechtsextremistischen Internet-Agitation wird schon seit längerem an Web-Seiten gebastelt, in denen die Speerspitze der »Überfremdung« als russisch-jüdisch dargestellt ist.

Typisch für Diskussionen in Deutschland ist jenes Verdrängungssyndrom, das in solchen Äußerungen zum Ausdruck kommt: »Wir haben ja keine Juden gekannt.« Die Kehrseite dieses Syndroms war und ist eine wilde Zahlenspekulation über die Anzahl der im Nachkriegsdeutschland lebenden Juden. Als vor Jahren – die Zahl der jüdischen Gemeindemitglieder bewegte sich damals konstant in der Größenordnung zwischen 27 000 und 28 000 – eine Soziologengruppe um Alphons Silbermann sich um Erkenntnisse über jüdische Eigen- und Fremdbilder bemühte, stieß sie nicht nur auf das alte Vorurteilsstereotyp von der jüdischen Hegemonie in Wirtschaft und Kultur, sondern auch auf Vermutungen, dass heute in Deutschland mehr Juden leben als vor 1933. Die Schätzungen gingen bis zu einer Million. Dass aktuelle Meldungen über eine verstärkte Zuwanderung von Juden aus der ehemaligen Sowjetunion diese kruden Phantasien und entsprechende Überfremdungsängste nicht abgebaut haben, ist sehr wahrscheinlich. Werfen wir also einen Blick auf die offizielle Statistik des Bundesverwaltungsamtes mit den Zahlen vom August 1998: Danach sind zurzeit insgesamt 155 840 Anträge auf Einreise aktenkundig und 117 957 Aufnahmezusagen der Bundesländer. Tatsächlich eingereist waren bis August zusammen mit den sogenannten Altfällen (d. h. der nachträglichen Anerkennung als Kontingentflüchtling) 92 919 Personen (einschließlich der z. T. nichtjüdischen Familienangehörigen). Aufschlussreich dabei ist der Vergleich mit früheren Monaten. Während vor einem halben Jahr noch ein monatlicher Zuwachs von 1500 bis 2000 registriert wurde, beginnt die Zahl jetzt zu stagnieren – gegenüber dem Vormonat Juli erfolgten lediglich 600 neue Aufnahmezusagen. Es scheint sich aber zu bestätigen, dass die länger inoffiziell als oberste Grenze gehandelte Zahl von 100 000 russisch-jüdischen Einwanderern wohl doch überschritten wird. Übrigens schließen sich keineswegs alle Einwanderer den jüdischen Gemeinden an. Gehen wir also von einer vielleicht demnächst erreichten Gesamtzahl von 100 000 jüdischen Gemeindemitgliedern (also Altmitglieder und Zuwanderer) aus, dann ist das im Verhältnis zu den mehr als 80 Millionen Deutschen (einschließlich der etwa zwei Millionen eingebürgerten Aussiedlern) und zusätzlichen sechs Millionen Ausländern nach wie vor eine verschwindend kleine Minderheit, die real und soziologisch gesehen für die Gesamtgesellschaft kaum ein bedrohliches »Fremdbild« prägen könnte. Daran ändert auch die als »Sensation« gehandelte Vermutung nichts, dass Berlin zurzeit die am schnellsten wachsende jüdische Gemeinde der Welt sei – was ohnehin nicht den Tatsachen entspricht, denn im relativen Wachstum wird Berlin von zahlreichen anderen jüdischen Gemeinden in Deutschland übertroffen.

Tatsache ist, dass Israel mit Abstand das wichtigste Einwanderungsland für jüdische Emigranten aus der ehemaligen Sowjetunion und den Nachfolgestaaten der GUS ist und bleibt. Allein zwischen 1989 und 1992 kamen 475 000, und inzwischen sind es mehr als 700 000. Aber auch der Zustrom russischer Juden in die USA ist um ein Mehrfaches größer als der nach Deutschland. So wählten von 1974 bis 1996 knapp 380 000 die USA als Einwanderungsland. Dass dennoch eine vergleichsweise große Zahl von russisch-jüdischen Emigranten den Weg nach Deutschland wählte, erklärt sich vornehmlich daraus, dass das einstige »Land der Täter« Vereinbarungen und Regelungen mit den GUS-Staaten getroffen hat, die das Antrags- und Einreiseverfahren relativ unkompliziert und vor allem zügiger gestalten als anderswo. Seit Anfang 1991, so haben es die Ministerpräsidenten der Länder beschlossen, werden Juden aus der damals noch existierenden Sowjetunion bzw. aus der GUS als »Kontingentflüchtlinge«, also auf der Rechtsgrundlage der Genfer Flüchtlingskonvention, in Deutschland aufgenommen. Jahreskontingente wurden nicht festgelegt. In einem ursprünglich einfachen Verfahren (das inzwischen auch schon weitaus bürokratischer gehandhabt wird) können jüdische Ausreisewillige bei den deutschen Auslandsvertretungen in ihren Heimatstaaten einen Aufnahmeantrag stellen. Der wird an das Bundesverwaltungsamt weitergeleitet, das die Verteilung der Flüchtlinge auf die einzelnen Länder nach dem Asylverteilungsschlüssel (»Königssteiner Schlüssel«) vornimmt. Die als »Kontingentflüchtlinge« anerkannten russischen Juden erhalten eine unbefristete Aufnahmezusage.

Selbstverständlich wird die Frage debattiert, ob alle Einwanderer Juden sind. Das gilt auch und gerade für Israel. Dort machte ein Mitarbeiter des Innenministeriums vor der Einwanderungskommission der Knesset die schockierende Mitteilung, dass 29 Prozent der Einwanderer, die 1993 aus dem GUS-Bereich kamen, eindeutig keine Juden seien. Und Jaques Marx, der Vorsitzende der Jüdischen Gemeinde Duisburg/Mülheim/Oberhausen, deren Mitgliederzahl sich durch die Zuwanderung verachtfacht hat, geht davon aus, dass auch in Deutschland etwa 20 Prozent der Einwanderer Mühe haben, ihr Judentum nachzuweisen: In den jüdischen Gemeinden Deutschlands gilt der Buchstabe der Halacha – das heißt des Religionsgesetzes –, also Jude ist, wer von einer jüdischen Mutter geboren wurde. Die Tatsache, dass es auch Einwanderer aus der GUS gibt, die mit gefälschten Papieren einreisen, hat einige Parlamentarier und Vertreter des Auswärtigen Amtes veranlasst, das Argument der »Fälschungssicherheit« in den Vordergrund zu rücken und als Vorwand für ihr Bemühen zu benutzen, die bisherige Einreiseregelung für jüdische Zuwanderer grundsätzlich zu revidieren. Eine ganz andere Kritik an der Einreise von russischen Juden nach Deutschland wurde in der Vergangenheit von israelischer Seite geäußert. Aus zionistischer Wahrnehmung bedeutet dieser Vorgang eine Konfliktsituation. In einem Beitrag für »Menora-Jahrbuch für deutsch-jüdische Geschichte 1998« erklärte dazu Avi Primor, der Botschafter des Staates Israel in Deutschland:

»Warum müssen diese Juden – wenn sie auswandern wollen – ausgerechnet nach Deutschland gehen? Warum müssen sie überhaupt – wenn sie den GUS-Bereich verlassen – in verschiedene Länder emigrieren? Sie haben doch ein Asylland – sie haben eine Heimat –, sie haben Israel. Es war auch Israel, das jahrelang dafür gekämpft hat, dass für die Juden, die die Sowjetunion verlassen wollten, die Erschwernisse und Hindernisse abgebaut wurden. Also sollte man sie nicht ermutigen, woanders hinzugehen. Aber auch dieses Problem ist – die öffentliche Diskussion zeigt es – zwiespältig. Einerseits wollen wir diese Menschen in Israel haben, andererseits können wir den Deutschen nicht vorschreiben, Einwanderer aufzunehmen mit Ausnahme von Juden. Könnten wir uns denn wirklich wünschen, dass die Deutschen bei ihrer Einwanderungspolitik zwischen Juden und Nichtjuden unterscheiden? Wenn es heute Abgeordnete gibt, die sich aus unklaren Gründen für eine Kontingentbeschränkung der russisch-jüdischen Einwanderer aussprechen – kann man das nicht einfach begrüßen.«

Stereotype Fremdbilder werden in Deutschland nicht nur von den rechtsextremen Medien transportiert, sondern auch von öffentlich-rechtlichen Sendern, von Zeitschriften sowie von großen und einflußreichen Zeitungen. Nachdem anfänglich das Problem der russisch-jüdischen Kontingentflüchtlinge verschwiegen bzw. tabuisiert wurde – entdeckte man den folkloristischen Aspekt. Man »verwendet« Juden als »Farbtupfer« auf der multikulturellen Palette. Das Veranstaltungs- und Kulturmagazin »Marabo« bebilderte zum Beispiel einen Artikel über das Wachstum der jüdischen Gemeinden im Ruhrgebiet vom April 1995 mit Fotos von Jugendlichen unter der israelischen Staatsfahne, umrahmt von Synagogenbesuchern mit Gebetsschal und Thorarollen – obwohl im Text breit ausgeführt wurde, dass die Zuwanderer keine oder nur eine geringe Beziehung zum Judentum aufwiesen. Ähnliche Reportagen finden sich immer wieder in Fernseh- und Magazinbeiträgen. Für Differenzierungen oder Zwischentöne bleibt da oft kein Raum. Auch die »gutgemeinte« Absicht gerät zur Karikatur, etwa wenn der »Tagesspiegel« einen Beitrag vom 1. August 1998 mit »Wenn Rabbi Presmann in die Puppenstube greift« betitelt und den Rabbiner der brandenburgischen Landesgemeinde vorführt, wie er lernwilligen Zuwanderern jüdische Riten als Marionettentheater erläutert. Das Motiv dieser einseitigen Medienaufbereitung einer jüdischen Folklorerenaissance, die auch das US-amerikanische Nachrichtenmagezin »Newsweek« im Sommer 1998 dazu verleitete, eine »neue Liebe zwischen Deutschen und Juden« in der Titelgeschichte zu konstatieren, bleibt undurchsichtig. Man kann sich nicht des Eindrucks erwehren, dass es oft nur um den Beweis der »Wiedergutwerdung der Deutschen« (Eike Geisel) geht. Im Jargon der »Bild-Zeitung« heißt das: »Deutsche und Juden finden wieder zueinander.«

Damit wird das Bedürfnis nach einer »Normalisierung« des deutsch-jüdischen Verhältnisses fünfzig Jahre nach Kriegsende einerseits und des jüdischen Lebens in Deutschland durch die Zuwanderung aus der GUS andererseits »bedient«. Das Janusgesicht dieses neuen Normalitätsbewußtseins zeigt sich in der altvertrauten Häme über das Problem der Gemeinden mit den »Ostjuden« – das heißt, man thematisiert inzwischen vorwiegend den innerjüdischen Konflikt. Mit Vorliebe werden »Skandale« – wie der um den Vorstand der jüdischen Gemeinde in Halle – aufgebauscht oder man trägt ostentativ Sorge über die Zukunft der Einheitsgemeinde zur Schau. Die »normalen« Probleme der Integration der Zuwanderer in die Gemeinden werden häufig nur tendenziös gewertet, »Focus« untertitelte im Juni 1998 einen entsprechenden Beitrag fast triumphierend mit dem Satz: »Niedergang jüdischen Gemeindelebens in Deutschland.« Selbst die seriöse »Süddeutsche Zeitung« meint in ihrem Bericht über eine Gemeindeversammlung in Berlin, nicht ohne das »Russenklischee« auskommen zu müssen. Unter der Überschrift »Die Last der fremden Brüder« hieß es am 16. Februar 1998 u. a.: »Man wollte den Dialog fördern. Ein frommer Wunsch, denn es waren nur die Neuen gekommen. Frauen mit grellen Flokatiwesten und blond gefärbten Haaren, Männer mit verhornten Händen und USA-Sweatshirts. Ein Polizeibeamter nuschelte seinem Kollegen zu: ›Is ja wie in Moskau, ey.‹ Vor ihnen, auf dem Podium, sitzen die deutschen Repräsentanten der Gemeinde, ein symbolisches Bild: Alle tragen Kopfhörer. Die Diskussion muß simultan übersetzt werden, weil der Vorstand die meisten Gemeindemitglieder nicht versteht. Trotz der guten Übersetzung redet man aneinander vorbei . . .«

WANDEL DER GEMEINDEN

Zweifellos stellt der Zustrom aus Osteuropa die jüdischen Gemeinden in Deutschland vor gravierende Probleme und Herausforderungen. Im Nachkriegsdeutschland bestanden vor 1989 zumeist nur kleine, überalterte Gemeinden. Nach Schätzungen waren nur etwa 10 bis 20 Prozent ihrer Herkunft nach deutsche Juden, die übrigen waren Überlebende der Konzentrationslager, die nach dem Krieg hier blieben, sowie Zuwanderer aus Osteuropa. Die Gemeinden wurden oft von der nichtjüdischen Umwelt, vor allem von der Politik, instrumentalisiert, weil die Existenz einer jüdischen Gemeinde nach dem Holocaust in Deutschland als Ausweis der Demokratie gilt. Es gab und gibt Schuldgefühle auf beiden Seiten. Die einen litten darunter, was Deutsche begangen hatten; Juden fühlten sich schuldig, weil sie sich für ein Leben in Deutschland entschieden – viele saßen im wahrsten Sinne des Wortes auf »gepackten Koffern«. Sie lebten in einem gesellschaftlich tabuisierten Schutzraum, mehr in der Vergangenheit denn in der bundesdeutschen Gegenwart, als Schicksalsgemeinschaft, für die Judentum mehr Identität als religiöse Überzeugung war. Organisatorischer Ausdruck dieser labilen Gemeinschaft war die Einheitsgemeinde, die beansprucht, alle religiösen Richtungen unter einer Gemeindeverwaltung nach außen zu vertreten und nach innen zuzulassen. Das Konzept der Einheitsgemeinde stammt aus der unmittelbaren Nachkriegszeit, als die Meinung vorherrschte, es werde künftig kein nennenswertes jüdisches Leben in Deutschland mehr geben.

Doch spätestens mit dem Gerichtsentscheid in Berlin, dass neben der traditionellen Gemeinde mit ihren inzwischen wieder über 10 000 Mitgliedern auch die kleine »Adass Jisroel«, die »Vereinigung gesetzestreuer Juden«, als eigenständige Körperschaft öffentlichen Rechts anerkannt wurde, ist die alte Einheitsstruktur gefährdet. Aber nicht nur Berlin, sondern auch die nächstgrößeren Gemeinden Frankfurt und München seien, so die Mahnung von Ignaz Bubis im Namen des Zentralrats der Juden anläßlich einer Podiumsdiskussion zum Thema »Juden im vereinten Deutschland« im Mai 1998, durch »Spaltungsgefahr« und Streit zwischen Liberalen und Orthodoxen bedroht. Allerdings wenden sich Repräsentanten einer neuen liberalen Richtung nicht prinzipiell gegen den Status der Einheitsgemeinde. Ihr Argument lautet, dass die Gemeinden nicht für religiöse Identität zuständig seien, sondern lediglich einen politischen Rahmen beziehungsweise ein organisatorisches Gehäuse darstellen könnten. Schon jetzt etabliert sich in religiöser Hinsicht mit der Gründung von liberalen und reformorientierten Gemeinden, orthodoxen Austrittsgemeinden, der Berufung von konservativen und liberalen RabbinerInnen sowie der in München 1997 gegründeten Union liberaler Gemeinden eine Art Dachverband, ein neuer Pluralismus.

Auch wenn sich die absolute Zahl der Gemeindemitglieder trotz des Zustroms aus Osteuropa in Grenzen hält, ist Deutschland zurzeit tatsächlich das einzige europäische Land mit einer stark wachsenden jüdischen Gemeinschaft. Vor allem in Ostdeutschland entstanden Gemeinden de jure oder de facto neu. Kleine Gemeinden erleben einen kaum zu bewältigenden Zuwachs. So vervielfachte sich die Mitgliederzahl in der Gemeinde Duisburg/Mülheim/Oberhausen von ca. 150 auf mehr als 1200. Selbst die großen Gemeinden wie Düsseldorf, Dortmund und Köln sind an die Grenzen ihrer Leistungsfähigkeit gelangt, Düsseldorf verzeichnet z. B. heute mit 5000 mehr als dreimal so viele Mitglieder wie 1990 und hat quantitativ mittlerweile den Stand von 1933 erreicht. Das Wachstum eröffnet den Gemeinden Perspektiven, die viele als Chance zur Erneuerung jüdischen Lebens in Deutschland sehen. Diese Ansicht wird offenbar nicht von allen Gemeinden gleichermaßen geteilt, denn einige kleinere und mittlere Gemeinde nehmen kaum oder nur sehr restriktiv neue Mitglieder auf. In Bayern zum Beispiel existiert eine Empfehlung, das Wahlrecht in den Gemeinden für die Zuwanderer einzuschränken – d. h. konkret, eine Warte- oder Probezeit von zwei Jahren einzuführen. »Kompliziert wird der Sachverhalt«, so Julius H. Schoeps in der »Allgemeinen Jüdischen Wochenzeitung« vom 2. April 1998, »noch insofern, als das Verhalten mancher Gemeinden in Deutschland nicht gerade dazu beiträgt, den Integrationsprozess voranzutreiben. Statt sich stärker dafür einzusetzen, daß Sprachbarrieren abgebaut und die Neuzuwanderer mit entsprechenden Kursen schnell und effektiv an die deutsche Kultur und Gesellschaft herangeführt werden, ist in manchen Gemeinden – bedingt durch nicht vorhandene Mittel und eine gewisse Hilflosigkeit der Gemeindeverantwortlichen – geradezu zu einem Integrationsprozess mit umgekehrten Vorzeichen gekommen. Die alteingessenen Gemeindemitglieder werden gewissermaßen gezwungen, sich den neuen Verhältnissen anzupassen. In der Wahrnehmung der Alteingessenen sieht das so aus, dass in den jüdischen Gemeinden neben Deutsch Russisch gewissermaßen die ›Amtssprache‹ geworden ist. Das hat zur Folge, dass nicht nur Gemeindebedienstete russisch sprechen, sondern in manchen Gemeinden mittlerweile auch die Gemeindeblätter in deutscher und russischer Sprache erscheinen. In einigen Gemeinden wie zum Beispiel in Potsdam oder Rostock ist Russisch faktisch die alleinige Umgangssprache geworden. Die Alteingessenen beginnen sich zunehmend über diese Entwicklung zu beschweren, von der sie meinen, sie mache sie zu Fremden in der eigenen Gemeinde.«

Beide Haltungen, also bedingungslose oder beschränkte Neuaufnahme von Zuwanderern, wurzeln in der Sorge um das Überleben der jüdischen Gemeinden in Deutschland. Beschränkungen werden mit den religiösen Ge- und Verboten begründet und sollen eine bestimmte (meist orthodoxe) Interpretation der religiösen Normen im Gemeindeleben aufrechterhalten, was häufig diejenigen ausgrenzt, die eine andere Auffassung vom Judentum haben. Die ständige Neuaufnahme von jüdischen Zuwanderern aus der GUS, die von der Mehrzahl der Gemeinden praktiziert wird, vertagt die Frage der Integration der Zuwanderer ins Gemeindeleben in die Zukunft und definiert für die Gemeinden einen Zielkonflikt: Sie kollidiert mit einer Intensivierung der Betreuungsarbeit, weil das quantitative Wachstum aufgrund der Abhängigkeit der Neuzuwanderer von staatlichen Leistungen wie Sozial- oder Arbeitslosenhilfe nicht mit einer grundlegenden Verbesserung der Einnahmeseite der Gemeinden verbunden ist. Vielerorts werden jüdische Kindergärten, Schulen und Altenheime neu gegründet oder ausgebaut. Der defizitäre Haushalt vieler Gemeinden erlaubt wenn überhaupt nur geringe Spielräume für Investitionen im Personalsektor, was wiederum im Widerspruch zum Integrationsziel steht und zu Engpässen insbesondere in der sozialen Betreuung der Zuwanderer führt. Die jüdischen Gemeinden stellen für die Zuwanderer die wichtigste Anlaufstelle dar, die auch deshalb häufig mit den sozialen und kulturell-religiösen Integrationsaufgaben überlastet sind. Zwar sind kulturell-religiöse Veranstaltungen an Feiertagen oder anderen Gelegenheiten stellenweise gut besucht, doch gelingt es kaum, die Zuwanderer zu einer kontinuierlichen und engagierten Mitwirkung zu gewinnen, was als Voraussetzung für eine langfristige Bindung von Mitgliedern an die Gemeinde zu betrachten ist.

Gleichgültig auf welche Weise die Gemeinden den Zustrom zu bewältigen suchen, sie müssen sich dem Problem stellen, dass der großen Mehrheit der Zuwanderer teilweise auch nach längerem Aufenthalt in Deutschland das Judentum weitgehend fremd ist. Unter Umständen betrachten die Zuwanderer ihre Ansprechpartner in den jüdischen Gemeinden sogar als noch »exotischer« als die in den deutschen Behörden, denn dem »homo sovieticus« war die Bürokratie zweifellos besser vertraut. Die demografische Struktur der jüdischen Bevölkerung in der ehemaligen Sowjetunion war durch einen extrem hohen Urbanisierungsgrad (98 Prozent leben in Städten), ein überdurchschnittlich hohes Durchschnittsalter, einen großen Anteil von bi-nationalen Ehen und eine im Vergleich zur Gesamtbevölkerung atypische, überwiegend akademische Berufsstruktur gekennzeichnet. Mindestens ein Drittel aller Juden lebte bereits in den siebziger Jahren in Ehen mit nichtjüdischen Partnern, und die meisten beherrschten kein Hebräisch oder Jiddisch mehr. Die Beantwortung der Frage »Wer ist Jude« ließ und lässt sich allerdings nicht soziologisch beantworten. In der Sowjetunion galt Judentum als »Nationalität«, die auf Antrag gewechselt werden konnte. Bei Volkszählungen wurde ausschließlich der Eintrag in die Identitätskarte registriert. So entstand ein widersprüchliches Verhältnis von verschiedenen Definitionen des Judentums. Jüdisches Leben im orthodoxen Sinne war in der Sowjetunion ohnehin nicht oder nur in sehr eingeschränkten Maße möglich: In den 70er und 80er Jahren existierten nur noch 50 bis 100 Synagogen. Koschere Lebensmittel waren praktisch, wenn überhaupt, nur mit größter Mühe zu erhalten, auch Thorarollen und andere rituelle Gegenstände waren Mangelware. Nicht zuletzt deshalb sind nur wenige russische Juden als religiös zu bezeichnen. Die Emigranten haben folglich in den meisten Fällen seit mindestens zwei Generationen praktisch keinen Kontakt mehr mit der jüdischen Religion. Sie besitzen keine oder nur geringe Kenntnisse der Tradition und Lebensweise und verfügen nur über ein rudimentäres Wissen aus der jüdischen Geschichte. Nach einer inoffiziellen Umfrage der achtziger Jahre bezeichneten sich nur sieben Prozent der befragten sowjetischen Juden als »religiös«. Die meisten beachteten die religiösen Gesetze nicht mehr, nur ein Fünftel ging hin und wieder in die Synagoge, und 17 Prozent zeigten eine ausgesprochen atheistische Grundhaltung. Die jüdische Bevölkerung war weitgehend akkulturiert, wenngleich das überdurchschnittlich hohe Bildungsniveau durchaus als traditionelles Merkmal angesehen werden kann.

In Deutschland trafen und treffen diese Zuwanderer auf Gemeinden, deren Selbstverständnis sich erst durch den Migrationsdruck zu klären beginnt. Die Emigranten sind in dieser Hinsicht sicherlich nur der Katalysator einer ohnehin vorhandenen Entwicklung. Salomon Korn, Mitglied des Zentralrats, spricht in diesem Zusammenhang vom Anwachsen einer »kritischen Masse«, die die Gemeinden vor eine »Zerreißprobe« stellen könnte: »Die Neueinwanderer bilden auch in religiöser Hinsicht eine Art Scheidewasser, denn sie stärken durch den auf die Gemeinden ausgeübten Druck nach rascher Integration liberale und reformerische Bewegungen innerhalb der jüdischen Gemeinschaft. Diese ermöglichen zunächst einen wesentlich einfacheren und bequemeren Zugang zu Judentum und jüdischer Religion, als konservative und orthodoxe Ausrichtungen es zulassen. Dem wird eine verstärkte religiöse Polarisierung innerhalb der jüdischen Gemeinden folgen, denen es zunehmend schwerer fallen dürfte, die auseinanderstrebenden Kräfte zu binden.« (Frankfurter Rundschau vom 21. April 1998)

Ob es jedoch gelingt, den größten Teil der Zuwanderer in diesen Prozess zu integrieren, ist eine offene Frage. War Anfang der neunziger Jahre die Tendenz festzustellen, daß etwa ein Drittel der Zuwanderer am Gemeindeleben partizipierte, so ist mittlerweile Ernüchterung eingekehrt. Alphons Silbermann stellte in einer empirischen Studie über die Kölner Gemeinde Anfang 1998 fest, dass rund ein Drittel der Zuwanderer sich überhaupt nicht und knapp die Hälfte nur an Feiertagen am religiösen Leben beteiligt. Mit zunehmender Verweildauer in Deutschland paßt sich also das religiöse Verhalten der Emigranten dem der »alten« Mitglieder an, d. h. der Prozentsatz derjenigen, die nur an Festtagen die Synagoge besuchen, nimmt zu, während die wöchentlichen und monatlichen Besuche abnehmen. Die Gemeinden reagieren darauf schon länger zumeist mit einer improvisierten Angebotsstruktur, die mehr Informationsveranstaltungen und -materialien, Kurse und ähnliches zu kulturell-religiösen und sozialen Themen speziell für die Zuwanderer anbietet. Relativ viele Zuwanderer nehmen diese Angebote wahr, kommen aber dennoch nicht regelmäßig zu Veranstaltungen im religiösen Gemeindeleben.

Das liegt auch an den Konflikten zwischen alteingesessenen und neuen Mitgliedern. Rabbiner Michael Goldberger aus Düsseldorf führt dies in den »Frankfurter Jüdischen Nachrichten« vom Oktober 1997 auch auf religiöse Gründe zurück: »Die meisten alteingesessenen Gemeindemitglieder sind in jüdischen Dingen nicht bewandert (. . .) Nun aber gelangt eine Generation zu uns, die Judentum höchstens noch vom Hörensagen der Großeltern kennt und die ihr Judesein fast ausschließlich als Nachteil erfahren mußte. Dies führt zu merkwürdigen schein(heilig)-religiösen Auseinandersetzungen. Russische Juden werden von den Alteingesessenen als ›Gojim‹ beschimpft (. . .)« Die Neuzuwanderer werden deshalb oft als »Sündenböcke« für alle möglichen Missstände hingestellt. Die Chance zur Klärung der eigenen jüdischen Identität, die Rabbiner Goldberger sieht, wird offenbar nur von wenigen Alteingesessenen erkannt. Diese, oft vor einigen Jahren selbst zugewandert, gehören mittlerweile zum »Establishment« und bemühen sich teils um die Integration der neuen Zuwanderer, teils aber auch um die Ausgrenzung, weil sie ihre Interessen sichern wollen. Es ist ein offenes Geheimnis, dass die Zuwanderer bisher kaum in die Gemeindevertretungen gewählt wurden, obwohl sie in vielen Gemeinden mittlerweile die Mehrheit der Mitglieder stellen. Die ostdeutschen Gemeinden und wenige im Westen nehmen dabei Sonderrollen ein, weil sie sich fast ausschließlich aus Zuwanderern zusammensetzen. Auch Berlin, wo inzwischen knapp die Hälfte der Mitglieder Zuwanderer sind, ist ein Sonderfall: Bei den Wahlen zur Repräsentantenversammlung am 1. Juni 1997 waren beinahe 50 Prozent der Kandidaten aus der GUS, und viele von ihnen waren erst in den neunziger Jahren eingereist. Gewählt wurde von den Neuangekommenen niemand. Offenbar bestehen auch innerhalb der Neuzuwanderer starke Interessengegensätze oder tiefes Misstrauen, die die politische Vertretung blockieren.

Die Konfliktlinien verlaufen quer durch die Gemeinden, was sich auch im Umgang mit so genannten »interkonfessionellen Ehen« zeigt. Offensichtlich fühlen sich Personen ausgegrenzt, die mit einem christlichen oder atheistischen Ehepartner zusammenleben – immerhin mehr als ein Drittel der Zuwanderer, die deutlich seltener am Gemeindeleben teilnehmen. Viele Rabbiner sind unterschiedlicher Meinung über ein (möglicherweise vereinfachtes) Konversionsverfahren für diese Gruppe. Darüber hinaus sind Gemeindevorstände uneins über die Einrichtung von Treffpunkten oder Kulturvereinen. Manche sehen darin den Anfang vom Ende der Einheitsgemeinde, andere einen notwendigen Freiraum für die Emigranten, der die Integration in die Gemeinde erleichtere. Ein Teil der alteingesessenen Mitglieder fühlt sich vernachlässigt oder benachteiligt, weil – so der Vorwurf – die Gemeinde sich nur noch um die Zuwanderer kümmere, Russisch zur Umgangs- und Amtssprache mache oder die Arbeitsplätze an weniger qualifizierte Migranten vergebe. Den neuen Mitgliedern wird vorgeworfen, sie nähmen nur eine Anspruchshaltung ein, wären nicht zu Leistung und Opfern bereit, wie das Zitat eines Rentners veranschaulicht, das der Berliner Fallstudie von Judith Kessler entnommen ist: »Als wir damals kamen, waren wir noch anspruchslos, weil alle anspruchslos waren, auch die ganze Bevölkerung. Wir sind aus dem KZ rausgekommen und haben bei Null angefangen. Die jetzt kommen, denken, sie kommen zu den Reichen und erwarten Wunder. Sie müssen auch versuchen, Initiative zu zeigen, was zu erreichen, zu machen (. . .) Das ist, was ich als Rat geben kann – aber die Zuwanderer sind alle so schlau und wissen immer schon alles besser; da zieht man sich manchmal zurück in sein Häuschen.« Umgekehrt fühlen sich viele der Zuwanderer diskriminiert, wenn sie von den Gemeinden nicht als Juden anerkannt werden, etwa weil sie nur einen jüdischen Vater hatten. Aber auch jene, die formal akzeptiert wurden, begegnen Widerständen. Oft werden sie aufgrund ihrer Unkenntnis oder Unsicherheit in den religiösen Ge- und Verboten bzw. Traditionen belächelt oder beargwöhnt. Ein siebzigjähriger Migrant fasste seine negativen Erfahrung folgendermaßen zusammen: »Manche deutsche Juden sind so arrogant. Neulich erzählt mir einer, daß sie ein großes Haus hatten und alle ehrenhaft waren und ehrlich und voller Kultur und bekannte Rabbiner und alles. Hab ich ihm gesagt ›Nu was glaubst

Du: Ich bin vom Himmel gefallen?‹ Sie denken, sie sind was Besseres und müssen uns erst alles beibringen« (zit. nach Judith Kessler, Jüdische Migration seit 1990. Beispiel Berlin, Berlin 1996).

EIGENBILDER

Die soziale, wirtschaftliche und kulturelle Integration sowie Selbstbehauptung der jüdischen Einwanderer aus der GUS ist natürlich nicht nur ein internes Problem der jüdischen Gemeinden. Für die deutsche Gesellschaft ergibt sich hier auch eine historisch-moralische Frage. In unserer 1996 im Auftrag des Moses-Mendelssohn-Zentrums veröffentlichten Studie (Julius H. Schoeps, Willi Jasper, Bernhard Vogt: Russische Juden in Deutschland. Integration und Selbstbehauptung in einem fremden Land. Weinheim 1996) gaben immerhin 40 Prozent der befragten Einwanderer an, dass die deutschen Behörden sich »nicht hilfsbereit« zeigen. Das gilt vor allem auch im Hinblick auf Integrations- und Qualifizierungsmaßnahmen für Arbeitslose. Ein inzwischen allgemein erkanntes Hauptproblem – das nicht nur die russisch-jüdischen Einwanderer in Deutschland betrifft, sondern ebenso diejenigen in Israel und USA, ist die »kopflastige« Berufsstruktur: 71,2 Prozent der Einwanderer verfügen über einen Hochschulabschluß. Doch anders als in Israel wird in Deutschland dieses intellektuelle Potential nicht genutzt. Knapp 30 Prozent der russisch-jüdischen Einwanderer hatten sich 1995 als arbeitslos gemeldet. Inzwischen liegt die Quote wesentlich höher. Schon 1997 erhielten nach Angaben des Sozialministeriums Nordrhein-Westfalen 80 Prozent Sozialhilfe. Das offizielle durchschnittliche monatliche Haushaltseinkommen betrug nur knapp 1300 DM. Ein wichtiger Aspekt ist auch, dass 21 Prozent der Einwanderer zum Zeitpunkt der Umfrage jünger als 18 Jahre waren.

In unserer empirischen Studie zur Integrationsproblematik der russisch-jüdischen Einwanderer (1996) wurden auch – wie es etwas umständlich im soziologischen Jargon heißt – »die Beziehungen zur deutschen Bevölkerung in Häufigkeit und Qualität untersucht«. Insgesamt konnte bisher nur – so das Ergebnis unserer Befragung – ein sehr kleiner Teil der Emigranten enge und dauerhafte soziale Beziehungen mit Deutschen aufbauen. Offensichtlich ist, dass der Integrationsprozess nicht linear verläuft, sondern auf einem bestimmten Niveau stehenbleibt. Es wäre zu einfach, wenn man dafür nur die mangelnden deutschen Sprachkenntnisse der jüdischen Einwanderer verantwortlich machte. Die erste Phase der Emigration ist gleichbedeutend mit »Überleben« in der Fremde. Die Existenzsicherung, die Erkundung staatlicher Eingliederungshilfen, die Suche nach Arbeit und Wohnung stehen zwangsläufig im Vordergrund. Für die Auseinandersetzung mit der alten und neuen Kultur sowie der Pflege von sozialen Beziehungen bleibt in den ersten Jahren nur wenig Raum. In unserer Studie haben wir konkrete Aussagen der Betroffenen dokumentiert, so auch die Erfahrungen eines ehemals führenden Wirtschaftswissenschaftlers der Sowjetunion, der u. a. zu Protokoll gab:

»In Deutschland habe ich es sehr schwer mit der Nostalgie. Ich sitze z. B. in der Straßenbahn. Die deutsche Sprache ist mir fremd, mag sie dem Jiddischen auch ähneln, oder vielmehr ähnelt das Jiddische dem Deutschen. Ringsum höre ich nur ›Birrbirrbirr‹. Wenn ich aussteige, lese ich für mich selbst: ›Und düstere Berge, zackiges Gestein . . .‹ (Anm.: M. Lermontow) So beruhige ich mich – entkommen kann ich dem nicht. In unserem Bekanntenkreis sind sowohl ›Russen‹ als auch Deutsche. Die Deutschen, mit denen wir befreundet sind, sind ganz aufrichtige Menschen. Aber ich habe schon in Chemnitz verstanden, dass es

Deutsche gibt . . . und Deutsche. Hier ist auch etwas Verborgenes in allem, was dem bloßen Auge nicht sichtbar wird. Irgendwo gibt es ja Häuser und Familien, wo die Kahlgeschorenen erzogen werden! Woher sollten sie sonst kommen? Das bedeutet, daß sich irgend etwas hier noch aus den Kriegszeiten erhalten hat. Der Vater erzieht den Sohn, der Sohn seinen Vater usw. Aber in Aachen empfinden wir das nicht. Ich treibe z. B. regelmäßig Sport, in meiner Gruppe sind nur Deutsche, ich bin der einzige aus Russland. Ich fragte einen: ›Wie heißen Sie‹ und er antwortete mir: ›Sie? Warum Sie? – Du! Ich bin Fritz, und du bist Iwan.‹ Er hat im Krieg gekämpft, war in Gefangenschaft und weiß, daß wir sie ›Fritz‹ nannten und sie uns dementsprechend ›Iwan‹. Aber das war alles ganz und gar freundschaftlich. Und ich bin für ihn ›Iwan‹, also Russe und nicht Jude. Ich erzähle dort auch niemandem etwas über meine jüdische Herkunft, weil das zu nichts führt . . .«

Wesentlich bitterer klingt die Klage eines Musikpädagogen und Komponisten: »Ich bin kein vollwertiges Mitglied der Europäischen Gemeinschaft. Eine Art zugelaufener Hund. Hoffnung auf einen normalen Pass oder einen normalen Status habe ich nicht. Überhaupt ist das ein wunder Punkt. Aus der UdSSR reisen deutsche Aussiedler und jüdische Flüchtlinge ein. Ich bitte um Verzeihung, aber Juden sind keine Flüchtlinge, sie sind nicht auf der Flucht, sie sind die gewöhnlichsten Aussiedler, genau wie die deutschen Aussiedler. Das Gesetz über die Aussiedler kann man in wenigen Worten so umreißen: Ein Aussiedler ist jemand, der der deutschen Kultur angehört, dessen Vorfahren aus Deutschland kamen und dergleichen. Aber dazu zählen doch auch die Juden! Woher gelangten sie nach Russland? Aus Deutschland! Das heute bestehende Gesetz über Aussiedler und Flüchtlinge halte ich einfach für rassistisch, ob die Behörden sich dessen bewußt sind oder nicht. Unsere Situation ist ambivalent. Ich bin kein Flüchtling. Ich bin nicht geflohen! Nun gut, in meiner Lage war ich einfach gezwungen hierzubleiben. Nichts wäre mir lieber, als zurückzukehren. Nur bin ich schon faul geworden, habe mich eingelebt, schon hat man mich gekauft. Damit, dass ich hier diese D-Mark verdiene. Na gut, ich habe mich verkauft! Aber im Grunde ist meine Lage nicht beneidenswert, ich fühle mich nicht als vollwertiger Mensch. Überhaupt, wenn man emigrieren will, dann nicht nach Deutschland, nicht in einen Nationalstaat. Schlimmstenfalls nach Amerika . . .«

Im Zentrum der Befindlichkeit der mit ihren Eltern nach Deutschland eingewanderten Kinder und Jugendlichen steht die Frage »Wer bin ich?«. Ljudmilla Duwidowitsch hat in ihrem Beitrag für unsere Studie in Berlin geführte Interviews veröffentlicht. In den Antworten geht es um die Rolle der Sprache, die politisch-soziale Identifikation und die kulturelle Herkunft bzw. Zukunft. So erklärt z. B. Pjotr (12), der seit vier Jahren in Berlin lebt: »Ich fühle mich als deutsches Kind, weil ich jetzt schon viel besser deutsch als russisch sprechen kann, und hebräisch kann ich ja nun gar nicht. Diese Sprache (das Deutsche) höre ich einfach überall, und da gewöhne ich mich um.« Leon (17) hält dagegen: »Warum soll ich mich in eine fremde Kultur hineindrängen, eine Doppelexistenz führen, wenn es den Staat Israel gibt?« Vera (15) wiederum meint: »Ich bin Jüdin, aber ich bin auch Russin. Einerseits spricht man bei uns zu Hause russisch, und mir ist der Umgang mit russischen Kindern interessanter. Andererseits bin ich vertrauter mit jüdischen als mit russischen Bräuchen und Feiertagen.«

PERSPEKTIVEN

Diese Äußerungen von Erwachsenen und Kindern bzw. Jugendlichen – auch wenn sie zum Teil zugespitzt formuliert erscheinen – machen deutlich, daß die Integrationsproblematik vor allem auch eine Identitätsfrage ist. Das Zuwandern von Menschen, seien sie »deutschstämmig«, »jüdisch« oder einer anderen »fremden« Nationalität, ist in der Bundesrepublik Deutschland lange Zeit nur als quantitatives und nicht als qualitatives Problem diskutiert worden. Insbesondere für die jüdischen Einwanderer ist es auch ein historisches Problem, dass sich Deutschland im rechtlichen Sinn nicht als Einwanderungsland versteht. Das in völkischer Tradition stehende »Recht des Blutes« macht die Situation für sie besonders schwierig, und zwar im Hinblick auf die Staatsbürgerschaft, die kulturell-religiöse Selbstbehauptung und eine auf zukünftige Perspektiven gerichtete soziale Absicherung. Insbesondere die zitierten Äußerungen des Musikpädagogen veranschaulichen, dass Freizügigkeit und Staatsbürgerrechte heute nicht mehr aus dem verengten nationalen Blickwinkel betrachtet werden, sondern aus der Perspektive eines zukünftig vereinten Europa.

Ein Schlüssel für die gleichberechtigte Behandlung der jüdischen Einwanderer im Verhältnis zu den sogenannten »Aussiedlern« wäre die strategische Konzeption einer bundeseinheitlichen Bildungspolitik. Generell orientieren sich die Möglichkeiten zum Besuch weiterführender Bildungsgänge und Bildungseinrichtungen an den »Richtlinien für die Vergabe von Zuwendungen (Beihilfen) zur gesellschaftlichen, d. h. zur sprachlichen, beruflichen und damit in Verbindung stehenden sozialen Eingliederung junger Aussiedlerinnen und Aussiedler sowie junger ausländischer Flüchtlinge« der Bundesregierung. Problematisch ist nach Darstellungen der Sozialabteilungen der jüdischen Gemeinden vor allem die Situation bei der Anerkennung von Berufs- und Studienabschlüssen. So ist denkbar, dass ein Spätaussiedler und ein jüdischer Einwanderer, die in der ehemaligen Sowjetunion einen identischen schulischen und beruflichen Sozialisationsprozess durchliefen – vielleicht sogar nebeneinander auf der Schulbank saßen und über gleiche Zeugnisnoten und Abschlüsse verfügen –, in Deutschland bei der Anerkennung ihrer Diplome und Berufsabschlüsse völlig unterschiedlich behandelt werden. Während der Aussiedler zum Beispiel durch sein Diplom unmittelbaren Zugang zu einer Hochschule erhielte, müsste der jüdische Einwanderer durch ihm abverlangte Zusatzprüfungen u. U. eine mehrjährige »Wartezeit« auf sich nehmen. Ganz offensichtlich sehen die Betroffenen ein Konfliktpotential in der regional unterschiedlichen Auslegungspraxis der zentralen Richtlinien.

Aufschlussreich ist in diesem Zusammenhang die Antwort der Landesregierung Brandenburg auf eine »Kleine Anfrage« vom Dezember 1997 im Landtag nach der rechtlichen Gleichstellung von jüdischen Einwanderern:

»Jüdische Zuwanderer sind den Spätaussiedlern im Bereich gesetzlicher Eingliederungsleistungen weitgehend gleichgestellt. Sie haben insbesondere ebenfalls Anspruch auf Teilnahme an einem sechsmonatigen Sprachkurs und Eingliederungshilfe nach dem AFG sowie Zugang zum deutschen Arbeitsmarkt. Ein Anspruch auf Anerkennung von Berufsabschlüssen, wie in § 10 BVFG für die Spätaussiedler enthalten ist, fehlt bei den jüdischen Zuwanderern, sodass Prüfungen oder Befähigungsnachweise aus den Herkunftsgebieten nur im Ermessungswege anerkannt werden können. Der Landesregierung liegen keine Erkenntnisse vor, dass die für die Anerkennung von Abschlüssen in den anerkannten Ausbildungsberufen zuständigen Behörden und Stellen (Kammern) entsprechende Verfahren bürokratisch oder erschwerend bearbeiten. Das Ministerium für Arbeit, Soziales, Gesundheit und Frauen hat der jüdischen Gemeinde Land Brandenburg bereits mitgeteilt, daß es die Frage einer weitergehenden rechtlichen Gleichstellung jüdischer Zuwanderer mit Spätaussiedlern bei den Eingliederungsleistungen im Rahmen der hierfür zuständigen Bund-Länder-Gremien verfolgen wird.«

Auch wenn die Behandlung der »Eingliederungshilfe« durch die brandenburgische Regierung im Vergleich mit anderen Bundesländern durchaus ein wohlwollendes Problembewusstsein verrät, signalisiert die Berufung auf den »Ermessungsweg« jedoch grundsätzlich die Möglichkeit von willkürlicher Praxis. Diese zeigt sich bereits bei den Entscheidungsbefugnissen der Arbeitsämter. Jüdische Einwanderer weisen immer wieder darauf hin (was von den Sozialarbeitern der Gemeinden bestätigt wird), dass die Arbeitsämter bei ihrer Förderung selektiv vorgehen und nur diejenigen fördern, für die es nach Ansicht der Ämter auch Chancen auf einen Arbeitsplatz gebe.

Eine neue Untersuchung des Moses-Mendelssohn-Zentrums, die im Frühjahr 1999 erschienen ist, wollte genauer die generationsspezifischen Erfahrungen der russisch-jüdischen Einwanderer mit der deutschen Gesellschaft, dem Arbeitsmarkt und dem Bildungssystem ermitteln, aber auch Aspekte der kulturellen Integration tiefer analysieren. Es geht dabei um zu vergleichende Erfahrungen in den verschiedenen Regionen – vor allem auch in den jüdischen Gemeinden selbst. Eine Spezialuntersuchung der Erfahrungen der Sozialarbeiter in den Gemeinden gibt es bereits. Um noch mehr Aufschlüsse über Integrationsprobleme und Eingliederungshilfen zu gewinnen, soll in einem weiteren Schritt der Austausch mit Wissenschaftlern und direkt Betroffenen in Einwandererzentren von Israel und den USA verstärkt werden.

»Ich war also Jude! Ich war ein anderer! Ich war nicht ein Mensch wie alle! Fremd hier und fremd dort, fremd über jede Vorstellung! Fremdheit, das Erzgefühl meines Lebens.«

Franz Werfel

Elena Solominski

Akzeptanz oder Emanzipation?

Jüdinnen aus den GUS-Staaten in Deutschland

Die Einwanderung von Juden aus der ehemaligen Sowjetunion nach Deutschland 50 Jahre nach dem Ende des Zweiten Weltkrieges und des Holocaust hat die jüdische Gemeinschaft in der Bundesrepublik seit Ende der 1980er Jahre um etwa das Doppelte anwachsen lassen. Ende der 1990er Jahre hält der Zuzug weiter an. Auf Grund der russisch-jüdischen Zuwanderung sind in vielen Städten neue Aktivitäten in religiösen und kulturellen Bereichen nicht mehr zu übersehen. In Städten, in denen bislang keine Juden lebten, haben sich jüdische Gemeinden gebildet – das gilt insbesondere für die neuen Bundesländer. Kultur- und Erziehungseinrichtungen, Schulen und Kindergärten, Synagogen mit Gemeindezentren wurden gebaut, viele sind in Planung; eine jüdische wie eine russischsprachige Presse entwickelt sich. Andererseits bringt diese rasante Entwicklung auch eine Reihe Probleme. Der Großteil der neuen Gemeindemitglieder ist auf Sozialhilfe angewiesen, weil den meisten eine freie ihrer Ausbildung gemäße Berufswahl verwehrt ist. Auch innerhalb der Gemeinden kommt es zu Fraktionierungen, bei manchen zur Konfrontation zwischen den »Neuen« aus den GUS-Staaten und den Alteingesessenen, wobei der Unterschied zwischen diesen beiden Gruppen allerdings eher im zeitlichen Abstand der jeweiligen Zuwanderung besteht: Beide Gruppen stehen nicht in der Tradition des deutschen Judentums aus der Zeit vor 1933.

Ausgehend von der Tatsache, dass in den jüdischen Gemeinden die Zahl der Mitglieder bis zu zwei Drittel – in den Gemeinden Düsseldorf, Frankfurt, Köln, Dortmund, Essen – aus jüdischen Neuzuwanderern aus den GUS-Staaten besteht, könnte man ganz allgemein sagen, dass das Profil der jüdischen Gemeinden bereits jetzt, gewiss aber in nächster Zukunft, von Juden aus der ehemaligen UdSSR sehr stark beeinflusst und bestimmt wird.

Hinsichtlich der Rahmenbedingung der Migration ist schwer zu unterscheiden zwischen spezifischen »Männerproblemen« und »Frauenproblemen«, ganz zu schweigen von Problemen, die mit der Erziehung zusammenhängen oder mit Beziehungskonflikten zwischen den Generationen. All diese Aspekte sind miteinander verbunden; dazu gehören auch Charakteristika, die mit Alter, Herkunft, Ausbildung, Tradition und anderen sozialen Aspekten zu tun haben und schwer zu verallgemeinern sind. Dennoch lässt sich behaupten, dass die Problematik sozial-wirtschaftlicher und/oder erziehungs-kommunikativer Aspekte sich in der Lage der Frau als Teil der Familie und als Teil einer bestimmten sozialen Gruppe sowie der Gesellschaft insgesamt auf besondere Weise widerspiegelt.

Zu den wenigen Veröffentlichungen, die sich mit diesem Thema beschäftigen, gehört im weitesten Sinne die Studie des Potsdamer »Moses-Mendelssohn-Zentrums für europäisch-jüdische Studien«.[1]) Hier wird ein allgemeines soziologisches Porträt der jüdischen Neuzuwanderer in Deutschland skizziert, ohne dass besonderes Augenmerk auf die Lage der Frauen gelegt wird.

---

[1]) Russische Juden in Deutschland. Integration und Selbstbehauptung in einem fremden Land, hrsg. v. Julius H. Schoeps, Willi Jasper u. Bernhard Vogt, Weinheim 1996.

Soziologische Studien über die Lage der jüdischen Frauen in der Sowjetunion wurden weder im Lande selbst noch außerhalb der UdSSR durchgeführt. Das kann nicht weiter verwundern, fehlt es doch selbst an grundlegenden demografischen Untersuchungen über Bild und Selbstbild jüdischer Frauen in Deutschland in der Gegenwart. »Wie fühlt sich eine jüdische Frau heute in Deutschland?«, »Welche Rolle hat sie in der Gesellschaft oder in der Gemeinde?« oder »Wie wirken Feminismus und modernes Leben auf ihre Rolle und Verpflichtungen in der Familie?« – dies wurde bislang nicht gefragt.

Bei den jüdischen Migranten aus den GUS-Staaten in Deutschland handelt es sich um keine gesellschaftlich monolithische Gruppe; ihrer Herkunft nach ist sie heterogen. Die zugewanderten Jüdinnen und Juden kommen sowohl aus den südlichen Regionen der GUS-Staaten und gehören zu den Sefardim (spanisches Judentum) wie auch aus den europäischen Territorien, die zu den Aschkenasim (deutsches Judentum) zu rechnen sind.

Die dem aschkenasischem Judentum zugehörigen Neueinwanderer machen etwa 70 Prozent gegenüber 30 Prozent sefardischen Zuwanderern aus. Die meisten der Aschkenasim kommen aus den »europäischen« Staaten der GUS, und zwar aus der großen Städten Rußlands und der Ukraine wie Moskau, St. Petersburg, Kiew, Lwov (Lemberg), Odessa, Charkow, gleichwohl Städte mit einem jeweils großen jüdischen Bevölkerungsteil.

Nach der Ankunft erhalten die jüdischen Einwanderer den Status als »Kontingentflüchtlinge« – im Unterschied zu Spätaussiedlern bekommen jüdische Einwanderer erst nach sieben Jahren Aufenthalt in Deutschland die Möglichkeit, einen Antrag auf Einbürgerung in Deutschland zu stellen[2]).

Die Rolle der Frauen in der Migration fokussiert auf verschiedenen Ebenen:

- Zeitlich: Die Bindung an Vergangenheit, Gegenwart und Zukunft und die Widerspiegelung der gesellschaftlichen Werte in den verschiedenen Gesellschaften (vor, während und nach der Integration in die neue Gesellschaft);
- National und religiös: Bestimmte religiöse und/oder nationale Traditionen, kulturelle Bedürfnisse fördern oder hemmen die Integration in die neue Gesellschaft;
- Beruflich: Die Summe der Kenntnisse, der Erfahrungen und Fähigkeiten fördern oder hemmen den Einstieg in ein Berufsleben und die Integration in den Arbeitsmarkt.

Auf diesen Ebenen entwickelt sich der Übergangsprozess von einer Gesellschaft zur anderen, ein Prozess, der mitunter jahrelang andauert. Häufig findet erst in der zweiten Generation der Übergangsprozess seine Vollendung.

Die genannten Ebenen korrelieren u. a. mit Fragen über die Identität in der Gegenwart und der Zukunft, und damit sind sie mit der Frage über die Erziehung als die wichtigste Frauen-«Funktion« aufs Engste verbunden. Die o. g. Studie über russische Juden in Deutschland wirft die Frage nach den kulturellen Präferenzen in der Kindererziehung auf, die lautet: »Wie stellen Sie sich die Zukunft Ihrer Kinder in Deutschland vor?« Gefragt, welche Art von Erziehung die Kinder zuallererst erhalten sollen, antworteten 71,4 Prozent der Befragten: eine interkulturelle, 7,3 Prozent wünschten sich eine deutsche, 3,1 Prozent eine jüdische und 1,7 Prozent gaben den Wunsch nach einer russischen an. Ohne konkrete Angabe auf die gestellte Frage blieben 16,4 Prozent der Interviewten.[3])

---

[2]) S. dazu: Paul Harris, Jüdische Einwanderung nach Deutschland, in: Zeitschrift für Migration und Sociale Arbeit, 1 (1997), S. 39.

[3]) Russische Juden in Deutschland, S. 127.

Zur interkulturellen Erziehung gehört auch die Auseinandersetzung mit der deutschen Kultur. In diesem Zusammenhang sind folgende Barrieren anzumerken:

1) sprachliche
2) fehlende Kenntnisse über die neue Gesellschaft (wie sozial-wirtschaftliches und politisches Leben, Gesetze, Verwaltungsverfahren, kulturelles Leben etc.)
3) die durch die beiden zuerst genannten Punkte geprägten Schwierigkeiten bei der Entstehung der sozialen Kontakte mit Deutschen.

Die junge Einwanderergeneration zeigt sich aktiver und bringt neue Impulse in das Gemeindeleben. Nicht zuletzt spielt hier die Erfahrung eine Rolle, welche die Jugendlichen in den GUS-Staaten in den letzten Jahren mit internationalen jüdischen Jugendorganisationen machen konnten. Auch der Religionsunterricht, der in den einzelnen Gemeinden durch den Rabbiner intensiv erteilt wird, erleichtert die Eingliederung in das jüdische Leben.

Obwohl etwa 20 Prozent der Befragten eigene Vorschläge über die Einrichtung von Selbsthilfeorganisationen, Clubs etc. für Neuzuwanderer machen, bleiben die eigene Bereitschaft und das Interesse, dort auch mitzuwirken, eher gering.[4]) Ein möglicher Grund für die Diskrepanz zwischen Wunsch und Wollen dürfte darin zu suchen sein, dass die Neuzuwanderer in den GUS-Staaten keine Gelegenheit hatten, ein Gemeindeleben zu führen, in der jüdische Selbsthilfeorganisationen ungestört tätig sein konnten.

Das galt selbstredend für jüdische Frauen, die keine eigenen Initiativen ergreifen konnten. Kulturelle Aktivitäten, die sich in einem ausgedehnten Vereinsleben niederschlugen, wurden nach der Oktoberrevolution stark gefördert, jedoch durch den Stalinismus zerschlagen. Diese Unterdrückung hielt bis in die Tage von Glasnost und Perestroika mit ihrem demokratischen Neuanfang an. Das Leben im real existierenden Kommunismus mit seinen antisemitischen Begleiterscheinungen hatte andere Normen, Werte, Symbole und bot kaum Möglichkeiten für jüdische Initiativen. Ein Grenzübertritt allein kann nicht die Bereitschaft zu eigener Initiative wecken und bereits vorhandene Traditionen, Gewohnheiten und kulturelle Bedürfnisse ändern.

Unterschiedlich ist auch das ganze Modell der jüdischen Migration nach Deutschland im Vergleich zu Migrationen in andere Staaten. Hier ist zu bemerken, dass die Einwanderung in den 1970er Jahren eindeutig andere Merkmale hatte als die Migrationsbewegung in den 1990er Jahren. Ausgehend von einem virulenten Antisemitismus in der Sowjetunion standen in den 1970er Jahren zionistische und religiöse Aspekte bei der Entscheidung für ein Wanderungsziel (nach Israel) im Vordergrund. In den 1990er Jahren gab die instabile politische und wirtschaftliche Situation und damit die allgemeine fehlende Sicherheit für die Zukunft in der Sowjetunion als wichtigstes Motiv den Anstoß zum Verlassen der Heimat. Die politisch-ideologische Krise der sowjetischen Gesellschaft und der Zerfall der Sowjetunion brachten die neue Migrationsphilosophie: »Auswandern, wann immer es möglich . . .« zutage. Als ein Beispiel dient die Migration nach Österreich: Zwar hatten die potentiellen Auswanderer den sowjetischen Behörden gegenüber vertragsgemäß Israel als Emigrationsziel angegeben, sich dann aber entschlossen, im Transitland Österreich zu bleiben. Dieser Entschluss hatte zu tun mit zu erwartenden Integrationsproblemen in Israel sowie allgemeiner und permanenter Kriegsängste im Nahen Osten.

Was die spätere Migration von der früheren auch unterscheidet, ist der höhere Anteil an Individualwanderinnen oder alleinerziehenden Müttern, was in den 1970er Jahren nicht verbreitet war. Ein weiteres Beispiel ist die sogenannte Mischehe, besser interkonfessionelle

---

[4]) Ebda., S. 136.

Ehe genannt. Da die Familienmitglieder der Einreisenden in die BRD nicht immer Juden sind, sondern auch Personen mit einem anderen Glauben sein können, wirft dies in Israel, vor allem dann, wenn Kinder vorhanden sind, religiöse Probleme auf. In einem säkularen Staat wie der Bundesrepublik spielt dies zivilrechtlich zwar keine Rolle, doch auf Gemeindeebene stellen sich mitunter auch hier Identitätsprobleme. Der Anteil an interkonfessiollen Ehen unter Neuzuwanderern ist relativ hoch – Schätzungen schwanken zwischen einem Drittel und 50 Prozent. Besonders Frauen leiden unter dieser »Entfremdung«, weil sie sich weder mit der jüdischen noch mit der deutschen Umgebung identifizieren können. Dazu kommt auch, dass Verwandte nicht mit ausreisen dürfen. Dies trägt Unzufriedenheit und auch eine gewisse Spannung in die Ehe.

Die aktuelle Wanderungsbewegung unterscheidet sich von der »ostjüdischen« Zuwanderung nach Deutschland in den 1920er Jahren sehr wesentlich. Damals trafen Neuzuwanderer zumeist auf Familien oder Einzelpersonen, die bereits lange vorher zugewandert waren. Dem Neuzuwanderer der 1990er Jahre steht in dieser Hinsicht keine familiäre Infrastruktur zur Verfügung. Heute entschließen sich Familien oder Verwandte, aber auch ganze Betriebe zur Auswanderung, ohne dass zuvor andere Verwandte sich zu diesem Schritt entschlossen hatten. So ergeben sich alle Formen der Migration – Migration Alleinstehender, Familien- und Kettenmigration. Für die Einwanderung nach Deutschland spielen andere soziale oder berufliche Kontakte, Sprachkenntnisse, die europäische Lage als konkrete dauerhafte Hilfe zum Aufbau einer wirtschaftlichen Basis ein wichtige Rolle.

Soziale Kontakte beschränken sich für russisch-jüdische Frauen in aller Regel auf das jüdische Umfeld mit der jeweiligen jüdischen Gemeinde als Fixpunkt. Insgesamt sind Frauen mehrfach benachteiligt: Sie stehen in Konfrontation mit der Umgebungsgesellschaft als »Ausländerin«, andererseits sehen sie sich auf Grund weitverbreiteter, verzerrender und verallgemeinernder Berichte in Massenmedien Stereotypen über »russische Frauen« ausgesetzt, woraus sich oftmals sexistische Vorurteile ableiten lassen. Die Frauen sind zugleich belastet mit Erinnerungen an die deutsche Geschichte, die mit dem Holocaust verbunden ist. Sie sehen sich mitunter sogar mit Animositäten seitens der jüdischen Gemeinden oder der Fraueneinrichtungen in den Gemeinden konfrontiert, wo sie als »sowjetische« (»russische«) und nicht ausreichend »jüdische« Frauen verunglimpft werden. Hier wird von ihnen erwartet, dass sie in der Lage sind, einen koscheren Haushalt zu führen (Kaschrut). Auch Frauenorganisationen sind zumeist nicht hilfsbereit genug. Darüber hinaus sind die Neuzuwanderinnen trotz quantitativer Mehrheit bislang in den gemeindepolitischen Entscheidungsgremien noch kaum vertreten. Dasselbe gilt auch für Kontakte dieser Organisationen zu anderen Einrichtungen auf kommunalen und regionalen Ebenen.

Selbstverständlich gehört in diesen Zusammenhang auch die Benachteiligung der Frau in der Familie der Neuzuwanderer, wenn beide Eheleute arbeitslos und auf Sozialhilfe angewiesen sind. Die Belastungen für die Frau sind um so größer, wenn Kinder vorhanden sind und eventuell weitere Familienmitglieder wie die Eltern eines Ehepartners mit im Haushalt leben. Die Integration in die neue Gesellschaft ist nicht leicht. Sie führt durch Konfrontationen und Belastungen, stärkt jedoch die Unabhängigkeit und das Selbstbewusstsein der Frauen. Die Emanzipation als Begriff war auch in Rußland für Frauen kein fremdes Wort. In gewissem Maße realisierte sich die Emanzipation dadurch, dass alle Frauen in der Sowjetunion berufstätig, oft Akademikerinnen waren.

Sehr viele waren Ingenieurinnen, Medizinerinnen, Lehrerinnen oder Musikerinnen. Trotz ihrer hohen Qualifikation haben sie Probleme, in Deutschland gleichwertige Arbeitsmöglichkeiten zu finden. Nicht selten sehen sich die Frauen genötigt, als Putzfrau zu arbeiten oder sich als Gehilfin in irgendwelchen weniger anspruchsvollen Berufen ausbilden zu lassen. Erfahrungsgemäß sind deutsche Arbeitsvermittlungsbehörden wenig geneigt, Rücksicht auf die früher erworbenen Qualifikationen und Kenntnisse zu nehmen und sich zu fragen, ob diese dem deutschen Arbeitsmarkt zur Verfügung stehenden Frauen volkswirtschaftlich nützlicher eingesetzt werden könnten. Somit ergibt sich ein interessanter Widerspruch: Die Emanzipation ist a priori Befreiung von jedweder Abhängigkeit und Unterdrückung. In dem Maße jedoch, dass von zuwandernden Frauen die Integration erwartet wird, gerät sie in Abhängigkeit von neuen Werten und Normen in der Gesellschaft, Werte und Normen, an die sie sich erst gewöhnen muß – auf dem Arbeitsmarkt, in den Beziehungen zwischen den Generationen in der Familie, im Gemeindeleben, im sozialen Verhalten u. a.

Die Aktualität der Frage – was erwarten jüdische Migrantinnen in Deutschland (und auch, umgekehrt, was erwartet Deutschland von ihnen) im Rahmen des gemeindlichen, städtischen und regionalen Lebens – wird mit der Zeit in dem Maße an Bedeutung zunehmen, wie sich die Zuwanderung weiter entwickelt.

Es ist zu bilanzieren, dass die Migration nicht nur eine wirkliche oder vermeindliche soziale Spannung in die Bundesrepublik bringt. Sie bedeutet auch eine intellektuelle Bereicherung und ein kulturelles Potential, das angesichts der deutschen Vergangenheit einen nicht zu unterschätzenden gesamtgesellschaftlichen Faktor darstellt. Dies wird sichtbar anhand der Kurzfassungen von drei Interviews, die ich mit Frauen aus jüdischen Gemeinden im Ruhrgebiet geführt habe.[5])

Tatjana, Witwe, 52 Jahre, Dipl.-Ing. aus Russland, in Deutschland seit 1991, zur Zeit arbeitet sie als Pflegerin in einem Altenheim, wohnhaft in Bochum.

»Ich gehörte zu den ersten, die aus den GUS-Staaten nach Deutschland kamen. Ich kam zuerst nach Berlin, und einige Wochen später bin ich weiter ins Ruhrgebiet gekommen. Selbstverständlich wurde ich nicht erwartet . . . Ich war keine Heldin. In der damaligen DDR gab es mehrere Leute aus Russland oder anderen russischsprachigen Ländern. Die Migration von Spätaussiedlern war bekannter als unsere . . . Unser Status war den meisten von uns nicht klar. Einerseits waren (und sind!) wir Flüchtlinge; andererseits sind wir keine Flüchtlinge, denn wir sind nicht aus unserer Heimat vertrieben worden. Anders verhielt es sich bei Menschen, die ihre Städte und Wohngebiete wegen des Krieges oder andauernder Kriegsgefahr verlassen mußten wie z. B. in Tchechenien oder Usbekistan. Durch die politische Öffnung hatten wir nun die Möglichkeit, das Land zu verlassen, und da das Leben in Rußland zunehmend schwerer wurde, entschlossen wir uns, unser Schicksal in eine Emigration zu legen . . . In diesem Sinne hat unsere Migration nach Deutschland keinen politischen Hintergrund, besonders im Vergleich mit Wanderungen in der Vergangenheit, in der Tausende aus der Gruppe der russischen Intelligenz Russland verließen.

Als ich nach Berlin kam, hat mich nichts beeindruckt. Erst kam das Gefühl, dass ich nunmehr ein Element des ›Russischen Markts‹ in Berlin bin – zusammen mit Matrjoeschka (Holzpuppen – E. S.), der Roten Armee und russischen Symbolen . . . Dann kamen andere Gedanken – alles, was ich in Russland erlebt hatte – Gutes und Schlechtes – würde sich hier nicht wiederholen. Der Mensch bleibt nach der Migration nicht so, wie er vorher war . . . Selbst Berlin und Deutschland hatten mich zuerst nicht beeindruckt – das gilt auch für die Architektur: Ich komme aus St. Petersburg. Das ist eine sehr große und schöne

---

[5]) Aus Datenschutz- und Personenschutzgründen sind die Vornamen der befragten Personen geändert bzw. wurde auf die Personennamen verzichtet.

Stadt mit mehreren Museen und Theatern. In Berlin fand ich mehrere ähnlich wie in St. Petersburg.

Kompliziert waren von Anfang an alltägliche Dinge: Von einem Amt zum anderen, endlose Papiere, deren Inhalt ich nicht begreifen konnte. Die Sprache ist das Kernproblem der Neuzuwanderer, besonders für jene in meinem Alter. Leider drängen sich bei der deutschen Sprache bestimmte Parallelen zum Krieg auf. Das russische Fernsehen zeigt häufig Filme über den Krieg. Der Krieg war das wichtigste Thema in der Schule. Der Krieg hat jede unserer Familien getroffen. Der Tag des Sieges (8. Mai – E. S.) ist auch für meine Generation, die nach dem Krieg geboren ist, einer der wichtigsten Feiertage. Schade, dass hier dieser Tag kaum eine Bedeutung hat. Manchmal denke ich mir: Es kann sein, dass der alte Herr meinen Vater erschossen oder ein anderer meine Geburtsstadt während der Hungerblockade (Winter 1941/42 – E. S.) bombardiert hat. Daraus ergeben sich gewisse Barrieren in der Kommunikation. Vielleicht resultiert aus diesen Vorbehalten meine Schwierigkeit, die deutsche Sprache leichter zu lernen.

Bevor ich nach Deutschland kam, wusste ich, dass Deutschland eins der fortschrittlichsten Länder ist. Jedoch erwartete ich für mich schon damals kein Paradies, auch keine Präferenzen. Natürlich, das Angebot von Konsumgütern ist hier ganz anders, als es bei uns der Fall war. Das war das eine, was mich zuerst stark beeindruckte. Wir haben in Russland besonders in den letzten Jahren in Angst gelebt, dass wir nicht genügend Lebensmittel haben. Manchmal war es so extrem, dass wir nicht wußten, was wir den Kindern zum Abendessen geben konnten.

Hier gibt es keine diesbezüglichen Ängste. Die meisten sagen in Deutschland über Michail Gorbatchow nur Positives, z. B. über seine Außenpolitik, jedoch wissen nur wenige über seine Fehler in der Innenpolitik und wie schwer diese Fehler sich auf die einfachen Leute auswirkten. Es ist für mich schwer zu sagen, ob dies ein Erbe des Sozialismus war oder ob es sich um Fehler der Regierung Gorbatschow handelte. Wenn in den großen Städten wie Moskau und St. Petersburg die Situation nicht so dramatisch war, so war es in der Provinz um so schwerer. Ich kann nicht sagen, ob allein die desolate wirtschaftliche Lage mich dazu gebracht hat, die Heimat zu verlassen. Es fällt mir nicht leicht zu sagen, welche Gründe für mich entscheidend waren, meine Geburtsstadt zu verlassen.

Der Antisemitismus war für viele Juden in den GUS-Staaten ein großes Problem. Einigen hat der Antisemitismus die Beziehung ruiniert, anderen wurden Ausbildung oder Karriere deswegen unmöglich. Der Antisemitismus war in der UdSSR offiziell obsolet, aber im Alltag wurde er gewissermaßen staatlich unterstützt. Gott sei Dank blieb meine Familie von ihm verschont . . . Dennoch hatte ich immer Angst vor Antisemitismus – damals in Russland und auch jetzt in Deutschland . . . Diese Gefahr existiert immer. Man darf es nicht vergessen und muß auf der Hut sein . . .

Meine Eltern, mein Mann und ich waren überhaupt nicht religiös. Wer hat in Russland in den 70er und 80er Jahren schon die Synagoge besucht? Auch die Feiertage wurden bei uns nie gefeiert, selten geschah es, dass jemand Mazza (ungesäuerts Brot, das während der Pessach-Zeit gegessen wird – E. S.) aus der Synagoge brachte. Wir hatten keine jüdische (koschere) Küche. Wir wußten, dass wir die Juden sind, aber unser Freundekreis war immer gemischt.

Wenn ich irgendwelche antisemitischen Reaktionen gespürt habe, dann nur in Verbindung mit einer neuen Arbeitsstelle. So habe ich einige Male eine Absage bekommen, und ich vermute, dass der Ablehnung antisemitische Motive zugrunde lagen. Meine Arbeitskollegen wussten, dass ich Jüdin bin, aber ich habe deswegen nichts Negatives erlebt.

Wenn mich jemand fragte, mit welcher Gruppe ich mich identifiziere, so würde ich antworten: Mit der russischen Intelligenz. Ich bin mit russischer Literatur und Geschichte aufgewachsen. Tolstoj, Tschajkowski; Dostojewskij; Pasternak – das sind für mich nicht Namen, das ist die Tradition meiner Familienerziehung. Unsere Freizeit verbrachten wir in Museen, Theatern – das war wie eine Gewohnheit. Das war ein wichtiger Teil unserers Lebensstils. Die Kunst des Lebens hängt mit der Kunst des Landes zusammen, und damit wurden die Kinder erzogen . . . In den Kinderjahren erhielten viele von uns, auch ich, Musikunterricht oder Sprachkurse. Auch meiner Tochter vermittelte ich diese Kenntnisse.

Meine Tochter lebt in Israel. Sie ist 26 Jahre alt und hat eine eigene Familie. Wahrscheinlich habe ich deswegen eine besondere Affinität zu Israel. Es ist sehr wichtig für Juden, dass sie einen eigenen Staat haben, wohin sie jeder Zeit kommen können. Israel ist der einzige Staat, wo ich mich als Jüdin wohl fühle. Ich schließe nicht aus, dass ich irgendwann nach Israel gehen werde. Theoretisch denke ich, dass alle Juden dort leben sollten. Es ist eine traurige Ironie, dass ich so denke, da ich doch in Deutschland lebe. Viele Juden in Israel können die Juden, die in Deutschland leben, nicht verstehen. Jeder hat eigene Fragen und Antworten. Wer weiß, wo ich in den zukünftigen Jahren sein werde . . .

Wenn ich heute auf meinen Migrationsweg schaue, sehe ich, was richtig und was falsch war. Jedoch hat die Migration keine Begriffe und keine Bewertungsskala: Jede hat ihren eigenen durchschnittlich-statistischen Weg durch die Registration von Behörden und Ämtern, und jede hat ihren eigenen Weg als Einwanderin, Zuwanderin. Dieser Weg ist voll mit Versuchen und Fehlern. Besonders schwer war der Anfang: Wir konnten uns nicht auf deutsch ausdrücken, konnten nicht lesen, kannten weder unsere Rechte noch unsere Pflichten. Hier kamen uns deutsche Bekannte, Nachbarn, oft auch aus den christlichen Gemeinden zu Hilfe. Diese positive Erfahrungen haben auch andere Neuzuwanderer gemacht.

Die ersten zwei Jahre lebten wir im ›Container‹ und dann in einem Wohnheim. Jetzt habe ich eine schöne Wohnung gefunden. Das Jahr 1996 war für mich sehr traurig: Nach schwerer Krankheit starb mein Mann. Das Leben, das während der Migration an sich schon einsam war, wurde für mich seitdem noch einsamer und schwerer. Alles war dunkel geworden, und die Farbe des Lebens verlor langsam ihre Betonung. Oft denke ich, dass ich nur in der Erinnerung lebe. Ich denke, dass die Frau unabhängig sein sollte – nicht nur hinsichtlich ihres Berufes. Unabhängigkeit sollte sich gleichermaßen auf berufliche und private Sphären erstrecken . . .

Als wir nach Deutschland kamen, war für mich klar, dass ich einen neuen Beruf ausüben muß. Als Ingenieurin tätig zu sein, war schon zu spät für mich, auch Kenntnisse fehlten mir. Jedoch bekam ich vom Arbeitsamt keine Hilfe, nicht einmal Rat. Durch eine Bekannte ist es mir gelungen, eine Stelle in einem Altenheim zu bekommen, wo ich seit vier Jahren tätig bin. Das ist eine schwere Arbeit. Besonders schwer war es am Anfang: Mir fehlte es an jeglicher Erfahrung, an Sprachkenntnissen, speziell spezifischen Kommunikationskenntnissen mit alten Menschen. Es ist einfach nicht mein Beruf und nicht meine Umgebung. Ich arbeite nur aus materiellen Gründen und habe keine Freude daran. Für mich war und ist es auch sehr schwer, Kontakte zu meinen Arbeitskollegen zu knüpfen. Diese Beziehungen sind hier anders, als ich sie früher erlebt habe: Hier gibt es keinen Kollektivismus, die Ehrlichkeit hat auch ihre eigene Grenze. Bei uns in Russland wusste jeder über jeden Bescheid, nicht nur über Berufliches, auch über Privates. Besonders hier merke ich, dass ich mich auf mich selbst verlassen muß und nicht immer auf Hilfsbereitschaft oder freundschaftliche Unterstützung rechnen kann. Früher habe ich über Konkurrenz gelesen, jetzt erlebe ich in der Praxis, wie damit umzugehen ist. Meine Kolleginnen im Altenheim, in dem ich tätig bin, haben verschiedene Nationalitäten: Deutsche, Polen, Türken, Juden. Einerseits sind wir alle gleich, andererseits sind wir sehr unterschiedlich – wir kamen zu unterschiedlichen Zeiten mit unterschiedlichem Status und Lebensstil. Unsere kulturellen Bedürfnisse unterscheiden sich, und dadurch entsteht eine eigene Art internationaler Kommunikation.

Mein Freundeskreis besteht hauptsächlich aus Juden aus Russland. Es ist sehr schwer, in der Emigration echte Freunde zu gewinnen. Selten besuche ich russische Veranstaltungen, öfters als vorher lese ich russische Zeitungen und schaue russisches Fernsehprogramm, aber es ist nicht so interessant, wie es vorher war. Ich verstehe die deutsche Sprache jetzt besser. Jedoch bleibt Russisch meine Muttersprache. Die deutsche Sprache ist für mich eine Integrations- und Emigrationsprache; mit dieser Sprache werde ich meine Emotionen oder Gefühle nie beschreiben können.

Es ist schwer abzuschätzen, inwieweit die heutige russische Zuwanderung auf das soziale und wirtschaftliche Leben in Deutschland wirken wird. Die heutige erste Generation der Neuzuwanderer besteht zu 70 Prozent aus arbeitslosen Akademikern. Die Mehrheit findet Arbeit, wenn überhaupt, erst nach vier bis fünf Jahren in Deutschland. Die Russen bleiben in der Emigration mit ihren eigenen Problemen und eigener Lebensart unter sich. Die Leute sind gewohnt, passiv zu sein und von der deutschen Gesellschaft nicht gefordert zu werden. Ich meine, es ist sehr interessant nicht nur für uns, auch für die deutsche Bevölkerung, dass heute in unserer Region mehrere Konzerte und Veranstaltungen in russischer Sprache organisiert werden. Die Neuzuwanderer aus den GUS-Staaten sind seit Anfang der 1990er Jahre in Deutschland, und es ist schwer, eine Balance herzustellen . . .«

Regina, 38 Jahre alt, Reisekauffrau aus Russland, in Deutschland seit 1991, Gründerin und Besitzerin eines Reisebüros, verheiratet, zwei Kinder, wohnhaft in Mülheim/Ruhr.

»Bei uns war alles spontan. Wir wollten nicht auswandern. Ich hatte eine interessante Arbeit in einem Reisebüro in Moskau. Selbstverständlich wussten auf meiner Arbeitsstelle alle, dass ich Jüdin bin, aber sogar ich dachte daran nur dann, wenn mir nicht erlaubt wurde, als Reisebegleiterin oder Dolmetscherin ins Ausland zu reisen. Ich habe ein Studium als Übersetzerin absolviert, übersetzte aus dem Französischen, oft auch aus dem Englischen und Deutschen. Tatsächliche Gründe für Absagen wurden mir nie genannt, jedoch wussten dies alle nach dem sog. Schweigeprinzip – (wir Juden waren wegen eines angeblichen Sicherheitsrisikos nicht für jede Reise geeignet).

Dass ich dennoch ausreisen durfte, war unter Juden in der Sowjetunion eher die Ausnahme als die Regel. Viele konnten sogar eine Reise nach Polen nur mit Schwierigkeiten aushandeln. Einige meiner Bekannten waren wegen ihrer jüdischen ›Nationalität‹ nicht zu bestimmten Studienfächern zugelassen, andere konnten nicht bestimmte Stellen bekommen – es war immer ein Spiel, das von der persönlichen Meinung des Chefs oder des jeweiligen Parteikomitees abhängig war. Ich habe z. B. nirgendwo die Vornamen meiner Eltern eingetragen, um keinen Hinweis auf mein Judentum zu geben. So lebten auch wir nach dem ›Schweigeprinzip‹, wenn wir etwas erreichen wollten.

Meine Schwester war entscheidungsfreudiger als ich und wanderte im Jahre 1990 nach Berlin aus. Ich habe sie mehrmals besucht. Während meines Besuchs im Jahre 1991 empfahl mir jemand, ein Visum zu beantragen, um eine befristete Aufenthaltserlaubnis in den Paß eintragen zu lassen, damit ich problemlos noch einmal nach Berlin kommen könnte. Erst als ich dann meinen Pass öffnete, habe ich begriffen, dass ich jetzt Flüchtling geworden war. Mein Mann war zu dieser Zeit in Moskau. Monatelange diskutierten wir, wo wir weiter leben werden. Dann haben wir uns für Deutschland entschieden unter dem Motto: ›Versuchen wir . . .‹ Danach kamen Jahre, wie sie viele andere auch erlebten: Leben im Wohnheim, Suche nach einer Wohnung, Sozialhilfe . . .

Die letzten vier Jahre waren interessanter als der Anfang: Ich habe mein eigenes Reisebüro eröffnet und zwei Kinder geboren! Ich wurde oft gefragt, wie man das konnte? Ich antwortete, dass alles Zufall sei . . . Erfahrungen in der touristischen Branche habe ich in Rußland erworben. Gleiches gilt auch für meine Sprachkenntnisse. In Deutschland habe ich ziemlich schnell eine Anstellung in einem Reisebüro gefunden. Irgendwann wandten sich Freunde an mich mit der Bitte, Tickets für Fahrt und Hotel in Frankreich zu besorgen. Das habe ich leicht erledigt. So kam ich zu der Idee, eine eigene Firma zu gründen – speziell für russische Kunden, mit russischsprachiger Begleitung. Nach kurzer Zeit ließ ich meine Firma registrieren. Wir haben Kontakte mit den besten russischsprachigen Reisebegleitern weltweit geknüpft. Ich selbst bereitete die Reisen vor. Die Kunden strömten zu uns. Was für einen Russen z. B. eine Reise nach Paris bedeutete? Es ist für ihn etwa dasselbe wie ein Flug zum Mars! Wenn ihm sein ganzes Leben alles verboten wird und plötzlich ist alles erlaubt . . . Ich kenne mehrere Neuzuwanderer, die ihre Sozialhilfe gespart haben, nur um den Louvre oder Montmartre zu sehen – sie haben darüber so viel gelesen! Wir kümmerten uns um Gruppen und neue Reisen.

Inzwischen macht sich auch eine Konkurrenz bemerkbar. Der Geschmack und die Bedürfnisse ändern sich mit der Zeit: So reisen jetzt diejenigen, die mit uns anfangs gereist sind, mit deutschsprachigen Reisegruppen oder reisen individuell. Wir suchen immer neue Formen; der Markt stellt uns auf eine harte Probe hinsichtlich Kompetenz und Qualität. Seine Schwankungen muß man registrieren, auch die Vorlieben und Wünsche der Kunden.

Meiner Meinung nach bringt die Existenz unserer Firma der Stadt und Region viel: Wir organisieren auch Reisen für viele Deutsche nach Russland, wir bezahlen unsere Reisebegleiter und Dolmetscher, wir beauftragen Hotels und Transportunternehmen, die somit neue Arbeitsplätze schaffen. Wir organisieren auch Gastspiele von russischen Schauspielern in Deutschland und verkaufen russischsprachige Presse. Somit bringen wir durch unsere Tätigkeit den deutschen mit dem russischen Markt zusammen. Wir sind hier nicht diejenigen, die nur nehmen (wie oft behauptet wird, dass wir nur hierher kommen, um Sozialhilfe zu bekommen), wir geben ebenso . . .

Ich habe in Deutschland niemals eine antisemitische Aussage gehört, jedoch etwas gegen Ausländer insgesamt. Besonders einmal an einer Haltestelle, wo nach einer Veranstaltung viele Russen zusammen waren. Jemand sagte, dass die Russen in Deutschland faul oder mafiös seien. Ich hatte den Eindruck, als sei ich in eine Ansammlung von Rechtsradikalen geraten.

Wie ich mich fühle? Das ist eine schwere Frage für mich, und ich kann bis jetzt keine Antwort darauf finden. Man könnte ohne Ende über Integration reden, auch sich selbst bemühen, sich in das neue Leben zu integrieren und trotz allem doch außerhalb bleiben. Oft fühle ich mich so hin- und hergerissen. Ich diskutiere oft darüber mit meinem Ehemann oder mit Freunden. Ich habe sehr gute Beziehungen zu Kollegen oder Nachbarn, die Deutsche sind. Jedoch sind meine Freunde fast ausschließlich aus Russland.

Ich lese gerne französisch, empfinde aber nur russisch. Fast alles, was ich lese, ist russisch oder betrifft Rußland.

Ich finde, dass bei zwischenmenschlichen Bezehungen hier ganz andere Prinzipien gelten. Wir sind mehr Offenherzigkeit gewöhnt. Hier werden leider oft oberflächliche Beziehungen bevorzugt. Mag sein, dass wegen unseres zeitlichen(-befristeten) Aufenthalts sich manche Gefühle hier hindernd auswirken.

Meine Kinder besuchen einen jüdischen Kindergarten, sprechen deutsch und bekommen zu Hause eine russische Erziehung. Wir haben unseren Platz in diesem Leben gefunden. Er ist noch weit von einem Wohlstand entfernt, aber wir gehören irgendwie zur Gesellschaft. Es ist immer noch schwer für uns. Und wir sind nicht sicher, dass wir hier für immer bleiben. Ich schließe nicht aus, dass wir oder andere jüdische Neuzuwanderer aus den GUS-Staaten Deutschland wieder verlassen werden. Es hängt wohl von der politischen Lage ab: Rutscht sie nach rechts, wird die russisch-jüdische Einwanderung hier beendet, so wie sie in den 30er Jahren gewaltsam beendet wurde. Ob diese Auswanderung dann freiwillig oder zwingend wird, ist dann ohne Bedeutung. Es ist schwer für unsere Altersgruppe (die zweite oder dritte Nachkriegsgeneration), in Deutschland zu erklären, warum wir oft immer noch hier Parallelen zur Vergangenheit ziehen. Wie leben hier in diesen parallelen Welten . . .?«

Anna, 24 Jahre alt, aus Usbekistan, verheiratet, seit 1993 in Deutschland, Mitglied der Jüdischen Gemeinde Dortmund, Studentin in Münster.

»Ich habe nicht geplant, nach Deutschland zu gehen. Ich bin nach Deutschland nicht als Emigrantin gekommen, sondern als eine Ehefrau, die mit einem Neuzuwanderer verheiratet ist. Wir waren in Usbekistan schon lange befreundet. Ich wusste, dass er in Deutschland lebt. An Heirat habe ich zunächst nicht gedacht. Es geschah sehr schnell – die Hochzeit, unsere Abreise, keine Vorbereitungen, fast kein Gepäck . . . Das Sprachproblem war und ist mein Kernproblem, ich verstehe besser als ich spreche . . .

In Deutschland studiere ich Medizin, ein Studium, das ich bereits in Taschkent (Usbekistan) begonnen habe. Wegen des Erlernens der deutschen Sprache absorbiere ich hier viele Kräfte. Insgesamt finde ich das Studium hier leichter als in den GUS-Staaten. Mein Mann und ich wollen Ärzte werden, und es spielt für uns eine große Rolle, schon heute als Praktikanten in Kliniken arbeiten zu können. Ich habe immer davon geträumt, Ärztin zu werden. Eine junge Familie, wie wir eine sind, ist unter Studenten eine Seltenheit. Wir bekommen Unterstützung seitens der Universität – wir haben eigene Zimmer, gute Bedingungen für Lehre und Freizeit.

Wir haben gute Kontakte zu anderen Studenten, meistens auch mit anderen Ausländern – Arabern und Türken – und bereiten oft gemeinsam Seminare und Aufgaben vor. Jedoch haben wir weniger freundschaftliche Kontakte mit Deutschen und verbringen unsere Freizeit ausschließlich in russischsprachiger Umgebung. Mir fehlt hier das studentische Leben mit gemeinsamen Aktivitäten, Gedicht- oder Liederabenden, die es oft bei uns in Taschkent gab. Wir gingen dort in die Universität nicht nur, um Kenntnisse zu erwerben, sondern auch, um miteinander zu kommunizieren und Freundschaften zu schließen. Dazu gehörte auch der Kollektivismus, der hier weniger populär ist.

Mein Leben konzentriert sich zuerst auf meine Familie. Ich heiratete früh, 20-jährig. Die Familie hat für mich eine große Bedeutung: Sie gibt mir eine gute Grundstimmung, sie ist mein ›zu Hause‹, sie ist der Erfolg für die nächsten Tage, sie ist meine Seele und meine Gesundheit. In meiner Familie fühle ich mich frei.

Grundsätzlich halten wir uns nicht an die jüdischen Speisegesetze. Zu Anfang unserer Zeit in Deutschland besuchte mein Mann mit seinen Verwandten regelmäßig die Synagoge und wir nahmen am Gemeindeleben teil.

Mich interessiert alles, was jetzt in Taschkent passiert. Schließlich leben dort noch meine Eltern und Freunde. Selbstverständlich haben sich mit der Einwanderung nach Deutschland meine Interessen geändert. Vor meiner Abreise habe ich sehr gerne Bücher gelesen, Musik gehört oder Diskotheken besucht. Selten konnte ich einkaufen gehen, und Kochen war für mich nicht interessant. Hier ist das Leben für Frauen leichter als ich es in Usbekistan erlebt habe. Meine Verpflichtungen und Interessen sehen jetzt anders aus: Ich verbringe inzwischen mehr Zeit mit kochen und einkaufen; gerne höre ich gelegentlich Musik oder besuche Musikveranstaltungen, jedoch für Diskotheken und tanzen habe ich keine Zeit mehr. Im Studentenblatt der Universität habe ich über Fraueninitiativen gelesen, aber angeschlossen habe ich mich keiner. Es wäre für mich interessant, etwas über Frauenrechte und besonders für ausländische Frauen zu erfahren, jedoch habe ich bis jetzt keine Sitzung besucht. Frauenrechte oder Frauenorganisationen waren in der Sowjetunion Tabuthemen. Ebenso verhielt es sich mit den Menschenrechten und Fragen der Demokratie. Die Aktivitäten der Frauenorganisationen, Frauenmedien und Selbsthilfegruppen in Deutschland beeindrucken mich.

Jetzt sind meine Familie, meine Wohnungsbedingungen und die Möglichkeit, eine Stelle zu bekommen, besonderes wichtig für mich. Meiner Meinung nach ist eine stabile politische und wirtschaftliche Lage in Deutschland für die Zukunft der Neuzuwanderer und damit auch für das soziale System und das Verständnis innerhalb der Bevölkerung von größter Bedeutung.

In drei Monaten werden wir – mein Ehemann und ich – zu dritt sein; wir wissen schon, dass wir einen Sohn bekommen. Diese Ereignis wird zusammenfallen mit meinen Abschlussprüfungen an der Universität. Das alles wird unser Leben, unsere Beziehungen und unsere Interessen ändern. Die Universität hat uns eine neu möblierte Wohnung zur Verfügung gestellt, auch mehrere soziale Einrichtungen helfen uns, wenn das Kind da ist.

Zu meinem 25. Geburtstag werde ich einen Sohn und meine Familie haben, dazu meinen Beruf und Kenntnisse. Wenn mich jemand fragt, was mir fehlt, weiß ich manchmal nicht, was ich mir noch wünschen sollte . . . Auch wenn es uns finanziell nicht immer leicht geht, gibt es doch im Leben noch andere Werte und Interessen, die wunderbar sind.«

V Kultur

Leibl Rosenberg

Jüdische Kultur in Deutschland heute

Eine Zustandsbeschreibung

Jüdische Kultur in Deutschland – gibt es sie überhaupt noch oder können wir sie endgültig vergessen? Ist sie tot oder nur ein Zombie? Wie war sie gebaut, wie steht sie heute da und wie könnte sie in Zukunft aussehen?

Bevor wir uns auf dieses wahrlich weite Feld begeben, empfiehlt es sich, innezuhalten und die notwendigen Begriffe zu erklären. Eingedenk des Diktums, das der chinesische Philosoph Konfuzius vor zweieinhalb Jahrtausenden prägte, hängt jede Arbeit – geistig, politisch, kulturell – von der Richtigstellung der Begriffe ab. Was hätten wir demnach unter »jüdischer Kultur« zu verstehen?

»Jüdische Kultur ist die begriffliche Zusammenfassung der dem jüdischen Volke eigenen Erscheinungsäußerungen seiner geistigen Anlagen und der daraus entspringenden Lebensformen auf sozialem, politischem und intellektuell-künstlerischem Gebiete.« So definiert Hans Kohn (1891-1971) im Jüdischen Lexikon von 1927. Demnach ist sie »in ihrem Grundzug einheitlich; sie war stets sittlich, sozialethisch und religiös orientiert«. Jüdische Kultur »stellte seit den Tagen der nomadisierenden Hebräer, die ihre Volkswerdung durch einen geistig-moralischen Akt, die Bindung an das Sittengesetz Gottes, erfahren hatte, ein geschlossenes System dar, das, in seinem Kern unversehrt, an seinem Rande einen wechselnden Reichtum von Äußerungen und Übergangsformen kannte«.

Bis ins Zeitalter der Aufklärung hinein stand Jüdische Kultur »im beherrschenden Zeichen der Religion, der Bindung an das in der göttlichen Offenbarung beschlossene Sittengesetz. Sie war stete Mahnung an diesen Mittelpunkt, selbst in allen Handlungen der Peripherie des Alltagslebens.« Je stärker die Juden sich in das Leben ihrer Umgebung integrierten, desto stärker öffnete sich das einst geschlossene System der jüdischen Kultur, desto mehr gab sie nach außen ab, desto größer wurde der Abstand zur traditionellen Mitte – die Kulturen berührten und veränderten sich.

Dieser Prozess ist bis heute nicht abgeschlossen, er konnte nicht einmal durch die Katastrophe der Schoah umgekehrt werden. Wenn wir also über Jüdische Kultur in Deutschland heute sprechen, tun wir dies immer vor einem Panorama der Vernichtung, der physischen, intellektuellen, der moralischen Zerstörung. Kann es jenseits davon überhaupt eine jüdische Kultur geben?

Es darf, um mit der Richtigstellung der Begriffe fortzufahren, mit Recht gefragt werden, inwieweit die Kultur des deutschen Judentums, auf die jedermann so gerne verweist, sich seinerzeit überhaupt als »Jüdische Kultur« verstand. Der Verweis auf das Spektrum von Else Lasker-Schüler bis Albert Einstein, von Henriette Hertz bis Heinrich Heine, mag den (jüdischen) Betrachter durchaus mit Stolz und Bewunderung erfüllen, ihre Arbeit jedoch auf deren jüdische Familienherkunft, auf ihre »jüdische Prägung« zu reduzieren, geht aber keineswegs an. Würde es doch bedeuten, dass man diese Menschen und deren Leistungen genau dem Ordnungsraster unterwirft, das die nationalsozialistischen Judenhasser ihrem Hasssystem unterlegten: dem Prinzip des Blutes. Unsere geistigen und kulturellen Heroen leben nicht mehr, sie können sich einem Einordnungsprinzip – so wohlgemeint es auch meist ist – nicht entziehen. Doch welche Entschuldigung hätten wir Überlebenden und Nachgeborenen anzubieten, wenn sie uns heute zur Rede stellten?

Bekanntlich leitet sich das lateinische Wort Kultur von colere, besorgen, pflegen, bearbeiten, verehren, ab und nahm seinen Ursprung buchstäblich auf dem Felde. Kultur wäre traditionell definiert »Pflege und Vervollkommnung eines nach irgendeiner Richtung der Verbesserung fähigen Gegenstandes, z. B. des Bodens, der Waldungen, einzelner Tiere, besonders aber die Entwicklung und Veredelung des geistigen Lebens und Wohlbefindens der Menschen«. So stand es vor 100 Jahren in Meyers Konversations-Lexikon, und so darf man es auch heute noch sagen. Dass Kultur und Kultus den gleichen Ursprung haben und aufs Engste miteinander verbunden sind, sei hier vorerst nur angemerkt.

VIER THESEN

Der Volksmund, der nicht nur lügt – ebensowenig wie die Volksmusik, die sehr echt und sehr gut sein kann – sagt gerne: Danach sei man klüger. Tatsächlich kann uns der Blick zurück Klarheit geben, unsere Perspektive erweitern. Wer heute über jüdische Kultur in Deutschland nachdenkt, kann mit gutem Grund von folgenden Thesen ausgehen:

1 Die Kultur der jüdischen Bevölkerungsminderheit in Deutschland seit 1945 entwickelte sich im Spannungsfeld zwischen zwei Polen: 60 Jahre »Reichskristallnacht« und 50 Jahre Israel. Beide Ereignisse samt ihren Konsequenzen haben das jüdische Leben (und damit auch das jüdische Kulturleben) in der Bundesrepublik Deutschland bis in die kleinsten Details hinein geprägt. Es ist oft gesagt worden: In der Nacht vom 9. auf den 10. November 1938 ging nicht nur eine zeitgeschichtliche Epoche zu Ende, es starb eine ganze Welt. Sie starb, aber sie verschwand nicht. In verschiedenen Aggregatzuständen geistern Fragmente eines breit gefächerten kulturellen Erbes durch die bundesrepublikanische Gegenwart. Diese Aussage bezieht sich nicht nur auf die Hinterlassenschaft des deutschsprachigen Judentums, sondern auch auf die Relikte der ostjüdischen, der jiddischen Welt. Aus dieser Welt stammt ja der überwiegende Teil der jüdischen Menschen, die nach 1945 hierzulande ein neues Leben aufbauten. Um es mit anderen Worten auszudrücken: Die jüdische Gemeinschaft – wenn sie sich überhaupt mit kulturellen Fragen ernsthaft auseinandersetzt – reklamiert ein in jeder Hinsicht großartiges Erbe für sich. Sie tut, als sei sie Nachlassverwalter, Besitzer und führe die jüdische Kultur Europas fort. Dieser Anspruch ist so gewaltig, dass man ihn gar nicht erst hinterfragt. Die allgemeine Scheu vor der Reflexion dieses Anspruchs kann man gut verstehen.

2 Jüdisches Kulturleben in der Bundesrepublik Deutschland entwickelte sich stets gleichzeitig innerhalb und außerhalb der jüdischen Gemeinschaft. Es ist allgemeines deutsches Kulturgut.

Unser Thema ist auch in diesem Sinne dialektischer Natur. In einem ständigen Neben-, Mit- oder Gegeneinander ringen die kleinste Israelitische Kultusgemeinde und das gewaltig große gesellschaftliche Ganze der Republik um das, was jeder für sich unter jüdischer Kunst, Kultur und Bildung versteht. Die Meinungsführung jedoch geht zweifellos von der nicht-jüdischen Seite aus.

3 Jüdisches Kulturleben in der Bundesrepublik Deutschland kreist nicht mehr um seine traditionelle Mitte. Es hat sich von der jüdischen Religion verabschiedet.

Die Parallele zur allgemein-gesellschaftlichen Entwicklung, in der die Religion immer mehr in den Hintergrund gedrängt wird, liegt auf der Hand. Auf einer gewissermaßen »religionsbereinigten« Plattform ist Konsensbildung leichter herstellbar, die Sehnsucht nach Integration leichter zu befriedigen. Die Assimilation des kleinen Teiles in das große Ganze ist in vollem Gange.

4 Die Wahrnehmung jüdischer Kultur in Deutschland ist Teil eines Prozesses der Historisierung des Judentums.

Judentum als Geschichte findet Interesse, Zustimmung, Begeisterung. Judentum als Gegenwart löst eher Verunsicherung, oft – über die Themen Israel und der Nahostkonflikt oder Jüdischer Weltkongress – Abneigung oder Aggression aus.

BLICK ZURÜCK IM GRAM

Genug der Vorüberlegungen. Wenden wir uns nun dem Ist-Zustand in seinen Einzelheiten paradigmatisch zu. Wenn man sich das Gemeindeleben in der Zeit zwischen 1945 und heute ins Gedächtnis ruft, kam Kultur (oder das, was man in den Gemeinden darunter verstand) jahrzehntelang nur als Nebensache vor. Die handfesten Realitäten der Verfolgung und Vernichtung bestimmten den Alltag. Neue Gemeinden entstanden, denen man von Anfang an deutlich machte, wie wenig sie die Rechtsnachfolger der untergangenen Gemeinden und Körperschaften der Vor-Hitler-Zeit sein konnten.

Die Geschichte der zuerst allgemeinen, später inhaltlichen Fremdbestimmung des Nachkriegsjudentums durch die jüdische Weltgemeinschaft, speziell durch Israel, kann hier nicht geschrieben werden, sie spiegelt sich jedoch deutlich auf dem Gebiet der Kultur.

Es lassen sich im Berichtsraum drei nunmehr bereits historische Epochen unterscheiden:

1945 bis 1956	Überlebende und Flüchtlinge
1956 bis 1989	Man richtet sich ein
1989 bis heute	Die Neuen kommen

Gerade die ersten beiden Phasen überschnitten sich stark, existierten lange nebeneinander her, gingen ineinander über. Dennoch kann man behaupten, die besagte Fremdbestimmung jüdischen Lebens auf dem Boden der Bundesrepublik sei im Lauf der Jahre Schritt für Schritt zurückgegangen. Man darf das ruhig einen Akt der Emanzipation nennen. Während das Konzept und die Realität des jüdischen Staates Israel in der ersten Phase allgegenwärtig waren – schließlich wanderten Hunderttausende Überlebende von hier nach Israel aus – zeichnete sich die zweite Phase durch eine Verdrängung der zionistischen Idee in den kulturellen und erzieherischen Bereich aus. Spätestens seit der deutschen Wiedervereinigung 1990, dem zeitgleichen Zusammenbruch der Sowjetunion und der Masseneinwanderung jüdischer Menschen aus ebendiesem Reich in das »neue Deutschland«, spielt Israel im Leben der jüdischen Gemeinschaft nur noch eine ideelle, emotionale Rolle.

Bis weit in die 80er Jahre hinein bestand das kulturelle Angebot in den meisten Gemeinden entweder in der Darbietung israelischer Folklore oder einem Abend jiddischen Humors, im Idealfall mit jiddisch sprechenden Komikern aus Israel. Diese Beschreibung ist keineswegs süffisant oder besserwisserisch gemeint. Sie entspricht dem seelischen Zustand einer durch die Katastrophe zufällig zusammengewürfelten Gemeinschaft, die sich ihres eigenen Platzes in der deutschen Gesellschaft höchst unsicher war, zum Teil noch ist und die unter permanentem Rechtfertigungsdruck gegenüber allen anderen Juden auf der Welt stand, was um Himmels willen sie noch in Deutschland zu suchen habe.

Man war als Jude in der Bundesrepublik isoliert und versuchte, diese Vereinzelung durch Rekurs auf das Untergegangene und Anlehnung an das eben – wenn auch 5000 km entfernt – neu Entstandene zu kompensieren. Jüdische Kultur in Deutschland zeichnete sich jahrzehntelang dadurch aus, dass sie ängstlich den Bezug zum Hier und Heute mied. Niemand hat das Recht, ihr daraus heute einen Vorwurf zu machen. Die Gemeinden bestanden aus Menschen, die erst kurz zuvor gerade noch mit dem nackten Leben davongekommen waren. Sie hatten große Sehnsucht nach Ruhe und keine Kraft für Selbstkritik. Erst ihre Kinder und Enkel konnten sich dank der übermenschlichen Verdrängungsarbeit ihrer Eltern und Großeltern den Luxus der Selbstfindung leisten.

Die Jugendzentren der Gemeinden – und nicht alle hatten solche – waren jahrzehntelang, quasi nebenbei, gleichzeitig deren Kultur- und Bildungszentren. Die entsprechenden Umbenennungen in den 80er Jahren waren eine durchaus logische Konsequenz. Doch bis es so weit war, wurde dort fleißig Hora getanzt und die Hatikwa gesungen. Die Madrichim, so hießen die gastarbeitenden Jugendleiter, die im Wortsinn »Wegweiser« sein wollten, erzogen die jungen Gemeindemitglieder zu Zionisten. Es war Teil dieses allgemein gewollten Erziehungsprogramms, dass man der bundesrepublikanischen Wirklichkeit den Rücken kehrte. Es ist bezeichnend, dass neben der zionistischen Jugendbewegung ZJD die religiöse Jugendbewegung Bne Akiba in Deutschland nie Fuß faßte.

WER BIN ICH?

Wenn Kultur definitionsgemäß zur »Entwicklung und Veredlung des geistigen Lebens und Wohlbefindens der Menschen« beitragen soll, so ist auch die ewige Frage nach der »jüdischen Identität« ein kulturelles und kein privates Thema. »Juden in Deutschland?«, »Deutsche Juden?«, »Juden auf Durchreise?«, »Staatsbürger mit doppelter Loyalität?«, »Deutsche Staatsbürger mosaischen Bekenntnisses?«, »Israelis auf Abruf?« – alles Bohren in der eigenen Befindlichkeit ist doch nichts anderes als die Suche nach sich selbst in Relation zur Vergangenheit der eigenen Familie und der Gesellschaft, in der man lebt. Die aktive oder passive Teilnahme an einem »jüdischen Kulturleben« dient – vorübergehend oder auf Dauer – der Sinngebung der eigenen Existenz. Auch so gesehen erweist sich Kultur als tragende Säule menschlichen Lebens, mag dies dem Einzelnen bewußt sein oder nicht.

Man wollte nicht sehen, wie sehr man bereits Teil dieser im Konsens verdrängten Umgebung geworden war. Als die 68er die Republik aus ihrer Grabesruhe zu schütteln begannen, erreichten sie auch die jungen Juden. Fragen der Politik, der Ideologie drangen auch in die Jugendzentren ein, Debatten entbrannten über die sozialistischen Wurzeln des Zionismus, über den Beitrag des Judentums zur emanzipatorischen Weiterentwicklung der menschlichen Gesellschaft. Die Israelitischen Kultusgemeinden ignorierten nach Kräften diese Bewegung und erwiesen sich dadurch – natürlich ohne dass es ihnen selbst auffiel – als integraler Bestandteil einer Gesellschaft, die in ihrer Mehrheit Veränderung ablehnte und Verdrängung bejahte. Damals verzichtete die jüdische Gemeinschaft auf die ideellen und rationalen Kräfte ihrer eigenen sonst heißgeliebten Kinder, sie verzichtete damit auf die

Chance einer gemeinsamen Selbstkritik und vertat dadurch die Chance eines geistigen, eines kulturellen Neuanfangs. Man sieht es den Gemeinden auch an.

Jüdische Kulturzentren, Jüdische Volkshochschulen, Jüdische Kulturtage und auch die Jüdische Hochschule in Heidelberg waren eher das Ergebnis einer Kombination von Generationswechsel und der Einsicht, dass die Fluchtphantasien aus diesem unseren Lande selbst für die größten Phantasten nicht länger zu erhalten waren. Aber auch diese Aktivitäten hatten und haben etwas merkwürdig Nebulöses und Unentschlossenes an sich. Die Gründung und die Namensgebung einer Münchner »Gesellschaft für Jüdische Kultur und Tradition« im Jahre 1984 belegt einen Wendepunkt der jüdischen Nachkriegsgeschichte in Westdeutschland. Sie war der Versuch, sich über den Verweis auf nicht weiter definierte »jüdische Kultur« und »jüdische Tradition« der bundesrepublikanischen Wirklichkeit auf eine allgemein akzeptable Art und Weise zu nähern. Unausgesprochen blieb der dahinterstehende Impetus, sich von nun an als Teil – wenn auch als Teil mit besonderer Färbung – der Gesamtgesellschaft darzustellen und damit politischen Einfluß zu gewinnen.

WIE ES IST

Zum einen: Man kann darüber streiten, was zur »Jüdischen Kultur« gerechnet werden sollte. Wir wollen die Definition Hans Kohns zugrunde legen: »Jüdische Kultur ist die begriffliche Zusammenfassung der dem jüdischen Volke eigenen Erscheinungsäußerungen seiner geistigen Anlagen und der daraus entspringenden Lebensformen auf sozialem, politischem und intellektuell-künstlerischem Gebiete. Also: Bildende Kunst, Musik, Literatur, Film, Neue Medien, Wissenschaft, Bildung, Erziehung, Religion, Erinnern, Gedenken, Mitmenschlichkeit und Zusammenhalt.«

Zum anderen: Es versteht sich, sollte jedoch hier ausdrücklich betont werden, dass die jüdische Gemeinschaft der Bundesrepublik ein sehr heterogenes Gebilde war und ist. Noch längst nicht alle Juden sind Mitglieder einer der 75 jüdischen Gemeinden. Das hat nur zum Teil mit religionsgesetzlichen, halachischen Definitionsproblemen zu tun. Niemand kennt die genaue Zahl der in Deutschland lebenden Juden (darunter viele Israelis und andere Staatsangehörige), die außerhalb der Gemeinden stehen. Doch die Zahl muss beträchtlich sein. Sie nähern sich häufig der organisierten jüdischen Gemeinschaft und/oder dem Judentum über die Brücke jüdischer Kultur. Dass man sie »von innerhalb der Barrikaden« kaum zur Kenntnis nimmt, gehört zum überkommenen Verhaltensmuster der Gemeinden, die gar nicht wissen – und wohl auch nicht wissen möchten – welch immensen Schaden sie sich selbst damit zufügen. Richtig verstandene »Jüdische Kulturpolitik« würde diesen Menschen wenigstens bis zur Mitte der Brücke entgegengehen.

Jüdische Politik im Deutschland der achtziger und neunziger Jahre bedient sich mit Vorliebe »jüdischer« Kulturereignisse, um sich in der Öffentlichkeit zu profilieren. Diese wiederum sucht und findet über das weitgehend unbeackerte Feld »Jüdische Kultur« Zugang zum faszinierenden Phänomen Judentum. Es gehört offenbar zu den unausgesprochenen Vorbedingungen dieser Begegnungen, daß eine Vernetzung der zentralen Bestandteile des Judentums, nämlich Religion, Bildung, Kunst und Kultur, nicht stattfindet. Mehr als einmal nahm und nimmt die jüdische Gemeinschaft an jüdischer Kultur in Echoform teil: Wenn die Öffentlichkeit jüdische Themen diskutiert, macht man quasi automatisch mit, muss selbst aber nicht Flagge zeigen. Juden genießen Judentum aus zweiter Hand.

Jüdische Kultur ist eben wie erwähnt keine rein binnenjüdische Angelegenheit. Wenn man sich nicht schon so sehr daran gewöhnt hätte, würde man täglich neu darüber staunen, welchen Stellenwert und welche Präsenz Jüdisches im öffentlichen Diskurs dieses Landes hat, ganz im Gegensatz zur Anzahl bekennender Juden in Deutschland. Sie machen höchstens 0,1 Prozent der Gesamtbevölkerung aus. Viele Beobachter, gerade im jüdischen Kreis, freuen sich über dieses Phänomen, beziehen daraus ein Gefühl der Anerkennung und persönlicher Bestätigung. Doch leider: Ein beträchtlicher Anteil »jüdischer Themen« in der gesamtgesellschaftlichen Diskussion bezieht sich auf Ablauf, Hintergrund und Folgen der Schoah, der Judenvernichtung, ist eindeutig retrospektiv – also: weg von heute. Ein weiteres dominierendes Thema ist der Staat Israel mit all seinen Implikationen. Dieser Blick geht nicht nach hinten, sondern über die Grenzen hinaus – also: weg von hier. Außerdem gibt es seit Jahrzehnten den »Jüdisch-Christlichen Dialog«, eine vor allem theologische Debatte – weg vom Diesseits. Für die alltägliche Gegenwart jüdischen Lebens mit all ihren Problemen bleibt nur wenig Aufmerksamkeit übrig. Dies gilt auch dann noch, wenn man neuerdings die verstärkte Wahrnehmung des Themas »Neue Zuwanderer aus dem Osten« notiert.

Wie können denn derartige mediale Präsenz und konsequentes Wegschauen miteinander vereinbart werden, wie wäre dieser eklatante Widerspruch zu erklären? Erinnern wir uns an die 4. These: Die Wahrnehmung jüdischer Kultur in Deutschland ist Teil eines Prozesses der Historisierung des Judentums.

Auch wenn hier nicht der Ort für übergreifende statistische Untersuchungen ist, bleibt augenfällig, wieviel Energie und wieviele Mittel hierzulande in die Sicherung der Spuren jüdischer Vergangenheit fließen. Der Gründungsboom jüdischer Museen ist ungebrochen, ihre Zahl – im Gegensatz zu ihrem Inhalt – ist unübersehbar. Die Initiativen gehen – man kann daraus geradezu ein Prinzip ableiten – nur selten von Juden aus. Erhebliche öffentliche und private Mittel sind in den letzten zehn bis 15 Jahren aufgewandt worden, um letztlich nichts anderes zu zeigen, als entweder die Geschichte der verschwundenen jeweiligen jüdischen Gemeinde, eine Ansammlung ritueller Gegenstände aus dem jüdischen religiösen Leben – oder beides zusammen.

Es fällt nicht leicht, sich der gewollten oder ungewollten Suggestion zu entziehen, hier würden Wesen und Wirken eines ausgestorbenen Volkes dargestellt. Man könnte wohlwollend sagen, das persönliche Engagement der Museumsmacher eröffne für viele den Zugang zu dem nach wie vor geheimnisumwitterten Judentum, das sich sonst der persönlichen Inaugenscheinnahme entzieht. Man könnte aber, weniger wohlwollend, behaupten, Jüdisches würde um so enthusiastischer zur Kenntnis genommen, je weniger es in der Realität vorkommt. Virtuelles Judentum für ein virtuelles Zeitalter.

Wie dem auch sei, jüdische Museen sind kein Ausdruck lebendiger jüdischer Kultur, sie befördern nolens volens die Historisierung des Judentums und sind letztlich nur die Konsequenz der Entsorgung jüdischen Lebens in Deutschland durch die Nationalsozialisten. Was nicht mehr da ist, kann man nur noch indirekt zeigen, und man kann es umso besser zeigen, je weniger die Exponate in Relation zur gelebten jüdischen Existenz mit all ihren Widersprüchen und Brüchen gesetzt werden müssen. Ausstellenswert scheinen nur die Zeugnisse einer Religion zu sein, die ein großer Teil der hier lebenden jüdischen Bevölkerung nicht mehr zu praktizieren bereit ist. Diese Art von Jüdischer Kultur wäre das Herbeizitieren eines Verlustes, Verweis auf ein Leben, das es nicht mehr gibt. Sie erkennt nicht ihren grundsätzlichen Irrtum, der da meint: die praktizierte jüdische Religion wäre so gut wie tot, und begreift ebenso wenig das Grundprinzip jüdischer Existenz: Vergangen ist nicht vorbei.

Das haben keineswegs nur die Museumsmacher zu verantworten. Ihre Lage ist schwierig. Lebendiges Judentum in ihre Arbeit einzubeziehen, wäre nicht nur ein technisches Problem. Jüdische Museen, die ihrem Gegenstand gerecht werden wollen, müssen sich in Lernorte verwandeln. Auf die Gemeinden, die keine Lernorte mehr sind, können die jüdischen Museen kaum rechnen. Und wenn sie es einmal wagen, sind die Juden wieder unzufrieden, die zur Wahrnehmung und Reflexion der Bedingungen ihrer eigenen Existenz unfähig sind.

Das Interesse an Jüdischem wächst, je mehr Zeit vergeht. Gerade die Zeitmarken 1988, 1995 und 1998, die jeweils 50 Jahre nach Reichspogromnacht, Kriegsende und Gründung des Staates Israel heftig erinnert wurden, haben dem besagten Interesse stark fühlbare Impulse gegeben. Um jüdische Kultur, die von lebenden jüdischen Menschen geschaffen wurde, hier und heute erlebbar zu machen, werden vor allem Künstler aus Ländern wie Israel, den USA oder Frankreich nach Deutschland eingeladen. Sie finden ein aufmerksames, ja oft enthusiastisches Publikum, ihr Wirken wird regelmäßig mit Verweis auf den großen Verlust gekoppelt, den Deutschland durch die Judenverfolgung und Judenvernichtung erlitten hat. Ehrlicher und mühsamer wäre es, einen Teil der Energien auf den Aufbau einer neuen jüdischen Kultur im heutigen Deutschland zu verwenden.

Judentum, wir wiesen bereits darauf hin, ist immer ein Thema – nicht zuletzt für die Medien. Dies bedeutet auch, daß sich damit Geschäfte machen lassen. Jüdische Kultur ist schlicht und einfach ein Teil des allgemeinen Kulturbetriebes und der Kultur- und Unterhaltungsindustrie. Wenigstens hier ein Stück Normalität.

Man denke nur an die »Klezmer-Musik«. Vermutlich läßt sich ihr großer Erfolg direkt von ihrer starken Emotionalität bei gleichzeitig mangelnder Authentizität ableiten. Man kann dadurch auch eine Interdependenz inner- und außerjüdischen Kulturverständnisses beobachten. Wenn so viele Nichtjuden jubeln, kann dies nicht falsch sein. Wenn Kultusgemeinden versuchen, kulturelle Ereignisse zu gestalten, greifen sie auf eben die Angebote zurück, von denen die Umwelt glaubt, sie wären echt jüdisch. So wird das Falsche von den »Richtigen« abgesegnet und muß in unserer konsenssüchtigen Gesellschaft einfach dadurch echt werden. Film, Fernsehen, Radio, Neue Medien – niemand bezweifelt die kulturbildende und kulturbestimmende Kraft dieser elektronischen Kommunikationsformen. Gerade hier spielen jüdische Themen und Fragestellungen eine herausragende Rolle. Niemand vermag mehr die einschlägigen Beispiele zu zählen. Man sollte meinen, die jüdische Gemeinschaft würde – gerade nach dem ungeheuren Verlust zahlloser persönlicher und materieller Kulturträger – die Chancen der modernen Medienwelt als Forum der Selbstdarstellung, der Selbstfindung, der Wissensvermittlung, der Kommunikation nutzen. Liegt es nun an blankem Desinteresse und Unwissen oder an einem total konservativen Medienverständnis – die organisierte jüdische Gemeinschaft in Deutschland hat ohne Not und zu ihrem eigenen Schaden auf die Teilnahme am Entstehen einer neuen Medienwelt verzichtet. Zwar möchte man als berichtens- und befragenswertes Objekt liebend gerne im Fernsehen in Erscheinung treten. Doch jüdische Inhalte selbst bestimmen, gestalten, darstellen und vermitteln – das überläßt man gerne den anderen.

So bleiben sich die Kultusgemeinden und ihre übergeordneten Körperschaften treu in der Rolle des Objekts, das gelernt hat, sich seine oft selbstverschuldete Abhängigkeit schönzureden. Man begnügt sich mit ein paar Sitzen in Medien- und Rundfunkgremien, in denen man beraten, aber nicht bestimmen darf. Die Möglichkeiten, die Medien als modernes Kommunikationsmittel einer kleinen, geographisch und historisch zersplitterten Gemeinschaft, die zahllose Bildungs- und Sinnprobleme hat, aber durchaus auch als Arbeitsplatzbeschaffer für die nachwachsende Generation zu nutzen, wurden nie erkannt, geschweige denn genutzt. Sämtliche Ansätze, jüdische Radio-, TV-Sender oder Internet-Provider zu etablieren, beruhten und beruhen ausschließlich auf privater Initiative, haben mit der organisierten jüdischen Gemeinschaft nichts zu tun.

DIE GRETCHENFRAGE

Jüdische Kultur war stets sittlich, sozialethisch und religiös orientiert. Wenn das immer noch stimmt, wäre es nun an der Zeit, die Frage nach dem Zentrum jüdischer Existenz, nach der Religion, zu stellen. Das Volk, das sich beinahe 4000 Jahre lang unbeirrt als Zeuge göttlicher Verkündigung verstand, findet sich heute in einer Sinnkrise. Kann ein jüdischer Mensch eine Identifikation außerhalb des Glaubens finden? Genügt dazu die fallweise Erinnerung an Traditionen oder der Bezug auf die kulturellen Leistungen der Vorfahren – Kultur im engen Sinn des heutigen Kulturbetriebes verstanden? Oder, anders gefragt, kann es ein kulturell und sozial lebendiges Judentum jenseits der Thora geben? Man kann es jedenfalls versuchen: In der bundesrepublikanischen Öffentlichkeit ist man bemüht, die Religion auf beiden Seiten so gut wie möglich aus dem Kulturbegriff herauszuhalten.

Wie sonst wäre die untergeordnete Rolle der gelebten Religion in den Gemeinden zu erklären? Zwar bekundet man bei jeder Gelegenheit seinen Stolz auf die uralten Traditionen des jüdischen Volkes, Traditionen, die samt und sonders auf der Thora beruhen. Man genießt die Privilegien einer Staatsreligion, mit der Anwendung des Überkommenen auf das konkrete Hier und Jetzt hat man es aber nicht eilig. Auch die Rabbiner nicht. Sie gehen ihrer täglichen Arbeit nach, haben sich offensichtlich damit abgefunden, dass sie wohl als zylindertragende Repräsentanten und Prediger gefragt sind, jedoch nicht als geistige Führer. Natürlich wäre es abwegig, von den Rabbinern zu verlangen, sie sollten sich auch im politischen Sinne an die Spitzen der Gemeinden stellen – das wollen sie nicht und das können sie nicht.

Doch man kann die Zurückhaltung auch übertreiben. Der traditionelle Jude muss in Deutschland ohne einheitliche Kaschrut-Liste auskommen. Er folgt dem Gottesdienst mit Gebetbüchern und Tanach-Ausgaben, die aus fernen Epochen oder fernen Ländern ihren Weg hierher gefunden haben. Er muss ins Ausland fahren, wenn er eine verbindliche halachische Auskunft oder ein Beth-Din-Urteil benötigte (Letzteres ist erst seit Herbst 1999 in Deutschland möglich, ein Beth-Din existiert nun auch hierzulande).

Wer denkt, dies wären keine Themen einer kulturellen Betrachtung, der irrt. Religöse Fragen, Suche nach Transzendenz und Sinngebung in einer sterblichen Existenz sind die Wurzeln aller kulturellen Tätigkeit. Die notwendige Auseinandersetzung mit den genannten wäre ein eminent kulturstiftender Akt. Die Diskussion darüber gibt es – zumindest jenseits des privaten Kreises – nicht. Sie hätte sprachliche, inhaltliche, gestalterische, soziale und politische Implikationen. Und: Sie würde das Judentum stärker machen.

Seit einigen Jahren ist eine bemerkenswerte Entwicklung zu beobachten. Ein kleiner, aber aktiver Teil der jüdischen Jugend sucht entgegen allen Prognosen seine Identität in der gelebten und tradierten jüdischen Religion. Diese Jugendlichen bringen religiöse Themen in ihre häufig religiös indifferenten Elternhäuser zurück und sorgen für Nachdenken. Es ist auffällig, dass die Motivation für diese Veränderungen beinahe niemals vom religiösen Personal der Kultusgemeinden ausgeht – was beinahe so auffällig ist wie die Tatsache, dass Judentum auf sämtlichen Kirchentagen eine wichtige Rolle spielt und die Juden es selbst noch nie zu einem »Synagogentag« gebracht haben. Was zu tun ist, sollen ruhig die anderen machen.

ERZIEHEN UND BILDEN

Wann und wo hätte es denn je eine jüdische Gemeinschaft gegeben, die nicht ihr Hauptaugenmerk auf ihr spirituelles Überleben richtete? Spirituelles Überleben im Sinne einer

Weitergabe seiner religiösen Grundüberzeugungen von Generation zu Generation. Eben dies war und ist das raison d'être des Judentums. Lehren und lernen – nichts könnte jüdisches Leben besser charakterisieren. Es gehörte noch im aufgeklärten deutschen Judentum vor dem Jahre 1933 zu den Selbstverständlichkeiten, dass jede Gemeinde wenigstens eine Schule ihr eigen nannte. Die Lehrpläne, das Lehrpersonal und die Ausstattung dieser Schulen konnten sich stets der vollen Aufmerksamkeit der jüdischen Bevölkerung sicher sein.

Im Prinzip hat sich daran auch nichts geändert. Eltern wollen jüdische Kindergärten und Schulen für ihre Kinder, und dort, wo es sie gibt, stehen sie auch im Mittelpunkt des Gemeindegeschehens. Doch wo gibt es sie? 53 Jahre nach der Befreiung haben von etwa 75 Israelitischen Kultusgemeinden in Deutschland nur eine Handvoll eigene Grundschulen, nur in Berlin gibt es ein jüdisches Gymnasium. Einen gegenwartsbezogenen Lehrplan für jüdische Kultur und jüdische Religion gibt es bis heute nicht. Es gibt nur ein Lesebuch, aber keine weiteren Schulbücher, die auf die Lebenssituation deutsch-jüdischer Kinder in einer nichtjüdischen Umwelt am Ende des Jahrtausends zugeschnitten sind. Es gibt sie nicht, und nur wenige scheinen sie zu vermissen.

Weil dem so ist, gibt es auch nicht genügend jüdische Frauen und Männer, die sich der Herausforderung des Lehrberufs stellen wollen. Die es dennoch tun, kämpfen einen geradezu heldenhaften Kampf gegen die Verhältnisse. Sie leiden – und mit ihnen die Kinder, die sie unterrichten – unter der mangelhaften Aufmerksamkeit der »tonangebenden jüdischen Kreise«. Es ist bezeichnend, dass es hierzulande keine organisierte jüdische Lehrerausbildung und -fortbildung gibt. Es ist ebenso bezeichnend, daß das Thema Erziehung, wenn es überhaupt von den Landesverbänden der Israelitischen Kultusgemeinden und dem Zentralrat der Juden in Deutschland zur Kenntnis genommen wird, stets in den Zuständigkeitsbereich der Zentralwohlfahrtsstelle der Juden in Deutschland verwiesen wird. Ohne damit dieser wichtigen und bewährten Institution ihre Verdienste absprechen zu wollen (Wo stünde die jüdische Gemeinschaft der Bundesrepublik heute ohne die ZWST?) – wäre es denn nicht an der Zeit, eine bundesweite jüdische Institution für Bildung und Erziehung zu schaffen – ihre Bedingungen zu diskutieren?

Von außerordentlicher Bedeutung für die gesamte jüdische Gemeinschaft ist die Hochschule für jüdische Studien in Heidelberg. Diese Institution, die spät, beinahe zu spät gegründet wurde, hat die ganze Last der höheren jüdischen Bildung in Deutschland zu tragen. Doch: kann sie das auch? Für jeden soll die Hochschule etwas anderes liefern. Für die Gemeinden Rabbiner und Lehrer, für die Studenten Inhalte, für die Öffentlichkeit Judentum und für die jüdischen Politiker Renommee. Doch wer liefert ihr jüdische Studenten? Welche Gemeinde reicht ihr die Hand zum gemeinsamen Tun? Und wer gibt ihr die Mittel für Ausstattung und Personal, für Lehre und Forschung, die die Hochschule in den Stand setzen würde, die ihr zugedachte Last auch zu tragen? Wo ist die gemeinsame Aktion des deutschen Judentums für seine sicherlich wichtigste Einrichtung?

ERINNERN LERNEN

Die Schoah ist ein Fixpunkt jüdischer Existenz, in Deutschland noch mehr als anderswo. Wir haben angedeutet, wie sehr Reden, Denken und Handeln über das Judentum vom Blick auf die Massenvernichtung der europäischen Juden bestimmt werden. Dieser Vergangenheit kann man nicht entkommen, nicht als Deutscher, nicht als Jude, nicht als deutscher Jude, nicht als jüdischer Deutscher. Darauf haben Wissenschaftler reagiert, aber gerade auch Künstler,

Literaten, Kulturschaffende. Es herrscht wahrlich kein Mangel an Beschäftigung mit Fragen und Folgen der Schoah.

Doch kaum jemand redet darüber, wie wir uns an das Unvollstellbare erinnern, wie wir das Unbegreifliche betrauern sollen. Eine Gedenkkultur auf jüdischer Grundlage fehlt. Wir haben Gedenktafeln, Gedenkorte, Gedenktage, das ist wahr. Wir haben Mahnmale und Mahnwachen. Wir haben Dokumentationszentren, wir haben Forschungseinrichtungen. Wir haben aber keinen Weg gefunden, wie wir Nachgeborenen mit der Schoah rational, emotional, psychologisch umgehen könnten. Der Schock der Ungeheuerlichkeit wirkt nach 50 Jahren nicht weniger als 1945.

KULTUR DES DIALOGS

Kultur wäre, wenn wir über all dies miteinander sprechen würden. Wir tun es nicht. Es ist, als sei uns deutschen Juden die Dialogkompetenz, ja der innere Zusammenhalt, abhanden gekommen. Wir können zwar prima reden und tun das ohne Unterlass, doch worüber? Sprechen wir miteinander über die Grundfragen unserer Existenz als Juden in Deutschland nach der Schoah? Sprechen wir darüber, wie wir es anstellen sollen, unser ererbtes und so teuer bezahltes Judentum ins nächste Jahrtausend hinüberzuretten? Sprechen wir darüber, welche Formen gelebten Judentums in unseren Alltag, in die Erziehung unserer Kinder, im Gestalten unserer Gemeinden einfließen sollten? Sprechen wir darüber, wie wir mit den Menschen umgehen, die sich entschlossen haben, der jüdischen Gemeinschaft beizutreten? Und mit denen, die uns den Rücken kehren?

Wir schweigen uns an, wenn es darauf ankommt. Zwei historische Entwicklungen innerhalb der jüdischen Gemeinschaft haben uns die letzten Jahre gebracht. Erstens: Die Entstehung neuer, manche sagen: liberaler oder reformierter jüdischer Gemeinden. Zweitens: Die Verdoppelung der Mitgliederzahl der Gemeinden durch die Einwanderung aus der ehemaligen Sowjetunion. Auf beide Vorgänge haben die deutschen Juden wie gewohnt mit trotzigem Schweigen oder mit hilflosem Aktionismus reagiert. Es versteht sich, dass man für diese Entwicklungen, die man angeblich nicht hat ahnen können, keine brauchbaren Vorkehrungen getroffen hat. Aber es hätte schon geholfen, wenn man sich zur Meinungsbildung und zur Zukunftsplanung wenigstens einmal zusammengesetzt hätte. Diesen Herausforderungen auf vernünftige Art zur begegnen – das wäre jüdische Kultur. Zuhören, dem anderen mit Achtung zu begegnen, das wäre jüdische Kultur. Davon sind wir weit entfernt.

WAS TUN?

Gibt es eine jüdische Kultur in Deutschland heute? Ja, trotz allem. Doch wie spitze Gräten stecken nicht verarbeitete Fragen quer in unserem Hals. Wen wundert es, wenn die jüdischen Lebensäußerungen oft schrill oder unverständlich nach außen dringen? Als Jude nach der Schoah in Deutschland leben – das ist keine Kleinigkeit, darauf müssen wir Antworten finden, Wege aufzeigen. Ohne soziale, politische und intellektuell-künstlerische Wege werden wir das nicht schaffen können. Gerade nicht, wenn wir das nicht im respektvollen Miteinander versuchen. Wir haben unsere Mitte verloren, den Glauben. Dort entspringt die Quelle unseres Judentums, dort fließt die Quelle unserer Kultur. Sie ist es wert, dass wir nach ihr graben.

Cilly Kugelmann

Jüdische Museen in Deutschland

Versuch einer Standortbeschreibung

Im September 1998 kamen zum ersten Mal ein alter Herr, Mitglied einer jüdischen Gemeinde, und seine Tochter zu einem Abendvortrag in das Frankfurter Jüdische Museum. Sie setzten sich in die letzte Reihe, der Vater schaute sich um und flüsterte seiner Tochter ins Ohr: »Ich sehe gar keine Juden hier«. Hätte der alte Herr in den vergangenen zehn Jahren öfter das Museum besucht, er wäre zu keinem anderen Befund gekommen. Juden gehören kaum zu den Besuchern jüdischer Museen in Deutschland, von einigen amerikanischen und israelischen Touristen im Sommer abgesehen. Für wen und von wem also wurden diese Museen geplant und eingerichtet, und ist es überhaupt eine sinnvolle Annahme, ausgerechnet Juden als Adressaten für deutsch-jüdische Museen einzuplanen? Anders gefragt, sind Angehörige gesellschaftlicher Minoritäten die gewünschten und erwarteten Besucher von Minoritäten-Museen? Vermutlich gehören kaum Indianer zu den Besucherscharen des Museum of the American Indian in Manhattan, obgleich dessen Einrichtung auf die Initiative der indianischen Congress Lobby zurückgeht, während die kleineren Heimatmuseen in der Nähe oder auf dem Gebiet der Reservate auf größere Zustimmung hoffen dürften. Vorstellbar hingegen ist, dass sich viele Afro-Amerikaner für die afro-amerikanische Abteilung im Museum of National History interessieren, in der die Vergangenheit der schwarzen Bevölkerung als Teil der allgemeinen amerikanischen Geschichte eingebettet ist. Die Frage, ob Angehörige von Minderheiten Museen besuchen, die sich mit ihrer Geschichte und Kultur befassen, hängt von verschiedenen Faktoren ab. Von wem, zu welchem Zeitpunkt und an welchem Ort solche Museen gegründet und konzipiert werden, spielt eine ebenso große Rolle wie die inhaltlichen Perspektiven der jeweiligen Präsentationen.

Die meisten jüdischen Museen in Deutschland wurden ab Ende der siebziger Jahre geplant, also nicht unmittelbar nach dem Zweiten Weltkrieg, sondern Jahrzehnte später. Diese Tatsache steht im Zusammenhang mit dem bemerkenswerten Phänomen, daß mit der Zunahme des zeitlichen Abstands zum nationalsozialistischen Massenmord die Intensität der Beschäftigung mit ihm zunimmt. Je länger das zurückliegt, was wir heute mit dem Begriff Holocaust zu bezeichnen pflegen, desto umfassender dringt er in unsere Gegenwart ein. Das Interesse von Forschern jeder akademischen Disziplin an dem Verlauf und den historischen Bedingungen der Massenvernichtung und besonders die ästhetische und künstlerische Auseinandersetzung mit ihr scheinen heute intensiver als in den Jahrzehnten nach Ende des Zweiten Weltkrieges. Allein die Prozesse gegen NS-Verbrecher können als abgeschlossen gelten. Die Gründe für dieses Phänomen, das ohne Beispiel in der bisherigen Geschichte ist, sind vielfältig. Biographische Distanz als psychische Voraussetzung für den Wunsch und die Fähigkeit, sich mit den Verbrechen der Nationalsozialisten zu konfrontieren, haben eine ebenso große Rolle gespielt wie die Veränderung der politischen Landschaft in der Bundesrepublik im Laufe der vergangenen fünfzig Jahre. In den letzten Jahren hat der Zusammenbruch der sozialistischen Staaten zu Beginn der neunziger Jahre zu einer neuerlichen Aufnahme historischer Themen geführt. Die Öffnung bislang nicht zugänglicher Archive ermöglicht es Historikern, neue Quellen bisher wenig beleuchteter Details im Prozess der Massenvernichtung zu untersuchen; die Wiederherstellung des bürgerlichen Privatrechts nach der Vereinigung der beiden deutschen Teilstaaten hat zu einer Lawine von Rückerstattungsanträgen geführt, hinter denen sich nicht selten »arisierte« Grundstücke und Liegenschaften verbergen. Der zehn Jahre währende Konflikt um das Holocaust-Denkmal in Berlin eröffnete eine Debatte um die symbolische Gedenkpolitik, zu der sich die Bundesrepublik bis heute noch nicht in der Lage sieht, einen klaren Standpunkt zu formulieren. Anders als nach dem Ersten Weltkrieg, als u. a. unzählige Kriegsopfer-Denkmäler gebaut und Trauerfeiern abgehalten wurden und mit dem sich eine ganze Generation von Schriftstellern, Malern, Bildhauern und Musikern auseinandergesetzt haben, blieb die Katastrophe, die sich 1945 offenbarte, zunächst unausgesprochen und vermutlich auch unverstanden. Die Gründe für die Abwehr und Verdrängung der nationalsozialistischen Mordpolitik in den ersten Jahrzehnten nach 1945 mögen sowohl in dem besonderen Charakter dieses Krieges als auch an der politischen Entwicklung der ersten Nachkriegszeit liegen. Der Zweite Weltkrieg, in dem mehr Soldaten und Zivilisten umgekommen sind als je zuvor, hat sich in der Wahrnehmung seines totalen Charakters erst allmählich ins Bewusstsein der Überlebenden eingegraben. Die intensive Beschäftigung mit den persönlichen und ökonomischen Folgen des Kriegs und der kurz nach Kriegsende einsetzende Kalte Krieg, der die Angst vor einem noch mörderischeren Dritten Weltkriegs schürte, trübten in den ersten Jahrzehnten den Blick auf die subtile Verstrickung von großen Teilen der Bevölkerung in den Prozess der Massenvernichtung. Die Zivilbevölkerung war in einem bisher unbekannten Ausmaß in die organisatorische Struktur des Zweiten Weltkrieges eingebunden. Wirtschaft und Industrie, das Bildungssystem, die Kulturschaffenden, das gesamte öffentliche Leben waren ein Teil der Kriegs- und Vernichtungsmaschinerie, was jeden Überlebenden dieses Krieges in die Rolle eines freiwilligen oder notgedrungenen Kollaborateurs gezwungen hat, ein Zustand, der wenig förderlich war für kritische und moralische Distanz zum »Dritten Reich«.

Erst diejenigen, die nach dem Krieg geboren wurden, waren in der psychischen Verfassung, sich den ethischen und gesellschaftlichen Folgen der Vernichtungskatastrophe auszusetzen.

Die Auseinandersetzung mit der juristischen, moralischen und historischen Hypothek des Nationalsozialismus und seiner Verbrechen bewegte sich seit 1945 von anfänglicher Ablehnung bis zu einer immer intensiver werden Konfrontation mit den Ereignissen jener zwölf Jahre. Mit ihr veränderte sich das Verhältnis der deutschen Gesellschaft zur jüdischen Bevölkerung und die Einstellung der Juden zu dem Land, in dem sie sich nach Kriegsende niedergelassen haben. Die Gründung jüdischer Museen und das Engagement für den Erhalt der materiellen Überreste des deutschen Judentums, meist alte Synagogen, von denen nicht wenige lange vor dem Nationalsozialismus durch Abwanderung der jüdischen Gemeindemitglieder in nahegelegene Großstädte aufgegeben wurden, spiegelt die Veränderungen wider, die sich bis in die achtziger Jahre ergeben haben.

Kann die unmittelbare Nachkriegszeit noch durch eine starke Ablehnung sozialer Bindungen zwischen Juden und Deutschen charakterisiert werden, entwickelte sich in den fünfziger und sechziger Jahren ein Muster von eher instrumentellen, offizielle Beziehungen zwischen politischen Repräsentanten der jüdischen Gemeinden und Vertretern der deutschen Politik. Sie galten in erster Linie der Detailausarbeitung der Wiedergutmachungsgesetze und der Wirtschaftshilfe für den diplomatisch von der Bundesrepublik noch nicht anerkannten Staat Israel. Nach über einem Jahrzehnt der Verdrängung der Naziverbrechen, in dem sogar der Begriff Jude tabuisiert war, leitete der Auschwitzprozess 1963/64 die erste Phase einer stärkeren Zuwendung mit diesen Themen ein.

Während der Studentenbewegung Ende der sechziger Jahre kamen sich Juden und Deutsche in dem Protest gegen die Verlogenheit der Elterngeneration näher. Sie warfen ihr vor, den neuen Wohlstand mit der Duldung von ehemaligen Nazis an Gerichten, Universitäten, Schulen und in der Politik erkauft zu haben. Die Phase einer gemeinsamen gesellschaftspolitischen Zustandsbeschreibung war aber nur von kurzer Dauer, und es gab neue Spannungen und Missverständnisse in den deutsch-jüdischen Beziehungen. Die Ausstrahlung der amerikanischen Fernsehserie »Holocaust« Ende der siebziger Jahre schuf bei einer breiteren Öffentlichkeit die Bereitschaft, sich mit der Geschichte des Völkermords zu konfrontieren. Die Bereitschaft, politische und gesellschaftliche Zusammenhänge wahrzunehmen, die eine so gewaltig angelegte Mordpolitik erst möglich machten, spiegelte sich vor allem in der Publikation einer großen Zahl von autobiographischen Memoiren von Überlebenden der Massenvernichtung. Darüber hinaus begannen Fachhistoriker wie Hobbyforscher damit, in lokalen Fallstudien die nationalsozialistische Judenpolitik vor Ort zu recherchieren. Dieser lokalhistorische Ansatz bereitete den Boden für Museumsgründungen, deren Verlaufgeschichte von den örtlichen Bedingungen abhing. In Frankfurt am Main beispielsweise, das seit dem 18. Jahrhundert die zweitgrößte jüdischen Gemeinde in Deutschland beherbergt, geht die Idee zur Gründung eines jüdischen Museums auf die Arbeit der »Kommission zur Erforschung der Geschichte der Frankfurter Juden« zurück, die in den sechziger Jahren ins Leben gerufen wurde, um die Erinnerung an die »Stadt der Rothschilds und der Frankfurter Zeitung« wachzuhalten. Anlässlich der Eröffnung eines jüdischen Jugendheims im Jahre 1957 regte der damalige Bürgermeister Leiske an: »Dokumente und Berichte zusammenzutragen und in einem Werk zusammenzufassen, um darzustellen, was das jüdische Bürgertum des frühen Frankfurt an künstlerischen, geistigen und wissenschaftlichen Leistungen vollbracht und unterstützt hat«. Der Gedanke lag nahe, diese Geschichte anhand der gefundenen Dokumente in Ausstellungen einem breiteren Publikum vorzustellen. Dieses Vorhaben war jahrzehntelang im Gespräch, wurde aber weder aufgegeben noch endgültig in die Wege geleitet. Erst der Wechsel von einem SPD- zu einem CDU-Magistrat 1978 brachte die Entscheidung. Im Frühjahr 1980 beschloss die Stadt die Gründung eines Jüdischen Museums, das zunächst als eher wissenschaftliches Institut mit einem Judaisten als Leiter geplant war. Der Mord an dem designierten Museumsdirektor und der Skandal um die geplante Aufführung von Rainer Werner Fassbinders »Die Stadt, der Müll und der Tod«, die 1985 durch Mitglieder der jüdischen Gemeinde erfolgreich verhindert wurde, führten zu einer Neukonzeption des Museums als einem Ort, der, neben der Darstellung der Geschichte und der Erinnerung an die Frankfurter Juden, als Diskussionsforum für die Beziehungen von Juden und Nichtjuden dienen sollte.

Der Anspruch, die Geschichte der deutschen Juden nicht in Vergessenheit geraten zu lassen und die vorangegangene Ausgrenzung der Juden aus der deutschen Nation und ihre spätere Ermordung durch eine Einbettung in die deutsche Geschichte historisch zu rehabilitieren, standen wohl bei allen Museumsgründungen Pate. Bei dem größten Teil dieser Neugründungen handelt es sich nicht um Museen im herkömmlichen Sinn. Es sind Gebäude, in denen sich einst Synagogen und andere Gemeindeeinrichtungen befanden, die durch die Initiative von Privatpersonen, Bürgerinitiativen oder dem örtlichen Kulturamt vor dem Verfall gerettet und restauriert worden sind und die heute als Kulturzentren, Begegnungsstätten, Veranstaltunghallen oder Gedenkstätten genutzt werden. Laut Schätzungen von Sabine Offe, die an einer breit angelegten Studie über jüdische Schausammlungen in Deutschland arbeitet, gibt es heute an die 300 dieser restaurierten Synagogen in West- und Ostdeutschland. Einrichtungen in Augsburg, Berlin, Dorsten, Essen, Fürth, Frankfurt am Main und München, Rendsburg und Worms sind eigenständige Museen; einige Landesmuseen z. B. in Hamburg, Kassel und Braunschweig haben jüdische Abteilungen. Manche von diesen eigenständigen Museen, die eine kontinuierliche Sammlungs- und Ausstellungstätigkeit aufweisen, d. h. neben der Dauerausstellung regelmäßige Sonderausstellungen zeigen, befinden sich in Orten, in denen es vor 1933 bereits jüdische Museen gegeben hat. Zu ihnen gehören die Institute in Berlin, Frankfurt und Worms.

Keine dieser Museumsneugründungen konnte auf einer vorhandenen Substanz aufbauen. Die jüdischen Sammlungen aus der Vorkriegszeit sind entweder vernichtet, verkauft oder in Teilen zerstreut worden. Die Kultgeräte, Thora-Rollen und Bücher, die die Nazis nicht zerstört hatten, sammelte das Büro der »Jewish Cultural Reconstruction«, einer Unterabteilung der jüdischen Rückerstattungsorganisation, und verschickte sie nach Israel und die USA. Einigen Museen gelang es, in den dreißiger Jahren Judaica-Objekte vor der Einschmelzung oder dem Weiterverkauf durch die Gestapo zu retten und in ihre Sammlungen einzugliedern. Ein Teil dieser »geretteten« Objekte bildete die bescheidene Grundausstattung der neuen jüdischen Museen. Allein die bislang letzte Museumsgründung in Augsburg kann auf eine bedeutende Sammlung lokaler Judaica zurückgreifen. Sie besteht zum Teil aus Stücken aufgelöster jüdischer Gemeinden aus Franken und aus »Raubgut«, die im Zuge der »Kristallnacht« verübt worden waren und nach 1945 in den Besitz der jüdischen Gemeinde gekommen sind.

Der inhaltlichen Aufgabenstellung, an eine verdrängte und ermordete Kultur und Geschichte zu erinnern, entspricht die Wahl der Gebäude für die jüdischen Museen. Mit der Ausnahme des Berliner Jüdischen Museums, das den Status als eigenständiges Museum erst 1998 erhalten hat, sind für die Projekte keine Neubauten errichtet worden. Sie wurden in Häusern untergebracht, die eine Beziehung zur jüdischen Geschichte des jeweiligen Ortes haben. In Augsburg, Essen, Fürth und Worms sind es Synagogen, die während der »Kristallnacht« teilweise zerstört wurden, in Frankfurt und Wien Bürgerpalais prominenter Juden aus dem neunzehnten Jahrhundert. An der Wahl der Orte und Gebäude zeigt sich der zeichenhafte Charakter, jüdische Museen an einer Schnittstelle zwischen konventionellen Museen und Gedenkstätten anzusiedeln. Die bewußte Wahl für das Museumsdomizil weist auf die Schaffung eines Bedeutungsraumes hin, in dem sich eine neue kollektive Erinnerung auf die deutsch-jüdische Geschichte einschreiben soll. Das Museum will mehr als Aufklärung und Besuchererlebnis vermitteln, es will Ort der Erinnerung und des Gedenkens sein und ist somit zugleich Ausstellungshülle und Exponat. Auch der Berliner Neubau, über dessen Mahn- und Gedenk-Symbolik viel geschrieben wurde, trägt diesem Anliegen Rechnung.

Ähnlich den Museen und jüdischen Expositionen auf internationalen Ausstellungen aus der Vorkriegszeit antworten die Nachkriegsmuseen auf eine spezifische politische Situation der jüdischen Gemeinschaft auf ihre Rolle in der deutschen Gesellschaft. Nur geht es heute nicht mehr darum, gegen antisemitische Tendenzen den Beweis anzutreten, dass jüdische Kultobjekte einen allgemeingültigen künstlerischen oder kunsthandwerklichen Wert besitzen und daß Juden durchaus dazu in der Lage sind, sich künstlerisch zu betätigen. Es geht auch nicht mehr darum, durch Ausstellungen die Position der Juden in den jeweiligen Ländern, in denen sie leben, auszuloten, sie als Religionsgemeinschaft zu definieren, deren Integration und Integrität durch das Judentum nicht behindert wird. Suchten die alten Museen ihre Aussage in vorwiegend kunsthandwerklichen Ausstellungen und ethnographischen Darstellungen der religiösen Gebote zu formulieren, so kann man die heutigen Institutionen als eine der Antworten auf die Auseinandersetzung der deutschen Gesellschaft mit der Judenmordpolitik der Nazis und ihren ethischen und moralischen Auswirkungen auf die Gegenwart verstehen, auch wenn keines der hier erwähnten Museum ein Holocaust-Museum ist.

Einer der wichtigsten Unterschiede in der Schaffung der zeitgenössischen jüdischen Museen in Deutschland ist der Umstand, dass sie meistens kommunale, also öffentliche Einrichtungen sind. Die Gründe hierfür liegen vor allem in der Struktur der deutschen Kulturpolitik und in der Auffassung, dass die deutsche Nation in jeder Hinsicht eine Bringschuld an die jüdische Gemeinschaft zu leisten habe. Es wäre auch kaum denkbar, dass Juden in der Bundesrepublik Deutschland die finanziellen Mittel für eigene Museen aufzubringen bereit wären, wie das beispielsweise in Wien, Basel, London und besonders in den USA der Fall ist. Die Gründungsinitiative ging also in der Regel nicht von den jüdischen Gemeinden aus, sie war und ist auch für zukünftigen Projekte vielmehr das Ergebnis eines politischen Willensbildungsprozesses der jeweiligen städtischen Regierungen. In die konkrete Planung und Durchführung wurde die jüdische Gemeinschaft selbstverständlich miteinbezogen. Eine solche Entstehungsgeschichte legt ein didaktisches Konzept nahe, das in erster Linie die Aufklärung eines nichtjüdischen deutschen Publikums über jüdische Geschichte und Religion im Auge hat.

An diesem Ziel orientiert sich die museale Aufbereitung der Sammlungsobjekte, die darüber hinaus durch einen neuen Trend beeinflusst wird, der Anfang der siebziger Jahre zu einer Neuorientierung historischer Museen beigetragen hat: Das Interesse an Sozial- und Mentalgeschichte, das unter dem Schlagwort der »Geschichte von unten« die Alltagserfahrungen gegenüber der Geschichte der Institutionen stark machte, favorisierte Ausstellungskonzepte, die mit Texten und Inszenierungen einen argumentativen Zusammenhang herstellen. Diese Ausstellungstechnik bietet auch jüdischen Museen die Möglichkeit, jüdische Geschichte als einen besonderen Aspekt der allgemeinen Geschichte in einem Zusammenhang zu »erzählen«. Nach diesem Muster ist beispielsweise die historische Dauerausstellung im Frankfurter Jüdischen Museum konzipiert. In der museografischen Präsentation von Objekten aus dem religiösen Leben in Synagoge und Privatsphäre hat sich gegenüber den alten Museen wenig verändert, wenn auch der Schwerpunkt heute weniger in der Begründung ihres künstlerischen Wertes liegt als vielmehr in der Darstellung ihrer traditionellen Bedeutung und Anwendung.

Der didaktische Auftrag der jüdischen Museen, ein Bildungsangebot für Nichtjuden zu machen, zeigt sich nicht nur in der Bedeutung, die der Vermittlung durch Führungen, Vorträge und anderen Bildungsveranstaltungen beigemessen wird. Er ist auch direkt an der Art der Präsentation abzulesen. Sie spiegeln weder das zeitgenössische Leben der jüdischen Gemeinden in der Bundesrepublik wider, noch suchen sie eine Auseinandersetzung mit den hiesigen Juden. Unerwartete Interpretationen der jüdischen Geschichte oder ungewohnte Blicke auf die Wirklichkeit des heutigen religiösen Lebens sind daher in Deutschland selten. Ein experimenteller Umgang mit der jüdischen Gegenwart ist eher in jüdischen Museen in den USA anzutreffen, die sich zwar auch mit einer Botschaft an alle Amerikaner wenden, die aber viel mehr der Selbstreflexion der amerikanischen Juden dienen. Auch wenn einige amerikanische Museen öffentlich gefördert werden, haben doch die meisten private, jüdische Trägervereine. Sie sind in erster Linie jüdische Gründungen, deren Publikum weitgehend aus Juden besteht. Das zeigt sich auch an den Mitarbeitern, von denen fast alle Juden sind.

An den jüdischen Museen in Deutschland hingegen arbeiten nur wenige jüdische Wissenschaftler und Kuratoren, was nicht die gesellschaftspolitische Konzeption dieser Museen allein, sondern auch die derzeitige demografische und berufliche Struktur der jüdischen Gemeinschaft in Deutschland widerspiegelt. Unter den inzwischen etwa 70 000 Juden in der Bundesrepublik, von denen die Hälfte ehemalige Bürger der Sowjetunion sind, gab es bisher kaum jemanden, der von seiner Ausbildung und beruflichen Planung als potentieller Mitarbeiter für jüdische Museen in Frage kam. Die meisten Juden, die eine akademische Ausbildung anstrebten, interessierten sich für die klassischen Berufe Jura, Medizin und für technische Studiengänge. Nur sehr vereinzelt entschieden sie sich für die Geistes- und Sozialwissenschaften – vielleicht, weil eine berufliche Tätigkeit auf diesen Gebieten es erfordert, sich intensiver auf die Gesellschaft einzulassen, in der man lebt. Möglicherweise ist dieser Befund durch die gegenwärtigen und kommenden Generationen von jüdischen Studenten nicht mehr zutreffend. Hinzu kommt, dass es erst in den letzten Jahren die Möglichkeit gibt, ein Fach wie »Jüdische Studien« zu belegen. Die akademische Judaistik, die nach dem Modell christlicher Theologie organisiert ist, war bis zum Ende der achtziger Jahre zudem die einzige Möglichkeit, sich mit den entsprechenden Studieninhalten zu befassen. Wenn sich angehende Historiker auf einen Bereich der jüdischen Geschichte spezialisieren wollten, mußten sie das weitgehend autodidaktisch tun. Es ist also insgesamt nicht ganz leicht, qualifizierte wissenschaftliche und zugleich jüdische Mitarbeiter für ein jüdisches Museum zu finden.

Aber nicht nur die Ausbildung, auch die Themen, mit denen ein jüdisches Museum befasst ist, stellen eine besondere Herausforderung an Mitarbeiter wie Besucher dar. Zu der allgemeinen Schwierigkeit, daß es keine objektive Geschichtsdarstellung geben kann und daß jede konstruktive Annäherung an ein historisches Thema neben der Einbeziehung des aktuellen Forschungsstandes auch den Mut zur subjektiven Entscheidung erfordert, kommt im Falle der Aufbereitung jüdischer Geschichte und Kultur noch ein mentales Problem hinzu. Die Interpretation der jüdischen Geschichte, die heute zwangsläufig aus dem Wissen und der Erfahrung des Holocaust heraus gedeutet wird, verhindert oft eine notwendige Distanz zu historischen Perioden, die keinen kausalen Zusammenhang mit dem nationalsozialistischen Judenmord haben. Die Versuchung, solche Zusammenhänge zu konstruieren, beispielsweise für die Darstellung der Geschichte des Antisemitismus oder das vermeintliche didaktische Gebot, bei jedem Thema Bezüge für die Gegenwart herstellen zu müssen, sind nicht selten. Auch für die grundsätzlichere Frage, etwa ob sich ein jüdisches Museum die Aufgabe stellen sollte, jüdische Geschichte aus einer jüdischer Perspektive heraus zu präsentieren oder den gesamtgesellschaftlichen Zusammenhang aufzuzeigen, werden von Vorannahmen mitbestimmt, die eher von der an die Museen gerichteten Bildungsaufgabe als von erkenntnistheoretischen Überlegungen beeinflußt werden.

Es ist kein Geheimnis, dass die meisten Museen, gleichgültig, was sie ausstellen, weniger finanzielle Mittel zur Verfügung haben als noch vor zehn Jahren. Alle Institute in der gesamten Bundesrepublik verzeichnen einen deutlichen Besucherschwund und müssen, wenn sie attraktiv bleiben wollen, ihre Arbeit stärker am Geschmack der Besucher orientieren. Der Weg der Museen von einer Stätte bildungsbürgerlicher Selbstvergewisserung zu einem Erlebnisort ist längst beschritten. Ein erfolgreiches und publikumswirksames Programm zu gestalten, stellt für die jüdischen Museen eine besondere Herausforderung dar. Sie sind weder mit den »schönen Dingen des Lebens« befaßt, noch sind die Themen geeignet, einen populären Beitrag zu Zeitgeistthemen zu leisten. Eine stärkere Einlassung auf den »Publikumsgeschmack« würde für die jüdischen Museen eine stärkere Zuwendung zu Themen des Nationalsozialismus und des Holocaust bedeuten, für die sich immer noch und immer wieder viel mehr Menschen interessieren als für andere historische Epochen oder gar unbekanntere Aspekte aus dem theologischen und religiösen Bereich. Der unerwartete Erfolg der Hamburger Wehrmachtsausstellung ist ein gutes Beispiel hierfür, auch wenn er sich erst nach der Skandalisierung durch bayerische CSU-Politiker eingestellt hat. Davon abgesehen, daß jüdische Museen sich nicht als Einrichtungen betrachten, die ihre alleinige Aufgabe darin sehen, ausschließlich den Holocaust zu behandeln, ist damit auch die Frage noch nicht beantwortet, auf welche Weise solche Themen erarbeitet und präsentiert werden können.

Der komplexe gesellschaftliche Auftrag an die jüdischen Museen, der sie zwischen Mahnwache, Denkmal und Bildungsaufklärung plaziert, beinhaltet darüber hinaus einen unsichtbaren Subtext, der mit der politischen Delegation als Ort der moralischen und historischen Rehabilitation der vergangenen Katastrophe zusammenhängt: Jüdische Museen amtieren als Gedächtnisstellvertreter für die Öffentlichkeit, die sie gegründet haben. Damit befinden sie sich in einer prekären Rolle. Als städtische oder staatliche Einrichtungen agieren sie auf der »deutschen« Seite in bezug auf die Auseinandersetzung mit dem Nationalsozialismus, als jüdische Museen vertreten sie eine »jüdische« Perspektive. Deutlich wird dieses Phänomen an der Frankfurter »Gedenkstätte am neuen Börneplatz«, einer Initiative des Magistrats zur Erinnerung an die Judenverfolgung in der Stadt. Man entschied sich für einen Entwurf, der an die über zehntausend aus Frankfurt deportierten Juden erinnert. Kleine Blöcke mit den Namen der Deportierten, gleichsam kleine Grabsteine, wurden in die neu verputze Mauer des alten jüdischen Friedhofs eingebaut. Eine Recherche zu den deportierten Personen wurde beim Jüdischen Museum in Auftrag gegeben. Die inhaltliche Aussage der Gedenkstätte erinnert also nicht an die Verantwortlichen für die Judenpolitik in der Stadt, sie eignet sich die Erinnerungsperspektive der Juden an, die ihre Toten betrauern, weshalb auch folgerichtig das Jüdische Museum und nicht das Historische Museum den Rechercheauftrag erhielt. In der Überdeterminierung ihres institutionellen Charakters sind die jüdischen Museen jene Orte, an denen sich das neue kollektive Gedächtnis der deutschen Gesellschaft der Erinnerung der Opfer bemächtigt.

Literatur zum Thema:

Wiener Jahrbuch für jüdische Geschichte, Kultur und Museumswesen. Band 1 (1994/95), Band 2 (1995/96), herausgegeben vom Jüdischen Museum der Stadt Wien.

Sabine Offe, Sites of Remembrance? In: Social Studies, Band 3, Nr. 2, 1997.

Sabine Offe, Ehemalige Synagogen in Ostfriesland. In: Die Brücke. Zeitschrift für Schule und Religionsunterricht im Land Bremen.

Was übrigblieb. Das Museum jüdischer Altertümer in Frankfurt. Herausgeber: Jüdisches Museum der Stadt Frankfurt.

Susanne Urban-Fahr

Jüdische Presse – Juden in der Presse

Zwischen Vielfalt und Stereotypen

»Warum eine jüdische Presse in Deutschland? . . . Eine jüdische Presse in Deutschland ist unverzichtbar. Sie drückt die Vielfalt jüdischen Lebens und jüdischer Kultur aus. Sie ermöglicht ein Netzwerk von interessierten Menschen, Juden wie Nichtjuden, die sich mit jüdischem Leben in Deutschland geschichtlich, gegenwärtig und in Zukunft beschäftigen und auseinandersetzen wollen. Sie weckt Verständnis für Positionen und schafft gleichzeitig Bewußtsein, aus denen diese Positionen Realitäten werden.«[1])

WAS SIND »JÜDISCHE« ZEITUNGEN UND ZEITSCHRIFTEN?

Es existiert ein heilloses definitorisches Durcheinander, wenn es darum geht zu erklären, was eine »jüdische« Presse ist. Oftmals werden jene Presseerzeugnisse als »jüdisch« eingeordnet, die auch in sogenannten »jüdischen« Verlagen erscheinen. Was das jeweils konkret bedeutet, bleibt jedoch zumeist im dunkeln.

Der Ursprung dieser Verbindung von Presse und »jüdisch« ist antisemitisch. Sie wurde vor allem während der Weimarer Republik verwendet – und wird heute noch immer, wenn auch ohne antisemitische Zielrichtung, kolportiert. Für den Buchhandel werden mit Vorliebe Häuser wie S. Fischer und für die Presse Ullstein als vorgeblich exemplarische jüdische Verlage genannt.

Doch die vermeintliche »jüdische Presse« war eines der besonders häufig verwendeten Schlagwörter von Antisemiten und NSDAP bis zur Machtübernahme 1933. Hier wurde nach der Herkunft des Verlegers definiert, denn mit dem Schlagwort »jüdisch« war zugleich »liberal« gemeint – und damit eine Geisteshaltung, die als »zersetzend« angesehen wurde. Die Inhalte des Verlagsprogramms und die Herkunft des Verlegers wurden als unmittelbar zusammenhängend betrachtet. Interessanterweise werden heute weiterhin diese begrifflichen Fehler gemacht – nun jedoch in philosemitischer Verdrehung. »Jüdisch« als Zusatz zu Ullstein und S. Fischer ist quasi die »Anerkennnung« der damit verbundenen, nunmehr aber erwünschten und historisch »korrekten« Modernität und des Liberalismus der Unternehmen. Die wirklich jüdische Presse war und ist aber auch heute aufgrund ihres Konzepts und ihrer Inhalte eine grundsätzlich andere als die solchermaßen in ein Begriffskorsett gezwängte:

». . . Zeitungen und Zeitschriften, die zur Behandlung jüdischer Angelegenheiten von Juden für Juden geschrieben und veröffentlicht werden, wenn sie auch natürlich Beiträge von Nichtjuden aufnehmen und von Nichtjuden, die sich dafür interessieren, gelesen werden.«[2])

---

[1]) Michel Friedman, Forum und Brückenbauer, in: Allgemeine Jüdische Wochenzeitung, Sonderausgabe anlässlich des 50-jährigens Bestehens, 25. 4. 1998, S. 1.

[2]) Margaret Edelheim-Muehsam, Die Haltung der jüdischen Presse gegenüber der nationalsozialistischen Bedrohung, in: Deutsches Judentum. Aufstieg und Krise, hrsg. von Robert Weltsch, Stuttgart 1963, S. 353.

DIE VIELFALT DER VERGANGENHEIT

In der Weimarer Republik erschienen zwischen 100 und 120 jüdische Zeitungen und Zeitschriften. In ihnen spiegelte sich die Vielfalt aller ideologischen Gruppen, und darüber hinaus gab es Publikationen u. a. für jüdische Studierende, Frauen, Handwerker, Beamte. Daneben existierten jiddischsprachige Zeitschriften und Fachblätter, z. B. für jüdische Demographie und Genealogie. Hinzu kamen Gemeindezeitungen, die in den großen Gemeinden wie Berlin und Frankfurt sehr hohe Auflagen hatten.[3]) Zur potenziellen Leserschaft dieser jüdischen Presseerzeugnisse gehörten die etwa 560 000 deutschen Juden, aber auch die jüdischen Einwanderer aus Osteuropa – zwischen 1925 und 1933 lebten 85 000 bis 95 000 »Ostjuden« in Deutschland – sowie, wenngleich in geringer Zahl, auch Nichtjuden. Diese interessierten sich vor allem für die speziell für Nichtjuden konzipierte Monatsausgabe der »CV-Zeitung« sowie den »Morgen«, eine intellektuelle, den interreligiösen Dialog fördernde Zeitschrift aus dem Philo-Verlag. Die Vielfalt der jüdischen Presse zwischen 1918 und 1933 zeugt sowohl von dem breiten innerjüdischen Meinungspluralismus und der ausführlichen Diskussion unterschiedlicher Standpunkte als auch von der daraus resultierenden innerjüdischen Zerstrittenheit. Die deutschen Juden waren sich – auch hierfür ist die zeitgenössische jüdische Presse Dokument und Zeugnis – über ideologische Grenzen hinweg zwar einig, dass man gegen die antidemokratischen Gruppen und vor allem gegen die NSDAP agieren müsse, doch nicht darüber, welcher Weg eingeschlagen werden sollte.

Die wichtigsten überregionalen Zeitungen waren die »C.V.-Zeitung«, die »Jüdische Rundschau« und das »Israelitische Familienblatt«.

Der 1893 gegründete »Centralverein deutscher Staatsbürger jüdischen Glaubens« (CV) agierte unter dem identitätsstiftenden Motto »Deutschtum und Judentum«. Deutschland war die Heimat, deren Schicksal man teilen und mitformen wollte; Judentum war Religions-, »Stammes- und Schicksalsgemeinschaft«. Die Taufe oder der Austritt aus der Gemeinde waren verpönt. Der CV war jedoch vor allem ein Verein zur Abwehr des Antisemitismus und versuchte mit allen legalen Mitteln, diesem Einhalt zu gebieten. Seine Mitgliederzahl lag zwischen 60 000 und 70 000, wobei über die korporative Mitgliedschaft von Organisationen usw. insgesamt von etwa 300 000 »CV'ern« ausgegangen werden kann. Seine Publikationen erschienen seit 1919 größtenteils im hauseigenen Philo-Verlag, die wöchentlich erscheinende »C.V.-Zeitung« war von hoher Qualität. Ihre Auflagenhöhe lag 1926 bei etwa 73 000 Exemplaren, 1931 bei 60 000[4]), 1933 bei ca. 55 000, 1938 wurden noch ungefähr 38 500 Exemplare gedruckt.[5]) Ideologische Gegnerin des CV war die »Zionistische Vereinigung für Deutschland« mit etwa 20 000 Mitgliedern in den 1920ern – diese Mitgliederzahl sank von 1929 bis 1933 auf etwa 7 500[6]). Die eine nationaljüdisch-zionistische Position vertretende, zweimal wöchentlich publizierte »Jüdische Rundschau« war die drittgrößte jüdische Zeitung und konnte 1926 eine Auflage von 10 000 Exemplaren vorweisen. 1931 waren es 15 000[7]) – eine Auflagensteigerung im Zuge des Anwachsens der nationalsozialistischen

---

[3]) In Berlin waren dies teilweise mehr als 50 000 Exemplare, in Frankfurt erreichte das Gemeinde-Blatt eine Auflage von mehr als 7 000 Exemplaren.

[4]) Angaben zur Auflagenhöhe entnommen aus: Margaret T. Edelheim-Muehsam, The Jewish Press in Germany, in: LBIYB I 1956, London 1956, S. 172.

[5]) Angaben entnommen aus: Kathrin Diehl, Die jüdische Presse im Dritten Reich. Zwischen Selbstbehauptung und Fremdbestimmung, Tübingen 1997, S. 126, Herbert Freeden, Die jüdische Presse im Dritten Reich, Frankfurt 1987, S. 36 und Philo-Lexikon Handbuch des jüdischen Wissens, Frankfurt am Main 1992 (Nachdr. von 1936), S. 575; die Angaben differieren untereinander ein wenig.

[6]) Vgl.: Moshe Zimmermann, Die deutschen Juden 1914 – 1945, München 1997 (Enzyklopädie deutscher Geschichte Band 43), S. 33.

[7]) Angaben entnommen aus: Edelheim-Muehsam (Anm. 4), S. 172.

Bedrohung. 1933 lag die Auflage bei etwa 37 000[8]), was nochmals eine unvergleichliche Steigerung bedeutete. 1938 wurden noch ca. 25 800 Exemplare gedruckt.[9]) Zweitgrößte Zeitung war die politisch neutrale, auf Unterhaltung und leichte Information konzipierte Wochenzeitung »Israelitisches Familienblatt«. Erst Anfang der 1930er erhielt diese Zeitung zeitgemäßen Tiefgang. Die Auflagenhöhe lag 1926 bei 24 000, 1931 bei 33 000 Exemplaren.[10]) Während der NS-Zeit sank die Auflage von 32 000 Exemplaren im Jahre 1933 auf 26 410 im Jahre 1938.[11]) Eine solch akademische Zeitschrift wie »Der Morgen«, erst 1925 gegründet, hatte nie mehr als 3000 Abonnenten,[12]) 1936 lag die Auflage bei 1400 Exemplaren.[13]) Vom letzten Heft im Oktober 1938 wurden lediglich 1050 Exemplare gedruckt.[14])

Die jüdische Presse in Deutschland war seit ihren Anfängen während der Aufklärung und der ersten Blüte während des Ringens um die Emanzipation im 19. Jahrhundert zunehmend vielfältig und pluralistisch geworden.[15]) Nach 1933 wurde die jüdische Presse zensiert, zeitweise verboten und nach den Novemberpogromen 1938 endgültig liquidiert. Als letzte – auf Betreiben der Nazis gegründete und von diesen als Mitteilungsblatt benutzte – jüdische Zeitung erschien vom 1. Dezember 1938 bis Oktober 1943 das »Jüdische Nachrichtenblatt«.

NACH 1945[16])

Nach dem Ende der Schoah und der Befreiung 1945 war das deutsche Judentum in seiner einstigen Vielfalt und Größe nicht mehr existent. Aus zwei verschiedenen Gruppen jüdischer Überlebender kamen die ersten Anstöße, eine neue jüdische Presse zu gründen. Von den 560 000 deutschen Juden hatten – im Untergrund oder auch durch die Ehe mit einem nichtjüdischen Partner – zwischen 15 000 und 20 000 in Deutschland überlebt.[17]) Hinzu kamen die wenigen tausend Remigranten, die vor allem wegen ihrer engen Bindung an die deutsche Kultur und die relativ ungetrübte Erinnerung an die Zeit vor 1933 zurückkehrten.

Außerdem gab es die jüdischen Displaced Persons (DPs)[18]), zumeist osteuropäische Juden, die in Deutschland befreit worden waren. Deren einstige Lebenswelt lag in Trümmern, an eine Rückkehr in die frühere Heimat dachten nur wenige. Diese DPs warteten in eigens eingerichteten Lagern vor allem in der amerikanischen Zone auf die Ausreise – in die USA oder nach Palästina. In den drei Westzonen, der späteren Bundesrepublik Deutschland, gab

---

[8]) Angabe entnommen aus: Diehl (Anm. 5), S. 129 sowie Freeden (Anm. 5), S. 36 und Philo-Lexikon (Anm. 5), S. 575 – wobei erneut kleine Unterschiede in den Angaben bestehen.

[9]) ebd.

[10]) Angaben entnommen aus: Edelheim-Muehsam (Anm. 4), S. 172.

[11]) Angaben entnommen aus: Diehl (Anm. 5), S. 128 sowie Freeden (Anm. 5), S. 36 und Philo-Lexikon (Anm. 5), S. 575 – mit kleinen Abweichungen bei der Nennung der Auflagenhöhen.

[12]) Vgl. zu der Auflage des Morgen: N.N., Lieblingskind oder Bestseller, in: CV-Zeitung vom 11. 11. 1937, S. 6.

[13]) Angabe entnommen aus: Diehl (Anm. 5), S. 133 sowie Philo-Lexikon (Anm. 5), S. 575.

[14]) Vgl. Helmut F. Braun, der Philo-Verlag 1919 – 1938. Ein Berliner Verlag für jüdische Abwehr- und Aufklärungsliteratur, in: Berlinische Notizen, Heft 4, Berlin 1987, S. 99.

[15]) Vgl.: Diehl, Edelheim-Muehsam (Anm. 4 und 5); Sylke Tempel, Serie über die jüdische Presse in der Weimarere Republik, in: Allgemeine Jüdische Wochenzeitung, Teil 1: 21. 4. 1994: »Wir sind ein deutsches Judenblatt«, S. 15.

[16]) Es geht nahezu ausschließlich um die Entstehung der jüdischen Presse in Westdeutschland bis zur Einheit 1990, weil in der DDR anscheinend nur ein einziges jüdisches Mitteilungsblatt existierte.

[17]) Vgl. zu den Angaben: Erica Burgauer, Zwischen Erinnerung und Verdrängung – Juden in Deutschland nach 1945, Reinbek 1993, Tabelle 1, S. 356 (15 600) und Monika Richarz, Juden in der BRD und in der DDR seit 1945, in: Micha Brumlik et al (Hrsg.), Jüdisches Leben in Deutschland nach 1945, Frankfurt 1988, S. 17.

[18]) Displaced Persons: aus ihren Heimatländern im Verlauf des Krieges aus ihrer Heimat vertrieben wurden, geflohen sind, als Zwangsarbeiter verschleppt oder als Verfolgte deportiert wurden. Die jüdischen DPs waren vorrangig osteuropäischer Herkunft. Vgl.: Wolfgang Jacobmeyer, Jüdische Überlebende als Displaced Persons, in: Geschichte und Gesellschaft, 9 (1983), S. 421-451und: Angelika Königseder und Juliane Wetzel, Lebensmut im Wartesaal. Die jüdischen DPs im Nachkriegsdeutschland, Frankfurt am Main 1994.

es DP-Lager und auch neue Jüdische Gemeinden, sodass ein, wenn auch zunächst nicht auf Dauer angelegtes religiöses, soziales, kulturelles jüdisches Leben möglich war. Daher konnte auch eine eigenständige jüdische Presse entstehen. In der späteren DDR hingegen bildeten sich nur wenige neue Gemeinden mit einigen hundert Mitgliedern. Die sowjetische Administration erkannte DPs jedoch nicht an, zudem war wegen der kommunistischen Ideologie die Entfaltung eines aktiven jüdischen Lebens und damit auch einer jüdischen Presse in der DDR nicht in der Weise möglich wie in der Bundesrepublik. Schließlich waren die Erfahrungen der nach Osteuropa zurückgekehrten oder dort befreiten Juden dermaßen verheerend, dass Tausende 1945/46 in den Westen flohen.

Die verschiedenen Gruppen Überlebender bauten in Westdeutschland eine neue jüdische Presse auf, die sich zunächst den jeweiligen existentiellen Bedürfnissen widmete. So war es auch in Frankfurt am Main, wo neben einer Betreuungsstelle für deutsche Juden ein Jüdisches Komitee existierte, das für die osteuropäischen Juden in der Stadt zuständig war. Hinzu kam noch das in Frankfurt-Zeilsheim eingerichtete Lager für jüdische DPs. Jede Gruppe entwickelte eine eigene Pressestruktur.

Die erste jüdische Zeitung in deutscher Sprache nach der Befreiung erschien in Frankfurt 1945/46 unter dem Titel »Mitteilungsblatt der jüdischen Gemeinden und Betreuungsstellen«. Die neugegründeten jüdischen Gemeinden Ende der vierziger und Anfang der fünfziger übernahmen zuerst praktische Aufgaben und waren als Provisorien gedacht. Jüdische Organisationen des Auslands sprachen gar von »Liquidationsgemeinden«, so dass Gemeindezeitungen als Manifestationen einer dauerhaften Existenz zunächst nicht wichtig waren. Die Gemeinden sollten den Juden bis zur Auswanderung zur Seite stehen, ihnen religiöse und soziale Einrichtungen zur Verfügung stellen. Durch diese Haltung und die Fluktuation der Mitglieder bis in die siebziger Jahre hinein war die Etablierung von langfristig angelegten Gemeindezeitungen nicht realisierbar. Erst mit der, wenngleich zögerlichen, Erkenntnis, dass die Gemeinden nicht mehr als Provisorien gesehen werden können, sondern sich ein auf Dauer angelegtes neues jüdisches Leben im einstigen »Land der Täter« gebildet hatte, erschienen erste Gemeindezeitungen, die über den Charakter eines Mitteilungsblattes hinausgingen.

In Frankfurt gab es bereits 1955 erste Versuche, eine Gemeindezeitung herauszugeben, doch erst seit 1968 hat sich das »Jüdische Gemeindeblatt« auch wirklich etabliert. Desgleichen entstanden in den Siebzigern vor allem in den größeren Gemeinden wie Düsseldorf, München, Hamburg usw. ähnliche Zeitungen – eine Ausnahme bildet Fürth, das als sehr kleine Gemeinde schon seit 1973 eine eigene Zeitung hat. In München gab es bereits etliche Jahre vorher die deutschsprachigen »Münchner jüdischen Nachrichten« sowie die jiddischen »Neue Jüdischen Nachrichten«, die eingestellt und durch ein neues Periodikum »ersetzt« wurden.

Diese Zeitungen, die zumeist alle zwei Monate, vierteljährlich oder auch unregelmäßig erscheinen, sind vor allem als Lektüre für die Mitglieder gedacht und können außerhalb der Gemeinde kaum Interesse wecken. Gegenüber der Gemeinde und ihren offiziellen Vertretern herrscht keine inhaltliche Unabhängigkeit, sondern Loyalität, was die jeweils junge Generation immer wieder auf publizistisches Neuland treibt. Die Inhalte der offiziösen Zeitungen sind in der Regel auf religiöse Fragen und Verweise auf die kommenden Feiertage sowie die Bekanntgabe interner Entscheidungen, Probleme und personeller Neuerungen, die Ankündigung und Rezension kultureller Veranstaltungen mit Bezug zum Judentum oder auch der Anzeige familiärer Geschehnisse – Geburten, Bar- und Bat-Mitzva-Feiern, Hochzeiten und Sterbefälle – beschränkt.

Inhaltlich den Gemeindezeitungen verwandt sind auf Landesebene die Mitteilungsblätter der Landesverbände jüdischer Gemeinden. Für Baden oder Hessen werden mehrmals im Jahr solche Zeitungen veröffentlicht. Eine Zeitung dieser Art war schließlich auch das einzige, was die frühere DDR den etwa 500 bis 600 Juden bieten und erlauben wollte: das »Nachrichtenblatt der Jüdischen Gemeinde Groß-Berlin«, das seit Mitte der siebziger Jahre erschien. Mittlerweile haben sich in Gemeinden wie Potsdam, Dresden, Erfurt und Leipzig ähnliche Periodika für die Mitglieder entwickelt wie in Westdeutschland. Auch ist die einzige überregionale jüdische Zeitung, die »Allgemeine Jüdische Wochenzeitung«, dort mittlerweile etabliert.

Die Gemeindeblätter, wenngleich oft etwas trocken und erst in jüngster Zeit mit etwas mehr journalistischem Geschick konzipiert und geschrieben, erhalten eine neue Dimension, wenn die Nachkriegsgeschichte der jeweiligen Gemeinde erforscht wird. Dann geben sie Auskunft über interne Strukturen und die Organisation sowie die Probleme, zwischen Vergangenheit und Gegenwart zu balancieren.

Die jüdischen Gemeinden, die sich nach 1945 bildeten, wurden in der Regel von deutschen Juden wieder- bzw. neugegründet. Trotzdem sind die Gemeinden schließlich von Juden aus Osteuropa dominiert worden, weil diese, zunächst nur auf Auswanderung bedacht, sich aus mehr oder minder pragmatischen Gründen eine Existenz in der Bundesrepublik aufbauten. Die alten Spannungen zwischen West- und Ostjuden brachen wieder auf, die Zusammenarbeit gestaltete sich zum Teil sehr schwierig – und gegen den erklärten Willen der deutschen Juden.

Mit dem aktuellen Zuzug von Juden aus Osteuropa verändert sich nicht nur erneut das Erscheinungsbild der Gemeinden, sondern auch das der gemeindeinternen Presse. Viele Gemeindezeitungen lassen einen Teil ihrer Auflage in russischer Sprache drucken oder zumindest in der üblichen Publikation einige Seiten in Russisch einfügen.

Die DPs entwickelten innerhalb der deutschen Nachkriegsgesellschaft in Lagern wie Zeilsheim, Feldafing, Föhrenwald, Landsberg, Belsen usw. einen ganz eigenen jüdischen Mikrokosmos. Dazu gehörten Synagogen, Lagergerichte, Kindergärten, Schulen, Sportvereine, Berufsschulen, Kranken- und Sozialstationen, Theater, Orchester, historische Kommissionen – und eben auch eine vielfältige Presse. Diese DP-Presse spiegelt zugleich die ideologische Binnenstruktur der DPs wieder – den Pluralismus der religiösen, aber vor allem der unterschiedlichen zionistischen Haltungen. Viele der Zeitungen wurden zwar mit lateinischen Typen, aber in jiddisch gedruckt. Im Laufe der Zeit entstanden auch hebräischsprachige Publikationen. Im Lager Zeilsheim, das bis Ende 1948 bestand, erschienen »Undzer Mut« und »Unterwegs«, in Landsberg die »Landsberger Lager-cajtung«, die 1946 in »Jidisze Cajtung« umbenannt wurde. In Feldafing gab es »Dos Fraje Wort«, »Dos jiddishe Wort« und den »Unterwegs«, in Deggendorf »Mit a szarfn blik«, in Föhrenwald »Bamidbar. Wochncajtung fun di bafraiten Jidn«. In der britischen Zone in Belsen gab es u. a. die »Cojtn. Zamlheft far Literatur, Kritik un gezelshaftlekhe Fragn«, »Undzer Front« sowie »Unzer Sztyme«[19]) – diese hatte seit 1946 den Nachsatz »Organ fun der Sheyres-Hapleyte in der britisher Zone«. Als »Sheyres-Hapleyte« bezeichneten sich die DPs selber – als »Rest der Geretteten«. Mit der Schließung der DP-Lager zwischen Ende der vierziger und Mitte der fünfziger Jahre sowie der Verteilung der letzten DPs auf verschiedene Gemeinden endete in den meisten Fällen auch die Publikation der jeweiligen Zeitungen. Manches Mal brachten jedoch die mittlerweile seit Jahren erprobten Redakteure ihre Ideen in die

[19]) Vgl. zu den weiteren Zeitungen: Wetzel/ Königseder (Anm. 18).

jeweiligen Gemeinden ein, oder es wurden kleine, unregelmäßig publizierte Mitteilungsblätter daraus.

Diese DP-Presse war äußerst vielfältig. Dort wurde diskutiert, wie der »richtige« Zionismus, wie ein Staat Israel, wie der Kampf um die Unabhängigkeit aussehen sollen. Nach der Gründung Israels 1948 wurde mitgelitten und mitgehofft, natürlich stets unter verschiedenen politischen Blickwinkeln. Hinzu kamen immer wieder Aufrufe, die Lager so bald wie möglich zu verlassen, denn der Aufenthalt in Deutschland könne nur temporär sein: »Di farscholtene dajtsche Erd hot sich farwandelt in a zajtwajlikn hejm far di jidische masn. ... Was sol men ton? Arbetn in dajtsche fabrikn, opbojen dajtsche hajser, sejen in dajtsche erd? . . . Dos hot kejn jid nischt gewollt . . . Es wolt gewen absurd, as jidn soln zulegn a hant zum wiederojfbau fun Daitschland.«[20]) Etwa 12 000 jüdische DPs blieben in Deutschland[21]), doch nicht aus Überzeugung, sondern weil sie aus gesundheitlichen oder auch familiären Gründen nicht in der Lage waren auszuwandern.

Über die komplexen und vehementen innerjüdischen politischen Diskussionen hinaus waren die Zeitungen der jüdischen DPs auch mit die ersten Organe, in denen die Überlebenden der Shoah über ihre Schicksale berichten konnten. Diese Zeitungen dienten zugleich der Suche nach Angehörigen. Es sind daher berührende Zeugnisse der Trauer und Hoffnung und geben ohne nennenswerte zeitliche Distanz Auskunft über individuelle Lebenswege während der Schoah.

Osteuropäische Flüchtlinge, die nach antisemitischen Vorfällen und ebensolcher Propaganda nach 1968 in die Bundesrepublik kamen, gründeten mancherorts jiddische oder russischsprachige Zeitungen. »Unsere Stimme« in Frankfurt erscheint seit 1969 und hat durch die heutigen jüdischen Immigranten aus Osteuropa sogar eine neue Leserschaft gefunden.

Die unterschiedlichsten jüdischen Kreise innerhalb der Gemeinden und jüdischer Organisationen, aber auch gemeindeunabhängige Gruppen veröffentlichen seit den späten Sechzigern eigene Zeitungen und Zeitschriften. Manche mussten nach wenigen Ausgaben ihr Erscheinen wieder einstellen, andere entwickelten sich zu regelrechten Institutionen.

Zu den nationalen sowie den übernational tätigen jüdischen Organisationen, die (mehr oder minder) regelmäßig Publikationen vorlegen, gehören u. a. die Zentralwohlfahrtsstelle, der jüdische Nationalfonds Keren Kayemeth LeIsrael (KKL), der Spenden für die Begrünung Israel sammelt, die Women´s International Zionist Organization (WIZO) sowie die verschiedenen Gesellschaften der Freunde und Förderer israelischer Universitäten.

Weniger Zeitschrift im üblichen Sinn als Buchformat erreichendes Periodikum ist »Menora«, die seit 1989 jährlich erscheint. »Menora« wird von Julius H. Schoeps herausgegeben und war zunächst an das Salomon-Ludwig-Steinheim-Institut in Duisburg angegliedert. Seit der Gründung des Moses-Mendelssohn-Instituts in Potsdam, das von Schoeps geleitet wird, erscheint es unter dieser Obhut. »Menora« wird thematisch gegliedert und enthält zudem jeweils einen regionalen Schwerpunkt. Die Beiträge befassen sich mit der deutsch-jüdischen Geschichte von der Aufklärung bis in die Gegenwart.

Ebenfalls 1989 entstand »Trumah«, die Jahres-Zeitschrift der Jüdischen Hochschule in Heidelberg. Dort werden auch die »Heidelberger Neuigkeiten« veröffentlicht. 1991 wurde

---

[20]) Ruwen Abromowitsch, Der Central Komitet fun die befrajte jidn in der amerikaniszer okupacie-cone in Daijtschland, in: DP-Express, München, Oktober 1946 («Die verfluchte deutsche Erde hat sich in ein zeitweiliges Heim für die jüdischen Massen verwandelt. . . . Was soll man tun? In deutschen Fabriken arbeiten, deutsche Häuser aufbauen, in deutscher Erde säen? Das hat kein Jude gewollt . . . Es ist absurd, dass die Juden sich am Wiederaufbau Deutschlands beteiligen sollen [Hand anlegen].«).

[21]) Vgl. zu der Zahl: Burgauer (Anm. 17), S. 21 und Richarz (Anm. 17), S. 17.

»Aschkenas« ins Leben gerufen, das sich der deutsch-jüdischen Geschichte widmet.[22]) Bei »Aschkenas« ist jedoch die Zuordnung zur jüdischen Presse äußerst problematisch, weil hier keine der Definition gemäße Struktur vorhanden ist. Das Fritz-Bauer-Institut in Frankfurt am Main gibt einen »Newsletter« sowie Jahrbücher heraus, auch Institutionen wie das Salomon Ludwig Steinheim Institut informieren kontinuierlich über ihre Aktivitäten und inhaltliche Fragen. Diese Periodika sind nicht der jüdischen Presse zuzuordnen, sondern sind primär Forschungsberichte und Veranstaltungskalender. Ähnlich gelagert sind auch die in Deutschland herausgegebenen jährlichen Informationen des Leo Baeck Institutes, die der Forschungsliteratur bzw. der internen Information zuzurechnen sind.

Der Bundesverband jüdischer Studenten in Deutschland (BJSD) gab in den Siebzigern zunächst »Cheschbon« heraus, seit den neunziger Jahren erscheint dessen Fortführung als »Freie Stimme« – in Anlehnung an die inhaltlich äußerst pluralistische Zeitschrift des Jüdischen Jugendverbandes, »Freie jüdische Stimme«.

In manchen Gemeinden haben sich seit den späten Sechzigern, im Zuge der allgemeinen in intellektuellen Kreisen geforderten politisch-ideologischen Trendwende auch »jüdische Gruppen« gebildet. Die jungjüdischen Oppositionellen lehnten sich gegen das Gemeinde-establishment auf und forderten eine politisch offene Diskussion über die Situation der Juden in Deutschland und der Befindlichkeit der deutschen Demokratie, die nicht auf den »good will« der nichtjüdischen Umgebung Rücksicht nehmen oder auch die israelische Politik kritisch durchleuchten sollte. Diese Haltung manifestierte sich auch in eigenen Publikationen, von denen die meisten jedoch kurzlebig blieben. Zu ihnen gehörte in Frankfurt »Regev«, später, als Nachfolgerin, »Tacheles« und schließlich »Chuzpe«, wobei letztere ihrem Namen alle Ehre machte, ihr Erscheinen aber trotzdem leider einstellen musste. Die Namen waren Programm, so auch »Nudnik«, das ebenfalls nur ein kurzes Intermezzo auf der ohnehin wenig bunten Bühne der deutsch-jüdischen Nachkriegspresse hatte.

Die wenigen Ausgaben dieser Hefte sind jedoch Kostbarkeiten, denn in ihnen trifft man auf heute so bekannte Namen wie Henryk M. Broder, Micha Brumlik, Maxim Biller, Dan Diner, Rafael Seligmann und einige in Kultur und anderen herausragenden Positionen tätige jüdische Persönlichkeiten. Dadurch wird deutlich, dass die damalige Opposition ihren Widerspruchsgeist und die heute, trotz ihrer Position und ihrer Etablierung in der deutschen Gesellschaft, noch immer vorhandene »Anstößigkeit« früh schliff und eine stetige, nachvollziehbare Entwicklung dieser neuen deutsch-jüdischen Intellektuellen vorhanden ist.

Aus der Reihe der offiziellen Organe ragen auch die 1964 gegründeten »Frankfurter Jüdischen Nachrichten« (FJN) heraus, für die vor allem Shoshana Alter verantwortlich zeichnet. Leider erscheint diese unabhängige und inhaltlich anspruchsvolle – trotzdem unterhaltsame, journalistisch-essayistische – Zeitung seit längerem sehr unregelmäßig, was vor allem an mangelnden Anzeigenkunden liegt. Die FJN können mit einer Autorenriege aufwarten, die nicht nur prominent, sondern auch qualitativ ist: Wiederum finden sich Broder, Brumlik, Diner und Seligmann – aber auch Richard Chaim Schneider oder Hanno Loewy. Valentin Senger und Eike Geisel waren bis zu ihrem Tod ebenfalls oft vertreten. Jetzt, nach einer Art Generationenwechsel, tauchen des öfteren ehemalige Macher und Autoren von »Chuzpe« usw. oder auch junge jüdische Wissenschaftler wie Michael Brenner auf.

Vier Jahre lang erregte die »Semit-Times« die Gemüter. Von Abraham Melzer seit 1988 herausgegeben, war dies eine manches Mal auch über das Ziel hinausschießende, vor allem gegen jüdische Organisationen und ihre Repräsentanten gerichtete Zeitschrift. Einige sehr

[22]) Auf Grund der wenig regelmäßigen Erscheinungsweise mancher genannter Veröffentlichungen sind die Angaben ohne Gewähr – ob alle diese Zeitschriften bei Drucklegung des Artikels noch immer erscheinen, ist fraglich.

wichtige Beiträge zur Kulturgeschichte der deutschen Juden sind dort erschienen, doch viele Artikel waren primär Angriffe gegen den früheren Vorsitzenden des Zentralrats der Juden in Deutschland, Heinz Galinski. Die inhaltlich gerechtfertigte Kritik wurde überlagert von Polemik und unsachlicher Süffisanz. Mit dem Tod von Galinski 1992 starb bezeichnenderweise auch der »Semit«.

Im Oktober 1986 legten mehrere Mitglieder der ehemaligen Frankfurter »jüdischen Gruppe« die erste Ausgabe von »Babylon. Beiträge zur jüdischen Gegenwart« vor. Zu dem mittlerweile festen Stamm der Redaktion gehören Micha Brumlik, Dan Diner, Martin Löw-Beer und Cilly Kugelmann. Intellektuell und anspruchsvoll, weniger auf ein breites Publikum zielend wie die FJN, wurde »Babylon« in der deutschen Presse wie auch von jüdischer Seite einhellig begrüßt. Das Konzept: »Mit Babylon wollen wir . . . den Versuch unternehmen, wieder einen intellektuellen Diskurs zu jüdischen Problemen zu etablieren. Nicht so sehr als Vertreter einer je nach Perspektive religiösen/sozialen/ethnischen Minderheit wollen wir uns äußern, sondern als universalistisch orientierte jüdische Intellektuelle, die Herkunftspartikularität reflektierend überschreiten wollen, ohne sie zu leugnen. . . . *Babylon* wird ein breites Spektrum von gegenwartsbezogenen Themen auffächern. Im Zentrum wird – wie könnte es auch anders sein – die Erinnerung an die Vergangenheit stehen, vor allem in der Bedeutung für das Verhältnis von Juden und Nichtjuden in Deutschland.«[23]) Leider ist »Babylon«, das einst zwei Ausgaben im Jahr vorgesehen hatte, zu einer sehr unregelmäßig erscheinenden Zeitschrift geworden. Das anvisierte jüdische wie auch nichtjüdische Publikum hierzulande fehlt womöglich noch, in den USA oder, bezogen auf eine jüdische Leserschaft in Israel hätte »Babylon« mehr Chancen, sich zu behaupten und wahrgenommen zu werden.

Entgegen aller Diplomatie ist nun auch etwas zu TRIBÜNE zu schreiben, was nicht auf ein konventionelles Eigenlob hinauslaufen soll. Die »Zeitschrift zum Verständnis des Judentums«, wie sie im Untertitel heißt, ist zur Jahreswende 1959/ 60 gegründet worden, nach den antisemitischen Schmierereien an der Synagoge in Köln und den daran anschließenden mehr als 400 antisemitischen Straftaten. Dieser erste massive Ausbruch von Antisemitismus in der Bundesrepublik nach 1945 war Anlass und Motivation eines engagierten Kreises von Journalisten jüdischer wie nichtjüdischer Herkunft, um über Aufklärung Toleranz und demokratisches Bewußtsein auch gegenüber der damals nahezu unsichtbaren jüdischen Minderheit zu fördern. In TRIBÜNE werden seit jeher kaum religiöse Fragen diskutiert. Die Themen umfassen vielmehr Geschichte und Zeitgeschichte, den Staat Israel, bundesdeutsche Politik gegenüber Juden und Israel, aber auch gegenüber anderen Minderheiten. Des weiteren geht es in vielen Beiträgen um Literatur und Kunst, es wird über Ausstellungen und Tagungen berichtet. Wichtig sind natürlich auch die Schoah – und die Gegenwart: Antisemitismus, soziale Probleme und Rechtsradikalismus oder auch deutsche Befindlichkeiten in bezug auf die nationalsozialistische Vergangenheit. TRIBÜNE erscheint seit 1962 vierteljährlich, die ersten Hefte in Köln, später in Frankfurt am Main. Ob sie eine »jüdische« Zeitschrift ist, bleibt diskutabel. Herausgeber und Autoren sind Juden wie Nichtjuden, die meisten Leser sind wiederum Nichtjuden. Über die eingangs zitierte Definition betrachtet, siedelt sich TRIBÜNE an der Peripherie der jüdischen Nachkriegspresse an, so dass sie zugleich als Mittler zwischen Juden und Nichtjuden gesehen werden muss. Sie ist also ein Zwitter und daher vielleicht besonders schillernd.

---

[23]) Editorial, in: Babylon, Heft 1/1986, Frankfurt am Main 1985, S. 7f.

Eine Ausnahme- und Sonderrolle hat die »Allgemeine Jüdische Wochenzeitung« inne, die seit 1946, wenn auch zunächst unter ganz anderem Titel, erscheint. Am 15. April 1946 erschien die Nummer 1 als »Jüdisches Gemeindeblatt für die Nord-Rheinprovinz und Westfalen« pünktlich zum ersten Pessach-Fest nach der Befreiung. Auf der »Kö« in Düsseldorf war das kleine Büro, Hans Frey betreute das Blättchen. Die britische Militärregierung hatte die Herausgabe bereits Anfang April genehmigt und somit unbewußt den Grundstein für eine neue deutsch-jüdische Presse gelegt. Karl Marx, Mitarbeiter der ersten Stunde, übernahm im November 1946 das Amt des Herausgebers, weil Frey »eines Tages spurlos verschwunden«[24]) war. Marx benannte die Zeitung, die zunächst aus vier bis sechs Seiten bestand, Ende 1946 in »Jüdisches Gemeindeblatt für die britische Zone« um. Im Sommer 1948 erschien es unter dem Titel »Jüdisches Gemeindeblatt – Allgemeine Zeitung der Juden in Deutschland«, bis zum 8. April 1949 hieß sie »Jüdisches Gemeindeblatt – Zeitung der Juden in Deutschland«. Am 15. April 1949 war es soweit: Der für die kommenden knapp 25 Jahre gültige Titel war gefunden: »Allgemeine Wochenzeitung der Juden in Deutschland«, kurz: die »Allgemeine«. Dadurch lehnte man sich, ohne den Titel zu übernehmen, an die »Allgemeine Zeitung des Judentums« an, die 1837 gegründet, 1922 in der C.V.-Zeitung aufging, aber im Untertitel weitergeführt wurde. 1966 wurde der Titel in »Allgemeine unabhängige jüdische Wochenzeitung« geändert. Dies umfasst alle in Deutschland lebenden Juden, ohne die individuelle Identität anzufechten, ob man sich nun als »Jude in Deutschland« oder »deutschen Juden« sieht, ob man Gemeindemitglied war oder sich als der jüdischen Gemeinschaft zugehörig verstand. Aus rechtlichen und zunächst auch ideologischen Gründen verschwand der Zusatz »unabhängig« 1973.

In den ersten Jahren war die Aufgabe der späteren »Allgemeinen« vor allem, »Verbindungen unter den Überlebenden herzustellen, sie aus ihrer Isolierung zu lösen, den Lesern ein wenig Lebensmut zu geben. . . . Unsere Aufgaben erweiterten sich natürlich in dem Maß, in dem politisch in Deutschland etwas geschah.«[25]) Die Liste der Mitarbeiter und Autoren der ersten Stunde beeindruckt noch heute: unter ihnen Ralph Giordano, Ernst Gottfried Lowenthal, Schalom Ben-Chorin, Paul Spiegel, Heinz Galinski, Hans Lamm, Robert M.W. Kempner und Stefanie Zweig. Hinzu kamen Autoren aus den DP-Lagern, deren Beiträge ins Deutsche übersetzt wurden. Derzeit sind es Autoren wie Micha Brumlik, Moritz Neumann und Michael Brenner.

Doch bis zur heutigen »Allgemeinen« war es ein langer Weg.[26]) Noch 1966, im zwanzigsten Jahr ihrer Existenz, betonte Marx: »Mein Ziel, wie auch das aller meiner Mitarbeiter, bleibt, Brücken zu schlagen von Mensch zu Mensch, Widerständen mit aller Kraft begegnen und das unsrige beizutragen, aus der Unruhe unserer Tage herauszukommen in eine friedliche Zukunft, in der das Individuum höher geachtet wird, als es jetzt vielfach der Fall ist.«[27])

Zu den Themen gehörte neben der Auseinandersetzung mit der Vergangenheit auch die »Wiedergutmachung«, zu der zwischen 1958 und 1960 eine eigene Beilage erschien, – außerdem Israel, die NS-Prozesse und die Entwicklungen in der Bundesrepublik sowie ihre langsam entstehenden Beziehung zu Israel.

---

[24]) »An einem winzigen Tisch haben wir angefangen«. Interview mit Lilli Marx, der Witwe von Karl Marx, in: Allgemeine Jüdische Wochenzeitung, (Anm. 1), S. IV.

[25]) Ebd.

[26]) Vgl.: Ralph Giordano, (Hrsg.), Narben Spuren Zeugen. 15 Jahre Allgemeine Wochenzeitung der Juden in Deutschland, Düsseldorf 1961; 20 Jahre Allgemeine. Dokumentation und Echo, Düsseldorf 1966 sowie die Sonderausgabe anläßlich des 50jährigen Bestehens 1998 (Anm..1).

[27]) Karl Marx, Einleitung, in: 20 Jahre Allgemeine (Anm. 26), S. 8.

Marx starb 1966, seine Frau Lilli führte die »Allgemeine« weiter und gründete eine GmbH, die jedoch 1973 vom Zentralrat der Juden in Deutschland übernommen wurde und nach Bonn umzog, wo der Zentralrat bis zu seinem Wechsel nach Berlin Anfang 1998 saß. Damit war ein Einbruch in der journalistischen Entwicklung vorgezeichnet. Unter Heinz Galinski wurde die »Allgemeine« zu einem Mitteilungsblatt und verlor jegliche Unabhängigkeit – was auch die Streichung selbigen Zusatzes aus dem Titel deutlich machte. Gerade während des intellektuellen Aufbruchs auch in den jüdischen Gemeinden wurde die einzige überregionale und auch im Ausland – von vielen deutschsprachigen Juden – geschätzte Zeitung zu einem trockenen, offiziös gelenkten Blatt. Erst nach dem Wechsel an der Spitze des Zentralrates nach Galinskis Tod 1992 änderte sich dies langsam, aber stetig. Unter dem neuen Präsidenten Ignatz Bubis wurde jedoch 1994 eine ganz andere Frage als die nach wieder zugelassener Unabhängigkeit diskutiert: Auf Grund der prekären finanziellen Situation wurde über die Einstellung der »Allgemeinen« nachgedacht. Erst durch einige Finanzspritzen und personelle Umstrukturierungen – den Einsatz eines jungen, unbelasteten und zukunftsorientierten Redaktionsteams – konnte diese Gefahr gebannt werden. Seitdem hat die »Allgemeine« eine Verjüngungskur durchlaufen, die mehr als notwendig war. Freche, kontroverse Beiträge, heiße Eisen, keine Scheu vor deutschen nichtjüdischen Befindlichkeiten und das Enthüllen beispielsweise auch der ritualisierten Erinnerungskultur oder des Philosemitismus machen die Zeitung wieder zu einem Vergnügen. Doch im Prinzip müsste der Titel erneut geändert werden, denn sie erscheint nur noch 14-tägig.

Angesichts der im Laufe der achtziger Jahre entwickelten zukunftsorientierten Sicht auf die jüdische Gemeinschaft in Deutschland wäre, gerade um journalistische Recherche zu erleichtern oder auch das oftmals verzerrte Bild von Juden in den nichtjüdischen Medien zu entzerren, die Einrichtung einer Jüdischen Presseagentur zu überlegen. Einen solchen Versuch hat es bereits einmal gegeben: zwischen 1965 und 1975 – wenn auch mit Unterbrechungen.

DAS JUDENBILD IN DEN MEDIEN[28])

In der nichtjüdischen, allgemein verbreiteten Presse, gleich, ob es um Printmedien oder deren elektronisches Pendant geht, gibt es, grob gesagt, zwei Sorten Juden. Die einen stehen immer irgendwie in Verbindung mit der Schoah, die anderen leben in Israel und sind Soldaten oder Orthodoxe. Zwischen diesen Extremen existiert anscheinend nichts. Zunächst steht außer Frage, dass Juden für die Medien von Interesse sind, dies aber in oftmals eher selektiver Weise. Das Interesse der Berichterstattung über Juden als Opfer der Schoah oder Themen in Zusammenhang mit dem Nationalsozialismus ist groß. Die ermordeten Juden oder, je nach Situation, die Überlebenden, erhalten ungleich mehr Aufmerksamkeit als die heutigen Gemeinden. Dies ist keinerlei Kritik an der Aufmerksamkeit und damit auch der Sensibilität der Medien gegenüber der Shoah, doch es scheint, als würden die lebenden Juden, sofern sie nicht der Generation der Überlebenden angehören, manchmal eher störend wirken und durch ihre genauen, scharfsinnigen Analysen deutscher Empfindlichkeiten auch das Bild

---

[28]) Vgl. zu diesem Thema, das hier gar nicht in aller Ausführlichkeit behandelt werden kann: Antisemitismus in den Medien, hrsg. von der Bundeszentrale für politische Bildung (Arbeitshilfen für die politische Bildung), Bonn 1997 (u. v. a. das Literaturverzeichnis); Henryk M. Broder, Der ewige Antisemit, Frankfurt a. M. 1988, Astrid Hub, Das Image Israels in deutschen Medien zwischen 1956 und 1982, Frankfurt a. M.1998, Georg Schwikart, Religion in den Nachrichten, Diss., Auszüge daraus in: Allgemeine Jüdische Wochenzeitung, 30. 4. 1998, S. 4.

»des« Juden beeinträchtigen.[29]) Juden sind also zunächst im musealen und geschichtlichen Kontext interessant. Sie werden oftmals gar nicht als lebendige Menschen oder gar Deutsche wahrgenommen, sondern als medienwirksame Zeugen der Vergangenheit. Über das Mitleid, das die Berichterstattung weckt, sind sie auch Objekte der Buße, einer vermeintlichen Wiedergutmachung oder Mittler bei der eigenen Beschäftigung mit der Vergangenheit. Die erst nach 1945 geborenen, in Deutschland lebenden Juden sind nicht in dieses Schema einzuordnen, und als ganz normale Menschen wirken sie uninteressant – außer, man blickt auf das »exotischste« Element ihres Lebens, die Religion. Auch als öffentliche Personen mit besonderem Nimbus sind sie Notizen oder Kurzinterviews wert: vorzugsweise Michel Friedman oder bis zu seinem Tod auch Ignatz Bubis. Dies passiert in zweierlei Zusammenhang. Zum einen gibt es immer wieder Gedenktage, die sich jähren, seien es die Novemberpogrome 1938 oder die Befreiung von Auschwitz 1945. Auch wünscht man sich Kommentare aus »Fachkreisen«, wenn deutsche Politiker z. B. die Gedenkstätte Yad Vashem besuchen oder umgekehrt israelische Politiker Deutschland und damit auch die Gedenkstätte in einem ehemaligen KZ aufsuchen. Ereignisse, die einen rechtsradikalen Hintergrund vermuten lassen oder offenkundig haben, also Friedhofsschändungen, antisemitische Schmierereien, Anschläge und Aufmärsche machen es ebenfalls unausweichlich, dass Juden ins Zentrum der Berichterstattung rücken und befragt werden. Diese Geschehen haben den richtigen Nachrichtenwert. Es ist dann der berühmte jüdische »Mitbürger« oder Vertreter »der Juden«, dessen Statement – das in der Regel nicht mehr besonders originell ist und sich auf Floskeln beschränkt (beschränken muss) – wichtig, teils sogar entlastend wirkt.

Das Judentum wird noch immer als »fremd« empfunden, was auch die Pflege mancher antisemitischer Klischees in philosemitischer Verdrehung mit sich bringt. Das »idyllische Stetl« mit den in ihrer Armut glücklichen Menschen oder auch der »geschickte Geschäftsmann« oder die »exotische Jüdin« und der »intellektuelle«, aber auch »misstrauische« Jude sind wie auch »der« Ostjude, der »starke Israeli« und die »jüdische Ruhelosigkeit«, aber auch der »jüdische Humor« weit verbreitete Stereotype.

Eine andere Sichtweise auf Juden ergibt sich, wenn es z. B. um die »Wiedergutmachung« und Restitutionsforderungen geht. Neue Entschädigungszahlungen oder die Rückgabe von Häusern betreffen die deutsche Gesellschaft direkt. Die Zahlungen werden, gerade auch in wirtschaftlich schlechten Zeiten, als eine zusätzliche Belastung der Staatskasse bewertet, und daher ist dies auch keine positive Meldung bzw. keine für die breite Öffentlichkeit akzeptable Forderung. Üblicherweise werden dann auch die Summen erwähnt, die Deutschland bereits an Israel gezahlt hat. Der Nationalsozialismus und der Massenmord an den europäischen Juden werden daher in den Medien unterschiedlich rezipiert, bewertet und verbreitet. Mitleid mit den Opfern und eine bestimmte Form von Scham sind üblich, doch manch tiefergehende Diskussion, dies spiegelt sich auch in den Medien wider, ist von ganz anderem Geist beseelt.

Berichte, die weder auf geschichtliche Belastungen noch auf politische Brisanz hindeuten, sind hingegen unverkrampft und können locker an den Leser, Hörer oder Zuschauer vermittelt werden: Kulturelle Ereignisse, Preisverleihungen und Geburtstage sind solche Momente.

Wenn es aber um eine Straftat eines Juden geht, wird es höchst interessant. Dann ist es der jüdische Geschäftsmann oder der jüdische Makler oder gar der im Rotlichtmilieu tätige Ju-

[29]) Vgl. Rafael Seligmann, »Mit beschränkter Hoffnung. Juden, Deutsche, Israelis«, München 1993, Richard Chaim Schneider, Fetisch Holocaust, München 1997 sowie verschiedene Essays aus den Publikationen von Henryk M. Broder.

de, der nicht so ganz sauber – oder, auch ein beliebtes Wortspiel – »koscher« ist. Eine vergleichbare Stigmatisierung von Personen in den Medien durch Beigabe der Herkunft und Abstammung gibt es nur noch im Hinblick auf Ausländer und Asylbewerber.

Auch wenn ein Jude Opfer einer Straftat wird, ohne daß ein antisemitischer Hintergrund vorliegt, ist seine Herkunft interessant – denken jedenfalls die Journalisten. Das Bild des jüdischen Israeli ist schließlich oftmals sehr sonderbar und hält einem Vergleich mit der Realität kaum stand. Israel wird noch immer gerne als »Heiliges Land« oder, das eher in tendenziell linken Medien, als »Palästina« bezeichnet – als sei ein Unbehagen vorhanden, dass es den Staat Israel in dieser Form gibt, oder als wolle man den Anspruch von Israelis auf dieses Land negieren. Das Fernsehen und mittlerweile auch Tageszeitungen lieben es, Reportagen und Nachrichten mit Bildern orthodoxer Juden oder junger Soldaten zu illustrieren. Diese Extreme: Thora oder Maschinenpistole – sind kein Abbild Israels und der Israelis, sondern beweisen vielmehr den selektiven Blick von Journalisten. Orthodoxe und Soldaten gibt es zwar in Israel, doch ebenso gibt es viele säkulare Israelis, Friedensaktivisten und auch politisch Desinteressierte, die junge »Generation X«.

Doch antisemitische Klischees, in antizionistische Klischees umgewandelt, sind alltäglich, wenngleich sicher in der Regel unbewußt eingesetzt. Selbst liberale Zeitungen verwenden Stereotypen wie »der rachsüchtige Israeli«, die »unnachgiebige Härte der israelischen Armee«, der »internationale jüdische Lobbyismus« für Israel usw. Auch wirft man Israelis quasi vor, nichts aus Auschwitz gelernt zu haben und sich nun als »Okkupanten« zu betätigen – als sei es Sache der ehemals Verfolgten, aus diesem Verbrechen moralische Konsequenzen zu ziehen. Als sei, wie Ruth Klüger in ihrer Autobiographie »weiter leben« schrieb, Auschwitz für Juden eine moralische Dusche gewesen.

Sprache ist ein Spiegel des Denkens und des Weltbildes, Sprache ist zudem noch immer, trotz der Bilderflut, das wichtigste Medium nicht nur von Journalisten. Durch die Auswahl der Themen, die Sprache und die Illustration mit Bildern in bezug auf Juden, Judentum und Israelis zeigt sich daher auch eine bislang zu selten überdachte Grundhaltung in vielen Medien.

Joseph Deih

Jüdische Studien in Deutschland

Forschung, Bibliotheken, Universitäten – eine Übersicht

In Auschwitz – und was es symbolisiert – sind nicht nicht nur Millionen Juden ermordet worden, vernichtet wurde auch, was man jüdischen Geist nennen kann. In den nationalsozialistischen Todeslagern wurden deutsch-jüdische Literatur, Kunst, Musik, Forschung, kurz jüdische Tradition, eine Tradition, wie es sie nur in Deutschland gegeben hat, vernichtet. Der Judenmord war eine singuläre, inkommensurable Tat. Und es war nach 1945 nicht vorstellbar, daß in Deutschland jemals wieder jüdisches Leben möglich sein werde, geschweige, dass sich eine jüdische Wissenschaft, Forschungen über Juden und Judentum entwickeln könnten. Juden und Judentum waren zum Tabu geworden. Jüdische Dozenten waren Jahre vorher vertrieben oder ermordet worden, jegliche Forschungstradition war abgerissen.

Und doch wurden Forschungen zum deutschen Judentum in Deutschland wieder möglich, wenn auch zunächst nicht auf deutschem Boden: Zehn Jahre nach der Befreiung der Konzentrationslager wurde im Jahre 1955 von einem kleinen Kreis bedeutender deutscher Juden das Leo-Baeck-Institut (LBI) gegründet, um das geschichtliche Erbe des deutschen Judentums zu bewahren – sinnigerweise in der Wohnung von Martin Buber in Jerusalem. Damit war zugleich der Grundstein gelegt zu einer systematischen deutsch-jüdischen Forschung nach dem Holocaust. Eigenem Anspruch nach widmete sich das LBI der Geschichte der Juden in Deutschland und in den deutschsprachigen Ländern der letzten 200 Jahre von der Zeit der Aufklärung Mitte des 18. Jahrhunderts, das mit dem Wirken Moses Mendelssohns seinen Ausgang nahm, bis zur Zerstörung jüdischer Existenz durch den Nationalsozialismus. Diese Zeit im Spannungsfeld von Diskriminierung und Emanzipation, von sozialem und politischem Wandel, ist reich an schöpferischen Ideen und fortschrittlichen Organisationsformen.

Mit der Emanzipation der Juden, der Befreiung von den alten Fesseln, von Berufsverboten und Diskriminierung entwickelte sich ein einmaliges Phänomen, das sich vor allem in Deutschland ausprägte: Die verliehenen Freiheitsrechte führten im deutschen Judentum zu einer erstaunlichen Renaissance. Die von oben gnädig gewährte Freiheit nutzten die deutschen Juden auf allen Gebieten der Geisteswissenschaft. Leistungen und Fähigkeiten, die Jahrhunderte im Ghetto unterdrückt worden waren oder brachgelegen hatten, traten zutage – und zwar auf vielen Gebieten: in Politik, Wirtschaft, Industrie, Naturwissenschaft, Technik und allen Bereichen der Kultur. In wenigen Jahrzehnten holten die deutschen Juden im Geistesleben eine Entwicklung nach, für die den christlichen Deutschen seit der Renaissance, Reformation und Aufklärung Jahrhunderte zur Verfügung gestanden hatten. Die Emanzipation setzte bei den deutschen Juden eine unvergleichliche kreative Energie frei. Die Juden in Deutschland akkulturierten sich und fanden den Anschluß an die Standards ihrer Umgebung. Bis zur Auslöschung des deutschen Judentums kann man von einer Erfolgsgeschichte in sozial-statistischer Hinsicht sprechen. Ausstrahlung und Einfluss des deutschen Judentums übertrafen weit dessen zahlenmäßiges Gewicht. Selbst die Nationalsozialisten, denen jedwede Machtmittel zur Verfügung standen und die bereit waren, diese auch rigoros einzusetzten, vermochten nicht, das geistige Vermächtnis des deutschsprachigen Judentums völlig auszulöschen.

Das LBI unterhält drei Arbeitszentren – Jerusalem, London und New York – und gehört zu den größten unabhängigen jüdischen Forschungseinrichtungen in der Welt. Dies manifestierte sich allein in den Beständen des LBI New York, das ein ausgesprochenes Dokumentationszentrum ist: Die New Yorker Bibliothek ist mit ihren mehr als 60 000 Bänden die umfangreichste Spezialsammlung zur Geschichte des deutschsprachigen Judentums und eine unentbehrliche Quelle. Was die deutsch-jüdische Forschung betrifft, so waren die drei Leo-Baeck-Institute viele Jahre lang die einzigen Einrichtungen, bis sich in den 1960er Jahren ganz allmählich auch in der Bundesrepublik erste Forschungszentren auf dem Feld der deutsch-jüdischen Beziehungsgeschichte entwickelten. Die Zahl dieser Forschungseinrichtungen ist bis in die Gegenwart stetig gestiegen, und keines dieser Institute, die im nachfolgenden überblickartig vorgestellt werden, kann auf eine Kooperation mit den Leo-Baeck-Instituten verzichten.

Den gewandelten Verhältnissen und der wachsenden jüdischen Gemeinschaft in Deutschland Rechnung tragend, hat das LBI sowohl einen Freundes- und Förderkreis als auch eine wissenschaftliche Arbeitsgemeinschaft gegründet (1989), die das außerhalb der Bundesrepublik tätige LBI unterstützt und auch eigene Initiativen – z. B. die Förderung des wissenschaftlichen Nachwuchses auf dem Feld der deutsch-jüdischen Geschichte – in Deutschland entwickelt.

Das Thema Juden und jüdische Geschichte hat in Deutschland seit einigen Jahren Konjunktur. An verschiedenen Universitäten sind in den letzten Jahren Lehrstühle für Judaistik/Jüdische Studien entstanden. Zu konstatieren ist, dass die überwiegende Mehrzahl der Dozenten Nichtjuden sind, wenngleich in der Bundesrepublik eine Reihe namhafter Jüdinnen und Juden unterrichten. Die Studierenden selbst sind nahezu ausnahmslos nichtjüdisch. Mit dem zeitlichen Abstand des Holocaust wird in Deutschland zunehmend wahrgenommen, dass jüdisches Denken allgemeines – auch deutsches – Kulturgut ist, dass deutsch-jüdische Geschichte integraler Teil allgemeindeutscher Geschichte ist.

I. FORSCHUNGSINSTITUTE

Mitte der 1960er Jahre wurde die moderne jüdische Geschichte von den deutschen Historikern »entdeckt«, und sehr bald entstand auf diesem Gebiet in der Bundesrepublik eine breite Forschung, die sich in der Gründung neuer Institute niederschlug. Mit der Geschichte der Juden bzw. der deutsch-jüdischen Beziehungsgeschichte befassen sich folgende Forschungsinstitute:

Zentrum für Antisemitismusforschung (TU Berlin); Institut für die Geschichte der deutschen Juden (Hamburg); Salomon-Ludwig-Steinheim-Institut für deutsch-jüdische Geschichte (Universität Duisburg); Moses-Mendelssohn-Zentrum für europäisch-jüdische Geschichte (Universität Potsdam); Simon-Dubnow-Institut für jüdische Geschichte und Kultur (Leipzig); Institut für die Geschichte der Juden in Österreich (St. Pölten). Dazu gehören auch das Fritz-Bauer-Institut – Studien- und Dokumentationszentrum zur Geschichte und Wirkung des Holocaust (Frankfurt/M.), das Hamburger Institut für Sozialforschung, das Institut für Zeitgeschichte (München) sowie die Forschungsstelle für die Geschichte des Nationalsozialismus (Hamburg), wenngleich sich diese Einrichtungen vor allem mit der Aufarbeitung der Geschichte der Judenverfolgung während der Zeit des Nationalsozialismus beschäftigen. Gemeinsam ist allen Forschungseinrichtungen auf dem Gebiet der deutsch-jüdischen Beziehungsgeschichte der Anspruch auf nationale und internationale Kooperation mit anderen Instituten und Universitäten sowie Interdisziplinarität.

In der DDR waren Juden und Judentum bis 1988, einem Jahr vor ihrem Zusammenbruch, so gut wie kein Thema an den Universitäten. Unter dem Dach der theologischen Fakultäten und unter dem Schutz der evangelischen Kirche führte es ein Nischendasein. Die Leipziger Arbeitsgemeinschaft »Kirche und Judentum« war die einzige Einrichtung, die das Thema regelmäßig auf Kirchentagen zur Sprache brachte. Die 1988 innerhalb der Kirchlichen Hochschule Leipzig gegründete Forschungsstelle Judentum war ebenfalls die einzige Forschungsunternehmung ihrer Art. Darüber hinaus gab es lediglich Einzelpublikationen, die zumeist nur unter schwierigen Bedingungen erscheinen konnten. Die einschlägigen Archive blieben nahezu verschlossen. Das alles änderte sich erst mit dem Fall der Mauer.

• Das Institut für die Geschichte der deutschen Juden (IGdJ) ist eine Stiftung bürgerlichen Rechts, finanziert von der Freien und Hansestadt Hamburg. Organe der Stiftung sind der Vorstand und ein Kuratorium. Das Institut, 1966 eröffnet, entstand ursprünglich aus dem Bedürfnis heraus, die über die Zeit des Nationalsozialismus geretteten reichen Archivbestände der jüdischen Gemeinden im Hamburger Raum wissenschaftlich auszuwerten. Es war die erste (und längere Zeit einzige) speziell der Geschichte der Juden in Deutschland gewidmete Forschungseinrichtung in der Bundesrepublik. Das Institut stellt sich drei Hauptaufgaben: Forschung, Lehre und Publikation.

Die Forschungsschwerpunkte des Instituts sind: Geschichte der Juden im Hamburger Raum; Geschichte der sefardischen Juden in Deutschland; Geschichte der Juden im deutschen Sprachbereich seit der Neuzeit.

Die Tatsache, dass es im Hamburger Gebiet fast 400 Jahre lang bedeutende jüdische Gemeinden mit eindrucksvollen Persönlichkeiten gegeben hat – unter ihnen Jonathan Eibenschütz, Jacob Emden, Salomo Heine, Isaac Bernays, Salomon Ludwig Steinheim, Gabriel Riesser, Isaac Wolffson, Albert Ballin und Aby M. Warburg –, unterstreicht die Notwendigkeit einer wissenschaftlichen Bearbeitung der vorhandenen Materialien. Ziel des Instituts ist, diese Archivbestände wissenschaftlich nutzbar zu machen. Darüber hinaus befasst sich das Institut mit der Erforschung der Geschichte, Sozial-, Kultur- und Geistesgeschichte der Juden im deutschen Sprachbereich vom Mittelalter bis zur Gegenwart. In jedem Semester bietet das Institut an der Universität Hamburg mehrere Lehrveranstaltungen zur deutsch-jüdischen Geschichte an und veranstaltet auch Kolloquien und Tagungen. Zusätzlich gibt das Institut Raum für Lehrveranstaltungen zur jiddischen Sprache und Literatur. Die Forschungsergebnisse der Institutsmitglieder und auswärtiger Autoren werden in zwei institutseigenen Buchreihen veröffentlicht. Das Institut ist Mitglied verschiedener nationaler und internationaler Fachverbände und Arbeitskreise. Seit Jahren arbeitet es eng mit entsprechenden Forschungsstätten im In- und Ausland zusammen. Besonders intensiv sind die Beziehungen zu den drei Leo-Baeck-Instituten im Ausland sowie zu Universitäten in Israel, England und den USA. Direktorin des IGdJ ist Prof. Dr. Monika Richarz.

• Das Moses-Mendelssohn-Zentrum für europäisch-jüdische Studien in Potsdam (MMZ), gegründet 1992, hat in den wenigen Jahren seines Bestehens seine Aktivitäten in Forschung und Lehre kontinuierlich verstärkt, eine Konsolidierung, die sich auch im Ausbau internationaler Kontakte niederschlägt. Mit dem Umzug in ein saniertes Bürgerhaus am Neuen

Markt in Potsdams alter historischer Mitte bestehen günstige räumliche Bedingungen für die wissenschaftliche Arbeit, für die Bibliothek, aber auch für Kolloquien und öffentliche Veranstaltungen. Das Einstein-Forum, die Berlin-Brandenburgische Akademie der Wissenschaften und das MMZ beabsichtigen, sich zu einem geisteswissenschaftlichen Forschungszentrum zusammenzuschließen, das über die Region hinauswirkt. Das MMZ ist als der Universität Potsdam angegliedertes Institut maßgeblich am neuen Studiengang »Jüdische Studien/Jewish Studies« an der Universität Potsdam beteiligt, der zum Wintersemester 1994/95 eingerichtet wurde. 1997 existierten am MMZ sechs Arbeitsgebiete mit 22 Forschungs- bzw. Editionsprojekten, die sich mit unterschiedlichen Themen aus dem Bereich der deutsch-jüdischen wie europäisch-jüdischen Beziehungsgeschichte der letzten 200 Jahre beschäftigen. 1995 wurde im MMZ eine Medienabteilung gegründet. Das Institut gibt diverse Publikationen heraus. Dazu zählen die Bände 6 und 7 des Jahrbuchs für deutsch-jüdische Geschichte »Menora« sowie die Reihe »Haskala. Wissenschaftliche Abhandlungen«. In der vom MMZ betreuten Reihe »Jüdische Quellen – Mekorot Jisrael« erscheinen Texte jüdischer Geistesgeschichte in Hebräisch und Deutsch. (Gründungs-)Direktor ist Prof. Dr. Julius H. Schoeps.

• Die 1995 in Halberstadt gegründete Moses-Mendelssohn-Akademie (MMA) basiert auf einer Stiftung bürgerlichen Rechts und arbeitet eng mit dem Moses-Mendelssohn-Zentrum in Potsdam zusammen. Die Akademie vermittelt einer breiten interessierten Öffentlichkeit Wissen zur Geschichte, Religion und Kultur der Juden und des Judentums. In historischen Gebäuden der Stadt Halberstadt wird eine Begegnungsstätte zur Förderung von Toleranz und interkultureller Kommunikation entstehen. Zum Aufgabenbereich der MMA gehört es, Juden und Judentum als integralen Bereich der europäischen Kultur darzustellen und dem verzerrten Bild von Juden und Judentum durch intensive Zusammenarbeit mit den Medien sowie durch Fort- und Weiterbildungsmaßnahmen entgegenzuwirken. Diesem Ziel dient die Erarbeitung von Unterrichtsmaterialien und -modellen wie auch die Beratung von Ausstellungsprojekten und regionalhistorischen Arbeitsgruppen (Geschichtswerkstätten) durch Mitarbeiter der MMA. Organisiert werden im Zusammenhang mit Bildungsträgern der Parteien, der Gewerkschaften und der Kirchen Seminare für Lehrer aller Schulstufen und für Multiplikatoren, die in der Erwachsenenbildung tätig sind. In den Räumen der MMA wird es zudem Begegnungs- und Austauschprogramme mit Schülern, Studierenden und Jugendgruppen aus Ost- und Westeuropa geben. Die MMA veranstaltet regelmäßig und häufig in Kooperation mit dem MMZ in Potsdam wissenschaftliche Vortragsreihen, Symposien und Konferenzen, die dem internationalen wissenschaftlichen Austausch dienen und die öffentliche Diskussion der Forschungsergebnisse fördern sollen. Über Ausstellungen, Vorträge, Lesungen und Konzerte soll insbesondere in Halberstadt der breiten Öffentlichkeit ein Zugang zur Geschichte und Kultur des Judentums eröffnet werden.

• Das Steinheim-Institut für deutsch-jüdische Geschichte (STI) in Duisburg erforscht vorrangig die deutsch-jüdische Geschichte von der Epoche der Aufklärung bis in die Gegenwart. Im Zentrum standen bisher die Probleme der gesellschaftlichen Integration der Juden, insbesondere sozialgeschichtliche Fragestellungen (soziale Mobilität, gesellschaftlicher Aufstieg, Veränderung der Berufsstruktur, Demographie) und kulturelle Aspekte (Theater, Literatur, Kunst, Musik, Medien). Auch die Auswirkungen des Antisemitismus auf die Existenz und Identität des Judentums in Deutschland werden untersucht. Einen wichtigen Bereich der Arbeit des Instituts bildet die Regional- und Lokalgeschichte. Neuerdings weitet sich die Perspektive zeitlich und methodisch. Vor allem sollen – unter religions- und sozialgeschichtlichen, literatur- und kulturwissenschaftlichen Perspektiven – stärker als bisher innerjüdische Zusammenhänge, Quellen und Traditionen sowie ihr Wandel über Epochen hinweg erschlossen werden. Die Zusammenarbeit mit dem Fach »Jüdische Studien« an der Universität/GH Duisburg bietet dazu gute Voraussetzungen, und das STI wird damit zugleich seinem Status als der Gerhard-Mercator-Universität Duisburg angegliedertem Institut gerecht. Mit seinem wissenschaftlichen Auftrag hat das Institut auch öffentliche Verantwortung übernommen und versteht sich als Ansprechpartner, wann immer es darum geht, Zugänge zu Judentum und jüdischer Geschichte zu erlangen, die nicht allein von der Schoah her zu erreichen sind. Bedenkt man zudem, wie sich die jüdische Welt allein in den letzten Jahrzehnten gewandelt hat, so wird der lebendige Kontakt mit den benachbarten Gemeinden und mit jüdischen Institutionen in Israel, den USA und nicht zuletzt den europäischen Nachbarländern, wie sie das Institut pflegt, immer wichtiger. Das Institut hat auch hier die Aufgabe, sensibel auf die Zeichen der Zeit zu reagieren und die Gegenwart zu reflektieren. Das STI veranstaltet in Zusammenarbeit mit Hochschulen und Forschungsinstituten des In- und Auslandes regelmäßig wissenschaftliche Vortragsreihen, Symposien und Konferenzen, deren Ergebnisse der Öffentlichkeit durch Publikationen zugänglich gemacht werden. Institutsdirektor ist Prof. Dr. Michael Brocke.

• Das 1982 gegründete Zentrum für Antisemitismusforschung der Technischen Universität Berlin ist die einzige und zentrale Einrichtung ihrer Art in Europa. Die interdisziplinäre Grundlagenforschung zum Antisemitismus wird durch angrenzende Schwerpunkte, deutsch-jüdische Geschichte und Holocaustforschung ergänzt. Das Zentrum für Antisemitismusforschung, das in die akademische Lehre eingebunden ist, wird in hohem Maß auch als eine öffentliche Institution verstanden, die weit über den Rahmen eines Universitätsinstituts hinaus Dienstleistungen und Aufklärungsarbeit für die Öffentlichkeit erbringt. Der Antisemitismus kann aufgrund seiner langen Existenz und seiner vielfältigen Erscheinungsweisen als das Paradigma für die Erforschung von sozialen Vorurteilen und Gruppenkonflikten gelten. Mit den gegenwärtigen weltweiten Migrationsprozessen und mit der Neuformierung von Gesellschaften mit großen ethnischen Minderheiten in Europa wiederholen sich strukturell viele Konflikte und Problemstellungen, die wir aus der Geschichte des Zusammenlebens von Juden und Nichtjuden kennen. Gerade deshalb kann sich das Zentrum für Antisemitismusforschung nicht auf den engeren Gegenstand beschränken. Es versteht sich vielmehr als zentraler Ort für allgemeine und übergreifende theoretische und methodische Forschungen zu Vorurteil und Diskriminierung, zu Migrationsprozessen und Minoritätenkonflikten, zur Geschichte diskriminierter Minderheiten. Das Zentrum hat den Begriff des Antisemitismus im Sinne einer Forschungsstrategie erweitert und bezieht Phänomene ein, die von Minoritätenkonflikten bis zum politischen Extremismus reichen, wie sie derzeit in Fremdenfeindlichkeit und Ausländerhaß neue Ausprägung finden. Aktuelle Probleme wie Xenophobie und Rassismus verlangen Antworten, die auf Forschungen basieren. Die Öffnung der Grenzen Europas ermöglicht und erfordert es, den Blick nach Osten zu richten, wo alte Vorurteilsstrukturen in aktuellen Krisensituationen neuen Nährboden finden. Das Zentrum veranstaltetet Konferenzen und Kolloquien zu aktuellen Problemen des Antisemitismus in Deutschland und (Ost-)Europa.

Eigenem Selbstverständnis nach ist die Beobachtung aktueller Trends im Bewußtsein und im politischen Verhalten der Deutschen – Antisemitismus, Fremdenfeindschaft, Extremismus – mit empirischen Methoden der Sozialwissenschaft ein wichtiger Arbeitsbereich des Zentrums. Die Holocaustforschung wird auch in Zukunft einen wichtigen Platz im Zentrum für Antisemitismusforschung haben. Ein Projekt ist dem Thema »Solidarität und Hilfe für Juden 1933 – 1944« gewidmet. Die Forschungsergebnisse werden in Sammelbänden publiziert. Neuland im Bereich der deutsch-jüdischen Geschichte wird beschritten im Vorhaben, Periodika in jiddischer Sprache, die im 20. Jahrhundert in Berlin erschienen sind, zu dokumentieren und zu analysieren. Das Zentrum publiziert außer dem Jahrbuch für Antisemitismusforschung (Campus-Verlag Frankfurt/New York) mehrere Buchreihen (bei Campus und im Metropol-Verlag, Berlin), zu ihnen gehört auch die Serie »Lebensbilder – jüdische Erinnerungen und Zeugnisse« im Fischer-Taschenbuchverlag. Den Überlebenden des Holocaust ist eine Serie von Video- und Tonaufzeichnungen gewidmet, die seit 1995 erscheint. Sie heißt »Erinnern als Vermächtnis«. Als Internet-Journal publiziert das Zentrum »Antisemitism and Holocaust. From Prejudice to Genocide«. Direktor ist Prof. Dr. Wolfgang Benz.

• Das Simon-Dubnow-Institut für jüdische Geschichte und Kultur in Leipzig ist die jüngste, 1995 gegründete, Forschungseinrichtung. Es hat sich zur Aufgabe gesetzt, die jüdischen Lebenswelten in Mittel- und Osteuropa in ihren Wechselbeziehungen mit der nichtjüdischen Umwelt vom Mittelalter bis in die Gegenwart hinein zu erforschen und sie in der Lehre (Universität Leipzig) zu vertreten. Das im weitesten Sinne kulturwissenschaftlich und interdisziplinär orientierte Institut beschäftigt sich intensiv mit Forschungen im Bereich der jüdischen Universalgeschichte, der religiösen, geistigen und politischen Strömungen im Judentum, der Emanzipation, der Wirtschafts- und Sozialgeschichte der Juden und der Wanderungsbewegungen im Verhältnis Ost und West; Zusammenhängen von Veränderungen der Lebensbedingungen und des Alltags mit Normen, Erfahrungen und Einstellungen von Juden untereinander und im Kontext der interethnischen Vielfalt Mittel- und Osteuropas; der Einbeziehung von Sprache, Literatur und Kunst der Juden Mittel- und Osteuropas in die Erforschung der Interaktion der beiden Kulturkreise; und schließlich mit Untersuchungen zu jüdischen Selbst- und Fremdwahrnehmungen sowie kulturgebundene Bilder und Stereotypen von Juden. Gründungsdirektorin ist Prof. Dr. Stefi Jersch-Wenzel, Direktor Prof. Dan Diner

• Die Stiftung »Neue Synagoge Berlin – Centrum Judaicum« wurde im Juli 1988, wenige Monate vor der symbolischen Grundsteinlegung für den Wiederaufbau der großen Synagoge in der Berliner Oranienburger Straße, ins Leben gerufen – auf ausdrücklichen Wunsch des damaligen DDR-Staatsratsvorsitzenden Erich Honecker. Ihre Aufgabe sollte es sein, die Neue Synagoge in der Oranienburger Straße für gegenwärtige und künftige Generationen als Mahnmal wieder aufzubauen und ein Zentrum zur Bewahrung und Pflege jüdischer Kultur zu schaffen. Mit der Eröffnung ist der erste Teil des Auftrages erfüllt. Künftig wird sich das Centrum Judaicum vornehmlich der Forschung und Vermittlung von Wissen über das Judentum widmen. Durch die Vereinigung beider jüdischer Gemeinden Berlins ist die Zahl der Mitglieder, die bei Baubeginn im Ostteil der Stadt lediglich 200 betrug, auf mehr als 10 000 angewachsen. Von Bedeutung ist es nun, für die jüdische Gemeinschaft identitätsstiftend tätig zu werden und sie so im Inneren zu stärken. In diesem Sinne hat sich die Arbeit der Stiftung als Bindeglied zwischen Vergangenheit und Zukunft zu bewähren. Ein Bet Ha-Knesset, eine Synagoge, war stets nicht nur Betstätte, sondern auch Versammlungshaus, Lehr- und Lernort. Das Centrum will auch eine Brücke schlagen zwischen ost- und westeuropäischem Judentum. Dies ist angesichts der starken Zuwanderung aus den GUS-Staaten eine wichtige integrative Aufgabe. Das Centrum Judaicum hat es sich weiterhin zur Aufgabe gemacht, die Geschichte der Juden in Berlin und seinem Umfeld aufzuarbeiten. Es will, nach eigenem Selbstverständnis, an die Leistungen der jüdischen Bevölkerung erinnern und das Andenken an die jüdischen Opfer bewahren. Damit richtet es sich an die jüdische und nichtjüdische Bevölkerung gleichermaßen und soll auf diese Weise das gegenseitige Verständnis fördern. Das Centrum Judaicum arbeitet mit anderen jüdischen und nichtjüdischen Institutionen zusammen. Insbesondere steht es in Kontakt mit jüdischen Museen, Archiven und Forschungseinrichtungen in aller Welt. Ferner ist das Centrum Judaicum eine Informationsstätte für jüdisches Leben und transportiert jüdische Positionen zu Problemen unserer Zeit. Direktor ist Dr. Hermann Simon.

Der unabhängige, keinem Institut angeschlossene Jüdische Kulturverein in Berlin besteht bereits seit DDR-Zeiten. Er versteht sich als jüdische Diskussionsgruppe, wie der frühere Name des Vereins »Wir für uns« programmatisch ausweist. Im Vordergrund steht die politische und historische Auseinandersetzung mit dem Judentum einschließlich der Aufarbeitung der jüngsten – und somit persönlichen – Vergangenheit sowie die Suche oder Revitalisierung jüdischer Wurzeln und Inhalte. Durch die verstärkte russisch-jüdische Zuwanderung aus den GUS-Staaten hat der Verein eine neue Akzentuierung erfahren.

Zu den herausragenden und in der deutschen Bildungslandschaft besonderen Einrichtungen gehören auch die Jüdischen Volkshochschulen in Berlin und Frankfurt am Main. Der Berliner JVhS ist zugleich eine öffentliche Bibliothek mit mehr als 60 000 Bänden angeschlossen. Die Jüdischen Volkshochschulen widmen sich seit ihrer Gründung einer Tradition des Lehrens und Lernens, die in der jüdischen Überlieferung im Mittelpunkt stehen.

II. BIBLIOTHEKEN

- Germania Judaica. Bibliothek zur Geschichte des deutschen Judentums

Die Germania Judaica wurde 1959 auf Initiative einiger Kölner Bürger, unter ihnen der Schriftsteller Heinrich Böll, als privater Verein gegründet. Mit einem Bestand von etwa 52 000 Bänden, ca. 500 deutsch-jüdischen Zeitungen und Zeitschriften und ca. 150 laufenden Abonnements zur deutsch-jüdischen Geschichte ist sie heute eine der größten Sammlungen in der Bundesrepublik Deutschland und eine der bedeutendsten Sammlungen ihrer Art in Europa. Gefördert wird die Bibliothek von der Stadt Köln und dem Land Nordrhein-Westfalen. Die wichtigsten Sammelgebiete sind:

1. Geschichte des deutschsprachigen Judentums ab dem 18. Jahrhundert: Schutzjudentum – Emanzipation – Gemeindegeschichte – Organisation – Biographien – Juden im Nationalsozialismus – Konzentrationslager – Emigration – Exilgeschichte – Juden nach 1945
2. Allgemeine jüdische Geschichte und Kultur: Religion – Kunst – Erziehungswesen – Soziologie – Juden in außerdeutschen Ländern
3. Antisemitismus: Quellen – Rassismus – Antisemitismustheorien – Abwehrmaßnahmen – Neonazismus
4. Zionismus und Israel: Zionismus – Palästina – Staatsgründung – Nahostkonflikt – Einwanderung – Siedlungsformen – Kultur – Reiseberichte
5. Darstellung von Juden in Literatur und Film: Romane – Dramen – Jugendbücher – Sekundärliteratur.

Die Germania Judaica unterhält Kontakte mit allen Institutionen zur jüdischen Geschichte in Deutschland und im Ausland. Sie informiert über jüdische Archive, Bibliotheken und

Forschungseinrichtungen, besonders in den USA und in Israel. Eine enge Verbindung besteht zu den drei Leo-Baeck-Instituten in London, New York und Jerusalem, den wichtigsten Forschungsinstituten zur deutsch-jüdischen Geschichte außerhalb der Bundesrepublik Deutschland.

Alle drei Jahre veröffentlicht die Bibliothek eine Erhebung über laufende Forschungsprojekte zur deutsch-jüdischen Geschichte und zum Antisemitismus (»Arbeitsinformationen über Studienprojekte auf dem Gebiet der Geschichte des deutschen Judentums und des Antisemitismus«). Die Germania Judaica befindet sich in den Räumen der Zentralbibliothek der Stadt Köln und ist eine öffentliche Bibliothek. Nahezu alle Publikationen sind in der Bibliothek zugänglich und oder über Fernleihe zu beziehen. Leiterin ist Dr. Annette Haller.

Sämtliche bereits vorgestellten Forschungsinstitute verfügen über zum Teil große Buchbestände zu ihren jeweiligen Spezialgebieten. Häufig wurden Privatbibliotheken oder auch Nachlässe von bekannten Persönlichkeiten zumeist aus Israel erworben.

• Das Moses-Mendelssohn-Zentrum z. B. verfügt über eine wissenschaftliche Spezialbibliothek, die Literatur zu den Forschungsschwerpunkten des Zentrums sammelt und inzwischen über 10 000 Bände umfaßt. Erworben wurden neben der für die aktuellen Forschungsprojekte benötigten Literatur vor allem Standardwerke zur Geschichte und Kultur des Judentums vom 18. bis zum 20. Jahrhundert. Verstärkt wurde auch Literatur angeschafft, die im Studiengang Jüdische Studien/Jewish Studies sowohl von den Lehrenden als auch von den Studenten benötigt wird, da die Bibliothekssituation für den Studiengang an der Universität noch nicht zufriedenstellend gelöst ist. Derzeit besitzt die Bibliothek 49 laufend gehaltene Zeitschriften, Zeitungen und Jahrbücher. Die Bibliothek besitzt außerdem folgende Spezialsammlungen:

• Alex-Bein-Bibliothek: Die Nachlassbibliothek von Alex Bein, der von 1927 bis 1933 Archivar am Potsdamer Reichsarchiv war und nach seiner Emigration nach Palästina das Zionistische Zentralarchiv in Jerusalem aufgebaut hat, umfasst ca. 6000 Bände mit den Themenschwerpunkten Zionismus und Philosophie. Sammlung von Memorbüchern. Diese Sammlung umfaßt derzeit ca. 120 Bände. Die Bücher, überwiegend in hebräischer oder jiddischer Sprache, sind bereits vollständig in ihrer jeweiligen Originalsprache online recherchierbar. Die Präsenzbibliothek verleiht nur in Ausnahmefällen und kurzfristig. Ein Zugang zum Internet ermöglicht bibliographische Recherchen in Bibliothekskatalogen und Datenbanken des In- und Ausland. Online-Recherche im Katalog der Universitäts-Bibliothek Potsdam.

• Die Bibliothek des Instituts für die Geschichte der deutschen Juden sammelt als Präsenzbibliothek vor allem Literatur zu folgenden Themenbereichen: Geschichte der Juden in Deutschland und Europa; allgemeine jüdische Geschichte, Religion und Kultur. Darunter befinden sich Bestände zu Antisemitismus, Holocaust, Israel und Palästina. Es werden Biografien, Memoiren, Nachschlagewerke, Lexika und Periodica angeschafft. In der Salomo-Birnbaum-Bibliothek stehen Werke zur jiddischen Sprache und Literatur zur Verfügung. Der Buchbestand umfaßt derzeit ca. 30 000 Bände, der im Campus-Katalog der Universität Hamburg recherchiert werden kann. Der Zeitschriftenbestand der Bibliothek umfaßt ca. 600 in- und ausländische Periodika. 150 Zeitschriften werden laufend gehalten. Die Sammlung an älteren Zeitschriften und Zeitungen, die in vielen Fällen auf Mikrofilm und Mikrofiches vorliegen, wird ständig komplettiert. Als weiteres Nachweismittel verfügt die Bibliothek ferner über eine Bilddatenbank, die ca. 1700 Bilddokumente (Fotos, Zeichnungen, Einladungskarten, Gebäudepläne u. a.) enthält. Die Dokumente beziehen sich größtenteils auf den Großraum Hamburg mit dem zeitlichen Schwerpunkt 19./20. Jahrhundert. Eine Recherche ist über verschiedene Indices (Berufsgruppe, Datum, Namen u. ä.) möglich.

• Die Anne-Frank-Shoah-Bibliothek ist im Bestand der »Deutschen Bibliothek« in Leipzig enthalten und umfasst als internationale Forschungsbibliothek zum Holocaust Literatur über das Schicksal der Juden in den Jahren der NS-Zeit. Sie verfolgt das Ziel, die weltweit erschienene Literatur über die Verfolgung und Vernichtung der Juden Europas im nationalsozialistischen Deutschland bereitzustellen. Die Sammlung umfaßt auch Publikationen über die Verfolgung von Gruppen, die aus ethnischen, politischen, religiösen, medizinischen oder anderen Gründen verfolgt werden. Sie vertritt den selbstgewählten Anspruch, als »Bibliothek wider das Vergessen« zu wirken. Da eine vollständige Sammlung aller zur Schoah erschienenen Veröffentlichungen in absehbarer Zeit kaum möglich sein wird, werden auch Bibliographien und zahlreiche andere Quellen ausgewertet. Der elektronische Katalog des Leo-Baeck-Instituts New York steht in der Anne-Frank-Shoah-Bibliothek für Recherchen zur Verfügung. Darüber hinaus ist es möglich, Werke bzw. Kopien aus New York zur Nutzung in Leipzig anzufordern. Derzeit verfügt die Anne-Frank-Schoah-Bibliothek über etwa 5000 Bücher, Zeitschriften, audiovisuelle Medien, Karten und andere Materialien, die den Benutzern unmittelbar zugänglich sind und im Lesesaal genutzt werden können. Der Bestand sowie die darüber hinaus erfassten ca. 6000 bibliographischen Daten sind formal und sachlich in einer Datenbank erschlossen. Ein gedrucktes Bestandsverzeichnis gibt zusätzlich Auskunft über die Sammlung.

• In die bestehende etwa 12.000 Bände umfassende Bibliothek des Salomon Ludwig Steinheim-Instituts in Duisburg ist die Privatbibliothek von Daniel J. Cohen, dem ehemaligen Direktor des Archivs für die Geschichte des jüdischen Volkes in Jerusalem, mit einem deutlichen Schwerpunkt auf das Landjudentum und Regionalgeschichte (Norddeutschland), integriert. Die Institutsbibliothek trägt auch seinen Namen. Außerdem verfügt das STI über die Privatbibliothek des Historikers Hermann Meier-Cronemeyer mit einem großen Bestand an Literatur zur deutsch-jüdischen Jugendbewegung. Die Daniel-J.-Cohn-Bibliothek besitzt einige bibliophile Kostbarkeiten und Raritäten zum Judaica- und Hebraica-Bestand, von denen die meisten dem Genre »Predigten« zuzuordnen sind. Die wichtigsten Zeitungen und Zeitschriften des deutschen Judentums liegen als Filme vor, insgesamt verfügt die Bibliothek über 354 Periodica. Die Institutsbibliothek ist zwar als Präsenzbibliothek konzipiert, doch regelt ein Kooperationsvertrag mit der Duisburger Universitätsbibliothek den Leihverkehr.

• Die Stadt-und Universitätsbibliothek Frankfurt besitzt die größte Sammlung von Judaica in Deutschland. Sie hält das Sondersammelgebiet der Deutschen Forschungs-Gemeinschaft für Judaica.

III. UNIVERSITÄTEN UND UNIVERSITÄTSINSTITUTE

Im Laufe des 19. Jahrhunderts begann sich in Deutschland eine Wissenschaft des Judentums zu entwickeln, die sich nicht innerhalb der deutschen Universitätslandschaft behaupten konnte. Die herausragenden Vertreter dieser jüdischen Wissenschaft waren u. a. Eduard Gans, Leopold Zunz und Moritz Steinschneider. Die »Wissenschaft des Judentums« beschäftigte sich mit talmudischen, historischen, literarhistorischen, sprachwissenschaftlichen, liturgischen, islamischen, philosophischen, statistischen und wirtschaftskundlichen Forschungen, soweit sie zentral oder am Rande das Judentum betrafen. Alle ihre Institutionen, Organisationen und Publikationen wurden durch den nationalsozialistischen Judenmord vernichtet.

Einige wenige Professoren, die aus dem Exil zurückkehrten, nahmen nach Wiedereröffnung der Universitäten Lehre und Forschung wieder auf. Sie gingen an die Freie Universität nach Westberlin, die als universitäre Neugründung in keiner antisemitischen Tradition stand. Ihre Lehrangebote betrafen nicht ausschließlich jüdische Themen, doch gab es bereits 1952 Lehrveranstaltungen in jüdischer Geschichte. In den 1960er Jahren begann man erstmals wieder, Lehrstühle für Judaistik aufzubauen, nachdem diese zuvor im Fach Orientalistik aufgegangen waren. Die Wissenschaft vom Judentum, nun von nichtjüdischer Seite initiiert, wurde im Kanon der Universitätsdisziplinen erst nach der Schoah anerkannt. Das neue Fach gab sich zunächst den Namen »Judaistik«. Im Jahre 1963 entstand in Berlin das erste Institut für Judaistik in der Bundesrepublik, es folgten zwei weitere judaistische Institute – 1966 in Köln und 1970 in Frankfurt/M. Grundsätzlich kann gesagt werden, dass jede wissenschaftliche Beschäftigung mit dem Judentum in Deutschland unter den Signum der Shoah steht, oder anders ausgedrückt: Die Forschungsdisziplinen, die sich mit Juden und Judentum beschäftigen und wie immer sie sich nennen mögen, ziehen ihre Legitimation aus den Erfahrungen des Judenmords. Die universitäre Etablierung einer Wissenschaft, die ein neues und besseres Verständnis von Judentum in Geschichte und Gegenwart fruchtbar machen sollte, war und ist ein gutgemeinter Versuch politisch-wissenschaftlicher Kultur in Deutschland. Das Fach Judaistik und zuletzt das Fach Jüdische Studien als neue selbstständige Disziplin im Fächerkanon der Geisteswissenchaften haben einen universitären Stellenwert erreicht, um den sich einst die jüdischen Vertreter der »Wissenschaft des Judentums« vergeblich bemüht hatten.

Mit dem Forschungsthema »Jüdische Studien«/»Judaistik« beschäftigen sich inzwischen etliche deutsche Universitäten, die entsprechende Lehrangebote als Haupt- und Nebenfächer eingerichtet haben. Dabei ist in den letzten Jahren ein heftiger, noch nicht beigelegter Streit darüber entbrannt, welche Inhalte zu lehren, welchen Namen – Judaistik oder Jüdische Studien (Jewish Studies) – diese Wissenschaft zu tragen habe und wo innerhalb der Universitäten das Fach anzusiedeln ist. Den Vertretern des Fachs »Judaistik« geht es, kurz gesprochen, nicht um die Vermittlung politischer Ziele, sondern sie fühlen sich vor allem einer philologischen auf das religiöse Schrifttum des Judentums bezogenen Tradition verpflichtet, während die Repräsentanten des Fachs »Jüdische Studien« voll und ganz auf Interdisziplinarität – Fächer- und Methodenvielfalt – setzen, um die ganze Bandbreite verschiedener jüdischer Identitäten in Geschichte und Gegenwart, Kultur und Religion zu erfassen.

Die deutsche Wiedervereinigung hat neue Bewegung in die Hochschullandschaft gebracht. Zu den wichtigsten Universitätsinstituten mit dem Bereich »Judaistik/ Jüdische Studien« gehören:

Freie Universität Berlin, Institut für Judaistik; Gerhard-Mercator-Universität/GH Duisburg, Fach Jüdische Studien; Heinrich-Heine-Universität Düsseldorf, Studiengang Jiddische Kultur, Sprache und Literatur; Johann-Wolfgang-Goethe-Universität Frankfurt, Seminar für Judaistik; Martin-Luther-Universität Halle-Wittenberg, Seminar für Jüdische Studien/Judaistik; Hochschule für Jüdische Studien Heidelberg; Universität Köln, Martin-Buber-Institut für Judaistik; Ludwig-Maximilians-Universität München, Studiengang Judaistik (am Institut für Semitistik) und Lehrstuhl für Jüdische Geschichte und Kultur (am Institut für Neuere Geschichte); Carl-von-Ossietzky Universität-Oldenburg, Seminar für Jüdische Studien; Universität Potsdam, Interdisziplinärer Studiengang Jüdische Studien.

Die meisten dieser Universitätseinrichtungen ordnen sich ihrer Denomination entsprechend den (christlich-)theologischen Fakultäten ein, haben zwar etwas mit Juden und

Judentum zu tun, das Lehrangebot zeigt aber ein deutliches Übergewicht in philologischer Ausrichtung mit einem Schwerpunkt im Sprachunterricht (Hebräisch, Neuhebräisch, Aramäisch, Ladino, Jiddisch). Vergleicht man die Lehrangebote des Faches Judaistik der erwähnten Universitäten untereinander, stellt man fest, daß der Aktualität des Judentums wenig Raum gegeben wird.

Die Hochschule für Jüdische Studien Heidelberg ist eine staatlich anerkannte Hochschule in der Trägerschaft des Zentralrates der Juden in Deutschland, die seit dem Wintersemester 1979/80 in enger Zusammenarbeit mit der Ruprecht-Karls-Universität Heidelberg als eine akademische Einrichtung besteht. Sie ist in der akademischen Landschaft der BRD eine Institution von ganz besonderem Charakter. Ihr Studium- und Forschungsprogramm basiert auf der Annahme, dass sich Judentum nicht auf eine einzelne Dimension wie Religion oder Geschichte reduzieren lässt, sondern ein ganzes Spektrum von Bereichen der Kultur und der Wissenschaft umfasst. Das Konzept eines Judentums der Vielfalt führt dazu, dass die Studenten, im Unterschied zu denen an Judaistik-Instituten in der BRD, gefordert sind, gleichzeitig Kenntnisse in mehreren Fächern wie Geschichte, Bibel, Talmud, Philosophie, jüdische Kunst, hebräische und jiddische Literatur, aber auch in den Sprachen des Judentums, Hebräisch, Aramäisch und Jiddisch zu erwerben. Dass es möglich war, eine solche Institution in Deutschland nach dem Holocaust zu errichten, in der bereits Hunderte von jüdischen und nichtjüdischen Studenten Grundkenntnisse in jüdischer Religion und Kultur erworben haben, erklärt sich auf Grund von zwei wesentlichen Tatsachen:

1. Diese Hochschule sieht sich als Erneuerin einer Tradition, die vor 1933 durch die Hochschule für die Wissenschaft des Judentums in Berlin und ähnliche Institutionen, die bereits im 19. Jahrhundert in Deutschland gegründet worden waren, gepflegt wurde. Der jähe Abbruch ihrer Tätigkeit in Folge der NS-Zeit hat dazu geführt, dass es in Deutschland während Jahrzehnten kein Zentrum mehr gab, in dem es möglich war, Religion, Kultur und Wissenschaft des Judentums zu studieren.
2. Die scharfe Zäsur, die der Holocaust im Leben des deutschen und europäischen Judentums verursacht hat, machte den Wiederaufbau einer gut funktionierenden Hochschule für Jüdische Studien in der BRD zu einem äußerst schwierigen Unterfangen. Dieses wäre vielleicht zum Scheitern verurteilt gewesen, hätte es nicht zwei Zentren jüdischer Wissenschaft und Forschung gegeben, die noch vor dem Machtantritt durch die Nazis außerhalb Europas – in Palästina/Israel und in den USA – gegründet worden waren. Diese setzten die beste Tradition der deutschen Institutionen der Wissenschaft des Judentums fort, sodass sie nach dem Holocaust als Stütze für die Neugründung in Heidelberg dienen konnten. Aus Israel und den USA kamen und kommen Dozenten an die Hochschule. Zu den bemerkenswerten Neuerungen dieser Hochschule in Heidelberg gehört die kontinuierliche Unterstützung durch Bund und Länder sowie eine enge Kooperation mit der Universität Heidelberg, die es Studenten der Hochschule ermöglicht, Haupt- und Nebenfächer an der Universität zu belegen, und die auch Studenten der Universität die Möglichkeit bietet, Jüdische Studien als Haupt- oder Nebenfach an der Hochschule zu studieren. Ziel dieser einzigartigen akademischen Einrichtung in der BRD ist es, das Wissen in allen Bereichen des Judentums zu mehren, zukünftigen akademisch Gebildeten ein wissenschaftlich fundiertes Bild des Judentums zu vermitteln, nicht nur, um sie für ihre berufliche Tätigkeit vorzubereiten, sei es als Religionslehrer und Kantoren (in den jüdischen Gemeinden), Journalisten, Theologen, Historiker, Kunstgeschichtler, Philosophen

usw., sondern auch, um zum Abbau von Unkenntnis und Vorurteilen gegenüber dem Judentum beizutragen. Die Hochschule versteht sich zwar nicht als in der Tradition der Rabbinerschulen stehend, hat aber trotzdem Rabbiner ausgebildet. Die Hochschule hat sechs Lehrstühle mit jüdischen Hochschullehrern. Rektor ist Prof. Dr. Michael Graetz.

Der Lehrstuhl für Jüdische Geschichte und Kultur am Institut für Neuere Geschichte an der Ludwig-Maximilians-Universität München ist mit Prof. Dr. Michael Brenner besetzt, der im Sommersemester 1997 seine Tätigkeit aufnahm. Es ist der erste speziell der jüdischen Geschichte gewidmete Lehrstuhl an einem historischen Institut einer deutschen Universität. Er ist integraler Bestandteil des Instituts für Neuere Geschichte an der Ludwig-Maximilians-Universität München. Ein eigener Abschluss in jüdischer Geschichte ist nicht möglich. Vielmehr soll jüdische Geschichte als Teil der allgemeinen Geschichte studiert werden, wobei allerdings auch die Möglichkeit zur Spezialisierung gegeben wird. So gibt es im Rahmen des Lehrstuhls die Möglichkeit, hebräische wie auch jiddische Sprache und Kultur zu studieren.

Der Erwerb hebräischer Grundkenntnisse ist in der Regel Voraussetzung für die Promotion auf dem Gebiet der jüdischen Geschichte. Der Lehrstuhl versteht es als eine vordringliche Aufgabe, die jüdische Geschichte der Neuzeit in ihrer Gesamtheit zu vermitteln. Dies bedeutet, dass das Lehrangebot sich nicht auf die deutsch-jüdische Geschichte oder die Geschichte des Antisemitismus beschränkt, sondern andere Aspekte wie etwa das spanisch-jüdische Erbe, die Juden Osteuropas und Amerikas, die orientalische Judenheit und die Geschichte des Zionismus und des Staates Israel einbezieht. Obwohl der Schwerpunkt des Lehrstuhls auf dem Gebiet der Geschichte liegt, sollen Forschung und Lehre betont interdisziplinär ausgerichtet sein.

Der Studiengang Jiddische Kultur, Sprache und Literatur kann als Nebenfach an der Heinrich-Heine-Universität Düsseldorf mit dem Abschluß Magister Artium (M.A.) studiert werden. Mit der Einrichtung dieses Studiengangs trägt die Universität dem wachsenden Interesse am Jiddischen in Deutschland Rechnung. An zahlreichen Universitäten und Volkshochschulen gibt es Jiddischkurse; an den Universitäten Düsseldorf und Trier kann Jiddisch in verschiedene Studiengänge integriert bzw. als Schwerpunktstudium (bis hin zur Promotion) gewählt werden. Es werden pro Semester sechs Kurse angeboten, die viele Bereiche der Sprache, Kultur und Literatur umfassen sollen. Jiddisch kann als Nebenfach im Magisterstudium und als Haupt- und Nebenfach bei Promotion gewählt werden. Der einjährige intensive Sprachkurs beginnt jeweils im Wintersemester. Auf diese Art und Weise sollen nicht nur Fachkenntnisse, sondern auch die Sprachkenntnisse der Studenten über den Sprachkurs hinaus erweitert werden. Nur so kann man eine Kultur in allen ihren Formen kennenlernen. Die Vorlesungen allerdings werden auf deutsch gehalten, um einen möglichst breiten Interessentenkreis zu erreichen. Lehrstuhlinhaberin ist die gebürtige Holländerin Prof. Marion Aptroot.

Der Studiengang Jüdische Studien/Jewish Studies an der Universität Potsdam basiert auf einer engen Zusammenarbeit zwischen dem Lehrstuhl für Neuere Geschichte (Schwerpunkt: deutsch-jüdische Geschichte), dem Lehrstuhl für Religionswissenschaft, dem Mendelssohn-Zentrum und den mehr als zehn Instituten bzw. Lehrstühlen der Universität Potsdam. Der Studiengang ist interdisziplinär angelegt und versucht, Geschichte und Gegenwart des Judentums mit einer großen Fächer- und Methodenvielfalt zu vermitteln. Der Magisterstudiengang ist der erste seiner Art in der Bundesrepublik.

Im Januar 1996 wurde an der Universität Potsdam von Wissenschaftlern mehrerer deutscher Universitäten die Vereinigung für Jüdische Studien e.V. gegründet. Aufgabe der Vereinigung ist die »Vertretung der Belange Jüdischer Studien an deutschen Hochschulen und entsprechend wissenschaftlich arbeitenden Bildungs-, Kultur- und Wissenschaftseinrichtungen im In- und Ausland«. Ziel der Vereinigung ist es, Personen und Institutionen, die auf dem Gebiet jüdischer Geschichte und Kultur im weitesten Sinne arbeiten, zusammenzuführen, gemeinsame Anliegen zu formulieren und zu vertreten. Insbesondere soll die gegenwärtig an vielen deutschen Universitäten geführte Debatte um Funktion, Stellung, Aufgabe und Verantwortung jüdischer Studien im Rahmen der universitären und allgemeinen Bildung und Forschung im Deutschland nach 1945 aufgenommen und vertieft werden. Die Vereinigung hat den Anspruch, in verstärktem Maße nach der Stellung jüdischer Kultur im Kontext der europäischen und außereuropäischen Kulturen zu fragen und diesen Kontext zu veranschaulichen.

Seit Beginn des Wintersemesters 1997/98 sind die »Jüdischen Studien« an der Gerhard-Mercator-Universität/GH Duisburg als Hauptfach zum Magister Artium zu studieren. Mit der Besetzung von drei Professuren nimmt Duisburg einen der ersten Plätze unter den fraglichen Universitätsinstituten in Deutschland ein. Neben dem Hebräischunterricht, der für alle Studierenden des Faches Pflicht ist und der nach den ersten Semerstern zum Hebraicum führt, werden erstmals für Haupt- und Nebenfachstudierende obligatorische Grundkurse eingeführt, welche die Vertiefung der Sprachkenntnisse der verschiedenen Epochen und ihrer Literaturgattungen zum Ziel haben.

Die Jüdischen Studien an der Carl-v.-Ossietzky-Universität Oldenburg im Fachbereich Sozialwissenschaften als jüngstes Fach seiner Art und im Aufbau befindlich bieten als Studienabschlüsse den Magister Artium (Nebenfach) und die Promotion. Der Studiengang ist ein Versuch, den Beitrag des Judentums zur deutschen und europäischen Kultur bewußt zu machen. Er ist interdisziplinär angelegt, wodurch er sich von der Judaistik unterscheidet. Das Hauptgewicht liegt auf der biblischen und nachbiblischen Religion einerseits und Geschichte/Politik/Gesellschaft des Judentums von der Antike bis zur Gegenwart andererseits.

Als Nebenfächer werden jüdische Kunst, Musik und Pädagogik angeboten. Biblisches oder modernes Hebräisch ist bis zur Zwischenprüfung zu erlernen, um ein ernsthaftes Verstehen des jüdischen Denkens zu ermöglichen. Als Voraussetzungen gelten die allgemeinen Studienbedingungen für den Magister Artium (Nebenfach). Zusätzlich wird eine Sprachprüfung in biblischem oder modernem Hebräisch bis zur Magisterzwischenprüfung abgelegt. Zum Studiengebiet biblische Religion gehören exegetische Methoden (wissenschaftliche Bibelauslegung), Literaturgeschichte (Inhalt, Form, Entstehung und Sammlung der biblischen Schriften), Theologie der biblischen Schriften, Geschichte Israels von den Anfängen bis Bar Kochba und Geschichte der altisraelischen Religion. Zum Studiengebiet nachbiblische Religion gehören die Geschichte des nachbiblischen Judentums, Torah, Talmud und jüdische Auslegungsmethoden, der jüdische Gottesdienst, Kabbala und religiöse Bewegungen im Judentum. Zum Studiengebiet Geschichte/Politik/Gesellschaft gehören das antike Judentum, das europäische Judentum in der Moderne, das Verhältnis von Gesellschaft und altisraelischer bzw. jüdischer Religion, der Antisemitismus, Juden in Deutschland, die Vernichtung des europäischen Judentums während der Zeit des Nationalsozialismus, jüdische Frauen und Frauenbewegung sowie Israel und der Nahe Osten. Als Nebenfächer werden jüdische Kunst, Musik, Erziehung und Wissenschaft angeboten.

IV. ARCHIVE

In den alten Bundesländern ist der jüdischen Geschichte in Deutschland seit mehreren Jahrzehnten erhebliche Aufmerksamkeit geschenkt worden. In den großen Staatsarchiven, aber auch in einer nicht geringen Zahl von Stadtarchiven sind im Laufe der Jahre Spezialverzeichnisse (»Findbücher«) der Archivalien zur jüdischen Geschichte angelegt worden, die den interessierten Benutzern zur Verfügung stehen.

Wichtige Archive sind:

- Staatsarchiv Hamburg: Quellen zur Geschichte der Juden in Hamburg; Centrum Judaicum, Berlin: Fotos; Lebenserinnerungen, Akten des ehemaligen Gesamtarchivs der deutschen Juden u. a. Das Herzstück des Centrum Judaicum ist sein Archiv. Sein wichtigster Bestand sind ein großer Teil der Akten aus dem ehemaligen Gesamtarchiv der deutschen Juden. Nach langer Odyssee in den letzten Jahren des NS-Regimes und den Jahren nach der Befreiung befindet sich ein großer Teil der historischen Akten von etwa 400 jüdischen Gemeinden und einzelnen Organisationen (zusammen mit ca. 180 laufenden Meter) seit April 1996 wieder in den historischen Räumen, und zwar an der Stelle, an der das Archiv einstmals – seit 1905 – beheimatet war. Ein anderer bedeutender Teil dieser Akten befindet sich seit den 50er Jahren in den Central Archives for the History of the Jewish People (Archiv für die Geschichte des jüdischen Volkes) in Jerusalem.
- Zentralarchiv zur Geschichte der Juden in Deutschland: Quellen zur Geschichte der Juden in Deutschland nach 1945. Das Zentralarchiv zur Erforschung der Geschichte der Juden in Deutschland in Heidelberg findet besondere Beachtung. Das Zentralarchiv wurde 1987 gegründet. Es ist eine Einrichtung des Zentralrats der Juden in Deutschland. In seiner Konzeption knüpft es an das Gesamtarchiv der deutschen Juden an, das von 1905 bis 1939 in Berlin bestand. Hauptanliegen ist die Aufbewahrung und Erschließung von historisch wertvollem Schriftgut jüdischer Gemeinden, Verbände, Organisationen und Personen. In der Regel werden die Akten dem Zentralarchiv als Depositum übergeben. Das Zentralarchiv hat vier Mitarbeiter und verfügt gegenwärtig über eine Magazinkapazität von 900 lfd. m. Es beinhaltet u. a.: Institutionen, Personen, Sammlungen, Friedhofsdokumentation, Mitteilungsblätter, Spezialinventare.

Viele der früheren Dokumente und Quellen zur deutsch-jüdischen Geschichte bis 1945 sind heute auch in Archiven in den USA und Israel zu finden.

Kleinere Bestände mit jüdischer Thematik bzw. zur Situation der Juden in Deutschland sind in fast allen Archiven der Bundesrepublik Deutschland verstreut, insbesondere im Bundesarchiv sowie im Politischen Archiv des Auwärtigen Amtes, Bonn.

Für die vielfältige Beschäftigung mit der jüdischen Geschichte in der »alten« Bundesrepublik gab es in der DDR kein Pendant. Ungeachtet der offiziellen Anerkennung der kleinen jüdischen Restgemeinden ließ die DDR der Erforschung und Darstellung der jüdischen Geschichte in Deutschland, abgesehen von der Verfolgungsgeschichte, wenig Aufmerksamkeit zuteil werden. Historiker fanden kaum Unterstützung, wenn sie sich Themen deutsch-jüdischer Geschichte zuwenden wollten. Die politischen Veränderungen des Jahres 1989 in Deutschland haben auch in archivalischer Hinsicht wichtige Auswirkungen mit sich gebracht. Archive, die bis dahin gar nicht oder nur schwer zugänglich waren, stehen jetzt uneingeschränkt der Forschung zur Verfügung. Inzwischen liegt eine Publikationsreihe »Quellen zur Geschichte der Juden in den Archiven der neuen Bundesländer« vor. Diese Reihe wurde initiiert von den Leo-Baeck-Instituten in Jerusalem, London und New York. Die Realisierung liegt bei der Wissenschaftlichen Arbeitsgemeinschaft des Leo-Baeck-Instituts in der Bundesrepublik und dem Institut für Geschichtswissenschaft an der Technischen Universität in Berlin. Die Bestandsübersicht weist systematisch die jahrzehntelang vernachlässigte archivalische Überlieferung zur deutsch-jüdischen Geschichte seit dem Mittelalter bis zur Gegenwart nach.

Die fast ausnahmslos ungedruckten schriftlichen Quellen bieten umfangreiches Material zur Wirtschafts-, Sozial-, Religions- und Kulturgeschichte der Juden vornehmlich seit der frühen Neuzeit sowie für die Jahre nach 1933. Die Bestandsübersicht verzeichnet Archivbestände zur Geschichte der Juden aus mehr als 300 Archiven. Hinzu kommen Arbeiten zur Erschließung der in der DDR überlieferten Teile des »Gesamtarchivs der deutschen Juden«, das jahrzehntelang praktisch gesperrt war. Bis zum Jahre 1999 sollten insgesamt sechs Bände erscheinen.

Das Leo-Baeck-Institut New York mit seinen umfangreichen Beständen ist jedoch für Wissenschaftler noch immer eine der wichtigsten Institutionen.

Mit dem mehrere tausend Bilder umfassenden Gidal-Bildarchiv verfügt das Duisburger Salomon-Ludwig-Steinheim-Institut über eine der weltweit größten Sammlungen zur Geschichte der Juden in Deutschland von der Römerzeit bis zum Ende der Weimarer Republik. Die Judaica-Sammlung von Nachum Tim Gidal, einem der großen Pioniere des modernen Fotojournalismus, wurde in den letzten Jahren ständig erweitert u. a. durch den Nachlass des Düsseldorfer Fotografen Georg Goldstein. Die Goldstein-Sammlung umfasst ca. 6000 Bilder aus Palästina/Israel der Jahre 1936 bis 1952.

Die politischen Umwälzungen in der DDR, Osteuropa und der ehemaligen Sowjetunion haben auch ihre Auswirkungen auf die dortige Archivpolitik. Bisher verschollen geglaubtes Schriftgut aus der NS-Zeit wurde entdeckt, das Lücken schloss und Forschungsergebnisse in Frage stellte. Es handelt sich dabei u. a. um bislang unbekannte Sonderbestände deutscher und deutsch-jüdischer Provenienz im zentralen Staatsarchiv Moskau (»Sonderarchiv«); dies sind Archivalien, die während des Krieges wegen der Bombenangriffe ausgelagert, von den Sowjets beschlagnahmt und nach Moskau mitgenommen waren.

V. MUSEEN UND GEDENKSTÄTTEN

In rascher Folge entstanden nach 1945 in der Bundesrepublik Mahn- und Gedenkstätten, Dokumentationsstellen und Orte der Begegnung, die sich vor allem der Aufarbeitung der NS-Vergangenheit und der Vermittlung ihrer Forschungen in die Öffentlichkeit hinein verpflichtet haben. Als Gedenkstätten sind neben den auf polnischem Gebiet liegenden alle ehemaligen in Deutschland befindlichen Konzentrationslager eingerichtet – u. a. Belsen (Bergen-Belsen), Buchenwald, Dachau, Flossenbürg, Neuengamme, Ravensbrück, Osthofen, Wewelsburg. In diesem Zusammenhang sind auch die Gedenkstätten Haus der Wannsee-Konferenz in Berlin sowie, ebenfalls in Berlin beheimatet, die Stiftung Topographie des Terrors zu erwähnen. Unter diesen Stätten befinden sich auch Einrichtungen, die sich als jüdische Sammlungen beziehungsweise Museen verstehen. Den jeweils Verantwortlichen geht es um das Sammeln, Forschen, Vermitteln und den Versuch, historische Überlieferung in unterschiedlichsten Formen zu sichern und für die historisch-politische Bildung verfügbar zu machen.

Manche Museen oder auch einzelne Abteilungen von Museen haben sich ausschließlich der deutsch-jüdischen Geschichte verschrieben:

- Museum für Hamburgische Geschichte in Hamburg mit der Abteilung »Juden in Hamburg«

- Stiftung Jüdisches Kulturmuseum Augsburg-Schwaben
- Jüdische Museum in Eisenstadt
- Jüdische Museum in Hohenems
- Jüdische Museum Berlin
- Raschi-Haus in Worms
- Alte Synagoge Essen
- Jüdische Museum Dorsten/Westf.
- Begegnungsstätte Alte Synagoge Wuppertal
- Gedenkstätte »Landjuden an der Sieg« in Windeck-Rosbach

Zu den aktivsten Museen und Gedenkstätten mit spezifischer deutsch-jüdischer Ausrichtung gehört das Jüdische Museum Frankfurt/M., das im Rothschild-Palais untergebracht ist. Im Mittelpunkt des Museums steht die Geschichte der Juden in der Stadt Frankfurt, einem der größten Zentren jüdischen Lebens in Deutschland. In die Ausstellung integriert sind Aspekte der Geschichte des Judentums in Hessen und in ganz Deutschland und der hohe Anteil der jüdischen Bürger an der gesellschaftlichen und kulturellen Entwicklung.

In Planung befindet sich auch ein Jüdisches Museum in Köln.

Das Interesse an Judentum und Jüdischem in Deutschland wächst stetig. Das Thema ist – wie gezeigt wurde – zu einem Forschungsschwerpunkt an einigen Universitäten und damit zum Studienschwerpunkt zahlreicher Studenten geworden. Inzwischen sind die meisten Institute und Universitätsfächer in das Internet gegangen.

Internet-Adressen zum Thema (Auswahl) sind:

- http://www.uni-duisburg.de/FB1/Jstudien/juedische-studien-in-deutschland.htm (Universität Duisburg mit weitergehenden Informationen)
- http://userpage.fu-berlin.de/jewstud/ (Institut für Judaisik, FU Berlin)
- http://www.uni-trier.de/uni/ws99798/iig.htm (Studienfach Jiddistik, Universität Trier)
- http://sti1.uni-duisburg.de/ (Salomon-Ludwig-Steinheim-Institut für deutsch-jüdische Geschichte, Duisburg)
- http://www.rrz.uni-hamburg.de/igdj/homepage.htm (Institut für die Geschichte der deutschen Juden, Hamburg)
- http://www.uni-potsdam.de/u/mmz/000mmz.htm (Moses-Mendelssohn-Zentrum für europäisch-jüdische Studien, Potsdam)
- http://www.hjs.uni-heidelberg.de/ (Hochschule für Jüdische Studien, Heidelberg).

Die Internet-Adressen enthalten auch Infos (links) zu benachbarten Studiengebieten an wissenschaftlichen Hochschulen in der Bundesrepublik bereit sowie Hinweise zu Forschungseinrichtungen in Österreich, die sich mit jüdischer Geschichte und jüdischer Kultur befassen.

Literatur:

Niko Oswald, Judentum als Gegenstand von Wissenschaft. Eine Kritik des Faches Judaistik in Deutschland, in: Babylon 8 (1991), S. 45-71;

Ulrike Puvogel/Martin Stankowski, Gedenkstätten für die Opfer des Nationalsozialismus. Eine Dokumentation, Bd. I, Bonn 1995;

Quellen zur Geschichte der Juden in den Archiven der neuen Bundesländer, hrsg. v. Stefi Jersch-Wenzel u. Reinhard Rürup, Bd. 1, München usw. 1995;

Hermann Simon, Die Neue Synagoge Berlin. Geschichte – Gegenwart – Zukunft, Berlin 1997.

Anneliese Rabun

Gestaltung und Ausdruck

Architektur für jüdisches Leben und jüdische Geschichte

Die Immigration osteuropäischer Juden aus den Nachfolgestaaten der UdSSR hat das Leben der jüdischen Gemeinschaft in Deutschland tiefgreifend verändert. Die Gemeinden waren seit Jahrzehnten extrem überaltert, manche bestanden nur aus 50 oder 60 Mitgliedern, es reichten Betstuben aus – und eine Zukunftsperspektive konnte auf dieser Basis, zumindest in den kleinen Gemeinden, kaum entwickelt werden.

Mit der Ankunft der Juden aus Osteuropa begann eine neue Epoche der jüdischen Nachkriegsgeschichte in Deutschland. Die Integration der Einwanderer wurde zu einer der wichtigsten Aufgaben. Diese Menschen, geflohen vor Antisemitismus, brauchen nicht nur finanzielle Unterstützung, sondern vor allem eine jüdische Sozialisation. Viele von ihnen waren bis zu ihrer Ankunft in Deutschland nie in einer Synagoge gewesen, kannten keine jüdischen Gemeindezentren, Jugendclubs, Restaurants oder Sozialstationen. Eine jüdische Infrastruktur hatte in der UdSSR keine Chance – und auch nach deren Zusammenbruch gab es nur wenig Möglichkeiten, solche Institutionen zu gründen. Die Kapazität der Synagogen kleinerer Gemeinden wie Offenbach, Kassel oder Aachen reichte nicht mehr aus, denn diese Gemeinden wuchsen, wie auch Frankfurt am Main oder Berlin, teils um mehr als zwei Drittel an. Um diesen Menschen, die nicht nur auf der Suche nach einem freien Land, sondern auch auf der Suche nach ihrem Judentum waren, adäquaten Raum zu bieten, brauchte es neue Synagogen in Deutschland. 50 Jahre nach dem Ende der Shoah wurden in dem »Land der Täter« neue Zentren jüdischen Lebens benötigt – und seitdem in vielen Städten errichtet. Andere Gemeinden warten bereits auf Baupläne und Entwürfe.

Zugleich kam es seit Mitte der achtziger Jahre zu einer Intensivierung der Gedenkpolitik in Deutschland. Auf der einen Seite entstanden also neue Synagogen und Gemeindezentren, auf der anderen Seite wurden Denkmäler zur Erinnerung an die ermordeten Juden in der Stadt X und dem Dorf Y errichtet, wurden Gedenktafeln enthüllt und jüdische Museen eröffnet.[1])

Die Architektur von Gedenkorten ist schwierig. Pathos und in Stein geronnene Betroffenheit sollten tunlichst vermieden werden, es müssen vielmehr der Öffentlichkeit im wahrsten Sinne des Wortes zugängliche Denkmäler entstehen. Eine Überfrachtung solcher Gedenkorte mit Symbolik, die womöglich gar nichts mehr mit dem Judentum oder dem jüdischen Eigenverständnis zu tun hat, ist eine große Gefahr. Zugleich sind gerade Texte von Gedenkplatten gute Beispiele dafür, wie und dass sich im Laufe der Zeit eine differenzierte Sicht auf die Geschehnisse der Judenverfolgung und -vernichtung durchsetzt.

---

[1]) Die Diskussion um das Denkmal in Berlin, die seit nunmehr zehn Jahren in Gang ist, und die diversen Entscheidungen der Jury, das Kippen der Entschlüsse sowie die Haltung der Öffentlichkeit wird in einem Sammelband dokumentiert: Der Denkmalstreit – das Denkmal?, hrsg. von Ute Heimrod u. a., ca. 1000 Seiten, Bodenheim: Philo-Verlag 1999, DM 148.–. Daher wird dies im folgenden nicht berücksichtigt. Die Aufgaben jüdischer Museen beschreibt Cilly Kugelmann in ihrem Beitrag »Jüdische Museen in Deutschland« , so dass in diesem Artikel vor allem auf die eindringliche Architektur des Jüdischen Museums Berlin eingegangen wird.

Hinsichtlich der Gemeindearchitektur ist besonders aufschlußreich, dass erst seit den achtziger Jahren verstärkt neue Gebäude für jüdische Institutionen entstehen, denn die extreme Spannung zwischen den Polen »Gehen oder Bleiben?«, die in der jüdischen Gemeinschaft seit 1945 mehr oder minder ausgeprägt vorhanden ist, zeigte sich auch in der Behelfsmäßigkeit vieler Betstuben und der Anmietung von Häusern zur Unterbringung gemeindlicher Behörden. Man baut keine Gemeindezentren, solange das Fundament nicht sicher genug scheint. Synagogen hingegen mussten errichtet werden, denn es gab kaum ein jüdisches Gotteshaus, das in den Novemberpogromen 1938 die Zerstörungswut der Nazis überstanden hatte. Es gab nur wenige Ausnahmen, z. B. in Frankfurt am Main in der Westend-Synagoge, die wieder in Betrieb genommen wurde. Die Synagogenarchitektur nach 1945 musste jedoch eine neue sein: »Eklektizismus und Historismus hatten abgewirtschaftet . . . So hatten die jüdischen Architekten noch weniger Grund als ihre christlichen Kollegen, sich auf eine ›deutsche‹ Vergangenheit zurückzubesinnen. Die Überwindung und Abwendung von historischem Gefühls- und Formenballast geschah durch ein im weitesten Sinne vorurteilsfreies, funktionales Denken. Gottesdienstliche Abläufe, zeremonielle Handlungen, Bedeutungshierarchien des Rituals bestimmen die Form, die im besten Sinne des Wortes ›der Funktion folgt‹.«[2])

I. SYNAGOGEN UND GEMEINDEZENTREN[3])

Die Westend-Synagoge in Frankfurt am Main, erstmals 1910 eingeweiht, wurde im September 1945, am Vorabend des Jüdischen Neujahrfestes Yom Kippur, mit einer Weiherede von Rabbiner Leopold Neuhaus für die kleine, nunmehr vierte jüdische Gemeinde der Frankfurter Geschichte erneut geweiht. Die erste Sanierung wurde nach nahezu zweijähriger Bauzeit im September 1950 abgeschlossen. Das Haus, eine Symbiose aus orientalischem Stil und spätem Jugendstil, kann insgesamt 1200 Menschen aufnehmen, 800 im Männerbereich und 400 Frauen auf der Empore. Die Synagoge war, als sie errichtet wurde, dem liberalen Kultus zugehörig, weshalb das Pult zur Lesung der Torah (Almemor) frontal zur Gemeinde ausgerichtet war. In orthodoxen oder auch eher konservativen Synagogen befindet sich das Pult in der Regel in der Mitte des Raumes. Hinter dem Pult waren der Torahschrein (Aron HaKodesch) und darüber eine Orgel – nach der Emanzipation im späten 19. Jahrhundert ein in viele Synagogen integriertes Element – mit einer Tribüne für Chöre. Eine beeindruckende Kuppel überwölbte den zusätzlich noch reich geschmückten Raum, dessen Ornamentik sowohl explizit jüdische Symbole wie einen Löwen oder Davidsterne, aber auch Fantasiemuster darstellte. Die ursprüngliche Pracht im Inneren der Synagoge wurde im Zuge der Sanierung in den fünfziger Jahren jedoch teils verkleidet, u. a. die Säulen ummantelt. Außerdem wurden der Almemor in die Mitte des Raumes sowie die Orgel an einen anderen Platz versetzt und die Tribüne entfernt. Der religiöse Ritus der Frankfurter Einheitsgemeinde ist heute konservativ.

Der alte Zustand erinnerte stets auch an die Zeit bis 1933, als deutsche Juden mehrheitlich und trotz des vehementen Antisemitismus überzeugte deutsche Patrioten waren. Die

---

[2]) Fritz Novotny, Vorwort, in: Hermann Zvi Guttmann: Vom Tempel zum Gemeindezentrum. Synagogen im Nachkriegsdeutschland, hrsg. von Sophie Remmlinger und Klaus Hofmann, Frankfurt am Main 1989, S. 8

[3]) Notwendigerweise können und sollen nur einige markante, ausgewählte Synagogen, Gemeindezentren und Gedenkorte vorgestellt werden. Die Auswahl ist keineswegs repräsentativ, sondern auch von eigener regionaler Kenntnis geleitet. Statt einer Aufzählung der Bauten sollen vielmehr auch Überlegungen der Architekten und die Bedeutung solcher Orte diskutiert werden. Für eine weitere Lektüre verweise ich auf die Anmerkungen, in denen Literatur genannt wird.

neue Innenarchitektur wurde somit zugleich Ausdruck dafür, dass diese Epoche des deutschen Judentums durch die Schoah zerstört worden war. Die Neugestaltung war schlichter. Das Innere bildete aber keine harmonische Einheit mit dem Äußeren, so dass der Bruch zwischen 1910 und 1950 sehr deutlich wurde.

Anfang der achtziger Jahre wurde unter dem Motto »Rettet die Westend-Synagoge« die Außenfassade renoviert und im Anschluss daran das Gebäudeinnere saniert. Teils wurde die alte Pracht aus der Zeit um 1910 wieder hergestellt, teils aber auch die Nüchternheit der Nachkriegszeit bewahrt. Dadurch entstand eine ganz eigentümliche Stilmischung. Die Synagoge vereint heute die Erinnerung an die Epoche vor der Schoah mit den Zeiten des vorsichtigen Neuanfangs nach 1945. Einen eigenen Stil – vielleicht auch ein Stück weit Ausdruck des Selbstverständnis –, fand die Jüdische Gemeinde in Frankfurt jedoch erst mit dem 1986 eröffneten Gemeindezentrum.

In Zusammenhang mit dem Bau von Synagogen und Gemeindezentren in der Nachkriegszeit wurde der Architekt Hermann Guttmann eine der zentralen und wichtigsten Figuren.[4]) Nachdem das im Baumweg eingerichtete »Haus der Gemeinde« der in den fünfziger Jahren durch Zuwanderung aus Osteuropa – Ungarn, Polen – gewachsenen Gemeinde nicht mehr genug Platz bot, wurde ein neues Haus geplant. Doch von der ersten Planung bis zur Eröffnung vergingen mehr als 20 Jahre. Ausführender Architekt war nun Salomon Korn. Korn hat sich bereits in vielen Vorträgen und Veröffentlichungen zu den Problemen und sinnstiftenden Elementen der Architektur von heutigen Synagogen und Gemeindezentren geäußert.[5]) Das Gemeindezentrum in der Savignystraße folgt Korns Leitlinie, Brüche, aber auch Anknüpfungspunkte nach 1945 zu verdeutlichen. Das als Zweckbau kenntliche Gebäude – darin befinden sich u. a. ein Festsaal, die jüdische Schule und ein Kindergarten sowie ein Restaurant – ist von großen Fensterfronten geprägt. Die darin sich widerspiegelnde Offenheit ist ein Produkt der achtziger Jahre, denn die Jahrzehnte davor war die Gemeinde, wie in vielen anderen Städten auch, ein eher unsichtbarer Bestandteil städtischen Lebens. Erst mit der Öffnung nach außen oder auch der Einmischung jüdischer Gemeinden in Fragen der Stadt- und Gedenkpolitik wurde diese Isolation durchbrochen und es begann ein Austausch mit der nichtjüdischen Umgebung.

Doch nicht nur die Gegenwart, sondern auch die Vergangenheit wurde architektonisch verarbeitet. Nahe dem Haupteingang ragen zwei schmale Gesetzestafeln in die Höhe, die von langen und tiefen Rissen durchzogen werden. Die »Brüche sind in den stilisierten Gesetzestafeln [. . .] sinnfällig festgehalten worden – die Schrift fehlt! [. . .] Sie sollen durch ihre Brüche auch an all jene von den Nationalsozialisten deportierten Juden erinnern, deren Namen auf einer Liste in den Grundstein unterhalb der ›gebrochenen‹ Gesetzestafeln eingelegt wurden.«[6]) Eine weiße Menora (der siebenarmige Leuchter, eines der zentralen Symbole des Judentums) ist nahe dem Eingang angebracht und verweist somit auf die Lebendigkeit des Judentums.

Eine ähnliche Symbolik ist auch in der Architektur des Gemeindezentrums Fasanenstraße in Berlin festzustellen, die Gegenwart und Vergangenheit durch historische Überreste sowie

---

[4]) Vgl.: Hermann Zvi Guttmann (Anm. 2).

[5]) Vgl. zur Geschichte der Synagogen in Frankfurt: Salomon Korn, Synagogen und Betstuben in Frankfurt a. M., in: Die Architektur der Synagoge, hrsg. von Hans-Peter Schwarz, Frankfurt a. M. und Stuttgart 1988, S. 347 – 395; ders.: Zur Geschichte der Synagogal-Architektur in der Nachkriegszeit, in: Aufbau nach dem Untergang – deutsch-jüdische Geschichte nach 1945, hrsg. von Andreas Nachama und Julius H. Schoeps, Berlin 1992, S. 187 – 214; ders.:Die schweigende Orgel in der Westend-Synagoge, in: Frankfurter Jüdische Nachrichten (FJN), Nr. 59, Sept. 1983, S. 3 f.; ders.: Der jüdische Konflikt findet auch im Baustil seinen Ausdruck, in: Frankfurter Allgemeine Zeitung, 20. 9. 1985, S. 51; ders.: 75 Jahre Westend-Synagoge, in: Frankfurter Jüdische Gemeindezeitung (1985), Nr. 5/6, S. 17f.

[6]) Salomon Korn, in: Jüdische Gemeindezeitung Frankfurt (1986), Nr. 6, S. 6.

eine Erinnerungsstele an die Schoah mit der modernen Architektur der fünfziger Jahre vereint. Das Hauptportal des heutigen Gemeindezentrums ist zugleich das Portal der früheren Synagoge Fasanenstraße. Durch dieses Portal tritt der Besucher in einen geduckt wirkenden Zweckbau ein, der nach außen verschlossen wirkt. Vor dem Gebäude steht eine Skulptur, die an die Zerstörung nach 1933 erinnert und dadurch den Zusammenhang zwischen historischem Portal und neuem Gebäude verdeutlicht.

Die Leitlinie von Hermann Zvi Guttmann in den sechziger Jahren war »Form follows Function« – ganz im Stil der Zeit. Viele der Bauten aus der Zeit des deutschen »Wirtschaftswunders« sind nüchterne, zweckmäßige Bauten. Doch obgleich Guttmann von der Prämisse der Funktionalität ausging, war ihm als gläubigem Juden auch die Symbolik von Synagogen in Deutschland nach 1945 durchaus bewusst. So wählte er als eine der zentralen Grundformen von Synagogalbauten, Friedhofshallen und für seine Entwürfe weiterer Einrichtungen stets eine Parabel: »Trotz aller Größe und Herrlichkeit bleiben Bauten, die letzten Endes Werke menschlichen Geistes und menschlicher Hand sind, begrenzt, mögen sie noch so weit nach oben oder in die Ferne streben. Eine irrige Meinung der Unbegrenztheit führte zum Turm von Babel und seinen Konsequenzen. Als Symbol dieses Vorwärts – respektive Hochstrebens, welches in seiner Spitze auf den Widerstand menschlich begrenzten Strebens gegen göttliche Unendlichkeit zeigt, sehe ich die Parabel an.«[7]) Guttmann baute Synagogen in Offenbach (1955/56), Düsseldorf (1956–58), Hannover (1961–63), Osnabrück (1967–69), Würzburg (1966–70) sowie die des jüdischen Altenzentrums in Frankfurt (1973–77). Außerdem war er für den Umbau verschiedener Synagogen, u. a. in Fürth, zuständig und entwarf auch die jüdische Gedenkhalle im ehemaligen KZ Dachau. Unter den zahlreichen nicht realisierten Entwürfen war auch ein Gedenkort in Frankfurt.

Die von Guttmann beschrieben Parabel war in nahezu allen diesen Entwürfen das prägende und stilbildende Element. In Offenbach jedoch führte er diese Idee noch nicht in all seiner Konsequenz aus, sondern deutete diese Form nur ganz vage an. Die Gemeinde in Offenbach, die erste in Hessen, die sich zu einem Neubau entschloss, baute ihre neue Synagoge mit Gemeindezentrum genau gegenüber der 1938 geschändeten Synagoge, die zu einem Theater umgebaut wurde – und als solches mit sehr wechselndem Erfolg bis heute in Betrieb ist. Max Willner sagte anlässlich der Einweihung 1956: »Unser tiefer Glaube und der fast uferlose Optimismus waren es, die wieder leben und hoffen ließen.«[8]) Die Jüdische Gemeinde in Offenbach konnte 1997, nach mehr als drei Jahren Um- und Ausbau, einen Erweiterungsbau nach den Plänen des ebenfalls in der Synagogal- und Gemeindezentrenarchitektur tätigen Alfred Jacoby einweihen. Der große Festsaal und die erweiterte Synagoge mit angeschlossenem Kindergarten sind beredte Zeugen des Anwachsens der Gemeinde auf nun mehr als 1000 Mitglieder durch die Immigranten aus den GUS-Staaten.

Die Synagoge in Düsseldorf war bereits in extenso von der Form der Parabel geprägt. Guttmann hatte sogar Balkone, Ein- und Ausgänge sowie ein Glasfenster hinter dem Torahschrein als Parabeln gestaltet. Auch hier ist anzumerken, dass die Gemeinde seit mehreren Jahren derart angewachsen ist, dass sie einen Neubau braucht – und erhält.

Guttmanns letztes Werk befindet sich im Henry-und-Emma-Budge-Altersheim in Frankfurt, das zu gleichen Teilen mit Juden und Nichtjuden belegt ist. Die Synagoge »Atereth Zvi« (»Zu Ehren von Zvi«) war der erste jüdische Kultbau in Frankfurt am Main nach 1945. Guttmann war der erste Architekt, der die durch die Schoah erfolgte Zäsur in angemessener Wei-

[7]) Zitat von Hermann Zvi Guttmann, in: (Anm. 2), S. 11.
[8]) Zitat von Max Willner, damals Vorsitzender der Jüdischen Gemeinde Offenbach, in: (Anm. 2), S. 26.

se umsetzen wollte. Die von Guttmann geplanten und ausgeführten Bauten grenzten sich durch ihre strenge Geschlossenheit in gewisser Weise noch von der Umgebung ab. Die heutigen Neu- oder Erweiterungsbauten im Bundesgebiet und auch in den neuen Bundesländern sind in der Regel von offenen und weiträumigen Sälen geprägt, die Zentren sind lichtdurchflutet. Mit der nichtjüdischen Umgebung wird so zusagen stetiger Blickkontakt aufgenommen.

In der ehemaligen DDR herrschte eine besondere Situation, denn es gab nur wenige Gemeinden. 1989 zählten die Gemeinden in Ostdeutschland knapp 400 Mitglieder. Das dortige jüdische Leben wäre also wegen der starken Überalterung über kurz oder lang verschwunden. Einwanderer gab es verständlicherweise nicht. Die Hälfte der Juden in der DDR waren in Berlin registriert, wo eine große Synagoge vorhanden war. In Ostberlin gab es eine Synagoge in der Rykestraße, die trotz der Verwüstungen während des Pogroms im November 1938 wiederhergestellt und 1953 eingeweiht werden konnte. Sie verfügt über knapp 2000 Plätze – und damit hätten die Juden aus der gesamten DDR doch nur ein Fünftel des Gotteshauses füllen können. In Leipzig und in Magdeburg wurden die alten Gebäude den Gemeinden zurückgegeben bzw. wiederaufgebaut. Der einzige Neubau in der DDR entstand 1952 in Erfurt, ein schlichter Bau, der noch funktionaler und schmuckloser aussieht als jene aus der gleichen Zeit in Westdeutschland.[9]) Nach der Wende 1989 nahmen die Gemeinden ebenfalls Zuwanderer aus Osteuropa auf – und darüber hinaus auch Juden, die bis dahin nicht als Juden, als Mitglieder einer Gemeinde hatten auffallen wollen.

Dass in ganz Deutschland mit viel Energie Synagogen gebaut oder erweitert werden, ist ein Phänomen, das auf mehreren Motiven beruht. In Dresden oder in anderen Städten der ehemaligen DDR ist das Bedürfnis nach einer jüdischen Infrastruktur auch angesichts des jahrzehntelangen Schattendaseins selbstverständlich. In Ost wie West haben die Zuwanderer aus Osteuropa die Zahl und die Mitgliederzahl von Gemeinden in unerwartete Höhen schnellen lassen, und Menschen brauchen im wahrsten Sinne des Wortes Raum. Doch über diese rein zahlenmäßigen Bedürfnisse nach größeren Synagogen zeugt der allerorten ausgebrochene »Bauboom« auch von dem Bekenntnis der Gemeinden zu ihrer Existenz in Deutschland – inklusive aller Ängste und Sorgen, die sich aus dem Leben in Deutschland immer wieder ergeben.

Hinzu kommt aber noch ein anderer Aspekt: Wie bei den christlichen Konfessionen auch, ist das jüdische Leben heute stark säkular ausgerichtet. Judentum definiert sich in der realen jüdischen Lebenswelt nicht mehr nur über die jüdische Religion. Diese Säkularisierung ist aber nicht ausschließlich bei den Immigranten oder den jungen jüdischen Generationen eingetreten.

Obgleich das Judentum sich offiziell und zu Recht sehr stark über die Religion definiert, sind heute auch viele andere identitätsstiftende Elemente wichtig, u. a. die gemeinsamen geschichtlichen und gegenwärtigen, kulturellen und politischen Erfahrungen. Gemeindezentren, die sich zumeist in unmittelbarer Nachbarschaft oder im gleichen Gebäude wie die Synagoge befinden, sind daher heute mindestens genauso oder sogar stärkere Zentren jüdischen Lebens verglichen mit Synagogen. Von den hohen Feiertagen abgesehen, sind die Synagogen oftmals genauso leer wie sonntags die christlichen Kirchen. Daher wurden in vielen Gemeinden Betstuben eingerichtet, die für den Alltag vollkommen ausreichend sind. Es

---

[9]) Vgl.: Erica Burgauer, Zwischen Erinnerung und Verdrängung – Juden in Deutschland nach 1945, Reinbek 1993, S. 137-156; Will Jasper, Schrumpfende Gemeinde unter Zionismus-Verdacht, in: Deutsche Juden – Juden in Deutschland, Bonn o.J., S. 32-34.

gibt jedoch die Hoffnung, dass mit den neuen Synagogen auch wieder eine Revitalisierung religiösen jüdischen Leben erzielt werden kann.

Die Neubauten symbolisieren daher nicht nur, dass man sich auf Dauer in Deutschland einrichtet, sondern sie sollen auch neue geistige Zentren des heutigen deutschen Judentums werden. Die Religion soll wieder mehr in das alltägliche Leben integriert werden. Dies bedeutet nicht, dass der Orthodoxie Vorschub geleistet wird, im Gegenteil: In verschiedenen Gemeinden finden sich mittlerweile besonders liberale Gruppen zusammen, um abseits des eingeführten Ritus moderne Gottesdienste zu feiern. Die neuen Synagogen können also auch inspirierend wirken und zu Zentren eines modernen, wenngleich bewußten religiösen Judentums werden.

In Großstädten wie Frankfurt am Main, München, Düsseldorf und Berlin befinden sich, oftmals in der Nähe der – mittlerweile in vielen Gemeinden ebenfalls klein gewordenen – Gemeindezentren bzw. in die Gebäude integriert, jüdische Schulen. Die 1995 eröffnete jüdische Oberschule in Berlin ist ein architektonisches Meisterwerk. Der Israeli Zvi Hecker teilte die Schule in verschiedene Gebäude auf, die sich in Form einer Sonnenblume um einen kelchförmigen Hof gruppieren. Die Gänge sind S-förmig, der Hof mit seinen großen Bäumen und Terrassen ist ein Ort der Begegnung. Die Einrichtung einer jüdischen Schule in Berlin konnte deswegen lange Zeit nicht realisiert werden, weil, wie Jerzy Kanal, der damalige Vorsitzende der Jüdischen Gemeinde in Berlin, meinte: »Wir hatten zuwenig Kinder.« Nun wachsen die Gemeinden, und auch die Schulen werden zu klein. Es gibt sogar Überlegungen, nach Berliner Vorbild weiterführende Schulen, Gymnasien einzurichten. Oder wie der Direktor der Jüdischen Gemeinde angesichts der engen räumlichen Verhältnisse im Gemeindezentrum sagte: »Das ist das Beste an diesem Gemeindezentrum. Es lebt wirklich. Und unser schönstes Problem ist, daß die Schule zu klein für uns geworden ist.«[10])

Die Synagogen, Gemeindezentren, Schulen und andere, für jüdische Institutionen errichteten Gebäude sind jedoch nicht einfach als »jüdische« Architektur zu bezeichnen. Eine solche existierte niemals, und es gibt sie auch heute nicht. Synagogen sind zunächst immer auch Abbilder der jeweils zeitgenössischen Architektur, die mit jüdischen Symbolen, religiösen Anforderungen und dem vorherrschenden religiösen Ritus in Einklang gebracht werden muß. Synagogen sind also eklektische Gebäude. Für die Zeit nach 1945 wurde darüber hinaus auch, gleich ob es sich um religiöse oder andere jüdische Einrichtungen handelt, die Auseinandersetzung mit der Schoah wichtig. Es kamen vielfältige Elemente hinzu, z. B. durch Risse zerstörte Tafeln und Steine, Lichtpunkte als Zeichen der Hoffnung oder auch als Zeichen der Offenheit. Die heutige Architektur jüdischer Institutionen symbolisiert, und zwar noch weitaus mehr als in den fünfziger oder siebziger Jahren, Hoffnung und bewussten Neuanfang. Dass die Gebäude auf festem Fundament stehen, dafür ist jedoch nicht allein der Architekt zuständig.

II. GEDENKORTE

Nach 1945 haben sich verschiedene Arten des Gedenkens an die jüdische Geschichte in Deutschland bzw. die Schoah herausgebildet. Zum einen geht es um die topographische Kenntlichmachung der Orte einstigen jüdischen Lebens, zum anderen werden authentische Orte der Verfolgung – die Sammelstellen der Deportationen, ehemalige Konzentrationsla-

---

[10]) Nach: Edward Serrotta, Juden in Deutschland heute, Berlin 1996, S. 97

ger, Gestapo-Zentralen usw. – zu Gedenkorten. In der Gestaltung und Symbolik sind in der Regel deutliche Unterschiede zwischen jüdischen und nichtjüdischen Initiativen zu erkennen. Es kann jedoch auch zu einer erfolgreichen Symbiose von jüdischer Binnen- und nichtjüdischer Außensicht kommen – wie bei dem Memorial in Frankfurt am Main.

»Der Bau von Denkmälern und Gedenkstätten . . . erweist sich seit langem und wohl auch weiterhin für symbolische Politik als ein unverzichtbares Medium. Mit ihm streben die politischen Akteure als Denkmalsetzer an, ein zeit- und gruppenspezifisches oder gruppenübergreifendes Geschichtsbild sichtbar zu machen und buchstäblich festzuschreiben, sei es zur Legitimation ihrer eigenen politischen Ziele, sei es zur ideellen Verpflichtung [. . .], zumal im Ritual wiederkehrender Gedenkfeiern. [. . .] Es (das Denkmal, A. R.) ist Zeugnis einer doppelten historischen Zeit. Mittelbar sagt es etwas aus über die historische Persönlichkeit und das Ereignis, welche[s] vergegenwärtigt werden soll. Unmittelbar dokumentiert es die Interessen und Geschichtsdeutungen der Denkmalsetzer [. . .]«.[11])

Viele der Gedenkorte, vor allem die ehemaligen Konzentrationslager in Deutschland, sind keine spezifisch jüdischen Orte. Im Gegensatz zu den Vernichtungslagern in Osteuropa, allen voran in Polen, waren die Lager in Deutschland nicht die eigentlichen Zentren des Massenmordes. Daher sind in der Regel weder die Ausstellungen noch, wenn es solche gibt, die zentralen Denkmäler in Dachau, Sachsenhausen, Oranienburg, Ravensbrück, Buchenwald und den anderen KZ von einer spezifisch jüdischen Erinnerungskultur getragen. Es existieren jedoch auf dem Gelände u. a. der KZ Dachau und Sachsenhausen zusätzlich jüdische Erinnerungsorte und Denkmäler. Im Hinblick auf die frühere DDR muss berücksichtigt werden, dass dort im Rahmen des »Antifaschismus« Juden als eigene und besondere Opfergruppe gar nicht vorkamen. Sie gehörten einfach zu den (passiven) Opfern, während Kommunisten und andere Verfolgte als »aktive Kämpfer und Widerständler« in die Geschichte eingehen sollten. Daher sind eigene jüdische Gedenkstellen innerhalb der ehemaligen Lager oftmals noch im Aufbau.

Der bereits genannte Hermann Zvi Guttmann entwarf die 1966/67 realisierte jüdische Gedenkhalle für das ehemalige KZ Dachau. Auch hier war die Parabel Grundform in einer vom Eingang zum Hallenende aufstrebenden Schräge. »Bei der Planung . . . sah ich mich vor die Aufgabe gestellt, einen Raum zu erstellen, in den die Besucher des Lagers kommen können, um andächtig der Opfer zu gedenken und für diese ein Totengebet zu sprechen. Das Bauwerk soll an die schreckliche Zeit der größten Verfolgung erinnern und gleichzeitig zeigen, daß die Überlebenden die Hoffnung nicht verlieren.«[12])

Während die Halle nach hinten aufsteigt, müssen die Besucher zunächst auf einer Rampe, die 1, 80 Meter schräg nach unten führt, hinablaufen. Dadurch entsteht eine Art Scheitelpunkt zwischen einem imaginären »Oben« und »Unten«, den die Besucher schließlich erreichen. Die Rampe ist rechts und links von schmiedeeisernem Gitter umgeben, das ebenso an den Stacheldraht der KZ's erinnert wie das Tor vor dem Eingang der Halle. In der Halle selbst sind viele Halterungen für Kerzen, ein Steinpult und eine Gedenktafel angebracht. Am höchsten Punkt der Halle befindet sich eine parabelförmige Öffnung im Dach, aus der eine helle Marmorstele herausragt, auf der eine Menora angebracht ist. Sie kontrastiert mit dem Himmel und gilt als Symbol der ewigen Hoffnung der Juden. Die Halle wurde absichtlich nicht als Synagoge geplant, denn eine Synagoge ist ein lebendiger Ort der Religion, während im KZ der Tod allgegenwärtig und beherrschend war.

---

[11]) Peter Reichel, Politik mit der Erinnerung. Gedächtnisorte im Streit um die nationalsozialistische Vergangenheit, Hamburg 1995, S. 48f.

[12]) Zitat von Hermann Zvi Guttmann, in: (Anm. 2), S. 54.

Während diese Halle von einer symbolträchtigen Architektur geprägt ist, sind viele der Gedenksteine, die an ermordete Juden erinnern, weitaus weniger spektakulär. Eines der ältesten, vielleicht sogar das älteste Mahnmal befindet sich auf dem Gelände des früheren KZ Bergen-Belsen. Dort starben zwischen 1940 und 1945 an die hunderttausend Menschen an Hunger und Typhus. Unter den dreißigtausend oder mehr Juden, die dort elend umkamen, waren im Frühjahr 1945 auch die Schwestern Anne und Margot Frank. Ein hoher viereckiger Stein, dessen einziger Schmuck ein Davidstern sowie eine den Stein abschließende Steinkugel sind, steht einsam inmitten der kargen Heidelandschaft. Dieses Mahnmal wurde am ersten Jahrestag der Befreiung, am 15. April 1946, enthüllt.

Die ehemaligen KZs als authentische Orte der Verfolgung zwischen 1933 und 1945 werden durch die offizielle Erinnerungskultur gestaltet und gedeutet, wodurch »ein rekonstruiertes, zudem politisch gewolltes und mit moralischem Anspruch ausgestattetes Bild [der Vergangenheit] entsteht.«[13])

Einzelne Steine und Gedenkhallen für die ermordeten Juden vermögen es daher kaum, dem vordringlichen Konzept für den gesamten Gedenkort etwas entgegenzusetzen oder dies nachhaltig zu ergänzen. Es sind daher separate Stätten der Erinnerung innerhalb eines umfassenderen Ortes.

Ähnliche von jüdischen Organisationen gesetzte Gedenksteine wie in Belsen – oft mit Zitaten aus religiösen jüdischen Texten – existieren an vielen Orten. Diesen stehen Gedenksteine und -tafeln gegenüber, die auf nichtjüdische Initiativen zurückgehen. Solche Tafeln finden sich zumeist an Plätzen, auf denen bis 1938 Synagogen standen oder an Gebäuden, die bis 1938 als Synagogen dienten. Die Texte dieser Tafeln und Steine umschreiben die historischen Ereignisse nicht selten in unbeholfener Art, zudem ist oft auch die Rede von den jüdischen »Mitbürgern«. Zur Illustration, an was an dieser Stelle erinnert wird, sind immer wieder Davidsterne und die Menora zu finden, nur ganz selten werden die ehemaligen Synagogen auf den Tafeln gezeigt. Die Visualisierung geschieht also über jüdische Symbole, nicht über das wirklich Verschwundene. Dies ist auch Ausdruck der Empathie der Initiatoren.

Auf dem neuen Börneplatz in Frankfurt am Main ist hingegen ein Gedenkensemble entstanden, das sich nicht nur über in Betroffenheit erstarrte steinerne Gedenkrituale definiert, sondern jüdische Symbolik und traditionelle Erinnerungskultur abstrakt und zugleich zurückhaltend einsetzte. Hier wurden die historischen Orte jüdischer Geschichte verschiedener Jahrhunderte kenntlich gemacht. Der auch überregional als »Börneplatz-Konflikt« in die Geschichte eingegangene Streit von 1987 entzündete sich an bei den Aushubarbeiten gefundenen Fundamenten des von 1462 bis 1796 in Frankfurt existenten Ghettos. Als Kompromiss zwischen den Extremen »Baustopp« oder »Überbauung« entstand das 1992 eröffnete Museum Judengasse.[14]) Das Museum liegt inmitten der »Gedenkstätte Neuer Börneplatz«. Dieser Ort ist eine Art archäologischer Tell, der, Schicht für Schicht, die verschiedenen Epochen jüdischen Lebens und jüdischer Geschichte in der Stadt am Main offenbart. Das Zentrum des Erinnerns bildet die Mauer des jüdischen Friedhofs an der Battonstraße, die, neu verputzt und grau lasiert, mehr als 11 100 Namensblöcke mit den Namen und Geburtsdaten sowie, wenn bekannt, Todestag und -ort der ermordeten Frank-

---

[13]) Reichel (Anm. 11), S. 30.

[14]) Vgl. Michael Best (Hrsg.), Der Frankfurter Börneplatz. Zur Archäologie eines politischen Konflikts, Frankfurt am Main 1988; Micha Brumlik, Erinnern und Erklären, in: Babylon 3/1988, Frankfurt am Main 1988, S. 9-17 und Dan Diner, Zum Börneplatz-Konflikt, in: ebd., S. 18-27 sowie Stationen des Vergessens. Der Börneplatz-Konflikt, hrsg. im Auftrag des Dezernates für Kultur und Freizeit. Amt für Wissenschaft und Kunst: Jüdisches Museum, Frankfurt am Main 1992.

furter Juden trägt. Das zweite prägende Element ist der, soweit nicht unter dem Neubau der Stadtwerke verschwundene, nun kenntlich gemachte Umriss der Synagoge am Börneplatz, die 1938 niedergebrannt und einige Zeit später abgerissen wurde. Die Umrandung aus in Asphalt eingegossenen Schottersteinen steht im Gegensatz zum weiteren Boden. Dieser ist mit losem, groben Schotter ausgelegt, so dass man nicht einfach über den Platz eilen kann. Ein Gedenkstein, der bereits 1946 gesetzt wurde, erinnert zusätzlich an die Synagoge. Auf dem hinteren Teil des Platzes steht ein mächtiger Kubus der beim Neubau der Stadtwerke beseitigten Reste der Judengasse, die sich, dermaßen festgefügt, »wie Beweisstücke einer Gewaltakt sperren . . . gegen eine Historisierung dieses Zerstörungsaktes«.[15]) Die zwischen dem 16. Jahrhundert und 1996 fünf unterschiedlichen Benennungen des heutigen Neuen Börneplatzes werden in nebeneinander stehenden Straßenschildern deutlich. Durch den alten jüdischen Friedhof, das Museum sowie die im Museum benutzbare Datenbank mit Lebensläufen der später Ermordeten ist eine in Deutschland in dieser Form einzigartige Stätte entstanden. Es ist ein historischer Gang durch die jüdische Geschichte vom Mittelalter bis zur Vernichtung in der NS-Zeit. Die Stadt Frankfurt hat hier, gemeinsam mit der Jüdischen Gemeinde, jüdischen wie nichtjüdischen Architekten und Historikern einen ungewöhnlichen Ort geschichtlicher Präsenz geschaffen und dies nicht nur als museales Ereignis in einem Haus eingeschlossen.

Ein auf nichtjüdische Initiative zurückgehendes Mahnmal ist 1994 in Hannover enthüllt worden. Eine weiße Stufenpyramide erinnert namentlich an die mehr als 1800 ermordeten Juden der niedersächsischen Landeshauptstadt. Dies ist, ebenso wie die kleinen Steine in Frankfurt, eine symbolische Weiterführung der Memorbücher jüdischer Gemeinden. Diese Memorbücher waren das historische Gedächtnis jüdischer Gemeinden vor allem während des Mittelalters und der Frühen Neuzeit, in denen Geburten, Sterbefälle usw. eingetragen wurden. Manche der Toten wurden zusätzlich durch die Kurzfassung ihrer Lebensläufe, der Erwähnung ihrer guten Taten usw. geehrt. Die erste Seite eines solchen Buches war in der Regel den Märtyrern vorbehalten, die starben, weil sie sich z. B. nicht taufen lassen wollten. Die namentliche Nennung der während der NS-Zeit Getöteten kann als solche erste Seite gesehen werden – dadurch wird jedoch ein sehr religiöses Element in das Gedenken hineingebracht. Dies wird wiederum den oft sehr säkular lebenden oder gar getauften Juden, die in der NS-Zeit umgebracht wurden, nicht gerecht.

Eindeutig säkular und trotzdem bereits für sich genommen ein Mahnmal ist das Gebäude des Jüdischen Museums in Berlin, das der Architekt Daniel Libeskind entworfen hat. Der Grundriss besteht aus einem aufgesprengten Davidstern. Viele der Räume wurden dadurch spitzwinklig und können nicht für die künftige Ausstellung genutzt werden. Weitere »Void«-Elemente, also Leerräume, durchbrechen das gesamte Gebäude und verweisen dadurch auf die Leere, die die Shoah hinterlassen hat. Zwei Längsachsen durchziehen das Museum. Die eine endet auf einem gepflasterten Areal, aus dem als schiefe Ebene Betonstelen herausragen, dem E.T.A.-Hoffmann-Garten. Die andere hat als Endpunkt den »Voided Void«, ein aus dem Gefüge des Hauses herausragendes Element, das als »Holocaust-Memorial« bezeichnet wird.

Das Museum, wenngleich augenfällig auch als Gedenkort konzipiert, steht doch im Gegensatz zu manchem mit Symbolik architektonisch überfrachtetem Mahnmal. Oder, wie Ignatz Bubis, wenngleich in Verbindung mit der Debatte um das Mahnmal in Berlin, meinte: »Die Peinlichkeit mancher Entwürfe korrespondiert mit der Peinlichkeit, die manchen –

---

[15]) Salomon Korn, Ansprache anlässlich der Eröffnung der Gedenkstätte am 16. Juni 1996.

durchaus nicht allen – gutgemeinten Ritualen des Erinnerns in unserem Land anhaftet. Vielleicht sind manche Künstler an den übersteigerten Ansprüchen an sich selbst gescheitert.«[16])

III. AUSBLICK

Die Architektur der Erinnerung an jüdische Geschichte und die Schoah ist, weitaus mehr als die Architektur der heutigen Zentren jüdischen Lebens, eine explizit öffentliche Angelegenheit. Dies, obwohl sich die Architektur der in den vergangenen fünfzehn Jahren errichteten Gemeindezentren und Synagogen im Vergleich zu den ersten drei Jahrzehnten nach der Shoah deutlich geändert hat. Die heute eingeplanten Glasfronten oder weitläufigen Eingangsportale sind zwar ein Zeichen der Öffnung und der Manifestation eines nach außen gerichteten Interesses, doch trotzdem sind diese Gebäude nicht so präsent im öffentlichen Bewußtsein wie Gedenkorte. Das liegt sowohl an der weit verbreiteten Unkenntnis über das jüdische Leben und die damit verbundenen jüdischen Orte im heutigen Deutschland als auch an der in vielen Städten notwendigen Absicherung jüdischer Einrichtungen. Sicherheitsschleusen oder Wachdienste lassen selbst eine Glasfront abgeschottet wirken. Dem Selbstverständnis der Juden in Deutschland, Teil des normalen öffentlichen Lebens zu sein – wie es die Gebäude ausdrücken – kann auf Grund der begründeten Furcht vor Anschlägen nicht durchgängig entsprochen werden.

Die Gedenkorte – gleich, ob ganze Gebäude, Tafeln, Memorials, Gedenksteine oder auch die historischen Orte der Verfolgung von 1933 bis 1945 – scheinen in den Städten und Gemeinden, durch Hinweisschilder an den Landstraßen und Aktivitäten verschiedener Initiativen und Institutionen, viel präsenter zu sein.

»Wie selbstverständlich gehören in diesen öffentlichen Raum nun auch solche Erinnerungszeichen, die uns im schnellen Lauf der Zeit ausdrücklich zur Vergegenwärtigung von Vergangenheit anhalten und uns dieselbe in unterschiedlichen Medien und Manifestationen nahebringen: Die Bibliotheken und Museen, die Baudenkmäler und Mahnmale, die Gedenkstätten und Gedenktage [. . .] Sie haben aus unseren Lebensräumen längst monumentale Erinnerungslandschaften gemacht [. . .] Dem Verleugnen und Vergessen der NS-Vergangenheit haben die Virtuosen und Pfleger des kollektiven Gedächtnisses [. . .] nach Kräften entgegengearbeitet, und dabei eine Fülle von Formen und Verfahren der Erinnerung hervorgebracht [. . .]«[17])

Es bleibt jedoch der Zweifel, ob die Denkmäler und Orte jüdischer Geschichte allein wegen ihrer Sichtbarkeit und der mehr oder minder gelungenen architektonischen Gestaltung dazu führen, daß in der Öffentlichkeit differenziert und bewusst die Erinnerung an jüdische Geschichte und die Schoah vorhanden ist.

---

[16]) Ignatz Bubis, Gedenkstätten sind wichtiger als Denkmale, in: ders., Juden in Deutschland, Berlin 1996, S. 56.
[17]) Reichel (Anm. 11), S. 14f.